# Handbuch Bankvertrieb

Detlef Hellenkamp • Kai Fürderer
(Hrsg.)

# Handbuch Bankvertrieb

## Theorie und Praxis im Zukunftsdialog

Springer Gabler

*Herausgeber*
Detlef Hellenkamp
Duale Hochschule Baden-Württemberg
Stuttgart
Deutschland
E-Mail: detlef.hellenkamp@dhbw-stuttgart.de

Kai Fürderer
Institut für Vermögensaufbau AG
München
Deutschland
E-Mail: kai.fuerderer@institut-va.de

ISBN 978-3-658-06446-4
ISBN 978-3-658-06447-1 (eBook)
DOI 10.1007/978-3-658-06447-1

Die Deutsche Nationalbibliothek verzeichnet diese Publikation in der Deutschen Nationalbibliografie; detaillierte bibliografische Daten sind im Internet über http://dnb.d-nb.de abrufbar.

Springer Gabler


Gedruckt auf säurefreiem und chlorfrei gebleichtem Papier

Springer Fachmedien Wiesbaden ist Teil der Fachverlagsgruppe Springer Science+Business Media
(www.springer.com)

# Vorwort

Der Vertrieb eines Unternehmens bietet Kunden in einer Marktwirtschaft grundsätzlich eigene oder fremde spezifische Produkte und Dienstleistungen gegen Entgelt an. Aus dieser Sicht könnten in einer arbeitsteiligen Gesellschaft die meisten entgeltlich angebotenen Produkte und Dienstleistungen als Vertriebsleistungen interpretiert werden, so beispielsweise bei Anwälten, Ärzten und Ingenieuren, die juristische, medizinische oder technische Dienstleistungen anbieten, ebenso wie Kreditinstitute, die finanzwirtschaftliche Dienstleistungen und Produkte beraten. Der Gestaltungsrahmen des unternehmerischen Handelns im Vertrieb bestimmt dabei wesentlich das (unmittelbare) wirtschaftliche Ergebnis.

Wie in jeder anderen Branche, wird die Ausgestaltung des Bankvertriebs in der Praxis durch zahlreiche rechtliche, technische und wirtschaftliche Rahmenfaktoren bestimmt. Aufgrund der hohen volkswirtschaftlichen Relevanz obliegt die Finanzbranche, im Hinblick auf deren dauerhafte Funktionsfähigkeit, aber besonderen gesetzgeberischen Kontrollen. letzten globalen Finanz- und Wirtschaftskrise stehen insbesondere Kreditinstitute und deren Vertriebsverhalten inmitten einer intensiven öffentlichen Diskussion und fokussierten Wahrnehmung.

So hat das Kundenvertrauen in die Beratungsqualität der Finanzindustrie im Allgemeinen gelitten – andererseits führten umfassende gesetzliche Regelungen, beispielsweise zu Verhaltensregeln und Organisationspflichten, bereits zu Verhaltensänderungen und Neuausrichtungen im Bankvertrieb.

Diese Veränderungen stehen aber erst am Anfang einer historischen Neuausrichtung des Bankvertriebs in den nächsten Jahren, der über (finanzmarkt-)regulatorische Maßnahmen hinaus, insbesondere durch eine weiterhin rasant fortschreitende Entwicklung der Digitalisierung, Demografieveränderungen und eine zunehmende Wettbewerbsintensität beispielsweise durch Non- und Near-Banks sowie FinTech-Unternehmen geprägt sein wird. Hiervon berührt sind inzwischen eine Vielzahl von Kreditinstituten, die entweder Adjustierungen im bestehenden Geschäftsmodell vornehmen oder gar eine umfassende Neuausrichtung ihrer Geschäftsmodelle initiieren.

Das Konzept zum vorliegenden Handbuch Bankvertrieb entstand bei den Herausgebern durch zahlreiche Gespräche mit Kreditinstituten und Kunden über Entwicklungen im „Bankvertrieb von Heute und Morgen". Dabei wurden die Facetten des Bankvertriebs aus unterschiedlichen Perspektiven diskutiert und bewertet. Das Gesamtwerk reflektiert diese Perspektiven und ist deshalb in 11 Teile eingeteilt:

Teil I bezieht allgemeine Sichtweisen der Marktteilnehmer als Anbieter und Nachfrager aus genossenschaftlicher, öffentlich-rechtlicher und privatwirtschaftlicher Sicht ein. Im Weiteren werden unterschiedliche Möglichkeiten diskutiert, das Vertriebsmanagement auszugestalten (Teil II). Teil III zeigt zukünftige Omnikanal-Ansätze der Kreditinstitute auf. Teil IV erläutert ergänzend die mögliche Ausgestaltung bankbetrieblicher Produktportfolios. Welche Beratungsmodelle Kreditinstitute fokussieren (können), wird in Teil V dargestellt, zum Beispiel Antworten auf die Frage, ob Banken und Family Offices ein Geschäftsmodell mit Zukunft sind. Die rechtlichen Rahmenbedingungen bestimmen die Ausgestaltung des Bankvertriebs in der Praxis inzwischen signifikant. Insofern fokussiert Teil VI juristisch zunächst die Rechtsberatung für Bankkunden. Überdies werden strafrechtliche Risiken im Bankvertrieb erörtert. Da die Messung und Steuerung der Vertriebsergebnisse eine wesentliche Managementaufgabe ist, behandelt Teil VII das Finanzmanagement ausgewählter Kreditinstitute. Die Teile VIII, IX und X bilden wesentliche und unabdingbare Rahmenbedingungen für die Funktionsfähigkeit der Kreditinstitute, das heißt im Personalmanagement die Rekrutierung geeigneter Mitarbeiter unter Berücksichtigung des Personalmanagements in die Gesamtbankstrategie (Kap. 8), Anforderungen an Technologien/Prozesse (Kap. 9), zum Beispiel vor dem Hintergrund einer weiter fortschreitenden Digitalisierung, einem veränderten Kundenverhalten wie der Generation Y und neuen Technologien (Hard- und Software). Darüber hinaus wird die in- und externe Kommunikation immer mehr zu einem Erfolgsfaktor im Bankvertrieb (Teil X).

Teil XI widmet sich letztlich dem Aspekt der Ethik und Nachhaltigkeit im Bankvertrieb. Ausgehend von theoretischen Grundpositionen werden anschließend Anforderungen eines ethischen Bankvertriebs in der Praxis diskutiert.

Für den Leser bilden die Kapitel zunächst einen möglichen Rahmen, um das Thema Bankvertrieb ganzheitlich einzugrenzen – im Weiteren werden in den einzelnen Kapiteln Schwerpunktthemen von unterschiedlichen Autoren erläutert, die hierdurch einen roten Faden bilden.

Dieses Handbuch will mit seinen Beiträgen fachliche Impulse geben und Diskussionen anregen. Wir freuen uns, in diesem Buch zahlreiche namhafte Autor(Inn)en gewonnen zu haben, um einen anwendungsorientierten Fachdiskurs zwischen Theorie und Praxis zu führen. Ihnen gilt zuvorderst unser herzlicher Dank für die Mitarbeit. Ein besonderer Dank zum Gelingen dieses Werkes geht im Institut für Vermögensaufbau (IVA) AG an Herrn Ludwig Heinz.

Die Konzeption des Gesamtwerkes erhebt keinen Anspruch auf Vollständigkeit. Aufgrund der Dynamik neuer Entwicklungen im Bankwesen ist eine abschließende Fertigstellung deshalb auch nahezu ausgeschlossen. Wir möchten unsere Leser deshalb gerne zu Anregungen und Rückmeldungen auffordern unter:

detlef.hellenkamp@dhbw-stuttgart.de

kai.fuerderer@institut-va.de

In diesem Sinne wünschen wir eine anregende Lektüre.

Prof. Dr. Detlef Hellenkamp  
Kai Fürderer

# Inhaltsverzeichnis

**Teil I Marktteilnehmer als Anbieter und Nachfrager**

**Das Geschäftsmodell der Volksbanken und Raiffeisenbanken im digitalen Zeitalter** . . . . . 3
Stephan Götzl

**Digitalisierung und Regulierung: Katalysatoren eines sich wandelnden Bankgeschäftes** . . . . . 25
Jürgen Lieberknecht

**Nicht Bank, sondern Sparkasse – Vertrieb neu denken und erkennbar bleiben** . . . . . 39
Stephan Scholl und Susanne Guigas

**Aktuelle Herausforderungen im bankbetrieblichen Umfeld aus genossenschaftlicher Bankensicht** . . . . . 57
Heinz Fohrer

**Teil II Vertriebsmanagement**

**Qualitatives Vertriebsmanagement stellt Kunden in den Mittelpunkt** . . . . . 77
Werner Braun

**Vertriebsmanagement – Aus Sicht des Kunden denken!** . . . . . 99
Helmut Gottschalk

**Kundensicht bestimmt Ausrichtung im Vertriebsmanagement** . . . . . 111
Andreas Hahn

**Teil III Vertriebswege**

**Filialzentrierter Multikanalansatz als Erfolgsmodell im Privatkundengeschäft von Morgen** . . . . . 129
Frank Dierolf

**Kunden online und offline erfolgreich ansprechen** . . . . . . . . . . . . . . . . . . . . . . 137
Kai Fürderer

**Herausforderungen im Multikanalvertrieb kleiner Kreditinstitute** . . . . . . . . . 147
Hans-Jürgen Lembicz

**Teil IV Produktportfolio**

**Bausparen im deutschen Retail-Markt** . . . . . . . . . . . . . . . . . . . . . . . . . . . . . . . . 161
Bernd Hertweck

**Möglichkeiten der Ausgestaltung eines bankbetrieblichen Produktportfolios aus Sicht einer Universalbank** . . . . . . . . . . . . . . . . . . . . . . . . 189
Karsten Zerfaß

**Teil V Beratung(-smodelle)**

**Banken und Family Offices: Geschäftsmodelle mit Zukunft** . . . . . . . . . . . . . . . 211
Yvonne Brückner

**Ohne Beratungsqualität kein nachhaltiger Erfolg** . . . . . . . . . . . . . . . . . . . . . . . . 227
Kai Fürderer

**Bedarfsorientierte Beratung versus aktiver Bankvertrieb - Ein Widerspruch?** . . . . . . . . . . . . . . . . . . . . . . . . . . . . . . . . . . . . . . . . . . . . . . . . 241
Lutz Boden

**Teil VI Rechtliche Rahmenbedingungen**

**Rechtsberatung für Bankkunden – Eine Gratwanderung mit Perspektiven** . . . 255
Hans Christian Blum und Michael Schellenberger

**Strafrechtliche Risiken im Bankvertrieb** . . . . . . . . . . . . . . . . . . . . . . . . . . . . . . 269
Hans Richter

**Teil VII Finanzmanagement**

**Finanzmanagement in einer Genossenschaftsbank** . . . . . . . . . . . . . . . . . . . . . . 297
Dirk Borgartz und Andreas Schünhof

**Langfristige Sicherung des Vertriebserfolgs durch abgestimmtes Produkt- und Risikomanagement** . . . . . . . . . . . . . . . . . . . . . . . . . . . . . . . . . 315
Andreas Mitschele und Martin Schmid

**Teil VIII Personalmanagement**

**Relevanz des Personalmanagements als integrativer Bestandteil einer Gesamtbankstrategie** . . . . . . . . . . . . . . . . . . . . . . . . . . . . . . . . . . . . . . . . . . 333
Thomas Kahleis

**Kompetenzmanagement – Strategische Ausgangsbasis von Personalentwicklungsmaßnahmen** . . . . . . . . . . . . . . . . . . . . . . . . . . . . . . . . 343
Heiko Hartmann

**Teil IX Technologie/Prozesse**

**Banken-Technologie – Anforderungen an die Bank der Zukunft** . . . . . . . . . . . 369
Steffen A. Jentsch

**Generation Y: Bankkunden im Zeitalter der Digitalisierung** . . . . . . . . . . . . . . . 383
Detlef Hellenkamp

**Digitalisierung im Fokus: Vom Mobile Payment zum Mobile Commerce** . . . . 397
Georg von Waldenfels

**Teil X In- und externe Kommunikation**

**Qualitätsführerschaft mit Multikanalvertrieb und Online-Marketing** . . . . . . . 409
Wolfgang Kuhn

**Kundenkommunikation – In guten wie in schlechten Zeiten!** . . . . . . . . . . . . . . 423
Klaus-J. Fink

**Kommunikation als Erfolgsfaktor im Bankvertrieb** . . . . . . . . . . . . . . . . . . . . . 433
Martin Limbeck

**Empfehlungsmarketing als optimaler Weg zu neuen Bankkunden** . . . . . . . . . . 441
Roger Rankel

**Teil XI Ethik und Nachhaltigkeit**

**Ethische Grundlagen eines nachhaltigen Bankvertriebs** . . . . . . . . . . . . . . . . . . 453
Jürgen Abele

# Mitarbeiterverzeichnis

**Jürgen Abele** Abele Depotverwaltung GmbH, Nördlingen, Deutschland

**Hans Christian Blum** CMS Hasche Sigle, Berlin, Stuttgart, Deutschland

**Lutz Boden** Sparkasse Karlsruhe Ettlingen, Karlsruhe, Deutschland

**Dirk Borgartz** Volksbank Kur- und Rheinpfalz eG, Speyer, Deutschland

**Werner Braun** Commerzbank AG, Frankfurt, Berlin, Deutschland

**Yvonne Brückner** Duale Hochschule Baden-Württemberg (DHBW), Stuttgart, Deutschland

**Frank Dierolf** Kreissparkasse Esslingen-Nürtingen, Esslingen, Deutschland

**Klaus-J. Fink** Klaus-J. Fink Telefontraining und Empfehlungsmarketing, Bad Honnef, Deutschland

**Heinz Fohrer** Volksbank Esslingen eG, Esslingen, Deutschland

**Kai Fürderer** Institut für Vermögensaufbau (IVA) AG, München, Deutschland

**Helmut Gottschalk** Volksbank Herrenberg–Nagold–Rottenburg eG, Herrenberg, Deutschland

**Stephan Götzl** Bis 31.07.2015 Genossenschaftsverband Bayern e. V., München, Deutschland

**Susanne Guigas** Sparkasse Pforzheim Calw, Pforzheim, Deutschland

**Andreas Hahn** ehemals (bis 2015) BBBank eG, Karlsruhe, Deutschland

**Heiko Hartmann** KSPG AG, Neckarsulm, Deutschland

**Detlef Hellenkamp** Duale Hochschule Baden-Württemberg (DHBW), Stuttgart, Deutschland

**Bernd Hertweck** Wüstenrot Bausparkasse AG, Ludwigsburg, Deutschland

**Steffen A. Jentsch** Fiducia & GAD IT AG, Münster, Deutschland

**Thomas Kahleis** Bank für Sozialwirtschaft AG, Köln, Berlin, Deutschland

**Wolfgang Kuhn** SÜDWESTBANK AG, Stuttgart, Deutschland

**Hans-Jürgen Lembicz** Volksbank Euskirchen eG, Euskirchen, Deutschland

**Jürgen Lieberknecht** TARGOBANK AG & Co. KGaA, Düsseldorf, Deutschland

**Martin Limbeck** Martin Limbeck Training® Group, Königstein im Taunus, Deutschland

**Andreas Mitschele** Duale Hochschule Baden-Württemberg (DHBW), Stuttgart, Deutschland

**Roger Rankel** Feldafing am Starnberger See, Deutschland

**Hans Richter** Staatsanwaltschaft Stuttgart, Stuttgart, Deutschland

**Michael Schellenberger** CMS Hasche Sigle, Berlin, Stuttgart, Deutschland

**Martin Schmid** Kreissparkasse Tübingen, Tübingen, Deutschland

**Stephan Scholl** Sparkasse Pforzheim Calw, Pforzheim, Deutschland

**Andreas Schünhof** Volksbank Kur- und Rheinpfalz eG, Speyer, Deutschland

**Georg von Waldenfels** Wirecard AG, Aschheim, Deutschland

**Karsten Zerfaß** Mainzer Volksbank eG, Mainz, Deutschland

# Die Herausgeber

**Prof. Dr. Detlef Hellenkamp** ist seit 2010 Hochschullehrer und Leiter im Studiengang BWL-Bank der Dualen Hochschule Baden-Württemberg (DHBW) in Stuttgart.

Nach dem Abschluss als Diplom-Kaufmann an der Universität Duisburg-Essen im Jahr 1992 weist er etwa 20 Jahre Erfahrungen in Leitungsfunktionen internationaler Universalbanken und einer genossenschaftlichen Rechenzentrale mit Stationen in Frankfurt, Dortmund, Essen und Münster aus.

Er promovierte zum Dr. rer. oec. am Lehrstuhl Unternehmensfinanzierung und Banken an der Bergischen Universität Wuppertal.

Daneben hat er Erfahrungen in diversen beratenden Funktionen als Aufsichts-, Stiftungs- und Beirat und ist Autor zahlreicher Veröffentlichungen.

**Kai Fürderer** ist Mitglied des Vorstands der Institut für Vermögensaufbau (IVA) AG und verantwortet den Bereich Prozessanalyse.

Nach dem Abschluss zum Dipl.-Betriebswirt (BA) und Investment Consultant (ebs/DBG) erfolgte sein Berufsstart in der Fondsadministration der DekaBank in Luxemburg. Danach war er Projektleiter bei der vwd GmbH – einem führenden Anbieter von Portfoliomanagement-Software – und im Anschluss Abteilungsleiter des Risikocontrollings der Wilhelm von Finck AG (heute: Deutsche Oppenheim Family Office AG).

Zuletzt war er Senior Consultant bei der Nielsen+Partner Unternehmensberater GmbH mit Spezialisierung auf Bankprozess-Optimierung.

# Teil I

# Marktteilnehmer als Anbieter und Nachfrager

# Das Geschäftsmodell der Volksbanken und Raiffeisenbanken im digitalen Zeitalter

Stephan Götzl

## Inhaltsverzeichnis


1 Einleitung . . . . 4
2 Rahmenbedingungen und deren Charakteristika . . . . 5
2.1 Technologischer, insbesondere digitaler Wandel . . . . 5
2.2 Regulation aufgrund der Finanz- und Eurokrise . . . . 5
2.3 Verändertes ökonomisches Umfeld mit Niedrigzinsen . . . . 6
3 Konsequenzen . . . . 6
3.1 Auf Kundenebene . . . . 6
3.1.1 Erwartung übergreifender Produkte und Services . . . . 6
3.1.2 Erwartung vereinfachter Produkte, die transparent dargestellt werden . . . . 7
3.1.3 Erwartung von Preistransparenz in Verbindung mit erhöhter Preissensitivität . . 9
3.1.4 Erwartung einer breiteren Palette verbundener Vertriebswege . . . . 10
3.1.5 Einsatz mobiler (Vertriebswege-) Lösungen . . . . 11
3.2 Auf Bankebene . . . . 11
3.2.1 Kontinuierliche Wettbewerbsbeobachtung . . . . 11
3.2.2 Verstärkter Bedarf an zielgenauer Kundensegmentierung . . . . 13
3.2.3 Unterstützungsleistungen für Berater im Omnikanalvertrieb . . . . 13
3.2.4 Flexibilität und Vernetzung bezüglich der Organisationsstrukturen . . . . 16
4 Ziele der Volksbanken und Raiffeisenbanken und deren Operationalisierung . . . . 16
4.1 Nr. 1 in der Mitglieder- und Kundenzufriedenheit im Omnikanalvertrieb sicherstellen . . . . 16
4.2 Sicherstellung nachhaltiger Wirtschaftlichkeit und Zukunftssicherung . . . . 18
4.3 Operationalisierung der Ziele durch KundenFokus-Initiativen . . . . 18
4.3.1 Beratungsqualität . . . . 19



S. Götzl (✉)
Bis 31.07.2015 Genossenschaftsverband Bayern e. V., München, Deutschland







D. Hellenkamp, K. Fürderer (Hrsg.), *Handbuch Bankvertrieb,*
DOI 10.1007/978-3-658-06447-1_1

4.3.2 webErfolg . . . . . 19
4.3.3 KundenFokus 2020 . . . . . 19
5 Erste Ergebnisse . . . . . 20
5.1 Ergebnisse aus dem Projekt Beratungsqualität . . . . . 20
5.2 Ergebnisse aus dem Projekt webErfolg . . . . . 20
6 Fazit . . . . . 22
Literatur . . . . . 22

# 1 Einleitung

Die Wurzeln der Volksbanken Raiffeisenbanken reichen zurück bis in die Mitte des 19. Jahrhunderts. Es war eine herausfordernde Zeit, die gewaltige geistige, gesellschaftliche, wirtschaftliche und politische Umbrüche mit sich brachte. Die Gewerbefreiheit führte dazu, dass sich Handwerker, Gewerbetreibende, Bauern und Landwirte als selbstverantwortliche Unternehmer am freien Markt behaupten mussten. Dazu bedurfte es einer angemessenen Finanzierung der Betriebe zu günstigen Konditionen, die in der damaligen Zeit keinesfalls leicht zur erhalten war. Im heutigen Sprachgebrauch könnte man die damalige Situation als Kreditklemme bezeichnen, da weder die wenigen von den Sparkassen noch die von privaten Geldverleihern gewährten Darlehen ausreichten, um den Investitionsbedarf des landwirtschaftlichen und gewerblichen Bürgertums zu decken.

Als Hermann Schulze-Delitzsch und Friedrich Wilhelm Raiffeisen in dieser Zeit die ersten Kreditgenossenschaften auf Basis der Selbsthilfe, Selbstverantwortung und Selbstverwaltung gründeten, war das eine Revolution – deren Erfolgsformel auch mehr als 150 Jahre danach noch Gültigkeit besitzt. Unter dem Motto „Hilfe zur Selbsthilfe" schufen Schulze-Delitzsch und Raiffeisen die Vorläufer der heutigen Volksbanken und Raiffeisenbanken, die heute mit bundesweit über 30 Mio. Kunden, 18 Mio. Mitgliedern, 13.000 Filialen und 160.000 Mitarbeitern die größte genossenschaftliche Gruppe in Deutschland bilden (vgl. Götz und Gros 2009).

Nach der Gründung der ersten Kreditgenossenschaften sollte es noch mehr als 100 Jahre dauern, bis der Einsatz von Großrechnern bei der Kontoführung und bei Buchungsvorgängen Ende der 1950er Jahre die erste Phase einer weiteren Revolution einleitete, die den Bankensektor nachhaltig verändern würde – die **technische Revolution**. Was vorerst nur der Entlastung der Backoffice-Bereiche in Banken diente, entwickelte sich in einer zweiten Phase – allerdings sehr zögerlich – auch in Richtung der Kommunikation mit Kunden.

Über Bildschirmtext und Telefonbanking war es Kunden erstmals möglich, Transaktionen ohne Besuch einer Bankfiliale zu tätigen. Erst in den 1990er Jahren startete mit dem „Internet-Banking" der Siegeszug elektronischer Bankgeschäfte. Heute werden bei Banken und Sparkassen bundesweit mehr als 50 Mio. Konten online geführt – mit steigender Tendenz.

Getragen durch den Technologieschub der letzten Jahre befindet sich die Bankenbranche heute in der dritten Phase der technischen Revolution. Schlagworte wie Web 2.0,

Mobile und Smart Data bilden den Nährboden für die fortschreitende Digitalisierung des Bankgeschäfts in einer nie dagewesenen Form (vgl. DZ BANK AG 2014).

Nachstehend werden, ausgehend von einer fundierten Analyse der Rahmenbedingungen, die Auswirkungen der Digitalisierung auf das Geschäftsmodell der Volksbanken und Raiffeisenbanken beleuchtet und auszugsweise Maßnahmen aufgezeigt, wie sich die Genossenschaftliche Finanzgruppe auf die digitale Transformation des Bankgeschäfts im Privatkundensegment einstellt.

## 2 Rahmenbedingungen und deren Charakteristika

### 2.1 Technologischer, insbesondere digitaler Wandel

Die Automatisierung und Miniaturisierung schreitet in relativ gleichbleibendem Tempo voran. Weiterhin verdoppelt sich ca. alle 18 bis 24 Monate die Leistungsfähigkeit von IT-Schaltkreisen. Dies wirkt sich in zunehmenden Rechen-, Analyse- und Speicherleistungen aus. Damit ist die Leistungsfähigkeit eines früheren Großrechners inzwischen in Smartphones, in absehbarer Zeit sogar in Uhren oder anderen „Wearables", also Erweiterungen der Kleidung, abbildbar.

Der rasante Anstieg gilt auch für Geschwindigkeit und Bandbreiten von Kommunikationsleistungen. Damit wird es möglich, dem Nutzer jederzeit sämtliche gewünschte Informationsstrukturen zur Verfügung zu stellen, das heißt Informationsverfügbarkeit und Transparenz jederzeit an jedem Ort, zumindest soweit er über WLAN oder Telefonnetze erreichbar ist.

Diese digitale Revolution hat auch vor den Banken nicht halt gemacht. Weltweit wird bereits mehr als die Hälfte aller Interaktionen zwischen Bank und Kunden digital getätigt. Die zeitlich und räumlich unbegrenzte Verfügbarkeit von Bankdienstleistungen ist kein Begeisterungsfaktor mehr, sondern wird von Kunden mit großer Selbstverständlichkeit erwartet.

### 2.2 Regulation aufgrund der Finanz- und Eurokrise

Die Finanzkrise hat zu massiven Eingriffen von Gesetzgeber und Regulatoren geführt. Ein Ende neuer Regulationen ist nicht absehbar. Bestimmte Leistungen wurden verboten bzw. in ihrer Wirkung eingeschränkt. Für andere Leistungen wird der Umbau der Marktstrukturen ins Auge gefasst.

Die umfangreichsten Eingriffe richten sich auf die Verschärfung von Vorgaben und das Einziehen von Grenzen, zum Beispiel für Liquiditäts-, Kredit- und Risikostrukturen durch Basel II und Basel III. Schließlich wurden und werden Vorgaben zu bestimmten Vorgehensweisen gemacht. Dies betrifft sowohl operative Prozesse am Kunden, zum Beispiel das Beratungsprotokoll im Beratungsprozess als auch Reporting-Prozesse.

### 2.3 Verändertes ökonomisches Umfeld mit Niedrigzinsen

Es ist ein zunehmender Erlös- und Kostendruck zu beobachten, der zum Kippen bisher profitabler Geschäftsmodelle führen kann. Wichtigster Grund ist die Niedrigzinssituation, welche die Margen der Finanzdienstleister deutlich reduziert hat. Diese Entwicklung ist u. a. auf die Staatsfinanzierungskrise zurückzuführen, die durch Wachstumsimpulse der Notenbanken mittels expansiver Geldpolitik, das heißt niedriger Zinsen, überwunden werden soll. Eine deutliche Änderung dieser Politik ist auf absehbare Zeit nicht erkennbar.

Dazu tritt eine Verschärfung des Wettbewerbs durch eine zunehmende Zahl von Akteuren. Bankgeschäft wird global. Selbst für Retail-Banken ist es in hohem Maß europäisch beeinflusst. Neue Wettbewerber – auch aus dem Nicht-Bankenumfeld – dringen ein und entwickeln neue Geschäftsmodelle. Dabei nutzen sie in vielen Fällen deutlich einfachere und kostengünstigere Strukturen, als es den traditionellen Filialbanken mit ihrer verzweigten physischen Infrastruktur möglich ist.

## 3 Konsequenzen

### 3.1 Auf Kundenebene

#### 3.1.1 Erwartung übergreifender Produkte und Services

In Zeiten von Google und Co. sind umfassende Informationen zu jedem Thema zu jeder Zeit nur einen Klick entfernt. Damit steigt auch die Erwartungshaltung nach Transparenz, um Einzelentscheidungen auf Basis der Kenntnis über die gesamte Finanzsituation treffen zu können. Neben umfassenden, qualitativ stets gleichbleibend hohen Beratungsleistungen, werden neue, übergreifende Produkte und Services erwartet, die diesem Wunsch Rechnung tragen.

Dies manifestiert sich momentan insbesondere in der Erwartung an Produkte und Services des Personal Finance Management (PFM). In einer von ibi research durchgeführten Befragung unter 3163 Bankkunden wünschen sich 62 % der befragten Kunden eine geordnete Übersicht über alle verschiedenen Bankverbindungen und -produkte. Diese Übersicht soll unabhängig davon bereitgestellt werden, bei welcher Bank oder Sparkasse der Kunde ein Produkt abgeschlossen hat. Die Nachfrage nach Personal Finance Management Systemen wird sowohl von externen Anbietern als auch den meisten Kreditinstituten inzwischen bedient. Dabei ist zu beachten, dass es lediglich für 43 % der Kunden ausreichend ist, wenn sie ausschließlich die Umsätze ihrer Hauptbankverbindung vorfinden (Abb. 1).

Allgemein besteht ein großes Interesse der Kunden daran, einen Überblick über die monatlichen Ausgaben in unterschiedlichen Kategorien zu erhalten. Die überwiegende Mehrzahl der Kunden kann sich dazu die Nutzung eines persönlichen Finanzmanagement-Systems vorstellen und ist an einer langfristigen Nutzung interessiert. Die für das Finanzmanagement automatische Kategorisierung setzt allerdings bargeldlose Zahlungen

**Abb. 1** Kundenerwartungen zur konsolidierten Sicht auf Konten. (vgl. Lößl et al. 2014)

voraus. Mehr als die Hälfte der Befragten kann sich deshalb vorstellen, ihr Zahlungsverhalten zu ändern und öfter mit EC- oder Kreditkarte zu bezahlen, damit die Zahlungen automatisch kategorisiert werden. Darüber hinaus gibt ebenfalls mehr als die Hälfte der befragten Kunden ihre Bereitschaft an, Zahlungen mit Bargeld manuell in das System nachzutragen und eine Kategorisierung vorzunehmen.

Für die Banken bedeutet das neben der Notwendigkeit, entsprechende Systeme bereitzustellen auch einschneidende Veränderungen für Kartenstrategie und Bargeldlogistik.

Gründe für die Nutzung des Personal Finance Managements einer Bank oder Sparkasse sind vor allem die bisherigen guten Erfahrungen mit dem Online-Banking einer Bank oder Sparkasse (89 %), Datenschutz und Sicherheit (63 %) sowie der persönliche Berater, der bei Fragen und Anregungen zur Seite steht (63 %) (Abb. 2).

Aufgrund des Vorsprungs unabhängiger Wettbewerber, die bereits heute entsprechende Plattformen verfügbar halten, müssen Banken und Sparkassen das Angebot von Personal Finance Management kurzfristig bereitstellen. Deren Verfügbarkeit ist über unterschiedliche Endgeräte hinweg mit einem einheitlichen Datenstand zu gewährleisten, damit der Kunde beispielsweise Bargeldzahlungen unterwegs direkt erfassen kann. Durch eine immer stärkere Präferenz mobiler Endgeräte müssen Services und Apps entwickelt und bereitgestellt werden.

### 3.1.2 Erwartung vereinfachter Produkte, die transparent dargestellt werden

In einer Studie von Bain & Company werden die Erwartungen der Kunden in einem sogenannten Kundenmanifest formuliert. Zusammengefasst lässt sich sagen: Kunden fordern einfache und klare Produkte und Services, die einfach aufzufinden sind und transparent

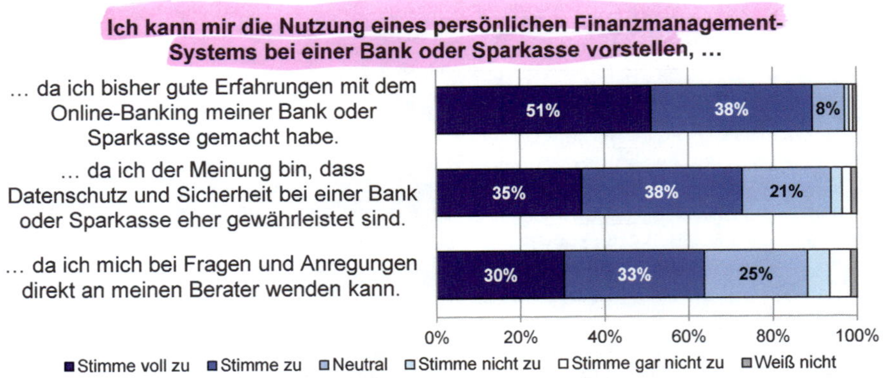


**Abb. 2** Gründe für die Nutzung von Personal Finance Management bei einer Bank oder Sparkasse. (vgl. Lößl et al. 2014)

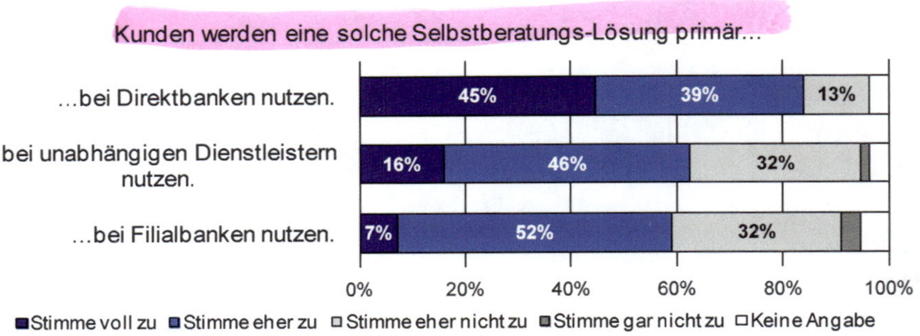


**Abb. 3** Vom Kunden gewählte Anbieter für Selbstberatungslösungen. (vgl. ibi research 2013)

dargestellt werden. Das darf nicht nur in der persönlichen Beratung in der Filiale geschehen, sondern muss – dem generellen und branchenübergreifenden Trend zu Selbstberatungslösungen folgend – in allen relevanten Kanälen gewährleistet sein.

Unter Bezugnahme auf den bekannten ROPO-Effekt (research online, purchase offline) ließe sich auch ein ROPA-Effekt formulieren: research online, purchase anywhere. In nahezu allen Branchen haben Kunden in der jüngsten Vergangenheit gelernt, dass sich Produkte über einen Kommunikationskanal recherchieren, bestellen und übergangslos in einem anderen Kanal abschließen lassen (vgl. Bain und Company 2014). Davon sind Banken flächendeckend noch weit entfernt. Gleichzeitig stimmt einer Studie von ibi research und plenum Management Consulting zufolge mehr als die Hälfte der befragten Experten der These zu, dass sich Selbstberatungslösungen von einer Nischen- zu einer Breitenanwendung entwickeln werden (Abb. 3).

Banken und Sparkassen müssen ihren Kunden Selbstberatungslösungen zur Verfügung stellen. Vor allem Filialbanken können diesen Einstieg nutzen und durch die Bereitstellung eines persönlichen Ansprechpartners dem Kunden einen Mehrwert bieten. Der Kunde kann dabei auf unterschiedlichen Wegen zum Berater gelangen: Für eine Beratung in

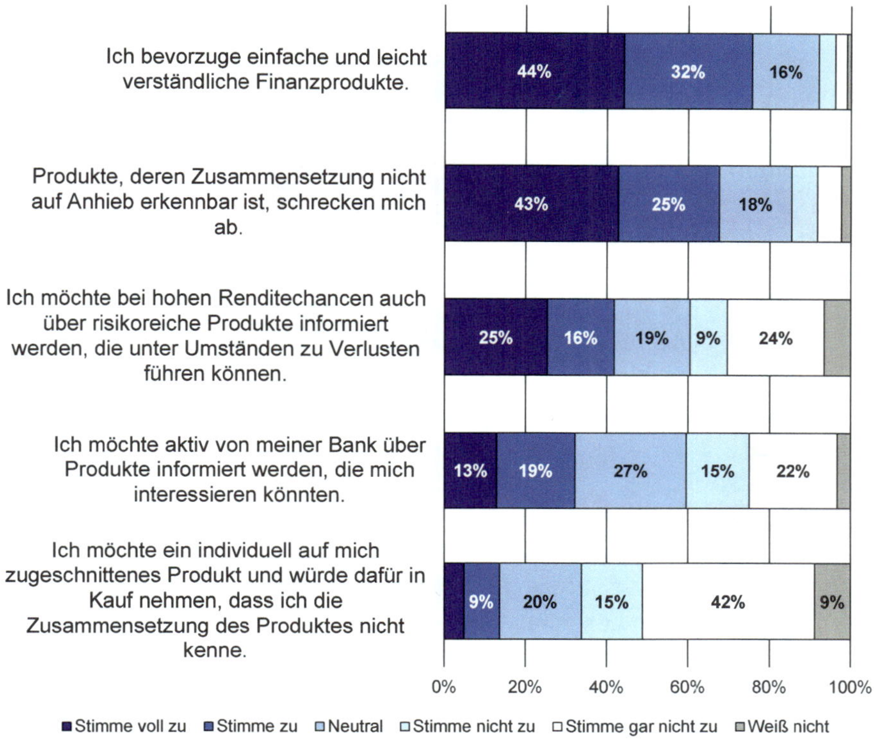


**Abb. 4** Kundenanforderungen an die Eigenschaften von Produkten. (vgl. Früchtl und Peters 2012)

der Filiale ist zwingend das Angebot einer Terminvereinbarung erforderlich, bei der zusätzlich die bereits eingegebenen Daten des Kunden in das Tool gespeichert werden und im späteren Beratungsgespräch zur Verfügung stehen.

Darüber hinaus besteht auch via Internet die Möglichkeit zu einer Interaktion zwischen Kunde und Berater, zum Beispiel über einen telefonischen Kontakt, eine Chat-Funktion oder über das Angebot einer Videoberatung. Die Kernkompetenz der Volks- und Raiffeisenbanken bleibt dabei weiterhin die qualitativ hochwertige und individuelle Beratung im persönlichen Dialog zwischen Berater und Kunde. Dabei stehen beim Kunden – sicher nicht zuletzt als direkte Konsequenz aus der Finanzmarktkrise – die leichte Verständlichkeit und die nachvollziehbare Struktur der Produkte im Vordergrund, selbst wenn das möglicherweise Renditechancen reduziert (Abb. 4).

### 3.1.3 Erwartung von Preistransparenz in Verbindung mit erhöhter Preissensitivität

Die Forderung nach Transparenz ist in der Vergangenheit immer lauter geworden. Nicht nur der Verbraucherschutz, sondern auch die Kunden selbst fordern eine stärkere Aufklärung insbesondere über versteckte oder schwer erkennbare Preiselemente. Eine große Vielzahl an Vergleichsportalen, die nahezu unbegrenzte Verfügbarkeit von Informationen und die wachsende Vergleichsbereitschaft der Kunden führen dazu, dass Preistransparenz zu einem wesentlichen Element der Finanzbeziehung werden wird.

Die Prüfungs- und Beratungsgesellschaft Ernst & Young hat in einer umfangreichen Studie 33.000 Bankkunden in mehr als 40 Ländern zu ihrer Einstellung gegenüber bepreisten Finanzdienstleistungen befragt. Deutsche Bankkunden verfügen demnach über eine besonders hohe Preissensibilität und eine geringe Bereitschaft, Entgelte für zusätzliche Beratungsleistungen zu entrichten (vgl. Ernst Und Young 2014).

Vor dem Hintergrund eines erheblichen Preiswettbewerbs im deutschen Retail Banking bestehen für die Volksbanken und Raiffeisenbanken, die sich traditionell als Qualitäts- und nicht als Preisführer verstehen, besonders hohe Herausforderungen, innovative Lösungen zu erarbeiten, die der Preissensibilität der Kunden Rechnung tragen, ohne den eigenen Anspruch an qualitativ gleichbleibend hohe Beratungsleistungen und Finanzprodukte zu senken.

### 3.1.4 Erwartung einer breiteren Palette verbundener Vertriebswege

In der Finanzkrise hatte die Finanzdienstleistungsbranche mit enormen Vertrauensverlusten zu kämpfen. Die Volksbanken und Raiffeisenbanken gingen durch ihre traditionellen genossenschaftlichen Werte gestärkt aus der Krise hervor. Generell rückten Werte, Nähe und Emotionen noch weiter in den Vordergrund, um das Kundenvertrauen und eine emotionale Basis für die Kunde-Bank-Beziehung zu fördern. Diese Nähe auch im Internet erlebbar werden zu lassen, wird eine der größten Herausforderungen der Finanzbranche darstellen. Die Volksbanken und Raiffeisenbanken legen in der persönlichen Kundenbeziehung größten Wert auf das Erkennen und Herausarbeiten individueller Kundenbedürfnisse, um darauf aufbauend maßgeschneiderte Angebote bieten zu können. Mit dem Ausbau der Digitalisierung des Leistungsangebots müssen entsprechende Datenanalyse-Verfahren und eine personalisierte Kundenkommunikation online einhergehen.

Diese intensive Kundenkommunikation über alle verfügbaren Kanäle hinweg ist von größter Bedeutung vor dem Hintergrund deutlicher abnehmender Filialnutzung. Die Filiale wird von Kunden im Durchschnitt lediglich ein- bis zweimal pro Jahr zu Beratungs- oder Servicethemen, die SB-Zone dagegen (in erster Linie zur Bargeldversorgung) drei- bis fünfmal pro Monat besucht. Noch eklatanter wird der Unterschied bei den web-basierten Kanälen. Kunden nehmen etwa sieben- bis zehnmal pro Monat Kontakt über die Website der Bank auf, die mobilen Angebote werden sogar 15- bis 20-mal pro Monat aufgerufen (zeb.Research 2013). Diese eindeutige Präferenz der Kunden, für Transaktionen oder zu Informationszwecken Onlinekanäle zu nutzen, muss sich in einer vernetzten Angebotslandschaft der Banken widerspiegeln.

Das veränderte Nutzerverhalten führt zu einem kontinuierlichen Wechseln des Kunden zwischen den Kanälen. Während das Internet im Bankgeschäft in vielen Fällen zur Informationsbeschaffung herangezogen wird, bevorzugt ein Großteil der Kunden für einen Abschluss den Besuch in einer Bankfiliale. Experten sehen eine Zweiteilung in komplexere persönliche Beratung in der Filiale sowie Nutzung anderer Kanäle für standardisierte und wenig erklärungsbedürftige Produkte. Um diese Kundenanforderungen zu erfüllen, müssen Banken und Sparkassen ein nahtloses Zusammenspiel der Kanäle ermöglichen. Dies erfordert neben einheitlichen Prozessen auch eine konsistente Datenverfügbarkeit über alle Vertriebswege hinweg. Am besten gelingt dieses Zusammenspiel der Kanäle durch deren Integration in ein durchgängiges Omnikanal-System. Die Volksbanken und Raiffeisenbanken haben sich gemeinsam mit den Unternehmen der genossenschaftlichen Finanzgruppe bereits vor mehreren Jahren dieser Herausforderung angenommen und mit dem **Projekt KundenFokus 2015** die Weichen für ein konsequentes Omnikanal-Banking gestellt.

#### 3.1.5 Einsatz mobiler (Vertriebswege-) Lösungen

Ein wesentliches Element des Omnikanal-Banking stellt das Angebot mobiler Banking-Lösungen dar. Die zunehmende Verbreitung mobiler Endgeräte wird in wenigen Jahren dazu führen, dass das Online-Angebot von Banken und Sparkassen überwiegend über mobile Endgeräte wie Smartphones oder Tablets bezogen wird. Dabei erwarten Kunden nicht nur Informationen, sondern eine umfassende Bedarfsabdeckung zu ihrem eigenen Finanzdienstleistungsbedarf und dessen Management. Dazu gehören auch Produktangebote im Aktiv- wie im Passivbereich sowie übergreifende Services wie das bereits erwähnte Personal Finance Management. Diese Services müssen jederzeit und überall verfügbar und auf die jeweilige Lebens- bzw. Bedarfssituation des Nutzers individuell anpassbar sein. Häufig genutzte Funktionen müssen über ein „Dashboard" konfiguriert werden können, um den raschen Zugriff darauf zu ermöglichen, ausgewählte Push-Nachrichtendienste sollen als Favoriten bestimmt werden.

Die Omnikanal-Strategie zieht auch die Notwendigkeit einer Prozessoptimierung für Information und Beratung bis hin zum Abschluss nach sich. Kunden gehen nach ihren Erfahrungen in anderen Branchen davon aus, dass sie intuitiv von ihrem ersten Kontakt bis zum Produkt geleitet und begleitet werden. Zu jedem Zeitpunkt müssen Absprungpunkte in eine persönliche Kommunikation angeboten werden.

## 3.2 Auf Bankebene

#### 3.2.1 Kontinuierliche Wettbewerbsbeobachtung

Angesichts der massiven Veränderungen ist das Bankmanagement aufgefordert, regelmäßig in einem Rundum-Blick die Wettbewerbssituation zu beobachten und über die eigene Positionierung nachzudenken. Nur beispielhaft sei im Folgenden eine Analyse herausgegriffen, die die Wettbewerbsanalyse nach Porter (Kostenführerschaft versus Differenzierung) um die für Banken besonders wichtige zweite Dimension der Vertriebswegegestaltung ergänzt.

In der heutigen Positionierung sind die Banken in Deutschland noch relativ „mittenzentriert" positioniert (Abb. 5).

Für reife, verteilte Märkte ist demgegenüber ein Trend „in die Ecken der Matrix" typisch. Während sich eine Reihe an Instituten hin zu einer sehr stark standardisierten bzw.

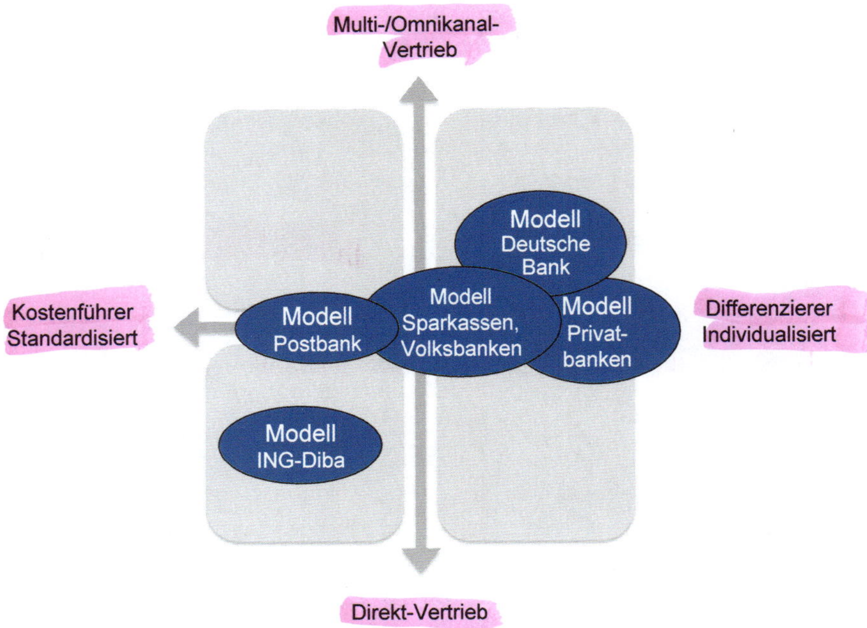


**Abb. 5** Priorisierung des Zielbildes – Heutige Muster am Markt. (ibi research 2013)

kostenoptimierten Positionierung über elektronische Vertriebskanäle bewegt, wird für die regional tätigen Banken eine auf Standardisierung beruhende Omnikanalstrategie als wahrscheinlich erachtet.

Bislang hat sich das historisch niedrige Zinsniveau nur moderat auf die Bruttozinsspanne der Banken und Sparkassen ausgewirkt, die Ertragslage der Institute wurde dadurch nur geringfügig beeinflusst. Durch Entlastungen bei den Refinanzierungskosten sowie stabile bzw. steigende Fristentransformationsbeiträge konnten sinkende Aktivzinsen in großen Teilen kompensiert werden.

In den nächsten Jahren werden sinkende Refinanzierungskosten sowie die Ausnutzung von Preisspielräumen im Einlagengeschäft jedoch keine nennenswerte Rolle bei der Entlastung der Ertragslage spielen, da die Spielräume im derzeit historisch niedrigem Zinsniveau nahezu ausgereizt sind.

Neben der bereits skizzierten Kostensenkung durch einen höheren Grad an Standardisierung sowie dem Einsatz von elektronischen Vertriebswegen könnten der Ausbau des Aktivgeschäfts sowie des provisionstragenden Geschäfts realistische Stellhebel für eine Kompensation der Ertragslage von Banken und Sparkassen sein.

Insbesondere im Aktivgeschäft mit Firmenkunden ist schon seit einiger Zeit eine deutliche Dynamik bei den Wettbewerbsinitiativen der Institute festzustellen (vgl. Bundesverband der Deutschen Volksbanken und Raiffeisenbanken 2014).

Eine Wettbewerbsbetrachtung lediglich in Richtung anderer Kreditinstitute würde aber in Zeiten der Digitalisierung zu kurz greifen. Der Einsatz moderner Technologie erlaubt es heute auch branchenfremden Anbietern, Finanzdienstleistungen anzubieten. Solch branchenfremde Anbieter sind einerseits die „neuen Oligarchen“, die zunehmend Lösungen für Finanzbedürfnisse des Kunden anbieten. Aber auch neue Unternehmen, häufig als FinTechs bezeichnet, entwickeln innovative und einfache Lösungen im Finanzdienstleistungsbereich.

Zwar geben in einer von ibi research und plenum Management Consulting durchgeführten Befragung lediglich 18 % der befragten Experten an, dass das heutige Standard-Angebot von Banken und Sparkassen, wie zum Beispiel Girokonto, Tagesgeld oder Autokredit, zu einem wesentlichen Teil von branchenfremden Anbietern bezogen wird. Betrachtet man einzelne Aspekte des Bankgeschäfts, wie beispielsweise den Zahlungsverkehr im Online-Handel, können sich jedoch 61 % der Teilnehmer vorstellen, dass Nonbanks wie zum Beispiel Paypal das Feld beherrschen (vgl. ibi research 2013).

Damit ein schleichender Verlust der Kunden an branchenfremde Anbieter verhindert werden kann, müssen deren Lösungen kontinuierlich beobachtet werden. Aufgrund der Einfachheit für den Kunden lassen sich damit Hinweise auf Verbesserungen von Bankprodukten und -services entdecken, die unter Umständen einfach zu adaptieren sind. Damit kann in vielen Fällen ein Mehrwert für den Kunden geschaffen werden.

### 3.2.2 Verstärkter Bedarf an zielgenauer Kundensegmentierung

Die gewählte strategische Positionierung der Bank muss durch konkrete Maßnahmen hinterlegt werden, die in Summe die Profitabilität in Richtung Zielniveau steigern. Dabei sind alle „Stellhebel“ systematisch einzusetzen. Ein besonders wichtiger Stellhebel ist die gezielte Allokation der Ressourcen auf die richtigen Kundensegmente und deren zielgruppenkonforme Ansprache. Konsumenten erwarten heute mehr denn je, dass Unternehmen mit passgenauen Lösungen und Angeboten auf ihre Wünsche eingehen.

Als Basisvoraussetzung zur Befriedigung dieser Erwartungshaltung wird es auch zukünftig notwendig sein, den heterogenen Gesamtmarkt im Kundengeschäft in homogene Teilmärkte aufzuspalten, um Zielgruppen mit möglichst ähnlichen Anforderungen, Erwartungen und Potenzialen zu bilden.

Neben den ökonomischen, geografischen und lebensphasenbezogenen Merkmalen muss in den Segmentierungskriterien von Banken zukünftig auch die Absatzwegeaffinität des Kunden eine stärkere Berücksichtigung finden, um eine zielgerichtete Ansprache über den richtigen Kanal sicherzustellen.

Zu beachten ist hierbei, dass die gewählten Segmentierungskriterien auch im dynamischen Zeitalter der Digitalisierung, in dem Trends in immer kürzeren Zeitabständen auftreten und verschwinden, eine zeitliche Stabilität aufweisen. Segmentierungskriterien sollten grundsätzlich von strategischer Natur und somit auf langfristige Sicht ausgelegt sein (vgl. Schleef et al. 2008).

### 3.2.3 Unterstützungsleistungen für Berater im Omnikanalvertrieb

Die Qualität der Beratung wird trotz oder gerade eben wegen des stärkeren Grades an Standardisierung sowie der Notwendigkeit einer höheren Kosteneffizienz zukünftig ein entscheidender Wettbewerbsfaktor unter Banken und Sparkassen sein. Qualitätsverbesse-

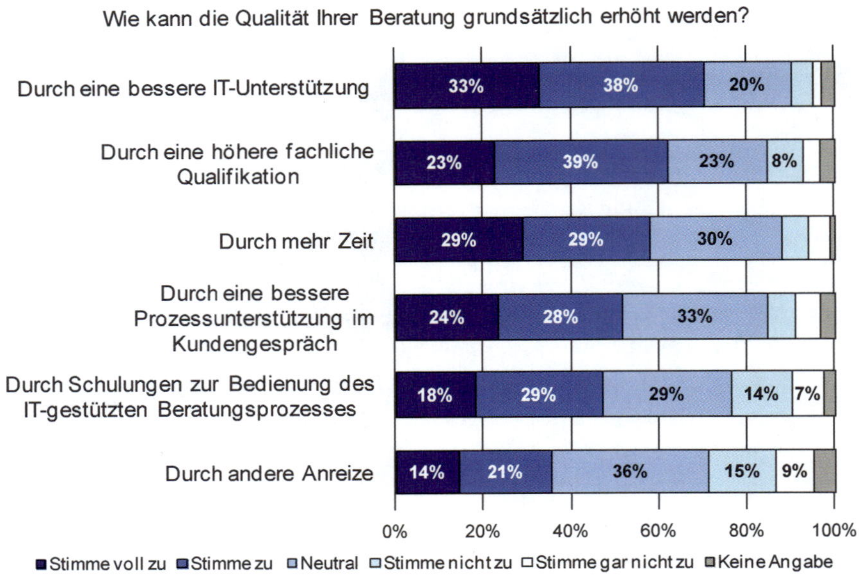


**Abb. 6** Verbesserung der Beratungsqualität aus Beratersicht. (vgl. Früchtl und Peters 2012)

rungen und Kosteneffizienz schließen sich per se nicht gegenseitig aus, da höhere Qualität zu verminderten Fehlerkosten und einer erhöhten Kundenbindung führt. Der Einsatz von moderner Technik auch im persönlichen Beratungsgespräch vor Ort in der Bankfiliale wird auf dem Weg der Qualitätsverbesserung eine tragende Rolle spielen.

In einer Befragung von 216 Bankberatern schätzen die Teilnehmer die Qualität ihrer eigenen Beratung im Allgemeinen positiv ein. 24 % der Berater bewerten ihre eigene Beratung mit „sehr gut“, weitere 74 % mit „gut“. Der Großteil der Berater sieht jedoch Möglichkeiten zur Verbesserung ihrer eigenen Beratungsqualität. Diese kann nach Angabe von 71 % durch eine bessere IT-Unterstützung optimiert werden. Des Weiteren tragen eine höhere fachliche Qualifikation, mehr Zeit, eine bessere Prozessunterstützung im Kundengespräch, Schulungen zur Bedienung eines IT-gestützten Beratungsprozesses sowie andere Anreize zu einer Verbesserung der Beratungsqualität aus Sicht der Berater bei (Abb. 6).

Aus Sicht des Bankmanagements gewährleistet ein standardisierter und IT-gestützter Beratungsprozess die Einhaltung von institutsspezifischen Beratungsstandards und schafft die Voraussetzungen für ein einheitliches Auftreten am Markt.

Untersuchungen über alle Bankengruppen in den letzten Jahren haben gezeigt, dass die Schwankungen in der Beratungsqualität nicht nur von Institut zu Institut auftreten, sondern auch innerhalb der Filialen einer Bank oder Sparkasse eine zu hohe Bandbreite bei der konsequenten Umsetzung der Beratungsstandards festzustellen ist.

In der von ibi research durchgeführten Beraterbefragung bestätigen die Berater selbst, dass ein IT-gestützter Beratungsvorgang insbesondere die konkrete Produktkompetenz (62 %), die Beratungskompetenz (59 %), die Prozesskompetenz (57 %) sowie die generelle Fachkompetenz (55 %) positiv beeinflusst (Abb. 7).

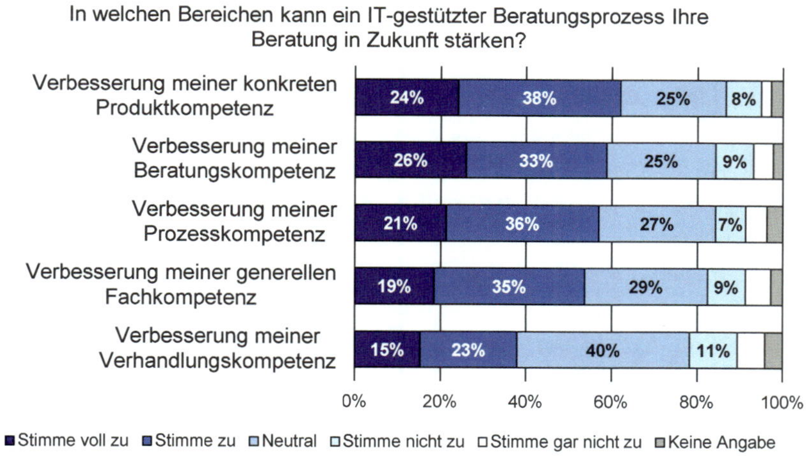


**Abb. 7** Stärkung der Kompetenzen durch IT aus Beratersicht. (vgl. Früchtl und Peters 2012)

Die Erfahrungswerte aus den Volksbanken und Raiffeisenbanken zeigen, dass die Einführung eines systemgestützten Beratungsprozess nicht nur ein IT-Projekt ist, sondern tief in die Strukturen eines Instituts eingreift und einen Kulturwandel in der Beratung anstößt. Oberste Priorität muss es deshalb haben, diesen Veränderungsprozess von Seiten der Führungskräfte konsequent zu begleiten. Neben der rein fachlichen Qualifikation zur Anwendung der Technik, sollte den Beratern über das Aufzeigen der Mehrwerte vermittelt werden, dass der IT-gestützte Prozess die persönliche Beratungskompetenz nicht einschränkt, sondern diese unterstützt und zusätzlich Sicherheit bei der Umsetzung verbraucherschutzrechtlicher Anforderungen bietet.

Eine umfangreiche Begleitung und Qualifikation der Berater ist allerdings nur eine Seite der Betrachtung. Eine wesentliche Grundlage für die IT-gestützte Beratung und deren Integration im Omnikanal-Ansatz sind ein ganzheitliches, zentrales Datenmanagement sowie durchgängige Prozesse. So muss es beispielsweise in der Beratung ermöglicht werden, auf Daten bzw. Prozessen aufzubauen, die durch den Kunden über einen nicht-stationären Vertriebs- oder Kommunikationskanal angestoßen wurden.

Als schon heute sehr gut funktionierendes Beispiel aus der genossenschaftlichen FinanzGruppe kann an dieser Stelle die Handhabung des Konsumentenkredits „easyCredit" genannt werden.

Eine moderne Anwendung ermöglicht es dem Kunden, einen persönlichen Kreditwunsch online zu konfigurieren. Hat der Kunde zusätzlichen Beratungsbedarf, der einem sofortigen Online-Abschluss entgegensteht, so kann er in einem persönlichen Gesprächstermin in der Filiale einer Volksbank und Raiffeisenbank dem Kundenberater unter Aushändigung einer Vorgangsnummer den Zugriff auf seine bereits erfassten Daten und Modellkalkulationen gewähren. Der Berater wird dadurch in die Lage versetzt, ohne Medienbrüche und zusätzliche Datenbestandsaufnahmen den konkreten Kreditwunsch des Kunden aufzugreifen und gegebenenfalls zu optimieren.

### 3.2.4 Flexibilität und Vernetzung bezüglich der Organisationsstrukturen

Die wirtschaftliche, informationstechnische sowie demografische Entwicklung wird viele Anbieter von Bankdienstleistungen dazu zwingen, effizientere und flexiblere Organisationsstrukturen zu schaffen oder sich aus Geschäftsfeldern komplett zurückzuziehen. Nachdem die Anzahl von Bank- und Sparkassenfilialen in Deutschland seit Ende der 1990er Jahre bereits um ca. 40 % abgenommen hat, wird sich die Dynamik dieses Trends zukünftig noch weiter erhöhen. Insbesondere im Privatbankenbereich ist davon auszugehen, dass die Dichte des Filialnetzes in der Fläche stark abnimmt und das Standard-Retailgeschäft auf die elektronischen Vertriebswege verlagert wird. Hochwertige Beratungsleistungen werden nur noch in Hauptniederlassungen bzw. größeren Zweigstellen angeboten, während über Selbstbedienungsfilialen sowie über Kommunikationswege wie zum Beispiel der Video-Beratung eine Grundversorgung im Kundenservice und der Kundenberatung angeboten wird.

Wagt man den Blick zu führenden Instituten im Ausland, so kann man dort bereits eine klare Tendenz bei der Effizienzsteigerung der Filialstrukturen beobachten:

Am häufigsten anzutreffen ist hier ein Organisationsmodell mit Flaggschiff- und Satelliten-Filialen. Dieses Modell sieht Beratungsbüros sowie an Einzelhandelskonzepte angelehnte Filialen und Selbstbedienungskioske mit Verbindung zu einer größeren Flaggschiff-Filiale vor. Durch den Einsatz moderner Technik ist in den Satelliten-Filialen häufig keine Kassenfunktion sowie kein klassischer Bankschalter mehr verfügbar (vgl. Bain und Company 2012).

Für Genossenschaftsbanken und Sparkassen, die als regional tätige Banken mit einem hohen Marktanteil (im privaten Einlagengeschäft betrug dieser im Jahr 2014 rund 70 %) tief in der Fläche verwurzelt sind, werden flexiblere Organisationsstrukturen zur Erhaltung der betriebswirtschaftlichen Effizienz von noch höherer Bedeutung sein, da ein verstärkter Rückzug aus der Fläche konträr zum genossenschaftlichen Prinzip bzw. Selbstverständnis der Volks- und Raiffeisenbanken sowie dem öffentlichen Auftrag der Sparkassen steht.

Bereits heute existierende Modelle, wie zum Beispiel Teilzeit-Filialen, Filial-Sharing und SB-Filialen, müssen parallel mit dem beschleunigten Ausbau von Online-Kommunikations- und Dienstleistungsangeboten weiterentwickelt werden. Dabei sollte man aber nicht 1:1 Konzepte etablieren, die sich bei ausländischen Banken bewährt haben, sondern auf die Besonderheiten und Wünsche der Kunden und Mitglieder am deutschen Bankenmarkt eingehen, der sich zuweilen stark von anderen Märkten unterscheidet.

## 4 Ziele der Volksbanken und Raiffeisenbanken und deren Operationalisierung

### 4.1 Nr. 1 in der Mitglieder- und Kundenzufriedenheit im Omnikanalvertrieb sicherstellen

Die Grundlage der Geschäftstätigkeit der mehr als 1000 deutschen Volks- und Raiffeisenbanken bildet im Sinne eines einheitlichen Markenkerns die sogenannte „Zielpyramide“, in deren Vision die Primärinstitute die Basis für starke Mitglieder, für eine starke genossenschaftliche FinanzGruppe und damit für eine starke Region bilden.

Als Antwort auf die Wettbewerbssituation und mit Blick auf das strategische Ziel „Nr. 1 in Mitglieder- und Kundenzufriedenheit“ steht diese Maxime sowohl für den stationären als auch für den digitalen Vertriebsweg. Es gilt also, auf verschiedenen Ebenen Höchstleistung zu bringen, um die Mitglieder und Kunden zu begeistern.

Dank ihrer Rechtsform besitzen Genossenschaftsbanken mit der „Mitgliedschaft“ ein einzigartiges Differenzierungsmerkmal, das die Basis für eine starke Marke bildet und auch im Markenversprechen der Volks- und Raiffeisenbanken tief verankert ist: „Wir sind den Lebenszielen und Herzenswünschen unserer Mitglieder vor Ort verpflichtet“.

Diese starke Marke sowie das Markenversprechen möchten die Volksbanken und Raiffeisenbanken durch konstante Qualität und eine stringente Markenwahrnehmung an allen Markenkontaktpunkten gewährleisten und erlebbar machen. Dies muss jeden Tag aufs Neue im täglichen Kunden- und Mitgliederkontakt bewiesen werden, egal ob in der On- oder Offlinewelt (Abb. 8).

**Abb. 8** Markenkontaktpunkte. (vgl. Bundesverband der Deutschen Volksbanken und Raiffeisenbanken 2014)

### 4.2 Sicherstellung nachhaltiger Wirtschaftlichkeit und Zukunftssicherung

Ebenso wie die Zielsetzung der Nr. 1 in der Kunden- und Mitgliederzufriedenheit, sind die Sicherstellung nachhaltiger Wirtschaftlichkeit sowie die Zukunftssicherung als strategische Zielsetzungen in der Zielpyramide der Volksbanken und Raiffeisenbanken verankert.

Die Volksbanken und Raiffeisenbanken stehen vor der Herausforderung, unter Beachtung einer langfristigen und auf die Wünsche ihrer Mitglieder ausgerichteten Geschäftspolitik richtige Antworten auf wirtschaftliche, gesellschaftliche sowie politische Einflussfaktoren und (Mega)-Trends zu finden. Insbesondere, aber nicht abschließend, lassen sich aus heutiger Sicht folgende Faktoren nennen, deren hohem Einfluss ganz besondere Aufmerksamkeit geschenkt werden muss:

- Erhöhte Eigenkapitalvorschriften und aufsichtsrechtliche Dokumentationspflichten als Beispiele für eine immer weiterreichende Regulatorik als Antwort der Politik auf die Verwerfungen der Finanzkrise seit 2007.
- Die europäische Integration und die Liberalisierung der Finanzmärkte führen zu einem noch intensiveren Wettbewerb am deutschen Bankenmarkt. Für europäische Institute sowie für Non- und Nearbanks ist der Einstieg trotz des schon jetzt intensiven Wettbewerbs lohnenswert. Insbesondere die Non- und Nearbanks unterliegen nicht denselben regulatorischen Anforderungen wie die deutschen Banken und Sparkassen und haben daher relativ niedrige Markteintrittsbarrieren.
- Auf gesellschaftlicher Seite spiegelt der demografische Wandel seine Auswirkungen nicht nur in einem stetig ansteigenden Durchschnittsalter der Bevölkerung, sondern auch in hohen regionalen Ungleichgewichten. Einer starken Tendenz der Urbanisierung mit hohen Zuzugsraten in Ballungsräumen steht ein teilweise eklatanter Bevölkerungsrückgang in ländlichen und strukturschwachen Regionen gegenüber.
- Der technologische Wandel und die Digitalisierung haben gravierenden Einfluss auf das Informations- und Kommunikationsverhalten und ermöglichen es schon heute, nahezu unabhängig von Ort und Zeit Bankgeschäfte durchzuführen (vgl. Bundesverband der Deutschen Volksbanken und Raiffeisenbanken 2014).

### 4.3 Operationalisierung der Ziele durch KundenFokus-Initiativen

Um auch zukünftig die erste Wahl für Kunden und Mitglieder zu sein, wurden in der Genossenschaftlichen FinanzGruppe der Volks- und Raiffeisenbanken bereits zu einem sehr frühen Zeitpunkt die strategischen Weichen gestellt.

Schon bevor konkrete Maßnahmen angestoßen wurden, war allen Beteiligten in der genossenschaftlichen FinanzGruppe klar, dass das strategische Ziel „Nr. 1 in Mitglieder- und Kundenzufriedenheit“ nur dann erreicht werden kann, wenn Optimierungsmaßnahmen konsequent aus Sicht der Kunden und Mitglieder angestoßen werden. Deshalb wurden in einer umfassenden und repräsentativen Marktforschungsstudie die Erwartungen an die genossenschaftliche FinanzGruppe erfragt.

Nach der Auswertung der Ergebnisse stellten sich zwei Dinge als wesentlich heraus:

Zum einen ist der Bankberater für die Menschen nach wie vor die wichtigste Anlaufstelle und Vertrauensperson in Finanzangelegenheiten. Zum anderen spielt das Internet als Informationsquelle bei Finanzprodukten eine immer größere Rolle. Aus den Ergebnissen ging ebenso deutlich hervor, dass beide Themen untrennbar verbunden sind, denn die Menschen erwarten von der genossenschaftlichen FinanzGruppe, dass sie über beide Zugangswege kommunizieren und Finanzprodukte abschließen können.

Aus diesen zentralen Erwartungen wurden die beiden Projekte „Beratungsqualität" zur Optimierung der Qualität in der stationären Beratung sowie „webErfolg" zur Weiterentwicklung der Internetstrategie geboren, die kommunikativ unter dem gemeinsamen Dach „KundenFokus 2015", der On- und Offline-Offensive der Genossenschaftlichen Finanz-Gruppe Volksbanken Raiffeisenbanken, gebündelt wurden.

### 4.3.1 Beratungsqualität

Im Mittelpunkt des Projektes Beratungsqualität steht ein IT-gestützter und medienbruchfreier Beratungsprozess für das Kundengespräch im Privatkundenbereich, der methodisch optimiert, harmonisiert und durch klare Strukturen gestaltet ist. Dieser Prozess unterstützt die Berater in den Volksbanken und Raiffeisenbanken nicht nur dabei, die hohen Qualitätsstandards der genossenschaftlichen Beratungsphilosophie einheitlich umzusetzen, sondern auch bei der Berücksichtigung der konkreten Anforderungen aus dem Verbraucherschutz in der Kundenberatung.

### 4.3.2 webErfolg

Das Projekt webErfolg verfolgt die Zielsetzung, die bundesweit mehr als 1000 Volks- und Raiffeisenbanken über den Meilenstein der Erreichung des Marktstandards zur Nr. 1 in Mitglieder- und Kundenzufriedenheit im Onlinekanal zu führen. Dazu bedarf es der strategiekonformen Ausgestaltung des Onlinekanals und der breiten Verankerung der Internetstrategie in der Gruppe.

Ein neuer und durch einheitliche Gestaltungsrichtlinien definierter Onlineauftritt, umfangreiche Onlineproduktabschluss- und Serviceprozesse, eine integrierte Personal Finance Management-Anwendung sowie der Relaunch des zentralen Portals „vr.de" sind nur einige Komponenten, die den Volks- und Raiffeisenbanken durch das Projekt webErfolg zur Verfügung stehen und für Kunden und Mitglieder ein neues Qualitätserlebnis im Onlinekanal versprechen.

### 4.3.3 KundenFokus 2020

Nach dem Übergang von Beratungsqualität und webErfolg in den Regelbetrieb hat die genossenschaftliche FinanzGruppe unter der strategischen Klammer von „KundenFokus 2020" die konsequente Weiterführung von KundenFokus 2015 beschlossen. Mit der Zielsetzung, den Filial- und Onlinevertrieb sowie weitere Vertriebs- und Kommunikationswege im Sinne eines Omnikanal-Ansatzes noch enger zu verbinden und weiterzuentwickeln, werden die Projekte aus KundenFokus 2020 die Tragsäulen zur Erfüllung der Wünsche unserer Kunden und Mitglieder an eine innovative und moderne genossenschaftliche FinanzGruppe.

# 5 Erste Ergebnisse

## 5.1 Ergebnisse aus dem Projekt Beratungsqualität

Durch das Projekt Beratungsqualität wurde in der genossenschaftlichen FinanzGruppe ein einheitlicher und harmonisierter Beratungsprozess als Qualitätsstandard in der Beratung für das Privatkundengeschäft entwickelt, der in seiner ersten Stufe seit dem Frühjahr 2013 verfügbar war.

Der gesamte Beratungsprozess ist in hohem Maße IT-gestützt und bildet aufbauend auf einem Prozess zum Kundenbeziehungsmanagement alle wesentlichen Beratungsthemen im Privatkundengeschäft ab.

Der neue Beratungsprozess ermöglicht es den Kundenberatern in den Volksbanken und Raiffeisenbanken neben der Einhaltung von einheitlichen Qualitätsstandards beispielsweise auch, bei einer Beratung zu Finanzinstrumenten, die im Kundenbeziehungsmanagement erfassten Kundenangaben so weit wie möglich automatisiert für das gesetzlich vorgeschriebene Protokoll nach WpHG weiterzuverwenden, bei höchstmöglicher Flexibilität gegenüber den Kundenwünschen.

Um die Fortschritte in der Beratungsqualität in den Volksbanken und Raiffeisenbanken zu messen, werden in regelmäßigen Abständen Testberatungsgespräche durch unabhängige Experten durchgeführt, die die Einhaltung der umfangreichen Qualitätskriterien prüfen. Hierdurch konnte bereits nach kurzer Zeit festgestellt werden, dass die Qualität durch den Einsatz des neuen IT-gestützten Beratungsprozesses im Vergleich zur konventionellen Beratung merklich gesteigert wurde.

## 5.2 Ergebnisse aus dem Projekt webErfolg

Seit Mitte 2013 steht den Volks- und Raiffeisenbanken ein neuer und moderner Internetauftritt zur Verfügung. Dieser ist gekennzeichnet durch eine schlanke und übersichtliche Navigationsstruktur, die sowohl nach Zielgruppen als auch nach Themen differenziert ist. Zielsetzung ist es, den User über wenige Klicks zu den gewünschten Detailinformationen zu Produkten- und Services der Bank zu führen. Eine durchgängige Platzierung von Kontaktaufnahmemöglichkeiten erlaubt es, an jeder Stelle des Onlineauftritts schnell in Kontakt mit der Bank zu treten (Abb. 9).

Durch das für mobile Endgeräte optimierte Design des Onlineauftritts, sowie die mehrfach ausgezeichnete „VR-Banking-App“, wurde dem rasanten Nutzungsanstieg von

**Abb. 9** Neuer Onlineauftritt der Volksbanken Raiffeisenbanken. (vgl. VR-Networld GmbH)

Smartphones und Tablets Rechnung getragen. In ersten Volksbanken und Raiffeisenbanken ist zudem mit dem „Finanzmanager" eine innovative Personal Finance Management-Anwendung für die Kunden und Mitglieder verfügbar.

Die Informationstiefe zu den Produkt- und Serviceangeboten wurde stark erhöht und mit neuen Produktauswahl- sowie Berechnungstools auf die Bedürfnisse der Kunden angepasst. Nicht nur zu den klassischen Bankprodukten wie Girokonto oder Tagesgeld, sondern auch zu ausgewählten Produkten aus den Unternehmen der genossenschaftlichen Finanzgruppe (Schwäbisch Hall, R+V Versicherung, TeamBank AG) stehen durch webErfolg Online-Abschlussstrecken auf den Homepages der Banken zur Verfügung.

Begleitet von einer Vielzahl an weiteren Maßnahmen bestätigen die Ergebnisse den Erfolg des Projekts. Im jährlich durchgeführten Qualitätscheck der Onlineauftritte bei bundesweit allen Volks- und Raiffeisenbanken konnte eine deutliche Verbesserung auf dem Weg zur Erreichung des Marktstandards festgestellt werden. Ebenso konnte die Sichtbarkeit der Volksbanken und Raiffeisenbanken im Internet stark verbessert werden.

Der Anstieg von Kundenanfragen über den Internetauftritt, die gestiegene Verweildauer auf den Informationsseiten sowie das sehr positive Feedback zu den neuen Online-Angeboten zeigen, dass mit dem Projekt webErfolg die richtigen Antworten auf die Wünsche der mehr als 30 Mio. Kunden gefunden wurden.

## 6 Fazit

Seit über 150 Jahren stehen die Volksbanken und Raiffeisenbanken mit ihren genossenschaftlichen Grundwerten als verlässlicher Partner für ihre Kunden und Mitglieder vor Ort. Die genossenschaftliche Idee mit ihren Grundwerten Partnerschaftlichkeit, Transparenz, Solidarität, Vertrauen, Fairness und Verantwortung ist heute aktueller denn je. Der Maßstab des Handelns der Volks- und Raiffeisenbanken bleibt auch zukünftig dieses genossenschaftliche Selbstverständnis.

In einem herausfordernden Marktumfeld wird die Genossenschaftliche FinanzGruppe auch im Zeitalter der Digitalisierung ihr Geschäftsmodell nicht grundlegend verändern, sondern basierend auf den Wünschen der Mitglieder und Kunden gezielt erweitern und das Markenversprechen in allen Kommunikations- und Vertriebskanälen erlebbar machen.

Mit den Initiativen aus KundenFokus 2015 sowie deren Fortführung in KundenFokus 2020 hat die Genossenschaftliche FinanzGruppe die Weichen für die Sicherstellung nachhaltiger Wirtschaftlichkeit sowie des Anspruchs der Nr. 1 in Mitglieder- und Kundenzufriedenheit gestellt.

## Literatur

Bain & Company (2014): Auf dem Weg zur Retailbank der Zukunft. München/Zürich 2014.

Bain & Company (2012): Retail-Banking – Die digitale Herausforderung, München/Zürich 2012.

Bundesverband der Deutschen Volksbanken und Raiffeisenbanken (2014): Kompass 2015, Analyse, Prognose, Bewertung und Maßnahmen. Berlin, 2014.

DZ BANK AG (2014): Konjunktur und Kapitalmarkt: Geht die Zeit der Universalbanken zu Ende? Frankfurt 2014.

Ernst & Young (EY) (2014): Global Consumer Banking Survey, Winning through customer experience.

Früchtl, C.; Peters, A. (2012): Die Bankberatung im Umbruch – Anforderungen, Konflikte und Lösungen aus Kunden- und Beratersicht. Verlag ibi research GmbH, Regensburg, 2012.

Götzl, S., Gros, J. (2009): Regionalbanken seit 160 Jahren: Die Volksbanken und Raiffeisenbanken: Merkmale, Strukturen, Leistungen. Deutscher Genossenschaftsverlag eG, Wiesbaden, 2009.

ibi research GmbH, plenum Management Consulting GmbH (2013): Digitalisierung in der Finanzdienstleistungsbranche. Ausgewählte Ergebnisse einer gemeinsamen Delphi-Studie, Regensburg, 2013.

Lößl, F.; Früchtl, C.; Peters, A. (2014): Personal Finance Management – Status quo und Kundenerwartungen. Verlag ibi research GmbH, Regensburg, 2014.

Schleef, M.; Kanzler, T.; Kraus, W.; Fuchs, O. A. (2008): in: Kompendium Management and Finance - Vertriebsmanagement in Finanzinstituten, (Hrsg.) Udo Steffens, Alexander Westenbaum, Frankfurt School Verlag, Frankfurt, 2008.

zeb/rolfes.schierenbeck.associates GmbH (2013): zeb Research, zeb Projekterfahrungen, 2013.

**Prof. Dr. h.c Stephan Götzl** war Anfang der 90er Jahre Staatssekretär für Umwelt und Gesundheit in Rheinland-Pfalz, danach war er u. a. als Geschäftsführer der Pfleiderer AG beschäftigt. 1999 wurde er zum Hauptgeschäftsführer der Vereinigung der Bayerischen Wirtschaft und des Verbandes der Bayerischen Metall- und Elektro-Industrie. 2002 wurde er Präsidialmitglied der Vereinigung der Bayerischen Wirtschaft.

Vom 01. Januar 2005 bis zum 31.07.2015 war Stephan Götzl Vorstandsvorsitzender und Verbandspräsident des Bayerischen Genossenschaftsverbandes. Ferner ist er als Aufsichtsrat bei der BayWa AG, der Bayern-Versicherung Lebensversicherung AG sowie bei der Deutschen Verkehrsbank AG tätig.

Er erhielt 2008 die Ehrendoktorwürde der Universität Passau und wurde 2011 zum Honorarprofessor der Friedrich-Alexander-Universität Erlangen Nürnberg ernannt.

# Digitalisierung und Regulierung: Katalysatoren eines sich wandelnden Bankgeschäftes

Jürgen Lieberknecht

## Inhaltsverzeichnis


1 Einleitung . . . 25
2 Entwicklungsphasen des Bankenmarktes Deutschland . . . 26
2.1 Aktuelle Situation der Banken in Deutschland . . . 27
2.2 Zentrale Einflussfaktoren auf das Retail-Bankgeschäft . . . 28
3 Strategien eines langfristig ausgerichteten Unternehmenserfolges . . . 30
4 Ausgewählte Ansätze einer anwendungsorientierten Umsetzung der Strategien . . . 34
5 Schlussbetrachtung . . . 36
Literatur . . . 37


## 1 Einleitung

Die Finanzbranche befindet sich seit geraumer Zeit in einem umfassenden Umbruch. Rahmenbedingungen haben sich verändert, insbesondere der Trend zur Digitalisierung, der Verbraucherschutz und veränderte Kundenbedürfnisse sind Themen, mit denen sich die Bankenbranche derzeit intensiv auseinandersetzen muss (vgl. Baxter und Vater 2014). Diese Veränderungen haben Auswirkungen auf das Bankgeschäft, auf die Banken angemessen reagieren müssen, wenn sie auf lange Sicht erfolgreich im Markt bestehen wollen (vgl. Bauer und Praeg 2014) (Abb. 1).


J. Lieberknecht (✉)
TARGOBANK AG & Co. KGaA, Düsseldorf, Deutschland





D. Hellenkamp, K. Fürderer (Hrsg.), *Handbuch Bankvertrieb,*
DOI 10.1007/978-3-658-06447-1_2

**Abb. 1** Rahmenbedingungen im Retailbanking „Jäger des verlorenen Schatzes". (Quelle: TARGOBANK)

## 2 Entwicklungsphasen des Bankenmarktes Deutschland

In der Vergangenheit haben Kreditinstitute im Retail-Banking mehrere Entwicklungsstufen durchlaufen, die sich idealtypisch in drei Phasen unterteilen lassen.

In der ersten Phase lag der Schwerpunkt auf Distribution. Sie war dadurch gekennzeichnet, dass Banken sich durch die Strategie, möglichst viele Filialen zu eröffnen, Wettbewerbsvorteile versprachen. Über die steigende Zahl an Geschäftsstellen generierte eine Bank Wachstum.

Eine solche Wachstumsstrategie kann isoliert betrachtet nur so lange erfolgreich sein, bis die Fläche besetzt ist oder die Flächenpräsenz in Frage gestellt wird. Letzteres ist durch eine zunehmende Digitalisierung eingetreten, die neue Kommunikations- und Vertriebskanäle eröffnet hat. Diese erste Phase ist in Deutschland seit mehreren Jahren bereits abgeschlossen – die Bankendichte zählt trotz mittlerweile sinkender Zahl von Bankfilialen aber immer noch zur höchsten weltweit. Dabei gibt es aktuell ebenso Banken, die gegen den Trend, Filialen eröffnen, um vor Ort für den Kunden präsent zu sein. Denn: Der persönliche Kontakt zur Bank ist nach wie vor grundlegend für eine gute Kunde-Bank-Beziehung (vgl. Bain & Company 2014).

Die zweite Phase, in welche die Retail-Banken eintraten, war durch deren Preispolitik bestimmt. Nachdem das Filialnetz in der Fläche ausgebaut war, versuchten die Banken anderweitig Wachstum zu generieren. Das geschah bei vielen Instituten über den Preis für Bankprodukte und -dienstleistungen. In Deutschland sind Kunden sehr preissensitiv, gerade was Bankdienstleistungen betrifft (vgl. Accenture 2010). Schließlich haben Banken jahrelang durch kostenlose Konten, Wechselangebote in allen Produktkategorien (zum Beispiel durch Gutschriften bei der Neueröffnung eines Girokontos) versucht, sich Kunden gegenseitig abzuwerben und so durch Verdrängung zu wachsen. Banken haben ihre Kunden damit zu einer Art „Kostenloskultur“ in Bezug auf Bankdienstleistungen erzogen.

Gleichwohl: Über die Nutzung von Bankdienstleistungen lässt sich (noch) Geld verdienen, beispielsweise im Wertpapiergeschäft. Entsprechend aggressiv gehen die Marktteilnehmer in die Akquisition. Ein Depotwechsel ist inzwischen überaus unkompliziert und schnell online möglich, sodass Wettbewerber für einen Depotübertrag mit einer Prämie von bis zu 2500 € (je nach Depotvolumen) warben.

Als die Möglichkeiten ausgereizt waren, über den Preis oder Aktionsangebote Kunden zu gewinnen, begann die dritte Phase. Aufgrund stark geschrumpfter Margen im Privatkundengeschäft, gab es kaum noch Spielraum für weitere Preissenkungen. Deshalb war es in dieser Phase das Ziel, sich beim Kunden durch ein klares Produkt-, Service- oder Beratungsversprechen von der Konkurrenz abzusetzen. Differenzierungsstrategien lösten somit reine Preisstrategien ab (vgl. Krause und Wildhirt 2012).

Neue Filialen zu eröffnen und Preise zu senken, sind relativ einfach umsetzbare Maßnahmen, sie sind ein einfacher Weg zu mehr Wachstum. Differenzierungsstrategien stellen eine größere Herausforderung dar, das heißt in der Beratung und bei möglichst jedem Kundenkontakt so unterscheidbar zu sein, dass Kunden eine Bank in ihre engere Auswahl nehmen. Kundenerlebnisse müssen sich von der Konkurrenz abheben.

Es war ein Fehler zahlreicher Kreditinstitute, weiterhin (nur) auf Filialeröffnungen als Wachstumstreiber zu setzen, als bereits absehbar war, dass die Erträge der Branche stagnieren oder sogar sinken würden. Als die Digitalisierung etwa ab dem Jahr 2000 einsetzte, war erkennbar, dass diese Strategie mit hohen Risiken versehen war.

Darüber hinaus war es im Nachhinein nicht richtig, sich insbesondere in der zweiten Phase (und zum Teil noch heute) auf einen ruinösen Preiswettbewerb einzulassen – Fehler, die andere Industrien ebenfalls begingen. Mit regelmäßigen Sonderkonditionen kann man in einem nahezu stagnierenden Markt nicht dauerhaft wachsen. Hierzu lässt sich bereits in der einschlägigen Fachliteratur nachlesen, dass man gleichzeitig nicht Preisführer und Qualitätsführer sein kann (vgl. Grant 2007).

Die Konsequenzen dieser Aktivitäten sind bereits schmerzhaft und werden weiterhin erhebliche Anpassungsanstrengungen bedingen.

## 2.1 Aktuelle Situation der Banken in Deutschland

Die großen privaten Banken bauen ihr Filialnetz zurück oder geben es fast völlig auf. Insgesamt gibt es in Deutschland zu viele Geschäftsstellen, weil immer mehr Kunden aufgrund einer fortschreitenden Digitalisierung neue Kommunikations- und Vertriebswege in Anspruch nehmen. Dadurch sinkt die Kundenfrequenz in den Geschäftsstellen.

Gleichzeitig sinken im Privatkundengeschäft weiter die Margen und aufgrund der aktuellen Niedrigzinsphase verstärkt sich der Druck auf der Preisebene. Es ist aktuell für Kreditinstitute eine große Herausforderung, mit Produkten auf der Passivseite Erträge zu generieren. Deshalb fokussieren die Institute im Bankvertrieb zunehmend Produkte, welche die Aktivseite der Bilanz betreffen.

## 2.2 Zentrale Einflussfaktoren auf das Retail-Bankgeschäft

**Fortschreitende Digitalisierung**

Die fortschreitende Digitalisierung beschleunigt Entwicklungen der Banken im Kontext der dritten Phase, in der sie versuchen müssen, sich durch „Kundenerlebnisse" von ihren Wettbewerbern abzuheben. Die digitalisierte Welt ist durch ein hohes Maß an Transparenz gekennzeichnet. Diese wird beispielsweise durch Online-Portale erhöht, welche den Kunden eine Vergleichbarkeit von Finanzprodukten und -dienstleistungen erleichtern. In dieser Phase sind Banken durch verändertes Kundenverhalten gezwungen, ihre bisherigen Strategien fundamental zu überdenken und sich neu aufzustellen.

Kreditinstitute können sich den dynamischen Entwicklungen der Digitalisierung nicht entziehen. Erträge wachsen im Privatkundengeschäft kaum noch, es herrscht Verdrängungswettbewerb, Kosten der Kundenakquisition steigen, klassische Wettbewerber aus dem Bankenumfeld, „FinTechs" und Internetkonzerne drängen in vormals alttradierte Bankgeschäftsfelder vor. Banken mit einer zu hohen Kostenstruktur werden im Markt möglicherweise nicht mehr ausreichende Renditen erzielen und (notwendigerweise) in größeren Instituten oder Verbänden aufgehen – es wird eine Konsolidierung geben.

**Zunehmende Regulierung**

Eine weitere zentrale Rahmenbedingung ist der Verbraucherschutz (vgl. Kuhn 2014). Nicht nur die Digitalisierung führt zu einer immer höheren Transparenz, der Verbraucherschutz, die Aufsichtsbehörden und der Gesetzgeber wirken in die gleiche Richtung. Die Zahl der Vorschriften, die der Regulierung der Banken dienen, steigen ständig. Beispiele sind die Verbraucherkreditrichtlinie, Produktinformationsblätter, MiFID I/II oder die Europäische Bankenrichtlinie. Die Regulierung der Banken durch den Gesetzgeber zielt im Wesentlichen darauf ab, die Verständlichkeit von Finanzprodukten und -dienstleistungen für den Kunden zu erhöhen. Der Verbraucher soll letzten Endes die Möglichkeit haben, Bankleistungen ohne große Mühe vergleichen zu können und transparent über Produkteigenschaften und Kosten aufgeklärt zu werden. Zudem soll Bankkunden der Wechsel zwischen unterschiedlichen Anbietern erleichtert werden.

**Erwartungen der Bankkunden**

Kontakt immer und überall: Die Erwartungen der Kunden im Retail Banking haben sich in den vergangen Jahren stark gewandelt (vgl. Visa Europe Services Inc. und Roland Berger Strategy Consultants 2015). Was den Zugang zur Bank betrifft, lassen sich die Erwartungen durch vier Begriffe beschreiben:„anytime", „anywhere", „anything", „any device". Das heißt, dass Bankkunden künftig 24 h am Tag, sieben Tage die Woche, 52 Wochen im Jahr ohne Unterbrechung von jedem Ort und über jedes Endgerät Zugang zu Bankleistungen haben wollen.

Mehrwert erwartet: Kunden erwarten von ihrer Bank zum Ersten „Value for Money", also einen Gegenwert für ihr Geld, zweitens „Value for Time": Zeit ist für viele Menschen das knappste Gut, weshalb sie Bankgeschäfte schnell und bequem erledigen wollen. Drittens wollen Kunden immer öfter „Value for Moment", das heißt, zum richtigen Zeitpunkt das richtige Angebot. Und viertens „Value for Me", Angebote, die individuell auf den Kunden zugeschnitten sind.

Mit der Digitalisierung werden im Moment die ersten beiden Aspekte mehr oder weniger erfüllt, wodurch Bankgeschäfte für den Kunden einfacher und für die Bank kostensparender werden.

Die Aspekte drei und vier sind teilweise noch „Zukunft" – gleichwohl ist anzunehmen, dass auch diese bald Realität werden. Banken sollten im Rahmen anstehender Veränderungen indes stets beachten, dass der Mensch-zu-Mensch-Kontakt niemals ganz ersetzt wird. Erledigen Kunden alles digital, findet ein persönlicher Dialog nicht mehr statt.

Banken müssen deshalb mittels technischer Möglichkeiten erkennen, wie Kunden sich in bestimmten Situationen verhalten, das heißt handeln. Verwenden Kunden aktuell beispielsweise Apps als Zugang zur Bank, kann die Bank diesen Augenblick nutzen, um ihnen eine Botschaft zu senden („In App Messaging").

Überlegungen, Prozesse so gestalten, dass Kunden möglichst nur noch Apps nutzen, führen dabei kurzfristig zwar zu Kostenreduktionen – gleichwohl: die Kunde-Bank-Beziehung distanziert sich sukzessive. Eine wesentliche Herausforderung für Banken besteht somit darin, Zugänge für Kunden möglichst einfach zu gestalten, ohne dass der persönliche Kontakt abreißt.

Hybrides Kaufverhalten: Kunden sind in ihrem Kaufverhalten heute „hybrid" (vgl. Hientzsch und Bocken 2013, S. 2 ff.). So kommen sie beispielsweise in die Filiale, um sich beraten zu lassen, benutzen im Anschluss ihr Smartphone oder das Internet, um einen Wertpapier-Kaufauftrag zu erteilen oder sich weiter zu informieren.

Ebenso kommt es regelmäßig vor, dass der Kunde sich online Wissen aneignet und den Geschäftsabschluss zusammen mit seinem Berater in den Geschäftsräumen der Bank tätigt, sog. ROPO-Effekt (Research Online Purchase Offline).

Die Mehrzahl der Kunden ist heute wesentlich besser informiert als früher und kommt mit einer klaren Preiserwartung in die Filiale. Dabei werden häufig Internet-Vergleichsportale genutzt. Bankberater müssen sich darauf einstellen und offensiv mit den Kundenerwartungen umgehen. Offensiv umgehen heißt: Der Berater erkundigt sich gleich zu Beginn des Beratungsgesprächs, ob und wie sich der Kunde informiert hat. Das hilft ihm, sich auf das Gespräch einzustellen.

Barrierefreier Kontakt: Anspruchshaltungen der Kunden sind ebenso gestiegen. Kunden sind heute weniger denn je Bittsteller, sie haben ausreichend Auswahl, Wartezeiten werden kaum toleriert. Terminvereinbarungen erfordern barrierefreie Prozesse, das heißt, sie müssen online und offline möglich sein.

## 3 Strategien eines langfristig ausgerichteten Unternehmenserfolges

**24-h-Zugang**
Die erste große Herausforderung für eine Bank ist, Kunden einen jederzeitigen Zugang zur Bank sicherzustellen. Gerade in Deutschland, wo Banken noch kundenunfreundliche Öffnungszeiten haben, ist dieses ein zentrales Thema.

**Inbound-Marketing**
Die Art und Weise der Kundenakquisition wird sich in den nächsten Jahren durch das sogenannte „Inbound Marketing" grundlegend verändern. Dabei handelt es sich um eine Marketingstrategie, die darauf abzielt, von Kunden durch mehrwertige, nützliche Inhalte gefunden zu werden (Abb. 2).

In den vergangenen 15 bis 20 Jahren war Marketing dadurch gekennzeichnet, dass Banken Werbekampagnen initiierten, Werbung im Fernsehen schalteten, Direktmarketing und Verkaufsförderungsaktionen betrieben. Auf diese Art und Weise versuchte man, Kunden an die Bank zu binden. Diese Instrumente werden nach wie vor eine Rolle spielen.

Gleichwohl: Die Herausforderung für die Bank wird in Zukunft jedoch sein, den Kunden dann anzusprechen, wenn er sich gerade mit einem bestimmten Thema beschäftigt, beispielsweise in dem Moment, in welchem er mit seinem Tablet vor einem Fernseher sitzt und über eine größere Anschaffung nachdenkt, die ggf. die Aufnahme eines Kredits erfordert. Zu diesem Zeitpunkt muss eine Bank präsent sein. In dem Moment, in dem der Kunde sich diesem Thema widmet, muss die Bank ihm eine einfache Möglichkeit anbieten, Kontakt mit ihr aufzunehmen – etwa online oder indem er telefonisch einen Termin vereinbart.

Dazu benötigt die Bank eine echtzeitbasierte Werbung, also eine, die den Kunden in dem Moment anspricht, in dem er dafür besonders zugänglich ist. Inbound Marketing bedingt, dass eine Bank den konkreten Kontext erkennt, in dem sich der Kunde aktuell bewegt – und das sowohl bei Neukunden als auch Bestandskunden. Besucht der Kunde eine Website, muss die Bank erkennen, ob bei ihm gerade ein Kredit- oder Anlagebedarf

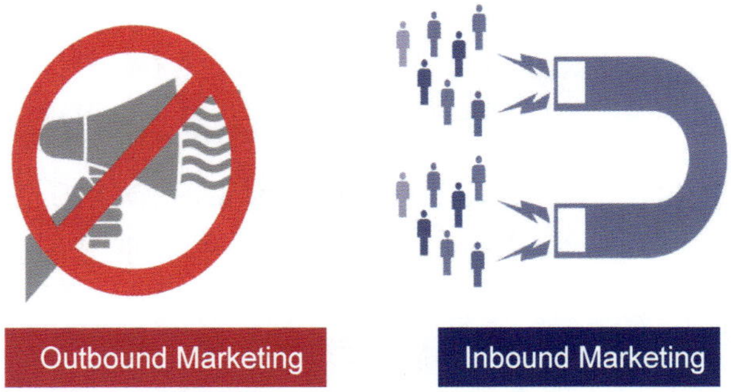


**Abb. 2** Inbound Marketing. (Quelle: TARGOBANK)

besteht – und: Wie ist die Website in Echtzeit zu modifizieren, damit der Kunde Angebote erhält, die ihn gerade interessieren könnten? Hierbei handelt es sich letztlich um eine extreme Form des „Targeting" (zielgruppenorientiertes Einspielen von Werbung).

Da ein Kunde möglicherweise einmal im Jahr in eine Filiale geht, um sich beraten zu lassen, ist es so bedeutsam, den Kunden genau an dem Ort anzusprechen, an welchem er sich gerade befindet, zum Beispiel am Geldautomat, Kontoauszugsdrucker oder am PC beim Online-Banking. In diesem Fall bekommt er exakt das angeboten, was in der jeweiligen Situation für ihn relevant ist.

Inbound Marketing wird die Möglichkeiten der Kundenakquisition und -ansprache radikal verändern. Kommen Kunden nicht intrinsisch motiviert zur Bank, nutzen Banken intelligente Mustererkennungsprogramme, einschließlich einer möglichst lückenlosen Kundenkontakthistorie, um ihn in geeigneten Momenten zu erreichen.

Hierbei besteht das Risiko, dass Kunden sich durch zu häufige Angebote oder Botschaften belästigt fühlen. Banken müssen insofern sehr sorgfältig vorgehen, die Erlaubnis des Kunden explizit einholen und Transparenz darüber schaffen, welche Serviceleistungen sie anbieten. Wesentlich ist, dass Kreditinstitute Kundendaten keinem Dritten zur Verfügung stellen, das heißt, ein Verkauf der Daten muss ausgeschlossen sein. Das Vertrauen und der Datenschutz der Kunden haben höchste Priorität. Kunden müssen auch sagen können, dass sie keine Informationen haben möchten.

**Omnikanal-Banking**

Banking entwickelt sich im Zuge der Digitalisierung vom Multikanal-Banking zum Omnikanal-Banking. Dabei werden die einzelnen Kommunikations- und Vertriebskanäle im Idealfall nahtlos in Echtzeit miteinander verknüpft. Es geht darum, die zentralen Produkte und Leistungen in allen Kanälen anzubieten. Der Kunde wählt die Art des Zugangs, nicht die Bank. Für Banken besteht die Schwierigkeit darin, dass alle Vertriebswege ineinandergreifen und nicht isoliert nebeneinander bestehen (Abb. 3).

**Abb. 3** Omnikanal-Banking. (Quelle: TARGOBANK)

**Kundenorientierung**

Bis zur Finanzkrise 2008 stand bei vielen Banken der Produktverkauf im Vordergrund. Hiervon haben Kunden und Kreditinstitute profitiert, solange die Märkte aufwärts tendierten. Seit der Finanzkrise ist die Situation verändert. Kundenorientierung steht im Fokus – und dabei kommt es vor allem auf die Haltung der Bankmitarbeiter an. Notwendig sind deshalb Verhaltensänderungen bei den Mitarbeitern sowie eine entsprechende Steuerung durch die Bank.

Beispiel TARGOBANK: Früher wurde die Bank über die Vertriebs- und Ertragsorientierung gesteuert. Erfolg wurde vor allem am Ertrag gemessen. In den vergangenen fünf Jahren fand hier ein Transformationsprozess statt. Heute ist der Anspruch, ein nachhaltiges Wachstum für Kunden, Bankmitarbeiter und Bankeigentümer zu schaffen. Konkret bedeutet das, dass das Steuerungssystem auf drei Säulen ruht: **Ertrag, Wachstum und Qualität**.

Wachstum kann die Bank nur erzielen, wenn die Netto-Kundenzahl steigt. Und: Diese steigt nur, wenn die Kundenbindung gestärkt wird und somit neben dem Neukundenzuwachs möglichst wenige Kunden die Bank verlassen. Bei jedem der drei genannten Kriterien muss eine Filiale einen Mindestwert erreichen, um honoriert zu werden. So kann beispielsweise ein sehr schlechtes Ergebnis in der Dimension Qualität nicht durch hohe Erträge oder hohes Wachstum kompensiert werden. Die besten Filialen schaffen es, alle Kriterien gut zu erfüllen. Gemessen wird anhand quantitativer Größen, aktuelle Kundenbefragungen zur Kundenzufriedenheit werden zudem hinzugezogen. Die Geschäftsstellen erhalten monatlich Auswertungen für diese drei Kriterien. Das Verhalten der Bankmitarbeiter verändert sich hierdurch sukzessive in die unternehmensstrategisch gewünschte Richtung. Dieses entspricht der quantitativen Steuerung.

Außerdem wurde eine computergestützte Beratungsanwendung konzipiert, die den optimalen Ablauf des Beratungsgesprächs gewährleistet. Der Berater kann mit dem Kunden keinen Abschluss tätigen, wenn er sich nicht dieser Beratungsanwendung bedient. Dabei besitzt er eine gewisse Flexibilität, gleichzeitig ist die Bankmeinung in jeder Empfehlung zu 100 % gewährleistet. Der Kunde kann beispielsweise bei der Anlageberatung in jeder Assetklasse aus den besten Produkten auswählen. Um festzustellen, welches die besten Produkte sind, arbeitet die Bank mit einer unabhängigen Research-Gesellschaft zusammen. Dies dient der qualitativen Steuerung (Abb. 4).

**Preisdifferenzierung**

Die meisten Kunden verstehen, dass nicht alle Vertriebskanäle die gleichen Preismodelle bieten können. Persönliche Beratung rechtfertigt einen höheren Preis als Online-Vertrieb. Wichtig ist, Preisschwellen richtig zu definieren und keine Brüche zwischen den Kommunikations- und Vertriebskanälen zu haben.

**In Echtzeit agieren**

Eine weitere große Herausforderung für Kreditinstitute ist das Thema „Real Time" beziehungsweise „Direct Response", also in Echtzeit zu agieren. Hierfür wird auch der Begriff „Nowness" verwendet. Dabei geht es darum, dem Kunden Leistungen innerhalb kürzester

**Abb. 4** Kundenvertrauen durch Qualitäts-Offensive sicherstellen. (Quelle: TARGOBANK)

Zeit zur Verfügung zu stellen, beispielsweise Waren, die er im Internet bestellt. Das funktioniert als Anbieter nur, wenn man in der Lage ist, in Echtzeit zu agieren. Dazu gehört aber auch, dass Kunden, die bei einer Bank anrufen, ihren Sachverhalt nicht mehrmals erklären müssen, sondern dass ein Bankmitarbeiter das Anliegen erkennt und einen Lösungsvorschlag unterbreiten kann.

Beispiel Kredit: Kunden möchten kurzfristig wissen, ob sie einen Kredit in Anspruch nehmen können oder nicht. Insofern wird eine zeitnahe Kreditabsage tendenziell eher akzeptiert als eine (positive) mehrwöchige Kreditentscheidung, die letztlich noch die letzten fünf Gehaltsnachweise erfordert. Denn bei einer zeitnahen Absage kann der Kunde nach Alternativen suchen.

Beispiel Kreditkarte: Ist die Funktionsfähigkeit einer Kreditkarte eingeschränkt, braucht der Kunde unmittelbar eine Lösung und nicht erst nach mehreren Tagen.

Um die sich aus „Direct Response" ergebenden Anforderungen zu erfüllen, benötigen Banken leistungsfähige Prozesse. Gleichwohl: Kundenerlebnisse müssen sich in der konkreten Situation sehr spezifisch anfühlen. Dazu braucht es zwar Standardisierung, aber nicht „one size fits all". Banken müssen die individuellen Kundenerlebnisse, auf die es ankommt, verstehen, definieren und prozessual abbilden können, sodass sie die Leistungen auch anbieten können.

Beispiel: Wenn eine Bank Kenntnis davon hat, dass es bestimmte wichtige Anlässe gibt, wird sie diese unter ihren Kunden nicht nur einmal finden, sondern vielleicht tausend Mal. Für diese tausend Personen, von denen die Bank beispielsweise weiß, dass sie in letzter Zeit am Geldautomaten Probleme mit ihrer PIN hatten, kann sie bei deren nächstem Kontakt mit der Bank den Hinweis geben, dass sie eine Wunsch-PIN wählen können.

Standardisierung ist notwendig, aber gezielt für die Gruppe, bei der es einen bestimmten Anlass für eine gezielte Ansprache gibt. Es wird insofern sicher weiter Produktkampagnen geben, aber eben zunehmend auch situationsbedingte Ansprachen. Hinter einer solchen Ansprache verbirgt sich ein Algorithmus, der auf Basis des Kundenverhaltens in der Vergangenheit zu bestimmten Empfehlungen für die Zukunft kommt. Kunden müssen sich im Vorschlag der Bank „wiederfinden", sie müssen spüren, dass die Bank Aufwand betreibt, damit Botschaften zielgenau passen.

## 4 Ausgewählte Ansätze einer anwendungsorientierten Umsetzung der Strategien

Bei der Frage, wie Banken die an sie gestellten Anforderungen bewältigen wollen, ist zunächst wichtig, die Herausforderungen ernst zu nehmen, die mit den sich ändernden Rahmenbedingungen verbunden sind.

Anschließend ist die langfristige Planung an den Kundenerwartungen bzw. den strategischen Zielen auszurichten. Dafür ist ein Gesamtbankprogramm notwendig, da sich niemals alle Facetten in einer einzigen Funktion oder Fachabteilung bündeln lassen. Vielmehr sind alle Einheiten der Bank gefordert, hier zusammenzuarbeiten.

Parallel hierzu muss innerhalb der Organisation ein klares Zielbild darüber verankert werden, in welche Richtung sich die Bank entwickeln soll. Dabei müssen die Mitarbeiter von der anstehenden Aufgabe überzeugt werden. Hieraus resultiert ein intensives Umdenken, da eine Neuausrichtung stets grundlegende Veränderungen mit sich bringt. Veränderungen können bei Mitarbeitern indes Widerstände hervorrufen – diese werden insbesondere mit dem Argument begründet, dass das Geschäft und Altbewährtes in der Vergangenheit auch funktioniert haben. Gleichwohl muss ein Umdenken erreicht werden, um die Organisationseinheiten so zu strukturieren, dass es eine überschaubare Zahl von Kernprojekten mit einem klar ersichtlichen Nutzen gibt. Neuausrichtungen sind aufwendig und erfordern entsprechende Ressourcen, insbesondere im IT-Bereich.

Um mit der Digitalisierung Schritt zu halten, benötigen Kreditinstitute deutlich mehr IT-Spezialisten. Dabei stehen die Kreditinstitute bei der Talentsuche auch in Konkurrenz zu anderen Unternehmen, nicht zuletzt zu FinTech-Firmen wie zum Beispiel Google und Apple, die von hoch qualifizierten Akademikern oft bevorzugt werden. Der Kampf um Nachwuchskräfte ist bereits heute intensiv und wird wahrscheinlich noch zunehmen (vgl. Hellenkamp und Drechsel 2012, S. 58 ff.).

**Auswirkungen auf Bankengruppen**

Direktbanken: Der Strukturwandel der Bankenbranche wird nicht alle Kreditinstitute in gleicher Weise berühren. In den vergangenen Jahren haben Direktbanken bereits sehr erfolgreich agiert. Mit leistungsfähigen Prozessen und einem attraktiven Preis-Leistungs-Angebot haben sie sich im Markt etabliert. Dabei haben sie sich mehrere Produktkategorien erschlossen, vom Tagesgeld über Brokerage zu Girokonten und Ratenkrediten. Es ist anzunehmen, dass sie im Zuge der Digitalisierung weitere Marktanteile bzw. Kunden gewinnen werden, zum Beispiel mit Apps, die das Banking für Kunden (noch) einfacher machen, durch Videoberatung, möglicherweise auch durch Chats und Co-Browsing. Bei

Tagesgeld sowie Wertpapierkäufen und -verkäufen ohne Beratung werden Direktbanken erwartungsgemäß weiter Wachstum verzeichnen. Andererseits: Für Direktbanken besteht weiterhin eine große Herausforderung darin, Kunden als Haupt-Bankverbindung bzw. Hausbank der Kunden zu gewinnen.

Filialbanken: Filialbanken leiden unter dem Kostendruck einer zu hohen Geschäftsstellendichte. Deshalb wird die Zahl der Filialen in Deutschland weiter sinken, das standardisierte Bankgeschäft verlagert sich zunehmend in Richtung Internet und Smartphone. Universalbanken müssen eine ausgewogene Balance hinsichtlich ihrer Filialzahl und eine adäquate Struktur für ihre Filialtypen finden: Vom einfachen Beratungspunkt, über die Vollfiliale bis hin zum Flagship Store. Kunden werden den Weg zu einer Filiale zunehmend nur noch für bestimmte (komplexe) Beratungsleistungen beispielsweise eine Immobilienberatung aufsuchen. Einige Banken bieten auch den Service einer mobilen Beratung beim Kunden zuhause.

Eine entscheidende Frage ist, wie das Kundenerlebnis in den Filialen aussieht.

Der Kunde muss sich vor allem willkommen fühlen. Dafür gibt es verschiedene Möglichkeiten, wie entsprechende Schaufenstergestaltung, Lichteffekte, die Emotionen und Neugierde wecken. Der Kunde muss sich wohlfühlen, die Bank sollte positive „Aha-Erlebnisse“ schaffen und die entstehen am besten im Kontakt von Mensch zu Mensch – also zwischen Kunde und Berater.

Bei der TARGOBANK schauen Kunde und Berater gemeinsam auf den Bildschirm. So kann der Kunde jede Eingabe, jeden Schritt seines Beraters nachvollziehen – damit wird Transparenz und ein gemeinsames Erleben erzeugt. Beim Umgang der Bank mit dem Kunden kommt es dabei entscheidend auf die Qualität der zwischenmenschlichen Beziehung von Kunde und Berater an. Einer der zentralen Leitsätze der TARGOBANK lautet: Mit dem Kunden stets auf Augenhöhe kommunizieren (Abb. 5).

Künftig wird es zwar weniger Filialen geben, aber immer noch genügend, weil der persönliche Kontakt durch nichts zu ersetzen ist. Keine Direktbank kann das „Face to Face- Gespräch“ einer Filialbank vor Ort ersetzen. Filialbanken, denen es gelingt, Bankerlebnisse zu generieren und alle Kunden(kontakt)kanäle intelligent miteinander zu vernetzen, werden auch in Zukunft erfolgreich sein. Umgekehrt: Filialbanken, die keine anderen Vertriebswege anbieten, werden zukünftig immer weniger präsent sein – zumindest im Retail Banking.

**Vergleichsportale**

Internet-Vergleichsportale haben sich im Markt als Preissuchmaschinen etabliert. Hieraus resultiert für Kreditinstitute eine weitere Herausforderung, da sie zu sinkenden Margen durch einen steigenden Preiswettbewerb im Bankgeschäft führen.

Vergleichsportale, die gleichzeitig als Vermittler für Bankprodukte auftreten, sind für Filialbanken ein schwierigerer Wettbewerber als die Direktbanken, weil sie nicht den Regularien der Bankbranche unterliegen. Wären sie wirklich unabhängig, wäre Preisvergleichbarkeit gewährleistet. Daran bestehen aber Zweifel, da Portale von Provisionen leben.

**Abb. 5** Geschäftsmodell – Privatkundenbank mit Fokus Kreditfokus. (Quelle: TARGOBANK)

Beispiel: Hat ein Nutzer einen bestimmten Kreditanbieter gewählt, werden ihm regelmäßig vom Vergleichsportal nochmals Angebote präsentiert, obwohl der Nutzer diese gar nicht angefordert hat. Oder: Der Nutzer erhält einen Telefonanruf eines Portalmitarbeiters, der ihm einen anderen („interessanten“) Anbieter aufzeigen will. Gleichwohl werden Vergleichsportale dennoch weiter wachsen, da Kreditinstitute es sich nicht leisten können, dort nicht präsent zu sein.

## 5 Schlussbetrachtung

Die Bankenbranche steht insgesamt weiterhin vor richtungsweisenden Herausforderungen: Es gibt neue Rahmenbedingungen aufgrund eines weiterhin zunehmenden Wettbewerbsdrucks, Konsolidierungsnotwendigkeiten innerhalb der Branche, ein niedriges Zinsumfeld und ein verändertes Kundenverhalten (insbesondere) aufgrund einer fortschreitenden Digitalisierung. Dabei profitieren bereits heute einzelne Kreditinstitute von der anhaltenden Branchenkonsolidierung, da sie gut aufgestellt, flexibler und effizienter sind, als zahlreiche Wettbewerber. Internet und Filiale schließen sich nicht aus, sondern ergänzen einander – Banken stehen am Wendepunkt einer neuen Normalität.

Letztlich werden aus diesem Verdrängungswettbewerb um die Zukunft des Retailbanking diejenigen Unternehmen gestärkt hervorgehen, die flexible Geschäftsmodelle haben und einfache Produkte und Zugangswege mit innovativen Funktionen und exzellentem Service kombinieren. Das heißt, ein abgestimmtes und verzahntes Angebot von Bankdienstleistungen und Produkten über alle Kunden(kontakt)kanäle.

Omnikanal ist hierfür die aktuelle Entwicklungsstufe der Vernetzung zentraler Kontakt- und Kommunikationspunkte einer Bank. Denn: Der Kunde soll die Marke und nicht einzelne Kontaktpunkte erleben.

## Literatur

Accenture-Studie (2010): Privatkundengeschäft der Banken leidet auch nach der Finanzkrise unter geringer Profitabilität.

Bain & Company (2014) (Sinn, Walter; Schmundt, Wilhelm), Deutschlands Banken 2014: Jäger des verlorenen Schatzes München/Zürich.

Bauer, W. (Hrsg.); Praeg, C.-P. (2014): (Fraunhofer IAO, Trendstudie: Bank & Zukunft 2014, Transformation der Banken – Neue Wege zu Innovation und Wachstum, Stuttgart, Fraunhofer-Verlag.

Baxter, M., Vater, D. (2014): (Hrsg. Bain & Company): Auf dem Weg zur Retail-Bank der Zukunft, München/Zürich.

Grant, R. M. (2007): Contemporary Strategy Analysis, concepts, techniques, applications; 6th ed., John Wiley & Sons, Hoboken, New Jersey, 2007.

Hellenkamp, D., Drechsel, C. (2012): Talent Management – Qualifizierte Nachwuchskräfte wollen attraktive Arbeitgeber, Bankmagazin (6): S. 58–60. Juni 2012.

Hientzsch, R., Bocken, R. (2013): Erfolgsfaktor Multi-Channel-Management 2015, die bank, Zeitschrift für Bankpolitik und Praxis, S. 2 ff., November 2013.

Krause, E., Wildhirt, D. (2012) (PriceWaterhouseCoopers AG Wirtschaftsprüfungsgesellschaft), Perspektiven Private Banking Deutschland – Vorsprung durch Wissen, Hamburg/Frankfurt am Main, Juli 2012.

Kuhn, N. (2014): Regulierung drängt Banken aus der Aktienberatung – Eine Umfrage unter deutschen Kreditinstituten, (Hrsg.): Deutsches Aktieninstitut, Frankfurt am Main, 2014.

Visa Europe Services Inc.; Roland Berger Strategy Consultants (Hrsg.) (2015): Digitale Revolution im Retail-Banking – Chancen in der neuen Multikanal-Welt aus Kundensicht, Frankfurt am main/München, Februar 2015.

**Jürgen Lieberknecht** ist Vorstand Marketing und Produktmanagement der TARGOBANK, vormals Citibank Deutschland, und verantwortlich für das Produktmanagement und Marketing. Er leitet diesen Bereich seit Juli 2008, zunächst als Generalbevollmächtigter und seit dem 1. Juli 2009 als Vorstandsmitglied.

Seine Erfahrungen reichen über 30 Jahre – davon 16 Jahre bei Procter & Gamble, sieben Jahre bei der Deutschen Bank und seit 2008 bei der TARGOBANK. Während seiner Zeit bei Procter & Gamble hatte Herr Lieberknecht verschiedene Positionen im Marketing und Consumer & Market Knowledge in Deutschland, Skandinavien und Europa. Er war für mehrere große Marken- und Produktkategorien in der Konsumgüterindustrie verantwortlich. In seiner Zeit bei der Deutschen Bank war er verantwortlich für das Marketing & Customer Relationship Management für Privat- und Geschäftskunden.

Herr Lieberknecht hat an der Universität Mannheim Betriebswirtschaft studiert und einen Abschluss als Diplom-Kaufmann.

# Nicht Bank, sondern Sparkasse – Vertrieb neu denken und erkennbar bleiben

3

Stephan Scholl und Susanne Guigas

**Inhaltsverzeichnis**

1 Wo Sparkasse draufsteht, muss Sparkasse drin sein ... 39
2 Geänderte Koordinaten ... 40
3 Der Mix muss passen ... 41
3.1 Einem Plan folgen ... 41
3.2 Mit Qualität in der Beratung punkten ... 44
3.3 Viele Wege führen zur Sparkasse ... 46
3.4 Angebotspalette: Klar von Wettbewerbern abheben ... 48
3.5 Das Besondere bieten ... 51
3.6 Wissen, wo man steht ... 52
3.7 Ansprechendes Bild abgeben ... 53
4 Schlussbemerkung: Wandeln und erkennbar bleiben ... 54
Literatur ... 54

## 1 Wo Sparkasse draufsteht, muss Sparkasse drin sein

Wer kennt sie nicht, die alljährlich im Planungsprozess auftauchende Sorge: Das vor einem liegende Vertriebsjahr ist noch schwieriger als das vorhergehende, die Rahmenbedingungen stellen sich noch komplexer dar.

S. Scholl (✉) · S. Guigas
Sparkasse Pforzheim Calw, Pforzheim, Deutschland



D. Hellenkamp, K. Fürderer (Hrsg.), *Handbuch Bankvertrieb,*
DOI 10.1007/978-3-658-06447-1_3

Auch wenn im Nachhinein die Erinnerung an frühere Stolpersteine häufig verblasst, ist doch die Erkenntnis unumstößlich, dass das Behaupten im Wettbewerb in den letzten Jahren ungleich herausfordernder geworden ist. Den Vertrieb zu „managen" stellt ein anspruchsvolles Unterfangen dar, das systematisches und vor allem authentisches Agieren erfordert. Gerade die Sparkassen haben die Chance, in bewegten Zeiten eine Säule der Stabilität für ihre Kunden zu sein, müssen aber den Spagat zwischen der Verkörperung tradierter Werte und modernem, zukunftsweisendem Banking schaffen. Für den Erfolg kommt es ganz entscheidend darauf an, die Werte, die eine Sparkasse ausmachen und sie letztlich auch von Wettbewerbern abheben, in allem vertrieblichen Handeln glaubwürdig zu vertreten und dabei als attraktiver Problemlöser wahrgenommen zu werden.

## 2 Geänderte Koordinaten

Bevor eine substanzielle Auseinandersetzung mit Entwicklungsperspektiven im Privatkundengeschäft erfolgen kann, gilt es, die Rahmenbedingungen darzustellen. Neben den traditionellen Anbietern Sparkassen und Genossenschaften agieren bekanntermaßen auch die Privatbanken in- und ausländischer Herkunft, Direktbanken mit virtuellen Angebotskanälen und Spezialinstitute, beispielsweise aus der Automobilbranche, im Wettbewerb. Rein demographisch ist der Markt eher stagnierend, die Nachfrageseite inzwischen im Regelfall gut informiert. Insofern wird in diesem risikoarmen Geschäftsfeld preislich seit Jahren mit „harten Bandagen" gekämpft (vgl. Messenböck und Klein 2012).

Die politischen Antworten auf die Finanzmarktkrise sind im Wesentlichen regulatorischer Natur. Nationale und europäische Gesetzgeber engagieren sich zudem im Verbraucherschutz, wobei Lösungen hier zumeist auch in einer zunehmenden Bürokratisierung münden. Unabhängig davon, ob die Aufklärungs-, Beratungs- und Dokumentationsverpflichtungen zielführend sind, haben sie in jedem Fall eine Verlängerung der Prozesskette und damit Kostensteigerungen zur Folge.

Überdies: Auch der Umgang mit Kunden in den Beratungsgesprächen wird härter. Alle Institutionen in der Kreditwirtschaft erleben einen markanten Vertrauensverlust. Ein gewisses Unbehagen gegenüber der Kreditwirtschaft resultiert ja schon grundsätzlich aus der Abstraktheit des Leistungsangebots, der Beratungskomplexität und einer insgesamt asymmetrischen Machtverteilung, etwa im Kreditgeschäft, wo letztlich die Bank über die Kreditvergabe entscheidet.

Von besonderer Tragweite ist, dass die Reputation des Kreditgewerbes durch die Finanzmarktkrise, aber auch durch Gerichtsurteile in Sachen fehlender Transparenz oder unsachgemäßer Beratung – begleitet durch eine entsprechende mediale Berichterstattung – enorm gelitten hat. Daraus resultieren markante Imageprobleme bei allen Banken und Sparkassen, egal ob sie Verursacher waren oder nicht. In der Folge steht nicht mehr unbedingt die bisherige vertrauensorientierte langfristige Kundenbindung im Vordergrund, sondern vermehrt auf das Einzelgeschäft bezogene kurzfristige Kosten-Nutzen-Überlegungen. Der Kunde sieht sich als User, für die Bank funktioniert die bisherige, auf dauerhafte, ganzheitliche Geschäftsbeziehungen ausgerichtete Gesamtkalkulation nicht mehr.

Zu allem Überfluss ist die Kreditwirtschaft aktuell im Zahlungsverkehr (vgl. Dapp et al. 2013) mit völlig neuen Playern im Wettbewerb konfrontiert. Es geht hier um ein Geschäftsfeld, das historisch originär eine Finanzdienstleistung darstellt und das sich – weil „Commodity" – für die Angebotsdifferenzierung nicht eignet. Die Attraktivität für die neuen Wettbewerber Apple, Google, Pay Pal etc. liegt auf der Hand. Nachdem detaillierte Informationen über Kundengruppen und Kaufgewohnheiten vorliegen, fehlt nur noch das Wissen über die Zahlungsfähigkeit. Großzügigere Datenschutzvorschriften zulasten des Kreditgewerbes schaffen hier ungleiche Bedingungen. Die Situation ist gesellschaftspolitisch durchaus fragwürdig und für die regionalen Banken in der aktuellen Entwicklung dramatisch. Noch deutlicher ausgedrückt: Das Girokonto als Drehscheibe und Anker der Kundenbeziehung ist in Gefahr.

## 3 Der Mix muss passen

### 3.1 Einem Plan folgen

Erfolgreich ist ein Unternehmen, wenn eine schlüssige Unternehmensphilosophie existiert, deren Inhalte sich in darauf aufbauenden Strategien und Planungen konkretisieren.

Spätestens mit der Umsetzung der MaRisk (Mindestanforderungen an das Risikomanagement) ist alljährlich eine schriftlich fixierte und in sich konsistente Geschäftsstrategie fortzuschreiben, zu beschließen und das Ergebnis mit den Aufsichtsgremien zu erörtern. Ein strategisches Geschäftsfeld „Privatkunden" ergibt sich bei Sparkassen zudem zwangsläufig aus den jeweiligen Sparkassengesetzen, in denen unter dem öffentlichen Auftrag dieser Geschäftsschwerpunkt ausdrücklich bestimmt wird, zusätzlich ergänzt um Aspekte wie Förderung der Vermögensbildung breiter Bevölkerungskreise bis hin zur Wirtschaftserziehung der Jugend.

Folgerichtig definieren sich die Beziehungen zu privaten Kunden über Werte wie Verlässlichkeit, Fairness und Vertrauen. Als Kreditinstitute mit klarer regionaler Ausrichtung spielen Aspekte der Nachhaltigkeit, aber auch – gestützt auf die geographische Nähe – dezentrale Kompetenzen und damit schnelle Entscheidungswege sowie genaue Kenntnis der individuellen Kundensituation die zentrale Rolle in den Geschäftsstrategien der Sparkassen.

Diese grundlegenden Werte finden sich in vielen Häusern in sogenannten „Unternehmensleitlinien", im Haus der Sparkasse Pforzheim Calw wurde dabei das Unternehmensleitbild bewusst um ein Mitarbeiterleitbild und ein Führungsleitbild ergänzt(Abb. 1).

**Unternehmensleitbild der Sparkasse Pforzheim Calw**
Entscheidend für den Erfolg im jeweiligen Geschäftsfeld sind dabei nicht allein die schriftlich fixierten Ansprüche in Hochglanzbroschüren, sondern die gelebte Unternehmenskultur. Es gilt, „Betroffene zu Beteiligten zu machen." Zeitgemäße Führung funktioniert nicht mittels „Anweisung und Gehorsam". Natürlich werden Rahmenbedingungen und Eckpunkte der Strategie festgelegt. Der Prozess der Erarbeitung einer Geschäftsfeldplanung

1

„Nicht denken wie eine Bank, sondern wie ein Kunde.“

## Unsere Kunden – sind für uns die Nr. 1

- Unsere Werte in der Kundenbeziehung sind Wertschätzung, Nachhaltigkeit, Verantwortung, Verlässlichkeit, Fairness und Vertrauen.
- Die Nähe zu unseren Kunden und unsere gute Kundenkenntnis machen individuelle Lösungen möglich.
- Bei uns fallen Entscheidungen zeitnah, flexibel und schnell. Wir sind in der Region verwurzelt.
- Unser Anspruch ist, für unsere Kunden einen nachhaltigen Mehrwert zu erzielen.
- Für unsere Kunden wollen wir die Hauptbankverbindung sein und langfristig mit ihnen zusammenarbeiten, auch in schwierigen Situationen.

2

„Wo Sparkasse draufsteht, ist Sparkasse drin.“

## Unsere Position im Markt – führende Bank in der Region

- Wir wollen als Marktführer unsere Position ausbauen.
- Wir versorgen die Bevölkerung, die Wirtschaft, insbesondere den Mittelstand, sowie die öffentliche Hand mit allen Finanzdienstleistungen.
- Als größtes Kreditinstitut in der Region begleiten wir unsere Kunden weltweit bei allen finanzwirtschaftlichen Aktivitäten.
- Der Verbund mit unseren kompetenten Partnern vervollständigt unser starkes Leistungsangebot.
- Zur nachhaltigen Sicherung unserer Zukunftsfähigkeit wollen wir Gewinne in angemessener Höhe erwirtschaften, achten auf ein ausgewogenes Verhältnis zwischen Risiko und Ertrag und handeln kostenbewusst.

3

„Das Beste ist oft das Einfache.“

## Unser Anspruch – wir bieten höchste Qualität

- Was wir tun, tun wir mit höchstmöglicher Qualität.
- Wichtig sind uns effiziente, unbürokratische Geschäftsprozesse, schnelle Entscheidungen, Zuverlässigkeit und Kompetenz für unsere Kunden.
- Hierfür verlangen wir angemessene Preise.

„Gute Absichten sind wertlos, es kommt darauf an, was man tut.“

4

## Unsere Sparkasse – gut für die Region

- Im Rahmen unseres öffentlichen Auftrags sind wir ein starker Partner für die Region, ihre Menschen und Unternehmen.
- Unsere zahlreichen Maßnahmen zur Wirtschaftsförderung dienen der Regionalentwicklung, schaffen und sichern Arbeitsplätze.
- Durch unsere Geschäftspolitik gestalten wir die Zukunft unserer Region aktiv mit.
- Wir fördern nachhaltig das Gemeinwohl durch Spenden, Sponsoring und weitere Maßnahmen in den Bereichen Kunst, Kultur, Sport, Umwelt und Soziales.

**Abb. 1** Unternehmensleitbild der Sparkasse Pforzheim Calw. (Quelle: Sparkasse Pforzheim Calw)

5

„Großes geschieht nur durch Begeisterung."

### Unsere Mitarbeiter – die Träger unseres Erfolges

- Für unsere Mitarbeiter sind wir ein attraktiver Arbeitgeber.
- Mit unserer qualifizierten Ausbildung und individuellen Personalentwicklung fördern wir die berufliche und persönliche Entwicklung aller Mitarbeiter.
- Wir fordern Leistung und erkennen sie in vielfältiger Weise an.
- Wir fördern die Zusammenarbeit – denn nur gemeinsam sind wir stark.
- Unser Ziel ist es, die wirtschaftlichen Interessen der Sparkasse mit den persönlichen Belangen der Mitarbeiter zum gegenseitigen Nutzen in Einklang zu bringen.
- Den Rahmen für alle Aktivitäten bilden die von unseren Mitarbeitern mitgestalteten Mitarbeiter- und Führungsleitbilder.

„Vieles lässt sich besser machen, als es bisher gemacht wurde – wenn wir es nicht besser machen, werden es unsere Mitbewerber tun."

6

### Unsere Geschäftsstrategie – wir gestalten aktiv die Zukunft

- Wir tun mehr als andere – wir sind modern, fortschrittlich, innovativ und ein Motor der Region.
- Unsere Angebotspalette entwickeln wir bedarfsorientiert durch gute und verständliche Produkte weiter.
- Auch künftig soll unsere Sparkasse zu den großen Sparkassen in Deutschland gehören.
- Als fortschrittliches Kreditinstitut fördern wir auch innovative Geschäfts- und Produktideen unserer Kunden sowie deren Investitionen in umweltfreundliche und ressourcenschonende Maßnahmen.
- Wir bieten unseren Kunden vielfältige Möglichkeiten, mit uns zu kommunizieren.

7

„Vertrauen verpflichtet"

### Unsere Stärke – gegenseitiges Vertrauen

- Das in der langen Geschichte gewachsene Vertrauen der Bevölkerung in unsere Sparkasse ist ein wertvolles Vermögen.
- Dieses Vertrauen der Kunden ist auch für eine erfolgreiche Geschäftsentwicklung weiterhin enorm wichtig.
- Für alle Kunden, Geschäftspartner und Mitarbeiter sind wir ein seriöser, verantwortungsvoller und verlässlicher Partner.
- In unserer Sparkasse ist das vertrauensvolle und wertschätzende Miteinander Basis unserer erfolgreichen Arbeit.

**Abb. 1** (Fortsetzung)

erfolgt dann aber unter Einbeziehung aller betroffenen Bereiche und unterschiedlicher Hierarchieebenen. Dies erfordert zunächst einen erheblichen Zeitaufwand in der Vorbereitung und der Diskussion sowie interoperative Fähigkeiten der beteiligten Stabsbereiche. Letztlich resultiert aber eine deutliche Zeitersparnis durch die größere Akzeptanz von Ergebnissen, an deren Ausarbeitung die später für die Umsetzung verantwortlichen Entscheidungsträger beteiligt waren.

Ein zweiter Baustein des Erfolgs liegt in der Information. Zunächst zum Inhalt: Unternehmensleitlinien und Strategie bilden quasi das Grundgesetz des Unternehmens, entsprechend theorielastig und staatstragend sind typischerweise die Formulierungen. Diese Grundaussagen ergänzt in der Sparkasse Pforzheim Calw ein Jahresprofil, in dem die Schwerpunktthemen des laufenden Jahres allen Mitarbeiterinnen und Mitarbeitern zusätzlich erklärt werden. Dargestellt sind Hintergründe und Inhalte von Zielen, gegliedert nach Geschäftsbereichen und Organisationseinheiten, in verständlicher Sprache und mit Beispielen unterlegt. Angestrebt wird eine ganzheitliche Information der gesamten Belegschaft und Verständnis für die daraus entstehenden individuellen Jahresziele.

Aber auch der Informationsprozess verdient Beachtung. Eine reine Veröffentlichung von Strategien und Zielen greift zu kurz. Zentrale Veranstaltungen und eine dezidierte Informationskaskade über die Führungskräfte bis hin zur kleinsten Organisationseinheit erschienen ausreichend, bis eine Mitarbeiterbefragung der Sparkasse Pforzheim Calw ein etwas anderslautendes Feedback erbrachte. Ein Teil des Personals sah sich über die Lage der Sparkasse und die Unternehmensziele nicht ausreichend informiert. Die Kommunikationsdefizite begründeten sich insbesondere in einer unterschiedlichen Informationsweitergabe durch einzelne Führungskräfte. Seitdem findet zumindest einmal im Jahr in jeder Abteilung oder Filialdirektion eine Mitarbeiterveranstaltung statt, bei der ein Vorstandsmitglied über Situation und Strategie der Sparkasse informiert. Darüber hinaus ist Gelegenheit, über den jeweiligen Stand der Dinge in der Organisationseinheit zu diskutieren und ggf. Einzelfragen und -probleme anzusprechen. Im Ergebnis erfährt die Geschäftsleitung direkt, „wo der Schuh drückt", die Mitarbeiter erhalten notwendige Informationen aus erster Hand und erfahren direkte Wertschätzung.

Beteiligung und Information sind isoliert betrachtet aber noch nicht ausreichend. Um das Zusammenspiel der Prozessbeteiligten in einer Großsparkasse angesichts komplexer Prozesse und vieler Schnittstellen zu verändern, müssen das gegenseitige Verständnis und die Form der Zusammenarbeit permanent verbessert werden. Die Sparkasse Pforzheim Calw legt im Rahmen ihrer Qualitätsziele großen Wert auf wechselseitige Hospitationen von Markt, Betrieb und Stab. Wer sich persönlich kennt, geht anders miteinander um. Wer die Prozesskette und die daran Beteiligten kennt, vermeidet unnötige Mehrarbeit in einem Folgebereich.

Bedingung hierfür ist: Vorstand und Führungskräfte müssen diesen Weg vorleben. Deshalb gilt die Devise: Auch der Vorstand ist regelmäßig an der „Basis" präsent, sei es im direkten Kundengeschäft, sei es bei den oben beschriebenen Mitarbeiterveranstaltungen. Die guten Ergebnisse zum Thema „Integrität des Vorstands" in der Mitarbeiterbefragung bestätigen die Richtigkeit dieser Vorgehensweise.

## 3.2 Mit Qualität in der Beratung punkten

Bevor zu Inhalt und Form von Beratungsansätzen Stellung genommen werden kann, sind die Rahmenbedingungen zu erläutern. Eine Sparkasse, die seit über 180 Jahren in demselben Geschäftsgebiet tätig ist, muss zwangsläufig nachhaltige Kundenbeziehungen zum Ziel haben.

Eindimensionale, stark produktorientierte Verkaufsaktivitäten sind naturgemäß auf Dauer kontraproduktiv, insbesondere bei ländlichen Flächensparkassen mit eher konservativer Kundenstruktur. Zudem leiden Finanzdienstleister an den bereits beschriebenen Spezifika ihrer Leistung. Um Kunden beraten zu können, brauchen sie eine möglichst vollständige Kenntnis der aktuellen sowie künftigen finanziellen Situation und zusätzlich tiefen Einblick in Vorstellungen zur zukünftigen Lebensumgebung. Bevor der Kunde „volkswirtschaftlichen Nutzen" erfährt, muss er zunächst seine Lebensumstände, seine Wünsche und Vorstellungen darlegen. Im Gegensatz zu beispielsweise einem Autokauf entstehen bei Geldanlagen keine kurzfristigen Glücksmomente, und selbst bei Finanzierungen ist das Arbeitsergebnis nur Mittel zum Zweck.

Eine zusätzliche Asymmetrie im Kundenempfinden resultiert aus den Beratungsansätzen in Kreditinstituten. Die in der Regel lebensphasen-, ganz vereinzelt auch aktionsorientierten Kontaktinitiativen gehen nicht vom Kunden, sondern der Bank aus und zeitigen neben überwiegend positiven auch kritische Rückmeldungen. Andererseits ist der Berater nicht immer kurzfristig greifbar, wenn der Kunde Bedarf verspürt, was als wesentliches Manko in allen Kundenbefragungen beschrieben wird. Nicht zuletzt erwachsen aus gut gemeintem Verbraucherschutz, etwa mit Blick auf das Wertpapierberatungsprotokoll, bürokratische Anforderungen, die vom Kunden als weit überzogen wahrgenommen werden und konfliktär zu allen Strategien in Sachen Schnelligkeit und Kundennähe sind.

Auf beiden Seiten entstehen zudem Irritationen, wenn dem Berater bei Kundenbeschwerden aufsichtliche Sanktionen drohen und dem Kunden durch veränderte Rechtsprechung Vertragsbruch quasi als zusätzliche Option bei Nichtgefallen eingeräumt wird. Im Ergebnis steigen rein ökonomisch die Arbeitskosten pro Kunde und Abschluss mit Auswirkungen auf das Geschäftsmodell der Bank.

Die Sparkasse Pforzheim Calw hält trotzdem am Konzept der ganzheitlichen, strukturierten Kundenberatung mit einem flächendeckenden und auf alle Kundengruppen ausgerichteten Ansatz fest. Basis bildet das Finanzkonzept der Sparkassenorganisation mit seinem lebensphasenorientierten Aufbau und einer auf die jeweilige Lebenssituation bezogenen Bedürfnispyramide. Das Ganze wird unterstützt durch die über das Rechenzentrum der Sparkassenorganisation zur Verfügung gestellte Beratungssoftware. Ausnahmen sind nicht zugelassen. Dass die Umsetzung funktioniert, zeigen das Siegel „überragend" für eine in Folge fünfmalige Platzierung als „Beste Bank" durch FOCUS MONEY im CityContest der Stadt Pforzheim sowie dem ebenso dreimal in Folge erzielten Siegertitel in der Stadt Calw (vgl. Institut für Vermögensaufbau 2014).

Im Fokus steht klar die Qualitätsführerschaft, wobei Leistung ihren Preis hat. Dazu wird Qualität auch in der Fläche mit einer breiten Basis von Beratern vorgehalten, ergänzt um dezentral eingesetzte Spezialisten, zum Beispiel für Baufinanzierungen und Vermögensanlagen. Diese werden im Bedarfsfall vom betreuenden Kundenberater hinzugezogen. Erfahrungsgemäß erhöht das aus Kundensicht sogar die Autorität des Beraters, der ja offenbar die „Anweisungsbefugnis" hat, dass Dritte am Gespräch teilnehmen. Dieses Hinzuziehen Dritter praktizieren wir bis auf Vorstandsebene. Eine stringente Kundengruppen-Berater-Zuordnung gewährleistet in jedem Fall Berater auf Augenhöhe mit dem jeweiligen Kunden. Zumindest in der Führungsebene der jeweiligen Vertriebsregion legen wir außerdem Wert auf eine langjährig stabile Personalsituation. Häufig wechselnde Ansprechpartner sind schädlich für die beschriebenen nachhaltigen Kundenbeziehungen (vgl. Eurogroup Consulting 2013).

### 3.3 Viele Wege führen zur Sparkasse

Zum genetischen Code der Sparkassen gehörte seit jeher räumliche Nähe und der Kontakt von Mensch zu Mensch. Ziel war deshalb in der Vergangenheit ein flächendeckendes Netz von Geschäftsstellen unterschiedlicher Größe, insbesondere auch im ländlichen Raum. Inzwischen haben sich Kundenverhalten und Nutzungsfrequenz verändert, nicht nur durch die neue mediale Umgebung, sondern auch durch die insgesamt größere Mobilität, neue Nahversorgungszentren, die Veränderung von Ortszentren.

Im Ergebnis sind Geschäftsstellen häufig die letzten Bastionen in Gemeinden ohne sonstige Infrastruktur, geschätzt von den Menschen, aber nicht genutzt. Die Sparkasse Pforzheim Calw hat deshalb bereits vor einigen Jahren sämtliche Kleinstgeschäftsstellen geschlossen und ist jetzt dort, wo Geschäftsstellen unterhalten werden, immer mit mindesten zwei Personen präsent, um in jeder Situation „beratungsfähig" zu sein. Gleichzeitig wurden die Öffnungszeiten angepasst und von Beratungszeiten entkoppelt. Für immobile Kunden wurden vorsorglich einen Bargeld-Bring-Service organisiert und portofreie Antwortkuverts verteilt. Die Nachfrage hält sich in Grenzen. Maßgabe ist, weiterhin in jeder politischen Gemeinde vertreten zu sein. Bei den Standorten erfolgt eine Konzentration auf Nahversorgungszentren, medizinische Zentren oder Bürgerbüros. Die interne Infrastruktur und der Aufbau der Geschäftsstellen wurde weitgehend vereinheitlicht, die Diskretion verstärkt und einheitliche Regelungen zur optischen Präsenz umgesetzt. Aus Kostengesichtspunkten gibt es keine reinen Automatengeschäftsstellen, aber SB-Geräte in oder bei Nahversorgungszentren sowie vereinbarte Auszahlungsmöglichkeiten mit Einzelhändlern. Das heißt, im Prinzip wird nur dort Geld angeboten, wo es der Kunde direkt benötigt.

Darüber hinaus gibt es intensive Aktivitäten in allen sozialen Netzwerken. Diese haben mehr einen imagebildenden als einen verkäuferischen Ansatz. Nichtsdestotrotz sind die Likes bei Facebook, Follower bei Twitter, eigene Blogs und die Präsenz in YouTube wichtiger Teil des medialen Gesamtauftritts.

Aus der Philosophie bei der Bargeldversorgung – Angebote dort, wo der Kunde Geld ausgibt – folgen Aktivitäten bzgl. der Kreditangebote am Point of Sale. Die Kombination eines modularen, scoringbasierten elektronischen Kreditangebots mit telefonischer Präsenz eines Mitarbeiters, der sich mit dem Kunden und in der Region auskennt, an sechs Tagen in der Woche wird geschätzt. Der Preiswettbewerb, insbesondere mit den Autobanken, ist allerdings hart.

Die bereits beschriebene Diskrepanz zwischen Beratungswunschzeitpunkt des Kunden und Verfügbarkeit des Beraters wird in der Sparkasse Pforzheim Calw über einen deutlichen Ausbau der Zahl der mobilen Berater gelöst. Ebenso nach Regionen gegliedert, durchaus in Abstimmung mit den Marktbereichen, aber aufbauorganisatorisch eigenständig mit eigenem Vergütungsmodell, liegen hier die Schwerpunkte in der Neukundenakquise. Die Intensivierung von Nebenbankverbindungen und, mit zunehmender Bedeutung, die Verantwortlichkeit für die Privatsphäre von Gewerbe- und Firmenkunden bilden weitere Aufgabenfelder. Die parallele Zuordnung von Geschäftsabschlüssen und den (Neu-)Kunden selbst zur jeweiligen hauptbetreuenden Organisationseinheit vermeidet weitgehend Friktionen mit dem stationären Vertrieb.

Der Vertriebswegemix wäre unvollständig ohne Verweis auf die steigende Bedeutung der Zusammenarbeit mit externen Vermittlern. Im Ergebnis führen also viele Wege zur Sparkasse. Der Kunde muss die jederzeitige Entscheidungsfreiheit haben, auf welchem Weg er in eine Geschäftsbeziehung mit der Sparkasse treten will. Die Herausforderung besteht darin, diese Wege zu verzahnen und in der Abwicklung so zu strukturieren, dass die Effizienz nicht negativ tangiert wird. Zusätzlich muss es gelingen, dass kundenseitige Impulse aus den unterschiedlichen Vertriebswegen, insbesondere den medialen, erkannt und für die persönliche Ansprache und Beratung aufgegriffen werden.

Die Sparkasse Pforzheim Calw arbeitet bereits seit langem mit den jeweiligen Außendienstmitarbeitern der Verbundpartner SV und LBS zusammen. Die Zusammenarbeit mit Finanzvermittlern, seien es internetbasierte Anbieter oder regionale Personen und Organisationen, ist ausbaufähig. Eine eigene Organisationseinheit zeichnet ab einer bestimmten Fallanzahl für die Kundenbeziehung zum Vermittler verantwortlich und managt generell die Zusammenarbeit mit den Vermittlern und die Abwicklung konkreter Geschäftsvorfälle. So ist die Einhaltung der Rahmenbedingungen für das Kundengeschäft gewährleistet und Vermittler haben die Gewissheit einer vertragskonformen, schnellen Entscheidung und ggf. Abwicklung (Abb. 2).

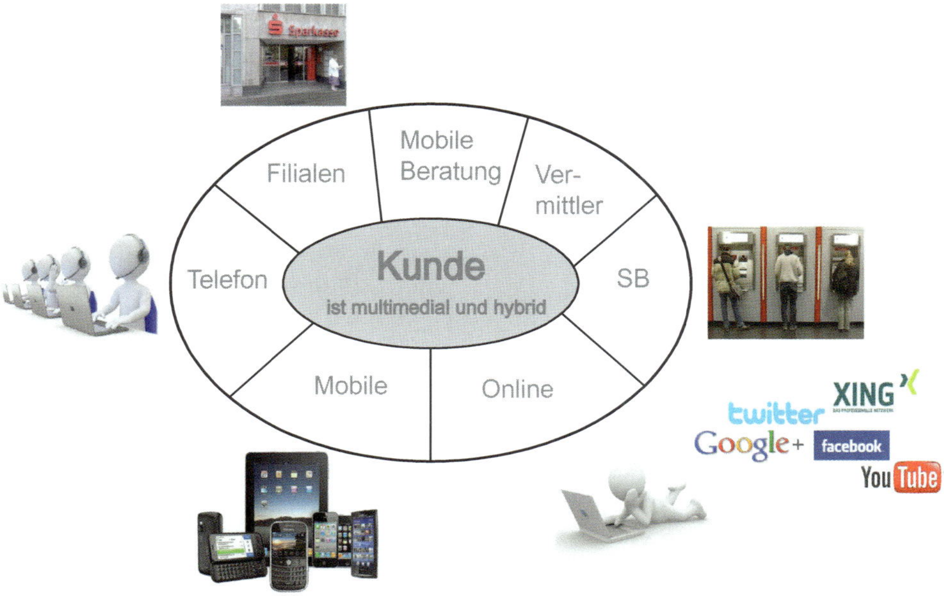


**Abb. 2** Multikanalstrategie. (Quelle: Sparkasse Pforzheim Calw)

## 3.4 Angebotspalette: Klar von Wettbewerbern abheben

Anders als bei einigen Wettbewerbern, die zum Teil Nischenanbieter sind, deckt das Produkt- und Leistungsportfolio der Sparkasse Pforzheim Calw bzw. das der Tochterunternehmen den Finanzdienstleistungsbedarf – und darüber hinaus weitere Bedarfe, etwa technischer Natur – sämtlicher Zielgruppen sehr umfassend ab. Es reicht im privaten Geschäft bis hin zu dem speziellen Angebotsspektrum für eine sehr hochkarätige Private-Banking-Klientel. Im gewerblichen Geschäft ist die Sparkasse Pforzheim Calw nicht nur Hauptkreditgeber der Region, sondern bedient die Nachfrage in sämtlichen kreditnahen Bereichen. Im Auslandsgeschäft etwa, das komplett eigenständig abwickelt wird und in dem eine direkte Kooperation mit Korrespondenzbanken in aller Welt erfolgt, ist sie bundesweit unter den Top 3 der Sparkassen positioniert.

Trotz der Angebotsbreite wird es zunehmend wichtiger, durch besondere Leistungen und Extras eine „Unique Selling Proposition" zu generieren, die eine positive Wettbewerbsdifferenzierung ermöglicht. Kunden nehmen das Angebotsspektrum von Banken und Sparkassen – ungeachtet der tatsächlichen Unterschiede – häufig undifferenziert und im Sinne eines Standardrepertoires wahr.

Wie nun kann es gelingen, als einzigartig und nicht austauschbar wahrgenommen zu werden? Für die Sparkasse Pforzheim Calw heißt die Lösung, offen zu sein für jegliche Erweiterung der Angebotspalette, die es erlaubt, Kundenbedarfe noch besser, noch umfassender abzudecken und dabei authentisch zu bleiben. Grundsätzlich gilt: Verkauft wird nur, was zum individuellen Unternehmensleitbild und zum Selbstverständnis des Hauses passt.

Die Weiterentwicklung zur Multivertriebssparkasse ist ein Weg, den die Sparkasse Pforzheim Calw bereits eingeschlagen hat und konsequent verfolgt. Kunden sind deutlich informierter und auch kritischer geworden (vgl. Ernst & Young 2014). Sie legen erkennbar Wert auf Neutralität in der Beratung. Daher muss das Produktangebot noch breiter und über die Grenzen der Organisation hinaus aufgestellt werden, insbesondere im Vermittlungs- und Provisionsgeschäft. Basierend auf guten Erfahrungen mit einer Mehrmarkenstrategie im Versicherungs- und Fondsgeschäft werden weitere Öffnungen folgen. Angebote der Sparkassen-Verbundpartner haben bei der Sparkasse Pforzheim Calw per se Vorrang, solange sie vom Preis-Leistungs-Verhältnis her mindestens gleichwertig sind wie Angebote anderer Anbieter. Gleichwohl muss der Tatsache Rechnung getragen werden, dass Kunden zwar von der Sparkasse beraten werden wollen, bei der Auswahl eines Produktes aber die freie Wahl zwischen einem Sparkassenprodukt und dem eines Fremdanbieters haben möchten. Beraten wird der Kunde in jedem Fall entsprechend dem Sparkassen-Finanzkonzept mit einer klaren Verzahnung zwischen individuellem Bedarf und Produkt. Vermutlich werden die Regulatorik und der Verbraucherschutz die Finanzbranche ohnehin früher oder später verpflichten, den Kunden nicht nur eigene, sondern auch fremde Produkte anzubieten. Je früher hier ein Institut die Weichen stellt, desto besser.

Einen eigenen Weg beschreitet die Sparkasse Pforzheim Calw ebenso, wenn es um die Umsetzung der auch in den Geschäftsstrategien dokumentierten und in einem Verbands-

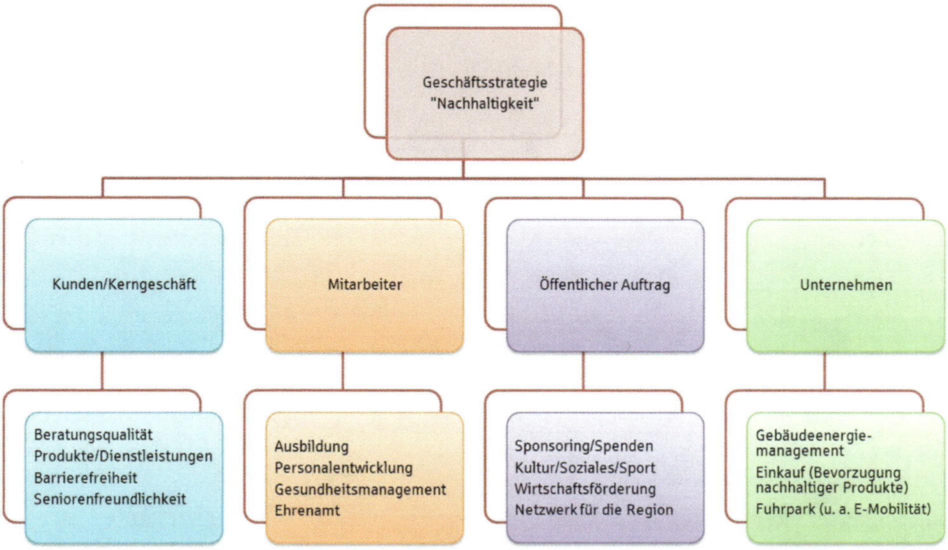


**Abb. 3** Geschäftsstrategie Nachhaltigkeit. (Quelle: Sparkasse Pforzheim Calw)

Audit bereits als vorbildlich klassifizierten Nachhaltigkeitspolitik geht. Dem Thema Nachhaltigkeit fühlen sich die Sparkassen nicht zuletzt wegen ihres öffentlichen Auftrags in besonderer Weise verpflichtet. Nachhaltigkeit heißt dabei zuallererst Übernahme von Verantwortung für die Zukunftssicherung der Region. Dabei geht es um deutlich mehr als bei dem mittlerweile fast inflationär verwendeten Begriff für alles und jedes, was über den Tag hinaus wirkt (Abb. 3).

**Geschäftsstrategie „Nachhaltigkeit" der Sparkasse Pforzheim Calw**

Mit einer Vielzahl unterschiedlichster Maßnahmen und Initiativen trägt die Sparkasse Pforzheim Calw wesentlich dazu bei, dass Wirtschaft und Gesellschaft in der Region eine gute Zukunftsperspektive haben. Das Engagement in Sachen Nachhaltigkeit hat viele Aspekte, angefangen von Ökologie und Energieeffizienz bis hin zur Förderung von Bildung in unterschiedlichster Form. Es beinhaltet ebenso das eigene Tun als Unternehmen, das auf Energiesparen, zum Beispiel auch in der IT, oder die Nutzung regenerativer Energien und generell nachhaltiges Bauen ausgerichtet ist. Überdies stehen Elektromobile im eigenen Fuhrpark bereit und auf dem Areal großer Geschäftsstellen wurden für die Öffentlichkeit zugängliche Strom-Tankstellen geschaffen.

Im Portfolio findet sich eine ansehnliche Zahl nachhaltiger Produkte in mehreren Sparten. Beim sogenannten „UmweltZins Sparen", einem mit dem Label „Impulsgeber Nachhaltigkeit" zertifizierten Geldanlageprodukt, gibt es die Garantie, dass das Geld der Anleger in ökologische Projekte investiert wird. Im Kreditgeschäft kommt das gesamte Angebot öffentlicher Förderung zum Einsatz, etwa der Kreditanstalt für Wiederaufbau/

KfW, um Kunden zu öffentlichen Mitteln, zum Beispiel zur Finanzierung von Energieeffizienzmaßnahmen, zu verhelfen. Demselben Ziel dienen auch eigene Sonderkreditprogramme zu diesem Thema.

Einen besonderen Stellenwert hat die Förderung der nachwachsenden Generation. Die Region lebt vom Wissen. Dieses Wissen gilt es zu erhalten und zu erweitern. Eine ungewöhnliche Erfolgsgeschichte ist mit dem „Bildungssparen" verbunden. Es handelt sich um einen Ansparplan, bei dem junge Menschen neben der Grundverzinsung und einem Zinsbonus zusätzlich Prämien erhalten, wenn sie beispielsweise ihr Zeugnis mit guten Schulnoten und/oder einer Belobigung vorlegen, Mitglied in einem Verein sind oder soziales Engagement zeigen. Der zinsgünstige „IQ-Bildungskredit" wird an Auszubildende und Studenten vergeben, um für Aus- und Weiterbildungszeiten ein auskömmliches finanzielles Polster zu schaffen. Darüber hinaus werden Einrichtungen wie Kindergärten oder Vereine gefördert, die sich mit musikalischer Früherziehung beschäftigen. Im Rahmen des Sparkassen-Schulservices bietet die Sparkasse als größter nichtstaatlicher Wirtschafts- und Sozialförderer der Region nicht nur Unterrichtshilfen, sondern unterstützt Projekte aller Art, organisiert Wettbewerbe und sponsert Bildungsinstitutionen auf vielfältige Weise.

Ein weiterer Ansatz zur Differenzierung gegenüber Mitbewerbern liegt in der Erweiterung von Wertschöpfungsketten. Dahinter steht der Gedanke, dass Kunden immer dann den Weg zu ihrer Sparkasse finden werden, wenn sie deren Tun in irgendeiner Weise als wertschöpfend empfinden. Gefordert sind daher kreative Ideen, wie die Wertschöpfungsketten für Kunden sinnvoll erweitert bzw. verlängert werden können. Zu denken ist dabei beispielsweise an Testamentsvollstreckungen, das Stiftungswesen oder eine verstärkte Bauträgertätigkeit. Ebenso wird die Sparkasse Pforzheim Calw mit der Gründung einer Versicherungsmaklergesellschaft für die gewerbliche Klientel – auch hier über die Maßgabe „Best Advice" ohne Bindung an bestimmte Versicherungsgeber – neue Wege beschreiten. Im Kern geht es immer darum, Lösungen zu bieten, die für den Kunden Komplexität reduzieren bzw. Aufwand verringern und für die er bereit ist, einen angemessenen Preis zu bezahlen.

Auch die Tätigkeiten der Tochterunternehmen „S-Kap" und „S-IT" der Sparkasse Pforzheim Calw verlängern in diesem Sinn Wertschöpfungsketten bzw. haben Nachhaltigkeitscharakter mit Blick auf die regionale Entwicklung. Infrastrukturförderung der besonderen Art betreibt die Sparkassen-Kapital-Beteiligungsgesellschaft (S-Kap), die mittelständische Kunden mit Eigenkapital versorgt. Standortsicherung, Stärkung der regionalen Wirtschaft und Sicherung von Arbeitsplätzen sind der Hauptantrieb dafür. Die Sparkassen-Informationstechnologie (S-IT) hat ihren Fokus auf der Versorgung des regionalen Wirtschaftsraums mit Glasfasertechnologie. Die Kunden der S-IT profitieren von Telekommunikations-Dienstleistungen höchster Qualität und Zuverlässigkeit.

Egal, welche Leistungen die Kunden in Anspruch nehmen – wichtig ist, in ihrer Wahrnehmung für individuelle Problemlösungen zu stehen und dies auch als Wettbewerbsvorteil nutzen zu können. Qualität und zuvorkommende Bedienung für alle, Maßanzug statt Massenkonfektion für die unterschiedlichen Bedarfe der gehobenen Zielgruppen im privaten und gewerblichen Geschäft lautet die Devise.

## 3.5 Das Besondere bieten

Als regional verankerte Universalkreditinstitute, die einen öffentlichen Auftrag zu erfüllen haben, können Sparkassen keine Preisführerschaft anstreben, sondern setzen auf Qualitätsführerschaft. Diese hat neben den genannten Aspekten im originären Finanzdienstleistungsgeschäft (Produkte und Dienstleistungen, Beratungskompetenz etc.) noch zusätzliche, die vor allem auf Nutzenstiftung im weiteren Sinne abheben. Etwas Besonderes zu bieten und dadurch als nicht austauschbar wahrgenommen zu werden, ist der zentrale Ansatz. Letztlich muss es gelingen, Kundenbindungen so zu stärken, dass eine größtmögliche Immunisierung gegenüber Wettbewerbern resultiert. In einer Zeit, die von einem großen Vertrauensverlust des Kreditgewerbes geprägt ist, neue Wettbewerber in den Markt drängen und die Besuchsfrequenz in den Geschäftsstellen sinkt, bekommt das Thema Kundenbindung eine immer größere Bedeutung (vgl. Köllnberger et al. 2014).

Diese Überlegungen und die Tatsache, dass das Privatkundensegment ein wichtiges strategisches Geschäftsfeld verkörpert, haben die Sparkasse Pforzheim Calw bewogen, eine sogenannte „Stammkunden-Initiative" ins Leben zu rufen. Ziel ist eine positive Abgrenzung von den Wettbewerbern mit Hilfe eines attraktiven und stetig weiterzuentwickelnden Mehrwertprogramms. In der Wahrnehmung von Kunden und Nichtkunden soll sich klar manifestieren, dass sie etwas Besonderes geboten bekommen und dass es sich lohnt, Kunde der Sparkasse zu sein und ihr treu zu bleiben. Einzigartigkeit soll konkret erlebbar werden.

In den Genuss der Stammkundenvorteile kommen Kunden, die ihr privates Girokonto seit mindestens fünf Jahren unterhalten und aktiv nutzen. Damit wird die Wertigkeit des Girokontos erhöht, das nach wie vor eine Schlüsselfunktion für Kundenbeziehungen einnimmt. Die Kunden erkennen, dass ihr Konto zwar etwas kostet, sie neben einer guten Dienstleistung aber zusätzliche Mehrwerte erhalten, die die Kontoführungsgebühren weit überkompensieren. Diese Mehrwerte sind bewusst mit dem Girokonto verknüpft und nicht mit einer Karte, die austauschbar ist.

Alle, die ihre Stammkundenvorteile aktivieren, profitieren von einem überaus attraktiven Vorteilspaket:

- Vorzugsinformationen über den monatlichen Newsletter
- Vorzugskonditionen für attraktive Events, zum Beispiel Musicalbesuche, Zirkusvorstellungen sowie sonstige Vergünstigungen
- in Zusammenarbeit mit einem externen Dienstleistungsunternehmen: Rabatte in der „Einkaufswelt im Internet" bei über 600 Shops und in der „Einkaufswelt in der Region" bei ca. 150 Händlern/Gastronomen über Cashback-Gutschriften auf dem Sparkassen-Girokonto

Außerdem wurde ein Stammkunden-Kapitalbrief, ein nach Basel III im Ergänzungskapital anrechenbares, nachrangiges Papier mit 15 Jahren Laufzeit und attraktiver Verzinsung, aufgelegt, dessen Erwerb sofort zum Status „Stammkunde" führt. Mittelfristig sind in der

Folge „Miteigentümer-Veranstaltungen“ vorgesehen, die die emotionale Bindung an die Sparkasse festigen sollen.

Letztlich wird dieser nicht zu unterschätzenden Aufwand nicht zum Selbstzweck betrieben. Die mit der Aktivierung der Stammkundenvorteile verbundene aktive Kundenansprache soll zu einer markanten Erhöhung der Zahl der Kundenkontakte, vor allem in Form von Finanzkonzeptgesprächen, und damit zu einer deutlichen Vertriebsintensivierung im Privatkundengeschäft respektive dauerhaft höheren Erträgen führen.

Nutzenstiftung lautet im Kern auch die Überschrift, wenn es um den öffentlichen Auftrag als Sparkasse geht. Die Sparkasse Pforzheim Calw nimmt ihn sehr ernst und engagiert sich in vielfältiger Weise für die Menschen in der Region. Dies geschieht zunächst im banknahen Bereich durch Förderung des Spargedankens, gerade auch bei der jungen Klientel, oder durch die bereits genannten Aktivitäten im Rahmen der Nachhaltigkeitspolitik, die letztlich zur Zukunftssicherung der Region beitragen. Darüber hinaus gibt es ein ganzes Spektrum an Maßnahmen zur Förderung von Wirtschaft und Gesellschaft, sei es im sozialen Bereich oder mit Blick auf Sport und Kultur. Ganz praktisch ist diese Unterstützung beispielsweise an öffentlichen Plätzen sichtbar, auf denen ein von der Sparkasse finanzierter Brunnen steht, in der Sozialstation, der wir ein Auto gespendet haben, oder in den regionalen Bürgerhäusern. Überall dort zeigt sich, dass die Sparkasse ein Teil der Gesellschaft ist.

## 3.6 Wissen, wo man steht

Unverzichtbarer Bestandteil eines erfolgreichen Vertriebsmanagements ist eine stringente Vertriebssteuerung inklusive eines aussagefähigen Vertriebscontrollings. Dazu müssen die strategischen Ziele in geeigneter Weise operationalisiert und die Ergebnisse regelmäßig nachgehalten und vor allem besprochen werden. „Was nicht gemessen wird, ist nicht existent“ lautet eine einfache Formel dazu. Die Praxis zeigt, dass vertriebliche Themen, sei es der Absatz neuer Produkte/Dienstleistungen oder neue Beratungsansätze, immer dann umgesetzt werden, wenn sie mit konkreten Zielen unterlegt sind und deren Erfüllung auch Konsequenzen hat – gemeint sind in erster Linie positive.

Die Sparkasse Pforzheim Calw setzt in ausnahmslos allen Vertriebseinheiten auf Teamziele. Das weitere Herunterbrechen auf einzelne Mitarbeiter obliegt vollständig dem jeweiligen Vorgesetzten. Er „portioniert“ je nach Spezialkenntnissen/Qualifikation und Zielgruppenzuständigkeit die einzelnen Ziele und schafft somit Verantwortlichkeiten, die er auch nachhalten kann. Natürlich sind einzelne Berater qua Vorbildung für die schwerpunktmäßige Erfüllung bestimmter Ziele prädestiniert, etwa der Individualkundenberater für die Ziele im Wertpapiergeschäft. Eine Einzelmessung im engeren Sinne wird daraus nicht abgeleitet. Das ansonsten nicht ganz auszuschließende Einzelkämpfertum kann sich kontraproduktiv auswirken. Wichtig ist außerdem eine weitgehende Fokussierung auf Ertragsziele, die das Denken in betriebswirtschaftlichen Kategorien fördert.

Von ganz entscheidender Bedeutung ist der Umgang mit den Ergebnissen der Zielerreichung. Eine regelmäßige, zeitnahe und zielgerichtete Kommunikation mit den betroffenen Mitarbeiterinnen und Mitarbeitern ist hierbei von zentraler Relevanz. Nur wer weiß, wo er steht, kann Stärken weiter ausbauen oder an der Beseitigung von Schwächen arbeiten. Deren konsequente, aber immer wertschätzende Benennung und die Suche nach Abhilfe, sei es über Coachings oder fachliche Schulungen, muss ebenso Mittel der Wahl sein wie Lob und Anerkennung für gute Leistungen. Grundsätzlich gedeiht Leistung immer besser in einem fairen und motivationsorientierten Arbeitsklima.

Dass es sich lohnt, gemeinsam gute Leistungen zu erbringen, wird mit einer stark an der Team-Zielerreichung orientierten erfolgsabhängigen Vergütung und weiteren Incentives gefördert. So sind zum Beispiel (basierend auf der Analogie zwischen sportlichen Höchstleistungen und herausragenden Vertriebsergebnissen) hochkarätige Spitzensportler, häufig Olympiasieger, bei den Prämierungsfeiern zu Gast. Aus deren Hand nehmen dann die Preisträger der Zielerreichung ihre Siegestrophäen entgegen.

## 3.7 Ansprechendes Bild abgeben

Mindestens genauso wichtig wie planvolles Vorgehen, Lösungskompetenz und Kreativität an sich ist es, ein entsprechendes Bild davon auch nach außen zu transportieren. In unserer medial geprägten Gesellschaft kommt es ganz entscheidend darauf an, wie man als Unternehmen in der Öffentlichkeit wahrgenommen wird. Dass es hier auch starke negative Überstrahlungseffekte gibt, mussten Sparkassen und ebenso Genossenschaftsbanken erfahren, die – obwohl nicht ursächlich beteiligt – relativ undifferenziert in den Sog der Bankenschelte im Gefolge der Finanzmarktkrise gerieten.

Gerade die vergangenen Jahre haben aber gezeigt, dass Sparkassen über etwas verfügen, was sich – kommunikativ gut genutzt – als klarer Wettbewerbsvorteil erweist. Es ist das Vertrauen der Kunden und darüber hinaus einer weit überwiegenden Bevölkerungsmehrheit in die Solidität und Seriosität ihres Tuns sowie die allenthalben erlebbare Nutzenstiftung für die Region.

Hier spielen auch die Marke Sparkasse und der überregional damit verbundene kommunikative Auftritt eine nicht zu unterschätzende Rolle. TV- und Rundfunkspots, Anzeigen, die Berichterstattung in den Printmedien sowie die Darstellung in bzw. die Interaktion über Soziale Medien vermitteln ein Bild davon, was Sparkassen und ihre Produkte und Services besonders macht und was die Menschen konkret davon haben.

Nicht Bank, sondern Sparkasse – auf den Unterschied, der bereits beim Namen beginnt, hebt die dahinter stehende Markenstrategie ab. Die gesamte mediale Kommunikation soll angesichts der Austauschbarkeit von Finanzdienstleistungen beim reinen Blick auf Produktmerkmale die Andersartigkeit der Sparkasse betonen, eine klare inhaltliche und emotionale Abgrenzung zum Wettbewerb bewirken und dabei den Anspruch und die Haltung der Marke Sparkasse vermitteln sowie kundenrelevante Mehrwerte kommunizieren.

Auf diesem Fundament setzt die hauseigene Kommunikation im Haus der Sparkasse Pforzheim Calw auf. Dabei kristallisiert sich immer mehr heraus, dass das Setzen auf tradierte Werte und die regionale Verankerung allein nicht ausreicht. Um wettbewerbsfähig zu bleiben, müssen verstärkt die Eigenschaften gelebt und in der gesamten Außendarstellung verkörpert werden, die bisher nicht im Vordergrund der öffentlichen Wahrnehmung standen und noch stehen. Dazu zählen Einfachheit, Zugänglichkeit, Flexibilität, Schnelligkeit und Innovationskraft. Letztlich geht es auch um die Anmutung von Modernität.

## 4 Schlussbemerkung: Wandeln und erkennbar bleiben

Bei aller Notwendigkeit zur Weiterentwicklung ist eines unumstößlich: In allem, was die Sparkasse tut, wird sie als Sparkasse erkennbar sein und sich treu bleiben. Gerade in Zeiten dramatischer Umbrüche sind traditionelle Werte gefragt, die Stabilität und Sicherheit vermitteln. Der Erfolg wird auch künftig auf der einfachen Formel gründen: Die Sparkasse ist ihren Kunden nah, tut ihnen gut und tut der Region gut!

## Literatur

Dapp, T. F., Stobbe, A., Wruuck, P., DB Research (Hrsg.) (2013): Die Zukunft des (mobilen) Zahlungsverkehrs – Banken im Wettbewerb mit neuen Internet-Dienstleistern, Frankfurt am Main, 5. Februar 2013.

Ernst & Young (Hrsg.) (2014): Winning through customer experience – Global Consumer Banking Survey 2014.

Eurogroup Consulting (2013): Kundenbankstudie 2013 „Zurück in die Zukunft".

Institut für Vermögensaufbau (IVA) AG (2014): Qualitätsatlas Retailbanking 2013, Bericht über die vierte Durchführung einer deutschlandweiten, testkundenbasierten Untersuchung zur Beratungsqualität im Retailbanking, München, März 2014.

Köllnberger, J., Sander, C., u. a.; (Rennhak, C., Nufer, G., Hrsg.) (2014): Ergebnisse einer Marktstudie zur Kundenbindung im Retail Banking, Nr. 2014-1, Neubiberg/Reutlingen, 2014.

Messenböck, R., Klein, T., Boston Consulting Group (BCG) (Hrsg.) (2012): Retail Banking Revenue Pools 2012, Wettbewerbsdruck steigt – Erträge im Privatkundengeschäft stagnieren, Juli 2012.

**Diplom-Kfm. Stephan Scholl** ist nach Bankausbildung und betriebswirtschaftlichem Studium an der Universität Mannheim seit 30 Jahren in der Sparkassenorganisation tätig.

Mehrere Jahre arbeitete er als Verbandsprüfer beim Sparkassenverband Baden-Württemberg und in unterschiedlichen Stabsfunktionen bei Sparkassen. Seit 1995 war er als Vorstandsmitglied bei der Sparkasse Pforzheim Calw verantwortlich für die Fachbereiche Kredit, Handel/Treasury, Außenhandel und Revision.

Seit 2012 ist er Vorstandsvorsitzender der Sparkasse Pforzheim Calw mit einer Bilanzsumme von rund elf Milliarden Euro und knapp 2000 Mitarbeitern einer der großen deutschen Sparkassen.

**Diplom-Ökonomin Susanne Guigas** studierte Wirtschaftswissenschaften an der Universität Hohenheim und arbeitet seit über 26 Jahren im Haus der Sparkasse Pforzheim Calw. Sie war im Bereich Controlling in leitender Funktion tätig. Seit dem Jahr 2012 verantwortet sie die Abteilung Unternehmenssteuerung.

Sie ist Co-Autorin des 1993 im Gabler-Verlag erschienenen Buches „Total Quality Banking“.

# Aktuelle Herausforderungen im bankbetrieblichen Umfeld aus genossenschaftlicher Bankensicht

Heinz Fohrer

## Inhaltsverzeichnis


1 Ausgangslage der Kreditinstitute . . . 58
1.1 Bankgeschäfte . . . 58
1.2 Ein besonderes Profil: Die genossenschaftliche Bank als Anbieter . . . 59
1.2.1 Kunde gleich Eigentümer . . . 59
1.2.2 Regionalität und Nachhaltigkeit . . . 60
1.2.3 Vollständiges Produktangebot durch Finanzverbund . . . 60
1.3 Erwartungen der (Volksbank-)Kunden . . . 61
2 Neue Herausforderungen am Beginn des 21. Jahrhunderts . . . 61
2.1 Finanzmarktkrise . . . 61
2.2 Herausforderung Image . . . 63
2.3 Herausforderung Niedrigzinsphase . . . 63
2.4 Folgen der Niedrigzinsphase . . . 64
2.5 Herausforderung Filialen versus Digitalisierung . . . 65
2.5.1 Vertriebsweg Filiale . . . 65
2.5.2 Multikanal-Vertrieb . . . 66
2.6 Strukturveränderungen . . . 66
3 Ein genossenschaftlicher Weg: Die Volksbank Esslingen eG . . . 67
3.1 Strategie und deren Entwicklung . . . 68
3.2 Instrumente zur Bewertung der Ausgangslage . . . 68
3.2.1 Innensicht . . . 68
3.2.2 Außensicht . . . 68
3.2.3 Marktbefragung . . . 69


H. Fohrer (✉)
Volksbank Esslingen eG, Esslingen, Deutschland



D. Hellenkamp, K. Fürderer (Hrsg.), *Handbuch Bankvertrieb,*
DOI 10.1007/978-3-658-06447-1_4

3.3 Strategiepyramide der Volksbank Esslingen eG ... 70
3.3.1 Vision ... 70
3.3.2 Leitbild ... 71
3.3.3 Strategie (Auszug neben der Geschäfts- und Risikostrategie) ... 71
4 Fazit ... 72
Literatur ... 73

Die Frage ist spannend: Wie geht eine wertegeprägte, im Eigentum der Kunden befindliche und auf deren Bedürfnisse zugeschnittene Volksbank mit den großen Veränderungen in der Branche um?

Die infolge der Lehman-Pleite in den Jahren 2007/2008 verschärften Rahmenbedingungen haben bereits heute viele Geschäftsmodelle deutlich verändert. Europäische Gremien beispielsweise das gesetzgebende Europäische Parlament, die European Banking Authority (EBA) und die Europäische Zentralbank (EZB), die alle die deutsche Bankenstruktur mit ihrem Drei-Säulen-Modell bedauerlicherweise kaum kennen, tragen aufgrund ihrer Fokussierung auf die großen Problembanken dazu bei, dass klassische regionale Universalbanken wie Volksbanken und Raiffeisenbanken heute unverhältnismäßig stark benachteiligt werden.

Darüber hinaus hat auch die fortschreitende Digitalisierung erheblichen Einfluss auf die Kreditinstitute: Von der Kommunikation über die Vertriebswege bis hin zu den Produktionsprozessen (vgl. Baxter und Vater 2014).

Gravierende Konsequenzen wird für Universalbanken die Niedrigzinsphase haben (vgl. 4P Consulting 2014). Die seit 24 Jahren fallenden Zinsen haben weitreichende Auswirkungen auf den Zinsüberschuss in den kommenden zehn Jahren. Überdies wird die Sparkultur in Deutschland aufgrund der (quasi) Nullzinsen für Guthaben Schaden nehmen. Gewinner sind Kreditkunden und insbesondere die Staatshaushalte wegen ersparter Zinsen.

## 1 Ausgangslage der Kreditinstitute

### 1.1 Bankgeschäfte

Das deutsche Bankensystem steht auf drei Säulen. Diese Struktur (Genossenschaftsbanken, Sparkassen und Privatbanken) hat sich über viele Jahrzehnte bewährt und insbesondere die mittelstandsgeprägte Wirtschaft in Deutschland hervorragend unterstützt. Für Privatkunden ermöglichte es einen sehr frühen Zugang zu allen Bankdienstleistungen.

In Erinnerung seien die klassischen Aufgaben einer Bank gebracht, nämlich Zahlungsverkehr, Bargeldversorgung, Annahme von Einlagen und die Vergabe von Krediten. Über hunderte von Jahren entwickeln sich in einer funktionierenden Marktwirtschaft regelmäßig Sonderformen und neue Zuschnitte mitunter internationale Modelle. Aber: Die Grundfunktionen blieben.

Ist die Beratung eine Bankdienstleistung oder nicht? Das ist für eine Genossenschaftsbank einfach zu beantworten, hat sie doch in ihrer Satzung die Förderung ihrer Mitglieder verankert. Daraus leitet sich nicht nur die Grundversorgung, sondern insbesondere, wenn es um eine Geldanlage sowie Kreditaufnahme geht, der damit verbundene Beratungsanspruch ab. Wichtig ist, dass dies unabhängig von der Höhe des Vermögens und Einkommens stattfindet. Eine gute Beratung ist Pflicht und Selbstverständlichkeit zugleich.

Hinsichtlich der Frage einer Honorarberatung hat die Volksbank Esslingen entschieden, dies bis auf Weiteres nicht anzubieten. Die Komplexität der Preisgestaltung sowie eine damit einhergehende ökonomisch realisierbare und aus Kundensicht attraktive Vertragsgestaltung sind nicht kurzfristig vernünftig realisierbar.

In einem bereits vor Jahren durchgeführten Kundentest ist es uns in einzelnen Fällen gelungen, das Thema bei vermögenden Privatkunden zu platzieren. Am Ende der Testphase berichteten Kunden als auch Berater unisono, dass ein wesentlicher Teil der Beratungszeit dem Honorierungsmodell galt und die originäre Kundenberatung in dieser Phase in den Hintergrund geriet. Weder Kunden noch Berater präferierten ein solches Modell dauerhaft. Gleichwohl wird die Marktentwicklung weiterhin aufmerksam beobachtet.

Dabei stellt sich zunehmend die Frage, wer zukünftig neben den klassischen Kreditinstituten welche Art von Bankgeschäfte anbieten wird. Der Bill Gates, als einen der prägenden Gründer des digitalen Zeitalters, zugeschriebene Satz: „banking is necesarry, banks are not“ stellt die Existenz klassischer Banken durch den Microsoft-Gründer infrage.

Es ist nichts Besonderes, dass neue Anbieter in den Markt ein- und andere austreten. Am Beispiel von Spezialbanken wie Autobanken ist abzulesen, wie Absatzfinanzierungen bzw. Leasing und deren Refinanzierungen aktuell generiert werden. Solange hierbei die Wettbewerbsbedingungen einheitlich sind, leitet sich hieraus keine Kritik ab.

Die weltweiten Handelsaktivitäten von Ebay, Amazon, Paypal und Co. erfordern indes eine Art Handelsabwicklungssicherheit, sowohl für Verkäufer als auch Käufer. Diese nicht zu schaffen, hätte die Wachstumsdynamik dieser Systemanbieter oder Plattformen nachhaltig belastet. Eine weitere Frage stellt sich: Nehmen diese Internetunternehmen neben der finanziellen Handelsabsicherung weitere Bankdienstleistungen ins Angebot auf und in welchem Umfang nutzen sie ihre umfangreichen Kontakte hierzu?

Es ist anzunehmen, dass diese Angebote in absehbarer Zeit folgen werden. Mit FinTec-Unternehmen wie beispielsweise auxmoney sind bereits aktuell Unternehmen im Internet, die systematisch Geldanlagen mit Finanzierungsbedarf verbinden. Dieser Markt wird weiter expandieren.

## 1.2 Ein besonderes Profil: Die genossenschaftliche Bank als Anbieter

### 1.2.1 Kunde gleich Eigentümer

An dieser Stelle kommt der Eigentümerstruktur einer genossenschaftlichen Volks- und Raiffeisenbank als Anbieter eine besondere Bedeutung zu. Darin liegt ein grundlegender Unterschied zu Privatbanken, die meist in der Rechtsform einer Aktiengesellschaft auftreten, und den Sparkassen in der Rechtsform öffentlich-rechtlicher Körperschaften. Eine Volksbank gehört ihren Mitgliedern und damit einem großen Teil der Kunden. Die Entstehungsgeschichte der Genossenschaftsbanken, in der Bürger durch Selbsthilfe Bankdienstleistungen erhielten und Verantwortung übernahmen, führte zu einem großen Vertrauen in das genossenschaftliche Geschäftsmodell und deren Institute.

In jeder Satzung ist festgeschrieben, dass Volks- und Raiffeisenbanken den Auftrag haben, ihre Mitglieder zu fördern. Damit ist sowohl der Zweck als auch ihre geschäftspolitische Grundausrichtung festgelegt. Die daraus entstandene Identifikation der Mitglieder mit „ihrer Bank" ist erheblich. Die Tatsache, dass Mitglieder von genossenschaftlichen Banken mehr Geschäfte mit ihrer Bank tätigen als Kunden ohne Mitgliedschaft, unterstreicht deren besondere Kundenbindung. Die Mitgliedschaft als Alleinstellungsmerkmal wird heute von vielen genossenschaftlichen Banken mit Mitglieder-Mehrwertprogrammen, von Preisvorteilen über Zusatzleistungen bis zu Veranstaltungen für Mitglieder, intensiviert.

### 1.2.2 Regionalität und Nachhaltigkeit

Genossenschaftsbanken sind als Filialbanken sehr nahe bei ihren Kunden. Diese legen Wert darauf, dass ihre Bank sich nahe am eigenen Wohn-, Arbeits- oder Einkaufsort befindet. Um das zu gewährleisten, hält die Volksbank Esslingen am Filialnetz möglichst weitgehend fest. Gleichwohl müssen Mindestgrößen erreicht werden, um wirtschaftlich und vor allem qualitativ attraktiv zu sein. Als Nähe ist heute vor allem bei komplexen Geschäftsverbindungen die partnerschaftliche Nähe zum persönlichen Berater, gemeinhin dem Key-Account-Betreuer, höchst relevant.

Die Geschäftstätigkeit der genossenschaftlichen Kreditinstitute ist im Privatkunden- und Firmenkundenbereich langfristig ausgerichtet. Geschäftsbeziehungen sind systematisch aufzubauen und langfristig zu pflegen – Ziel ist nicht, kurzfristige Abschlüsse zu fokussieren. Ein Kunde, bei dem ein Kreditinstitut mehrere Bedarfsfelder zum Beispiel Zahlungsverkehrsgeschäft, Vorsorge und Immobilienfinanzierung bedient, ist mit diesem Institut langfristig intensiv verbunden. Eine Kunde-Bank-Beziehung über viele Jahre oder gar für das gesamte Leben kann nur entstehen, wenn Bankmitarbeiter sich gegenüber ihren Kunden verantwortlich fühlen.

### 1.2.3 Vollständiges Produktangebot durch Finanzverbund

Volksbanken bieten ihren Kunden ein vollständiges Produktsortiment an. Das wird erreicht durch einen genossenschaftlichen Finanzverbund und deren Spezialunternehmen. Hierzu gehören die DZ Bank, die Bausparkasse Schwäbisch Hall, die R+V-Versicherung, die MünchnerHyp und die Union Investment. Kunden müssen also nicht bei anderen Anbietern einzelne Bankleistungen aufsuchen. Die Verbundstärke reflektiert eine hohe Bonität und führt durch die Bündelung von Spezialwissen der Partnerunternehmen zu einer Leistungsfähigkeit, die einer einzelnen Bank nicht möglich wäre.

### 1.3 Erwartungen der (Volksbank-)Kunden

Kunden erwarten von ihrer Bank stets ein hohes Maß an Professionalität (vgl. Sinn et al. 2012). Der durch eine lösungs- und zielorientierte Beratung entstehende Kundennutzen führt in der Folge zu Vertrauen und Partnerschaft. Verständlichkeit und Individualität sind keine Extras, sie sind Grundvoraussetzungen. Basisleistungen sind heute SB-Dienstleistungen und ein benutzerfreundliches eBanking.

In diesem Kontext hat die Kundenzufriedenheit im genossenschaftlichen Verbundsystem einen besonderen Stellenwert. Die Förderung der Mitglieder ist ein wesentlicher, im Genossenschaftsgesetz und in der Satzung festgelegter Auftrag. Insofern unterscheidet sich die Kundenorientierung bereits hiernach deutlich von anderen Kreditinstituten, beispielsweise denen mit einer gewinnmaximierenden Geschäftspolitik. Selbstverständlich ist Kundenzufriedenheit auch für diese Kreditinstitute relevant. Gleichwohl unterscheidet sich die Priorität „Kundenzufriedenheit" gegenüber einer Bank, die im vollständigen Eigentum ihrer Kunden ist auch in der (Kunden-)Wahrnehmung durch die Mitarbeiter. Durch die Mitbestimmung der Mitglieder, durch die Besetzung der Aufsichtsgremien und teilweise durch beratende Beiräte entsteht eine Intensität, die den wechselseitigen Nutzen zwischen Kunden und Kreditinstitut stets ausbalanciert. Daher sprechen wir von Miteigentümern und nicht von Verbrauchern.

Eine genossenschaftliche Bank kann sich nicht an jedem Kunden individuell ausrichten. Sie trägt für ihre Kunden Verantwortung im Kollektiv. Hieraus entsteht aber ein hervorragendes betriebswirtschaftliches Regulativ und ein partnerschaftliches Einvernehmen mit den Kunden/Eigentümern, dass nicht alles, immer, überall und möglichst günstig anzubieten ist, sondern vielmehr das Verständnis, dass Bankprodukte und -dienstleistungen einen Mehrwert generieren, der zu entgelten ist.

## 2 Neue Herausforderungen am Beginn des 21. Jahrhunderts

### 2.1 Finanzmarktkrise

Wenige Jahre nach Beginn der Finanzmarktkrise kann nicht davon gesprochen werden, dass diese Krise vollständig überwunden ist. Die bisher umfassend eingeleiteten Krisenmaßnahmen generieren Wirkungen. Sie verschaffen allen beteiligten Entscheidungsträgern zunächst aber insbesondere einen Zeitaufschub zur Lösung der komplexen Probleme.

Zahlreiche Staaten sind erheblich verschuldet. Das Konstrukt einer leistungsfähigen Europäischen Währungsunion muss hierbei im globalen Wettbewerb Lösungen anbieten, die sich nicht regelmäßig nur an deren schwächsten Mitgliedern ausrichten, sondern sich an den starken Volkswirtschaften orientieren. Selbstverständlich muss hierbei bei allen Entscheidungen die friedensfördernde Wirkung Europas stets angemessen berücksichtigt werden.

Dass die Politik als Lehre aus der Finanz- und Wirtschaftskrise die Kreditinstitute stärker reguliert, ist unmittelbar nachvollziehbar und richtig, da die systemische Relevanz einzelner Institute das Wohl einer (globalen) Volkswirtschaft gefährden kann.

Besorgniserregend ist, dass leistungsfähige kleinere Banken, die insbesondere in Deutschland agieren, im von Großbanken geprägten Europa in der politischen Wahrnehmung eine untergeordnete Rolle spielen. Aus welchem Grund sollten kleine und wirtschaftlich starke genossenschaftliche Banken (trotz eines eigenen und jederzeit funktionierenden Sicherungssystems) mit einer nachweislich stabilisierenden Wirkung in der Krise in einer europäischen Bankenunion bezahlen? Hierdurch werden voraussichtlich aus Gründen kollektiver Schuldzuweisungen gegenüber einer Branche gute (Teil-)Systeme geschwächt. Dieser Weg ist nicht richtig.

**Auswirkungen der Finanzmarktkrise für genossenschaftliche Banken in Deutschland**

Die Auswirkungen sind im Wesentlichen in drei Kategorien einzuteilen.

Auswirkung I: Eigenkapital

Alle Kreditinstitute werden rechtlich angehalten, mehr Eigenkapital vorzuhalten, um damit die Haftungsmasse im Falle einer erneuten Krise deutlich zu vergrößern. Das Eigenkapital wurde neu definiert. Beispielsweise wurde die Anrechnung von Ergänzungskapital genauso reduziert wie der Haftsummenzuschlag mittels des „Grandfatherings" schrittweise abgebaut wird.

Diverse risikobasierte Puffer werden bis 2020 gefordert. Dies soll verhindern, dass Staaten künftig erneut mit Steuergeldern in Not geratene Banken stützen müssen.

Aus diesem Grunde sind alle, auch die genossenschaftlichen Banken, aufgefordert, mehr Eigenkapital, möglichst durch Gewinnthesaurierung, zu bilden. Die Alternative ist, das Eigenkapital zu erhöhen, im Fall der Volksbank Esslingen wäre es das Geschäftsguthaben, was sehr teuer ist und die künftige Rentabilität belastet.

Auswirkung II: Liquidität

Kreditinstitute sind aufgefordert, ihre Liquidität offensiver zu steuern. Die Politik akzeptiert sehr zögerlich vorhandene und funktionierende Liquiditätssicherungssysteme in Finanzverbünden, sondern präferiert einheitliche europäische (auf den ersten Blick scheinbar sichere) Liquiditätskennzahlen. Mit Einhaltung neuer Kennzahlen, wie der LCR (Liquidity Coverage Ratio) und der NSFR (Net Stable Funding Ratio), soll die jederzeitige Liquidität der Bank sichergestellt werden (vgl. Müller 2012, S. 10 ff. und S. 29 ff.). Diese regulatorischen Rahmenbedingungen führen zu einem teilweisen Wegfall der Fristentransformation, mit der Konsequenz, Kunden nicht mehr im bisherigen Umfang längerfristige Zinsbindungen im Kreditgeschäft anzubieten.

Auswirkung III: Regulatorik oder Gleichheit trotz Unterschiedlichkeit

Der Grundsatz „Single Rule Book" bestimmt, dass für alle Banken dieselben Regeln gelten; unabhängig von der Zugehörigkeit zu unterschiedlichen Systemen. Das heißt, eine Branche, die durch Einzelne erheblich belastet wurde, soll mit einer Regulierungsoffensive für alle Institute in eine vermeintlich sichere Struktur überführt werden.

Welche Relevanz haben diese Auswirkungen in der Praxis?

Die Mehrfachbelastungen aus der Regulatorik sind insbesondere für kleinere Kreditinstitute um ein Mehrfaches höher als für große Institute. Jede der etwa 1100 Volksbanken und Raiffeisenbanken hat diese Aufgaben einzeln durchzuführen. Hieraus resultiert eine erhebliche Wettbewerbsverzerrung zu Gunsten großer Banken.

Aus welchem Grund also nimmt die Politik Kreditinstitute in eine Art kollektive Haftung, obgleich diese zu keinem Zeitpunkt staatliche Hilfe in Anspruch genommen haben, sondern weitere negative Auswirkungen der Finanzmarktkrise vielmehr verhinderten? In der Konsequenz werden leistungsfähige, mittelständische regionale Banken möglicherweise gezwungen, aus dem Markt auszuscheiden.

Sowohl in der Wissenschaft als auch in der Wirtschaft ist die stabilisierende Wirkung vieler kleinerer Banken unbestritten. Politische Entscheidungsträger in Deutschland teilen regelmäßig diesen Standpunkt. In Europa hat deren Position (unabhängig von der Wirtschaftsleistung und Bevölkerungszahl Deutschlands) indes nur eine Stimme. Die Argumente des deutschen Drei-Säulen-Systems hinsichtlich Funktionalität und Stabilität werden dabei von (Kleinst-)Ländern nicht wahrgenommen, möglicherweise auch aus Wettbewerbsgründen nicht verstanden.

## 2.2 Herausforderung Image

Das Branchenimage leidet und hat bereits deutlich unter der Finanzmarktkrise gelitten. Die Politik und die Medien haben offensichtlich einen (einzigen) Schuldigen ausgemacht: die Banken.

Unbestritten wurden seitens der Kreditinstitute Fehler gemacht, die zu erheblichen finanziellen Schäden führten. Selbstverständlich muss Politik an diesen Stellen zielgerichtet intervenieren. Es ist gleichwohl nicht richtig, unabhängig von der individuellen Verantwortung alle Institute in „einen Topf zu werfen".

Alle Wirtschaftssubjekte in einer Volkswirtschaft brauchen leistungsfähige Banken. Sie bieten Kunden Sparmöglichkeiten in Form von Einlagen, stellen Kredite zur Investition und Konsumption bereit und steuern das Kontoführungs- und Zahlungsverkehrsgeschäft. Der Reputationsschaden der Branche strahlt dabei inzwischen weit in die Institute, die bisher stets ihrer Verantwortung nachgekommen sind.

## 2.3 Herausforderung Niedrigzinsphase

Wir erleben seit etwa 24 Jahren eine zuvor undenkbare Situation. Die Zinssätze in Europa sind (ähnlich in Japan und den USA) in allen Laufzeitbereichen auf einem historisch niedrigen Niveau. Das Leihen von Geld hat de facto keinen Preis mehr (ohne Berücksichtigung von Risikoprämien und Zinsstrukturen). Dass die Geldmengen- und Zinspolitik eine größere Krise verhinderte, wird konstatiert. Hiervon profitieren insbesondere Staaten mit hohen Schulden.

Andererseits: Die private Altersvorsorge verliert durch das (gesteuerte) Niedrig(st) zinsniveau erheblich an Attraktivität. Gesellschaftspolitisch sind die diesbezüglichen mittel- und langfristigen Auswirkungen höchst bedenklich.

Überdies belastet die Niedrigzinspolitik der EZB neben den Geld- und Kapitalanlegern ausgerechnet die Volks- und Raiffeisenbanken sowie die Sparkassen mit Abstand am stärksten. Die größte und wichtigste Einnahmequelle, der Zinsüberschuss, wird in den nächsten Jahren deutlich erodieren und weitreichende Konsequenzen für klassische Universalbanken wie Volksbanken und Sparkassen, aber auch Bausparkassen und Lebensversicherer haben.

Zahlreiche Mehrbelastungen und höhere Anforderungen bei einem gleichzeitigen Rückgang der wichtigsten Ertragsquellen werden Reaktionen erfordern. Maßnahmen zur Erlössteigerung und Kostenreduktion folgen. Anpassungen und komplette Neuausrichtungen von Strategien und Geschäftsmodellen sind unumgänglich.

## 2.4 Folgen der Niedrigzinsphase

**Erlöse erhöhen**
In Zeiten eines intensiven Wettbewerbs unter Banken ist eine Margenausweitung zwischen Einlagen und Krediten nicht möglich. Zudem sorgen die extreme Niedrigzinsphase und die überschüssige Liquidität dafür, dass die Margen bei auslaufenden Langfristfinanzierungen erheblich niedriger sind.

Im Einlagengeschäft ist mit Kunden de facto kein Geld zu verdienen. Im Gegenteil: Im Rahmen einer (isolierten) Vollkostenrechnung ist es defizitär.

Im Kreditgeschäft sieht es etwas anders aus. Die Konditionsbeiträge bei einem starken Kreditgeschäft sind derzeit auskömmlich. Banken, die im Finanzierungsgeschäft aktiv waren, haben Vorteile aus ihrem Kreditbestand. Anders sieht es bei Kreditinstituten aus, die in ihrer Anlagepolitik Kundengelder in Kapitalmarktanlagen steuerten, anstatt in das Kundenkreditgeschäft.

Preiserhöhungen akzeptieren Kunden am ehesten durch Anpassungen im sonstigen Dienstleistungsgeschäft, beispielsweise Kontoführungsgebühren. Bei einem Girokonto entstehen der Bank Kosten in Höhe von etwa 100 bis 300 € pro Jahr.

Das kostenlose Konto, das nur auf Quersubventionen abzielt, wird aus Sicht des Autors mittelfristig nicht mehr angeboten. Eine konsequente Preisdifferenzierung kann dabei zu Ertragspotenzialen führen, selbstverständlich kann beispielsweise ein online geführtes Girokonto preisgünstiger als ein konventionelles Konto angeboten werden. So deutet zum Beispiel ein Blick nach Großbritannien an, wohin sich Preise entwickeln, wenn Zinsüberschüsse rückläufig sind (dritte Zinsquelle neben den Ergebnisbeiträgen aus dem Zinsüberschuss ist der Strukturbeitrag; vgl. Schierenbeck et al. 2014, S. 67 ff.). Darüber hinaus liegen im Ausbau der Cross-Selling-Aktivitäten weitere Möglichkeiten zur (Teil-) Kompensation eines rückläufigen Zinsüberschusses.

**Kosten reduzieren**

Maßnahmen möglicher Kostenreduktionen werden wiederkehrend auf dem Prüfstand stehen. Im Kundengeschäft bedeutet dieses: Reduzierung von Öffnungszeiten, Abbau von Filialen, im Produktionsbereich eine höhere Standardisierung von Prozessen. Letztlich werden diese Maßnahmen zur Reduzierung der Mitarbeiterzahl führen. Im Steuerungsbereich der Bank entstehen Spannungsverhältnisse. So nehmen die regulatorischen Aktivitäten zu; zeitgleich stehen Aktivitäten zur Disposition, die operativ nicht notwendig sind.

Kosteneinsparungen können beispielsweise durch Kooperationen mehrerer Banken in einzelnen Produktions- und Steuerungsbereichen erzielt werden. Hierdurch werden positive Skaleneffekte erzielt. Die technische Anwendbarkeit wird durch eine mehrmandantenfähige Technologie der genossenschaftlichen Rechenzentralen unterstützt.

Insgesamt ist anzunehmen, dass die Anzahl der Bankstellen und Banken erheblich sinken wird, da Preisanpassungen den Rückgang des Zinsüberschusses nicht kompensiert werden.

## 2.5 Herausforderung Filialen versus Digitalisierung

### 2.5.1 Vertriebsweg Filiale

Die Geschäftsstelle ist heute (immer) noch der wichtigste Anlaufpunkt für die Kunden. Aus Vertriebsgesichtspunkten ist sie derzeit für den Verkauf von Produkten, insbesondere erklärungsbedürftiger Produkte, bei genossenschaftlichen Banken unverzichtbar. Aus diesem Grund sind bis auf weiteres persönliche Ansprechpartner, denen man vertraut, höchst relevant (vgl. ergo 2014). Betriebswirtschaftlich und hinsichtlich der Betreuungsintensität muss das Ausmaß selbstverständlich ausbalanciert werden.

Dem entgegen steht die Nutzung von Serviceleistungen. In diesem Geschäftsfeld ist die Selbstbedienung erheblich angestiegen, beispielsweise bei Ein- und Auszahlungen, Überweisungen oder Kontoauszugsinformationen. Abbildung 1 weist Entwicklungen in der Volksbank Esslingen entsprechend aus.

Das heißt möglicherweise in der Konsequenz: Je weniger Servicetätigkeiten in der Filiale getätigt werden, desto weniger Servicepersonal ist notwendig. Die erhöhten Stückkosten werden zu Preiserhöhungen führen, was die Kunden in Abhängigkeit ihrer Preissensitivität tendenziell veranlassen wird, sich preisgünstigere Alternativen zu suchen. Die Servicefrequenzen in den Filialen könnten sodann weiter zurückgehen, sodass die Preise der Kontoführung sukzessive weiter steigen. Die Zahl der Filialen wird dabei weiter sinken, sodass nur größere Organisationseinheiten bestimmte Dienstleistungen noch anbieten werden.

Wann, wo, welche Leistungen angeboten werden, entscheidet der Kunde. Kunden nutzen die Zugangswege bereits heute nicht mehr eindimensional, sondern nehmen neben dem Filialbetrieb weitere Zugangswege parallel in Anspruch. Banken müssen sich deshalb hieran ausrichten und ihre Geschäftsstrukturen immer schneller anpassen.

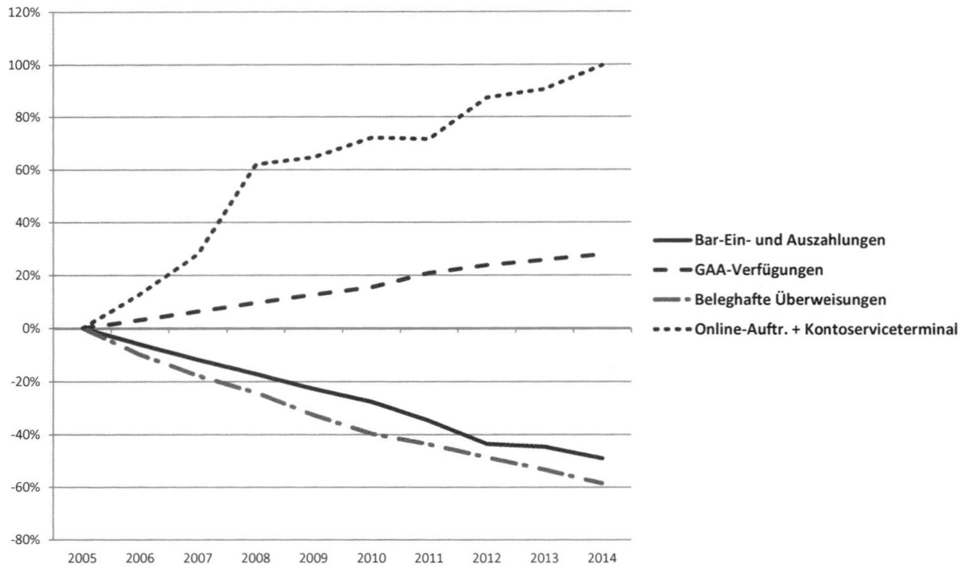


**Abb. 1** Verändertes Kundenverhalten. (Quelle: Volksbank Esslingen)

### 2.5.2 Multikanal-Vertrieb

Bereits seit Jahren vollziehen Kreditinstitute Entwicklungen von einer Filialbank hin zur Multikanalbank (vgl. Visa Europe Services Inc. und Roland Berger Strategy Consultants 2015). Diese Entwicklungen hängen mit dem Anspruch der Kunden zusammen, zu jedem Zeitpunkt Kontakt mit der Bank aufnehmen zu können und für die Inanspruchnahme von Dienstleistungen den Zugang selbst zu wählen. Aktuell kommen rund 95 % der Geschäftsabschlüsse der Volksbank Esslingen nach einer Beratung in der Filiale zustande. Der Anteil der Abschlüsse über das Telefon oder das Internet ist derzeit noch relativ gering. In den kommenden Jahren wird aber eine deutliche Zunahme der Online-Abschlüsse erwartet.

Hierbei hat der sog. RoPo-Effekt (research online, purchase offline) Relevanz, das heißt, Kunden informieren sich im Internet und kommen zum Kauf in die Filiale – andererseits der Reverse-RoPo-Effekt; das heißt, Kunden informieren sich in der Geschäftsstelle und kaufen im Internet. Letzterer stellt beispielsweise Reisebüros vor große Herausforderungen.

## 2.6 Strukturveränderungen

In den letzten Jahren haben insbesondere im genossenschaftlichen Verbund zahlreiche Unternehmensfusionen stattgefunden.

Ein wesentlicher Vorteil entsteht am Markt durch die Möglichkeit, sich mit größeren Einheiten zu positionieren. Höhere Kreditgrenzen, die Schaffung von Kompetenzzentren wie das Private Banking, die Bereitstellung von Spezialisten wie eBanking- und Generationenberater sowie die Möglichkeit, in internen Produktions- und

Steuerungsbereichen sowie Stabsstellen Synergieeffekte zu generieren sind nur einige Beispiele. Darüber hinaus entstehen ökonomische Vorteile aus Skaleneffekten, das heißt, die Stückkosten derselben Produkt- und Dienstleistungsangebote sinken, da sie wesentlicher günstiger erbracht werden können.

Fusionen werden in den einzelnen Volks- und Raiffeisenbanken unterschiedlich bewertet. Eine der Hauptmotivationen der Banken ist neben der Mitgliederförderung oftmals die Selbstständigkeit. Mit einer Fusion entsteht aus zwei oder mehr Banken indes ein neues Unternehmen. Diese Schritte sind anspruchsvoll und müssen in den beteiligten Banken mit hoher Überzeugungskraft und einer transparenten Umsetzung erarbeitet werden.

Dabei muss jedes Institut seine unternehmerische Verantwortung selbstständig wahrnehmen. Inwieweit Entscheidungen verantwortlich sind, die „um jeden Preis" darauf abzielen, selbstständig zu bleiben, muss jede Bank im Rahmen ihrer Eigenverantwortlichkeit selbst beantworten. Den Schritt einer sinnvollen Strukturveränderung indes erst nach dem Verlust der Leistungsfähigkeit zu gehen, ist dabei verantwortungslos.

**Antworten oder Fragen**

Volks- und Raiffeisenbanken, deren Mitglieder und Kunden haben eine lange Tradition mit bewährten Strukturen. Insofern werden Veränderungen nicht als Ad-hoc-Maßnahmen in einem dynamischen Umfeld getroffen, sondern mit Bedacht und Entscheidungswillen an den zukünftigen Erfordernissen ausgerichtet.

Dabei gibt es verschiedene Ansätze, zukünftige Entwicklungen zu prognostizieren. Die Entscheidungsträger der Kreditinstitute müssen hierbei Antworten auf Fragen finden und ihre Unternehmensstrategien entsprechend daran ausrichten. Beispielsweise:

- Wie lange wird die (Extrem-)Niedrigzinsphase anhalten? Zu welchem Zeitpunkt wird eine Zinswende erwartet?
- In welcher Höhe müssen Kostensenkungsmaßnahmen durchgeführt werden, um die Rückgänge aus dem Zinsüberschuss zu kompensieren?
- Welche kostenreduzierende Einzelmaßnahmen sind zu treffen? Sind partielle Kostensenkungen, zum Beispiel Anpassungen von Öffnungszeiten, Schließung einzelner Geschäftsstellen, moderate Preisanpassungen, beim Girokonto ausreichend?
- Welche Digitalisierungsstrategie formuliert das Kreditinstitut im Hinblick auf seinen Omnikanal-Vertrieb?

## 3 Ein genossenschaftlicher Weg: Die Volksbank Esslingen eG

Die Volksbank Esslingen eG ist eine mittelständische Volksbank und zählt mit einem betreuten Kundenvolumen von 2,6 Mrd. € zu den großen Volksbanken und Raiffeisenbanken in Baden-Württemberg. Sie trägt das BVR-Rating A+. Einem bilanziellen Kundeneinlagevolumen stehen Ausleihungen in gleicher Höhe gegenüber.

Im „Speckgürtel" von Stuttgart beschäftigt sie 270 Mitarbeiter zur Beratung und Betreuung von rund 50.000 Kunden, davon sind knapp 31.000 Mitglieder gleichzeitig

Miteigentümer der Bank. Die CIR (Cost Income Ratio) beträgt 65 %. Das Geschäftsgebiet umfasst vier eigenständige Städte und Gemeinden mit insgesamt 125.000 Einwohnern.

Eine hohe Kaufkraft in der Region und eine Arbeitslosenquote von 3,4 % führen zu einer erheblichen Wettbewerbsintensität, der Marktanteil der Bank liegt bei 26 %.

## 3.1 Strategie und deren Entwicklung

2014 wurde beschlossen, die Strategie aufgrund der zahlreichen Entwicklungen in den vergangenen Jahren sowie den voraussichtlich weiterhin dynamischen Veränderungen der Rahmenbedingungen und der damit verbundenen Herausforderungen neu auszurichten, mit dem Ziel, die Zukunftsfähigkeit langfristig sicherzustellen.

Der Prozess der Strategieentwicklung wird dabei auf das Jahr 2020 fokussiert; ein Zeitraum von fünf bis sechs Jahren ist noch in etwa seriös kalkulierbar. In diesen Prozess wurden der Aufsichtsrat (als Vertreter der Eigentümer) sowie die Führungskräfte eingebunden. Darüber hinaus hatten auch die Mitarbeiterinnen und Mitarbeiter die Möglichkeit, sich zu beteiligen, was in hohem Maße genutzt wurde. Das Ziel von STEP2020 (Strategieentwicklungsprozess 2020) war es, eine neue Strategie, möglichst als klassische Strategiepyramide mit Vision und Leitbild, gemeinsam zu entwickeln. Auf dieser Basis sollten die offenen Handlungsfelder priorisiert und direkt in einer Projektlandkarte inhaltlich und zeitlich festgelegt werden.

## 3.2 Instrumente zur Bewertung der Ausgangslage

Zu Projektbeginn sollte eine möglichst objektive Analyse der Ausgangsposition durch die Stakeholder der Volksbank Esslingen eG erarbeitet werden.

### 3.2.1 Innensicht

Um der Gefahr der „eingeschränkten Eigenbewertung" zu entgehen, haben wir eine erfahrene Beratungsgesellschaft betraut, sich mittels folgender Instrumente ein Bild zu machen:

- Geschäftsfeldanalyse: Es handelt sich um eine betriebswirtschaftliche Betrachtung der Volksbank auf Basis aller Geschäftsfelder und Kundensegmente inklusive dem Treasury der Bank. Darin enthalten ist eine Kosten- und Ertragsanalyse und Marktanteils- sowie -entwicklungsanalyse.
- SWOT-Analyse: Diese basiert auf strukturierten Interviews mit Führungskräften und Mitarbeitern.

### 3.2.2 Außensicht

Seit Jahren wird durch regelmäßige und systematische Kundenbefragungen die „Außensicht" der Bank erstellt. Dabei wird neben der grundsätzlichen Zufriedenheit

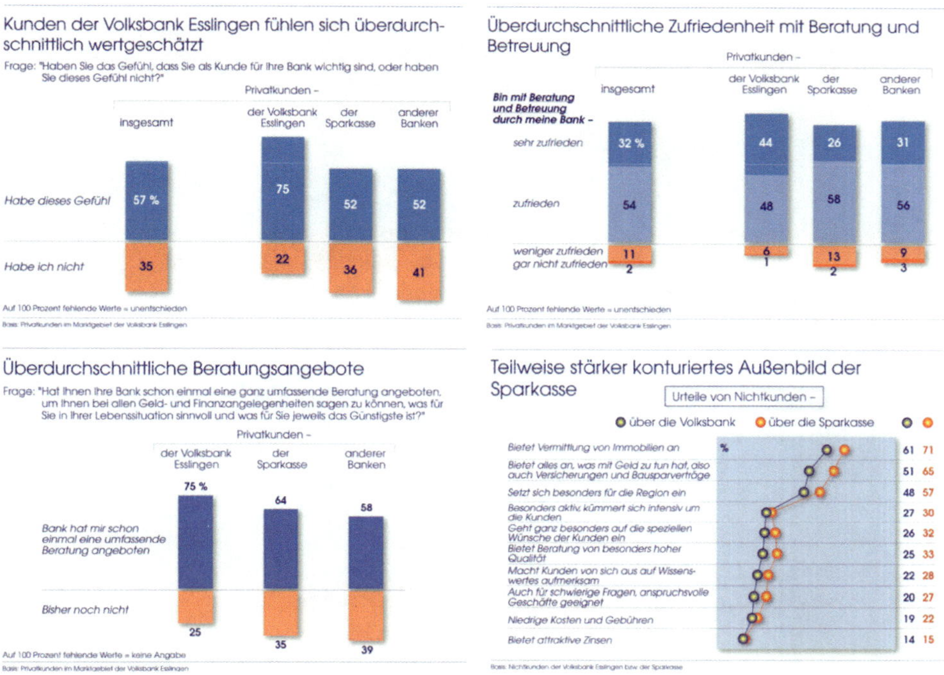


**Abb. 2** Kundenbefragung Volksbank Esslingen. (Quelle: Volksbank Esslingen)

insbesondere die erbrachte Beratungsleistung bewertet. Hierdurch werden Impulse zur Weiterentwicklung der Beratungsleistung und das Führungskräftecoaching generiert. Die Erkenntnisse geben zudem Informationen zur Weiterentwicklung der Beratertrainings sowie der eingesetzten Beratungskonzepte in den jeweiligen Kundengruppen.

Darüber hinaus sind für uns die Ergebnisse mehrerer Anbieter von Testkäufen und Kundenbefragungen relevant; u. a. eine alle drei Jahre durchgeführte Kundenbefragung des „Esslinger Kundenspiegels" (Field Research) sowie der jährlich stattfindende Euro Focus Money City Contest des Instituts für Vermögensaufbau (IVA) AG (vgl. Institut für Vermögensaufbau 2014).

### 3.2.3 Marktbefragung

Das Institut für Demoskopie in Allensbach führte für die Volksbank Esslingen eG im eigenen Geschäftsgebiet eine Marktbefragung auf Basis umfangreicher Telefoninterviews mit Privatkunden und Firmenkunden durch. Abbildung 2 zeigt auszugsweise vier von über 100 Ergebnissen aus der Befragung.

Als Fazit können zwei Kernaussagen aus der Marktbefragung gewonnen werden:

A. Die eigenen Privat- und Firmenkunden bewerten die Arbeit deutlich überdurchschnittlich.
B. Marktteilnehmer, welche die Volksbank Esslingen als Kunde nicht kennen und erleben, trauen ihr nur unterdurchschnittliche Leistungen zu.

**Abb. 3** Strategiepyramide. (Quelle: Volksbank Esslingen)

Anhand der beiden Kernaussagen wird die Aussage A als eine klare Bestätigung im Kundengeschäft interpretiert, auf dem richtigen Weg zu sein.

Die Aussage B bietet interessante Chancen beziehungsweise Potenziale, die entwickelt werden können. Abbildung 3 skizziert die Strategiepyramide der Bank.

## 3.3 Strategiepyramide der Volksbank Esslingen eG

### 3.3.1 Vision

Unsere Vision: Bei den Besten sein!

Ein Ziel, das bei allen wesentlichen Vergleichen sehr ambitioniert ist. Der Vergleich erfolgt mit den Ergebnissen der Baden-Württembergischen Volks- und Raiffeisenbanken und dem Ziel, immer im vorderen Drittel zu sein.

Dieser Anspruch ist für alle wesentlichen Kennzahlen fixiert. Dieses sind u. a. Ergebnis-, Wachstums-, Risiko- und Kostenrelationen, Ratingergebnisse, Mitglieder- und Eigenkapitalquoten. Das Ziel ist, bei allen Kennzahlen zu den Besten zu gehören, um die Möglichkeit wahrzunehmen, aus eigener Kraft die Zukunft zu gestalten und für die Kunden eine gute Volksbank zu sein. Wird dieses Ziel erreicht, resultiert daraus eine hohe Gesamtstärke des Unternehmens.

Zufriedene Mitglieder machen mehr Geschäfte mit der Bank. Insofern muss es gelingen, Kunden zu Fans zu entwickeln und die Fan-Gemeinde anhaltend zu vergrößern. Abbildung 4 weist die Vision der unterschiedlichen Perspektiven Kunde, Mitarbeiter, Prozesse und Finanzen der Volksbank Esslingen eG aus.

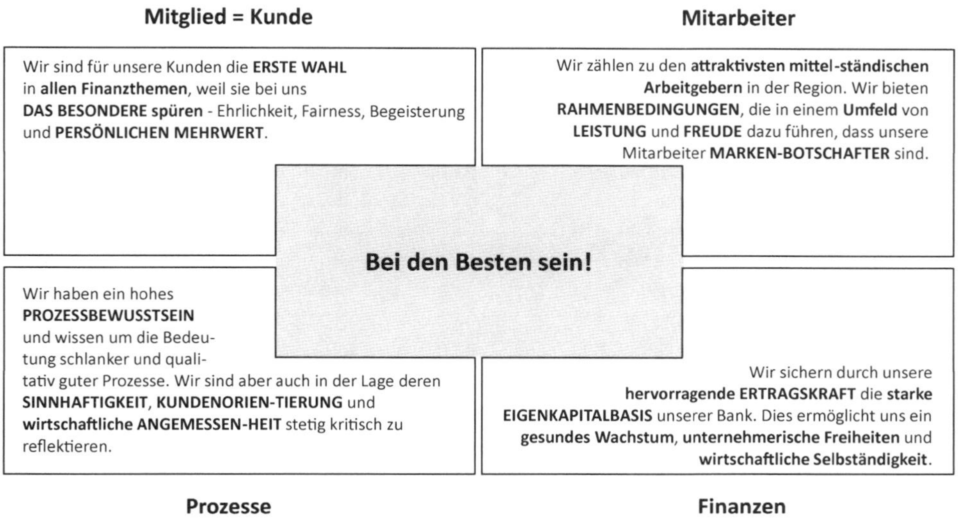


**Abb. 4** Vision – Kunden-, Mitarbeiter-, Prozess- und Finanzperspektive. (Quelle: Volksbank Esslingen)

### 3.3.2 Leitbild

Im genossenschaftlichen Verbund haben Werte einen besonders hohen Stellenwert. An diesem Anspruch richtet sich bereits der genossenschaftliche Gründungsgedanke aus, der als Personenvereinigung aus der Not mit dem Ziel entstand, einander zu helfen. Das Prinzip: Was der Einzelne nicht schafft, schaffen viele durch die Gemeinschaft, das heißt Hilfe zur Selbsthilfe. Gegenüber den eigenen Mitgliedern besteht deshalb dieser Anspruch, der im gegenseitigen Miteinander und im genossenschaftlichen Geiste die Werte der Bank prägt.

Um ein Leitbild für alle Mitarbeiter zu konkretisieren, wurden in der Volksbank Esslingen in der Anfangsphase von STEP2020 alle Mitarbeiter eingeladen, sich am Leitbildprozess zu beteiligen. Ein sehr großer Teil der Mitarbeiterinnen und Mitarbeiter hat im Rahmen einer mehrtägigen Großgruppenkonferenz das nachstehende Leitbild erarbeitet und dem Vorstand vorgeschlagen.

Da die Botschaften und die Qualität überzeugten, wurde dieses Leitbild vollständig übernommen. Eine Sprechergruppe hat es anschließend dem Aufsichtsrat präsentiert und im Detail erläutert. Der Aufsichtsrat schloss sich dem Votum des Vorstandes an. Letztlich wurde dieses in einer abschließenden Mitarbeiterveranstaltung auch den nichtbeteiligten Mitarbeitern vorgestellt. Das Engagement und das Ergebnis dieser Arbeit waren und sind überwältigend. Abbildung 5 weist die einzelnen Blickwinkel und Leitsätze aus.

### 3.3.3 Strategie (Auszug neben der Geschäfts- und Risikostrategie)

Das Leitbild konkretisiert auf dem Weg die Werte und den Geist der Bank für alle Beteiligten. Die Unternehmensstrategie bestimmt dabei den Weg, Prioritäten und die

*Unsere Motivation - miteinander Zukunft gestalten*

| Blickwinkel | Leitsatz |
|---|---|
| Wirtschaftlich und nachhaltig | • Als Volksbank Esslingen eG sind wir Ihr verlässlicher Partner in der Region! |
| | • Wir arbeiten und stehen für ein dauerhaftes und gewinnbringendes Miteinander! |
| | • Hier sichern wir gemeinsam unsere lebenswerte Zukunft! |
| Mitglied | • Wir begleiten unsere Mitglieder partnerschaftlich in allen Lebensphasen und erwarten eine aktive Geschäftsbeziehung |
| | • Unsere Mitglieder sind Teil einer erfolgreichen Gemeinschaft und gestalten die Zukunft ihrer Bank aktiv mit |
| | • Überzeugte Mitglieder empfehlen uns weiter und stärken unsere Gemeinschaft |
| Kunde | • Wir sind für unsere Kunden da –persönlich und nah |
| | • Wir beraten Sie offen und ehrlich |
| | • Ihre Wünsche sind unser Antrieb – wir finden Lösungen! |
| Mitarbeiter | • In einem von Wertschätzung geprägten Umfeld bieten wir attraktive und sichere Arbeitsplätze – denn Arbeitszeit ist Lebenszeit |
| | • Wir arbeiten Hand in Hand – denn das Wir ist entscheidend |
| | • Engagierte, flexible und loyale Mitarbeiter sind unser Anspruch |
| Region | • Seit Generationen sind wir die eigenständige und zukunftsorientierte Volksbank vor Ort |
| | • Als eine der größten Genossenschaftsbanken Württembergs stärken wir mit unserer Wirtschaftskraft die Region |
| | • Wir leben unseren genossenschaftlichen Förderauftrag und sind damit Ihr Partner im sozialen und gesellschaftlichen Miteinander |

**Abb. 5** Leitbild der Volksbank Esslingen eG. (Quelle: Volksbank Esslingen)

geschäftspolitische Ausrichtung. Um das Engagement der Beteiligten in dieselbe Richtung zu kanalisieren, ist eine klare und aussagekräftige Strategie nötig. Wenn viele Menschen am selben Ziel arbeiten, ist eine abgestimmte Herangehensweise von zentraler Bedeutung.

Aus Gründen der Konzentration und Einfachheit wurden deshalb sieben Grundstrategien und damit Prioritäten artikuliert, die in Abb. 6 dargestellt werden.

Diese sieben Grundstrategien sind in die Geschäfts- und Risikostrategie eingearbeitet und bilden den Entwicklungskern.

Die notwendigen Veränderungen in der Volksbank Esslingen eG werden in unterschiedlichen Projekten auf dieser Basis erarbeitet. In einer Projektlandkarte ist derzeit ein knappes Dutzend Projekte festgelegt, die als Konsequenz der strategischen Neuausrichtung umgesetzt werden. Sie dient allen Beteiligten zudem als Kommunikations- und dem Vorstand als Steuerungsinstrument.

Daneben wurde die Balanced Scorecard als Steuerungsinstrument komplett an die Vision und Grundstrategie angelehnt. Das Vergütungssystem für Führungskräfte wurde daran ausgerichtet und entsprechend modifiziert. Insgesamt unterstreichen die unterschiedlichen Maßnahmen den hohen Stellenwert zur Umsetzung der Strategie.

## 4 Fazit

Die gesamte Branche der Kreditwirtschaft wird in den kommenden Jahren aller Voraussicht nach einen dynamischen Wandel durchleben. Dabei wird eine anhaltende Niedrigzinsphase zahlreichen Kreditinstituten Ertragsprobleme bereiten, die weiterhin zunehmende Regulatorik stellt insbesondere kleine Institute vor große Herausforderungen. Die Digitalisierung

1 Wir differenzieren uns und heben Potenziale im **qualifiziertenPrivat-und Firmenkundengeschäft** durch **Qualität** (die ihren Preis hat):
- Individuelle, bedarfsumfassende Beratung und Betreuung, die wir durch Spezialisierung ausbauen und aktiv in das Erleben unserer Mitglieder und Kunden bringen
- In ausgewählten Marktsegmenten wachsen wir nachhaltig stärker als der Markt

2 Wir fokussieren uns im **privaten und gewerblichen Mengenkundengeschäft** auf **Effizienz:**
- Standardisierung im Kundenmanagement und Beratungsprozess
- Bedarfsgerechte, überschaubare Produktpalette
- Wirtschaftlich angemessener Einsatz unserer Ressourcen

3 Wir richten unser **Geschäftsmodell „Bank"** auf die **digitalen Anforderungen** aus:
- Professionalisierung des Multikanal-Vertriebs durch aktive, kundenorientierte Gestaltung des Internets und Vernetzung mit dem „Vertriebsweg Geschäftsstelle"
- Positionierung des Kundenbetreuers als Zentrum einerechtenMultikanal-Beziehung
- Weiterentwicklung unsererGeschäftsstellenund unserer Kommunikation in zeitgemäßer Form

4 Wir sichern durch unser **professionelles Personalmanagement** die passendeStellenbesetzung, eine gezielte Entwicklung und eine hohe emotionale Bindung der Mitarbeiter an unser Unternehmen

5 Unsere **Führungskräfte sind Führungsprofis,** diedas Leitbild vorleben und die Eigenverantwortung, Identifikation sowie Motivation der Mitarbeiter fördernund helfen, deren Potenziale zu entfalten

6 Durch ein **institutionalisiertesProzessmanagement** lokalisierenund heben wir gezielt Qualitäts-und Produktivitätspotenziale und richten unsere Prozesse konsequent auf geringe Komplexität aus

7 Als genossenschaftliche Bank grenzen wir uns positivvom Wettbewerb ab und stärken durch den **gelebten Förderauftrag** die Beziehung zu unseren Mitgliedernund zur Region. Deshalb ist unser Ziel, dass **alle unsere Kunden überzeugte Mitglieder** sind.

**Abb. 6** Sieben Grundstrategien der Volksbank Esslingen eG. (Quelle: Volksbank Esslingen)

erfordert in Verbindung mit den demografischen Veränderungen in unserer Gesellschaft eine Neuausrichtung des Kundengeschäftes und des Produktionsprozesses.

In der Konsequenz werden die einzelnen Institute tendenziell größer und die Zahl der Banken wird sich erheblich reduzieren. Die Leistungen werden standardisierter. Die Beratung wird aber auf einem hohen Niveau bleiben, wenngleich dieses an einigen Stellen zu Lasten der räumlichen Nähe gehen wird.

Das Geschäftsmodell der Volks- und Raiffeisenbanken wird sich an vielen Stellen ändern, bis hin zur Frage, welche neuen Leistungen ergänzt und welche Leistungen nicht mehr angeboten werden. Hierbei war das genossenschaftliche Verbundsystem stets in herausfordernden Zeiten besonders anpassungsfähig und erfolgreich.

Gleichwohl: Bei allen Veränderungen wird das Prinzip „Ich bin Kunde meiner Bank" beibehalten.

Meine Bank – deine Bank – unsere Bank. Das ist bei weitem nicht nur eine Rechtsform; das ist Identifikation und Leistungsfähigkeit. Und wer anpassungsfähig und leistungsfähig ist, ist zukunftsfähig.

## Literatur

Baxter, M., Vater, D. (Hrsg. Bain&Company) (2014): Auf dem Weg zur Retail-Bank der Zukunft, München/Zürich, 2014.

ergo, evers&young (2014): Studie: Bankberatung – Wie persönlich darf es sein?, Köln/Hamburg, 2014.

Institut für Vermögensaufbau (IVA) AG (2014): Focus-Money-City-Contest 2015 – Firmenkunden, München, Dezember 2014.

Müller, T. (2012): Europäische Finanzmarktregulierung – Eine kritische Würdigung der neuen Liquiditätskennziffern, in: Deutsches Institut für Bankwirtschaft – Schriftenreihe, Band 9 (12/2012).

Schierenbeck, H.; Lister, M.; Kirmße, S. (2014): Ertragsorientiertes Bankmanagement, Band 1: Messung von Rentabilität und Risiko im Bankgeschäft, SpringerGabler, Wiesbaden.

Sinn, W., Vater, D., Lubig, D., Kasch, M.; (Hrsg. Bain&Company) (2012): Was Bankkunden wirklich wollen, München/Zürich, 2012.

4P Consulting (Hrsg.) (2014): Regionalbanken in Deutschland 2014, Stuttgart 2014.

Visa Europe Services Inc.; Roland Berger Strategy Consultants (Hrsg.) (2015): Digitale Revolution im Retail-Banking – Chancen in der neuen Multikanal-Welt aus Kundensicht, Frankfurt am Main/München, Februar 2015.

**Heinz Fohrer** Dipl. Bankbetriebswirt (ADG), ist seit zehn Jahren Mitglied des Vorstandes der Volksbank Esslingen eG und dort verantwortlich für die Marktbereiche, das Treasury und das Vertriebsmanagement.

Nach seiner Ausbildung zum Bankkaufmann hat er über mehrere Stationen und einem nebenberuflichem Studium in verschiedenen Banken Erfahrungen gesammelt. Nebenberuflich unterrichtete und prüfte er an der IHK und der Akademie Deutscher Genossenschaften in Montabaur mit den Schwerpunkten auf Bankvertrieb und Banksteuerung.

Sein beruflicher Schwerpunkt liegt im Firmen- und Privatkundenvertrieb. Ebenfalls verantwortete er eine Sanierung und mehrere Fusionen.

Neben seiner beruflichen Tätigkeit ist er in mehreren Aufsichtsräten und Beiräten sowie mehreren Funktionen in der genossenschaftlichen Organisation tätig.

# Teil II
# Vertriebsmanagement

# Qualitatives Vertriebsmanagement stellt Kunden in den Mittelpunkt

Werner Braun

## Inhaltsverzeichnis

1 Einleitung . . . 77
2 Wohin wir wollten . . . 80
3 Was wir verändert haben – das neue Vertriebsmanagement der Commerzbank . . . 81
3.1 Änderungen in der Vertriebssteuerung . . . 81
3.2 Änderungen im Führungsverhalten . . . 84
3.3 Änderungen im Beratungsprozess . . . 86
3.4 Veränderungen mit Qualifizierungsmaßnahmen begleiten . . . 89
3.5 Änderungen in der Kundensegmentierung . . . 90
3.6 Änderungen im Produkt- und Leistungsangebot . . . 91
3.7 Änderungen des Filialkonzepts durch neue Kundenbedürfnisse . . . 92
4 Was wir erreicht haben: Das neue Vertriebsmanagement wirkt . . . 93
4.1 Qualität als Grundlage des Unternehmenserfolges . . . 93
4.2 Substanzielles Wachstum zulasten der Wettbewerber . . . 95
4.3 Mitarbeiterzufriedenheit gestiegen . . . 95
5 Schlussbetrachtung und Ausblick . . . 96
Literatur . . . 96

## 1 Einleitung

Die Finanzbranche hat sich seit 2008 gravierend und nachhaltig verändert (vgl. Sinn und Schmundt 2014). Dafür gibt es vor allem drei Ursachen:

W. Braun (✉)
Commerzbank AG, Frankfurt, Berlin, Deutschland



D. Hellenkamp, K. Fürderer (Hrsg.), *Handbuch Bankvertrieb*,
DOI 10.1007/978-3-658-06447-1_5

- Vertrauenskrise der Kunden in Bezug auf die Bankenbranche
- Zunehmende Regulierung
- Herausforderungen einer voranschreitenden Digitalisierung

**Vertrauenskrise der Kunden in Bezug auf die Bankenbranche**
In den 1990er-Jahren, als immer neue Finanzprodukte wie etwa Zertifikate und Dachfonds kreiert wurden, waren Banken sehr erfolgreich. Die Kunden kauften, Risiken wurden vernachlässigt. Der Vertrieb der Banken galt als erfolgreich, wenn er den schnellen Abschluss machte. Es wäre indes nicht fair, dieses Prozedere nur den Banken anzulasten, es gründete auch auf dem Verlangen der Kunden nach Profit.

Durch die Finanzkrise haben Kunden das Vertrauen in Wertpapiere und häufig auch in ihren Berater verloren. So zeigt eine Studie des Deutschen Aktieninstituts, dass, bezogen auf die Anlageentscheidung der Aktionäre, im Jahr 2013 nur noch 30 % der Kunden die Vertrauenswürdigkeit ihres Bankberaters für hoch oder sehr hoch hielten. Im Jahr 2008 waren es noch 40 % (vgl. Pellens und Schmidt 2014, S. 33).

Ein Grund für das fehlende Kundenvertrauen: Die Anlageberatung war oftmals ein reiner Produktverkauf, ohne auf die individuellen Bedürfnisse des Kunden einzugehen. Viele Kunden unterstellen ihrer Bank, dass sie vorwiegend die Produkte anbietet, die die meiste Provision einbringen und nicht die, die am besten zum Kunden passen. Die Banken, allen voran die großen Privatbanken, standen im Kreuzfeuer der Kritik. „Bankenbashing" wurde zur neuen leidenschaftlichen Freizeitbeschäftigung so mancher Privatpersonen, Journalisten und dem einen oder anderen Politiker.

Das Verhalten der Bankkunden änderte sich daraufhin grundlegend: Kunden, die bei einem Anruf ihres Bankberaters bis dato ohne großes Nachfragen eine Wiederanlage getätigt hatten, reagierten nun skeptisch, ohnehin kritische Kunden wurden extrem misstrauisch. Die Medien, die Banken zum Teil pauschal als Abzocker anprangerten, taten ihr Übriges.

Konsequenz: Kunden haben sich aus dem Wertpapiergeschäft zurückgezogen und legen ihr Geld trotz historisch niedriger Zinsen in liquiditätsnahen Produkten an: 2012 waren laut Statistik der Deutschen Bundesbank zwei Billionen Euro in Bargeld und Einlagen investiert. In der aktuellen Niedrigzinsphase erhalten Anleger dafür eine Verzinsung, die deutlich unterhalb der Inflationsrate liegt. Dieses Anlageverhalten führt somit zu einem realen Vermögensverlust, das heißt, der Kunde wird schleichend enteignet (vgl. Commerzbank 2014, S. 10 f.).

Ohne ein Umdenken werden so bis 2018 rund 230 Mrd. € an Kaufkraft verloren gehen. Aus dem Verhaltensmuster der Kunden, lieber auf Rendite zu verzichten und Vermögenswertverluste hinzunehmen, anstatt ein etwas erhöhtes Risiko einzugehen, lässt sich aber noch etwas Wesentliches ableiten: Kreditinstitute durchleben nach wie vor eine Vertrauenskrise – und es wird einige Zeit in Anspruch nehmen, bis diese überwunden sein wird.

**Zunehmende Regulierung**
Als Folge der Finanz- und Vertrauenskrise hat der Gesetzgeber die regulatorischen Anforderungen in den vergangenen Jahren immer weiter verschärft: Wertpapierhandelsgesetz-

Bogen (WpHG-Bogen), Beratungsprotokolle, Produktinformationsblätter und das Honoraranlageberatungsgesetz sind nur einige Beispiele dafür.

Die zahlreichen Maßnahmen beeinflussen sowohl das Verhalten der Kreditinstitute als auch das Verhalten der Kunden.

So war die Regulierung einerseits ein Qualitätstreiber, das heißt, sie hat das Qualitätsniveau in der Anlageberatung erhöht, indem sie einheitliche und verbindliche Standards gesetzt hat. Andererseits hat die zunehmende Regulierung aber auch die Komplexität der Anlageberatung deutlich erhöht. Beratungsgespräche dauern durch zahlreiche Aufklärungspflichten heute wesentlich länger, sodass viele Kunden Protokolle inzwischen ablehnen und präferiert auf beratungsfreies Anlagegeschäft ausweichen.

Auch Banken haben auf den erhöhten Zeitaufwand reagiert: Erste regionale Institute haben ihr Beratungs- und Produktangebot im Wertpapiergeschäft bereits eingeschränkt, so eine Studie des Deutschen Aktieninstituts aus dem Jahr 2014 (vgl. Kuhn 2014, S. 15 ff.).

**Herausforderungen einer voranschreitenden Digitalisierung**

Auch das Vordringen der digitalen Medien verändert das Verhalten der Bankkunden erheblich. Heute bestimmen nicht mehr die Öffnungszeiten einer Filiale den Zeitpunkt, wann eine Beratung oder das Einholen von Informationen stattfindet, sondern der Kunde tut es (vgl. Bain & Company 2012, S. 21 ff.). Entspricht eine Bank diesen Kundenwünschen nicht, wird sie Kunden verlieren.

Nicht nur jüngere Kunden wollen vieles online erledigen und nicht nur ältere Kunden gehen in Filialen, um Bankgeschäfte zu tätigen. Das ist keine Frage des Alters, sondern des Bedarfes, denn Kunden wählen stets den Weg, der den jeweils größten persönlichen Nutzen bringt und am bequemsten ist. Basisprodukte werden vor allem über digitale Kanäle abgewickelt, Beratungsprodukte wie Vermögensanlage, Altersvorsorge oder Immobilienfinanzierung auch in Zukunft über die Filiale.

Insofern sind Filial- und Onlinebanking zwei Seiten derselben Medaille. Die strikte Trennung zwischen Filial- und Direktbank ist eine Idee der deutschen Banken und nicht der Kunden. Die meisten Kunden akzeptieren kein Entweder-oder, sie wollen selbst entscheiden, wann, wo und wie sie ihre Bankgeschäfte erledigen.

Vier von sechs Kunden wünschen sich eine integrierte Filial- und Direktbank. So gewinnt die Commerzbank trotz Digitalisierung immer noch zwei Drittel ihrer neuen Kunden in der Filiale. Gleichzeitig nutzen bereits heute mehr als zwei Drittel der unter 40-Jährigen die digitalen Kanäle zum Kauf von oder zur Information über Bankprodukte.

Konsequenz: Wenn eine Bank künftig weiter wachsen will, muss sie „multikanalfähig“ sein. Das heißt, sie muss für den Kunden über verschiedene Kanäle erreichbar sein und alle Kanäle in hoher Qualität zur Verfügung stellen.

**Zwischenfazit**

Finanz- und Vertrauenskrise sowie zunehmende Regulierung und Digitalisierung haben das Kundenverhalten verändert und gleichzeitig die Erträge (insbesondere im bisher sehr umsatzabhängigen Wertpapiergeschäft) erheblich belastet.

Die Erkenntnis hieraus: Vertriebsmanagement kann nicht dauerhaft funktionieren, wenn man extern die Botschaft „Der Kunde ist König“ proklamiert und intern Erfolge ausschließlich an Geschäftsabschlüssen und Erträgen misst.

## 2 Wohin wir wollten

Nach der Finanzkrise haben viele Banken davon gesprochen, dass sich etwas ändern müsse. Die Commerzbank hat tatsächlich etwas geändert und bereits 2011 damit begonnen, ihr Privatkundengeschäft von der Filialbank zur Multikanalbank umzubauen und dabei alle Leistungen und Produkte konsequent vom Kunden her zu denken. Ziel war es, die Kundenzufriedenheit über eine hohe Beratungsqualität massiv zu erhöhen und anschließend mit zufriedenen Kunden, die die Commerzbank gerne weiterempfehlen, profitabel zu wachsen.

Die Zufriedenheit der Kunden ist also der Schlüssel zum Erfolg. Dabei darf es keinen Widerspruch zwischen Kundennutzen und Banknutzen geben. Der Satz „Der Nutzen des Kunden steht im Mittelpunkt“ darf keine leere Worthülse sein. Langfristig kann eine Bank wirtschaftlich nur erfolgreich sein, wenn Kunden einen (möglichst) maximalen Nutzen erfahren und Kundenzufriedenheit sowie die Langfristigkeit der Kundenbeziehungen Bestand haben.

Anders ausgedrückt: „Was dem Kunden nicht nutzt, schadet der Bank.“ (Abb. 1).

Um dieses Ziel zu erreichen, haben wir unser Vertriebsmanagement komplett neu organisiert und dabei alles verändert: Unsere Steuerung, die Vertriebsführung, den Beratungsprozess sowie unser Produkt- und Leistungsangebot. Diese Veränderungen haben wir ab 2012 mit unserer neuen Werbekampagne, die in Deutschland viel Aufsehen erregt hat, begleitet und nach außen getragen. Unsere Filialleiterin Lena Kuske wurde dadurch nicht nur zur Sympathieträgerin, sondern auch zum Gesicht der Commerzbank – und zum Gesicht der Veränderung (Abb. 2).

**Abb. 1** Gleichklang zwischen Kundennutzen, Mitarbeiternutzen und Banknutzen

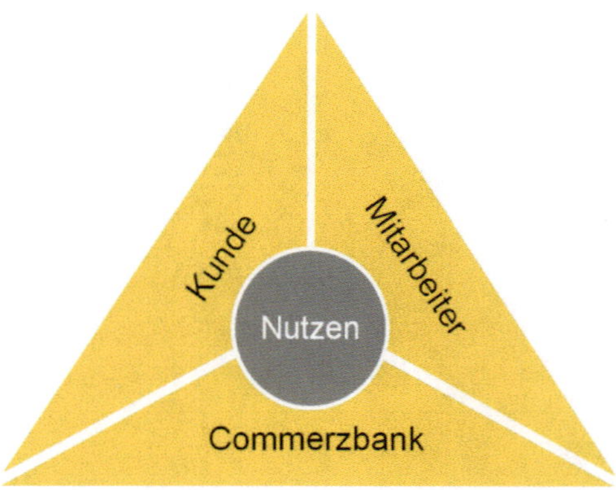

**Abb. 2** Werbekampagne-Plakat „Der erste Schritt“ mit Filialleiterin Lena Kuske (vgl. Commerzbank AG)

# 3 Was wir verändert haben – das neue Vertriebsmanagement der Commerzbank

## 3.1 Änderungen in der Vertriebssteuerung

Am Anfang des Umstellungsprozesses auf das neue Vertriebsmanagement stand die Definition der Ziele. Es gibt in einer Bank eine ganze Reihe möglicher Ziele, etwa Wachstumsziele, Volumenziele, Produktziele, Entwicklungsziele und Zufriedenheitsziele. Es sollten wenige, aber dafür klar definierte und kundenorientierte Ziele festgelegt werden.

Deshalb haben wir 2011 zwei Dinge verändert:

Zum einen haben wir die Anzahl der Ziele deutlich reduziert und uns bei der neuen Vertriebssteuerung der Commerzbank auf drei wesentliche Leitplanken konzentriert:

- Qualität,
- Wachstum und
- Profitabilität.

Zum anderen gibt es nur noch Teamziele und keine Einzel- oder Produktziele mehr.

**Qualität**
Zufriedene Kunden sind das wichtigste Gut jedes Unternehmens und die Basis für Wachstum und Profitabilität. Die Logik dahinter: Zufriedene Kunden machen mehr Geschäft, bringen neues Volumen und empfehlen uns gerne weiter.

Wenn daran geglaubt wird, dass Kundenzufriedenheit langfristig der Haupttreiber einer dauerhaften und profitablen Kundenverbindung ist, dann ist klar: Kundenzufriedenheit ist der wichtigste Bestandteil der Vertriebssteuerung. Sie fließt in der Commerzbank mit einer Gewichtung von 30 % in die Ziele ein, insgesamt sind sogar 70 % der Erfolgskennziffern einer Filiale direkt oder indirekt auf die Kundenzufriedenheit ausgerichtet. Jeder Berater in der Commerzbank wird an der Zufriedenheit seiner Kunden gemessen: Dadurch hat

**Abb. 3** Skala und Bedeutung des Net Promotor Score (NPS). (Quelle: Commerzbank AG)

sich das Verhalten in Beratungsgesprächen massiv verändert und die Qualität stark verbessert. Die Bankberatung fühlt sich anders an und die Kunden merken und honorieren das.

Eine wichtige Frage ist, wie man Qualität am Kunden eigentlich messen kann. Dazu fragt man am besten die Kunden selbst. Die Commerzbank arbeitet mit dem „Net Promoter Score (NPS)", der heute von vielen namhaften Unternehmen verschiedener Branchen zur Bestimmung der Kundenzufriedenheit eingesetzt wird. Durch eine Kundenbefragung misst der NPS unmittelbar die Wahrscheinlichkeit, mit der ein Kunde eine Weiterempfehlung für ein Unternehmen aussprechen wird.

Die konkrete Frage bei der Commerzbank lautet: „Wie wahrscheinlich ist es, dass Sie Ihre Commerzbank-Filiale weiterempfehlen?"

Auf einer Skala von 0 bis 10 bewerten die befragten Kunden ihre Commerzbank-Filiale, wobei 0 die niedrigste und 10 die höchste Weiterempfehlungswahrscheinlichkeit darstellt. Promotoren sind sehr zufriedene Kunden, die die Punkte 9 und 10 vergeben. Die Punkte 7 und 8 bilden passive/neutrale Kunden ab. Die Punkte 0 bis 6 sind Detraktoren, das heißt, diese Kunden stehen ihrer Commerzbank-Filiale kritisch gegenüber.

Der NPS wird durch die Differenz zwischen Fürsprechern und Kritikern, das heißt Promotoren und Detraktoren berechnet. Er wird als Prozentzahl ausgedrückt und entspricht dem Nettowert der zufriedenen Kunden. Insgesamt werden im Privatkundengeschäft jährlich rund 140.000 Kunden telefonisch zu ihrer Weiterempfehlungsbereitschaft befragt.

Im Wortlaut: „Auf einer Skala von 0 bis 10, wie wahrscheinlich ist es, dass Sie unser Unternehmen an einen Freund oder Kollegen weiterempfehlen?" (Abb. 3)

Misst man die Kundenzufriedenheit systematisch, so erreicht man eine Verhaltensänderung der Mitarbeiter, weil diese wissen, dass sie in ihrer Filiale nur dann erfolgreich sein können, wenn ihre Kunden sehr zufrieden sind und ihnen gute Noten geben. So hat die Commerzbank seit 2011 einen signifikanten Anstieg der Kundenzufriedenheit um mehr als 40 Prozentpunkte zu verzeichnen.

**Wachstum**

Nur wer wächst und die Auslastung steigert, ist und bleibt profitabel. Oder anders ausgedrückt: Nur ein wachsendes Geschäftsmodell ist gesund. Dieses Wachstum wird nur zulasten unserer Wettbewerber möglich sein, denn der Markt in der Finanzbranche ist verteilt und wir befinden uns in einem intensiven Verdrängungswettbewerb. Deshalb ist das Wachstum in der Filiale ein entscheidender Stellhebel der Steuerung und fließt mit 40 % in die Vertriebsziele ein.

Wir wollen in den Bereichen Kunden, Konten und Volumina mit zufriedenen Kunden wachsen. Maßstab sind hier die Anzahl neuer Kundenverbindungen und das Neugeschäftsvolumen in den verschiedenen Geschäftsfeldern (Einlagen, Kredit, Wertpapier). Dabei dient das Girokonto als Ankerprodukt für Cross-Selling, unsere neuen Depotmodelle und unsere offene Architektur in der Baufinanzierung als wichtige Wachstumstreiber im Anlage- und Kreditgeschäft.

**Profitabilität**

Die Profitabilität ist interner und externer Maßstab für den Erfolg unseres Geschäfts: Alle relevanten Erträge im Blick zu haben – dies stellen wir in der Steuerungskomponente Profitabilität sicher, die mit 30 % bewertet wird. Nicht nur der Provisionsertrag, sondern auch laufende Erträge fließen in diese Kennziffer ein.

Mit der Änderung unseres Anlagegeschäftsmodells haben wir in den vergangenen Jahren die Wende vom Transaktionsmodell hin zum Mandatsgeschäft geschafft: Dank Lösungen wie einer individuellen Vermögensverwaltung, Vermögensmanagement und Premiumdepots haben wir unsere Bestandserträge deutlich gesteigert und unsere Erträge unabhängiger von Schwankungen im Wertpapiergeschäft gemacht.

Diese Entwicklung wollen wir weiter fortsetzen, um unsere Erträge zu stabilisieren. Das Ziel: weniger Einmalerträge, mehr Bestandserträge.

**Zwischenfazit**

Die Änderungen in der Vertriebssteuerung sind die Basis, um ein neues, kundenorientiertes Geschäftsmodell implementieren zu können. Nur wenn die Ziele vom Kunden her gedacht sind und der Vertrieb entsprechend gesteuert wird, kann eine Verhaltensänderung bei den Mitarbeitern herbeigeführt werden. Die Ausrichtung an den Bedürfnissen unserer Kunden ist deshalb das A und O der neuen Vertriebssteuerung. Durch die nachweislich bessere Qualität der Beratung sind die Kunden zufriedener als jemals zuvor. Damit steigt auch die Weiterempfehlungsbereitschaft, die wiederum neue Kunden generiert (Abb. 4).

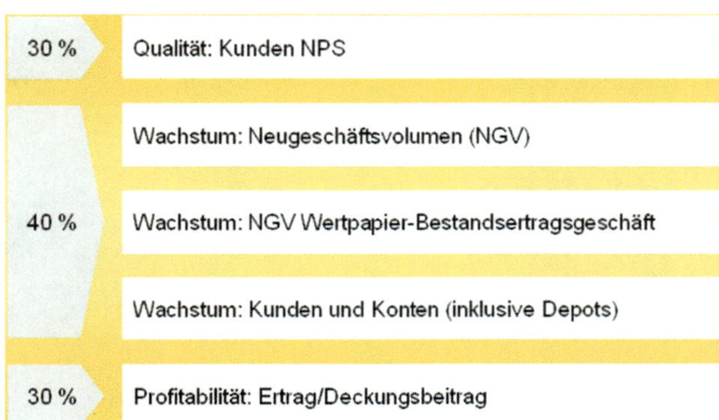


**Abb. 4** Übersicht der Steuerungsgrößen im Privatkundengeschäft der Commerzbank für 2014. (Quelle: Commerzbank AG)

## 3.2 Änderungen im Führungsverhalten

Veränderte Vertriebsziele erfordern auch eine veränderte Vertriebsführung. Für Führungskräfte, die den Vertrieb jahrelang nach kurzfristigen Erfolgen gesteuert hatten, war die Umstellung erheblich. Nun müssen sie sich mit komplett anderen Zielvorgaben auseinandersetzen. Die Führungskraft der Bank ist nicht mehr Controller, sondern Coach und Unterstützer – etwas, das erlernt werden muss und ein Umdenken im täglichen Bankgeschäft bedingt.

**Weniger Kontrolle, mehr Eigenverantwortung**
Dabei lassen wir uns vom Motto „Weniger ist mehr" leiten: Führungskräfte sollen ihre Mitarbeiter zielorientiert fördern und fordern.

Leitplanken sind ein wöchentliches und ein monatliches Teamgespräch in den Filialen sowie ein Einzelgespräch pro Quartal; zuvor gab es wöchentliche Einzelgespräche für die Mitarbeiter und Einzelziele für die Berater. Durch den Wegfall der Einzelziele wurde Druck vom Berater genommen und gleichzeitig die Teamleistung in den Vordergrund gestellt.

Auch inhaltlich haben sich die Gespräche geändert: Der zuvor standardisierte Ablauf ließ keinen Raum für situative Führung und die Berücksichtigung individueller Potenziale und Stärken. Mittlerweile spielen Informationsaustausch und Kommunikation eine tragende Rolle und es gibt mehr Freiraum für die gemeinsame Vertriebs- und Akquisitionsplanung. Die tägliche Abfrage von Ergebnissen durch die Führungskräfte gehört ebenfalls der Vergangenheit an. Im Umkehrschluss bedeutet all das, dass Freiheiten gegeben werden, aber auch mehr Eigenverantwortung übertragen wird.

Teamorientierung, auch der Führungskräfte, ist extrem wichtig. Erfolgreiche Teams bestehen nicht aus einer Ansammlung von spezialisierten Individualisten, sondern zeichnen sich durch eine intensive Zusammenarbeit aus, wobei die individuellen Stärken des Einzelnen bestmöglich genutzt werden sollen. Deshalb ergänzen die in Abb. 5 dargestellten drei verbindlichen Gesprächsformate als Leitplanken die situative Führung im Alltag.

**Diese Gespräche stellen das Mindestmaß an Führungsaktivitäten im gesamten Segment Private Kunden dar:**

**Wöchentliches Teamgespräch:** Die konsequente Ausrichtung der wöchentlichen Führung auf Aktivitäten bringt das „Wie" in den Vordergrund.

**Monatliches Teamgespräch:** Hier liegt der Fokus auf der Bewertung der vertrieblichen Ergebnisse und den zugrunde liegenden Aktivitäten.

**Quartalsweises Einzelgespräch:** Dies legt den Fokus auf die Bewertung der vertrieblichen Ergebnisse (= Beitrag des Einzelnen zum Teamergebnis) und die Planung von Maßnahmen und Unterstützungsaktivitäten.

**Abb. 5** Gesprächsformate für situative Führung. (Quelle: Commerzbank AG)

| **Der Mitarbeiter erlebt situative Führung durch:** |
| --- |
| regelmäßigen, konstruktiven und wertschätzenden Dialogmit der Führungskraft |
| stärkere Begleitung beim Schaffen von Vertriebserfolgen |
| gemeinsames Üben, Begleiten und Nachhalten von Kundengesprächen |
| gemeinsames Vorbereiten von Kundengesprächen |
| Erfolge und Misserfolge im persönlichen Gespräch bewerten und ggf. Verbesserungen ableiten |
| Weitergabe von Tipps und Tricks |

**Abb. 6** Konkrete Umsetzung situativer Führung. (Quelle: Commerzbank AG)

**Situativer Führungsstil**

Die Führungskraft, die bisher stark zahlenorientiert war, muss nun versuchen, jeden Mitarbeiter zu verbessern. Dafür benötigt man einen anderen Führungstyp als bislang. Ein Coach agiert anders als ein Controller. Im neuen Vertriebsmanagement ist ein situativer Führungsstil erforderlich, nicht mehr an Zahlen orientiert, sondern an der Situation des einzelnen Menschen. Das bedeutet: konstruktiver, wertschätzender Dialog, enges Begleiten, gemeinsames Trainieren, konstantes Vorleben. Das macht die Mitarbeiter besser und führt zu der angestrebten Verhaltensänderung (Abb. 6).

Der Schwerpunkt der Tätigkeit verlagert sich vom Produktverkauf in Richtung Beratung. Dafür braucht es Übung – und dafür benötigt die Bank Führungspersönlichkeiten, die als Unternehmer vor Ort Entscheidungen treffen und als Vorbild für ihre Mitarbeiter vorangehen.

Wir haben Formate entwickelt, die in einem Bank-Retailvertrieb ein Stück weit standardisiert sein müssen. In einem wöchentlichen Teamgespräch wird vor allem über die laufenden Aktivitäten gesprochen, im monatlichen Teamgespräch eher über die Ergebnisse. Außerdem finden quartalsweise Einzelgespräche statt, in denen darüber gesprochen wird, wie die Erwartungen erfüllt wurden. Der Filialleiter vor Ort hat Zielvorgaben für seine Einheit, setzt aber individuell die Schwerpunkte für seine Filiale und bespricht deren Umsetzung mit seinem Team. Die Steuerung erfolgt also eher dezentral anhand zentral vorgegebener Leitplanken.

Für das Lösen von Konflikten und zur Vermeidung von Eskalationen hat der Vorstand unter Beteiligung von Führungskräften und Mitarbeitern fünf Werte identifiziert, die unsere Unternehmenskultur bereits auszeichnen. Diese Werte geben sowohl Führungskräften als auch Mitarbeitern eine Orientierung für die tägliche Arbeit und prägen den fairen und kompetenten Umgang miteinander.

1. **Teamgeist**: Die Führungskraft sollte auf Vielfalt setzen, sich selbst als Teamplayer einbringen und den Mitarbeitern vermitteln, dass Ziele nur gemeinsam erreicht werden können.
2. **Integrität**: Die Führungskraft sollte zuverlässig und konsequent sein, das heißt: machen, was sie sagt, und sagen, was sie macht.
3. **Leistung**: Die Führungskraft sollte klare und transparente Ziele mit ihren Mitarbeitern vereinbaren sowie dafür sorgen, dass die Mitarbeiter sich ständig weiterentwickeln (können).
4. **Marktorientierung**: Die Führungskraft sollte unternehmerische Verantwortung zeigen und mit ihrem Team stets nach der besten Lösung für den Kunden suchen.
5. **Respekt/Partnerschaftlichkeit**: Die Führungskraft sollte ihren Mitarbeitern von Mensch zu Mensch begegnen, ihnen zeigen, dass sie auf ihre Leistungskraft vertraut, und sie sollte ihre Entscheidungen stets transparent machen.

Diese Werte bilden eine verbindliche gemeinsame Basis für alle Mitarbeiterinnen und Mitarbeiter der Commerzbank. Gleichzeitig helfen sie, die Richtung des neuen Vertriebsmanagements beizubehalten und sich dauerhaft daran zu orientieren.

## 3.3 Änderungen im Beratungsprozess

Die Mitarbeiter waren es gewohnt, beim Kundengespräch schnell zum Produktabschluss zu kommen. Das originäre Motiv des eigenen Berufsstandes, nämlich den Kunden Rat zu geben, war in den Hintergrund getreten.

Selbstverständlich benötigt die Bank auch heute noch Verkäufer, aber der Ansatz ist nunmehr ein anderer. Zufriedenheit entwickelt sich aus Vertrauen in das Bankgeschäft. Wenn dieses zerstört ist, können keine Kundenzufriedenheit und langfristige Kundenbindung entstehen. Insofern muss der Kundennutzen im Vordergrund stehen, damit die Bank eine langfristige wirtschaftliche Perspektive mit zufriedenen Kunden hat. Filialen, die wachsen, zeichnen sich immer durch eine hohe Kundenzufriedenheit aus. Die Filialbank lebt von der Interaktion zwischen Menschen. Die Steuerungsimpulse kommen vom Vertriebsmanagement.

**Ausrichtung an den Kundenbedürfnissen mit einem neuen Beratungsprozess**
Um ein einheitliches Kundenerlebnis und eine hohe Qualität in der Beratung sicherzustellen, definiert der Beratungsprozess den Rahmen für die Beratungsgespräche. Dieser gliedert sich in die vier Phasen:

- Planung,
- Terminvereinbarung,
- Kundengespräch und
- Nachbereitung.

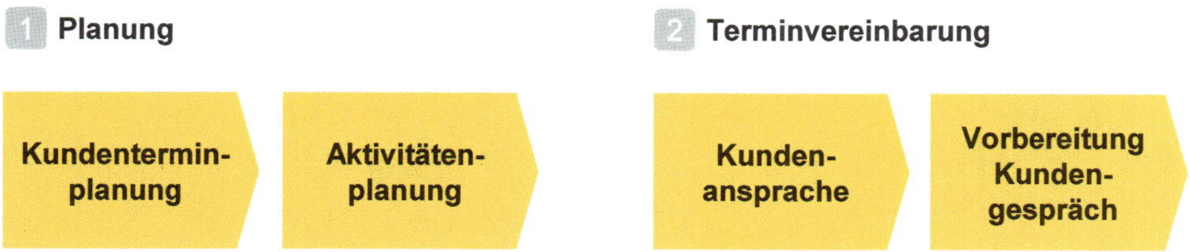


**Abb. 7** Beratungsprozess Phase 1 und 2: Planung und Terminvereinbarung. (Quelle: Commerzbank AG)

**Sorgfältige Planung ist entscheidend**

Die ersten beiden Phasen (Planung und Terminvereinbarung) legen die Basis für ein erfolgreiches Kundengespräch. Nur wenn vorher die richtigen Argumente für die Ansprache der Kunden vorbereitet wurden, der Gesprächseinstieg geübt, mögliche Kundeneinwände antizipiert und ein Überblick über die Kundenverbindung und das letzte Gespräch vorliegen, wird der Kunde einen kompetenten Eindruck gewinnen und der Kundenberater im Gespräch überzeugen können (Abb. 7).

**Kundengespräch**

Kundenkompass: Wenn nicht mehr das Produkt im Mittelpunkt steht, sondern der Kunde, resultiert daraus, dass die Bank ihren Beratungsansatz komplett verändern muss. Mit dem „Kundenkompass" hat die Commerzbank ein Beratungstool entwickelt, das den Berater dabei unterstützt, sorgfältig und lückenlos auf alle Wünsche und Bedürfnisse des Kunden einzugehen. Deshalb werden im ersten Schritt immer die Ziele, Wünsche und finanzielle Situation des Kunden abgefragt, um ihm anschließend passende Lösungen anbieten zu können. Dementsprechend kann ein Kundengespräch sowohl kurz als auch lang und ausführlich werden. Wesentlich ist, dass ein Kundengespräch so verläuft, dass der Berater keine Kundenwünsche und Kundenbedürfnisse übersieht.

Diese Vorgehensweise erfordert neue Verhaltensweisen der Berater. In der Vergangenheit sind Kundenberater primär produktorientiert vorgegangen, nunmehr müssen sie durch die richtige Fragetechnik mithilfe einer vorgegebenen Struktur eine Kundenanalyse vornehmen. Im Vordergrund steht hierbei nicht mehr das Produkt, sondern eine bedarfsorientierte Beratung zum Vorteil des Kunden: Gleichwohl: Der Verkauf von Produkten ist nach wie vor notwendig, da hierdurch die individuellen Probleme des Kunden gelöst werden.

Welchen Nutzen hat nun der Kundenkompass?

- Für den Kunden: Dem Kunden gibt er Orientierung, indem die persönliche und finanzielle Gesamtsituation betrachtet wird. Da die Wünsche und Pläne des Kunden mit seiner finanziellen Situation abgestimmt werden, erhält der Kunde immer passende, individuelle Empfehlungen. Mit einem übersichtlichen Ausdruck geben wir dem Kunden konkrete Ergebnisse an die Hand: Er erhält eine Zusammenstellung seines aktuellen Finanzstatus, unsere Empfehlungen und die nächsten Schritte auf drei Seiten.

- Für den Berater: Dem Berater dient der Kundenkompass einerseits als Gesprächsleitfaden, andererseits zeigt er konkrete Handlungsfelder auf. Diese Handlungsfelder veranschaulichen sowohl die dringenden Anliegen des Kunden als auch die wichtigen finanziellen Themen. Der Kundenkompass sorgt für zusätzliche Produktabschlüsse und Folgetermine. So ist zum Beispiel der direkte Wechsel in die entsprechende Produktanwendung möglich. Außerdem bieten die Vertiefungsseiten durch Visualisierungen und Berechnungen Unterstützung bei der weitergehenden Beratung (Abb. 8).

Die Herangehensweise mittels Kundenkompass ist völlig neu und nahezu revolutionär, da sich die Qualität des Beraters nicht mehr vorrangig an der Zahl der Abschlüsse misst, sondern zunächst daran, ob er mit dem Kunden ein vernünftiges und strukturiertes Gespräch führt. Natürlich soll der Berater auch verkaufen.

Die Situation ist in etwa ähnlich der eines Beratungsgespräches beim Arzt: Wenn das Gespräch zwischen Arzt und Patient auf Augenhöhe stattfindet und der Arzt eine fundierte Diagnose stellt, anschließend aber weder Medikamente noch ein Rezept verschreibt, hilft das dem Patienten nicht beim Lösen seines Problems. Der Patient benötigt insofern eine auf ihn zugeschnittene Medizin und keine, an denen der Arzt, respektive die Bank, kurzfristig am meisten verdient.

**Sieben Schritte eines professionellen Kundengesprächs**

Natürlich besteht ein Beratungsgespräch (die dritte Phase des Beratungsprozesses) nicht nur aus dem Kundenkompass. Das Kundengespräch muss persönlich eingeleitet und abgeschlossen werden. Ziele und Ablauf des Gespräches sollten gemeinsam mit dem Kunden besprochen, Wünsche und Erwartungen an das Gespräch abgefragt werden. Deshalb ist definiert, wie ein professionelles Kundengespräch verlaufen sollte (Abb. 9).

**Abb. 8** Themenblöcke des Kundenkompasses. (Quelle: Commerzbank AG)

**Abb. 9** Beratungsprozess Phase 3: sieben Schritte eines professionellen Kundengesprächs. (Quelle: Commerzbank AG)

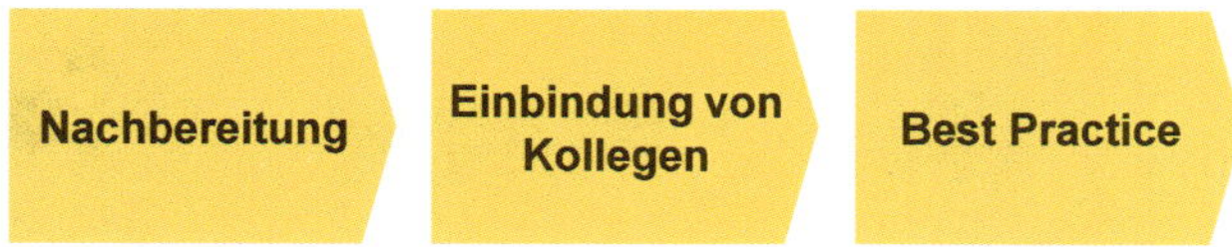


**Abb. 10** Phase 4 des Beratungsprozesses: die Nachbereitung. (Quelle: Commerzbank AG)

**Nachbereitung: nach dem Kundengespräch ist vor dem Kundengespräch**
Auch für die vierte Phase des Beratungsprozesses, die Nachbereitung, sollte man sich ausreichend Zeit nehmen. Dabei geht es nicht nur um die Umsetzung der bei der Beratung besprochenen Aufträge, sondern auch um die kritische Reflexion der eigenen Gesprächsführung, die Einbindung von Spezialisten und die interne (Informations-)Weitergabe erfolgreicher Vorgehensweisen. Eine sorgfältige Nachbereitung ist deshalb so wichtig, weil sie dem Berater hilft, den Auftrag des Kunden verlässlich umzusetzen und die Qualität künftiger Beratungsgespräche weiter zu verbessern (Abb. 10).

## 3.4 Veränderungen mit Qualifizierungsmaßnahmen begleiten

In der Commerzbank gibt es vielfältige Entwicklungsperspektiven für eine Fach-, Führungs- und Projektlaufbahn, die in der Commerzbank-Akademie gebündelt sind. Diese steht für lebenslanges Lernen mit System und bietet Mitarbeitern die Chance, den eigenen Werdegang über Qualifizierungsangebote und Entwicklungswege aktiv mitzugestalten (Abb. 11).

Unser Qualifizierungsangebot für den Filialvertrieb umfasst neben der reinen Fachqualifizierung auch Maßnahmen zur Steigerung der Beratungs-, Verkaufs- und Vertriebsmanagementkompetenz.

Die Umstellung des Vertriebsmanagements erforderte einen erheblichen Schulungsaufwand. So sind alleine im Jahr 2013 insgesamt 13.000 Seminarteilnehmer geschult und

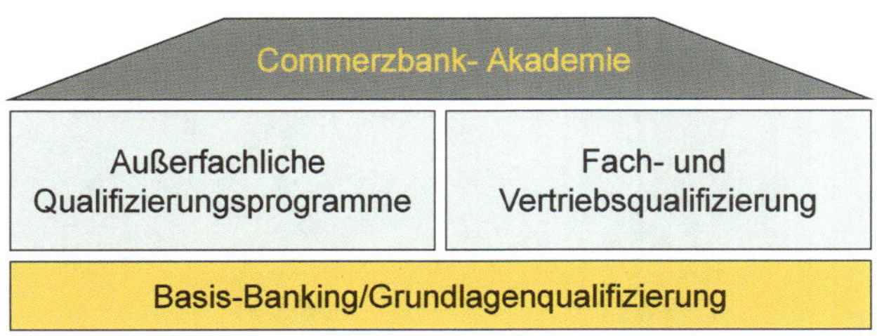


**Abb. 11** Entwicklungs- und Qualifizierungsangebote in der Commerzbank-Akademie. (Quelle: Commerzbank AG)

rund 53.000 Qualifizierungsmodule (Studienbriefe, Seminare, webbased Trainings) absolviert worden.

Denn: Die Berater mussten die neuen Rahmenbedingungen kennenlernen und sich mit einer neuen Steuerung, einem neuen Beratungsprozess und neuen Produkten vertraut machen. Um die Mitarbeiter qualifiziert an die veränderten Anforderungen heranzuführen, waren neben Verhaltensschulungen umfangreiche Fachqualifizierungen notwendig, die zuvor grundlegend überarbeitet und modernisiert wurden.

Unsere Ziele für die neuen Lernmedien:

- **schnell:** Zugangswege sind leicht erreichbar und kleine Module sind gut in den Arbeitsalltag zu integrieren und auf die Arbeitsweise zugeschnitten
- **modern:** Innovative Formate entsprechen dem aktuellen Lernverhalten
- **aktuell:** Zeitgemäßes Wissen unterstützt in der täglichen Arbeit

**Zwischenfazit**

Ein neues Vertriebsmanagement erfordert umfangreiche Schulungsmaßnahmen. Denn je besser unsere Berater qualifiziert sind, desto besser können sie den Kundenbedarf erkennen, passende Lösungen anbieten und somit die Zufriedenheit der Kunden erhöhen.

Durch eine einheitliche Qualifizierung auf Fach-, Vertriebs- und Vertriebsführungsebene wird sichergestellt, dass die Commerzbank das den Kunden gegebene Leistungsversprechen fair und kompetent einhalten kann.

## 3.5 Änderungen in der Kundensegmentierung

Wir versprechen unseren Kunden ausgezeichnete Beratung und erstklassigen Service. Um dieses Leistungsversprechen einzulösen, beraten wir jeden Kunden entsprechend seines individuellen Bedarfs. Deshalb muss das Vertriebsmanagement Unterschiede der Kunden berücksichtigen, beispielsweise hinsichtlich ihres Einkommens, ihres Vermögens oder ihrer Lebenssituation.

Es ist daher sinnvoll, die Kunden einzelnen Segmenten zuzuordnen. Kunden, die nur Servicedienstleistungen in Anspruch nehmen, werden in der Commerzbank durch ein Team von Serviceberatern betreut. Kunden, die Beratung beanspruchen, werden von einem persönlichen Berater in der Filiale betreut, der sich an der Situation der Kunden orientiert. Wichtig ist, dass jeder Kunde dabei einen Ansprechpartner hat.

Aktuell unterscheiden wir auf der Privatkundenseite vier Segmente:

- Filialkunden,
- Privatkunden,
- Private-Banking-Kunden und
- Wealth-Management-Kunden.

Auf der Geschäftskundenseite differenzieren wir zwischen drei Segmenten:

- Filialkunden,
- Geschäftskunden und
- Exklusivkunden.

Das Kundensegment „Filialkunden" umfasst private und gewerbliche Kunden ohne Beratungsbedarf. Diese Kunden erwarten und erhalten von uns einen optimalen Service.

Bei allen anderen Kundensegmenten gibt es eine eindeutige Kunde-Berater-Zuordnung. Hier wird der Kunde von einem Team aus Generalisten und Spezialisten betreut. Das Bankgeschäft ist heute aufgrund der zunehmenden Regulatorik so anspruchsvoll geworden, dass man bei komplexen Beratungsthemen unbedingt Spezialisten braucht, beispielsweise beim Wertpapiergeschäft, bei individuellen Finanzierungen, Vorsorgethemen oder Electronic Banking im Geschäftskundensegment. Die Bank verfügt über eine Mischung aus Generalisten und Spezialisten, wobei die Steuerung bei allen der gleichen Logik folgt: Qualität, Wachstum, Profitabilität.

Letztlich geht es darum, jeder Kundengruppe genau die Beratung zu bieten, die am besten zu ihrem Bedarf passt. Ein weiterer Vorteil der Segmentierung: Die Bank kann in den einzelnen Kundensegmenten ganz gezielt Vertriebsimpulse setzen.

In den kommenden Jahren wird sich die Kundensegmentierung aufgrund der zunehmenden Digitalisierung verändern. Die bisher traditionelle Segmentierung auf Basis von Vermögen und Einkommen hat sich durch digitales Datenmanagement überholt und liefert bestenfalls grobe Nutzenvermutungen. Künftig wird ein Kunde nicht mehr ausschließlich einer Filiale zugeordnet, sondern der gesamten Bank. Deshalb erfordert eine Multikanalbank auch einen Paradigmenwechsel in der Steuerung, die nach den unterschiedlichen Kanälen (Filiale, online, Telefon) erfolgen muss.

## 3.6 Änderungen im Produkt- und Leistungsangebot

Wenn die Kernaussage im Vertriebsmanagement lautet „Der Kunde steht im Mittelpunkt", können Sie nicht gleichzeitig sagen „Wir verkaufen nur Finanzprodukte unserer Bank". Sie müssen dann eine offene Produktpalette anbieten, das heißt die besten Fonds im Markt, die beste Baufinanzierung etc., kurz: die besten Finanzprodukte. Auch das ist eine Frage der Glaubwürdigkeit und der Fairness. Deshalb bietet die Commerzbank ihren Kunden sowohl im Wertpapiergeschäft als auch in der Baufinanzierung bereits heute eine unabhängige Beratung an. So können unsere Kunden zum Beispiel in der Baufinanzierung aus rund 250 Anbietern das für sie passende Angebot auswählen.

Neben der Einführung offener Produktplattformen haben wir in den vergangenen drei Jahren unser gesamtes Produkt- und Leistungsangebot überarbeitet und im Sinne unserer Kunden verbessert. Ergebnisse sind zum Beispiel das kostenlose Girokonto mit Zufriedenheitsgarantie oder die neuen Depotmodelle im Wertpapiergeschäft. Hierbei profitiert

**Abb. 12** Die vier neuen Depotmodelle der Commerzbank. (Quelle: Commerzbank AG)

der Kunde von neuen Wahlmöglichkeiten zwischen Depotlösungen mit Transaktions- oder Pauschalentgelt sowie zwischen unterschiedlichen Beratungsleistungen und Servicelevels. Die Depots der Kunden sind somit noch stärker auf ihre individuellen Bedürfnisse ausgerichtet (Abb. 12).

## 3.7 Änderungen des Filialkonzepts durch neue Kundenbedürfnisse

Ohne Filialen ist ein werthaltiges Wachstum im Privatkundengeschäft nicht möglich, aber Bankfilialen müssen sich im Hinblick auf das veränderte Kundenverhalten, die zunehmende Digitalisierung und die Entwicklung der regionalen Märkte anpassen. Es ist nicht einleuchtend, in jeder Filiale dasselbe anzubieten – unabhängig davon, wie Kunden persönliche Beratung und Services wirklich nutzen.

Deshalb wird die Commerzbank flexibler in ihrem Filialangebot: Differenzierte Filialformate ersetzen das Filialnetz aus einem Guss. So wird es künftig Filialen geben, die persönlichen Service anbieten, und solche, bei denen die spezialisierte Beratung im Fokus steht. Seit Dezember 2013 bzw. Frühjahr 2014 testen wir differenzierte Filialmodelle (Flagship- und City-Filialen) in Berlin und Stuttgart.

Inhalte des neuen Filialkonzepts sind im Testzeitraum unter anderem:

- eine in die Filiale integrierte Selbstbedienungszone,
- eine Lounge mit Kunden-Tablets im Zentrum des Filialraumes,
- verlängerte Öffnungszeiten (08:00 Uhr bis 19:30 Uhr von Montag bis Freitag),

- ein ausgeweiteter persönlicher Kassenservice,
- eine Videokasse mit persönlichem Ansprechpartner sowie
- Giro- und Kreditkarten mit frei wählbarer PIN, die die Kunden bei einer Kontoeröffnung sofort mitnehmen können.

Wenngleich die Entscheidungen über die Weiterentwicklung unseres neuen Filialkonzeptes erst im Laufe des Jahres 2015 getroffen werden, liegen bereits erste positive Erkenntnisse vor:

- **Deutlich mehr Kunden in der Filiale:** Die Zahl der Besucher im Filialinnenraum hat sich in den Testfilialen mehr als verdoppelt. Die Kunden nehmen die verlängerten Öffnungszeiten sehr gut an (vor allem die zusätzliche Öffnung über Mittag und den verlängerten Nachmittag).
- **Kundenzufriedenheit signifikant gestiegen:** Die Weiterempfehlungsbereitschaft unserer Kunden ist um 80 % gestiegen.
- **Differenzierung gegenüber Wettbewerbern gestärkt:** 80 % der Filialbesucher empfinden die Pilotfilialen als überraschend und neuartig.

**Zwischenfazit**
Mit den Pilotfilialen in Berlin und Stuttgart hat die Commerzbank völlig neues Terrain betreten. So sind die Flagship-Filialen ein wichtiger Schritt auf dem Weg zu einer modernen und flexiblen Multikanalbank. Denn hier wird die Stärke einer Filiale (persönlicher Kontakt, Service und Beratung) erstmals konsequent mit den Möglichkeiten der digitalen Welt verbunden.

## 4 Was wir erreicht haben: Das neue Vertriebsmanagement wirkt

Mit einer neuen Ausrichtung ihres Vertriebsmanagements als Basis, hat die Commerzbank einen erfolgreichen Turnaround im Privatkundengeschäft eingeleitet. Hierzu wurde im ersten Schritt zunächst die Vertriebssteuerung umgebaut und die Qualität am Kunden deutlich verbessert, anschließend ist die Bank mit zufriedenen Kunden gewachsen und hat ihre Profitabilität gesteigert.

### 4.1 Qualität als Grundlage des Unternehmenserfolges

Die Kunden der Commerzbank sind heute deutlich zufriedener als vor dem Start des neuen Vertriebsmanagements. So ist deren Weiterempfehlungsbereitschaft seit 2011 um mehr als 40 Basispunkte gestiegen.

**Abb. 13** Siegel „Focus Money" zu City-Contest-Gesamtsiegen in den Jahren 2013 und 2014. (Quelle: Focus Money 2014b)

Die hohe Beratungsqualität wird auch extern bestätigt: Die Commerzbank gewinnt derzeit zahlreiche Auszeichnungen. 2014 wurde zum zweiten Mal in Folge der „City-Contest" gewonnen, der jährlich vom Institut für Vermögensaufbau (IVA) AG im Auftrag des Wirtschaftsmagazins „Focus Money" durchgeführt wird (vgl. Focus Money 2014a, S. 66 ff.). Bei dem Bankenvergleich, der 2014 in 300 deutschen Städten durchgeführt wurde, erzielte die Commerzbank als eindeutiger Testsieger eine Durchschnittsnote von 2,1.

Die positive Entwicklung der Beratungsqualität wird beim City-Contest besonders deutlich: 2012 war die Commerzbank nur in drei Städten Gewinner, 2014 bereits in 77 Städten. Ein Erfolgsrezept, das von externen Testern immer wieder bestätigt wird, ist die strukturierte Beratung mittels Kundenkompass. Überall dort, wo der Kundenkompass im Beratungsgespräch konsequent eingesetzt wurde, sind die Tester überzeugt und die Commerzbank auf den vorderen Plätzen zu finden (Abb. 13).

Der Gesamtsieg im City-Contest ist hierbei nicht die einzige Auszeichnung. Anfang 2015 hat das Magazin „Euro" ebenfalls die hohe Beratungsqualität bestätigt und zum zweiten Mal in Folge die Auszeichnung „Beste Filialbank Deutschlands" verliehen. Auch die Geschäftskundenberatung überzeugte die Tester, sodass die Bank im Frühjahr 2015 vom „Handelsblatt" als beste Geschäftskundenbank prämiert wurde. Darüber hinaus ist die Commerzbank im Dezember 2014 bei einem Test, den das „Handelsblatt" beim Analysehaus S.W.I. Finance in Auftrag gegeben hatte, für die beste Anlage- und Kreditberatung ausgezeichnet worden. Dabei wurden Filialen in ganz Deutschland getestet und die Beratung bei Wertpapieren, Sparanlagen und Baufinanzierungen untersucht und bewertet. Ergebnis: Die Berater der Commerzbank hätten sich kompetent und serviceorientiert gezeigt, den Kundenbedarf umfassend analysiert, seien freundlich und hilfsbereit gewesen und hätten so bedarfsgerechte Empfehlungen aussprechen können.

## 4.2 Substanzielles Wachstum zulasten der Wettbewerber

Die hohe Kundenzufriedenheit und Beratungsqualität führen dazu, dass die Commerzbank seit 2013 zulasten ihrer Wettbewerber wächst. Nachdem die Kundenzahlen in den Jahren zuvor abnahmen, wurde 2013 und 2014 eine erhebliche Anzahl neuer Kunden hinzugewonnen. Alleine 2014 wurden netto (das heißt unter Berücksichtigung aller Abgänge) rund 288.000 neue Kunden gewonnen. Dabei wächst auch das Volumen. Nur ein Beispiel: In der Baufinanzierung wurden 2014 mehr als 10 Mrd. € neues Baufinanzierungsvolumen generiert und damit der Marktanteil am Baufinanzierungsneugeschäft in den vergangenen drei Jahren mehr als verdoppelt.

Die gute Nachricht dabei: Das Wachstum ist nicht nur quantitativer, sondern auch qualitativer Natur, das heißt, es werden überdurchschnittlich viele ertragsstarke Kunden gewonnen. Gleichzeitig können die Bestandserträge gesteigert werden, indem die Kunden zunehmend professionell gemanagte Produkte abschließen: Bereits 37 % aller im Wertpapiergeschäft angelegten Mittel entfielen Ende Dezember 2014 auf das Premiumdepot und die Vermögensverwaltung, was einem Anstieg von 12 Prozentpunkten gegenüber dem Vorjahr entspricht.

Mit dem neuen Vertriebsmanagement wurde die Profitabilität ebenso deutlich gesteigert. Die Kosten wurden trotz erheblicher Investitionen gesenkt und die Erträge in einem anhaltend niedrigen Zinsumfeld stabilisiert. Die Commerzbank konnte ihr operatives Ergebnis im Privatkundengeschäft im Jahr 2014 hierdurch auf 420 Mio. € steigern – nahezu eine Verdoppelung gegenüber dem Vorjahr (2013: 224 Mio. €) und damit ein klares Signal dafür, dass die neue Vertriebsstrategie erfolgreich greift.

## 4.3 Mitarbeiterzufriedenheit gestiegen

Seit 2011 verschafft sich die Commerzbank regelmäßig einen Überblick über die Stimmungslage innerhalb der Bank: Mithilfe des Commerzbank-Monitors werden alle Mitarbeiter über Arbeitsbedingungen, interne Abläufe, die Zufriedenheit mit Vorgesetzten, Gehalt und Wertschätzung, über die IT, Weiterbildungsmaßnahmen, Entwicklungsmöglichkeiten und vieles mehr befragt. Die Ergebnisse zeigen deutlich: Die Commerzbanker sind wieder zufriedener mit ihrer Bank und immer häufiger bereit, sie weiterzuempfehlen – und zwar sowohl als Finanzdienstleister als auch als Arbeitgeber.

Die aktuellste Befragung aus dem Jahr 2014 bringt unübersehbar zum Ausdruck, dass die Mitarbeiter im Privatkundengeschäft den Umbau mittragen und zum Großteil wieder überzeugt von dem sind, was sie tun: Vier von fünf Mitarbeitern sind bereit, die Commerzbank als Finanzdienstleister weiterzuempfehlen, das ist ein Anstieg von 30 Prozentpunkten gegenüber der letzten Befragung 2011! Außerdem sind neun von zehn Mitarbeitern der Meinung, dass Kundenzufriedenheit bei uns wirklich an oberster Stelle steht, das heißt, sie erleben das Vertriebsmanagement nicht als Lippenbekenntnis, sondern als gelebten Arbeitsalltag.

## 5 Schlussbetrachtung und Ausblick

In den vergangenen Jahren wurde mit einem komplett neuen Vertriebsmanagement ein Vorsprung im Markt erarbeitet. Herzstück des Vertriebsmanagements ist die Kundenzufriedenheit, die in der Commerzbank einen signifikanten Einfluss auf die Vertriebsleistung und damit auch die Haltung der Berater gegenüber ihren Kunden hat.

Mit zufriedenen Kunden, die die Commerzbank weiterempfehlen, haben wir in den vergangenen beiden Jahren Wachstum generiert und unseren Wettbewerbern neue Kunden, Konten und Volumina abgenommen. Die qualitative Neuausrichtung des Vertriebs wird hierbei durch harte Zahlen dokumentiert. Alle Kennziffern bestätigen: Qualitatives Vertriebsmanagement wirkt – also ein Vertriebsmanagement, das den Kunden im Kontext einer entsprechenden Steuerung, Führung und einer strukturierten, bedarfsorientierten Beratung tatsächlich in den Mittelpunkt stellt.

Dabei ist wesentlich, den eingeschlagenen Kurs (auch dann) konsequent fortzusetzen, wenn sich der schnelle Erfolg nicht sofort einstellt. Die Zukunft des Privatkundengeschäfts ist digital und persönlich. Multikanalbanking wird das herkömmliche Filialbanking zunehmend ersetzen und deutlich stärker wachsen als Digitalbanking isoliert betrachtet. Das Vertriebsmanagement muss deshalb alle Vertriebskanäle anbieten und sinnvoll miteinander verzahnen, ohne dabei die Kundenorientierung aus dem Auge zu verlieren. Es muss sichergestellt sein, dass im Internet geknüpfte Kontakte in einer Filiale weitergeführt werden können. Umgekehrt: Kunden, die in einer Filiale persönlich beraten werden, müssen die Beratung digital, zum Beispiel auf den Internetseiten der Bank am heimischen PC, fortsetzen können und einen Vertrag beispielsweise per E-Mail erhalten. Insofern wird es zukünftig irrelevant, über welchen Kanal der Kunde Kontakt zur Bank sucht, ob telefonisch, per Internet, mobil oder persönlich.

Vertriebsmanagement hat dabei die Aufgabe, Rahmenbedingungen zu schaffen, um die Haltung von Mitarbeitern und Kunden zu lenken und dadurch die geschäftlichen Ziele zu erreichen. In einer modernen Bank ist Vertriebsmanagement demnach die Steuerung von Verhalten im Sinne unserer Kunden.

## Literatur

Bain & Company (2012) (Sinn, W.; Vater, D.; Lubig, D.; Kasch, M.): Was Bankkunden wirklich wollen, München/Zürich, 2012.

Commerzbank (2014): Warum die „schleichende Enteignung“ länger anhält… und wie Sie Ihre Vermögenssubstanz am besten schützen, Frankfurt am Main, 7. August 2014.

Focus Money (2014a): City-Contest: „Beste Bank“, Seite 66-75., Nr. 7, 5. Februar 2014

Focus Money (2014b): Stichworte: City-Contest 2013, City-Contest 2014, URL-Link: www.focus.de.

Kuhn, N. (2014): Regulierung drängt Banken aus der Aktienberatung – eine Umfrage unter deutschen Kreditinstituten, (Hrsg.): Deutsches Aktieninstitut, Frankfurt am Main.

Pellens, B.; Schmidt, A. (2014): Verhalten und Präferenzen deutscher Aktionäre: eine Befragung von privaten und institutionellen Anlegern zum Informationsverhalten, zur Dividendenpräferenz und zur Wahrnehmung von Stimmrechten, (Hrsg.): Deutsches Aktieninstitut, Frankfurt am Main.
Sinn, W.; Schmundt, W. (2014): Deutschlands Banken 2014: Jäger des verlorenen Schatzes, Studie Bain & Company, München/Zürich.

**Werner Braun** kam 1983 zur Dresdner Bank. Seine Vertriebskarriere startete er zunächst in der Kundenberatung und Erwachsenenbildung. Danach hatte er verschiedene Führungspositionen inne, u. a. die Geschäftsleitung Private & Business Banking inklusive Wealth Management Region Südwest (Baden-Württemberg) und danach für die Vertriebsregion Stuttgart.

Danach verantwortete er als Vorsitzender der Geschäftsleitung die Gebietsfiliale Frankfurt bevor er im Konzernbereich Privat- und Geschäftskunden zum Bereichsvorstand für die Region Nord-Ost berufen wurde.

Heute verantwortet er in der Funktion als Bereichsvorstand für private Kunden die Privat-, Geschäfts- und Wealth Management Kunden der Marktregion Süd.

Darüber hinaus ist Werner Braun Mitglied des Vorstands der Dr. Barbara-Mez-Starck-Stiftung.

# Vertriebsmanagement – Aus Sicht des Kunden denken!

Helmut Gottschalk

## Inhaltsverzeichnis


1 Vertriebsstrategie bestimmt Rahmen der Kundenorientierung ........ 99
2 Fundierte Bedarfsanalyse führt zu ganzheitlichem Beratungsansatz ........ 100
3 Vertriebsplanung und -kontrolle im Einklang mit Kundenbedürfnissen ........ 102
4 Langfristige Kundenbeziehungen stehen im Fokus ........ 102
4.1 Persönlichkeit des Kunden und ganzheitliche Beratungskompetenz (Leitplanken) ........ 104
4.2 Internet – Erhöhte Transparenz und verändertes Kundenverhalten ........ 105
4.3 Langfristige Beratungskontinuität stärkt Kundenbindung ........ 106
5 Filialnetz und neue Wettbewerber als strategische Herausforderung ........ 107
Literatur ........ 108


## 1 Vertriebsstrategie bestimmt Rahmen der Kundenorientierung

Um am Markt erfolgreich zu sein, müssen Banken ihre Kunden mit attraktiven Produkten und Leistungen überzeugen. Das gilt selbstverständlich auch für die Volksbank Herrenberg-Nagold-Rottenburg. Dieses Ziel lässt sich nicht erreichen, indem der Bankvertrieb primär daran ausgerichtet wird, den Kunden möglichst viele Finanzprodukte zu verkaufen.

Die Bank kann vor dem Hintergrund zunehmend anspruchsvoller und besser informierter Kunden sowie eines immer intensiveren Wettbewerbs nur bestehen, wenn sie sich konsequent an den Interessen der Kunden orientiert – der Kunde also im Mittelpunkt des Geschäftsmodells steht. Kundenfreundlichkeit darf kein Lippenbekenntnis sein, sondern


H. Gottschalk (✉)
Volksbank Herrenberg–Nagold–Rottenburg eG, Herrenberg, Deutschland





D. Hellenkamp, K. Fürderer (Hrsg.), *Handbuch Bankvertrieb*,
DOI 10.1007/978-3-658-06447-1_6

**Abb. 1** Strategische Vision der Volksbank Herrenberg-Nagold-Rottenburg. (Quelle: Volksbank Herrnberg-Nagold-Rottenburg)

muss Tag für Tag glaubwürdig von allen Mitarbeitern gelebt werden – vom Vorstand der Bank genauso wie vom Mitarbeiter. Die Ausrichtung am Kunden ist deshalb ein wesentlicher Teil der strategischen Unternehmensvision, wie Abb. 1 verdeutlicht.

Für die Volksbank Herrenberg-Nagold-Rottenburg resultiert hieraus, ein Produktportfolio anzubieten, das sowohl aus eigenen Produkten als auch aus Produkten von Verbundpartnern, beispielsweise der R+V Versicherung, besteht. Daneben vermitteln wir unseren Kunden auch Produkte fremder Anbieter, etwa wenn sich im eigenen Produktportfolio und dem unserer Verbundpartner kein Produkt findet, das sich mit den Bedürfnissen oder Wünschen des Kunden ganzheitlich deckt. Im Versicherungsbereich haben wir deshalb eine eigene Tochtergesellschaft, die als Makler fungiert.

Diese Strategie dokumentiert unseren Kunden glaubwürdig, dass die Befriedigung ihrer Bedürfnisse im Zentrum unseres Handelns steht.

## 2 Fundierte Bedarfsanalyse führt zu ganzheitlichem Beratungsansatz

Aus diesem Grund steht zu Beginn eines Beratungsgespräches eine fundierte Bedarfsanalyse und nicht Details zu Kontomodellen und Geldanlagen. Eine ganzheitliche Beratungsanalyse beginnt mit den bestehenden existenziellen (Alltags-)Risiken der Kunden, beispielsweise der Notwendigkeit einer Haftpflichtversicherung, obgleich Kreditinstitute mit diesem Produkt kaum Erträge generieren können. Ebenso lässt sich zum Beispiel bei jüngeren Kunden das Risiko einer Berufsunfähigkeit anführen, auf deren Risiko und Absicherungsmöglichkeiten hin die Kunden beraten werden.

Der Kundenwunsch ist dabei stets maßgeblich. Allerdings lässt sich die Bank Risikoaufklärungen dokumentieren, wenn Absicherungen auf ausdrücklichen Kundenwunsch nicht vorgenommen werden. Zentrale Argumente einer ganzheitlichen Beratung weist Abb. 2 mit dem VR-Finanzhaus in fünf Stufen nachstehend aus.

**Beispiel**

Ein 19-jähriger Kunde, von Beruf Zimmermann, hat sich unmittelbar nach Beendigung seiner Ausbildung eine schwere Verletzung zugezogen. Konsequenz: Er kann seinen Beruf nicht mehr ausüben und musste sich umschulen lassen. Ohne eine Berufsunfähigkeitsversicherung hätte er die finanziellen Aufwendungen selbst oder durch die Übernahme Dritter (zum Beispiel Familie) übernehmen müssen. Die gesetzliche (staatliche) Absicherung hilft in solchen Fällen nur kurzzeitig. Bis der Kunde einen anderen Beruf ausüben kann, vergehen unter Umständen lange Zeiträume, die finanziell überbrückt werden müssen.

Somit gilt grundsätzlich: Erst wenn die grundlegenden Lebensrisiken abgedeckt oder zumindest besprochen sind, wird mit dem Kunden über seinen möglichen Bedarf an Bankprodukten gesprochen.

Ähnliches gilt für die Beratung älterer Kunden: Bevor mit einem 60- oder 65-jährigen Kunden über Geldanlagen gesprochen wird, wird mit ihm abgestimmt, ob und wie er für einen möglichen Pflegefall abgesichert ist. In vielen Fällen reicht die Rente nicht aus, um eine angemessene Pflege zu ermöglichen.

**Abb. 2** Beratungskonzept der Volksbank Herrenberg-Nagold-Rottenburg. (Quelle: Volksbank Herrenberg-Nagold-Rottenburg)

Denn: Welcher Mehrwert entsteht dem Kunden im Rahmen einer Geldanlage, wenn existenzielle Risiken nicht abgesichert sind? Kreditinstitute können auch hier an einer solchen Versicherung nicht viel verdienen. Für Kunden kann diese allerdings von herausragender Relevanz sein.

## 3 Vertriebsplanung und -kontrolle im Einklang mit Kundenbedürfnissen

Die vorstehenden Grundüberlegungen sind zunächst mit dem Kunden abzustimmen, bevor weitere Themen angesprochen werden. In den wöchentlichen Teamgesprächen (Teamleiter/Berater) steht deshalb wiederkehrend auch die Qualität der Beratungsbögen im Fokus, um sicherzustellen, dass die Beratungsgespräche entsprechend den Vorgaben im Beratungsbogen geführt werden und sich aus der umfassenden Dokumentation geführte Beratungsgespräche nachvollziehen lassen (vgl. Schreiber und Seidel 2015, S. 93 ff.).

Wir definieren uns als leistungsstarke Bank, die kompetent und verlässlich auftritt. Die Werte Leistungsfähigkeit, Kompetenz und Verlässlichkeit wollen wir im Alltag praktizieren und uns daran bewerten lassen. Deshalb ist es wichtig, mit den Kunden entsprechende Betreuungsabläufe einvernehmlich herbeizuführen. Wenn wir beispielsweise einmal im Jahr mit Kunden, die bereits erhöhte Beträge angespart haben, deren gesamte finanzielle Ist-Situation mit deren Soll-Situation abgleichen, ergeben sich wiederkehrend zahlreiche Geschäftsabschlüsse. Dabei muss stets gelten: Das Geschäft ist Folge des Kundenbedarfs und nicht eines Vertriebsziels der Bank.

Obgleich Kundenzufriedenheit bereits in der Vergangenheit immer vorrangig war, wurden Prozesse optimiert und Kapazitäten in der Kundenberatung und -betreuung am Bedarf der einzelnen Kundensegmente ausgerichtet. Dabei ist die Orientierung am Lebenszyklus des Kunden maßgeblich für die Ausrichtung an den Kundenbedürfnissen. Gemeinhin bespricht ein Kundenberater zum Beispiel mit einem 17-Jährigen nicht Themen der Geldanlage oder der Baufinanzierung, sondern üblicherweise über ein erstes Girokonto, das Thema Berufsunfähigkeit und im Kontext eines Berufseinstiegs möglicherweise über Vermögenswirksame Leistungen oder eine Riester-Rente. Der 50-Jährige mit einem bereits bestehenden liquiden Vermögenswert von 150.000 € hat wiederum eine gänzliche andere Bedarfssituation.

## 4 Langfristige Kundenbeziehungen stehen im Fokus

Vertriebsorganisation und Vertriebsprozesse werden also nicht durch Produktverkaufsaktionen bestimmt, sondern am Kundenbedarf ausgerichtet. Umgekehrt resultiert hieraus nicht die Annahme, dass im Management keine Zielwerterwartungen bestehen, beispielsweise welches Bausparvolumen pro Geschäftsjahr oder wie viele Versicherungen abgesetzt werden können.

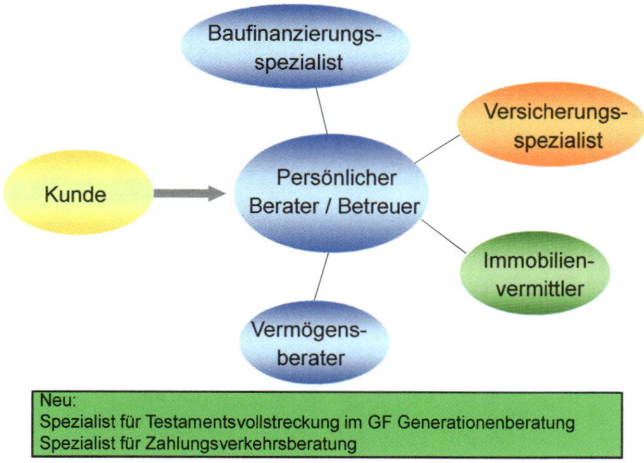


**Abb. 3** Ganzheitliche Beratung des Kunden bei Volksbank Herrenberg-Nagold-Rottenburg. (Quelle: Volksbank Herrenberg-Nagold-Rottenburg)

Die Volksbank Herrenberg-Nagold-Rottenburg orientiert sich an einem ganzheitlichen Ansatz und gibt den einzelnen Mitarbeitern keine Vertriebsziele vor. Für einzelne Geschäftsfelder werden gleichwohl Ziele festgelegt, wie etwa das Wertpapiergeschäft, das Versicherungsgeschäft oder das Bauspargeschäft. Die Zielwerte werden auf der oberen Führungsebene abgestimmt. Auf Ebene der einzelnen Kundenberater steht das Ausführen exzellenter Beratungsleistungen als Ziel, in der gesicherten Annahme, hieraus ausreichend gute Abschlüsse zu generieren.

Selbstverständlich können persönliche Präferenzen eines Kundenberaters dazu führen, dass dieser tendenziell mehr Empfehlungen eines Produktes ausspricht. Diese dürfen gegenüber dem Kundenbedarf aber zu keiner Zeit dominieren (vgl. Klein 2010, S. 193 ff.).

Die Vorgehensweise und die Prozesse einer ganzheitlichen Beratung sollten dazu führen, dass Kundenberater an allen (Filial-)Standorten gleichgerichtet vorgehen (vgl. auch. auch Aufklärungs- und Beratungspflicht gem. § 31 Abs. 3, 4 WpHG). Hieraus folgt indes nicht, dass aufgrund einer angenommenen Gleichverteilung der Kunden in allen Filialen exakt dieselbe Produktdurchdringung erzielt werden muss. Erhebliche Divergenzen einzelner Produktinanspruchnahmen, zum Beispiel eine überdurchschnittlich hohe Anzahl von Bausparverträgen, können durch das wöchentliche Controlling der Führungskräfte aber eine mögliche einseitige Kundenberatung indizieren. Im Weiteren lassen Analysen und Gespräche mit Kundenberatern vor Ort sodann erkennen, ob Mitarbeiter einseitig beraten oder der Beratungsmix ausgewogen ist. Diese Vorgehensweise erlaubt es, Fehlentwicklungen frühzeitig zu erkennen, um mit geeigneten Maßnahmen kurzfristig gegenzusteuern.

Zur Kundenorientierung gehört aber ebenso, als Bank auf Produkte zu verzichten, die aus Banksicht für den Kunden nicht ausreichend zielführend sind. Die Volksbank Herrenberg-Nagold-Rottenburg zählt hierzu beispielsweise einen Bank-Riester-Sparplan, der deshalb konsequenterweise im Produktangebot auch nicht bereitgestellt wird (Abb. 3).

## 4.1 Persönlichkeit des Kunden und ganzheitliche Beratungskompetenz (Leitplanken)

Der Berater muss den Hintergrund des Kunden, die Sachgerechtigkeit möglicher Alternativen und die Persönlichkeit des Kunden insgesamt einschätzen und bei der Beratung berücksichtigen.

Entscheiden sich Kunden abweichend von der Empfehlung des Kundenberaters für ein anderes Bankprodukt, erhält der Kunde dieses selbstverständlich auf ausdrücklichen Kundenwunsch. Der Kundenberater klärt den Kunden hierzu über das von ihm selbstgewählte Produkt auf (insbes. Risiken), protokolliert den Erwerb im Beratungsprotokoll und lässt den Kunden das Protokoll unterschreiben (vgl. Juretzek 2015).

Die Volksbank Herrenberg-Nagold-Rottenburg verwehrt sich in diesem Kontext gegen die Beratung von Kombinationsprodukten, da diese gemeinhin weder sach- noch kundengerecht sind. Kunden erhalten beispielsweise für einen bestimmten Anlagebetrag einen attraktiven (marktunüblichen) Zins, wenn sie in gleicher Höhe in einen Investmentfonds investieren. Das in dieser Konstellation dem Kundenbedürfnis gezielt Rechnung getragen wird, dürfte eher unwahrscheinlich sein.

Kreditinstitute, die so vorgehen, sind nicht an den langfristigen Bedürfnissen des Kunden ausgerichtet.

Einzelne Kreditinstitute sind regelmäßig mit Lock-Angeboten aktiv. Dabei wird beispielsweise für vier Wochen ein über dem Marktniveau liegender Zins für Festgeld geboten und nicht geprüft, ob das wirklich zur Situation des Kunden passt.

Darüber hinaus werden günstige Konditionen für eine Baufinanzierung geboten, ohne dass hinterfragt wird, ob etwa die Laufzeit angemessen ist oder die Kapitaldienstfähigkeit über die ersten 50 % des Baufinanzierungsbetrags hinaus gegeben ist. Diese Anbieter begeben dann eben nur ein Darlehen über maximal 50 % der insgesamt benötigten Finanzierungssumme und der Kunde muss sich bei anderen Banken um die noch ungeregelten 50 % der Finanzierung bemühen.

Zudem wird oftmals nicht ausreichend geprüft, ob die Familie umfassend abgesichert ist, wenn der Kreditnehmer ausfällt. Einkommensabsicherungen über eine Berufsunfähigkeits- und Krankenversicherung sind wesentlich, um nicht bei „Störungen" das Finanzierungsobjekt veräußern zu müssen. Ganzheitlich und nachhaltig Bankgeschäfte beraten heißt u. a., Kunden über Lebensrisiken zu informieren und bei deren Absicherung zu unterstützen, um eine vertrauensvolle Basis zu schaffen, mit den persönlichen und finanziellen Angelegenheiten des Kunden umzugehen (vgl. Tilmes 2010, S. 39 ff.).

Die Volksbank Herrenberg-Nagold-Rottenburg hat „Leitplanken" bestimmt, an denen sich die Kundenberater orientieren müssen. Diese Leitplanken unterscheiden sich nach der Geschäftsart (etwa Kreditgeschäft oder Geldanlage) sowie nach Kundengruppen, beispielsweise junge oder ältere Kunden.

Ansatz: Jede Lebenssituation erfordert eine spezifische Lösung.

Aus diesem Grund wurde genau definiert, welche Gespräche in welcher Bedarfssituation mit welchem Berater sinnvoll sind. Grundsätzlich steht dem Kunden ein Generalist als Kundenberater zur Beratung zur Verfügung. Benötigt der Kunde eine spezielle Beratung, zum Beispiel zu einer Baufinanzierung, wird ein Baufinanzierungsspezialist als Spezialberater hinzugezogen. Dieser überreicht dem Kunden Angebote und führt die Gespräche typischerweise bis zum Vertragsabschluss. Im Weiteren ist der Generalist wieder Ansprechpartner für den Kunden.

Analog verhält sich der Beratungsprozess beim Beratungsthema der Vermögensanlage, wenn das Geldvermögen 250.000 € überschreitet, indem ein Anlagespezialist hinzugezogen wird.

Ein solches Betreuungskonzept bedingt indes eine eindeutige Zurechenbarkeit der generierten Erträge, da ansonsten Konflikte um die Anrechnung der Kundenerträge beim Generalisten und Spezialisten entstehen würden. Aus diesem Grund werden Kunden in der Volksbank Herrenberg-Nagold-Rottenburg stets dem Generalisten zugeschlüsselt. Etwaige durch Spezialisten generierte Erträge werden im Rahmen einer Ertragsspiegelung dann zusätzlich in der Kundenkalkulation beim Spezialisten abgebildet.

Kreditinstitute könnten darüber hinaus versucht sein, aufgrund eines sehr gut laufenden Aktivgeschäfts durch entsprechende Vertriebsaktionen Kunden zur Anlage in Einlagen zu motivieren, um eine günstige Refinanzierung der ausgereichten Kredite zu sichern. Eine solche Vorgehensweise entspricht nicht einer am Kunden ausgerichteten Beratung. Kreditinstitute müssen eine mögliche Differenz zwischen Kredit- und Einlagengeschäft anderweitig schließen, zum Beispiel über den Kapitalmarkt.

Mit anderen Worten: Die Steuerung der Bilanzstruktur ist eine Frage der Gesamtbanksteuerung und keine Frage des Kundengeschäfts.

## 4.2 Internet – Erhöhte Transparenz und verändertes Kundenverhalten

Das Bankgeschäft ist durch das Internet zunehmend transparenter geworden. Darüber hinaus haben die stark rückläufigen Zinsen in den letzten Jahren zu deutlich sinkenden Margen geführt. Deshalb ist es derzeit für Kreditinstitute aktuell eine große Herausforderung im Einlagengeschäft bei festen Laufzeiten Erträge zu generieren. Im Baufinanzierungsgeschäft sind die Margen in den vergangenen fünf Jahren beispielsweise um rund ein Drittel gefallen.

Zahlreiche Kreditinstitute tendieren deshalb regelmäßig dazu, mit Vertriebsaktionen ihr Geschäft zu intensivieren. Filialbanken müssen hierbei ihr Geschäftsmodell im Blick behalten und werden im Kundengeschäft dauerhaft nicht Beratungsleistungen zu Direktbankkonditionen anbieten können. Sie müssen ihren Kunden von den Mehrwerten ihres Gesamtkonzeptes überzeugen und zwar als regionaler Qualitätsführer und nicht als Preisführer.

Selbstverständlich ist die Volksbank Herrenberg-Nagold-Rottenburg als Filialbank im Internet präsent. Die Homepage ist entsprechend ausgerichtet. In gewissem Umfang werden über diesen Vertriebsweg Finanzprodukte angeboten, etwa Girokonten, Online-Konten für Geldanlagen, Versicherungen und Bausparverträge.

Im Vordergrund steht gegenwärtig das Thema Information. Kunden informieren sich online, obgleich zahlreiche Kunden anschließend in die Filiale kommen und beispielsweise ein Konto eröffnen (ROPO-Effekt – research online, purchase offline; vgl. Köhler und Schilling 2011, S. 48 f.). Wenn es um ausgewählte Geschäftsabschlüsse geht, benötigen Kunden bisher allerdings weiterhin entsprechenden Sachverstand, beispielsweise im Rahmen einer individuellen Baufinanzierung oder einer komplexen Geldanlage. Das Internet eröffnet den Filialbanken somit Möglichkeiten, nach einer Phase der Informationsbeschaffung mit Kunden in ein persönliches Gespräch zu kommen. Hieraus leiten sich dann oftmals weitere Gesprächs- und Geschäftsansätze ab.

**Beispiel**

Die Volksbank Herrenberg-Nagold-Rottenburg bietet unter anderem den easyCredit der Teambank an, der mit einer Restkreditversicherung verbunden ist. Für die Konsumentenfinanzierung ist dieses ein sinnvolles Produkt, das vereinzelt auch über das Internet abgeschlossen wird.

Regelmäßig kommen Kunden aber direkt in die Bank und lassen sich nochmals umfassend beraten. Dabei stellt sich mitunter heraus, dass der Kunde bereits eine Lebensversicherung besitzt und die Restkreditversicherung deshalb nicht benötigt. Hieran wird der Mehrwert einer Beratung beispielhaft deutlich.

Direktbanken und Institute, die nicht mit Geschäftsstellen in kleineren Orten vertreten sind, können diese Mehrwerte nicht erbringen.

Das historisch niedrige Zinsniveau hat im Grunde auf unser Vertriebskonzept keine Auswirkungen. Gleichwohl hat die Niedrigzinsphase Auswirkungen auf das Verhalten der Kunden. Diese sind unzufrieden mit der niedrigen Nominalverzinsung, zumal sie real oftmals sogar Vermögensverluste erleiden (Nominalzins abzgl. Inflationsrate).

Ein Großteil der Kunden hat eine hohe kurzfristige Liquiditätspräferenz. Aufgrund eines relativ niedrigen Nominalzinsniveaus in allen Euro-Laufzeitbereichen sind Kunden aber zumeist nicht bereit, ihr Geld mittel- oder gar langfristig anzulegen. Die Filialbanken stehen hier in einem intensiven Wettbewerb mit Direktbanken, die kostengünstiger und deshalb mit attraktiveren Einlagenkonditionen deutlich einfacher zusätzliches Einlagenmittelaufkommen generieren können.

## 4.3 Langfristige Beratungskontinuität stärkt Kundenbindung

Im Vertriebskonzept den Kunden in den Mittelpunkt zu stellen garantiert noch nicht, dass tatsächlich eine hohe Kundenzufriedenheit erreicht wird (vgl. Hansen und Malz 2015, S. 121 ff.). Denn zu den Anforderungen von Seiten des Kunden gehört auch, dass er über einen möglichst langen Zeitraum vom gleichen Berater, der bei ihm ein hohes Maß an Vertrauen genießt, betreut wird.

Das heißt: Je geringer die Fluktuation der Kundenberater, desto besser ist tendenziell die Kundenbindung und damit das Gesamtergebnis für die Bank.

Bei den Betreuern für das Segment von Kunden ab 100.000 € Geldanlagevolumen und Firmenkunden ist die Fluktuation sehr gering. Das hat auch damit zu tun, dass deren Vergütung vergleichsweise attraktiv ist. Bei jüngeren Kunden mit niedrigerem Anlagevermögen, für deren Betreuung Berater mit mittlerem Anforderungsprofil eingesetzt werden, ist die Fluktuation deutlich höher. Diese Betreuer sind in der Regel jünger, ehrgeizig und möchten beruflich aufsteigen, um möglichst bald Teamleiter zu werden sowie vermögende Kunden zu betreuen. Sie verweilen häufig nur zwei bis drei Jahre auf einer Stelle, während ihre Kunden gern hätten, dass sie länger von der gleichen Person betreut werden. Wird jungen Mitarbeitern der Aufstieg nicht schnell genug ermöglicht, etwa weil nicht genügend entsprechende Positionen zu vergeben sind, ist die Wahrscheinlichkeit hoch, dass sie den Arbeitgeber wechseln.

Bei Spezialistenfunktionen, etwa in der Baufinanzierung, ist ein Betreuerwechsel (anders als beim Firmenkunden- oder Individualkundenbetreuer) kein Problem, da die Beratung zum Beispiel nach dem einmaligen Beratungsvorgang der Baufinanzierung ohnehin wieder auf den bisherigen Individualkundenbetreuer übergeht.

## 5 Filialnetz und neue Wettbewerber als strategische Herausforderung

Kunden können unzufrieden sein, wenn „ihre“ Filiale geschlossen wird und sie weitere Strecken zur nächsten Zweigstelle in Kauf nehmen müssen als bisher. Eine abnehmende Kundenfrequenz und mangelnde Rentabilität kann zu Filialschließungen führen sowie diese durch Selbstbedienungsbereiche ersetzen. Es ist keineswegs so, dass Kunden für solche Maßnahmen kein Verständnis hätten und sofort zur Konkurrenz abwandern.

Um dieses Verständnis sicherzustellen, muss die Bank allerdings zwei grundlegende Voraussetzungen erfüllen.

Erstens: Pläne von Filialschließungen müssen ausführlich begründet und frühzeitig kommuniziert werden. Zahlreiche Bankkunden haben Erfahrungen in einer Wirtschaftswelt, die einem permanenten Wandel obliegt. Sie akzeptieren daher durchaus begründete Schließungen unrentabler Bankfilialen.

Zweitens: Kommt es zu einer Verkleinerung des Filialnetzes, sollte das nicht dazu führen, dass Kunden in der Folge einen unzumutbar langen Weg zu einer Zweigstelle auf sich nehmen müssen. Dieses ist zu vermeiden, wenn die Bank berücksichtigt, wo die (regionalen) Menschen sich üblicherweise aufhalten, um zu arbeiten oder regelmäßig einzukaufen. In kleinen Ortschaften fehlt es oft an einer ausreichenden Infrastruktur, sodass Kreditinstitute hier nicht zwingend Filialen unterhalten müssen.

Banken müssen im Kontext des Zahlungsverkehrsgeschäftes zukünftig auch intensiv darauf achten, welche Bezahlverfahren eine hohe Marktreife und Marktpenetration entwickeln. Unternehmen wie PayPal werden von klassischen Kreditinstituten intensiv beobachtet, da sie Teile der bisherigen Wertschöpfungsketten von Kreditinstituten denselben (Bank-)Kunden anbieten. Aus diesem Grund arbeiten genossenschaftliche Institute in Kooperation mit Privatbanken aktuell an gemeinsamen Projekten zum Thema Online-Bezahlen (vgl. Freiberger 2015).

Kreditinstitute müssen sich insofern selbstbewusst dem Wettbewerb und den Herausforderungen sich dynamisch verändernder Rahmenbedingungen stellen, damit nicht Realität wird, was Bill Gates einmal sagte: „Banking is necessary, Banks are not".

## Literatur

Freiberger, H. (2015): Deutsche Banken machen Paypal Konkurrenz, in: Süddeutsche Zeitung/Süddeutsche.de, Frankfurt, 27. Februar 2015.

Hansen, M.-H.; Malz M. (2015): Kundenzufriedenheit als Erfolgsmotor im Retail Banking, S. 121 ff., in: (Hrsg. Seidel, M., Liebetrau, A.), Banking & Innovation 2015– Ideen und Erfolgsrezepte von Experten für die Praxis, Heidelberg, Springer Verlag. 2015.

Juretzek, R. (2015): So klappt es mit dem Bankberater, in: Frankfurter Allgemeine Zeitung/FAZ.NET, Frankfurt, 14. Februar 2015.

Klein, M. (2010): Ganzheitliche Beratung oder Produktverkauf: ein Widerspruch?!, S. 193 ff., in: (Hrsg. Effert, D.), Qualitäts- und Preisimage bei Banken, Wiesbaden, Gabler Verlag, 2010.

Köhler, G.; Schilling, K. (2011): Der ROPO-Effekt, S. 48 f., in: Die Bank – Zeitschrift für Bankpolitik und Praxis, Köln, Bank-Verlag, 01.06.2011.

Schreiber, H., Seidel, M. (2015): Anforderungen für die Gestaltung einer erfolgreichen Vertriebsausrichtung, S. 93 ff., in: (Hrsg. Seidel, M., Liebetrau, A.), Banking & Innovation 2015– Ideen und Erfolgsrezepte von Experten für die Praxis, Heidelberg, Springer Verlag. 2015.

Tilmes, R. (2010): Nachhaltige Kundenbindung und Vertriebserfolg durch ganzheitliche Finanzplanung, S. 39 ff., in: (Hrsg. Ziegler, S., Sohl, M.), Moderner Bankvertrieb im Dienst des Kunden: Neue Wege zu einem kundenzentrierten Marktauftritt, Wiesbaden, Gabler Verlag, 2010.

**Helmut Gottschalk** ist seit mehr als drei Jahrzehnten im Vorstand seiner Volksbank, Volksbank Herrenberg-Nagold-Rottenburg eG, verantwortlich tätig. Daneben ist er in Baden-Württemberg Vorsitzender des Verbandsrats des BWGV und auf Bundesebene in den Gremien des BVR. Seit 2003 ist er Mitglied des Aufsichtsrats des genossenschaftlichen Spitzeninstituts DZ-Bank, dessen Vorsitz er seit 2010 wahrnimmt. Die Verwirklichung des genossenschaftlichen Auftrags zur wirtschaftlichen Förderung der Mitglieder sieht er als wichtigste Aufgabe seiner Vorstandstätigkeit. Dies im Alltag durch konsequente Bedarfsanalyse und maßgeschneiderte Problemlösungen für die Kunden zu ermöglichen, ist seine persönliche Vorstandsmission.

# Kundensicht bestimmt Ausrichtung im Vertriebsmanagement

Andreas Hahn

## Inhaltsverzeichnis

1 Von der Verkaufsorientierung zur Kundenorientierung ... 111
2 Filiale weiter im Zentrum der Vertriebsstrategie ... 113
3 Kundenklientel bestimmt Vertriebsstrategie ... 114
3.1 Herausforderung: Kundenpotenziale besser ausschöpfen ... 115
3.2 Differenzierte Marktbearbeitung in unterschiedlichen Kundengruppen ... 118
3.3 Aktive Ansprachesteuerung mit dem Ziel einer kundenorientierten Potenzialausschöpfung ... 121
4 Herausforderung: Wachstum konsequent erarbeiten ... 123
5 Teamorientierte Vertriebssteuerung ... 124
Literatur ... 125

## 1 Von der Verkaufsorientierung zur Kundenorientierung

Keine Frage: Vertriebsmanagement ist für jede Bank ein zentrales Thema, insbesondere in der gegenwärtigen Zeit, in der die Finanzbranche mit umfassenden Herausforderungen konfrontiert ist. Kunden sind durch die Finanz- und Bankenkrise sowie die Rettung einzelner Institute durch Steuermittel gegenüber der Finanzbranche insgesamt kritischer geworden. Um das Vertrauen der Menschen zurückzugewinnen, sind enorme Anstrengungen nötig und für so manches Institut die Abkehr von alten und „liebgewonnenen" Geschäftsmodellen.

A. Hahn (✉)
ehemals (bis 2015) BBBank eG, Karlsruhe, Deutschland



D. Hellenkamp, K. Fürderer (Hrsg.), *Handbuch Bankvertrieb*,
DOI 10.1007/978-3-658-06447-1_7

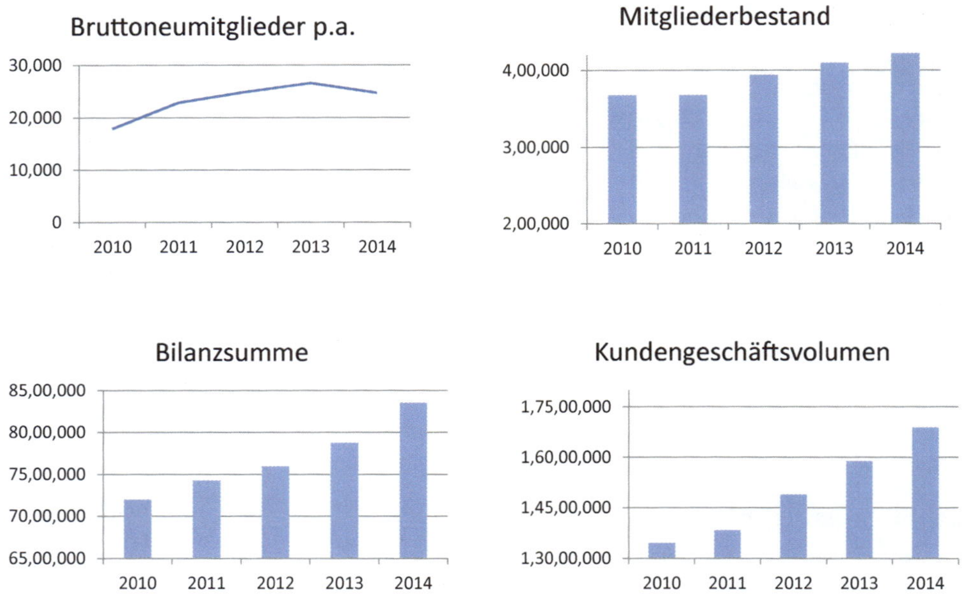


**Abb. 1** Entwicklungszahlen der BBBank eG. (Quelle: BBBank eG)

Mittlerweile gibt es hierzulande wohl keine Bank mehr, für die „Kundenzufriedenheit" nicht ein oberstes Unternehmensziel ist. Das bedeutet, dass für Kreditinstitute im Allgemeinen (und für Vertriebsmitarbeiter im Besonderen) der Kunde mit seinen Bedürfnisse, Zielen und Wünschen im Mittelpunkt des Handelns stehen muss. Ein isolierter Produktverkauf ohne Rücksicht auf den tatsächlichen Bedarf des Kunden ist mit der Philosophie der Banken inzwischen nicht mehr vereinbar.

Damit steht die Branche im Spannungsfeld zwischen betriebswirtschaftlichem Erfolg und Kundenorientierung. Oder ist das gar kein Gegensatz?

Jede Bank hat ihre eigene Geschichte und Struktur, die es auch im Vertrieb zu berücksichtigen gilt. Die BBBank ist eine Genossenschaftsbank, welche 1921 von Beamten gegründet wurde, die keinen ausreichenden Zugang zu Bankgeschäften hatten und deshalb ihre eigene „Badische Beamtenbank" ins Leben riefen. Aus dieser Position heraus ist sie stark gewachsen und hat in den vergangenen 30 Jahren mit einigen anderen regionalen Beamtenbanken fusioniert. Abbildung 1 weist den Entwicklungsstand in einer Übersicht aus.

Während andere Genossenschaftsbanken in der Regel regional tätig sind und meist traditionelle, handwerklich geprägte Geschäftsmodelle verfolgen, ist die BBBank als einzige Privatkunden-Genossenschaftsbank in Deutschland bundesweit tätig. Das heißt, zwei genetische Merkmale kennzeichnen die Bank: die Genossenschaftsidee und die besondere Hinwendung zum öffentlichen Dienst.

Der genossenschaftliche Code steckt in den Eigentümerstrukturen der BBBank: Jeder Kunde ist auch Mitglied. Dieser Umstand bestimmt bereits die Form der Kundenansprache. Die Bank wirbt also keine Kunden, sondern Teilhaber. Und ihren Beratern ist in jedem Gespräch bewusst, dass vor ihnen Teilhaber sitzen, Eigentümer der Bank. Damit hat jeder Kunde auch Anspruch auf die besondere Mitgliederförderung, die in § 1 des

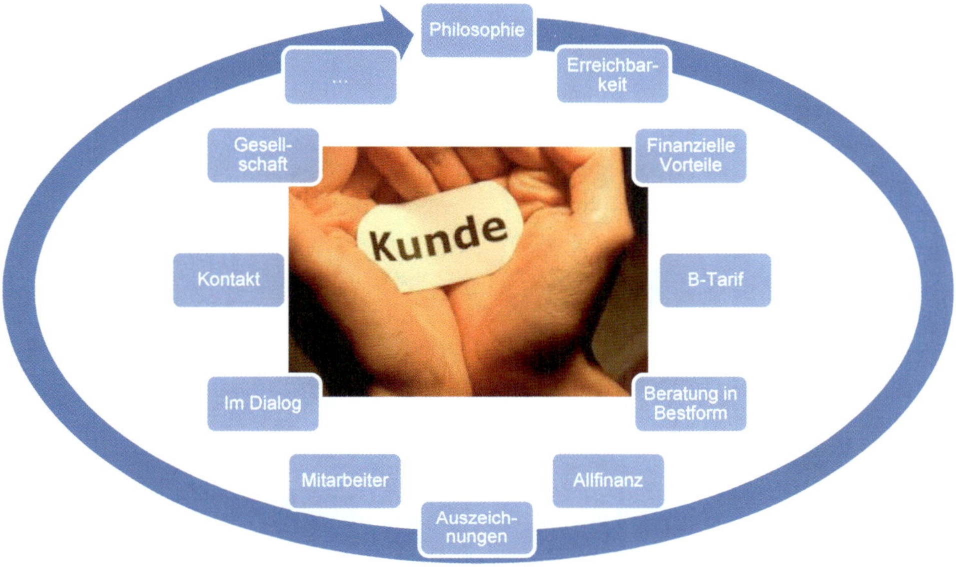


**Abb. 2** Nutzenstiftung durch Erfüllung des genossenschaftlichen Förderauftrags. (Quelle: BBBank eG)

Genossenschaftsgesetzes postuliert ist und sich in der BBBank in Form von Mitgliedervorteilen, oftmals handfesten Konditionenvorteilen, bemerkbar macht: kostenlose Konto- und Depotführung, weitgehend kostenloser Zahlungsverkehr mit Bargeldversorgung in ganz Deutschland usw. Die Bank verzichtet also bewusst auf einen Teil ihrer Gewinnpotenziale zugunsten einer Mitglieder-Mehrwert-Politik, die so ganz automatisch im täglichen Geschäft und bei allen Kunden (=Mitgliedern) ankommt (Abb. 2).

Der zweite Teil des BBBank-Gencodes liegt in der Konzentration auf den öffentlichen Dienst begründet: Auch hier geht es darum emotionale Nähe, fachliche Kompetenz und konkrete Kundenvorteile miteinander zu verbinden. Emotionale Nähe bedeutet dabei, den Berufsverbänden und öffentlichen Institutionen nahe zu sein. Dies geschieht durch vielfältige Kooperationen und besondere Angebote für ausgewählte Mitgliedergruppen aus dem öffentlichen Dienst. Neben Mehrwerten im Sinne besonderer Beratungs- und Serviceleistungen trägt die Bank ihrer besonderen Verantwortung aus ihrer Historie auch durch Konditionsdifferenzierungen bei ausgewählten Produkten Rechnung. B-Tarife für den öffentlichen Dienst führen zum Beispiel bei Darlehens- und Versicherungsangelegenheiten zu monetären Mehrwerten.

## 2 Filiale weiter im Zentrum der Vertriebsstrategie

Nähe und Kundenorientierung bedeutet auch regionale Nähe. Das Filialnetz spielt in der Vertriebsstrategie der BBBank nach wie vor eine ganz zentrale Rolle. Eine Vertriebsorganisation ohne stationären Vertrieb ist für die Bank nicht vorstellbar. Aus der Historie heraus gibt es regionale Schwerpunkte: Sitz der Bank ist Karlsruhe und im badischen

Raum, von Mannheim bis Freiburg, ist die Filialdichte wie auch die Kundenreichweite am größten. Durch Fusionen und Neuaufbau von Standorten entstand eine weitgehend flächendeckende, bundesweite Filialstruktur.

Der persönliche Kontakt zum Kunden wird in den Regionen vor Ort um „Regionalbevollmächtigte für den öffentlichen Dienst" ergänzt. Sie stellen für die Bank Kontakte zu Multiplikatoren in den Regionen her, machen sie dort bekannt, bringen sie ins Gespräch und pflegen bestehende Kooperationen.

Ziel dieser Repräsentanten vor Ort ist es, Interessenten in die Bank zu leiten. Für die Bank ist dabei von zentraler Bedeutung, den föderalen Strukturen Deutschlands zu folgen und auch in allen Landeshauptstädten vertreten zu sein. Denn wenn Mitarbeiter der BBBank mit Vertretern des öffentlichen Dienstes auf Bundesebene zu tun haben, taucht häufig die Frage auf, wie es denn in den Bundesländern mit der Präsenz aussieht.

Geht die Bank zum Beispiel auf Bundesebene eine Kooperation mit einem Berufsverband ein, die mit bestimmten Konditionen für dessen Mitglieder verbunden ist, erwarten die Mitglieder der Landesverbände nicht nur die gleichen günstigen Konditionen, sondern auch vergleichbare Zugangswege. Um das darstellen zu können, muss die Bank mit Filialen in allen Ländern vertreten sein.

Wo für Interessenten der Weg zur nächsten Filiale trotzdem zu weit ist, greift das Direktbankangebot der BBBank. Die Direktbank ist als Abteilung voll integriert und bietet alle Beratungs- und Serviceleistungen einer Filiale an, mit dem einzigen Unterschied, dass der Kontakt der Kunden zur Bank über Telefon und E-Mail erfolgt. Am Ende des Tages entscheidet ausschließlich der Kunde, welchen Weg zur Bank er präferiert.

Die Steuerung der Vertriebswege ist so ausgerichtet, dass eine Diskussionen „Mein Kunde – dein Kunde" nicht stattfindet.

Trotz der Historie und der Aufstellung der Bank in Richtung öffentlicher Dienst kommen inzwischen etwa 50 % der Kunden nicht aus diesem Segment. Hieran wird deutlich, dass Argumente, die für den öffentlichen Dienst attraktiv sind, auch in anderen Bevölkerungskreisen einen hohen Stellenwert genießen. Gleichzeitig ist die BBBank eine reine Privatkundenbank, Geschäfte mit Gewerbekunden werden nicht betrieben.

## 3 Kundenklientel bestimmt Vertriebsstrategie

Diese grundsätzliche Ausrichtung (Privatkundenbank mit historisch gewachsenem Schwerpunkt im öffentlichen Dienst) hat Auswirkungen auf die Vertriebsstrategie der Bank. Eine zentrale Aufgabe des Managements der Bank besteht darin, in Zeiten, in denen Menschen Gewohnheiten und Verhaltensweisen ändern, einerseits dem Wandel Rechnung zu tragen und andererseits die intensive Verbindung zum öffentlichen Dienst weiterhin aktiv zu gestalten.

Eine enorme strategische Herausforderung ist es zum Beispiel, an allen Kundenkontaktpunkten den Markenkern deutlich zu platzieren: eine Bank mit attraktiven Angeboten für alle Kunden und Interessenten und mit einem besonderen Fokus auf die Bedürfnisse der Menschen im öffentlichen Dienst. Ziel ist es, die Botschaft zu vermitteln, dass die Bank die richtige für jeden Privatkunden ist, aber die einzig ideale für Beamte und Angestellte des öffentlichen Dienstes. Zentraler Bestandteil der Strategie der Vertriebswege und der Technik ist für Mitglieder des öffentlichen Dienstes Leistungen anzubieten, die den betreffenden Kunden einen echten Mehrwert bringen. Dieser Mehrwert kann etwa in ganz bestimmten Beratungsleistungen der Bank bestehen.

So war es schon immer Ausdruck einer kundenorientierten Philosophie der Bank, hohe Beratungsqualität zu liefern. Mit „Beratung in Bestform" wurde schon früh eine Beratungssystematik erarbeitetet, die die Berater führt und (ausgehend von der aktuellen Bedarfssituation der Kunden) alle Facetten, die für eine Handlungsempfehlung grundlegend sind, abdeckt. Von diesem mehrfach in Tests und Kundenbefragungen ausgezeichneten Beratungssystem profitieren natürlich alle Kunden der Bank. Darüber hinaus gibt es Spezialleistungen für die besondere Kundengruppe aus dem öffentlichen Dienst.

**Beispiel**

Beratung zur „Beamtenversorgung":Jeder Arbeiter und Angestellte erhält regelmäßig Post von der Deutschen Rentenversicherung. Daraus kann er ersehen, wie sich seine Rentenansprüche entwickelt haben bzw. unter verschiedenen Annahmen weiterentwickeln werden. Beamte haben diese Informationen nicht. Deshalb hat die BBBank ein Tool entwickelt, mit dem ihre Berater individuell ermitteln, welche Versorgungsansprüche bestehen. Das ist angesichts der Vielzahl von Versorgungsregelungen auf Bundes- und Länderebene durchaus anspruchsvoll und damit ein echter Mehrwert für die Beamten.

Die Bank hat also eine Historie, der man äußerst intensive Kundenorientierung bescheinigen kann. Rückmeldungen in Kundenbefragungen bestätigen dies. Mitglieder der BBBank haben eine besonders enge Verbindung zu ihrer Bank. Sie fühlen sich sehr gut aufgehoben und verstanden. Dazu tragen auch ein Newsletter und ein eigenes Mitgliedermagazin „BBBank *Info*" bei, die jeweils mit besonderen Inhalten für den öffentlichen Dienst erscheinen.

## 3.1 Herausforderung: Kundenpotenziale besser ausschöpfen

Auch ein aus der Vergangenheit heraus stets kundenorientiertes Kreditinstitut hat noch Handlungsfelder. Viele der treuen, begeisterten Kunden der Bank wurden in den vergangenen Jahren über einzelne Geschäftsfelder gewonnen. Zahlungsverkehr, Anlageberatung, ausgewählte Versicherungsleistungen und in den letzten Jahren zunehmend auch die Baufinanzierung sind Geschäftsbereiche, die immer ausgesprochen attraktiv gestaltet wurden und damit den Beratern die Kundenansprache erleichtert haben.

**Beispiel**

Zahlungsverkehr:Die BBBank hat bereits vor vielen Jahrzehnten das kostenlose Girokonto eingeführt und mit diesem Angebot neue Kunden gewonnen. Wenn man sich die Nutzungsgewohnheiten vieler Kunden ansieht, muss man feststellen:Nur selten gelang es in der Vergangenheit, mit ihnen auch über andere Bankleistungen als den Zahlungsverkehr zu sprechen. Zwar ist auch der Zahlungsverkehr attraktiv für die Bank, zumal die meisten der Kunden inmitten ihres Berufslebens stehen und sie damit stets ein gewisses Geldvolumen (Bodensatz) auf ihren Girokonten halten. Das ist indes ein Effekt, der in Zeiten niedriger Wiederanlagezinsen weniger relevant ist. Der Anspruch der Bank ist, als Hausbank finanzielle Lebensbegleiterin ihrer Kunden zu sein. Dazu gehört, dass Kunden sie nicht nur als Zahlungsverkehrsbank, sondern als Hauptbankverbindung wählen.

Ähnlich sieht es bei Kunden aus, die zur BBBank wegen einer Baufinanzierung gekommen sind. Angezogen von attraktiven Konditionen und einer mehrfach ausgezeichneten Beratung, nehmen sie die Bank als Finanzierungsbank wahr. Wenn es dem Berater nicht gelingt, die Verbindung frühzeitig auf weitere Themenfelder auszudehnen, bleibt es bei dieser reinen Finanzierungsfunktion.

Dabei spielt das Thema Beratungsqualität eine zentrale Rolle. Im Rahmen des schon angesprochenen Beratungsansatzes „Beratung in Bestform" können die Berater der BBBank gezielt die individuellen Bedarfe ihrer Kunden an Bankdienstleistungen ermitteln. Dies gelingt nur dann überzeugend, wenn nicht der Produktverkauf im Vordergrund aller Bemühungen steht, sondern ausschließlich die Bedarfe der Kunden. Sie dürfen regelmäßige Gespräche erwarten, in denen ihre Berater mit ihnen über ihre familiäre und finanzielle Situation sprechen und sorgfältig ihren Bedarf beziehungsweise Handlungsnotwendigkeiten ermitteln.

In diesem Kontext besteht die Aufgabe, Qualität (auch formale Qualität) im Beratungsprozess sicher zu stellen. Hier setzt die Bank auf technische Unterstützung. Eingebunden in die genossenschaftliche Finanzgruppe nutzt die BBBank vor allem die Möglichkeiten, die ihr Rechenzentrum bietet. Je nach Beratungsansatz in unterschiedlicher Intensität wird der Beratungsprozess in die Technik integriert, von der Gesprächsvorbereitung über das Gespräch mit dem Kunden bis hin zur Gesprächsnachbereitung (vgl. Albers und Krafft 2013, S. 337 ff.).

Kundenorientiert heißt in diesem Zusammenhang auch, bei der Integration technischer Systeme den Erwartungen des Kunden zu entsprechen, wobei es *den* Kunden gerade bei dieser Frage nicht gibt. Den meisten Kunden ist eine Beratung am Rechner so recht wie eine Beratung mit papiergebundener Unterstützung. Ein Teil der Kunden ist technikaffin, das heißt, sie begeistert es, wenn Daten in den PC eingegeben werden und Entwicklungen unmittelbar nachvollzogen werden können. Ein anderer Teil der Kunden sagt: „Nein, das will ich nicht, ich möchte lieber am Tisch sitzen, mich über die relevanten Dinge unterhalten und dass das Wichtigste auf Papier niedergeschrieben wird."

Künftig wird die Technik aber mehr und mehr Raum in der Beratung einnehmen (vgl. Engstler 2009). Voraussetzung ist, dass sie für Kunden und Berater Nutzen bringt und nicht einen Selbstzweck erfüllt. Einer der wichtigsten Treiber der Entwicklung im Bankvertrieb ist die Dokumentation des Beratungsgesprächs. Mit den zunehmenden Anforderungen im Rahmen von Anlageberatungen in Wertpapiere ist es für Kundenberater immer schwerer geworden, sich vollumfassend auf den Kunden zu konzentrieren.

Aus diesem Grund muss sichergestellt sein, dass alle für die Beratungsdokumentation notwendigen Informationen einfach und richtig erfasst werden und das Beratungsprotokoll den Gesprächsverlauf richtig wiedergibt. Das geht am einfachsten, wenn bereits die Beratungsstruktur mittels der eingesetzten Technik an den für die Dokumentation notwendigen Fragen vorbei führt. Dass ähnliche formale Anforderungen zukünftig auch in der privaten Baufinanzierungsberatung zu erwarten sind, erhöht den Anspruch an die technische Unterstützungsleistung.

Der gesamte Beratungsprozess muss somit technisch unterstützt ganzheitlich abgebildet werden, mit dem Ziel, dass der Berater sich sicher und der Kunde sich wohlfühlen kann.

Mittelfristiges Ziel wird es sein, die gleichen Beratungssysteme, die das persönliche Gespräch begleiten, dem Kunden online zur Verfügung zu stellen. Dann kann der Kunde das Beratungsgespräch „zuhause beginnen" und im Anschluss daran mit seinem Berater persönlich oder auf technischen Kommunikationswegen die offenen Fragen klären und Lösungen abstimmen. Diese Entwicklungen zeichnen sich in unserer Direktbank heute bereits ab und funktionieren dort weitgehend reibungslos.

Mit denselben Entscheidungsalgorithmen, die den Berater leiten, kann selbstverständlich auch eine Selbstberatung des Kunden innerhalb des Internetauftritts der Bank unterstützt werden.

Die dafür benötigten Rechensysteme bis hin zur Prozessweitergabe an Marktfolgeabteilungen kann die BBBank nicht selbst erstellen. Hier ist die BBBank auf die Zusammenarbeit mit der Rechenzentrale angewiesen. Begrenzt wird die Integration der genossenschaftlichen Systeme dadurch, dass die Bank aufgrund ihres Geschäftsmodells besondere Produktanforderungen umsetzen muss. Nicht alle Kooperationspartner sind in die genossenschaftliche Finanzgruppe integriert. So besteht schon seit langer Zeit eine Kooperation mit der Debeka, die ebenfalls sehr stark im öffentlichen Dienst verankert ist und Produkte anbietet, die auf dieses Segment zugeschnitten sind. Gerade in der Krankenversicherung gibt es eine enge Kooperation, aber auch in anderen Bereichen, in denen die beiden Unternehmen wechselseitig Produkte am Markt platzieren. Aufgrund dieser besonderen Verbindung können nicht alle technischen Integrationslösungen voll umfänglich genutzt werden. Teilweise müssen sie auf die Situation der BBBank angepasst werden.

Ein typisches Beispiel für eine solche Herausforderung durch die Zielgruppen im öffentlichen Dienst ist die Restkreditversicherung bei Anschaffungsdarlehen. Die BBBank bietet, wie andere Banken auch, ein Anschaffungsdarlehen an, das zur Absicherung des Kunden mit einer Restkreditversicherung verbunden ist. Standardmäßig sind damit Tod oder Arbeitslosigkeit abzusichern. Nun ist aber für einen verbeamteten Kunden im öffentlichen Dienst eine Absicherung gegen Arbeitslosigkeit uninteressant. Für Beamte ist es aber interessant, stattdessen eine Absicherung gegen schwere Krankheiten zu haben. Die Bank hat daher einen geeigneten Kooperationspartner gesucht, der diese Möglichkeit zu passenden Konditionen anbietet. Innerhalb der genossenschaftlichen Finanzgruppe gab es kein geeignetes Angebot, was es wiederum erforderlich machte, das Beratungstool der Rechenzentrale für das Anschaffungsdarlehen entsprechend anzupassen. Die Gesamtheit der technischen Systeme dient insofern der Unterstützung des Beraters, damit dieser sich ganzheitlich am Kundenbedarf ausrichten kann.

Aufgabe eines kundenorientierten Vertriebsmanagements ist es nunmehr, den Vertrieb so zu organisieren, dass Kunden frühzeitig in die Breite ihrer Handlungsbedürfnisse hinein angesprochen und beraten werden.

## 3.2 Differenzierte Marktbearbeitung in unterschiedlichen Kundengruppen

Dabei geht die Bank differenziert vor. Was heißt das? Wie die meisten anderen Universalinstitute auch, hat die BBBank sehr unterschiedliche Kundengruppen. Darunter befinden sich viele Kunden, die einen vergleichsweise geringen Bedarf an Bankgeschäften haben, weil sie ein Einkommen erzielen, aus dem sie nur relativ kleine Beträge sparen können. Dazu kommen vielleicht noch die wichtigsten Versicherungsthemen, die sie abdecken sollten, sowie ihr Zahlungsverkehr, der zu managen ist. Aber darüber hinaus besteht für sie kaum eine Notwendigkeit, über Bankgeschäfte zu sprechen. Diese Kundengruppe hat für die Bank nur ein begrenztes Ertragspotenzial. Gleichwohl hat sie Anspruch auf eine gute Begleitung wird deshalb keinesfalls vernachlässigt.

Auf der anderen Seite gibt es in der BBBank zahlreiche Kunden, die auf ein relativ hohes Vermögen zurückgreifen können. Diese Kunden machen sich Gedanken über Finanzthemen, haben des Öfteren Entscheidungsbedarf und denken über ihre Altersvorsorge nach, um den Lebensstandard im Ruhestand halten zu können. Das betrifft auch Themen wie Generationenmanagement oder Vermögensübertragung.

Darüber hinaus gibt es noch eine dritte Gruppe von Kunden, für die in der aktuellen Lebensphase zunächst einmal die Bildung von Wohneigentum im Vordergrund steht. Ist die dazu gehörige Finanzierung gut strukturiert und abschließend initiiert, besteht regelmäßig über Jahre hinaus kein weiterer Bedarf an Bankdienstleistungen durch die Kunden. Selbstverständlich entwickeln diese Kunden sich (im Rahmen ihres Lebenszyklus) weiter, das heißt, familiäre Situationen verändern sich oder berufliche Entwicklungen generieren neue Möglichkeiten. Diese Entwicklungen muss die Bank nahe begleiten, um ihrem Anspruch als Hausbank gerecht zu werden.

Für alle diese Kundengruppen sind Ansprache- und Beratungsprozesse so zu definieren, dass die Bank ihre Kunden nicht über- oder unterfordert, gleichzeitig aber ausreichend nahe am Kunden ist, um Entscheidungsnotwendigkeiten der Kunden rechtzeitig bilateral abzustimmen. Dieser Ansatz hat natürlich auch eine betriebswirtschaftliche Komponente,

**Abb. 3** Das Qualitätsversprechen der BBBank. (vgl. BBBank eG)

denn Beratungszeit ist eine Investition in die Kundenverbindung. Abbildung 3 weist hierzu die Ansätze im Push- und Pull-Vertrieb aus.

Grundlage einer differenzierten Marktbearbeitung ist eine klare Zielgruppenbeschreibung. Dabei ist es sekundär, ob diese nach soziodemografischen oder soziokulturellen Faktoren vorgenommen wird oder klassisch, nach Kriterien wie Einkommen oder Vermögen. Kundenorientierung heißt vor allem, den Beraterteams in den Filialen die Möglichkeit zu eröffnen, jedem Kunden den zu seiner Situation passenden Berater zuzuordnen. Das ist die Voraussetzung, um eine echte Bank-Kunden-Beziehung aufzubauen.

Auf der Grundlage eines einfachen technischen Segmentierungsansatzes nach Einkommen und Vermögen werden alle Kunden individuell betrachtet, mit den folgenden Fragen:

- Welche Kundengruppe ergibt sich aus der klassischen Segmentierung?
- Wie schätzen die Berater den tatsächlichen Beratungsbedarf?
- Welche Beratungsqualifikation erwartet der Kunde?
- Welche persönliche Beziehung gibt es bisher?

Erst danach wird über die Kundenzuordnung entschieden.

An der so erarbeiteten Kundenzuordnung orientiert sich das Angebot an Finanzprodukten und Dienstleistungen: vom einfachen Standardgeschäft, mit dem die Kunden ihre Basisanforderungen abdecken, bis hin zu komplexen Produkten und Leistungen, einschließlich Vermögensberatung und Vermögensplanung.

Standardgeschäfte einfach zu machen, ist dabei nicht immer leicht und erfordert eindeutige, transparente Abwicklungswege, die über alle Vertriebskanäle vom Kunden wie auch von den Beratern der Bank schnell und fehlerfrei genutzt werden können.

(Komplexe) Beratungsgeschäfte werden mit einer seitens der Bank aufgebauten Expertise durchgeführt, die es erlaubt, mit Kunden kompetent anspruchsvolle Themen, wie

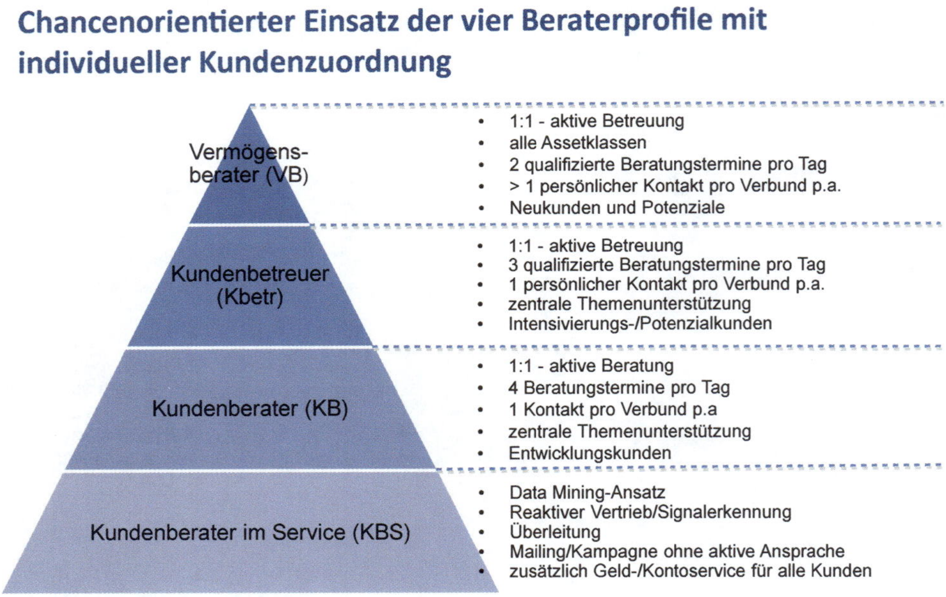


**Abb. 4** Chancenorientierter Einsatz der vier Beraterprofile. (Quelle: BBBank eG)

etwa Nachfolgeregelungen beim Vermögen, abzustimmen. Abbildung 4. erläutert hierzu die Kundenberaterprofile mit einer individuellen Kundenzuordnung.

Die Berater der Bank sprechen bei ihren Kunden auch sensible Themen wie Erbschaftsangelegenheiten an. Dabei erweitert sich das Beratungsspektrum schnell und geht dann über klassische Bankthemen hinaus. Um den Kunden in diesen Fällen dennoch kompetent zur Seite stehen zu können, wurden in den verschiedenen Regionen des Geschäftsgebiets Kooperationen mit Rechtsanwälten und Steuerberatern eingegangen. Diese übernehmen die Kundenberatung in Spezialfragen, bei denen Beratungsaufträge der Bank enden (müssen). Ganzheitliche Kundenberatung heißt: Es ist wichtig, dass unsere Kunden weiterhin gut beraten werden, wenngleich ihnen keine Berater der Bank mehr zur Seite stehen können.

Unterstützt wird diese Strategie durch Veranstaltungen vor Ort, bei denen intensive Gespräche zwischen Bank-Repräsentanten und Kunden beziehungsweise potenziellen Kunden geführt werden. Diese Veranstaltungen, an denen jeweils 40 bis 50 Kunden teilnehmen, zeigen, dass bei Themen wie zum Beispiel „Erben und Vererben“ auf Seiten der Kunden ein großer Bedarf besteht, sich damit auseinanderzusetzen. Und es wird deutlich, was es heißt, mit Kunden ganzheitlich ins Gespräch zu kommen. Es wird nicht nur über die einzelnen Komponenten des Vermögens gesprochen, sondern auch über die familiäre Situation des Kunden. Es entstehen faszinierende Gespräche und eine enge Kundenbindung.

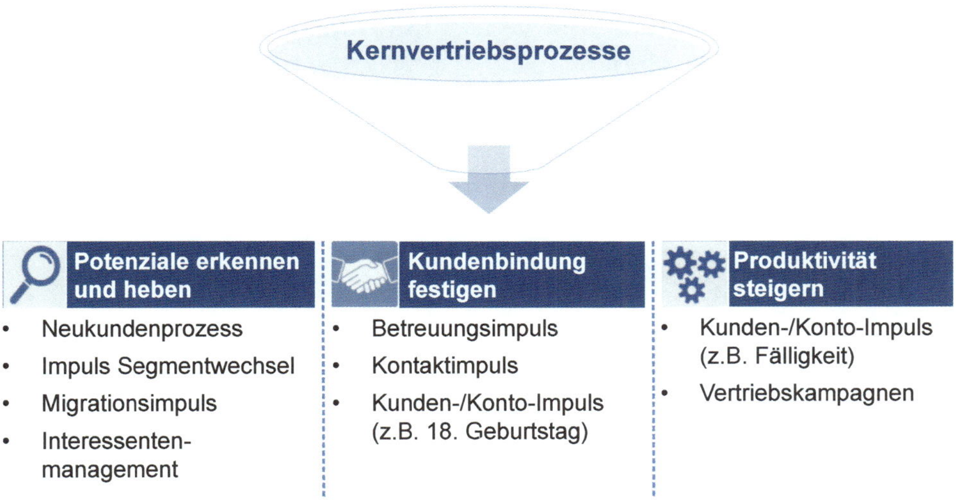


**Abb. 5** Kernvertriebsprozesse. (Quelle: BBBank eG)

## 3.3 Aktive Ansprachesteuerung mit dem Ziel einer kundenorientierten Potenzialausschöpfung

Neben der Festlegung der Leistungskomponenten für die unterschiedlichen Kundengruppen ist eine aktive Ansprachesteuerung Voraussetzung für eine differenzierte Marktbearbeitung (vgl. Steria Mummert Consulting 2015, S. 2). Auch in Zeiten schlechten Images der Banken bei ihren Kunden (wobei die meisten Kunden ihre eigene Bank und ihren eigenen Berater meistens sehr viel besser bewerten als „die Banken“) wollen Bankkunden von ihrer Bank aktiv angesprochen werden.

Allerdings ist damit nicht der sechste Anruf zur Tagesschau-Zeit zum wiederholt abgelehnten Produktangebot gemeint. Vielmehr geht es um aktive Angebote von konkreten, dem Kunden Nutzen stiftenden Leistungen. Diesen Anspruch haben auch die Kunden der BBBank – vielleicht noch ausgeprägter als in vielen anderen Banken, weil die BBBank mit ihrem sehr zielgruppenfokussierten Geschäftsmodell in besonderer Weise die Botschaft vermittelt, zu wissen, was ihre Kunden bewegt. In der BBBank sind Ansprache-intensität (Häufigkeit), Ansprachеart (Kontaktweg) und Ansprachethemen (Inhalt der Ansprache) differenziert nach Kundengruppen festgelegt (Abb. 5).

Über das Mitgliedermagazin „BBBank *Info*“ ist sichergestellt, dass alle Mitglieder mehrmals im Jahr von ihrer Bank hören. Responseelemente zeigen, dass das Magazin gelesen wird und für bestimmte Themen auch ein erfolgreicher Werbeträger sein kann, um den Absatz direkt zu unterstützen. Persönliche Ansprachen erfolgen dann in unterschiedlicher Häufigkeit bei Kunden, bei denen Beratungsbedarf vermutet wird bzw. bei aktiv betreuten Kunden (Abb. 6).

Die meisten persönlichen Ansprachen von Kunden finden immer noch direkt vom persönlichen Berater bzw. aus der betreuenden Filiale heraus statt. Dahinter steckt aber auch

**Sicherung der Kommunikations- und Kontaktintensität über Kernvertriebsprozesse in allen Vertriebskanälen**

| Kernvertriebsprozess / Bemerkungen Beratergruppe | 1 | 2 | 3 | 4 |
|---|---|---|---|---|
| Grundpenetration durch Mitgliederzeitung | X | X | X | X |
| Betreuungs- (3/4) und Kontaktimpulse (2) | | X | X | X |
| Impuls aus Neukundenprozess | | X | | |
| Impulse Segmentwechsel bei Kunden und Neukunden | | X | X | X |
| Migrationsimpulse Bestandskunden | | X | X | X |
| Interessenten | X | X | | |
| Ansprachеimpulse aus Kunden-/Kontodaten | X | X | X | X |
| Teilbedarfsorientierte Vertriebskampagnen | X | X | (X) | (X) |

**Abb. 6** Sicherung der Kommunikations- und Kontaktintensität. (Quelle: BBBank eG)

die (vielleicht der besonderen Kundenklientel geschuldete) Erkenntnis, dass es eine sehr hohe persönliche Bindung vieler Kunden zu ihren bekannten Ansprechpartnern gibt. Darüber hinaus wird allerdings auch ein spezialisiertes zentrales Team zur aktiven Terminvereinbarung genutzt.

Die Erfahrungen decken sich mit denen anderer Häuser: Produktivität und Qualität der Ansprachen sind nur über ein zentrales Team wirklich steuerbar. Gerade diese Dienstleistungseinheit braucht aber wirkungsvolle Ansprachethemen. Wenn die Kunden bei der Ansprache nicht ihren persönlichen Nutzen erkennen können, lehnen sie das Gesprächsangebot ab. Das heißt: Die Bank muss dem Kunden schon bei der Terminvereinbarung schnell deutlich machen, wo der Nutzen für ihn liegt, wenn es tatsächlich zum Gespräch kommen soll.

Um dem gerecht zu werden, ist es die besondere Aufgabe der zentralen Vertriebssteuerung der Bank, Anknüpfungspunkte für erfolgreiche Kundenansprachen zu finden, bei denen der Kunde spürt, dass das Thema relevant für ihn ist. Das ist insofern wichtig, als auch die Kunden der BBBank sich tendenziell immer weniger um Beratungen zu ihren Finanzen kümmern. In Zeiten von Niedrigzinsen, demografischem Wandel und sich verändernden Risikolagen ist es Aufgabe der Bank, Beratungen anzustoßen und Entscheidungen zu moderieren.

In gleicher Weise ist die zentrale Vertriebssteuerung auch gefordert, die Vertriebsprozesse für die Berater umsetzbar zu gestalten. In der BBBank geschieht dies durch ausgewählte Kern-Vertriebsprozesse, die die verschiedenen Gesprächsthemen zusammenfassen. In ihnen sind alle Schritte von der ersten Ansprache über die Auswahl der Beratungsinstrumente bis zur Abbildung der Ergebnisse geregelt.

## 4 Herausforderung: Wachstum konsequent erarbeiten

Als vergleichsweise kleines Bankinstitut mit derzeit 107 Filialen und rund 430.000 Kunden hat die BBBank eine besondere Herausforderung in der Gestaltung eines schlagkräftigen bundesweiten Auftritts. Das erfordert vor allem, dass sie stärker wachsen muss als andere Banken. Nur so kann sie in einem flächendeckenden Filialnetz und in ihrer Direktbank alle Leistungen einer modernen Bank anbieten. Und nur dann wird sie als Begleiter des öffentlichen Diensts bundesweit auch weiterhin anerkannt bleiben.

Die Chance, neue Filialen durch entsprechend hohes Wachstum zu rechtfertigen ist hoch, denn diese werden in hochkarätigen Lagen eröffnet, insbesondere in den Landeshauptstädten der einzelnen Bundesländer. Damit wird jeweils ein großes Einzugsgebiet abgedeckt und im Gegensatz zu vielen anderen Orten in der Bundesrepublik sind diese Zentrumsregionen durch die demografische Entwicklung eher begünstigt. So lassen sich Probleme vermeiden, mit denen viele regionale Kreditinstitute konfrontiert sind, die etwa in ländlichen Regionen mit einer schrumpfenden Bevölkerung zurechtkommen müssen. Die Landeshauptstädte bieten in Bezug auf die wichtige Zielgruppe „Öffentlicher Dienst" überdies mehr Potenzial als andere Städte.

Neben dem Filialnetz an attraktiven Standorten ist das Instrument der Kundenempfehlung der wichtigste Wachstumsmotor der Bank (vgl. Albers und Krafft 2013, S. 142 ff.; vgl. Fink 2014, S. 11 ff.). Viele neue Kunden finden den Weg zur BBBank durch Empfehlungen anderer Kunden, wobei die Verankerung im öffentlichen Dienst hilfreich ist. Denn in diesem Bereich werden überdurchschnittlich häufig von bestehenden Kunden Empfehlungen ausgesprochen. Unterstützt wird die Empfehlungskultur durch Werbekundenprogramme, etwa mit Prämien und Sonderleistungen. Aber auch durch interne Maßnahmen und Trainings für die Berater. Denn am Ende des Tages ist es deren Leistung, welche die Kunden so begeistert, dass sie ihren Berater weiterempfehlen.

Das Programm „Kunden werben Kunden" spielt bei der Steuerung des Kundenwachstums eine große Rolle. Ob ein Kunde das Gefühl hat, das Richtige getan zu haben, wenn er sich gerade für eine neue Bank entschieden hat, entscheidet sich im ersten und den folgenden Kontakten. Deshalb müssen attraktive Angebote, intensive Begleitung und sehr gute Beratung für nachhaltige Begeisterung des Kunden sorgen.

Auf der Beratungsseite wird dies in den ersten Monaten unterstützt durch ein Neukundenprogramm mit gezielten Ansprachen der noch jungen Geschäftsbeziehung. Es wird für den Kunden ein Willkommenspaket geschnürt, das exklusive Sonderangebote enthält. Bei Interesse, wird der Kunde von der Bank kontaktiert und ein Gespräch vereinbart. Im Laufe der nächsten Monate wird ihm dann ein weiteres Treueangebot unterbreitet, das ähnlich aufgebaut ist. Das gibt dem Berater erneut die Chance, mit dem Kunden ins Gespräch zu kommen. Abbildung 7 zeigt exemplarisch die einzelnen Schritte eines Neukundenprozesses chronologisch.

In den einzelnen Gesprächssituationen ist es von herausragender Relevanz, sich an den Bedürfnissen des Kunden auszurichten. Nicht der schnelle, einmalige Produktverkauf steht im Vordergrund, sondern die Erkenntnis des Kunden, langfristig von seiner

| Wann | 3-4 Tage | 4-6 Wochen | 6 Monate | 6-8 Monate | 12 – 13 Monate | 18 Monate | 24 Monate |
|---|---|---|---|---|---|---|---|
| Mit welchem Anlass | Personalisierter Kontoeröffnungs-brief | Willkommens-angebot + tel. Nachfassen | Kunden werben Kunden | Neukunden-Check | Treueangebot + tel. Nachfassen | Tel. Nachfassen bei Neben-bankkunden | Kunden-befragung |
| Wer | Zentrale | Zentrale + Termin-vereinbarung zental | Zentrale | Berater | Zentrale + Termin-vereinbarung zental | Berater | Outbound |
| an Berater | nein | ja | nein | ja | ja | ja | nein |
| Mit welchem Ziel | Nachkauf-bestätigung | Leistungs-spektrum vermitteln, Wertschätzung, Kennenlernen | BBBank weiter-empfehlen | Prüfung nach Erst-segmentierung anhand Check-Liste | Wert-schätzung, Leistungs-spektrum | Kunden-bindung | Kunden-zufrieden-heits-analyse |

**Abb. 7** Beispiel: Neukundenprozess. (Quelle: BBBank eG)

Hausbank begleitet zu werden (vgl. Bauer und Praeg 2014, S. 7). Vom Kundenberater verlangt diese Vorgehensweise Empathie und Fingerspitzengefühl.

In diesem Punkt befinden sich viele Banken in einem Wandlungsprozess. Nach einer Phase überwiegend produktbezogener Vertriebsansätze in der Vergangenheit sind die Grenzen eines solchen Ansatzes Vertriebsansatzes unmittelbar einsichtig. Man spricht typischerweise die immer gleichen Kunden zu den immer wieder gleichen Themen an. Zudem kommt man fast nie über das „Kampagnenprodukt" hinaus. Mittlerweile erkennen die Banken im Vertrieb, dass sie sich wesentlich stärker darauf konzentrieren müssen, was der Kunde in seiner jeweiligen Situation wirklich braucht. Der Wille, mit dem Kunden ins Gespräch zu kommen, ist inzwischen deutlich ausgeprägter als der Wille, ihm um jeden Preis etwas zu verkaufen. Nur dadurch entsteht die Kundenbindung, die in einem personalisierten Beratungsvertrieb für nachhaltigen Erfolg benötigt wird.

## 5 Teamorientierte Vertriebssteuerung

Diese Vorgehensweise in der Marktbearbeitung muss sich auch in der Vertriebssteuerung abbilden. In der BBBank bedeutet das ein hohes Maß an teamorientierter Steuerung. Das heißt, dass den Teams in den Filialen der Freiraum eingeräumt wird, flexibel auf Kundenwünsche zu reagieren. Dies betrifft den Prozess der Kundenzuordnung genauso wie die Organisation der Ansprachen im Rahmen der Vertriebsprozesse. Die Leitplanken sind zentral definiert, um einheitliche Maßstäbe zu gewährleisten. Innerhalb dieser Leitplanken haben die Führungskräfte im Vertrieb die Freiheit der Ausgestaltung.

Auch Ziele, die dem Vertrieb gesetzt werden, sind Teamziele. Dabei greifen zunehmend aktivitäts- und qualitätssteuernde Kenngrößen. Wenn der Weg von der Aktivität über den qualitativ hochwertigen Beratungsprozess bis zur Abdeckung der Kundenbedürfnisse verlässlich geregelt und im ganzen Vertrieb akzeptiert ist, steigt die Bereitschaft, Produktabschlüsse und Ertrag in den Zielsystemen durch Aktivitäten und Qualität zu ersetzen.

Dieser Weg benötigt Zeit und Sicherheit im verbindlichen Handeln aller Beteiligten und Vertrauen in die Arbeit des Einzelnen. Erst dann wird Bankvertrieb wirklich kundenorientiert sein.

## Literatur

Albers, S., Krafft, M. (2013): Vertriebsmanagement, Springer Gabler Verlag, Wiesbaden.
Bauer, W., Praeg, C.-P. (2014): Trendstudie Bank und Zukunft 2014, Transformation der Banken – Neue Wege zu Innovation und Wachstum, Management Summary, Fraunhofer-Institut für Arbeitswirtschaft und Organisation (IAO), Stuttgart, Fraunhofer-Verlag.
Engstler, M. (2009): Organisatorische Implementierung von Informationssystemen an Bankarbeitsplätzen, Wiesbaden. Gabler Springer Verlag.
Fink, Klaus-J. (2014): Empfehlungsmarketing – Königsweg der Neukundengewinnung, 6. Aufl., Springer Gabler Verlag, Wiesbaden.
Steria Mummert Consulting (2015): Studie „Wege zum Kunden 2015“ – Perspektiven für Marketing und Vertrieb im Bankensektor, Hamburg.

**Andreas Hahn,** Bankvorstand, geb. 1962 in Biedenkopf, Hessen. Studium der Wirtschafts-mathematik und Ökonomie in Gießen und Kaiserslautern, Abschluss als Diplom-Ökonom mit Schwerpunkt Finanzwirtschaft, Ökonometrie und Statistik.

Von 1990 bis 2012 in Führungspositionen und Projektaufgaben in der Volksbank Mittelhessen in den Aufgabengebieten Vertrieb, Controlling und strategischer Steuerung. Zuletzt Bereichsleiter für das Privatkundengeschäft der Volksbank.

Von 2012 bis 2015 Mitglied des Vorstands der BBBank eG, Karlsruhe, dort zuständig für den stationären Vertrieb, Marketing und Vertriebssteuerung.

# Teil III
# Vertriebswege

# Filialzentrierter Multikanalansatz als Erfolgsmodell im Privatkundengeschäft von Morgen

Frank Dierolf

## Inhaltsverzeichnis

1 Herausforderungen im Privatkundengeschäft . . . . . 129
2 Filialgeschäft der Zukunft . . . . . 131
2.1 Aufgabendefinition der Filiale im Rahmen eines Multikanalansatzes . . . . . 131
2.2 Optimierung des Filialnetzes . . . . . 132
2.3 Beratungs- und Vertriebskonzeption . . . . . 133
2.4 Personal- und Führungskonzept . . . . . 134
3 Schlussbetrachtung . . . . . 135
Literatur . . . . . 136

## 1 Herausforderungen im Privatkundengeschäft

Die Rahmenbedingungen des Finanzsektors haben sich in den vergangenen Jahren dramatisch verändert.

Verantwortungslose Geschäfte einzelner Kreditinstitute führten im Jahr 2009 zum Höhepunkt einer (globalen) Finanzkrise und anschließenden Staatsschuldenkrisen mit weltweiten Auswirkungen. Die Rettungsaktionen einzelner Staaten zur Sicherung angeschlagener Kreditinstitute nahmen sehr hohe Aufwendungen an Steuergeldern in Anspruch (vgl. Wirtschaftswoche 2014; vgl. Handelsblatt 2013).

F. Dierolf (✉)
Kreissparkasse Esslingen-Nürtingen, Esslingen, Deutschland



D. Hellenkamp, K. Fürderer (Hrsg.), *Handbuch Bankvertrieb*,
DOI 10.1007/978-3-658-06447-1_8

Konsequenz: Die gesamte Finanzbranche erlitt einen Reputationsschaden und geriet in Misskredit.

Die Politik hat hierauf in nachvollziehbarer Weise deutlich reagiert, um mit Gesetzen und Verordnungen zukünftig ähnliche Ereignisse zu verhindern. Allerdings wurde hierbei nicht immer ausreichend differenziert vorgegangen, so dass zahlreiche Auswirkungen für Banken (insbesondere für Filialbanken wie Sparkassen und Genossenschaftsbanken) erheblich und für Kunden oftmals nachteilig sind (vgl. Fahrenschon 2014, S. 2 f.). So resultieren beispielsweise aus den gestiegenen gesetzlichen und aufsichtsrechtlichen Anforderungen in der Kundenberatung, der Qualitätssicherung und der Mitarbeiterschulung derart hohe Kosten, dass immer mehr Kreditinstitute ernsthaft darüber nachdenken, das Wertpapiergeschäft nicht mehr in der Fläche anzubieten (vgl. Fahrenschon 2013, S. 6 f.). Dass diese Entwicklungen auf der anderen Seite vor dem Hintergrund einer politisch ausdrücklich gewünschten stärkeren privaten Altersvorsorge (zum Beispiel mittels Wertpapieren) indes beabsichtigt sind, muss in Frage gestellt werden.

Des Weiteren begründen sich die aktuellen umwälzenden Veränderungen mit einem globalen dynamischen technologischen Fortschritt. Neue Medien rücken in den Fokus und verändern das Kundenverhalten nachhaltig. Serviceleistungen, die früher in der Filiale in Anspruch genommen wurden, verlagern sich in Richtung Online-Banking. Mobile-Banking erlaubt es, Bankgeschäfte von unterwegs aus zu tätigen. Auch das Telefon-Banking und die Nutzung von SB-Geräten können mit stattlichen Wachstumsraten aufwarten. Insbesondere jüngere Kunden nutzen intensiv die sich bietenden Möglichkeiten.

Diese Entwicklungen werden sich fortsetzen und zu einer abnehmenden Kundenfrequenz in den Filialen führen.

Zu beobachten ist, dass Kunden generell aufgeklärter und dadurch kritischer sind. Dabei rückt der Preis stärker in den Fokus. Hinzu kommt, dass Bankberater früher über einen deutlichen Wissens- und Informationsvorsprung gegenüber ihren Kunden verfügten. Viele Kunden bereiten sich heute zu einem Finanzgespräch durch (Internet-)Recherchen gezielt vor und begegnen dem Berater zunehmend auf „Augenhöhe". Diese Entwicklungen bedingen einerseits, dass die Loyalität zur Hausbank seit Jahren abnimmt und die Wettbewerbsintensität im Finanzsektor deutlich zugenommen hat (vgl. Bain & Company 2013, S. 39 ff.). Das derzeit historisch niedrige Zinsniveau wirkt dabei wie ein Katalysator.

Andererseits ist eine interessante Entwicklung zu beobachten: Trotz zunehmender Globalisierung besinnen sich immer mehr Menschen auf das Sichere und Vertraute. Regionalität gepaart mit einem Bedürfnis nach mehr menschlicher Nähe ist zunehmend gefragt (vgl. Bain & Company 2012, S. 15 ff.). Daneben nimmt der Bedarf an qualifizierten Beratungen (zum Beispiel der Altersvorsorge) zu. Hieraus leiten sich aus unserer Sicht erhebliche Möglichkeiten in der Filialberatung ab. Filialbanken könnten aufgrund veränderter Rahmenbedingungen und des Nutzungsverhaltens der Kunden ihr Geschäftsmodell mittels eines „filialzentrierten Multikanalansatzes" neu ausrichten.

Die Kreissparkasse Esslingen-Nürtingen hat im Rahmen eines Projektes im Jahr 2013 im Privatkundengeschäft diesbezüglich Maßnahmen und Veränderungen eingeleitet, die nachstehend erläutert werden.

## 2 Filialgeschäft der Zukunft

Die Neuausrichtung des Privatkundengeschäfts umfasst vier Handlungsfelder:

- Aufgabendefinition der Filiale im Rahmen des Multikanalansatzes
- Optimierung des Filialnetzes
- Beratungs- und Vertriebskonzeption
- Personal- und Führungskonzeption

### 2.1 Aufgabendefinition der Filiale im Rahmen eines Multikanalansatzes

Zukünftig verfolgt die Kreissparkasse Esslingen-Nürtingen einen „filialzentrierten Multikanalansatz", in dem der Kunde auf allen angebotenen Kanälen seine Bankgeschäfte tätigen kann. Alle relevanten Informationen laufen hierbei unbedingt beim Kundenberater zusammen. Der persönliche Kundenberater ist demnach stets der „Ankerpunkt" in der Kundenbeziehung.

Die Kundenberater haben die Aufgabe, ihre Kunden systematisch und aktiv zu betreuen. Entscheidend ist, dass die Kunden das intensive Engagement, das „sich Kümmern" ihrer Kreissparkasse spüren. Deshalb sollte mindestens alle zwei Jahre ein tiefgehendes Analysegespräch (S-Finanzcheck) durchgeführt werden, in dem die aktuelle Situation des Kunden, sowie seine Wünsche und Ziele besprochen und die weitere Vorgehensweise abgestimmt werden.

Umfassende Themen (zum Beispiel Geldanlage, Altersvorsorge, Absicherung der Lebensrisiken) werden systemgestützt analysiert und beraten. Hierzu setzen die Berater eine Beratungssoftware ein, die dem Gespräch eine Struktur gibt und eine Dokumentation der Gesprächsergebnisse ermöglicht. Die Systemunterstützung stellt mittels einer einheitlichen Vorgehensweise stets eine gleichbleibend hohe Beratungsqualität durch alle Kundenberater sicher.

Diese Beratungsgespräche werden in naher Zukunft durch neue Technologien zusätzlich unterstützt. So können die systemgestützten Beratungen dann via Tablet durchgeführt und Erklärvideos (vgl. Häusel 2012, S. 69 ff. und 135 ff.; vgl. Mast 2013, S. 253 ff.) gemeinsam mit dem Interessenten angesehen werden.

Damit unsere Kunden das gesamte Dienstleistungsspektrum der Kreissparkasse nutzen können, muss der Kundenberater dem Kunden sämtliche Zugangsmöglichkeiten zu seinem Konto (zum Beispiel Online-Banking inklusive elektronischen Postfach, Telefon-Banking, Mobile Banking) im Beratungsgespräch erläutern und die Konten, wenn gewünscht, freischalten.

Über die unterschiedlichen Kanäle kann anschließend auch die Kommunikation zwischen dem Kundenberater und dem Kunden stattfinden. So wird dem Kunden im Online-Banking beispielsweise der Name, das Bild und die E-Mail-Adresse des Beraters angezeigt. Der Kunde hat zudem die Möglichkeit, im Kalender seines Betreuers seinen Wunschberatungstermin direkt einzutragen.

Reine Servicegeschäfte (zum Beispiel Überweisungen, Daueraufträge) werden zukünftig vor allem über die medialen Kanäle und SB-Geräte abgewickelt. Dieses wird zu einem deutlichen Rückgang der Kundenfrequenz im Servicebereich der Filialen führen. Daneben wächst der Bedarf an persönlichen Beratungsgesprächen, zum Beispiel auf dem Feld der Altersvorsorge. Aufgrund der allgemeinen Erwartung eines zukünftig sinkenden Niveaus in der gesetzlichen Rentenversicherung, komplexer staatlicher und betrieblicher Förderungsmöglichkeiten sowie eines niedrigen Zinsniveaus, sind viele Menschen verunsichert. Deshalb sind die Mitarbeiter in der Filiale typischerweise die ersten Ansprechpartner. Die Hauptaufgabe der Filialen liegt aus Sicht der Kreissparkasse Esslingen-Nürtingen zukünftig in der qualifizierten Beratung und Betreuung, während das Servicegeschäft weiter zurückgehen wird.

## 2.2 Optimierung des Filialnetzes

Mögliche Folgen eines veränderten Nutzungsverhaltens der Kunden innerhalb der Kreditwirtschaft sind, dass Bankstellen geschlossen oder in SB-Filialen umgewandelt werden. Diese strategische Option priorisiert die Kreissparkasse Esslingen-Nürtingen nicht, da die Nähe zum Kunden im jeweiligen Geschäftsgebiet eine zentrale Stärke im Wettbewerb abbildet. Die Filialstruktur muss deshalb so gestaltet sein, dass Nähe in Zukunft weiterhin hinreichend gewährleistet und vom Kunden aktiv erlebt wird. Proteste von Kunden und Marktanteilsverluste wären im Fall umfassender Filialschließungen absehbare Konsequenzen. Deshalb werden die zukünftigen Angebote im Multikanal und in der Filiale eng miteinander verzahnt und Filialschließungen stets begründete Einzelfallentscheidungen sein (vgl. Bain & Company 2012, S. 22).

Die Kreissparkasse Esslingen-Nürtingen hat in diesem Kontext mit dem Sparkassenverband Baden-Württemberg ihre Filialstruktur analysiert. Im Vergleich zu anderen Kreditinstituten ergab die Erhebung eine für die Kreissparkasse wünschenswerte Filialdichte und -struktur mit 1,40 Filialen pro 10.000 Einwohner. Der Durchschnitt aller baden-württembergischen Sparkassen liegt bei 2,09 Filialen. Eine zentrale Aufgabenstellung aus der Analyse war die Anpassung der Öffnungszeiten an die veränderten Kundenfrequenzen und die Optimierung der Beratungskapazitäten.

Das veränderte Nutzungsverhalten der Kunden wirkt sich auf die traditionellen Bank-Öffnungszeiten aus. Diese werden zunehmend seltener in Anspruch genommen, die Kundenfrequenz hat spürbar nachgelassen, die Kassenposten sind permanent rückläufig.

Die bisherigen sehr langen Öffnungszeiten der Sparkasse (Montag, Dienstag und Donnerstag bis 18 Uhr) wurden von den meisten Menschen, selbst nach zahlreichen Jahren, kaum wahrgenommen. Dagegen wird ein umfassendes Multikanalangebot von allen Altersgruppen zunehmend stärker genutzt. Ob Online-Banking, Internetzugriffe oder SB-Geräte, die Nutzerzahlen steigen permanent. Deshalb wurden die persönlichen Servicezeiten ab Ende 2013 (abgestuft nach Filialgrößen) reduziert.

Längere Öffnungszeiten führen nicht notwendigerweise zu mehr Effizienz im Filialvertrieb. Gleichwohl entstehen durch verkürzte Servicezeiten Spielräume. Mitarbeiterkapazitäten im Servicebereich werden reduziert oder zur Unterstützung der Berater eingesetzt, zum Beispiel für Terminvereinbarungen oder beratungsvorbereitende Tätigkeiten. Insbesondere in kleinen Filialen kommt es regelmäßig vor, dass Kundenberater im Service aushelfen müssen. Reduzierte Servicezeiten erlauben deshalb dem Kundenberater sich stärker auf die individuelle Beratung des Kunden zu konzentrieren.

Bei Beratungsterminen wünschen sich unsere Kunden hingegen mehr Flexibilität – vor allem in den Abendstunden. Die Kreissparkasse Esslingen-Nürtingen bietet daher nach Vereinbarung Beratungen von Montag bis Freitag in der Zeit von 08:00 bis 20:00 Uhr an.

## 2.3 Beratungs- und Vertriebskonzeption

Die vertriebliche Ausrichtung der Sparkasse hat sich grundlegend geändert. Das Thema „Verkaufen" ist bei einzelnen Beratern (noch) negativ belegt. Grundsätzlich sollten deshalb die Mitarbeiter zunächst reflektieren, dass eine arbeitsteilige Volkswirtschaft durch den (Ver-) Kauf von Gütern und Dienstleistungen in allen Branchen überhaupt erst funktioniert. Insofern ist es für die Sparkasse wesentlich, dass die Kundenberater ein positives Selbstverständnis zum Verkaufen entwickeln, um wirtschaftlichen Erfolg überhaupt zu generieren.

Dabei steht eine kundenorientierte und bedarfsgerechte Beratung sowie ein anschließender Verkauf von Sparkassenprodukten im Mittelpunkt, nicht jedoch ein sogenanntes „Hard Selling". Das Ziel, Kunden lebenslang zu begleiten, wird nur dann erreicht, wenn der Kunden die Vorteile aus dem Verkauf und der Beratung positiv erlebt und die Geschäfte beiden Seiten einen Nutzen bringen.

Als Grundlage dient das sogenannte „S-Finanzkonzept". Kern des Konzeptes ist es, den persönlichen und lebensphasenorientierten Bedarf des Kunden an Finanzdienstleistungen zu ermitteln. Die systemgestützte Beratung durch das S-Finanzkonzept stellt sicher, dass alle Berater den Anspruch der Sparkasse, Qualitätsanbieter zu sein, umsetzen. Die Gespräche sind strukturiert und schaffen Transparenz und Rechtssicherheit für Kunde und Berater. Im Rahmen von Anlageberatungen ist sichergestellt, dass nur Anlageformen angeboten werden, die zum Risikoprofil des Kunden passen.

Ein weiterer wichtiger Bestandteil des S-Finanzkonzept-Gespräches ist es, dass alle Informationen, die für die künftige Betreuung relevant sind, gemeinsam und systematisch mit dem Kunden erhoben und dokumentiert werden. Bei einem möglichen Beraterwechsel gehen diese Angaben nicht verloren. Der Kundenberater kann die neue Kunde-Berater-Beziehung somit auf einer bereits vorhandenen Datenbasis aufbauen, ohne dass der Kunde wesentliche Entwicklungen und Veränderungen in seinem Leben wiederholen muss. Der Beratungsprozess wird mit dem S-Finanzkonzept effektiver und effizienter gestaltet.

Das S-Finanzkonzept macht die Sparkasse zudem unabhängiger von aufwendigen Marketingkampagnen, da der individuelle Bedarf des Kunden den Ausgangspunkt der Aktivitäten bildet.

Im Rahmen der Neuausrichtung des Filialgeschäftes wurde auch die Vertriebskonzeption überarbeitet. Hierin ist festgelegt, welche Kunden von welchem Berater in welcher

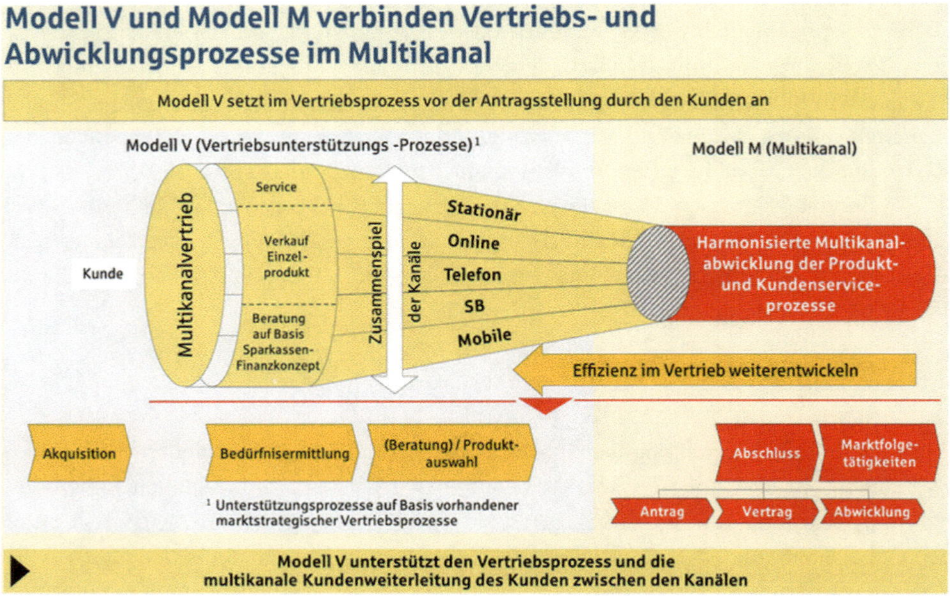


**Abb. 1** Vertriebs- und Abwicklungsprozesse im Multikanalansatz. (Quelle: Goerke et al. 2012)

Intensität betreut werden. Die Vertriebskonzeption stellt somit sicher, dass die Ressourcen der Berater im Hinblick auf den Beratungsbedarf der Kunden richtig zugeordnet sind.

Die Vertriebs- und Abwicklungsprozesse im Multikanalansatz weist Abb. 1 aus.

Darüber hinaus machten die wachsende Komplexität bei der Beratung von Wertpapieren, die schärferen aufsichtsrechtlichen Regelungen sowie die neuen Anforderungen an die Beratung (zum Beispiel Beratungsprotokoll, Produktinformationsblatt, Beraterregister) eine Weiterentwicklung der Vertriebskonzeption unumgänglich (vgl. Hellenkamp und Vaas 2014, S. 159 ff.). Zukünftig muss sichergestellt sein, dass nur ausgezeichnet geschulte Mitarbeiter im Wertpapiergeschäft beratend tätig sind.

Um den Schulungsaufwand und Fehler beim Beratungsprotokoll aufgrund mangelnder Routine zu minimieren, wurde das Wertpapiergeschäft bei den erfahrenen Beratern konzentriert.

Künftig wird in den Filialen nach Privatkundenberatern und Finanzberatern differenziert. Der Privatkundenberater führt keine Wertpapierberatungen durch. Der Finanzberater berät die komplette Produktpalette inklusive Wertpapiere.

## 2.4 Personal- und Führungskonzept

Unsere Kunden wünschen sich, dass sie ihr persönlicher Berater über möglichst viele Jahre betreut. Leider sieht die Praxis häufig anders aus. Die jungen Mitarbeiter sehen das

Filialgeschäft häufig als ihren ersten beruflichen Einstieg, um danach zum Beispiel in den Bereich Unternehmenskunden oder das Private Banking zu wechseln.

Um die Fluktuation zu verringern, wurde die Attraktivität der Beraterstellen in den Filialen gesteigert. Grundlage bildet ein Karrierepfad, der aufzeigt, welche Entwicklungs- und Einkommensperspektiven im Filialbereich möglich sind (vom Serviceberater bis zum Leiter großer Filialen). Für jede Entwicklungsstufe wurden Zertifizierungs- und Rezertifizierungsprogramme entwickelt. Um erfahrene und erfolgreiche Kundenberater im Filialgeschäft zu halten, wurde eine neue Gehaltsstufe für Senior-Finanzberater eingeführt.

Mit der Neukonzeption des Privatkundengeschäfts wurde auch eine kulturelle Veränderung bei der Führung eingeleitet. Im Mittelpunkt steht das Prinzip des „Mitunternehmertums", das heißt, Mitarbeiter werden laufend über die betriebswirtschaftliche Situation der Kreissparkasse und ihre eigene Vertriebseinheit informiert sowie, wenn möglich, in Entscheidungen eingebunden. Betroffene werden durch diese Vorgehensweise zu Beteiligten gemacht.

Eine kontinuierliche Ansprache der Kunden in der Praxis bedingt ein hohes Maß an Disziplin und setzt ein nachhaltiges Durchhaltevermögen bei den Kundenberatern voraus. Die Führungskraft des Kundenberaters sollte hierauf motivierend einwirken.

Neu ist zudem auch das Coachingverständnis der Filialleiter. So werden beispielsweise die Kundentermine der vergangenen Woche mit den Mitarbeitern wöchentlich nachbesprochen und die Termine der Folgewoche geplant. Die Führungskraft nimmt regelmäßig an Kundengesprächen seiner Mitarbeiter teil und sieht, ob Mitarbeiter die Beratungskonzepte in der gewünschten Qualität umsetzten. Hierzu erhalten Kundenberater zielgerichtet Hinweise zu ihrer persönlichen und vertrieblichen Weiterentwicklung (vgl. Bain & Company 2012, S. 25).

## 3 Schlussbetrachtung

Die Nähe zum Kunden ist ein wesentliches Attribut für das Geschäftsmodell der Kreissparkasse Esslingen-Nürtingen. Filialen sind deshalb weiterhin ein zentraler Absatzkanal (vgl. Fahrenschon 2013, S. 4 f.). Das Vertrauen der Kunden zum Kundenbetreuer wächst typischerweise durch langjährige persönliche Beziehungen. Während der Finanzkrise hat dieses Vertrauen bei den Sparkassen sogar einen Zuspruch erfahren, obgleich es im allgemeinen Bankensektor zu einem Vertrauensverlust kam (vgl. Bain & Company 2012, S. 9; vgl. Haasis 2010).

Gelingt es Sparkassen diesen Vertrauensvorsprung mit einer kompetenten, am Bedarf des Kunden orientieren Beratung zu kombinieren, wird die Kundenloyalität weiter gestärkt.

Dazu muss ein Kunde, unabhängig davon über welchen Kommunikations-/Absatzkanal er mit dem Kreditinstitut in Interaktion tritt, von seinem Kundenberater auf seine Bedürfnisse zugeschnitten, angesprochen werden können. Um die Möglichkeiten der einzelnen Absatzwege zum Vorteil des Kunden zu nutzen, muss deshalb eine kundenfreundliche Verzahnung des Filialsystems mit den sonstigen Vertriebswegen vorhanden sein. Kundenberater bilden hierbei den „Anker“ einer individuellen und vertrauensvollen Kunde-Bank-Beziehung, denn sie müssen stets eine ganzheitliche Sicht auf die Bedürfnisse und Präferenzen ihrer Kunden haben.

## Literatur

Bain & Company (2013): CUSTOMER LOYALTY IN RETAIL BANKING: GLOBAL EDITION 2013 – What it takes to make loyalty pay off.

Bain & Company (2012) (Sinn, Walter; Vater, Dirk; Lubig, Dirk; Kasch, Michael), Was Bankkunden wirklich wollen, München/Zürich.

Fahrenschon, G. (2014): Risiken reduzieren statt verteilen – Anforderungen an eine wirksame Regulierung, Rede auf der Handelsblatt-Jahrestagung „Banken im Umbruch“, 03. September 2014, Frankfurt.

Fahrenschon, G. (2013): Strategische Herausforderungen für die Sparkassen-Finanzgruppe, Rede auf der 11. Handelsblatt-Jahrestagung „Zukunftsstrategien für Sparkassen und Landesbanken“, 19. Februar 2013, Berlin.

Goerke, D., Duda, M., Schumacher, M. (Hrsg.) (2012): Deutscher Sparkassen- und Giroverband, Rentabler Vertrieb braucht gute Prozesse, Betriebswirtschaftliche Blätter, Berlin, 02.04.2012. url.-link: https://www.sparkassenzeitung.de (Zugriff: 02.02.2015)

Haasis, H. (2010): Kritische Kunden sind eine große Chance für Sparkassen, in: Sonderbeilage Börsen-Zeitung, S. B1, 24.04.2010.

Handelsblatt (2013): Nr. 142 vom 26.07.2013, S. 24, Wie viel Steuergeld steckt in Deutschlands Banken?

Hellenkamp, D.; Vaas, D. (2014): Regulatorische Herausforderungen in der Anlageberatung im Privatkundengeschäft von Kreditinstituten, in: Niehoff, Wilhelm; Hirschmann, Stefan (Hrsg.): Aspekte moderner Bankenregulierung, Bank-Verlag, Köln.

Häusel, H.-G. (2012): Neuromarketing: Erkenntnisse der Hirnforschung für Markenführung, Werbung und Verkauf, 2. Aufl., Haufe-Lexware Verlag, Freiburg.

Mast, C. (2013): Unternehmenskommunikation, 5. Aufl., UVK Verlag, Konstanz/München.

Wirtschaftswoche (2014) online vom 19.07.2014, Soffin stützt deutsche Banken weiterhin mit Milliarden Steuergeldern, Dokumentnummer: WW10223874.

**Frank Dierolf** absolvierte nach seiner Lehre zum Bankkaufmann bei der Kreissparkasse Rottweil ein Betriebswirtschaftsstudium an der Fachhochschule für Wirtschaft in Pforzheim.

Im Jahr 1994 trat er in die Kreissparkasse Esslingen-Nürtingen ein und war als Führungskraft in den Bereichen Zielgruppenmanagement Privatkunden, Marketing, medialer Vertrieb und der Geschäftskundenbetreuung Reichenbach tätig.

Seit 2012 ist Herr Dierolf im Vorstand der Kreissparkasse Esslingen-Nürtingen verantwortlich für die Bereiche Privat- und Individualkunden, Private Banking, MarktService und Compliance.

# Kunden online und offline erfolgreich ansprechen

Kai Fürderer

## Inhaltsverzeichnis


1 Einleitung . . . 137
2 Kundensuche im Internet . . . 138
3 Megatrends im Kontext von Finanzdienstleistungen . . . 138
4 Ausgewählte Kundenportale im Fokus . . . 140
5 Kundenwünsche in Multikanal-Strategie übertragen . . . 141
6 Herausforderungen und Chancen einer Google-Strategie . . . 142
7 Literatur . . . 144


## 1 Einleitung

Lange Zeit waren Banken fast ausschließlich auf einem Weg erreichbar – durch persönlichen Besuch in der Geschäftsstelle. Heute treten Kreditinstitute zumeist im Rahmen einer Multikanal-Strategie mit ihren (potenziellen) Kunden über unterschiedliche Vertriebs- und Kommunikationskanäle in Kontakt.

Im Weiteren werden die Elemente einer Multikanal-Strategie kritisch reflektiert und erläutert, was Banken bei ihrem Internetauftritt fokussieren sollten. Dazu zählen, neben einer klassischen Geschäftsstelle, insbesondere das Internet mit dem Bereich Social Media, beispielsweise Facebook oder YouTube, telefonische Beratungsmöglichkeiten und der virtuelle Bankberater, der den Kunden online zur Verfügung steht. Eine zunehmend wichtige Rolle spielen zudem Verbraucher- und Vergleichsplattformen.


K. Fürderer (✉)
Institut für Vermögensaufbau (IVA) AG, München, Deutschland







D. Hellenkamp, K. Fürderer (Hrsg.), *Handbuch Bankvertrieb,*
DOI 10.1007/978-3-658-06447-1_9

Wir leben längst im digitalen Zeitalter, das Internet greift in nahezu alle Lebensbereiche der Menschen ein. Milliarden Menschen nutzen inzwischen das Word Wide Web – darüber hinaus bedienen sich auch immer mehr Unternehmen des Internets, um Waren und Dienstleistungen zu veräußern (vgl. Die Welt 2013). Diese Entwicklungen verändern ebenso deutlich die Finanzbranche.

Damit eine Bank sich im Internet erfolgreich etablieren kann, muss sie bestimmte Voraussetzungen erfüllen. Hierzu gehört die Beantwortung der Frage, welche Informationen Kunden im Internet überhaupt suchen (vgl. Bain & Company 2012, S. 13 ff.).

## 2 Kundensuche im Internet

Nach wie vor steigt die Zahl der Internetnutzer stetig, auch in Deutschland. 2013 nutzten bereits 76,5 % der Bundesbürger das Internet (vgl. Initiative D21 2014a). Mit 95 % ist der Anteil in der Gruppe der 30- bis 49-Jährigen besonders groß (vgl. Inititative D21 2014b). Obgleich die Nutzer unterschiedliche Erwartungen haben, zeigt sich, dass die Mehrheit insbesondere Informationen und Ratschläge zu den verschiedensten Themen und Lebenssituationen sucht.

Dieses gilt auch für den Bankensektor: Internetnutzer erwarten in erster Linie nützliche Informationen und Empfehlungen, die ihnen in finanziellen Angelegenheiten weiterhelfen. Diese sollen leicht verständlich sein und einen echten Mehrwert bieten. Vielen Bankkunden ist es wichtig, schnell und unkompliziert Informationen zu finden, die klar formuliert sind. „Fachchinesisch" wird genauso wenig präferiert, wie eine zu aggressive Produktwerbung.

Diverse Studien zeigen Präferenzen von Bankkunden. So geben beispielsweise in einer von der EUROGROUP CONSULTING (EGC) durchgeführten Studie „Wie Kunden Bank wollen" 73 % der Befragten an, dass sie von ihrer Bank einfache und leicht verständliche Informationen und Angebote erhalten möchten. Interessanter Nebenaspekt der Studie: Dieser Wunsch ist unabhängig vom Alter der Kunden (vgl. Eurogroup Consulting 2012).

## 3 Megatrends im Kontext von Finanzdienstleistungen

Wollen Banken im Netz erfolgreich agieren, reicht es nicht, nur die Bedürfnisse der Kunden zu kennen. Bedürfnisse verändern sich – insofern ist es mit Blick auf das eigene Geschäftsmodell einer Bank bedeutsam, zu erkennen, welche (Mega)Trends im Finanzbereich in den nächsten Jahren dominieren (vgl. Hilker 2013).

So nimmt beispielsweise die Wettbewerbsintensität stetig zu, nicht zuletzt infolge der fortschreitenden Globalisierung und des Eintritts neuer Wettbewerber aus dem Technologiebereich. Gleichzeitig wird es immer schwieriger, sich durch neue Produkte einen Vorsprung im Wettbewerb zu verschaffen. Nicht zuletzt ist auf dem Bankenmarkt ein gewisser Sättigungsgrad erreicht, da zahlreiche Bankkunden mittlerweile umfassend mit entsprechenden Produkten versorgt sind (vgl. Wenzel 2011).

**Individuelle Lösungen gefragt**

Ein (Mega)Trend ist die ausgeprägte Individualisierung des Bankgeschäfts. Immer mehr Bankkunden geben sich nicht mehr mit Standardprodukten zufrieden, sondern erwarten von ihrem Institut maßgeschneiderte Lösungen zu ihren Anforderungen. Eine Einteilung in klassische Kundentypen wird schwieriger, widersprüchliches Kaufverhalten im Freizeit- und Konsumbereich nimmt zu, beispielsweise kauft der Kunde mal beim billigen Discounter, mal im teuren Feinkostgeschäft.

**Kunden werden aufgeklärter**

Ein weiterer offensichtlich erkennbarer (Mega)Trend ist, dass Bankkunden zunehmend aufgeklärter und besser informiert werden. Sie folgen heute nicht mehr (ausschließlich) den Informationen und Empfehlungen eines Kundenberaters, sondern generieren eigeninitiativ Informationen aus dem Internet.

Kunden werden daher durch ein immer umfangreicheres Fachwissen in ihren Entscheidungen selbstbewusster. Banken sollten hierauf reagieren, indem sie intensiv in die Aus- und Fortbildung ihrer Berater investieren, um als „Experte" weiterhin ihren Wissensvorsprung zu erhalten.

**Soziale Netzwerke unverzichtbar**

Soziale Netzwerke beschäftigen als (Mega)Trend die Menschen intensiv – mittlerweile sind sehr viele Menschen (global) regelmäßig und mehrmals täglich in sozialen Netzwerken unterwegs. Diese nehmen besonders bei Kaufentscheidungen – auch bei Finanzprodukten – einen immer höheren Stellenwert ein. Für Banken ist es deshalb erheblich, Kunden über die eigene Website und einen professionellen Social-Media-Auftritt sogenannte „Touch-Points" anzubieten. Dabei ist zu berücksichtigen, dass die mobilen Zugriffe mittels Internet stark zunehmen. Bereits im Jahr 2015 wird voraussichtlich die Hälfte aller Internetzugriffe über mobile Geräte erfolgen. Auf diese Entwicklungen müssen Banken reagieren, indem sie beispielsweise attraktive und intuitiv bedienbare Apps offerieren und umfassende Informationen mobil per Smartphone oder Tablet bereitstellen.

**Content is King**

Internetnutzer haben ein unmittelbares Eigeninteresse, im Zusammenhang mit Bankdienstleistungen zuverlässige und verständliche Informationen zu erhalten. Zudem möchten sie über neue Entwicklungen informiert werden, sodass der News-Bereich eine wichtige Informationsquelle darstellt. Zentrales Ergebnis einer 2013 bei rund 1800 Bundesbürgern erhobenen Studie der Universität Hohenheim ist, dass die „Bank der Zukunft" vor allem unkompliziert sein soll. Komplexe Produkte sind ebenso wenig präferiert, wie mit Fachtermini angereichertes Informationsmaterial (vgl. Brettschneider 2013).

## 4 Ausgewählte Kundenportale im Fokus

Vor rund 15 Jahren entstanden die ersten Verbraucher- und Vergleichsportale im Internet, beispielsweise die Plattform „Vergleich.de", die 1999 gegründet wurde und somit als Online-Pionier gilt. Aktuell steht Vergleich.de beispielhaft für ein umfassendes Vergleichs- und Verbraucherportal, auf dem Nutzer Bank- und Versicherungsprodukte zahlreicher Anbieter vergleichen können. Inzwischen gibt es verschiedene Arten von Portalen, die sich im Allgemeinen in folgende Gruppen einteilen lassen:

- Preisvergleichsportale
- Qualitätsportale mit neutralen Informationen und Vergleichsmöglichkeiten
- Portale, mit Bankangeboten und (teilweise) Erfahrungsberichten

Wie Kreditinstitute sich diesem Trend zunutze machen können, zeigen verschiedene unabhängige Verbraucherplattformen, beispielsweise „Meine Bank vor Ort" (MBVO.de), „Finanztip.de" oder „Check24.de". Diese Plattformen zeichnen sich dadurch aus, dass sie unabhängig von Banken oder sonstigen Anbietern agieren.

Im Mittelpunkt steht der interessierte Besucher, der sich über finanzielle Themen und Neuigkeiten informieren will. Bei Vergleichsportalen kommt die Möglichkeit hinzu, verschiedene Angebote objektiv miteinander vergleichen zu können.

**Kostenlose und aktuelle Finanzinformationen**

Wichtig ist, dass die Plattform sachlich, unabhängig und objektiv konzipiert ist – der Nutzer also nicht aufgefordert wird, ein bestimmtes Produkt zu kaufen, sondern die neutrale Information im Vordergrund steht. So werden beispielsweise aktuelle Finanzthemen aufgegriffen und dem Bankkunden die Möglichkeit geboten, stets gut informiert zu bleiben.

Immer mehr Verbraucher- und Vergleichsportale sind nicht nur mit einer eigenen Website im Internet vertreten, sondern zusätzlich auf bekannten Social-Media-Plattformen, wie Facebook und YouTube, vertreten. Durch den großen Zuspruch der Verbraucher kann angenommen werden, dass dem Kunden durch Visualisierung und Sprache weitergehende werthaltige Informationen dargelegt werden können.

So werden Beiträge zu Altersvorsorge oder Finanzierungen mittlerweile überaus häufig aufgerufen. Das Erreichen eines erfolgreichen Social-Media-Auftritts besteht darin, diesen mit dem Anspruch „Content is King" auszurichten. Nur wenn Banken attraktive Inhalte anbieten, wird es ihnen gelingen, neue Kunden zu gewinnen und bestehende Kunden dauerhaft an sich zu binden.

Unabhängige Verbraucherplattformen wie MBVO oder Finanztip sind hierfür Positivbeispiele. Aus ihren Erfahrungen lassen sich Überlegungen ableiten, wie Finanzdienstleister ihre eigenen Portale erfolgreich gestalten können. Eine wesentliche Erkenntnis ist, dass Kunden von ihrer Bank weniger Veranstaltungshinweise und Unterhaltungsbeiträge erwarten, sondern vermehrt nachvollziehbare und gut aufbereitete Informationen, die einen echten Mehrwert bieten.

**Information geht vor Werbung**

Die Mehrzahl der Kunden will sich objektiv über ausgewählte Themen informieren, beispielsweise Altersvorsorge. Dabei wollen sie nicht das Gefühl haben, dass ihnen vor allem ein bestimmtes Produkt verkauft werden soll. Das schließt nicht aus, dass ihnen Lösungsvorschläge in Gestalt passender Finanzprodukte unterbreitet werden.

Konkret heißt das: Die Bank könnte Interessenten zunächst ausführlich zum Thema Altersvorsorge informieren und im Anschluss daran Optionen in Form geeigneter Produkte an die Hand geben.

Das versetzt den Kunden eigenverantwortlich in die Lage, eine Entscheidung zu treffen oder einen Termin in der Geschäftsstelle zu vereinbaren, um sich weitergehend und umfassend beraten zu lassen. Umgekehrt: Verbraucher sind i. d. R gut informiert und selbstbewusst, um einfache Verkaufsangebote, etwa Informationen in einem „getarnten" Werbetext, zu durchschauen.

**Keine halbherzigen Social-Media-Auftritte**

Soziale Medien nehmen mehr und mehr an Bedeutung zu. Zwar haben viele Kreditinstitute mittlerweile eine eigene Facebook-Seite oder einen YouTube-Kanal. Allerdings sind die Auftritte oft nur halbherzig. Es gibt inzwischen ausreichend Erfahrungen, die lehren, dass ein mittelmäßiger Social-Media-Auftritt eher schadet als nützt.

Anders ausgedrückt: Je höher die Qualität des Social-Media-Auftritts, desto glaubwürdiger wird die jeweilige „Marke" vom Kunden wahrgenommen. Als Bank sollte man demzufolge in sozialen Netzwerken einen möglichst professionellen Marktauftritt anstreben. Dazu gehört, dem Nutzer deutlich mehr als bisher sachliche und objektive Informationen zu finanziellen Themen zur Verfügung zu stellen.

## 5 Kundenwünsche in Multikanal-Strategie übertragen

Kreditinstitute könnten das Wissen um die Dinge, die Kunden im Internet suchen, im Rahmen ihrer eigenen Multikanal-Strategie mit dem Ziel nutzen, Mitglieder einer Zielgruppe über diverse Kommunikations- und Vertriebswege zu erreichen – und möglichst zu einem gewünschten Handeln zu bewegen. Eine Multikanal-Strategie kann sowohl Online-Maßnahmen als auch Offline-Maßnahmen umfassen (vgl. Ahlert et al. 2002).

**Elemente der Multikanal-Strategie**

Zu den Online-Maßnahmen gehören Werbung in Suchmaschinen, Marketing in sozialen Medien sowie das sogenannte Display-Marketing. Über den Einsatz dieser Maßnahmen gelingt es bereits vielen Unternehmen, ihre Kunden direkt zu erreichen und stärker an sich zu binden, aber auch neue Kunden zu gewinnen. Die Bedeutung von Online-Aktivitäten wird u. a. durch eine Studie der Endmark AG (Köln) hervorgehoben, die sich mit dem Bekanntheitsgrad von Direktbanken beschäftigt. Hiernach ist mehr als 90 % aller Internet-User mindestens eine Direktbank namentlich bekannt (vgl. Raabe 2008).

Die zunehmenden Möglichkeiten im Online-Marketing sollten nicht dazu führen, Offline-Marketingmaßnahmen zu vernachlässigen, sondern einen ausgewogenen Maßnahmen-Mix herbeizuführen. Zu Offline-Maßnahmen gehören beispielsweise Printanzeigen, Sponsoring, Messe-Auftritte, Veranstalten von Events.

Eine Umfrage der „Bundesarbeitsgemeinschaft der Senioren-Organisationen" (BAGSO) kommt zu dem Ergebnis, dass gerade für ältere Kunden die persönliche Beratung in der Geschäftsstelle sehr wichtig ist. Mehr als die Hälfte der Befragten im Durchschnittsalter von 68 Jahren gaben an, dass der bevorzugte Ort für eine Beratung nach wie vor das Beratungszimmer in der Bankfiliale ist (vgl. BAGSO 2007).

Gleichwohl: Kreditinstitute müssen das Leistungsspektrum der Bank über die Medien bereitstellen, die von Kunden genutzt werden, um die individuellen Kundenbedürfnisse zielgerichtet zu bedienen. Erfolge im Internet werden sodann neben der Klickzahl und der Verweildauer letztlich durch die Anzahl der sog. Leads (Interessenten) generiert.

**Direktvertrieb als Mischform einer hybriden Kundenansprache**

Ein weiteres Element einer kundenorientierten Multikanal-Strategie ist der Direktvertrieb. Er nutzt alle wesentlichen Kommunikationsformen wie Internet, E-Mail, Links und Printanzeigen. Die Möglichkeiten im persönlichen Vertrieb werden hierdurch erweitert. So erhält der Kunde typischerweise im Internet eine Information, artikuliert anschließend Fragen oder Probleme, die sodann im Servicecenter der Geschäftsstelle zur Zufriedenheit des Kunden geklärt werden können.

Indes: Nach wie vor entscheiden sich die meisten Bankkunden für den Besuch einer Filiale, wenn es um den konkreten Vertragsabschluss geht.

## 6 Herausforderungen und Chancen einer Google-Strategie

Banken, die im Internet erfolgreich sein und damit ihre Zukunft sichern wollen, kommen an der weltweit führenden Suchmaschine Google nicht vorbei. Sämtliche Aktivitäten, die im Internet getätigt werden, haben nur dann eine Chance auf Erfolg, wenn Kunden der Zielgruppe die Möglichkeit haben, die gesuchten Informationen schnell und unkompliziert zu finden. Viele Unternehmen streben danach, unter Verwendung von möglichst vielen Suchbegriffen bei den Suchmaschinen-Ergebnissen einen der vorderen Plätze einzunehmen. Ziel der Google-Strategie ist also ein hohes Ranking.

Um das zu erreichen, kann ein Unternehmen grundsätzlich zwei Wege beschreiten.

**Aufbau von Links**

Zum Einen besteht die Möglichkeit einer breiten und zielgerichteten Verlinkung. Hieraus resultiert in Suchmaschinen wie Google eine hohe Platzierung. „Linkbuilding" bedeutet, dass die Website der Bank über Links auf verschiedenen anderen Websites genannt wird. Somit gelangen Kunden nicht nur durch direkten Aufruf auf die Website der Bank, sondern auch indirekt durch Anklicken der Links auf anderen Websites. Hierbei ist zu beachten, dass bei den Ergebnissen der Suchmaschine nicht automatisch die Bank am weitesten oben auftaucht, deren Website am häufigsten mit anderen Internetseiten verlinkt ist. Vielmehr ist entscheidend, dass die verlinkten Themen zueinanderpassen.

**Qualitativ hochwertiger Content entscheidend**

Zum Zweiten kann ein hohes Google-Ranking durch qualitativ hochwertigen Content generiert werden. Der Inhalt einer Banken-Website oder eines Social-Media-Auftritts sollte eine hohe Aussagekraft haben und dem Kunden hilfreiche Informationen liefern.

Die Suchmaschine Google hat im Laufe der Zeit ihre Ranking-Anforderungen bereits mehrmals angepasst. Hierbei ist die Relevanz der Qualitätsansprüche von Inhalten immer weiter gestiegen. War es früher möglich, allein durch Integration verschiedener Keywords in einen Text ein hohes Ranking zu erreichen, werden heute deutlich höhere Anforderungen an die Qualität des Inhalts gestellt.

**Herausforderungen an Google-Strategie**

Die zentrale Herausforderung besteht darin, die Google-Strategie so zu gestalten, dass ein guter Mix aus Informationen für den Kunden und ergänzenden Maßnahmen entsteht. Sie soll den Kunden letztlich motivieren, Produkte entweder online zu kaufen oder sich in die Geschäftsstelle zu begeben, um dort ein Beratungsgespräch zu führen. Die Gratwanderung besteht darin, möglichst viele Vertriebswege anzubieten und den Kunden umfassend zu informieren, ohne ihn zum unmittelbaren Erwerb bestimmter Finanzprodukte zu drängen. Hier gibt es sicherlich erhebliche Spielräume für Verbesserungen. So zeigen Statistiken, dass 2013 lediglich rund 17 % aller Social-Media-Nutzer Aktivitäten ihrer Bank wahrgenommen haben (vgl. Hartwig und Lukaßen 2014). Das ist zwar gegenüber vier Prozent im Jahr 2012 ein deutlicher Anstieg, insgesamt aber noch immer ein niedriger Wert, der zumeist auf eine nicht ausreichende/vorhandene Google-Strategie zurückzuführen ist.

**Social-Media-Plattformen strategisch nutzen**

Die meisten Banken fokussieren im Kontext ihrer Social-Media-Präsenz einen Auftritt bei Facebook. Daneben existieren weitere interessante potenzielle Social-Media-Plattformen. Mittlerweile nimmt insbesondere bei jüngeren Verbrauchern die Beliebtheit von Facebook etwas ab, sodass Banken gut beraten sind, sich mit weiteren (relevanten) sozialen Medien zu beschäftigen. Eine Social-Media-Plattform, die ähnlich wie Facebook aufgebaut und mittlerweile ein direkter Konkurrent ist, ist Google+. Hierbei handelt es sich gleichfalls um ein soziales Netzwerk, über das Milliarden User miteinander kommunizieren können. Eine zunehmende Zahl von Unternehmen nutzt die Möglichkeit, sich auf dieser Plattform zu präsentieren, um neue Kunden zu gewinnen. Ein entscheidender Vorteil von Google+ gegenüber Facebook besteht sicherlich in einer direkten Vernetzung zur Suchmaschine Google. Insofern kann angenommen werden, dass auch dessen Relevanz im Internet-Marketing zunehmen wird.

**Follower auf Twitter gewinnen**

Neben Facebook und Google+ gehört auch Twitter zu den wichtigsten Social-Media-Plattformen, auf denen Banken aktiv sein sollten. Bei Twitter handelt es sich um einen Kurznachrichtendienst, über den Informationen rasend schnell verbreitet werden können. Zwar ist es auf dieser Plattform im Vergleich zu Facebook und Google+ weniger gut möglich, sich als Bank mit einer Präsenz beziehungsweise mit einem Webauftritt und zahlreichen Angeboten und Information zu präsentieren. Dennoch können auch dort aktuelle Informationen verbreitet und zahlreiche Follower gewonnen werden.

**YouTube bei Jugend beliebt**

Die Social-Media-Plattform, die in der jüngsten Vergangenheit die stärksten Zuwächse erzielen konnte, ist YouTube. Insbesondere junge Erwachsene nutzen diese Plattform, um Unterhaltung zu finden, aber auch, um sich gezielt zu bestimmten Themen zu informieren. Zu den beliebtesten YouTube-Videos gehören derzeit vor allem solche, die einen erklärenden Charakter haben.

Bei YouTube funktioniert das Bewertungssystem ähnlich wie bei Facebook. Hier wird in erster Linie gezählt, wie viele Internet-User einen auf YouTube veröffentlichen Filmbeitrag als sehenswert einstufen. Darüber hinaus gibt es die Möglichkeit, einen Kommentar zu hinterlassen und sich positiv oder negativ zu dem gesehenen Video zu äußern. Für Banken kommt es darauf an, auch bei Videos auf eine hohe Qualität zu achten. Erhält ein Beitrag viele negative Kommentare bei einer hohen Anzahl von Klicks, ist dieses einer positiven Marketingwirkung nicht zuträglich. „Erklär-Videos“ sollten deshalb hilfreich, einfach verständlich und sachlich sein und Produkte nicht aggressiv vermarkten.

Insgesamt sollten Kreditinstitute im digitalen Zeitalter deshalb die Möglichkeiten einer zielgruppengerechten Kundenansprache (Content) mit den Kommunikations- und Vertriebsmöglichkeiten (Multi-Channel-Ansatz) der Kunden aufeinander abstimmen und miteinander verknüpfen.

## Literatur

Ahlert, D., Hesse, J., Jullens, J., Smend, P. (Hrsg.) (2002): Multikanalstrategien – Konzepte, Methoden und Erfahrungen, Gabler Verlag, 2002.

Bain & Company (Sinn, Walter; Vater, Dirk; Lubig, Dirk; Kasch, Michael) (2012): Was Bankkunden wirklich wollen, München/Zürich.

Bundesarbeitsgemeinschaft der Senioren-Organisationen (BAGSO) (2007): Umfrage: Ältere als Bankkunden.

Brettschneider, F. (2013): Die „Bank der Zukunft“ aus Sicht der Digital Natives, Gemeinsame Studie der UniCredit Family Financing Bank und der Universität Hohenheim.

Die Welt (2013): Artikel: Läutet Mercedes-Benz das Ende der Autohäuser ein?, 02.12.2013.

Eurogroup Consulting (2012): Studie: Wie Kunden Bank wollen.

Hartwig J., Lukaßen G. (2014): Faktenkontor: Bank und Versicherer: Falsche Web 2.0-Strategie, Februar 2014.

Hilker, C. (2013): Finanz-Marketing-Blog: Sieben Zukunftstrends für Finanzdienstleister, 06.05.2013.
Initiative D21 (2014a): Studie: Mobile Internetnutzung – Gradmesser für die digitale Gesellschaft, 2014.
Initiative D21 (2014b): Studie: Die Entwicklung der digitalen Gesellschaft in Deutschland, 2014.
Raabe M. (2008): Innovatives Bankmarketing – Erfolgsstrategien im Direct Banking, Dissertation Universität Kassel, 2008.
Wenzel E. (2011): Die Zukunft des Geldes, Redline Verlag.

**Kai Fürderer** ist Mitglied des Vorstands der Institut für Vermögensaufbau (IVA) AG und verantwortet den Bereich Prozessanalyse.

Nach dem Abschluss zum Dipl.-Betriebswirt (BA) und Investment Consultant (ebs/DBG) erfolgte sein Berufsstart in der Fondsadministration der DekaBank in Luxemburg. Danach war er Projektleiter bei der vwd GmbH – einem führenden Anbieter von Portfoliomanagement-Software – und im Anschluss Abteilungsleiter des Risikocontrollings der Wilhelm von Finck AG (heute: Deutsche Oppenheim Family Office AG).

Zuletzt war er Senior Consultant bei der Nielsen+Partner Unternehmensberater GmbH mit Spezialisierung auf Bankprozess-Optimierung.

# Herausforderungen im Multikanalvertrieb kleiner Kreditinstitute

Hans-Jürgen Lembicz

## Inhaltsverzeichnis

1 Einleitung ... 147
2 Filialen wichtigster Vertriebsweg ... 148
  2.1 Multikanalrelevanz im Bankvertrieb nimmt zu ... 150
  2.2 Kundenmehrwerte durch Multikanalvertrieb herausstellen ... 154
3 Möglichkeiten sozialer Netzwerke ... 154
4 Mehrwerte guter Kundenberatung herausstellen ... 155
5 Schlussbetrachtung ... 157
Literatur ... 158

## 1 Einleitung

Schlechtes Image der Banken auf Grund der Finanzkrise und staatlicher Banken-Rettungsaktionen, extreme Niedrigzinsphase, neue Konkurrenten durch das Internet, eine zunehmende Wettbewerbsintensität in der Finanzbranche – die Rahmenbedingungen für regionale Filialbanken sind in den vergangenen Jahren schwieriger geworden. Hinzu kommt eine regelrechte Regulierungswut des Gesetzgebers, die wertvolle Ressourcen bindet und erhebliche Kosten verursacht (vgl. Lünendonk GmbH 2012, S. 6 f.).

Kreditinstitute müssen sich den veränderten Rahmenbedingungen anpassen, um ihren Marktanteil zu erhalten, besser noch auszubauen. Da der Markt für Bankdienstleistungen

H.-J. Lembicz (✉)
Volksbank Euskirchen eG, Euskirchen, Deutschland



D. Hellenkamp, K. Fürderer (Hrsg.), *Handbuch Bankvertrieb,*
DOI 10.1007/978-3-658-06447-1_10

in Deutschland insgesamt kaum expandiert, entwickelt sich das Wachstum des Einen, in der Regel zu Lasten des Anderen.

Kreditinstitute bilden aufgrund heterogener Kundenbedürfnisse heute ein breites Spektrum unterschiedlichster Wettbewerbsstrategien zwischen Qualitäts- und Kostenführerschaft in ihren Geschäftsmodellen ab (vgl. Porter 2008). So wählen beispielsweise Kunden mit einer hohen Preissensitivität, Kunden mit dem Wunsch nach einer hohen Beratungsqualität, Kunden ohne Beratungswunsch, Kunden mit hybriden Bedürfnissen zwischen zahlreichen Anbietern. Fairness, Transparenz und schnelle Entscheidungen werden dabei von allen Kunden erwartet.

Für eine regional agierende Filialbank sind faire und bedarfsgerechte Beratungen zunächst unabdingbare Voraussetzungen, um langfristig am Markt bestehen zu können. Darüber hinaus müssen Kunden einfache, verständliche und transparente Produkte zu attraktiven Konditionen erhalten, um als kleiner regionaler Anbieter langfristig erfolgreich am Markt zu agieren.

In einem weiter zunehmenden Wettbewerb ist eine ausgewogene Balance und ein stringentes Management der Kosten u n d Risiken dabei ein zentraler Erfolgsfaktor (vgl. Friedl et al. 2014).

Die Vertriebswege müssen so gestaltet sein, dass eine Bank flexibel auf sich ändernde Kundenbedürfnisse reagieren kann. Sie muss zudem für Kunden dort ansprechbar sein, wo dieser das erwartet und es gelingt, am besten mit ihm in Kontakt zu treten oder zu bleiben.

## 2 Filialen wichtigster Vertriebsweg

Für kleine regionale Filialbanken bleiben Zweigstellen auch in Zukunft der wichtigste Vertriebsweg. Die Zahl der Filialen wird tendenziell allerdings weiter sinken. Vor allem kleine Standorte, die primär als Zahlstellen fungieren, werden mehr und mehr geschlossen.

Dominieren werden größere Filialen, die man als *Kompetenz- und Sozialzentren* bezeichnen könnte. Einerseits ist in diesen Filialen Fachkompetenz angesiedelt, insbesondere für die Bereiche Kredit- und Geldanlage. Banken sind Dienstleistungsgesellschaften: Deshalb ist andererseits ein hohes Maß an Sozialkompetenz notwendig, um Kunden fair und empathisch zu beraten. Den neuen digitalen Medien zum Trotz werden auch in Zukunft viele Kunden den persönlichen Kontakt mit ihrem Berater bevorzugen, wenn es um Bankgeschäfte geht (vgl. ergo und evers & young 2014).

Entwicklungen einer in der nahen Zukunft vollständig anonymen Kunde-Bank-Beziehung innerhalb einer Online-Bankenwelt erscheinen unrealistisch. Empirische Studien bestätigen, dass für die meisten Menschen eine Bank nur dann als Geschäftspartner in Frage kommt, wenn diese ihnen anbietet, sich auch persönlich in einer nahegelegenen Filiale beraten zu lassen – sei es in der Nähe des Wohnorts, des Arbeitsplatzes oder dem Ort der regelmäßigen Einkäufe (vgl. Baxter und Vater 2014, S. 8).

Gleichwohl werden Kreditinstitute unwirtschaftliche Filialen in der Zukunft seltener weiterbetreiben, denn Kunden benutzen moderne, kostenintensive und mit erheblichem technischem Aufwand eingerichtete Zweigstellen oftmals überwiegend für kurze und schnelle Geschäftsvorgänge beispielsweise Überweisungen, Ein-/Auszahlungen am Geldautomaten, Ausdruck von Kontoauszügen oder Informationsrecherche im Selbstbedienungsbereich.

Parallel dazu nimmt die Zahl der Kunden, die zur Beratung oder zu einem Geschäftsabschluss in die Bank kommen, tendenziell ab. Der Aufenthalt in der Bank wird von den meisten Kunden dabei in der Regel durchaus als angenehm wahrgenommen. Ein wesentlicher Grund für die Abnahme liegt vielmehr in einem unmittelbar nicht erkennbaren individuellen Nutzen eines häufigen Bankbesuches aus Sicht des Kunden. Will die Bank diesen Trend umkehren, muss sie ihre interessanten Kunden mit einem unmittelbar gefühlten Mehrwert überzeugen.

Das Filialnetz an das veränderte Besucherverhalten anzupassen kann nicht bedeuten, Zweigstellen rigoros zu streichen oder Bankstellen mit Beratungsmöglichkeit generell in Selbstbedienungs-Stellen mit komplexen technischen Ausstattungen umzuwandeln. Wesentlich ist bei der Konzeption des Filialnetzes, die Ausgestaltung so vorzunehmen, dass der Weg für den Kunden auch in einer veränderten Bankenwelt nicht unangemessen weit wird. Andernfalls besteht das Risiko, dass der Kunde zu einem Konkurrenzinstitut wechselt, das vergleichbare Bedingungen bietet, für ihn jedoch besser erreichbar ist. Abbildung 1 weist hierzu exemplarisch die Geschäftsstellenkarte der Volksbank Euskirchen aus.

Der Kunde hat in seinem regionalen Umfeld somit stets die Möglichkeit der Beratung, wann immer er diese wünscht. Dabei sollte sich die Notwendigkeit eines Beratungsgespräches selbstverständlich aus den Kundenbedürfnissen ableiten und nicht aus Themen, die Kreditinstitute für sich als relevant erachten. Eine Strategie, die wiederkehrend auf zahlreiche kurzfristige Geschäftsabschlüsse abzielt, geht mit einer langfristigen vertrauensvollen Kundenbeziehung demnach nicht einher.

Nimmt der Kunde die Möglichkeit eines Filialbesuches wahr, müssen positive Assoziationen geschaffen werden. Der Kunde muss sich wohlfühlen.

Voraussetzungen hierfür sind helle, offene, einladende Räume, moderne und abgeschirmte Beratungszimmer sowie freundliche und gut geschulte Servicemitarbeiter und eine empathische Kundenkommunikation. In einer zunehmend digitalisierten Welt ist die Filiale weiterhin ein wichtiger direkter Kontakt- und Kommunikationspunkt zwischen Bank und Kunde (vgl. Brettschneider 2013, S. 19). Abbildung 2 skizziert eine mögliche Gestaltungsvariante.

Kunden erwarten in der Regel, dass unterschiedliche Anliegen an einem Ort, zum Beispiel einer größeren Filiale, bearbeitet werden können. Sie möchten nicht anlassbezogen wiederkehrend Filialwechsel vornehmen. Deshalb ist es sinnvoll (zumindest in großen Filialen), dem Kunden Bankdienstleistungen ganzheitlich anzubieten, beispielsweise durch Spezialisten in den Bereichen der Geldanlage und des Kreditgeschäftes.

**Abb. 1** Geschäftsstellenkarte der Volksbank Euskirchen. (Quelle: Volksbank Euskirchen eG)

Daneben ist auch die Erreichbarkeit eines Kreditinstitutes relevant. Kunden, die mit dem Auto kommen, sollten möglichst einen kostenfreien und günstig gelegenen Parkplatz finden. Andernfalls kann ein fehlendes Angebot zu einem Wettbewerbsnachteil werden.

## 2.1 Multikanalrelevanz im Bankvertrieb nimmt zu

Filialen bleiben somit ein zentraler Vertriebsweg für die Volksbank Euskirchen. Gleichzeitig nimmt die Bedeutung der neuen digitalen Medien für den Vertrieb von Bankprodukten

**Abb. 2** Blick in die Filiale der Volksbank Euskirchen in Kommern. (Quelle: Volksbank Euskirchen eG)

zu, insbesondere im Online-Banking und Mobile-Banking. Die Angebote müssen für den Kunden einerseits anwenderfreundlich gestaltet sein. Andererseits muss das Kreditinstitut eine Balance finden, dem Kunden eine komfortable und wettbewerbsfähige Online-Plattform anzubieten, ihn gleichzeitig aber ausreichend zu motivieren, um eine Beratung in der Filiale aufzusuchen Abb. 3.

Das Kreditinstitut muss dem Kunden über jeden Vertriebskanal eine gleichbleibend hohe Leistungsqualität anbieten. Deshalb wählt die Volksbank Euskirchen im Rahmen der telefonischen Kontaktaufnahme über das „Kundenkontaktcenter" eigene, geschulte Bankfachleute und kein externes Call Center aus. Die eigenen Mitarbeiter werden hierzu zielgerichtet ausgebildet. Sie tätigen nicht den Geschäftsabschluss, müssen aber die Bedürfnisse und das Anliegen der Kunden erkennen. Das Angebot eines „Vertriebskanal Telefon" sollte insofern nicht nur das Attribut „Erreichbarkeit", sondern insbesondere das Attribut „Kompetenz" abbilden. Hierzu gehören beispielsweise Gesprächsschulungen der Mitarbeiter. Einen Leitfaden zum telefonischen Erstkontakt legt Abb. 4 exemplarisch dar.

Das Risiko, dass Kunden der Filiale fern bleiben, besteht nicht nur beim Online- und Mobile-Banking, sondern auch beim Vertrieb von Bankleistungen über Selbstbedienungs-Bankstellen. Die Inanspruchnahme durch Selbstbedienung wird in der Zukunft voraussichtlich weiterhin zunehmen (vgl. Bauer und Praeg 2014). Kreditinstitute müssen hier einerseits ebenso eine Balance finden, den Schalterbetrieb zu entlasten und auf diese Weise Kosten zu reduzieren. Andererseits: Der Kundenbetreuer hat möglicherweise noch weniger persönliche Berührungspunkte mit seinem Kunden.

Die Tendenz, durch Selbstbedienungs-Center mit Personal ausgestattete Zweigstellen (partiell) zu substituieren, wird deshalb in den nächsten Jahren fortgeführt. Hieraus kann nicht abgeleitet werden, dass Zweigstellen, die geschlossen werden stets durch SB-Center ersetzt werden.

**Abb. 3** Online-Banking – Webseite der Volksbank Euskirchen. (Quelle: Volksbank Euskirchen eG)

SB-Stellen werden bevorzugt auch an Standorten eingesetzt, die eine hohe Kundenfrequenz am Point of Sale aufweisen, beispielsweise in oder in der Nähe von Einkaufszentren. In diesen Fällen eignen sich die Geräte zudem hervorragend als Marketinginstrument. So können beispielsweise (zentral gesteuert) auf allen Geräten aktuelle Zinssätze, Konditionen von Sonderaktionen oder Informationen zu attraktiven Bankprodukten eingespielt werden.

Gleichfalls zunehmen könnte ebenso der Absatz von Finanzprodukten über den mobilen Vertrieb (vgl. PricewaterhouseCoopers AG 2011), insbesondere in den Bereichen Versicherungen, Bausparen und Immobilien. Die Nutzungsintensität dieses Vertriebskanales ist nicht zuletzt von der Filialdichte abhängig. Umso näher der Weg zur nächsten Filiale für den Kunden ist, desto geringer ist die diesbezügliche Notwendigkeit.

Pilotversuche, eine bestehende Zweigstelle durch mobile Filialen (etwa in Form eines Bankbusses) zu ersetzen oder zu ergänzen, haben sich eher nicht bewährt. Die Möglichkeit ist relativ teuer und ineffizient, weil eine rollende Bankfiliale bereits aus Platzgründen nur einen begrenzten Service offerieren kann.

Sofern die technischen und organisatorischen Voraussetzungen gegeben sind, kann in Zukunft die Bedeutung der Videoberatung insbesondere für die jüngere Generation zunehmen. Dieser Vertriebskanal verknüpft quasi den Faktor Mensch (Berater und Kunde) mit dem Faktor Technik (Internet) und bietet Chancen auch für die regional tätigen Kreditinstitute.

## Leitfaden zum telefonischen Erstkontakt Neukunden

Ein Neukunde meldet sich telefonisch und erreicht entweder einen Mitarbeiter im TelefonTeam, einen Ansprechpartner in der Filiale oder einen Mitarbeiter der Marktfolge.

**Freundlichkeit!**
Man kann Ihr Lächeln am Telefon hören!

| | | |
|---|---|---|
| **Thema des Kunden** | Name und Kundenwunsch notieren, ggf. nochmal nachfragen<br>**Bestätigung!** | |
| **Filialauswahl** | „Damit ich für Sie die passende Filiale auswählen kann, benötige ich bitte Ihre Adresse." ; alternativ auch arbeitsplatznahe Filiale anbieten. | |
| **Fachspezifische Frage(n)** | *Kontoanfrage:* | „Für welchen Zweck benötigen Sie das Konto?"<br>(Gewerbe, privat, Sparkonto, Lohn und Gehalt, ...) |
| | *Geldanlage:* | „Um welche Anlagesumme handelt es sich?"<br>**Achtung: Termine immer mit einem Mitarbeiter mit Wertpapier-Kompetenz vereinbaren!** |
| | *Finanzierung:* | „Was möchten Sie finanzieren?"<br>(Immobilie, Konsum, Gewerbe)<br>„Um welche Summe handelt es sich?" |
| | *Absicherung:* | „Was möchten Sie absichern? Gegenstände oder Personen?" |
| **Terminvereinbarung** | Passenden Mitarbeiter auswählen, konkrete Terminvereinbarung vornehmen. „Unser Berater nimmt sich eine gute Stunde Zeit für Sie, ist das in Ordnung?" | |
| **Hinweis auf Unterlagen** | *Kontoanfrage:* | „Bitte bringen Sie zum Gespräch Ihren gültigen Personalausweis und Ihre bisherigen Kontounterlagen mit." |
| | *Geldanlage:* | „Bitte bringen Sie zum Gespräch Ihren gültigen Personalausweis und sofern vorhanden eine Vermögensübersicht mit." |
| | *Finanzierung:* | Immobilie/Gewerbe: „Der Kundenberater wird sich zeitnah telefonisch wegen der erforderlichen Unterlagen bei Ihnen melden."<br>Konsumfinanzierung: „Bitte bringen Sie zum Gespräch Ihren gültigen Personalausweis und Ihre letzten zwei Gehaltsabrechnungen mit." |
| | *Absicherung:* | „Bitte bringen Sie zum Gespräch Ihren gültigen Personalausweis und Ihren Versicherungsordner mit." |
| **Kontaktdaten** | „Falls es Rückfragen vom Berater gibt, wie können wir Sie am besten telefonisch erreichen?" | |
| **Abschlussfrage** | „Welche Themen sind Ihnen für das Gespräch noch wichtig?" | |

**Nur zum internen Gebrauch!**

Volksbank Euskirchen eG
Die beste Entscheidung.

**Abb. 4** Telefonleitfaden für Gespräche mit Neukunden in der Volksbank Euskirchen. (Quelle: Volksbank Euskirchen eG)

## 2.2 Kundenmehrwerte durch Multikanalvertrieb herausstellen

Filialbanken stehen selbstverständlich im Rahmen ihres Multikanalangebotes mit Geschäftsmodellen anderer Institute im Wettbewerb. Hierbei müssen sie aber ihre Mehrwerte herausstellen und nicht das Leistungsangebot von Direktbanken, Online-Brokern u. a. kopieren, zumal sich die Kostenstrukturen deutlich von denen der Filialbanken unterscheiden. Filialbanken sollten insofern ihre Stärke in den Vordergrund stellen, dem Kunden auf zahlreichen Vertriebswegen als kompetenter Ansprechpartner zur Verfügung zu stehen. Selbstverständlich: Unter Berücksichtigung effizienter Kostenstrukturen.

Persönliche Kundentermine haben für Filialbanken weiterhin eine hohe Priorität, da die Hinwendung zu Online-Banking und SB-Center (und deren Forcierung durch die Bank) eine Distanzierung/Entfremdung zwischen Kunde und Bank entstehen lassen kann. Leistungsunterschiede zwischen Banken sind für Kunden dann nicht mehr eindeutig erkennbar, womit Kreditinstitute für Kunden austauschbarer werden als früher.

Kreditinstitute sollten deshalb nicht prinzipiell, beispielsweise einmal pro Jahr, ein Abstimmungsgespräch vereinbaren. Termine sollten bedarfsorientiert und empathisch vereinbart werden. Kunden bemerken sehr schnell einen „konstruierten" Gesprächsanlass.

Um diese Bereitschaft zu erkennen, eignen sich insbesondere lokale themenbezogene Kundenveranstaltungen zu verschiedenen Themen oder beispielsweise Sonderaktionen im Rahmen von Messen. Bei den Teilnehmern solcher Veranstaltungen kann ein entsprechendes Interesse angenommen werden.

Durch den Kundenkontakt in Filialen resultiert die Möglichkeit durch die Kundenberater systematisch Empfehlungsmanagement zu betreiben.

Weiterempfehlungen von zufriedenen Kunden sind letztlich eine zielgerichtete, glaubwürdige und günstige Möglichkeit, neue Kunden zu gewinnen (vgl. Fink 2014, S. 11 ff.). Das hierin liegende Potenzial ist von zahlreichen Kreditinstituten sicherlich noch nicht umfassend ausgeschöpft Abb. 5.

# 3 Möglichkeiten sozialer Netzwerke

Im Kontext eines bankvertrieblichen Multikanalansatzes leiten sich mittels Kommunikationsplattformen ergänzende Möglichkeiten ab, mit Kunden in Kontakt zu treten und sich auszutauschen. So kann eine Kundenempfehlung oder ein positiver Kommentar eines zufriedenen Kunden durch soziale Netzwerke, zum Beispiel Facebook oder Twitter, hunderte oder gar tausende potenzieller Kunden beeinflussen. Social-Media-Kanäle können allerdings auch zu erheblichen, schwer kalkulierbaren Risiken führen, wenn diese Kommunikationskanäle nicht kompetent geführt und überwacht werden (vgl. PricewaterhouseCoopers 2012).

So können beispielsweise die negativen Folgen eines möglichen „Shitstorms" einen beträchtlichen Reputationsschaden bewirken. Insofern gilt das, was im Positiven für einen zufriedenen Kunden gilt, umgekehrt für einen unzufriedenen Kunden.

**Abb. 5** Flyer zum Thema Kundenempfehlung. (Quelle: Volksbank Esslingen eG)

## 4 Mehrwerte guter Kundenberatung herausstellen

Viele Kunden sind bereit, den Mehrwert einer exzellenten Beratung anzuerkennen und dafür einen höheren Preis für ein Finanzprodukt zu zahlen als bei einem Wettbewerber ohne Beratung. Die Preissensitivität vieler Kunden hat aber zugenommen, deshalb darf die Preisdifferenz nicht zu groß sein. Überdies weisen zahlreiche Kunden eine abnehmende Loyalität aus (vgl. Rennhak und Nufer 2014). Um attraktive Preise im Wettbewerb anbieten zu können, muss eine Bank deshalb ein konsequentes Kostenmanagement betreiben, ohne Abstriche bei der Qualität zu akzeptieren.

**Abb. 6** Titelseite des Ethikkodex der Volksbank Euskirchen. (Quelle: Volksbank Euskirchen eG)

Als Bank alle Vertriebswege zu nutzen, darf nicht heißen, jedem Kunden in möglichst kurzer Zeit möglichst viel verkaufen zu wollen. Um zu dokumentieren, dass das Wohl des Kunden im Mittelpunkt des Handelns steht, begeben viele Banken einen Ethikkodex. An diesem sollen sich alle Führungskräfte und Mitarbeiter im täglichen Geschäft mit dem Kunden orientieren Abb. 6.

Gleichwohl: Ein solches Bekenntnis zum Kunden muss aktiv gelebt werden, wenn es glaubwürdig sein und die Bank hieran positiv partizipieren soll. Unterstützen können sogenannte „Beratungsdialoge", die innerhalb der unterschiedlichen Kundensegmente angepasst wurden. Sie dienen dem Berater als eine Art Leitfaden, die Kundenbedürfnisse möglichst exakt zu identifizieren und sicherzustellen, dass der Kunde ein Produkt erhält, das wirklich seinen Bedürfnissen entspricht, und nicht ein Produkt, das der Berater verkaufen möchte. Kreditinstitute, die im Rahmen von Jahresplänen zu Jahresbeginn festlegen, welche Anzahl an Finanzprodukten sie auf Kundenberaterebene verkaufen (ohne mit dem Kunden gesprochen zu haben), werden langfristig keine zufriedenen Kunden haben.

Das heißt nicht, dass Führungskräfte einer Bank ihren Mitarbeitern keine Vertriebsziele vorgeben sollen. Diese sollten vielmehr als Teamziele definiert und abgestimmt werden. Ein gut funktionierendes Team erkennt dialogisch Bedürfnisse und Potenziale der gemeinsamen Kunden und korrigiert mögliche Fehlentwicklungen Abb. 7.

Wichtig ist hierbei, den Zusammenhang zwischen Kosten, Eigenkapital und Konditionen zu beachten. Ein Kreditinstitut kann nicht gleichzeitig Kostenführer und Qualitätsführer sein. Es kann aber in einem regionalen Markt, den es sehr gut kennt, beidem gleichzeitig sehr nahe kommen, wenn es die Kosten im Griff hat und die Qualität der Führungskräfte und der Mitarbeiter im Unternehmen einen hohen Stellenwert einnehmen.

**Abb. 7** Dialogübersicht der Volksbank Euskirchen. (Quelle: Volksbank Euskirchen eG)

Den kostenbewussten Kunden wird die Bank tendenziell stärker über den Onlinevertrieb bedienen, den kontaktfreudigen über die Filiale.

## 5 Schlussbetrachtung

Kreditinstitute müssen ihr Geschäftsmodell in einem sich anhaltend dynamischen Umfeld regelmäßig reflektieren. Eine bestimmte Handlungsschablone oder Blaupause gibt es nicht.

Faire und bedürfnisgerechte Beratungen sind dabei unabdingbare Erfordernisse, um langfristig am Markt zu bestehen, diese werden von den Marktteilnehmern allerdings nicht immer honoriert. Diese Erfordernisse kombiniert mit günstigen Konditionen in (aus Kundensicht) relevanten Bereichen, erhöht indes deutlich die Möglichkeiten, als kleines Kreditinstitut in Zukunft seinen Markt erfolgreich bearbeiten zu können. Bei den Vertriebswegen wird die Bank sich weiterhin flexibel den variablen Bedürfnissen der Kunden anpassen müssen.

Die Bank sollte stets dort sein, wo sie mit dem Kunden in Kontakt treten kann: Für zahlreiche Kunden ist dieser Kontakt nach wie vor die Filiale, andere Kunden präferieren das Internet, wieder andere nutzen hybride Möglichkeiten, um mit ihrer Bank in Interaktion zu treten. Kunden werden sich gemeinhin nicht durch Anbieter in eine „Schablone“ pressen lassen, sondern je nach Lebenssituation flexibel agieren. Und genau das dürfte die Erwartung an eine Hausbank sein. Kleine regionale Anbieter mit kurzen Entscheidungswegen verfügen hier über einen Wettbewerbsvorteil, den sie nutzen können.

## Literatur

Baxter, M., Vater, D. (2014) (Hrsg. Bain & Company): Auf dem Weg zur Retail-Bank der Zukunft, München/Zürich

Brettschneider, F. (2013): Die „Bank der Zukunft“ aus Sicht der Digital Natives, Gemeinsame Studie der UniCredit Family Financing Bank und der Universität Hohenheim, Oktober 2013.

ergo, evers & young (2014); Studie: Bankberatung – Wie persönlich darf es sein?, Köln/Hamburg.

Rennhak, C., Nufer, G. (Hrsg.) (2014): Jan Köllnberger, Jan; Sander, Christian, u. a., Ergebnisse einer Marktstudie zur Kundenbindung im Retail Banking.

Fink, K.-J. (2014): Empfehlungsmarketing – Königsweg der Neukundengewinnung, 6. Auflage, Wiesbaden, Springer Gabler Verlag.

Bauer, W. ,Praeg, C.-P. (Hrsg.) (2014) (Fraunhofer IAO, Trendstudie: Bank & Zukunft 2014, Transformation der Banken – Neue Wege zu Innovation und Wachstum, Stuttgart, Fraunhofer-Verlag.

Friedl, G.; Scheubel, C. et al. (Hrsg.) (2014) Technische Universität München/zeb München: Erfolgsfaktoren der Kostensteuerung in Banken, Münster/München, September 2014.

Lünendonk GmbH (2012): Gesellschaft für Information und Kommunikation, Lünendonk-Trendstudie, Zukunft der Banken 2020, Trends, Technologien, Geschäftsmodelle, Kaufbeuren.

Porter, M. E. (2008): Competitive Strategy: Techniques for Analyzing Industries and Competitors, (with a new introduction/Michael E. Porter), The Free Press, New York, 1980.

PricewaterhouseCoopers AG Wirtschaftsprüfungsgesellschaft (Hrsg.) (2012): Bereit für Social Media?, Frankfurt, Oktober 2012.

PricewaterhouseCoopers AG Wirtschaftsprüfungsgesellschaft (Hrsg.) (2011): Effektives Kundenmanagement im Retail Banking, Frankfurt, Dezember 2011.

**Hans-Jürgen Lembicz Dipl. Bankbetriebswirt (ADG)** ist Mitglied im Vorstand der Volksbank Euskirchen eG.

Nach der Ausbildung zum Bankkaufmann ab 1980 und nachfolgenden Erfahrungen in der Kundenberatung (Vermögensberatung, Kreditberatung und Immobiliengeschäft) wurde er mit diversen Führungsaufgaben in der Volksbank Euskirchen eG betraut.

In 1999 wurde er in den Vorstand der Bank berufen. In seiner jetzigen Funktion verantwortet er in der Bank die Bereiche Markt, Vertrieb, Marketing, Kreditgeschäft und Personalentwicklung.

# Teil IV
# Produktportfolio

# Bausparen im deutschen Retail-Markt

Bernd Hertweck

## Inhaltsverzeichnis

1 Einleitung . . . 162
2 Wo steht Bausparen heute? – Erfolge, Stärken, Motive und Lösungen . . . 163
2.1 Ein Traditionsprodukt auf Erfolgskurs . . . 163
2.2 Wunsch nach Wohneigentum – ein unverändert starkes Motiv . . . 165
2.3 Warum Bausparen auch heute die richtigen Lösungen bietet . . . 165
2.4 Exkurs: Eigenheimrente als jüngste Erfolgsgeschichte des Bausparens . . . 167
3 Umfeld des Bausparens verändert sich dynamisch . . . 168
3.1 Niedrigzinsumfeld, Sparkultur und Altersvorsorge . . . 168
3.2 Demografischer Wandel und Nachfragestrukturen . . . 169
3.3 Megatrend der Digitalisierung . . . 171
3.4 Generationenprojekt Energiewende . . . 172
4 Bausparen als Schlüsselprodukt im Retail-Markt . . . 174
4.1 Bausparen ist ein Grundbedarfsprodukt . . . 175
4.2 Einstiegsprodukt für junge Menschen . . . 175
4.3 Mit Bausparen das Baufinanzierungsgeschäft der Zukunft sichern . . . 176
4.4 Bausparen flexibel mit Finanzierungsprodukten von Banken kombinierbar . . . 177
4.5 Bausparen hat einen guten Ruf . . . 177
4.6 Bausparkassen stärken Vertriebskraft der Banken . . . 177
5 Aufstellung und Vertriebsstrategie von Wüstenrot . . . 178
5.1 Die starke Marke als Erfolgsgarant . . . 178
5.2 Mit Multikanalstrategie erfolgreich – wichtigste Kooperationspartner sind Banken . . . 179
5.3 Produkt- und Beratungsqualität als gleichwertige Erfolgsfaktoren . . . 180
5.4 Neues Geschäft durch alte Gebäude – die Modernisierungsbausparkasse . . . 181

B. Hertweck (✉)
Wüstenrot Bausparkasse AG, Ludwigsburg, Deutschland



D. Hellenkamp, K. Fürderer (Hrsg.), *Handbuch Bankvertrieb,*
DOI 10.1007/978-3-658-06447-1_11

6 Bausparen ist mehr als ein Finanzprodukt ... 182
6.1 Kollektives Vertrauen über Generationen ... 182
6.2 Ein Anker der Finanzmarktstabilität ... 183
6.3 Staatliche Förderung unterstreicht den sozialpolitischen Nutzen des Bausparens ... 185
7 Fazit ... 185
Literatur ... 186

## 1 Einleitung

Die Hälfte des Bausparneugeschäfts der Wüstenrot Bausparkasse AG kommt inzwischen aus Vertriebskooperationen, ein Drittel aus Kooperationen mit Banken, und die Spielräume für gemeinsames Neugeschäftswachstum sind damit bei Weitem noch nicht ausgeschöpft. Den Nutzen dieser Zusammenarbeit würdigen und die Potenziale erkennen kann jedoch nur, wer die besonderen Stärken und Lösungspotenziale des Bausparens kennt und weiß, dass Bausparen weit mehr ist als ein Finanzdienstleistungsprodukt unter vielen – und warum dies so ist.

Der vorliegende Beitrag soll daher Antworten geben auf die folgenden Fragen:

- **Wo steht Bausparen heute?** – Auf Eckwerte des Bauspargeschäfts folgt eine Produktdiskussion: Welche Lösungen bietet Bausparen gerade in der Niedrigzinsphase? Weiterhin wird aufgezeigt, wie es um die Hauptmotivation für das Bausparen, den Wunsch nach Wohneigentum, bestellt ist – siehe Abschn. 2.
- **Welche Trends werden das Bausparen in Zukunft herausfordern?** – Vom Niedrigzinsumfeld über Veränderungen in Nachfrage und Kundenverhalten, ausgelöst durch demografischen und gesellschaftlichen Wandel wie auch durch den Megatrend der Digitalisierung, bis hin zum Generationenprojekt Energiewende im Gebäudebestand – siehe Abschn. 3.
- **Was macht Bausparen zum unverzichtbaren Schlüsselprodukt für den Retail-Markt?** – Bausparen ist ein Einstiegsprodukt für junge Menschen, es sichert das Baufinanzierungsgeschäft der Zukunft, genießt höchstes Vertrauen in der Bevölkerung, und die Bausparkassen können die Vertriebskraft der Banken stärken – siehe Abschn. 4.
- **Wie ist Wüstenrot vertrieblich aufgestellt? Multikanalstrategie und mehr** – Wüstenrot, als eine starke und eigenständige Marke im Verbund des W&W-Konzerns, ist mit seiner Multikanalstrategie gemeinsam mit seinen Partnern erfolgreich; die Bausparkasse setzt auf attraktive Bauspartarife und hohe Beratungsqualität gleichermaßen und hat sich als führende Modernisierungsbausparkasse positioniert – siehe Abschn. 5.
- **Warum ist Bausparen deutlich mehr als „nur" ein Finanzprodukt?** – Bausparen genießt kollektives Vertrauen über Generationen hinweg und ist ein starker Anker für die Finanzmarktstabilität in Deutschland; sein besonderer sozialpolitischer Nutzen dokumentiert sich auch in der staatlichen Förderung – siehe Abschn. 6.

# 2 Wo steht Bausparen heute? – Erfolge, Stärken, Motive und Lösungen

## 2.1 Ein Traditionsprodukt auf Erfolgskurs

In wenigen Jahren wird die Idee des Bausparens 100 Jahre alt. Es begann im kleinen Ort Wüstenrot nahe Heilbronn im Jahr 1921 mit der Gründung des Vereins „Gemeinschaft der Freunde", der Vorgängerorganisation der heutigen Wüstenrot Bausparkasse AG. Als Erfinder des Bausparens hat Wüstenrot der Idee der „Hilfe zur Selbsthilfe" zum Durchbruch verholfen und damit breiten Bevölkerungsschichten den Traum vom eigenen Zuhause ermöglicht.

Heute ist Bausparen aus der Welt der Finanzdienstleistungsprodukte nicht mehr wegzudenken und stellt eine tragende Säule der privaten Wohnimmobilienfinanzierung in Deutschland dar. Im Jahr 2014 (vgl. Verband der Privaten Bausparkassen 2014) kann gesprochen werden über insgesamt

- 25 Mio. Bausparer, die 30 Mio. Bausparverträge besitzen und eine Sparleistung von jährlich 29 Mrd. € erbringen
- einen Vertragsbestand mit einer Bausparsumme von insgesamt 866 Mrd. € und Bauspareinlagen in Höhe von 160 Mrd. €
- Auszahlungen der Bausparkassen für Wohnungsfinanzierungen in Höhe von 32 Mrd. €
- 2,9 Mio. neue eingelöste Bausparverträge mit einer Bausparsumme von 95 Mrd. €.

In welchen Faktoren sind die Marktdurchdringung und das hohe Neugeschäftsniveau des Bausparens begründet?

1. Der Erfolg des Bausparens ist zuallererst in der Spezifik des Produktes selbst begründet. Bausparen ist ein kapitalmarktunabhängiges, kollektiv getragenes Vorspar- und Zinssicherungsinstrument, das den Kunden höchste Sicherheit bietet.
2. Gleichzeitig bietet Bausparen ein großes Maß an Flexibilität sowie den Bausparkassen einen breiten Raum an Tarifgestaltungsmöglichkeiten und Kombinationsmöglichkeiten mit anderen Finanzierungsformen. So können den Kunden Varianten angeboten werden, die ganz unterschiedlichen Bedürfnissen gerecht werden.
3. Zu jeder Zeit gibt es gute Gründe für das Bausparen; so rückt in der anhaltenden Niedrigzinsphase vornehmlich die langfristige Sicherung niedrigster Zinsen in den Mittelpunkt.
4. Bausparen ist Sparen zu dem Zweck, Wohneigentum zu erwerben und langfristig solide zu finanzieren. Und dieser Wunsch nach Wohneigentum ist in Deutschland ungebrochen. Im Wohneigentum verbinden sich für die Menschen das Streben nach selbstbestimmtem Leben und unkündbarem Wohnen mit Vermögensaufbau und sicherer Altersvorsorge.

5. Bausparen kann stets geeignete Lösungen bieten und individuell angepasst werden, unabhängig davon, ob die Immobilie sofort oder erst in fernerer Zukunft erworben werden soll – oder ob sie schon längst erworben wurde und nun an Modernisierungsmaßnahmen zu denken ist, die ebenfalls solide finanziert sein wollen.
6. Aufgrund seiner vermögens- und sozialpolitischen Bedeutung wird Bausparen bereits seit vielen Jahrzehnten staatlich gefördert.

Die vorangegangenen Argumente sollen jedoch keinesfalls (und heute weniger denn je) zu der Annahme verleiten, Bausparen sei per se ein „Selbstläufer". Wenngleich es heute für die meisten Immobilienkäufer und an den meisten Orten in Deutschland erschwinglicher denn je ist, Wohneigentum zu erwerben, so wird immer ein gewisser Konsumverzicht damit verbunden sein. Und dieser Konsumverzicht beginnt mit dem ersten Euro, den ein Bausparer zum Vorsparen in einen Bausparvertrag einbezahlt.

Denn Bausparen konkurriert mit hunderten Verlockungen des schnellen Konsums, mit all den Bedürfnissen des heutigen Menschen, von denen er vor wenigen Jahren noch gar nicht wusste, dass er sie jemals haben würde. Und mit jenen, von denen er heute noch nicht weiß, dass er sie morgen haben wird, weil sie noch gar nicht erfunden sind, aber zweifelsohne erfunden werden.

Insofern steht hinter dem Erfolg des Bauspargeschäfts vor allem auch eine starke Vertriebsleistung. Für Wüstenrot spielt neben den eigenen Vertriebsorganisationen und Vertriebspartnern der Vertrieb über Banken eine große Rolle. Die Gründe dafür sind vielfältig, wie an späterer Stelle aufgezeigt wird.

Bereits ein Drittel des Bausparneugeschäfts in Deutschland wird von Kundenberatern bei Banken generiert, wie Abb. 1 zeigt. Neben den Kooperationen spielen hier jedoch wesentlich auch die Abschlüsse in Sparkassen für die Landesbausparkassen sowie in Volksbanken im Genossenschaftsverbund mit der Bausparkasse Schwäbisch Hall hinein.

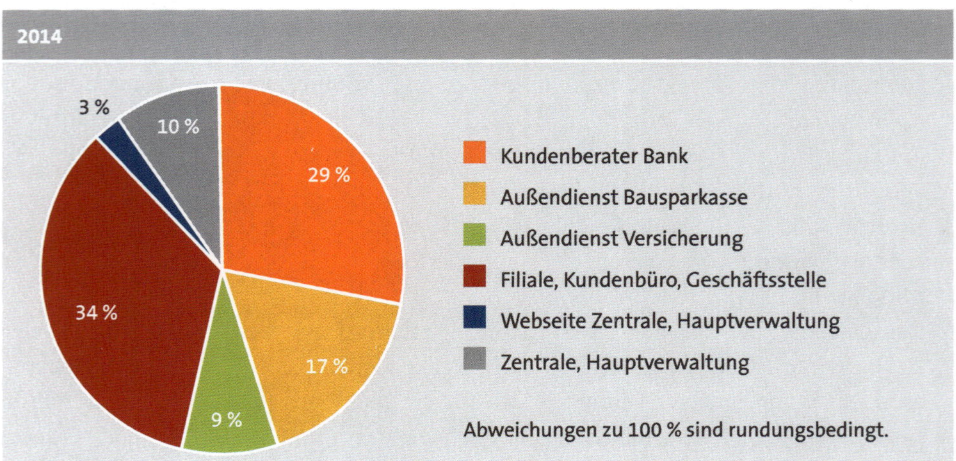


**Abb. 1** Vertriebswegemix des Bausparneugeschäfts in Deutschland. (Quelle: GfK 2015)

## 2.2 Wunsch nach Wohneigentum – ein unverändert starkes Motiv

Zahlreiche Umfragen belegen immer wieder aufs Neue: Der Wunsch nach Wohneigentum war und ist in der Bevölkerung sehr stark ausgeprägt. Exemplarisch seien hier folgende Ergebnisse genannt:

- Ein attraktives Zuhause ist für 97 % der Deutschen eines der wichtigsten Güter im Leben und folgt damit unmittelbar auf die Gesundheit, die von 99 % genannt wird. 80 % sind der Ansicht, dass sich der eigene Wohntraum am besten in der eigenen Wohnimmobilie verwirklichen lässt (vgl. Interhyp AG 2014).
- Mehr als drei Viertel der Mieter wünschen sich den Einzug in die eigene Immobilie, bei den Mietern mit Kindern sind es sogar 91 % (vgl. Interhyp AG 2014).
- 75 % der Deutschen erachten Wohneigentum als attraktive bzw. sehr attraktive Anlagemöglichkeit, deutlich vor allen anderen Anlagealternativen. Dies ist der mit Abstand höchste Wert, der unter den großen westlichen Volkswirtschaften erreicht wird (vgl. GfK 2014).

Die eigentliche Triebfeder für das Bausparen, eben der Wunsch nach Wohneigentum, ist also weiterhin bestens gespannt.

## 2.3 Warum Bausparen auch heute die richtigen Lösungen bietet

Seit Jahren wird Baugeld billiger. Damit ist der relative Zinsvorteil von Bauspardarlehen gegenüber klassischen Hypothekenkrediten stark zusammengeschrumpft. Und dennoch hat die Bausparbranche, wie eingangs aufgezeigt wurde, in den letzten Jahren ein Neugeschäft auf anhaltend hohem Niveau erzielt. Maßgeblich sind dafür starke Argumente, die gerade heute für das Bausparen sprechen.

- **Bausparen ist als langfristiges Zinssicherungsinstrument heute sinnvoller denn je.** Je tiefer das Zinsniveau ist, desto weniger wahrscheinlich ist ein weiteres Absinken und desto wahrscheinlicher sind höhere Zinsen in der Zukunft. Wer sich das Zinsniveau in Zeiten eines historisch niedrigen Niveaus sichert, kann also mit hoher Sicherheit davon ausgehen, ein gutes Geschäft zu machen. Dies gilt für denjenigen, der später eine Immobilie erwerben möchte, genauso, wie für jenen, der sich die Niedrigzinsen schon heute für eine Anschlussfinanzierung sichern möchte.
  Denn gerade in der Niedrigzinsphase, in der sich mit mittlerem Einkommen hohe Darlehenssummen bedienen lassen, steigt das Risiko beträchtlich, dass Erwerber sich bei der Anschlussfinanzierung übernehmen, weil zwischenzeitlich die Zinsen für Baugeld wieder angezogen haben (siehe Abb. 2).

Erwerberbeispiel:

- 800 € monatliche Rate tragbar
- 50.000 € Eigenkapital, aus dem auch 7 % Erwerbsnebenkosten (Notar/Gerichtskosten und Grunderwerbsteuer) zu bestreiten sind

mit Spielraum für Zinsanstieg respektive Zinssicherung für Anschlussfinanzierung

| Erstfinanzierung (10 Jahre fest) | 8 % Zins (Mitte '90er) 1 % Tilgung Kaufpreis maximiert | 2 % Zins (heute) 1 % Tilgung Kaufpreis maximiert | 2 % Zins (heute) 3 % Tilgung 20 % EK-Anteil |
|---|---|---|---|
| Kaufpreis | 146.000 € | 346.000 € | 185.000 € |
| Finanzierungsbedarf | 107.000 € | 320.000 € | 148.000 € |
| Monatliche Rate | 800 € | 800 € | 617 € |
| Laufzeit | 28 Jahre | 55 Jahre | 26 Jahre |
| Restschuld nach 10 Jahren | 90.300 € (85 %) | 284.600 € (89 %) | 98.900 € (67 %) |
| **Anschlussfinanzierung nach 10 Jahren** | **5 % Zins 5 % Tilgung möglich** | **5 % Zins (Annahme) 1 % Tilgung** | **5 % Zins (Annahme) 4 % Tilgung möglich** |
| Finanzierungsbedarf | 90.300 € | 284.600 € | 98.900 € |
| Monatliche Rate | 753 € | **1.423 € (Überlastung)** | 742 € |
| Laufzeit | 14 Jahre | **36 Jahre (Überlastung)** | 16 Jahre |

**Abb. 2** Finanzierungsrisiken bei Anschlussfinanzierung. (Quelle: eigene Darstellung)

- **Aufbau von Eigenkapital.** Bausparen verbindet den Erwerb eines Anspruchs auf ein langfristig zinsgünstiges und zinssicheres Darlehen mit dem Aufbau von Eigenkapital. Der Bausparer übt Konsumverzicht, um später finanzieren zu können. Seine Motivation und sein Durchhaltevermögen werden dabei durch staatliche Förderung unterstützt.
- **Niveau der Guthabenzinsen beim Bausparen relativiert sich in der Niedrigzinsphase.** Ein zentrales Merkmal des Bausparens besteht darin, dass der Bausparer in der Ansparphase eine vergleichsweise niedrige Verzinsung seines Guthabens in Kauf nimmt, um sich anschließend ein zinsgünstiges Darlehen mit absoluter Zinssicherheit zu sichern. Während heute vergleichbar sichere Alternativanlagen kaum noch höhere Renditen versprechen, wächst der Kernnutzen des Bausparens als langfristiges Zinssicherungsinstrument.
  Für die ökonomische Bewertung eines Bausparvertrags ist der gesamte Zahlungsstrom, vor und nach Zuteilung, maßgeblich. Dieser wird vor allem von den niedrigen Darlehenszinsen geprägt, die den niedrigen Guthabenzins mehr als rechtfertigen – vor allem unter dem Gesichtspunkt, dass der niedrige Bauspardarlehenszins dem Bausparer viele Jahre vor Darlehensinanspruchnahme bereits eine Zins- und Belastungssicherheit bietet, die von den unvorhersehbaren Bewegungen des Kapitalmarkts unabhängig ist.
- **Die Niedrigstzinsen ermöglichen immer mehr finanziell schwächeren Haushalten den Wohneigentumserwerb. Bausparen hilft ihnen, langfristig solide zu finanzieren**. Steigende Mieten treffen auf tendenziell sinkende Alterseinkünfte von Mieterhaushalten. Sinkende finanzielle Spielräume im Alter sind die Folge. Die extrem niedrigen Hypothekenzinsen eröffnen heute vielen sog. Schwellenhaushalten eine einmalige Chance, Wohneigentum zu erwerben, mit der Aussicht auf mietfreies Wohnen

im Alter. Doch gerade für diese Kundengruppe ist eine langfristige Sicherung der niedrigen Zinsen existenziell wichtig.

- **Jederzeitige, kostenlose und unbegrenzte Sondertilgungsmöglichkeit gewinnt an Bedeutung, je höher Kreditsummen und Darlehenslaufzeiten sind.** In den letzten Jahren sind in nachgefragten Regionen, Städten und Lagen die Preise für Wohnimmobilien spürbar angestiegen. Auch die Erwerbsnebenkosten haben sich erheblich verteuert. Dies führt zu höheren Darlehenssummen bei vielen Immobilienerwerbern. Zugleich steigen vielfach die Finanzierungszeiträume an. Unter diesen Vorzeichen gewinnt als weiteres Kernmerkmal des Bauspardarlehens an Bedeutung, dass Sondertilgungen jederzeit und unbegrenzt möglich sind.
- **Auch Sofortfinanzierungen sind möglich und mit Bausparen sinnvoll.** Kunden, die sofort eine Immobilie erwerben möchten, stehen Sofortfinanzierungsangebote der Bausparkassen zur Verfügung. Es handelt sich um tilgungsfreie Darlehen. Parallel wird ein Bausparvertrag bespart, um mit dem Bauspardarlehen später das Sofortdarlehen abzulösen. Auf diese Weise gewinnt der Bausparer von Beginn an Zinssicherheit über die gesamte Finanzierungslaufzeit.

Als einziges Baufinanzierungsinstrument verbindet Bausparen langfristige Zinssicherheit mit maximaler Flexibilität. Wie aufgezeigt wurde, gewinnt gerade diese Kombination in der Niedrigzinsphase weiter an Bedeutung.

## 2.4 Exkurs: Eigenheimrente als jüngste Erfolgsgeschichte des Bausparens

Da Wohneigentum die beliebteste Form der Altersvorsorge ist, war es nur folgerichtig, dass der Staat im Jahr 2008 das selbstgenutzte Wohneigentum in die Förderung der privaten kapitalgedeckten Altersvorsorge nach dem Altersvermögensgesetz (AVmG) einbezog. Kurz: Die „Riester"-Rente wurde um die Möglichkeit der Eigenheimrente, den „Wohn-Riester", erweitert. Nach einer kurzen Anlaufphase hat sich der Wohn-Riester innerhalb weniger Jahre zur weitaus beliebtesten Riester-Variante entwickelt. Inzwischen sind drei Viertel aller neu hinzugekommenen Riester-Verträge Wohn-Riester-Bausparverträge (s. Abb. 3).

Der „Wohn-Riester" eröffnet verschiedene Wege, die Riester-Förderung für den Erwerb von Wohneigentum einzusetzen. Zu seinem Erfolg haben auch die Flexibilisierungen und zusätzlichen Verwendungsmöglichkeiten beigetragen, die der Gesetzgeber zu Beginn des Jahres 2014 eröffnet hat.

Zugegebenermaßen ist der Wohn-Riester-Bausparvertrag im Vertrieb kein einfaches Produkt. Der Erfolg gibt ihm von daher doppelt Recht. Das noch bestehende Vermarktungspotenzial ist ganz erheblich: Den insgesamt gut 16 Mio. Riester-Verträgen steht ein Abschlusspotenzial von weiteren über 18 Mio. Personen gegenüber, die Riester-Zulagenberechtigt sind, jedoch noch keinen Riester-Vertrag besitzen.

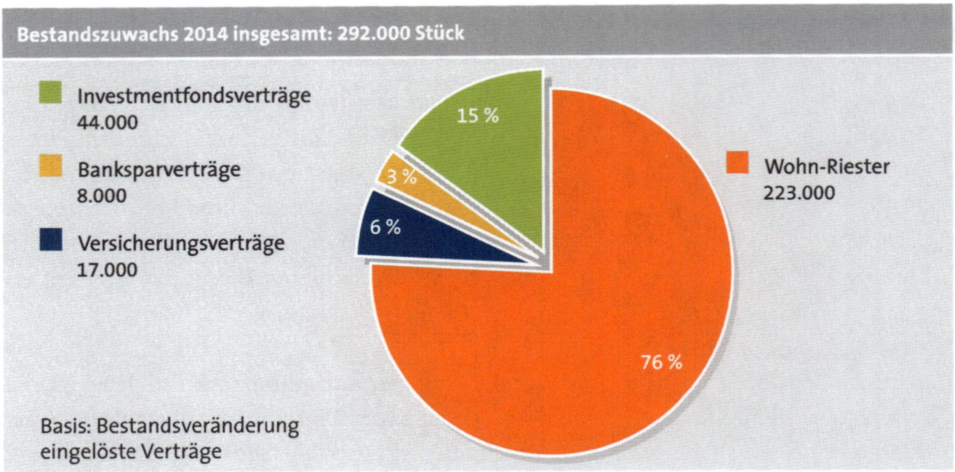


**Abb. 3** Bestandszuwachs von Wohn-Riester-Verträgen 2014. (Quelle: Bundesministerium für Arbeit und Soziales 2015)

# 3 Umfeld des Bausparens verändert sich dynamisch

Die Bausparkassen wie auch die Finanzwirtschaft insgesamt unterliegen in den letzten Jahren einer hohen Dynamik bei den herrschenden Marktbedingungen, deren Intensität eher noch zunehmen wird. Es handelt sich um eine ganze Reihe tiefgreifender und herausfordernder Veränderungsprozesse. Nachfolgend werden schlaglichtartig und exemplarisch die folgenden Themen aufgegriffen:

- Niedrigzinsumfeld, Sparkultur und Altersvorsorge
- Demografischer Wandel und Nachfragestrukturen
- Megatrend Digitalisierung
- Generationenprojekt Energiewende

## 3.1 Niedrigzinsumfeld, Sparkultur und Altersvorsorge

Die EZB reagierte auf die Finanz- und Staatschuldenkrise Ende des letzten Jahrzehnts mit einer Politik des billigen Geldes, um in erster Linie die kriselnden europäischen Peripheriestaaten zu stützen und deren Wirtschaft zu stimulieren. Diese Politik hält seither an. Die Umlaufrendite deutscher Staatsanleihen unterbietet sich regelmäßig mit neuen Tiefstständen und hat sich zeitweise schon deutlich der „Null" angenähert.

Mit dem im Frühjahr 2015 gestarteten Anleihenkaufprogramm ist die expansive Geldpolitik in eine neue Phase eingetreten, verbunden mit der klaren Botschaft, dass mit ihrer zumindest mittelfristigen Fortsetzung fest zu rechnen ist. Es ist absehbar und nicht mehr unwahrscheinlich, dass die Niedrigzinsphase eine ganze Dekade lang anhalten wird.

Die Politik der EZB wird in Deutschland von vielen Wirtschafts- und Finanzmarktexperten wie auch von Vertretern der Finanzwirtschaft deutlich kritisiert. Eine fatale Folge der Politik der Notenbanker ist insbesondere, dass sich die Sparkultur in Deutschland nach und nach zersetzt – mit entsprechenden Negativauswirkungen für die Alterssicherung von Millionen von Menschen und noch kaum absehbaren Konsequenzen für die gesamte Volkswirtschaft.

Doch gilt es für die Bausparkassen wie für die gesamte Finanzwirtschaft, sich weiter auf diese Rahmenbedingungen einzustellen. Dies betrifft ein verändertes Kundenverhalten genauso wie die Auswirkungen auf die Refinanzierungsmöglichkeiten respektive auf die Ertragsmöglichkeiten der Bausparkassen, Lebensversicherungen und Kreditinstitute.

Es entsteht die paradoxe Situation, dass die demografische Entwicklung die private Altersvorsorge der Menschen immer dringlicher werden lässt, die Spar- und Altersvorsorgebereitschaft der Menschen sich jedoch rückläufig entwickelt. Das heißt, trotz der wachsenden Notwendigkeit ist die private Altersvorsorge der Menschen für die Produktanbieter keineswegs ein Selbstläufer.

Eine der wenigen Konstanten in unseren bewegten Zeiten ist jedoch die Überzeugung in der Bevölkerung, dass die selbstgenutzte Wohnimmobilie die geeignetste Form der Altersvorsorge ist. Alle Studien kommen hier zu dem gleichen Ergebnis. Stellvertretend sei der Altersvorsorgereport 2014 der Steinbeis-Hochschule genannt, wonach 78 % der Deutschen die eigene Immobilie als geeignet für die Altersvorsorge bezeichnen, fast 50 % halten sie sogar für sehr geeignet. Es folgt die betriebliche Altersvorsorge mit 74 % Zustimmung, die jedoch lediglich ein Drittel für sehr geeignet halten, weiter gefolgt von der privaten Rentenversicherung mit 40 % Zustimmung (geeignet/sehr geeignet).

## 3.2 Demografischer Wandel und Nachfragestrukturen

Der demografische Wandel ist bereits vielfach beschrieben worden. Seine Auswirkungen sind omnipräsent und selbstverständlich auch für das Bausparen und die Finanzdienstleistungsbranche von großer Bedeutung. Seine wesentlichste Auswirkung besteht in der strukturellen Alterung der Gesellschaft, die sich bereits seit Jahrzehnten in Folge einer anhaltend niedrigen Geburtenrate einerseits und der stetig steigenden Lebenserwartung andererseits vollzieht.

Seit 2010 erfährt die Bevölkerung in Deutschland allerdings zugleich eine erhebliche Auffrischung durch steigende Zuwanderung aus dem Ausland. Im Jahr 2013 wurde ein positiver Wanderungssaldo von nahezu einer halben Million Menschen registriert, der zu einem Bevölkerungszuwachs von gut einer Viertelmillion Menschen führte. Somit konnte das Geburtendefizit durch Zuwanderung zu über 100 % überkompensiert werden. Inwieweit die wesentlich auch durch die Krisenentwicklungen in verschiedenen eurasischen und afrikanischen Ländern ausgelöste Zuwanderungswelle anhalten wird, ist aktuell schwer abzusehen.

Tatsache ist aber, dass der seit langem für Deutschland prognostizierte anhaltende Bevölkerungsrückgang bislang de facto weitestgehend ausgeblieben ist. Signifikant zurückgegangen ist die Bevölkerung lediglich von 2007 bis 2009. Seit den Nachwendejahren bewegt sich der Bevölkerungsstand kontinuierlich oberhalb von 80 Mio. Einwohnern, auch nach der statistischen Korrektur durch den Zensus 2011. Aus diesem demografischen Geschehen unter gleichzeitiger Berücksichtigung der Entwicklung der Einkommens- und Vermögenssituation der privaten Haushalte lassen sich die folgenden, für Bausparbranche und Finanzwirtschaft bedeutenden Veränderungen in den Nachfragestrukturen ableiten:

- Dem prognostizierten Rückgang des Erwerbspersonenpotenzials steht gegenüber, dass tatsächlich in der jüngeren Vergangenheit alljährlich neue Höchststände der Erwerbstätigkeit in Deutschland gemeldet wurden. Zugleich steigen die Realeinkommen der Erwerbstätigenhaushalte deutlich an.
- Die zuwandernden Menschen bringen sehr unterschiedliche Qualifikationsniveaus mit und haben damit unterschiedliche Verdienstmöglichkeiten. Die in der Bevölkerung vorhandenen Unterschiede der Einkommens- und Vermögenssituation der Haushalte können dadurch noch verstärkt werden.
- Die klassische Bauspar-Zielgruppe der jungen Familie tritt eher in den Hintergrund; die Gruppe der Endzwanziger bis Anfang 40er, im heutigen Familiengründungsalter, wird sich in den nächsten Jahren in einer Größenordnung von lediglich 15 Mio. Menschen bewegen – selbst wenn ein durchschnittlicher Wanderungsgewinn pro Jahr von 200.000 Personen unterstellt wird.
- Die große Gruppe der 55- bis 75-Jährigen stellt heute eine agile, in weiten Teilen wohlsituierte Bevölkerungsgruppe dar, deren Bedeutung für das Bausparen wie auch für Finanzdienstleistungsprodukte allgemein weiter steigen wird. Da sich der Lebenshorizont stetig weitet, werden sich Menschen in diesem Lebensabschnitt zunehmend nochmals neu definieren und sich beispielsweise einen neuen Wohnwunsch erfüllen.
  Mit Eintritt der Baby-Boomer-Generation steigt diese Altersgruppe in den nächsten zehn Jahren um rund 3,5 Mio. auf 23,3 Mio. an und wird dann weit über ein Viertel der Gesamtbevölkerung ausmachen.
- Trotz der insgesamt günstigen Entwicklung der Erwerbstätigkeit und der Erwerbseinkommen ist ein größerer Anteil der Erwerbshaushalte nicht in der Lage, nennenswerte Beträge anzusparen. Die Sparquote, die zuletzt noch gesunken ist, wird von einem kleinen Anteil der Haushalte getragen.
- Im Ruhestand, auch bei weiter steigendem Renteneintrittsalter, wird ein wesentlicher Bevölkerungsanteil seine Ersparnisse, aber auch Immobilienvermögen, die in der derzeitigen Generation der Best Ager vielfach vorhanden sind, in Ergänzung der Rente angreifen müssen. Der bislang noch schwach ausgebildete Markt für Entsparungsprodukte, wie beispielsweise die „Umgekehrte Hypothek", wird anwachsen.

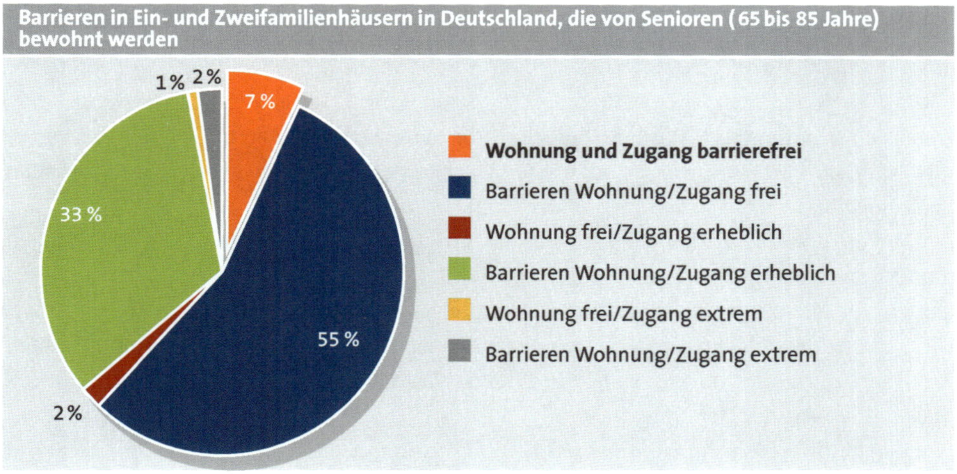


**Abb. 4** Barrieren in Ein- und Zweifamilienhäusern der Senioren. (Quelle: Bundesministerium ffn Verkehr, Bau und Stadtentwicklung 2011)

- Die sehr schnell größer werdende Bevölkerungsgruppe der Hochaltrigen, der über 80-Jährigen also, bedingt einen erheblichen, bereits kurzfristigen auftretenden Bedarf an altersgerechten Wohnungen. Dies erfordert einen beschleunigten generationengerechten Umbau des Wohnungsbestandes, denn ältere Menschen wohnen zumeist auch in den barrierereicheren älteren Gebäuden, wie Abb. 4 ausweist. Es geht bereits kurzfristig um einen Bedarf von 2,7 Mio. Wohnungen und bis 2030 um rund 3,6 Mio. Wohnungen (vgl. KfW Economic Research 2014), deren generationengerechten Umbau es überwiegend durch die selbstnutzenden Eigentümer zu finanzieren gilt.

## 3.3 Megatrend der Digitalisierung

Der digitale Strukturwandel kann in seiner Bedeutung und seinen Auswirkungen insbesondere auch auf die Finanzdienstleistungsbranche kaum hoch genug eingeschätzt werden. Die Herausforderung besteht darin, dass die Wertschöpfungsprozesse und Geschäftsmodelle von der Digitalisierung nicht nur tangiert, sondern in ihrer Gesamtheit von den Umwälzungen des digitalen Zeitalters erfasst werden. Digitalisierung muss somit ein Kernthema der Gesamtstrategie von Finanzdienstleistungsunternehmen sein und kann nicht allein von der IT-Einheit getrieben werden.

Obwohl die Finanzbranche digital relativ gut entwickelt ist, sind andere Akteure, insbesondere global agierende technologiebestimmte Unternehmen, wie Google, Apple u. a., weit voraus, die sich mit verschiedenen Vorstößen schrittweise auch in den Markt für Finanzdienstleistungen hinein bewegen. Der Wettlauf insbesondere um die netzaffinen Kunden ist in vollem Gang (vgl. Deutsche Bank Research 2014).

Der weiter zunehmende Einsatz von modernen Kommunikations- und Netzwerktechnologien hat vor allem zwei Auswirkungen: Immer mehr Dienstleistungen werden unabhängig von Standorten, aber auch unabhängig von Bank-, Bauspar- und Finanzberatern in Anspruch genommen. Mit der Möglichkeit für jedermann, sich an digitalen Netzwerken und Räumen zu beteiligen, ist auch eine Machtverschiebung hin zu den Konsumenten verbunden.

Banken und Finanzdienstleister werden mit ihren Produkten und Dienstleistungen transparenter und in ihrer Qualität noch besser vergleichbar. Die sozialen Netzwerke, die aktuell vor allem noch als zusätzlicher Kommunikationskanal betrachtet werden, entwickeln sich zu unabhängigen, teils von den Konsumenten selbst organisierten Plattformen zur Beurteilung der Leistungsqualität. Dieses wird einen weitreichenden Einfluss, auch etwa auf die Art der Beratung, haben.

Es geht für Unternehmen in diesem Kontext darum, den Kunden zum Thema Geld mit nutzenstiftenden, modernen, webbasierten Technologien unterstützend zu begleiten. Es gilt, dem besser informierten und netzaffinen Kunden attraktive Finanzlösungen anzubieten, die den steigenden Konsumentenansprüchen hinsichtlich Mobilität, Vernetzung, Kommunikation, Interaktion und Information genügen, um sich langfristig im Wettbewerb zu behaupten.

Ehrlichkeit, Fairness und echtes Kundeninteresse rücken noch stärker in den Mittelpunkt, ebenso wie die eingesetzten Preismodelle. Werbebotschaften hingegen, die den Echttest nicht bestehen, können in der digital vernetzten Gesellschaft sehr schnell öffentlich sanktioniert werden (vgl. CONFIDUM Financial Management Consultants 2012). Welche dynamischen Entwicklungen dabei entstehen können, haben u. a. diverse „Shitstorms“, gezeigt, wenn beispielsweise bekannt wurde, dass Konsumgüterhersteller entgegen ihrer offiziellen Darstellung in Entwicklungsländern unter fragwürdigen Bedingungen produzieren ließen.

## 3.4 Generationenprojekt Energiewende

Die älter werdenden Menschen wohnen in älter werdenden Gebäuden. 67 % des Wohnungsbestandes in Deutschland entfallen auf Gebäude, die vor 1978 und damit vor Inkrafttreten der ersten Wärmeschutzverordnung entstanden sind. Etwa drei Viertel dieser Wohnungen sind bis heute nicht oder gering modernisiert (vgl. Abb. 5). Zugleich befinden sich über 80 % der Wohnungen im Eigentum von Privatpersonen.

Die Bundesregierung verfolgt im Rahmen der ausgerufenen Energiewende das ehrgeizige Ziel, weitgehende Klimaneutralität des Wohngebäudebestands bis zum Jahr 2050 herzustellen. Dies bedeutet enorme Herausforderungen für die energetische Ertüchtigung des Wohnungsbestandes in den nächsten 35 Jahren.

Die in der Vergangenheit erreichte Sanierungsquote von unter einem Prozent des Gebäudebestandes pro Jahr muss dafür auf zwei Prozent, eher noch auf drei Prozent verdoppelt bis verdreifacht werden. Dafür bedarf es großer Anstrengungen aller Beteiligten, wozu auch eine beherzte staatliche Förderung gehört. Experten ermittelten, dass es der Bereit-

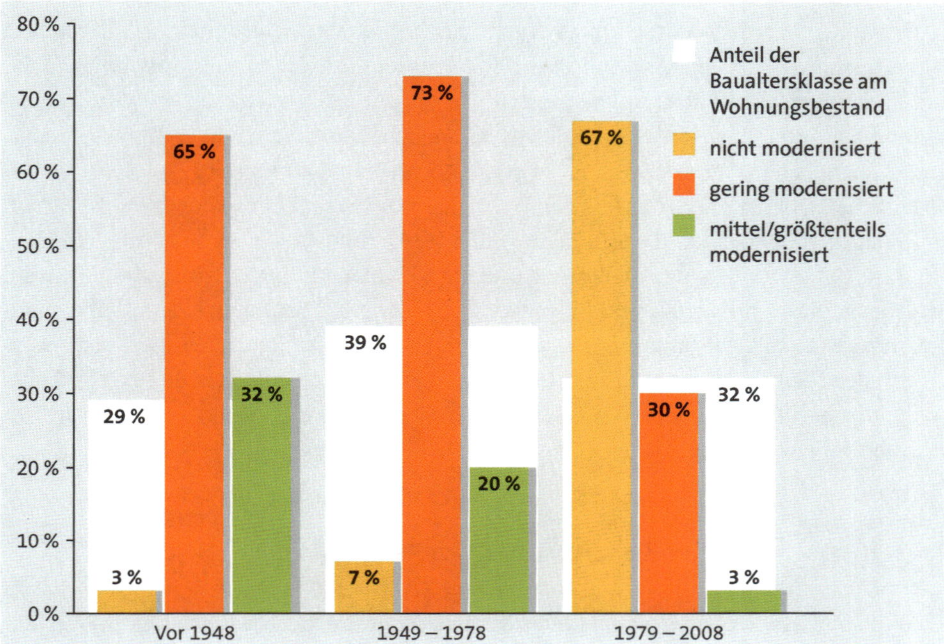


**Abb. 5** Energetischer Sanierungsstand älterer Wohngebäude. (Quelle: Walberg 2012; eigene Darstellung)

stellung von fünf Milliarden Euro jährlich bedarf. Tatsächlich werden vom Staat bislang 1,8 Mrd. € pro Jahr in Form von Förderdarlehen und Zuschüssen zur Verfügung gestellt.

Grundsätzlich zu begrüßen sind die im Zuge des „Nationalen Aktionsplans Energieeffizienz" wiederaufgenommenen Bestrebungen der Bundesregierung, als weitere Komponente eine steuerliche Förderung energetischer Sanierungsmaßnahmen einzuführen. Mit dieser können Zielgruppen erschlossen werden, die durch die etablierte Förderung insbesondere in Form zinsvergünstigter KfW-Darlehen bislang nicht erreicht werden.

Gefördert werden sollen sowohl Einzelmaßnahmen, als auch umfassende Sanierungen des gesamten Gebäudes, sofern ein hoher Effizienzstandard hergestellt wird. Diskutiert werden KfW 70 (70 % Primärenergiebedarf gemessen am Neubaustandard) und KfW 55 (55 % Primärenergiebedarf). Diese hohen Zielstandards bei Gesamtmaßnahmen im Bestand sind kritisch zu hinterfragen, da sie auf Wohneigentümer stärker abschreckend wirken können als die sparsam bemessene steuerliche Förderung motivierend.

Die steuerliche Förderung von Einzelmaßnahmen erscheint hingegen sehr sinnvoll, da diese geeignet sein kann, Wohneigentümer zu motivieren, vorhandene Eigenmittel zu investieren und energetische Sanierungsmaßnahmen an ihren Wohngebäuden durchzuführen. Dies entspräche auch ihrem bisherigen Investitionsverhalten, da energetische Sanierungen bislang weit überwiegend im Rahmen von Teilmodernisierungen erfolgt sind. Das baden-württembergische Konzept des Sanierungsfahrplans, das dem Wohneigentümer eine schrittweise, jedoch im Vorhinein durchdachte Vorgehensweise in aufeinander abgestimmten Maßnahmenpaketen nahelegt, weist in die richtige Richtung.

Dass die steuerliche Förderung energetischer Sanierungsmaßnahmen als alternatives Förderinstrument im Februar 2015 erneut im Streit um die Finanzierung zwischen Bund und Ländern stecken blieb, ist bedauerlich und auch in Anbetracht der von der Bundesregierung ausgerufenen Energiewende unverständlich. Das anhaltende, ergebnislose politische Tauziehen hat zu Attentismus bei den Wohneigentümern geführt.

In Anbetracht der Tatsache, dass den Wohneigentümern und Bausparern rund 40 Mrd. € an Einlagen allein bei den Bausparkassen und weitere rund 40 Mrd. € an abrufbaren Bauspardarlehen zur Verfügung stehen, ist dies umso bedauerlicher. Kein Instrument wäre geeigneter, dieses private Kapital für energetische Sanierungsmaßnahmen im Wohneigentum anzureizen, als eine attraktiv ausgestaltete steuerliche Förderung.

Von der Niedrigzinsphase bis zur Energiewende – die Schlaglichter dieses Abschnitts verdeutlichen die Bandbreite der Herausforderungen, denen Bausparkassen sich in den nächsten Jahren zu stellen haben.

## 4 Bausparen als Schlüsselprodukt im Retail-Markt

Kreditinstitute stehen unter einem hohen Veränderungsdruck. Bereits seit den Verwerfungen in Folge der Wirtschafts- und Finanzkrise 2008/2009 besinnen sich auch die großen Geschäftsbanken in Deutschland wieder stärker auf das Privatkundengeschäft. Sehr erfolgreich hat insbesondere die Commerzbank diese Akzentverschiebung auch nach außen kommuniziert, die entsprechenden Werbespots hat nahezu jeder wahrgenommen.

Da mit dem Zinsniveau auch die Zinsmargen der Banken aus der Kreditvergabe immer stärker unter Druck geraten, wird die Verbreiterung auf weitere Ertragsquellen, wie die Generierung zusätzlicher Provisionseinnahmen, wichtiger. Um das Fundament des Privatkundengeschäfts wieder zu vergrößern, gilt es, mehr Neukunden zu gewinnen und dafür ggf. auch neue Zielgruppen zu erschließen. Doch zugleich sind die Banken immer mehr gezwungen, aus Kostengründen ihre physische Präsenz in der Fläche, das heißt das Filialnetz, auszudünnen.

In dieser schwierigen Situation können Kooperationen mit externen Produktpartnern wie Bausparkassen helfen, den Kundenzugang zu verbessern und die eigene Finanzdienstleistungskompetenz insgesamt zu stärken.

Welche besonderen Chancen für Kreditinstitute hier gerade im Bausparen und in den Bausparkassen gegeben sind, wird nachfolgend ausgeführt. Denn Bausparen ist

- ein Grundbedarfsprodukt
- ein ideales Einsteigerprodukt in die Welt der Finanzdienstleistungen für junge Menschen
- der Zugang zum Baufinanzierungsgeschäft von morgen
- flexibel mit Finanzierungsprodukten von Banken kombinierbar
- und Bausparkassen können die Vertriebskraft von Banken stärken.

## 4.1 Bausparen ist ein Grundbedarfsprodukt

Bausparen hat sich als Grundbedarfsprodukt etabliert, wie Abb. 6 verdeutlicht. Nahezu jeder zweite Haushalt besitzt mindestens einen Bausparvertrag. Unter den Finanzdienstleistungsprodukten belegt Bausparen damit bereits Rang 4, nach der gesetzlich vorgeschriebenen Kfz-Haftpflichtversicherung, dem Sparbuch und der Unfallversicherung.

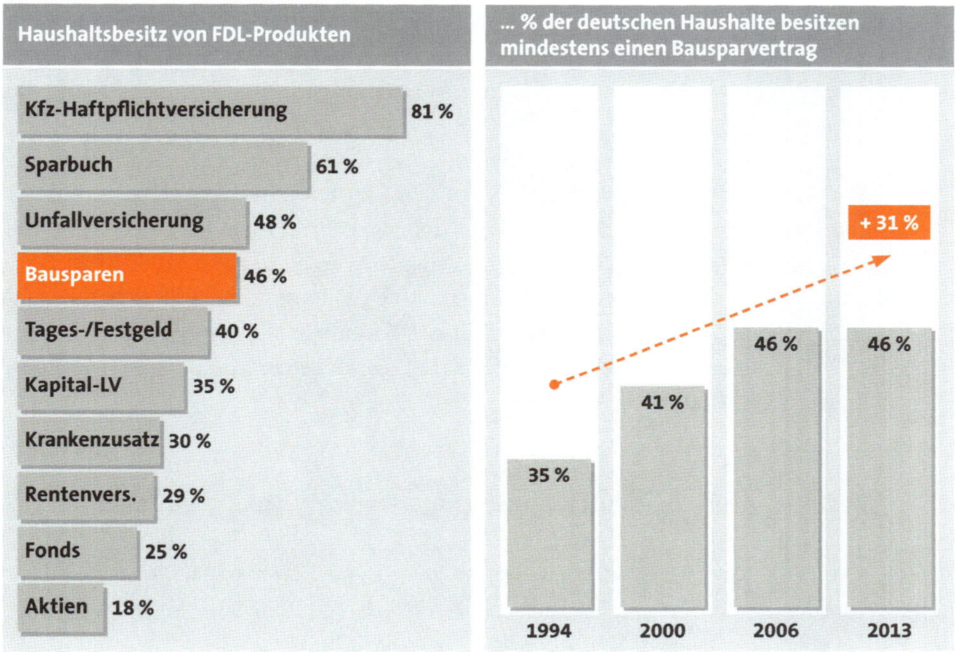


**Abb. 6** Haushaltsbesitz von Finanzdienstleistungsprodukten. (Quelle: GfK, 2014)

## 4.2 Einstiegsprodukt für junge Menschen

Für viele junge Menschen ist Bausparen das Einstiegsprodukt in die Welt der Finanzdienstleistungsprodukte. Bereits in der Altersgruppe der 14- bis 17-Jährigen besitzt jeder sechste einen Bausparvertrag. Bei den 20- bis 29-Jährigen ist es schon rund jeder Dritte (Repräsentative Mehrbezieherstudie von TNS Infratest 2014).

Der große Erfolg des Bausparens bereits bei jungen Menschen gründet sich auf mehrere Faktoren:

- Nicht wenige bekommen den Bausparvertrag bereits von ihren Eltern „in die Wiege gelegt", in dem diese Bausparverträge für ihre Kinder abschließen und besparen.
- Jugendliche in der Berufsausbildung können ihre vermögenswirksamen Leistungen und auch die Arbeitnehmersparzulage sinnvoll zur Besparung eines Bausparvertrages

einsetzen. Zusätzlich können junge Menschen bereits ab 16 Jahren die Wohnungsbauprämie beziehen. Durch die staatliche Förderung, die im Rahmen bestimmter Einkommensgrenzen gewährt wird, ist Bausparen für diese jungen Menschen von Beginn an zusätzlich positiv besetzt.
- Bei Vertragsabschluss bis zum 25. Lebensjahr sind junge Menschen bei der Verwendung der Bausparmittel nicht festgelegt. Sofern sie frühestens 7 Jahre nach Vertragsabschluss über die Bausparsumme verfügen, können sie diese auch für nicht-wohnwirtschaftliche Zwecke einsetzen, ohne die staatliche Förderung wieder zu verlieren.
- Durch spezifische Produktgestaltungen erhöhen die Bausparkassen die Attraktivität des Bausparens für junge Menschen zusätzlich, beispielsweise durch die Gewährung von Jugendsparboni.

Somit kann über das Bausparen bereits sehr früh im Lebenszyklus der Kunden die Basis für vertrauensvolle und langjährige Kundenbeziehungen gelegt werden. Menschen, die bereits in jungen Jahren für das Bausparen gewonnen wurden und dabeigeblieben sind, haben bereits ihr erstes Erfolgserlebnis hinsichtlich Vermögensbildung und Finanzdienstleistungen in einem Alter, in dem Kunden ansonsten aufwendig neugewonnen werden müssten. Es besteht anschließend, bei häufig bereits gestiegenen Einkommen, ein hohes Potenzial für erfolgreiches Cross- und Up-Selling.

## 4.3 Mit Bausparen das Baufinanzierungsgeschäft der Zukunft sichern

Keine andere Sparform ist so klar auf den späteren Erwerb von Wohneigentum ausgerichtet. Insofern können sich Banken mit dem Abschluss von Bausparverträgen frühzeitig das Baufinanzierungsgeschäft der Zukunft sichern. Marktforschungsergebnisse zeigen, dass 72 % der Haushalte, die heute eine Baufinanzierung neu abschließen, einen Bausparvertrag besitzen, während der Bausparbesitz in der Gesamtbevölkerung bei 46 % liegt. Dafür, dass das Zwecksparen so gut funktioniert, dass die Bausparer von heute also mit sehr hoher Wahrscheinlichkeit die Baufinanzierungskunden von morgen sind, gibt es gute Gründe:

- Die staatliche Förderung des Bausparens motiviert zu einer durchgängigen Sparleistung und die Zweckbindung der erhaltenen staatlichen Förderung dazu, die Bausparmittel später auch tatsächlich wohnwirtschaftlich einzusetzen.
- Der Wohn-Riester-Bausparvertrag verbindet als Vorsparinstrument in idealer Weise die staatlich geförderte private Altersvorsorge mit der hohen Motivation in der Bevölkerung, Wohneigentum zu erwerben.
- Wohneigentümer, die mit Hilfe von Bausparen erworben haben, bleiben dem Bausparen sehr häufig treu. Mit neuen Bausparverträgen sparen sie erneut Eigenkapital für zukünftige Investitionen in Modernisierungs-, energetische oder altersgerechte Umbaumaßnahmen an und bilden damit eine interessante Zielgruppe für entsprechende Finanzierungen.

## 4.4 Bausparen flexibel mit Finanzierungsprodukten von Banken kombinierbar

Die Erfahrungen aus realisierten Vertriebspartnerschaften von Bausparkassen und Banken zeigen, dass gerade in der Niedrigzinsphase die langfristige Zinsabsicherung mit Hilfe von Bausparen für eine überzeugende gemeinsame Baufinanzierungskonzeption ein hervorragendes Argument ist. Für das intelligente Zusammenspiel von Sofortfinanzierung durch Hypothekendarlehen und Anschlussfinanzierung durch Zinssicherung per Bausparen gibt es viele Erfolgsmodelle, die im Rahmen bestehender Kooperationen bereits zahlreich erprobt sind.

## 4.5 Bausparen hat einen guten Ruf

Das Potenzial, das in den Haushalten mit Besitz von Bausparverträgen besteht, insbesondere aber auch das Abschlusspotenzial für Bausparverträge in der Gesamtbevölkerung, ist wesentlich vom Ruf des Bausparens und vom Vertrauen in das Produkt Bausparvertrag abhängig. Nahezu zwei Drittel der Bevölkerung sind vom guten Ruf des Bausparens überzeugt: 62 % der Deutschen stimmen der Aussage zu „Bausparen hat einen guten Ruf“, unter den Bausparern sind es 76 %. Mit 63 % ähnlich hoch ist die Zustimmung zur Aussage, dass Bausparen der erste Schritt ist, um später Wohneigentum erwerben zu können. Unter den Bausparern liegt die Zustimmung hier bei 72 % (Repräsentative Mehrbezieherstudie von TNS Infratest 2014).

## 4.6 Bausparkassen stärken Vertriebskraft der Banken

Um die bei den Banken vorhandenen Potenziale im Bausparen und in der Baufinanzierung zu nutzen, bieten Bausparkassen im Rahmen von Kooperationen vielfältige Ansätze der Zusammenarbeit. Dies reicht von der Schulung und Qualifizierung von Bankberatern bis hin zum Einsatz von freien Handelsvertretern aus den Bausparkassenvertrieben, die das Beratungsteam der Bank vor Ort ergänzen und verstärken. Es gibt auch die Variante, dass Bausparkassen für ihre Bankenpartner eigene Vertriebe aufbauen, die im Kundenbestand der Bank arbeiten und neben dem Bausparen die Produkte der Bank mit anbieten. Trotz des Abbaus eigener Beratungskapazitäten kann dadurch die vertriebliche Schlagkraft deutlich gestärkt werden.

Durch die Ergänzung der jeweiligen Stärken der Produkte und der Beratungskompetenz wird die Zufriedenheit der Kunden, insbesondere im Kontext Baufinanzierungen, erhöht. Hinzu kommt, dass die Banken vom guten Ruf des Bausparens ebenso profitieren. Nicht zuletzt generieren Banken im Rahmen der Kooperation mit Bausparkassen zusätzliche Provisionseinnahmen.

## 5 Aufstellung und Vertriebsstrategie von Wüstenrot

Die Wüstenrot Bausparkasse AG ist in den Wüstenrot & Württembergische-Konzern (W&W) eingebunden und Teil des Vorsorge-Spezialisten, der alle vier Bausteine privater Vorsorge abdeckt: Absicherung, Wohneigentum, Risikoschutz und Vermögensbildung. In diesem Rahmen positioniert sich Wüstenrot weiterhin als eigenständige und starke Marke mit dem Slogan „Wünsche werden Wirklichkeit".

Die W&W-Holding befindet sich im Mehrheitseigentum der Wüstenrot-Stiftung, die ein Garant für die Eigenständigkeit und Unabhängigkeit des Konzerns ist. Die Stiftung engagiert sich gemeinnützig bundesweit in den Bereichen Denkmalpflege, Wissenschaft, Forschung, Bildung, Kunst und Kultur.

Ihre Vertriebsstärke bezieht die Wüstenrot Bausparkasse AG im Wesentlichen aus

- der starken Marke
- der Multikanalstrategie
- dem hohen Wert, den das Unternehmen auf Produkt- und Beratungsqualität gleichermaßen legt
- und der Aufstellung als Modernisierungsbausparkasse.

### 5.1 Die starke Marke als Erfolgsgarant

Die Marktforschung weist Wüstenrot regelmäßig hohe Bekanntheitswerte sowie Zustimmungswerte hinsichtlich seiner Produktkompetenz in Sachen Bausparen und Baufinanzierung nach (vgl. Abb. 7). Die Solidität und Strahlkraft der Marke Wüstenrot über Jahrzehnte wurde auch 2015 durch die Auszeichnung als Superbrand bestätigt. Davon können Banken in besonderem Maße profitieren, die im Nachgang der Bankenkrise weiterhin Aufbauarbeit in Sachen Kundenvertrauen zu leisten haben.

**Abb. 7** Wüstenrot: Markenbekanntheit und Kompetenzzuweisung. (Quelle Markenbekanntheit/Kompetenzzuweisung: TNS Infratest, 2015)

## 5.2 Mit Multikanalstrategie erfolgreich – wichtigste Kooperationspartner sind Banken

Die Wüstenrot Bausparkasse setzt auf einen Multikanalvertrieb. 2006 kamen acht Prozent des Neugeschäfts über Kooperationen und 92 % über die eigene Ausschließlichkeitsorganisation. Seitdem konnte das Neugeschäft um über 70 % gesteigert werden, insbesondere indem Wüstenrot seine Position als Kooperationsbausparkasse deutlich gestärkt hat. 2014 trugen die Kooperationspartner bereits mit 50 % zum Neugeschäft mit einer Bausparsumme von insgesamt 13,7 Mrd. € bei, die andere Hälfte generierte der eigene Vertrieb. Seine heutige Marktstellung hat Wüstenrot somit aufgrund seiner Multikanalstrategie erreicht und diese wird auf Basis der Zweigleisigkeit von Eigen- und Kooperationsvertrieb weiter gefestigt und ausgebaut.

Abbildung 8 zeigt die heutige Vertriebsstruktur der Wüstenrot Bausparkasse. Neben den konzerneigenen Vertriebskanälen (den beiden Ausschließlichkeitsorganisationen sowie dem Direktkanal) bestehen bedeutende Kooperationspartnerschaften im Banken- und Versicherungsbereich. Allein auf die Banken entfällt mittlerweile ein Anteil von 31 % am gesamten Neugeschäft, wovon der Commerzbank rund zwei Drittel zuzurechnen sind, dem damit weitaus bedeutendsten Bankvertriebspartner von Wüstenrot. Weitere wichtige Bankpartner sind insbesondere die HypoVereinsbank (HVB), die OLB die Oldenburgische Landesbank (OLB) sowie Santander.

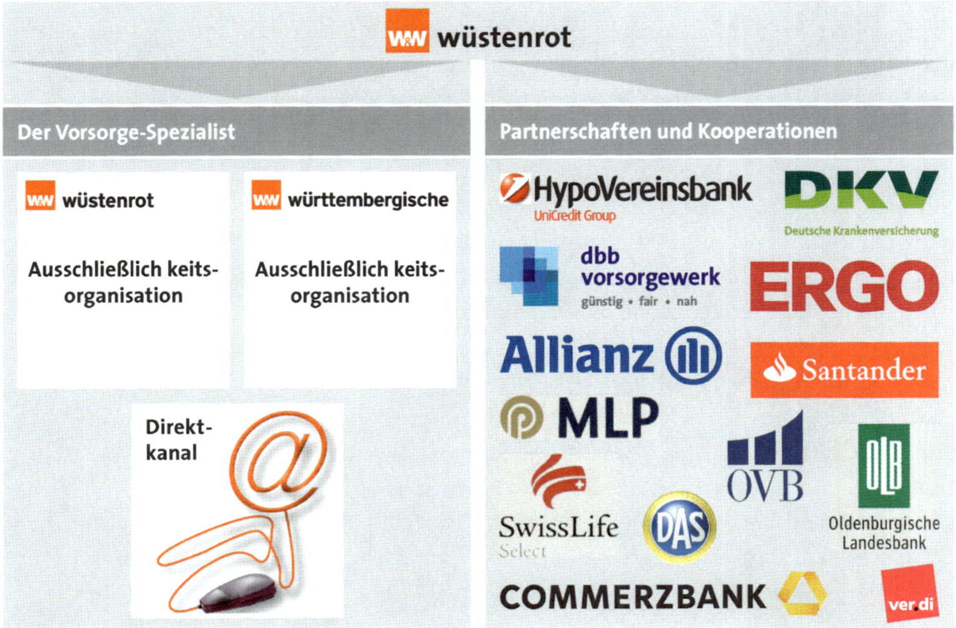


**Abb. 8** Multikanalstrategie von Wüstenrot. (Quelle: eigene Darstellung)

Außerdem arbeitet Wüstenrot mit Maklern und Finanzvertrieben zusammen. Hinzu kommen Kooperationen mit dem öffentlichen Dienst und Gewerkschaften.

Der Erfolg von Wüstenrot als Kooperationsbausparkasse beruht darin, dass

- jedem Partner individuelle Vertriebslösungen angeboten werden,
- auf eine in jedem Fall vertrauensvolle Zusammenarbeit gesetzt wird,
- allen Partnern Kundenschutz garantiert wird; dieser wird vertraglich zugesichert und in den Systemen umgesetzt
- sowie auf der Integration der gemeinsamen Vertriebsaktivität im Steuerungssystem des Kooperationspartners.

Das Steuerungsmodell der Commerzbank beispielsweise ist zugleich an der Neugeschäftsentwicklung, dem Ertrag und der Kundenzufriedenheit ausgerichtet und kann damit den komparativ erzielbaren Erfolg adäquat abbilden. Dieser besteht in einer nachhaltigen und kundenfokussierten Geschäftsentwicklung. Die Erfahrungen aus den Bankkooperationen zeigen, dass gerade in der Niedrigzinsphase die langfristige Zinsabsicherung mit Hilfe von Bausparen für eine überzeugende gemeinsame Baufinanzierungskonzeption ein exzellentes Argument ist.

## 5.3 Produkt- und Beratungsqualität als gleichwertige Erfolgsfaktoren

Wichtig für den Erfolg am Markt und insbesondere bei Kooperationspartnern sind attraktive, konkurrenzfähige Bausparangebote. Hier konnte Wüstenrot in den vergangen Jahren überzeugen und hat seit 2006 zahlreiche Auszeichnungen erhalten, wie beispielsweise für den Wohn-Riester-Tarif Ende 2014 durch die Stiftung Warentest.

Mindestens genauso wichtig ist im Bereich der stark erklärungsbedürftigen Finanzdienstleistungsprodukte die Beratungsqualität. Im Jahr 2015 wurde Wüstenrot von der Stiftung Warentest auch für die Qualität seiner Beratung ausgezeichnet. Gemeinsam mit lediglich zwei weiteren der 20 getesteten Bausparkassen erzielte Wüstenrot die Bewertung „gut". Somit zahlt sich aus, dass die Wüstenrot Bausparkasse umfangreich in die Ausbildung ihrer Berater und in die Beratungstechnik investiert hat und weiter investieren wird.

Bereits heute haben rund 400 der Wüstenrot-Berater die Qualifizierung zum Vorsorgespezialist (VS) bei der Industrie- und Handelskammer in Ludwigsburg mit Erfolg abgeschlossen. Für die nächsten zwei bis drei Jahre sind weitere 800 Abschlüsse vorgesehen. Ein noch höheres Qualifizierungslevel, den zertifizierten Vorsorgespezialisten (ZVS), haben bereits rund 100 Wüstenrot-Außendienstpartner am Institut für private Finanzplanung der Universität Passau erfolgreich abgeschlossen. Für die nächsten zwei bis drei Jahre wird eine Verdopplung der Absolventenzahl angestrebt.

## 5.4 Neues Geschäft durch alte Gebäude – die Modernisierungsbausparkasse

Zunächst einmal stehen die Bausparkassen in Deutschland dafür, Millionen von Menschen zu Wohneigentum mitverholfen zu haben. Diese über Jahrzehnte erworbenen Immobilien wollen allerdings auch instandgehalten und zur gegebenen Zeit modernisiert sein. Hinzu kommt die bereits skizzierte Herausforderung, den Wohnungsbestand energetisch zu ertüchtigen, was nicht ohne die privaten Wohneigentümer gelingen kann, wie auch die Notwendigkeit des altersgerechten Umbaus, mit der sich die älter werdenden Wohneigentümer in zunehmendem Maße konfrontiert sehen.

Auch diese Sanierungs-, Modernisierungs- und Umbaumaßnahmen sind von den Eigentümern finanziell darzustellen. So ist es nicht überraschend, dass bereits heute rund zwei Drittel der von Wüstenrot jährlich ausgezahlten Bausparmittel in Bestandsmaßnahmen fließen. Schon vor Jahren hat Wüstenrot damit begonnen, sich gegenüber seinen Kunden als Modernisierungsbausparkasse zu positionieren. Besonders gefordert sind Immobilienerwerber und Wohneigentümer, sobald energetische Maßnahmen in das Modernisierungsvorhaben einfließen. Wüstenrot unterstützt seine Kunden dabei in umfassender Weise. Hierzu nur einige Beispiele:

- Eine echte Alleinstellung im Markt stellt der spezielle Fördergeldservice dar. Dieser ist für Wüstenrot-Kunden kostenlos und beinhaltet die komplette, unterschriftsreife Vorbereitung sämtlicher Förderanträge zur Beantragung öffentlicher Zuschüsse, die für ein energetisches Sanierungsvorhaben in Frage kommen.
- Online steht ein Energiesparrechner zur Verfügung, mit dessen Hilfe der interessierte Wohneigentümer in einem ersten Schritt eigenständig das Einsparpotenzial individuell für seine Immobilie ermitteln und den Kostenaufwand abschätzen kann.
- Es wurden spezielle Bausparfinanzierungsprodukte entwickelt, die der Kunde ideal als „Hausschutzplan" einsetzen kann, wie Abb. 9 verdeutlicht. Der Kunde erbringt eine gleichmäßige monatliche Rate und erwirbt periodisch Darlehensansprüche, um sukzessive in Modernisierungsmaßnahmen investieren zu können, analog zu Wohneigentümern in Wohneigentümergemeinschaften, die aus Instandhaltungsrücklagen Modernisierungsmaßnahmen finanzieren.
- In Baden-Württemberg, unterstützt Wüstenrot seinen Außendienst zum Thema energetische Modernisierung im Rahmen einer Kooperation mit dem Umweltministerium des Landes. Dem Außendienst werden qualifizierte und herstellerneutrale Informationsmaterialien wie beispielsweise ein Sanierungsleitfaden zur Verfügung gestellt. Wüstenrot fördert den Aufbau von Kontakten seines Außendienstes zu Energieberatern regionaler Energieagenturen, die im Rahmen der Kooperation qualitätsgesichert werden. Ziel ist es, möglichst viele Kunden dazu zu motivieren, qualifizierte Energieberatung in Anspruch zu nehmen, damit die Sanierungsmaßnahmen auch zum gewünschten Erfolg führen.

**Abb. 9** Instandhaltungsrücklage für zukünftige Investitionen („Hausschutzplan“). (Quelle: eigene Darstellung)

## 6 Bausparen ist mehr als ein Finanzprodukt

Last but not least ist Bausparen deutlich mehr als einfach ein Finanzprodukt oder als eine Form der Wohnungsfinanzierung, denn Bausparen

- genießt kollektives Vertrauen über Generationen
- ist ein Anker deutscher Finanzmarktstabilität
- ist von hoher sozialpolitischer Bedeutung und wird deshalb staatlich gefördert.

### 6.1 Kollektives Vertrauen über Generationen

Bausparen ist kollektives Zwecksparen. Obwohl es so ist, wird sich der einzelne Bausparer in aller Regel nicht in erster Linie als Teil eines großen Bausparerkollektivs sehen. Dennoch gibt es so etwas wie ein kollektives Vertrauen in das Bausparen – und dies bereits über viele Generationen hinweg. Einfach deshalb, weil Millionen von Eltern ihren Kindern einen Bausparvertrag bereits „in die Wiege gelegt“ haben und diese Kinder als Eltern es ihren Eltern gleich tun. Und dies aus gutem Grund, denn Menschen haben die Verlässlichkeit und Sicherheit des Bausparens über Jahrzehnte erlebt, in ihrem Verwandten- und Bekanntenkreis vielfach bestätigt gefunden und geben dieses Vertrauen an ihre Kinder weiter.

## 6.2 Ein Anker der Finanzmarktstabilität

Nach dem Platzen der Immobilienpreisblase über den Jahreswechsel 2006/2007 ist in den USA eine schwere Wohnungs- und Finanzmarktkrise ausgebrochen, die als Subprime-Krise weltweit zum Synonym für die schwerwiegenden Folgen einer ungezügelten Kreditvergabe- und Verbriefungspraxis wurde. Über bestimmte Mechanismen wurden die Preisblasenbildung mit anschließender Preiskorrektur und die krisenhaften Folgeerscheinungen auch in eine Reihe von europäischen Ländern exportiert (vgl. Henger und Voigtländer 2011, S. 14 ff.). Neben Irland waren auch große Volkswirtschaften wie Großbritannien und Spanien betroffen.

Gänzlich unbeeindruckt davon zeigte sich hingegen der deutsche Markt für Wohnimmobilien, der durch eine moderate Preisentwicklung und eine durchgängig hohe Stabilität gekennzeichnet war, wie Abb. 10 eindrucksvoll verdeutlicht. Die Bezahlbarkeit von Wohneigentum, das heißt die Relation zwischen Einkommen und Immobilienpreisen, hat sich sogar über viele Jahre, bundesweit betrachtet, günstig entwickelt, wenngleich die subjektive Wahrnehmung vieler Menschen angesichts höherer Immobilienpreissteigerungen in besonders nachgefragten Großstädten eine andere ist.

Wodurch war der deutsche Markt für Wohnimmobilien nun gegen eine Krisenansteckung immunisiert? Was erklärt den soliden Sonderweg? Zu nennen sind zwei Faktoren und deren positive Wechselwirkung:

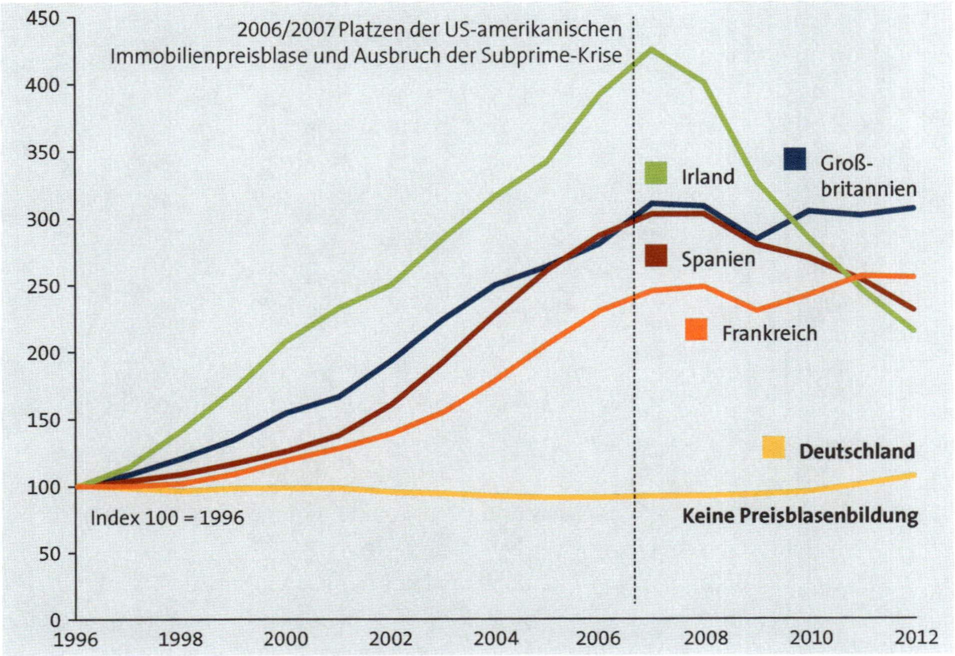


**Abb. 10** Entwicklung der Immobilienpreise in Deutschland im Zeitverlauf. (Quelle: OECD 2013)

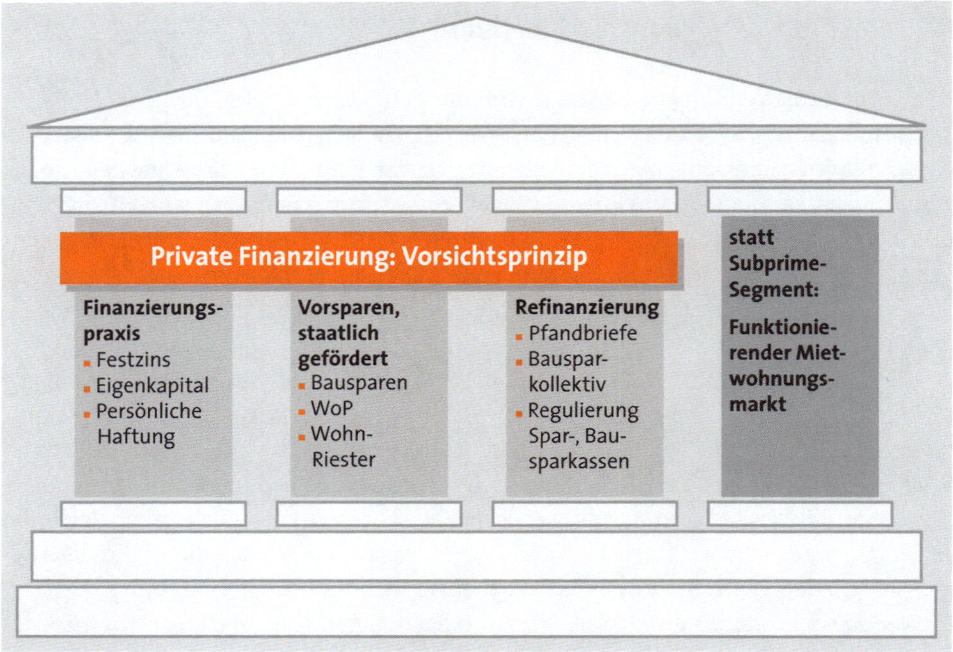


**Abb. 11** Stabilitätsanker des deutschen Wohnimmobilienmarktes. (Quelle: eigene Darstellung)

Der erste Faktor besteht in dem konsequent angewendeten Vorsichts- und Vorsorgeprinzip, an dem die private Immobilienfinanzierung in Deutschland ausgerichtet ist (vgl. Abb. 11). Hierzu zählen hohe Eigenkapitalanforderungen, einhergehend mit einer restriktiven Beleihungspraxis, sowie die ausgeprägte Festzinstradition bei Hypothekendarlehen. Anstatt Subprime-Kredite zu vergeben, sind einkommens- und vermögensschwächere Haushalte angehalten, zunächst ausreichendes Eigenkapital anzusparen, wenn sie den Erwerb einer eigenen Wohnimmobilie anstreben. Eine ganz wesentliche Form dieses Vorsparens stellt das zweckgebundene Bausparen dar, das aus sozial- und vermögenspolitischen Gründen auch staatlich gefördert wird. Aus der Retrospektive auf die Finanzmarkt- und Wirtschaftskrise heraus kann man ohne weiteres hinzufügen: auch aus Gründen der Finanzmarktstabilität.

Zur soliden Immobilienfinanzierung gehört auch ihre solide Refinanzierung in Form des Pfandbriefs deutscher Prägung einerseits für Hypothekendarlehen und andererseits des von den Bausparkassen verantwortungsvoll gesteuerten Bausparerkollektivs. Die privaten und öffentlichen Bausparkassen sowie die öffentlich-rechtlichen Sparkassen unterliegen als wichtige Teilnehmer am Markt privater Wohnimmobilienfinanzierung in ihrem Anlageverhalten zudem strengen staatlichen Regularien.

Der zweite Faktor ist in einem funktionierenden Mietwohnungsmarkt zu sehen. Einkommens- und vermögensschwache Haushalte finden hierzulande insgesamt ein qualitativ hochwertiges und zugleich bezahlbares Mietwohnungsangebot vor, anders als in manchen Nachbarländern. Insofern werden diese Haushalte in Deutschland weder durch die Marktgegebenheiten gedrängt noch sind sie versucht, Eigentum zum Preis einer Immobilienfinanzierung am Rande ihrer finanziellen Leistungsfähigkeit zu erwerben oder gar darüber hinaus.

Die Wohneigentumsquote bewegt sich bei uns im europäischen Vergleich zwar auf einem relativ niedrigen Niveau und steigt über die Jahrzehnte nur langsam an. Dafür handelt es sich jedoch um ein gesundes, organisches und stetiges Wachstum, das mit einem funktionierenden Marktgeschehen sowie einer hohen Preisstabilität und damit Werthaltigkeit der Wohnimmobilien einhergeht. Deutschland tut gut daran, bezüglich seines Vorsichts- und Vorsorgeprinzips Vorbild in Europa zu bleiben.

Die Bausparkassen werden auch in Zukunft mit dem Bausparen als kollektiv basiertem, kapitalmarktunabhängigem und spezialgesetzlich reguliertem Vorspar- und Finanzierungsinstrument ihren wesentlichen Beitrag zur Stabilität der Immobilienmärkte und damit auch zur Finanzmarktstabilität insgesamt leisten.

### 6.3 Staatliche Förderung unterstreicht den sozialpolitischen Nutzen des Bausparens

Der Vermögensbildung breiter Schichten kommt eine hohe sozialpolitische Bedeutung zu und die selbstgenutzte eigene Immobilie bleibt die beliebteste Form der Vermögensbildung und der Altersvorsorge in Deutschland. Bausparen ist das bewährte Vorsparinstrument für den Immobilienerwerb. Der sozialpolitische Nutzen des Bausparens ist somit unstrittig und in seiner kontinuierlichen staatlichen Förderung dokumentiert, die seit der Einführung der Wohnungsbauprämie im Jahr 1952 besteht.

Mit dem Einbezug der selbstgenutzten Immobilie in die Riester-Förderung hat der Staat erneut dem Wunsch der Menschen entsprochen, die der selbstgenutzten Immobilie als Instrument der Altersvorsorge eindeutig den Vorzug vor den meisten anderen Anlageformen und -klassen geben.

## 7 Fazit

Im vorliegenden Beitrag wurde aufgezeigt, warum Bausparen gerade auch in der Niedrigzinsphase ein Schlüsselprodukt für den Retail-Markt ist. Weiterhin wurde dargestellt, dass sich Bausparkassen und Banken, respektive deren Vertriebsbereiche, ideal ergänzen können und Win-Win-Situationen generieren. Zinssicherung durch Bausparen ist aktuell ein exzellentes Argument und eine sinnvolle Ergänzung zur hypothekengestützten Baufinanzierung, wie die gemeinsame Vertriebspraxis von Wüstenrot mit Kreditinstituten bereits täglich beweist.

Bausparkassen werden sich, wie Banken, in einem dynamischen Umfeld behaupten müssen. Herausfordernde Schlagworte sind beispielsweise die Digitalisierung, der demografische Wandel sowie die von der Politik forcierte Energiewende, die ohne die Bausparkassen und das Engagement der Bausparer nicht gelingen kann. Die Wüstenrot Bausparkasse positioniert sich bereits seit Jahren als Modernisierungsbausparkasse und wird dies weiterhin tun.

Bausparen genießt in der Bevölkerung großes Vertrauen, dass über Generationen aufgebaut und weitergegeben wurde. Und: Bausparen ist mehr als ein Finanzprodukt. Es bildet als Vorspar- und besondere Finanzierungsform einen der zentralen Ankerpunkte für die hohe Stabilität des Wohnungs- und Wohnimmobilienmarktes in Deutschland. Damit hat es entschieden in einer Zeit zur hiesigen Finanzmarktstabilität beigetragen, als im Kontext der US-amerikanischen Subprime-Krise europäische Nachbarstaaten dramatisch erodierende Immobilienpreisentwicklungen erlebten und mit den hieraus resultierenden weitreichenden Konsequenzen konfrontiert wurden.

Die sozial- und vermögenspolitische Bedeutung des Bausparens wird durch die seit über einem halben Jahrhundert bestehende staatliche Förderung unterstrichen und wurde vom deutschen Staat durch den Einbezug in die Riester-Förderung in Form des Wohn-Riester-Bausparvertrags erneut bestätigt.

Die vorstehenden Argumente, insbesondere jedoch die starke emotionale Komponente des Wohneigentums, bei der Kunden Bausparen und die Möglichkeit, ihre eigenen Wohnwünsche zu realisieren, unmittelbar miteinander verknüpfen, begründen die große, positive Strahlkraft der Bausparmarken. Kreditinstitute können sich diese positive Strahlkraft beim anhaltenden Aufbau des in der Bankenkrise verlorengegangenes Vertrauens zunutze machen. Die Bausparkassen stehen bereit, in Partnerschaft mit den Kreditinstituten die erheblichen Potenziale als gemeinsames Neugeschäft zu erschließen.

## Literatur

Bundesministerium für Verkehr, Bau und Stadtentwicklung (2011): Wohnen im Alter, Schriftenreihe Forschungen, Heft 147, Berlin, 2011.

CONFIDUM Financial Management Consultants AG (2012): Privatkundengeschäft 2025 – Die Zukunft der Regionalbanken, Thesenpapier, Rorschacherberg (Schweiz), 2012.

Deutsche Bank Research (2014): Fintech – Die digitale (R)evolution im Finanzsektor. Algorithmenbasiertes Banking mit human touch, Frankfurt am Main, 2014.

Henger, R.; Voigtländer, M. (2011): Immobilienfinanzierung nach der Finanzmarktkrise – Zusammenhänge, internationale Unterschiede und Regulierungsgefahren, Reihe Forschungsberichte aus dem Institut der deutschen Wirtschaft Köln, Nr. 73, Köln, 2011.

Interhyp AG (2014): Wohnträume der Deutschen 2014 – Wunsch und Wirklichkeit, die bundesweite Studie, München, 2014.

KfW Economic Research (2014): Altersgerechter Wohnraum: Große Versorgungslücke, dringender Investitionsbedarf, Reihe Fokus Volkswirtschaft, Nr. 65, 29. Juli 2014 https://www.kfw.de/PDF/Download-Center/Konzernthemen/Research/PDF-Dokumente-Fokus-Volkswirtschaft/Fokus-Nr.-65-Juli-2014.pdf, abgerufen am 05.05.2015.

Steinbeis Research Center for Financial Services (2014): Altersvorsorgereport: Deutschland 2014, Aktuelle Situation und Herausforderungen, im Auftrag der Sparda-Bank, München, 2014.

Verband der Privaten Bausparkassen e. V. [Hrsg.] (2014): Jahrbuch des Verbandes der Privaten Bausparkassen – Bausparen 2014, Berlin, 2014.

Walberg, D. [Hrsg.] (2012): Wohnungsbau in Deutschland – 2011, Modernisierung oder Bestandsersatz, Arbeitsgemeinschaft für zeitgemäßes Bauen e. V., Kiel, 2012.

## Weitere Quellen

Bundesministerium für Arbeit und Soziales (2015): Zusätzliche Altersvorsorge, http://www.bmas.de/DE/Themen/Rente/Zusaetzliche-Altersvorsorge/statistik-zusaetzliche-altersvorsorge.html, Stand 24.03.2015, abgerufen am 11.05.2015.

GfK (2014, 2015): Finanzmarktpanel, Mehrbezieherstudie, nicht veröffentlicht.

TNS Infratest (2014, 2015): Repräsentative Mehrbezieherstudien, nicht veröffentlicht.

Verband der Privaten Bausparkassen e. V. (2014): Wichtige Fakten zu den Privaten Bausparkassen im Jahr 2014. http://www.bausparkassen.de/index.php?id=38&print=1&no_cache=1, abgerufen am 12.05.2015

**Bernd Hertweck** ist seit 2013 Vorsitzender des Vorstands der Wüstenrot Bausparkasse AG, dem er bereits seit 2006 als ordentliches Mitglied angehört.

Der gebürtige Hohenloher ist gelernter Bankkaufmann und Bankfachwirt. Er durchlief zunächst verschiedene Stationen im Kredit- und Vertriebsbereich der Bausparkasse Schwäbisch Hall. Anschließend folgten dort mehrere Leitungspositionen in Vertrieb und Marketing.

Wüstenrot entwickelte sich in seiner Zeit als Vorstand zur zweitgrößten deutschen Bausparkasse mit mehreren Millionen Bauspar- und Baufinanzierungskunden.Zusätzlich ist Bernd Hertweck Generalbevollmächtigter der Wüstenrot Bank AG Pfandbriefbank und leitet das Geschäftsfeld „BausparBank" der Wüstenrot & Württembergische-Gruppe.

# Möglichkeiten der Ausgestaltung eines bankbetrieblichen Produktportfolios aus Sicht einer Universalbank

Karsten Zerfaß

## Inhaltsverzeichnis


1 Einleitung . . . . . 190
2 Universalbank bedingt ein breites Produktportfolio . . . . . 190
2.1 Einkauf von Finanzprodukten gewinnt gegenüber der Eigenproduktion zunehmend an Bedeutung . . . . . 191
2.2 Trend zur Individualisierung und Flexibilisierung der Produkte verstärkt sich weiter . . . . . 193
2.3 Produktportfolio wird durch aktuelle Marktphasen beeinflusst . . . . . 195
3 Kundensegmentspezifische Angebote . . . . . 196
3.1 Trend zu Produktbündeln als Lösungsangebot für Kunden . . . . . 197
3.2 „Pricing"-„Prozess" ist von zentraler Bedeutung für die Ertragsgenerierung . . . . . 198
3.3 Loyalty Pricing ist ein wichtiger Trend für die Zukunft . . . . . 199
4 Produktportfolio ist nicht nur Ertragsfaktor, sondern auch Kostentreiber . . . . . 200
4.1 Strukturierung des Produktportfolios . . . . . 201
4.2 Berater ist das wichtigste Verbindungsglied zwischen Produkt und Kunde . . . . . 202
5 Ausbildung einer stärkeren Differenzierung zwischen Kundengruppen sowie Ausbau der Spezialisierung . . . . . 202
5.1 Trend zur Produkt- und Preisdifferenzierung nach Vertriebskanälen . . . . . 203
5.2 Erstellung einer Produktmatrix . . . . . 204
6 Bedarfsfeld Vorsorge: „MVB-RentePlus" als Beispiel einer erfolgreichen Erweiterung des Produktportfolios . . . . . 205
Literatur . . . . . 207



K. Zerfaß (✉)
Mainzer Volksbank eG, Mainz, Deutschland





D. Hellenkamp, K. Fürderer (Hrsg.), *Handbuch Bankvertrieb*,
DOI 10.1007/978-3-658-06447-1_12

## 1 Einleitung

Im Mittelpunkt einer kundenbedarfsorientierten Beratung steht die Unterstützung des Kunden bei der finanziellen Verwirklichung seiner Wünsche und Ziele. Die zum Bedarf passenden Finanzprodukte sind insofern kein Selbstzweck, sondern vielmehr Umsetzungshilfe bei der Erfüllung der Kundenwünsche.

Bekannt ist in diesem Zusammenhang auch der Ausspruch „Der Kunde kauft keine Bohrmaschine, sondern die Löcher in der Wand". Dies trifft in gleicher Weise auf Finanzprodukte zu: Hier kauft der Kunde kein Hypothekendarlehen isoliert als Produkt, sondern als Instrument, um sich zum Beispiel den Wunsch einer eigenen Immobilie zu erfüllen. Ebenso steht beim Abschluss einer privaten Rentenversicherung nicht das Finanzprodukt an sich im Fokus, sondern der Kundenwunsch, im Alter durch eine zusätzliche Rente den gewohnten Lebensstandard beibehalten zu können.

Daher ist es von besonderer Relevanz, die Bedürfnisse der eigenen strategischen Kundenzielgruppen richtig und umfassend zu erkennen sowie das Leistungsangebot der Bank auf die Deckung dieser Bedarfe auszurichten. Gibt es Abweichungen zwischen dem Kundenbedürfnis und der eigenen Produktpalette, besteht das Risiko, dass dieses Bedürfnis durch Produkte anderer Anbietern gedeckt wird und mittelfristig möglicherweise die gesamte Kundenverbindung (abwanderungs-) gefährdet ist.

Umgekehrt kann mit auf Kundenbedürfnissen ausgerichteten Bank- und Fremdprodukten eine höhere Bedarfsdeckung und Produktnutzung und damit auch eine höhere Kundenbindung erreicht werden (vgl. Bain & Company 2012, S. 5 f.). Zusätzlich bietet sich die Chance, Neukunden zu gewinnen, denen bei ihren bisherigen Anbietern kein passendes Produktangebot offeriert wurde.

Da sich die Honorarberatung als Vergütungsmodell in Deutschland bislang kaum durchgesetzt hat, wird der zur Deckung der Kosten und zur Erzielung eines angemessenen Gewinns notwendige Deckungsbeitrag in der Regel über den Verkauf von Produkten generiert (vgl. Löffelholz 2014). Das Produktportfolio, das dem Berater zur Verfügung steht, ist daher nicht nur für die Kundenzufriedenheit ein wesentlicher Katalysator, sondern auch für den betriebswirtschaftlichen Unternehmenserfolg.

Für regionale Universalbanken wie die Mainzer Volksbank mit ihrer Ausrichtung auf den privaten und gewerblichen Mittelstand in ihrem Geschäftsgebiet ergeben sich bei der Steuerung des Produktportfolios insbesondere die nachfolgend dargestellten Herausforderungen.

## 2 Universalbank bedingt ein breites Produktportfolio

Der Anspruch einer Universalbank besteht darin, als Hausbank erste Anlaufstelle des Kunden zu sein und nach Möglichkeit, alle relevanten Bedürfnisfelder abzudecken.

Diese reichen etwa im Privatkundenbereich von Privatgirokonten als Breitenprodukte, Tagesgeld als Standardgeldanlage, über Riester-Verträge als mögliche Basis einer Altersvorsorge bis hin zur Vermögensverwaltung für einen selektiven Kundenkreis. Im Firmenkundenbereich erstreckt sich die Produktpalette von Geschäftskonten als Basisprodukte der Geschäftsverbindung, über klassische Investitionskredite und Förderdarlehen bis hin zu komplexen Finanzierungsstrukturen in Eigen- und Fremdwährung.

Die Anforderungen an Universalbanken, die weitgefasste Kundengruppen adressieren, sind damit bezüglich der Breite der Produktpalette deutlich höher als an Spezial- oder Direktbanken, die typischerweise nur ein begrenztes Produktangebot vorhalten. Deren Geschäftsmodelle positionieren sich im Wesentlichen dadurch, dass sie eine bestimmte Marktnische besetzen und sich im Allgemeinen an Kunden ausrichten, die weitgehend einen hohen Grad an Selbstinformation aufweisen und eigene Finanzentscheidungen treffen. Sie bieten vorwiegend einfache Finanzprodukte in einer geringen Anzahl von Varianten an. Die geringeren Kosten werden zum Teil über Konditionsvorteile an Kunden weitergegeben. Benötigt der Kunde jedoch eine abweichende individuelle Lösung oder wünscht er eine persönliche Beratung, stößt er bei Direktbank regelmäßig an Grenzen, die sich aus dem zugrunde liegenden Geschäftsmodell ergeben.

Eine Universalbank hat demgegenüber die Möglichkeit, für ihre Kunden Mehrwerte durch ein breites Produktportfolio verbunden mit einer umfassenden Beratung zu generieren. Sie muss die Kunden aber durch gezielte Kommunikationsmaßnahmen von diesen Mehrwerten überzeugen und diese in der Beratung erlebbar werden lassen, damit Kunden diese als Vorteil wahrnehmen und hierfür eine Preisbereitschaft entsteht.

## 2.1 Einkauf von Finanzprodukten gewinnt gegenüber der Eigenproduktion zunehmend an Bedeutung

Die Bank muss bestrebt sein, den eigenen Bestandskunden sowie auch potenziellen Neukunden innerhalb ihrer strategischen Zielgruppen diejenigen Produkte anzubieten, die auf deren jeweilige Bedürfnisse abgestimmt sind. Um das hierfür geeignete Produktportfolio zu generieren, stellt sich regelmäßig die Entscheidung „make or buy" – das heißt entweder die Finanzprodukte selbst zu produzieren oder sie an geeignete Kooperationspartner, wie Versicherungsgesellschaften, Bausparkassen oder auch andere Banken zu vermitteln.

Hierbei ist zu beobachten, dass die klassischen Bankprodukte (wie Girokonten, Hypothekendarlehen, Tagesgeldanlagen oder im gewerblichen Bereich Investitionskredite) weiterhin überwiegend selbst produziert werden. In anderen Bereichen besteht hingegen ein zunehmender Trend zum Einkauf von Fremdprodukten. Gründe hierfür können zum Beispiel zu geringe Stückzahlen sein, um auf wirtschaftliche Losgrößen zu kommen (Skaleneffekte), zu hohe eigene Produktionskosten, die einen wettbewerbsfähigen Preis nicht ermöglichen, oder auch fehlende Expertise in Spezialbereichen, deren Aufbau im Verhältnis zum zu erwartenden Ertrag zu aufwändig wäre.

**Beispiel**

Um **Bausparverträge** anbieten zu können, sind besondere Vorschriften des Bausparkassengesetzes zu erfüllen. Für eine regional tätige Bank ist es in der Regel nicht sinnvoll, diese Expertise aufzubauen, zumal erhebliche Marketing- und Vertriebsaufwendungen erforderlich wären, um ein angemessen großes Bausparkollektiv aufzubauen. Daher ist es wirtschaftlich sinnvoller, im Verbund einen zentralen Anbieter zu nutzen, der erhebliche Skaleneffekte erzielt und kostengünstig produzieren kann.

**Beispiel**

Die meisten Banken sind zwar grundsätzlich in der Lage, **Ratenkredite** selbst zu produzieren, doch auch hier kann ein spezialisierter Anbieter Skaleneffekte nutzbar machen. So hat sich zum Beispiel im genossenschaftlichen Finanzsektor die „TeamBank“ auf das Produktsegment der Ratenkredite spezialisiert und mit dem „easyCredit“ durch regelmäßige bundesweite Marketingkampagnen einen sehr hohen Bekanntheitsgrad erreicht. Für eine regional agierende Bank wäre der Werbeaufwand zu hoch, um für ein eigenes Produkt auch nur annähernd einen solchen Bekanntheitsgrad zu erzielen. Zusätzlich kann ein spezialisierter Anbieter Produktinnovationen vorantreiben sowie über die Optimierung von Abläufen zusätzliche Kostenvorteile generieren. Vor diesem Hintergrund haben sich mehr als 80 % der Genossenschaftsbanken für eine Zusammenarbeit mit der TeamBank entschieden.

**Beispiel**

Für Schadensfälle wird von den Anbietern von **Versicherungen** ein Kollektiv gebildet, auf das ein entstehender Schaden übertragen wird – eine einzelne Bank kann dieses eigenständig typischerweise nicht leisten. Insofern ist es vorteilhafter, von Kunden gewünschte Absicherungen an Kooperationspartner zu vermitteln. Dieses gilt zum Beispiel für die Darstellung der Verrentungsphase bei Riester-Banksparplänen. Hier erfolgt eine Zusammenarbeit mit Versicherungsgesellschaften, um die gesetzlich geforderten lebenslangen Rentenzahlungen zu ermöglichen.

Auch beim klassischen Bankprodukt Hypothekendarlehen kann es vorteilhaft sein, an Stelle der eigenen Produktion Kredite an Kooperationspartner zu vermitteln, zum Beispiel unter Risikogesichtspunkten:

Auch wenn ein Verbraucher eine feste Zinsbindung von 15, 20 oder 30 Jahren wählt, hat er gemäß BGB nach zehn Jahren das Recht, das Darlehen einseitig vorzeitig zu kündigen, während die Bank an den vereinbarten Zins bis zum Ende der Zinsfestschreibung gebunden ist. Diese Möglichkeit wird der Kunde in der Regel in Anspruch nehmen, wenn das Zinsniveau gegenüber dem Abschlusszeitpunkt erkennbar gesunken ist und er ein günstigeres Darlehen für die verbleibende Laufzeit am Markt aufnehmen kann. Die Bank selbst kann den zurückgezahlten Betrag dann nur zu niedrigeren Zinsen neu anlegen, so dass insbesondere bei sehr langen Darlehenslaufzeiten ein nicht unwesentliches Ertragsrisiko entsteht, das entsprechend in der Risikosteuerung des Instituts zu berücksichtigen ist. Die Absicherung dieses inhärenten Optionsrisikos ist nicht trivial und auch die Beschaffung sehr langer Refinanzierungen mit Laufzeiten von 20 Jahren oder mehr ist in der Regel mit deutlichen Liquiditätsaufschlägen verbunden. Hier kann es daher sinnvoll sein, das Risiko nicht in die eigenen Bücher zu nehmen, sondern das Produkt eines hierauf spezialisierten Anbieters an den Kunden zu vermitteln.

## 2.2 Trend zur Individualisierung und Flexibilisierung der Produkte verstärkt sich weiter

In den Anfangsjahren der Automobilindustrie hatte Henry Ford einst den berühmten Ausspruch geprägt „Bei mir kann jeder Kunde ein Auto in der Farbe bestellen, die er will, vorausgesetzt sie ist schwarz". Während die Automobilindustrie dies schon lange hinter sich gelassen hat und heute jedes Modell in unzähligen Varianten zu liefern vermag, ist dieser Trend zur Individualisierung in der Finanzbranche noch vergleichsweise jung (vgl. Morschheuser und Zerndt 2014).

**Beispiel**

Vor einigen Jahren war noch zu beobachten, dass viele Banken für **Baufinanzierungen** standardmäßig fünf bzw. zehn Jahre Festzinsbindung mit einem Prozent anfänglicher Tilgung anboten. Inzwischen verfügen die meisten Institute über ein Baukastensystem, aus dem sich ähnlich der Automobilindustrie zum Basismodell gewünschte Zusatzausstattungen gegen Aufpreis beliebig ergänzen lassen. So reichen die verfügbaren Laufzeiten nun in der Regel von ein Jahr bis 30 Jahre. Während früher eine bestimmte Tilgung fest vereinbart wurde, die dann bis zum Ende der Festzinsschreibung unverändert beibehalten werden musste, wird dem Kunden immer häufiger die Möglichkeit eingeräumt, während der Laufzeit die Tilgungsintensität einmalig oder mehrmals zwischen einem und fünf Prozent zu wechseln. Auch bei den Sondertilgungsrechten hat sich das Angebot erweitert:Aktuell wird als Standard in der Regel ein kostenloses Sondertilgungsrecht von fünf Prozent p. a. eingeräumt. Wünscht der Kunde ein höheres Sondertilgungsrecht, weil er in der Zukunft zusätzliche Geldeingänge erwartet, bietet die Mainzer Volksbank zum Beispiel an, das Sondertilgungsrecht auf zehn Prozent oder 20 % p. a. gegen Aufpreis zu erhöhen. Damit besteht in der Beratung die Möglichkeit, deutlich besser auf die individuelle Bedarfssituation des Kunden einzugehen.

**Beispiel**

Beim Abschluss von **Ansparplänen** stehen häufig Wünsche wie Urlaub, Auto, Führerschein oder auch die Ausbildung der Kinder und Enkel im Vordergrund. Früher wurden Sparpläne traditionell mit fest vorgegebenen Laufzeiten und konstanter Ratenhöhe angeboten. Der Kunde musste sich vorab entscheiden, ob er zum Beispiel für zwei, fünf, zehn oder 20 Jahre eine feste Rate auf den Sparplan einzahlen wollte. Viele Kunden sind sich zum Zeitpunkt des Abschlusses jedoch nicht sicher, für welchen Zeitraum sie sich eine bestimmte Rate leisten wollen oder können. Andere möchten die Möglichkeit haben, zusätzlich Geld einzuzahlen, etwa wenn sie erben oder mehr verdienen. Bei Sparplänen für Kinder besteht häufig der Wunsch der Großeltern, zusätzliche Einzahlungen zum Beispiel zur Taufe oder Kommunion tätigen zu können. Viele Kunden wünschen sich auch, im Bedarfsfall (wenn beispielsweise unerwartete Reparaturen anstehen) über einen Teilbetrag verfügen zu können, ohne dass gleich der gesamte Sparvertrag endet.

Die Mainzer Volksbank hat diese Kundenwünsche nach einer deutlichen Flexibilisierung der Ansparpläne aufgegriffen und mit der Einführung des Produkts „MVB-Sparplan flex" konsequent umgesetzt:

Beim „MVB-Sparplan flex" handelt es sich um einen Sparvertrag, bei dem der Kunde jedes Jahr frei entscheiden kann, wie viel er einzahlt – und zwar zwischen zehn und 1000 € im Monat. Zusätzlich zu seiner Sparrate kann er bis zur maximalen Sparleistung von 12.000 € p. a. beliebige Einmal-Einzahlungen leisten. Außerdem hat der Sparer die Möglichkeit, einmal im Jahr über bis zu 50 % des angesparten Kapitals zu verfügen, um beispielsweise eine größere Anschaffung zu finanzieren. Der Sparvertrag läuft hierbei weiter.

Die Ausgestaltung auf einen Blick:

- Flexible Laufzeit (max. 15 Jahre)
- Möglichkeit der Ratenerhöhung oder -reduzierung während der Laufzeit
- Möglichkeit für zusätzliche Einzahlungen
- Attraktive variable Grundverzinsung
- Regelmäßige und transparente Anpassung der Grundverzinsung durch feste Bindung an einen Referenzzinssatz
- Bis zu 0,20 % p. a. Zusatzzins ab einem Guthaben von 2000 €
- Bis zu 1,00 % p. a. laufzeitabhängiger Zusatzzins
- Pro Jahr ist eine Teilverfügung zulässig (max. 50 % des Kapitals)
- Sichere Anlage ohne Kursrisiko

Der einzelne Vertrag für sich genommen lässt sich vor dem Hintergrund der zahlreichen Optionen nur bedingt kalkulieren. Bei Betrachtung des Gesamtbestandes hat sich indes gezeigt, dass sich dieser angemessen planen und steuern lässt, da die überwiegende Mehrheit der Verträge (weitgehend unabhängig von zwischenzeitlichen Zinsentwicklungen) regelmäßig bespart wird.

Der MVB-Sparplan flex bietet somit einerseits dem Kunden die Möglichkeit, diesen flexibel seinen persönlichen Bedürfnissen anzupassen. Andererseits ermöglicht er es der Bank, mittel- bis langfristige Passiva zu generieren. Das Angebot wurde von den Kunden bislang sehr gut angenommen (Abb. 1).

Auch bei anderen Geldanlagen ist der Trend der Flexibilisierung deutlich zu beobachten. Während das traditionelle Sparbuch mit dreimonatiger Kündigungsfrist kontinuierlich an

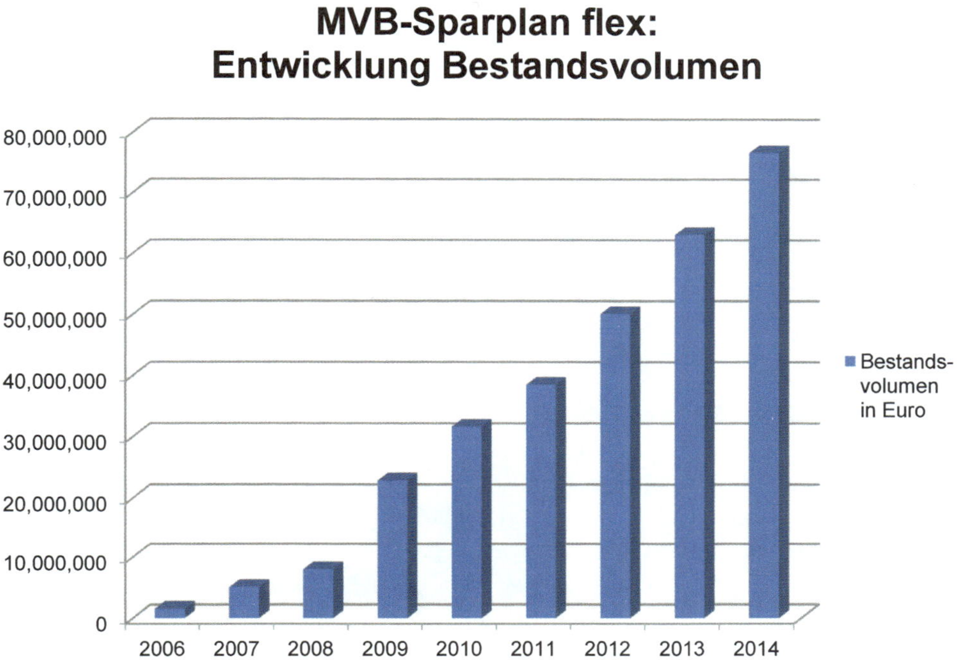


**Abb. 1** Bestandsvolumen MVB-Sparplan flex. (Quelle: Mainzer Volksbank eG)

Bedeutung verliert, hat sich das Tagesgeld mit einem Höchstmaß an Flexibilität zwischenzeitlich zum Standardprodukt der Geldanlage entwickelt.

Die Trends zur Individualisierung und Flexibilisierung ermöglichen es dem Kunden heute deutlich besser, eine auf seine individuellen Bedürfnisse und Wünsche zugeschnittene Produktvariante auszuwählen. Es ist davon auszugehen, dass sich diese Trends in einem weiter verschärfenden Wettbewerbsumfeld zukünftig fortsetzen, da sie Möglichkeiten einer positiven Abgrenzung zu Wettbewerbern generieren.

## 2.3 Produktportfolio wird durch aktuelle Marktphasen beeinflusst

Viele Kunden suchen in der aktuellen Niedrigzinsphase nach Anlagealternativen, die ihnen eine höhere Rendite bieten als traditionelle Einlagen. Hier können sich in Abhängigkeit der Risikobereitschaft des Kunden u. a. Investitionen in Anleihe-, Aktien- oder Immobilienwerte anbieten. Viele Kunden scheuen sich, einen größeren Betrag in einer Summe an den Kapitalmärkten zu investieren. Für diese Kundengruppe wurde in Zusammenarbeit mit dem Bankvertrieb der „MVB-Investitionsplan" eingeführt, bei dem der Kunde einen bestimmten Betrag anlegt und dafür einen attraktiven Zinssatz erhält. Dieser Betrag wird dann über 36 Monate in gleichen Tranchen in Wertpapiere investiert, so dass der Kunde den Cost-Average-Effekt für seine Wertpapieranlage nutzen und das Risiko eines falschen Timings reduzieren kann.

Bei erforderlichen Erweiterungen des Produktportfolios hat sich gezeigt, dass insbesondere ein vordefinierter strukturierter Prozess zur Einführung eines neuen Produktes von wesentlicher Bedeutung für einen späteren Erfolg ist. Hier sollte idealerweise eine frühzeitige Einbindung aller betroffenen Bereiche (das heißt Vertrieb, Vertriebssteuerung, Organisation, Marktfolge, Rechnungswesen, Controlling, Personalentwicklung etc.) erfolgen, um sowohl eine marktgerechte Ausgestaltung des Produktes als auch funktionierende Abläufe zu erreichen sowie ggf. erforderliche Schulungs- bzw. Trainingsmaßnahmen sicherzustellen. Aus aufsichtsrechtlichen Argumenten ist dieses auch unter Risikogesichtsgesichtspunkten erforderlich (vgl. BaFin 2012).

## 3 Kundensegmentspezifische Angebote

Zur Gewinnung und Bindung ausgewählter Zielgruppen kann es sinnvoll sein, spezifische Produkte zu entwickeln und anzubieten (vgl. Köllnberger et al. 2014, S. 3). Verschiedene Untersuchungen und Befragungen haben beispielsweise ergeben, dass zufriedene Kunden sehr selten ihre Hauptbankverbindung wechseln, das heißt die Basis einer Kontoverbindung wird gemeinhin sehr früh gelegt. Insofern erscheint es sachgerecht, möglichst frühzeitig und nachhaltig in den Aufbau langfristiger Kundenbeziehungen zu investieren.

Die Mainzer Volksbank hat in diesem Kontext deshalb ein durchgängiges Jugendmarktkonzept implementiert, für dessen Umsetzung „Jugendmarktbeauftragte“ in den Filialen vor Ort verantwortlich sind. Wesentliche Bestandteile dieses Konzeptes sind etwa spezifische Vertriebsaktivitäten wie zum Beispiel die Mitgliedschaft im Kids-Club mit speziellen Veranstaltungen für Kinder, Gutscheine und Präsente zu ausgewählten Anlässen sowie spezifische Produkte wie das Mini- und das Kid-Konto für die Altersgruppen bis sieben sowie sieben bis 14 Jahre. Neben einer höheren Verzinsung besteht beim Kid-Konto für Eltern die gerne genutzte Möglichkeit, ihrem Kind eine SparCard als Taschengeldkarte mit begrenzten Verfügungsmöglichkeiten zur Verfügung stellen zu lassen, um das Erlernen des Umgangs mit Geld zu unterstützen.

Für Schüler ab 14 Jahren, Auszubildende und Studenten bis maximal 30 Jahre wird das MVB-Easy-Konto mit kostenloser Kontoführung und attraktiver Verzinsung angeboten. Als Ergänzung hierzu kann der Kunde die MVB-EasyCard (eine aufladbare Kreditkarte) wählen, welche ebenfalls deutlich vergünstigt gegenüber den Standardkreditkarten angeboten wird und zum Beispiel zur Bargeldversorgung während eines Auslandssemesters genutzt werden kann. Ein weiterer Bestandteil des zielgruppenspezifischen Angebots für junge Kunden bildet das MVB-Easy-Depot, für welches keine Depotgebühren berechnet werden.

Es hat sich gezeigt, dass ein bereits in frühen Jahren als Taschengeldkonto genutztes MVB-Easy-Konto regelmäßig auch für die erste Ausbildungsvergütung und das erste Gehalt genutzt wird und somit eine sehr gute Basis für den Aufbau einer langfristigen Kundenbeziehung darstellt.

### 3.1 Trend zu Produktbündeln als Lösungsangebot für Kunden

Unterschiedliche Produkte aus Eigen- und Fremdproduktion werden für Kunden zunehmend zu attraktiven Bündeln zusammengefasst. Gleichzeitig bieten sich hierdurch Möglichkeiten, die Produktnutzenquote als wichtigen Bestimmungsfaktor der Kundenbindung zu erhöhen.

Viele Großeltern möchten gerne für die Enkelkinder einen monatlichen Betrag investieren, um diese abzusichern. Die Mainzer Volksbank bietet daher unter der Bezeichnung „MVB-Kids-Vorsorge" ein Produktbündel für Kinder an, das aus den in Abb. 2 dargestellten drei Hauptkomponenten besteht.

**Abb. 2** MVB-Kids-Vorsorge. (Quelle: Mainzer Volksbank eG)

Die vorstehend beschriebenen Trends der Flexibilisierung und der Individualisierung sind hier ebenso berücksichtigt. So kann der Baustein 1 der Kapitalbildung in Abhängigkeit des kundenindividuellen Wunsches

- aus einem Banksparplan,
- aus einer Ausbildungsversicherung,
- aus einem Fondssparplan oder
- aus einem Bausparvertrag bestehen.

Die Bausteine 2 und 3 können ebenfalls an dem vom Kunden gewünschten Absicherungsniveau ausgerichtet werden.

Ein weiteres Beispiel für ein einfaches, aber sehr erfolgreiches Produktbündel ist das Produkt „MVB-RenditeMix". Hierbei erfolgt eine 50-prozentige Aufteilung des Anlagebetrages jeweils auf eine Banktermineinlage mit einem attraktiven Zinssatz und eine Investmentfondsanlage.

## 3.2 „Pricing"-„Prozess" ist von zentraler Bedeutung für die Ertragsgenerierung

Obgleich die Relevanz des Vermittlungsgeschäftes kontinuierlich zunimmt, wird der Hauptertrag bei den meisten Regionalbanken nach wie vor mit den eigenen Produkten erzielt. Eine angemessene Preisgestaltung hat damit einen sehr hohen Einfluss auf die Ertragssituation der Bank (vgl. Berger 2013, S. 3 und S. 16 ff.).

Basis für das Preismanagement bildet zunächst die grundsätzliche Positionierung der Bank hinsichtlich Qualität und Preis (Preisstrategie). Regionalbanken werden sich hier regelmäßig als Qualitätsanbieter definieren. Diese Positionierung geht konform mit einem seit dem Jahr 2004 wieder erhöhtem Qualitätsbewusstsein der Bevölkerung bei Bankdienstleistungen, wie TNS Infratest in regelmäßigen Befragungen ausweist. So sank der Anteil der Befragten, die nur auf den Preis achten, von 36 % im Jahr 2004 auf aktuell 19 %, während gleichzeitig der Anteil derer, denen Leistung und Qualität wichtig sind, auf 67 % stieg.

Weiterhin ist es sinnvoll, für die eigenen Bankprodukte einen operativen Prozess zur regelmäßigen Preisüberprüfung und Preisanpassung einzurichten, der Mindestfrequenzen für die einzelnen Produktgruppen, Zuständigkeiten und Abläufe eindeutig festlegt.

Grundlage einer Preisüberprüfung und Entscheidung über die Preisanpassung können hierbei zum Beispiel sein:

- die Entwicklung von ausgewählten Referenzzinssätzen,
- die Ergebnisse interner Deckungsbeitragskalkulationen unter Berücksichtigung der eigenen Anlage- bzw. Refinanzierungskurve sowie der zurechenbaren Kosten,
- die Entwicklung der Konditionen relevanter Wettbewerber,
- die Ermittlung von Preisbereitschaften durch Kundenbefragungen in Form von Conjoint-Analysen.

Um den Aufwand zu begrenzen, können abweichende Überprüfungszyklen für die einzelnen Produktgruppen festgelegt werden. Während zum Beispiel die Konditionen von Hypothekendarlehen, Investitionskrediten und Einmalanlagen häufig in kurzen Abständen überprüft und an die Marktlage angepasst werden, ist dies bei variablen Sparprodukten in der Regel maximal vierteljährlich erforderlich. Bei hohen Marktvolatilitäten kann der Turnus anlassbezogen verkürzt werden, um das Angebot marktgerechter Konditionen zu gewährleisten.

Häufig implizieren zunächst isolierte Preisänderungen auch Folgepreisänderungen bei benachbarten Produktkategorien. Werden neben klassischen Hypothekendarlehen zum Beispiel Kombinationskredite mit Bauspardarlehen angeboten, so ist im Regelfall eine Konditionsanpassung für beide Produktkategorien erforderlich, um das Preisgefüge zu wahren. Diese Abhängigkeiten sollten idealerweise ebenfalls im Arbeitsablauf dokumentiert sein, um eine schnelle und effiziente Umsetzung von Konditionsanpassungen zu unterstützen.

Bedeutsam ist ebenso ein effizienter Prozess zur Kommunikation der Preisänderungen, die sich typischerweise sowohl in internen Tableaus bzw. Beratungsprogrammen für die Berater als auch in veröffentlichten Preisaushängen, Internetrechnern und ggf. erforderlichen Kundenmitteilungen niederschlagen. Hier ist eine konsistente und möglichst zeitgleiche Umsetzung zu gewährleisten.

Darüber hinaus sollte ein effizienter Sonderkonditionenprozess eingerichtet werden, der einerseits dem Vertrieb die notwendige Flexibilität beim Kunden ermöglicht und gleichzeitig klare „Leitplanken“ setzt. Die Vergabe von Sonderkonditionen sollte daher nach klaren Regeln und Prozessen erfolgen. Hier hat es sich häufig bewährt, sich auf möglichst wenige Produkte im Individualbereich zu konzentrieren und die Anzahl der Kompetenzstufen soweit wie möglich zu begrenzen. So gibt es zum Beispiel bei der Mainzer Volksbank keine Sonderkonditionen für die Standardprodukte MVB-Geldmarktkonto, MVB-Cash-Konto oder MVB-Super-Plus. Ebenfalls sinnvoll ist eine regelmäßige Sensibilisierung der Vertriebsmitarbeiter bezüglich der Auswirkungen von Preisnachlässen auf den Ertrag, da diese nicht immer bewusst sind. Ein Nachlass von optisch geringen 0,10 % beim Zinssatz für ein Hypothekendarlehen bewirkt bei einer Ausgangskonditionsmarge von 0,50 % p. a. eine Reduktion des Bruttoertrages um 20 %. Das Absatzvolumen müsste um 25 % erhöht werden, um den Minderertrag auszugleichen.

## 3.3 Loyalty Pricing ist ein wichtiger Trend für die Zukunft

Treueprogramme stellen insbesondere im Handel als auch bei Geschäftsreisen ein wichtiges und bewährtes Instrument zur Kundenbindung dar. Hintergrund ist die Erkenntnis, dass es regelmäßig günstiger ist, bestehende Kunden zu halten als neue Kunden über aufwändige Marketingaktivitäten zu gewinnen. Wesentliches Merkmal dieser Treueprogramme ist hierbei, dass es zu regelmäßigen Transaktionen des Kunden kommt, die belohnt werden können (das heißt Einkäufe, Buchung von Flugreisen bzw. Übernachtungen).

Die Übertragung dieser Bonusprogramme auf Bankgeschäfte ist damit nur eingeschränkt möglich, da die Frequenz beim Kauf von Finanzprodukten in der Regel deutlich niedriger als im Handel liegt. Vergleichsweise häufig sind am Markt daher bislang vor allem Angebote zur teilweisen oder vollständigen Erstattung der Kreditkartengebühren zu finden, sobald der Jahresumsatz jeweils festgelegte Stufen überschreitet.

Es ist jedoch davon auszugehen, dass die Belohnung umfassender bzw. langfristiger Kundenbeziehungen auch in der Finanzdienstleistungsbranche noch weiter an Bedeutung gewinnen wird. So bieten bereits mehrere Versicher im Sachversicherungsbereich einen Rabatt, wenn der Kunde mehrere Produktsparten abdeckt. Einige Banken haben zwischenzeitlich begonnen, langjährigen Kunden Zinsvorteile bei Anlagen oder Darlehen zu gewähren.

Die Mitgliedschaft bei Genossenschaftsbanken bietet sich ebenfalls als mögliches Preisdifferenzierungskriterium im Rahmen einer Mitgliederstrategie an. Hier gelten jedoch zusätzlich steuerliche Rahmenbedingungen, die zu beachten sind, um eine unerwünschte Einstufung des Preisvorteils als verdeckte Gewinnausschüttung zu vermeiden.

## 4 Produktportfolio ist nicht nur Ertragsfaktor, sondern auch Kostentreiber

Aus Vertriebssicht ist zunächst ein möglichst breites und tiefes Produktportfolio wünschenswert, um möglichst alle eventuellen – wenn auch nur sporadisch auftretenden – Kundenwünsche erfüllen zu können.

Hierbei ist jedoch gleichzeitig zu beachten, dass alle im Produktportfolio enthaltenen Produkte regelmäßig gepflegt und bei Bedarf angepasst werden müssen. Dies betrifft zum Beispiel die Umsetzung rechtlicher Änderungen in Formularen, die Anpassung von Vertriebsprozessen an geänderte regulatorische Vorgaben (wie derzeit insbesondere im Wertpapierbereich zu beobachten), die Aktualisierung von Verkaufshilfen und Prospekten, die Pflege in der Beratungssoftware, die Einbindung in das Vertriebs- und Risikocontrolling der Bank sowie die zuvor beschriebene Konditionssteuerung, welche eine in der Praxis nicht zu unterschätzende Ressourcenbelastung bei eigenproduzierten Produkten darstellen kann.

Ferner ist es erforderlich, die gesetzlichen Rahmenbedingungen kontinuierlich zu verfolgen und notwendige Steuerungsmaßnahmen im Produktportfolio umzusetzen. Beispielhaft sei hier die nachträgliche Einführung des Wohnförderkontos bei Riester-Verträgen genannt, welche eine Anpassung der internen Abläufe und der Verkaufshilfen im Vertrieb sowie entsprechende Schulungsmaßnahmen erforderlich machte.

Um die Aktualität der eingesetzten Prospekte zu gewährleisten, hat sich bei der Mainzer Volksbank neben der anlassbezogenen Pflege durch die Fachabteilungen die zusätzliche Durchführung eines jährlichen sogenannten „Prospekttages“ bewährt, an dem alle Verkaufshilfen gesichtet und kritisch überprüft werden.

Jedes Produkt ist damit nicht nur Ertragsfaktor, sondern auch Kostenträger. In regelmäßigen Abständen sollte daher unter Berücksichtigung der Deckungsbeiträge und der

Absatzentwicklung geprüft werden, ob das Angebot bestimmter Produkte unter betriebswirtschaftlichen Aspekten noch rentabel ist.

Hier können exemplarisch die Spareinlagen mit Kündigungsfristen zwischen sechs und 48 Monaten genannt werden, die im aktuellen Wettbewerbsumfeld keine Bedeutung für den Vertrieb mehr besitzen und daher bei der Mainzer Volksbank konsequenterweise aus dem Produktportfolio genommen wurden. Weiterhin wurde der Auszahlplan mit Kapitalerhalt eingestellt, da er im Sparbrief gleicher Laufzeit ein nahezu identisches Substitut findet. Da Vermögensbriefe mit Nachrangabrede unter Basel III schrittweise aus der Anrechnung für die Eigenmittel fallen, wurde der Verkauf ebenfalls frühzeitig eingestellt.

Doch selbst wenn der aktive Verkauf eingestellt wird, können Produktpflegekosten bleiben. So ist beispielsweise bei Sparplänen mit Bindung an einen Referenzzins bis zum Laufzeitende die vertraglich festgelegte regelmäßige Aktualisierung der Verzinsung vorzunehmen. Solche „Altlasten" sind dann häufig über mehrere Jahre mitzuführen.

## 4.1 Strukturierung des Produktportfolios

Um die Erstellung bedarfsgerechter Lösungen zu unterstützen, hat es sich bewährt, nicht nur die eingesetzten Beratungsinstrumente, sondern konsequenterweise auch das eingesetzte Produktportfolio nach den Bedürfnisfeldern des Kunden zu strukturieren – unabhängig davon, ob es sich um Eigen- oder Fremdprodukte handelt.

Im Privatkundenbereich sind dies zum Beispiel bei der Mainzer Volksbank die Themen

- Liquidität (Girokonten, Debit- und Kreditkarten, Ratenkredite etc.),
- Absicherung (Privat-Haftpflicht, Berufsunfähigkeitsversicherung etc.),
- Vermögen (Tagesgeld, Termingeld, Investmentfonds, Vermögensverwaltung etc.)
- Vorsorge (Riester-Banksparplan, Rentenversicherungen etc.)
- Immobilie (Hypothekendarlehen, Bausparen etc.).

Diesen Bereichen lassen sich dann die einzelnen Eigen- und Fremdprodukte zuordnen, um den Beratern eine schnellere Orientierung zu ermöglichen. Dies ermöglicht es auch, nach Qualifikation des Beraters und Risikoneigung des Kunden bereits eine gewisse Vorauswahl bei den Produkten vorzunehmen. Der Betreuer muss dann nicht mit dem gesamten „Bauchladen" in das Beratungsgespräch gehen, sondern verfügt über ein auf die Bedürfnisse des Kunden eingegrenztes Produktangebot.

Ein weiterer Vorteil besteht in der besseren Möglichkeit zur Identifikation von Redundanzen: Wenn zwei Produkte innerhalb des gleichen Themengebietes annähernd den selben Zweck erfüllen (zum Beispiel Tagesgeld und Geldmarktfonds im Bereich Vermögen), empfiehlt es sich, sich für ein Produkt in Form einer Hausmeinung aktiv zu entscheiden, um Überlappungen zu vermeiden, Komplexität zu reduzieren und dies idealerweise auch technisch in der eingesetzten Beratungssoftware zu implementieren. Im vorgenannten Beispiel könnte die Entscheidung zum Beispiel für das Tagesgeld lauten: Der Kunde hat den Vorteil einer transparenten Verzinsung ohne Kursschwankungen, die Bank hat den

Nutzen, damit Einlagen zu generieren. Zusätzlich hat die Konzentration auf das Tagesgeld den Vorteil, dass der Betreuer im Beratungsgespräch keine unnötigen Varianten anbieten und entsprechendes Wissen hierfür vorhalten muss. Das ist bezüglich der Abwicklung für alle Seiten effizienter.

### 4.2 Berater ist das wichtigste Verbindungsglied zwischen Produkt und Kunde

Ein gut aufgestelltes und für die strategischen Zielgruppen attraktives Produktportfolio ist für sich allein genommen zwar eine notwendige, aber noch keine ausreichende Voraussetzung für den wirtschaftlichen Erfolg. Neben den Maßnahmen zur Verkaufsförderung (Plakate, Prospekte, Informationen auf Kontoauszügen, an Geldausgabeautomaten und Kontoauszugsdruckern, Suchmaschinenwerbung im Internet, Werbung in klassischen Printmedien etc.), ist die Steuerung der Vertriebsaktivitäten von wesentlicher Bedeutung, damit das richtige Produkt zum richtigen Kunden findet.

Das wesentliche Bindeglied zwischen Produkt und Kunden ist bei Universalbanken regelmäßig der Berater. Er muss das notwendige Wissen über die einzelnen Produkte seines jeweiligen Bereichs haben, um seine Kunden bedarfsgerecht beraten und ihnen die dazu passenden Produkte anbieten und erklären zu können. Er muss also die Produkte ansprechen können sowie ihre Wirkungsweise, Vorteile und Einschränkungen kennen. Genauso muss er wissen, wie die Abwicklung (inklusive einer eventuell erforderlichen Beratungsdokumentation) funktioniert und auch nach erfolgtem Verkauf dem Kunden als Ansprechpartner zur Verfügung stehen („After-Sales-Service"). Exemplarisch seien hier die Riesterverträge genannt, bei denen eine regelmäßige Überprüfung und Anpassung der Sparrate vorgenommen werden sollte.

Dieses umfangreiche Produktwissen wird ein Berater nur für eine bestimmte Anzahl von Produkten auf stets aktuellem Stand vorhalten können. So sind insbesondere im Wertpapierbereich und im Kreditgeschäft auch die regulatorischen Anforderungen in den letzten Jahren deutlich angestiegen (vgl. KPMG 2013, S. 17 ff.). Insgesamt lässt sich feststellen, dass die Komplexität in der Beratung zugenommen hat. Vor diesem Hintergrund bedarf es eines gut durchdachten Betreuungskonzeptes, damit das Produktportfolio zu einem optimalen Nutzen für den Kunden führen kann.

## 5 Ausbildung einer stärkeren Differenzierung zwischen Kundengruppen sowie Ausbau der Spezialisierung

Die Bedürfnisse von Privatkunden im Mengenkundengeschäft unterscheiden sich deutlich von Firmenkunden im gehobenen Segment. Insofern ist es konsequent, Kundenberater möglichst homogene Kundengruppen betreuen zu lassen, um Streuverluste zu vermeiden. So können sich Privatkundenberater auf die Bedürfnisse von Privatkunden konzentrieren, ohne das spezifische Wissen für Geschäftskonten oder Investitionskredite vorhalten zu müssen.

Doch dieser Schritt ist alleine noch nicht ausreichend. Bei komplexeren Beratungsanlässen hat es sich zudem bewährt, einen Spezialist in die Beratung einzubeziehen. Dies erfolgt bei der Mainzer Volksbank zum Beispiel bei Baufinanzierungsberatungen, Generationenberatungen, gehobenen Anlageberatungen sowie auch bei Fremdwährungsgeschäften oder der Optimierung des Zahlungsverkehrs im Firmenkundenbereich.

Dem Kundenberater als fester Ansprechpartner für den Kunden kommt in diesem Modell die wesentliche Aufgabe zu, Beratungsbedarf beim Kunden zu erkennen und – sofern er selbst das Thema nicht vollständig abdeckt – anlassbezogen an den Spezialisten weiterzuleiten. Der Kundenberater agiert damit im übertragenen Sinne als „Hausarzt", der bei Bedarf den Facharzt einschaltet. Hierzu bedarf es beim Kundenberater eines breiten Basiswissens, um die jeweiligen Themenfelder erkennen und ansprechen zu können.

Ebenfalls erforderlich ist eine klare Definition der Betreuungszuständigkeiten sowie eine sachgerechte Überleitungsmatrix, welche Orientierung gibt, bei welchen Anlässen welcher Spezialist einzubinden ist. Hierdurch soll erreicht werden, dass dem Kunden durch den richtigen Berater die für ihn passenden Produkte angeboten werden. Ebenso ist zu regeln, wer für die Nachbetreuung des Kunden, zum Beispiel bei Fragen zum Produkt oder bei Produktfälligkeit, zuständig ist.

## 5.1 Trend zur Produkt- und Preisdifferenzierung nach Vertriebskanälen

Bei Serviceleistungen wie der Ausführung von Überweisungen oder der Einrichtung von Daueraufträgen ist festzustellen, dass diese zunehmend über Online-Banking erledigt werden. Für viele Kunden ist es bequem, diese einfachen Transaktionen ohne Beratungsbedarf von zu Hause aus oder mobil unterwegs zu erledigen, ohne dafür eine Filiale aufsuchen zu müssen.

Ebenso ist bei einfachen Finanzprodukten, wie Tagesgeldkonten oder Termineinlagen, der klare Trend zu beobachten, dass diese ebenfalls mit steigender Frequenz online abgeschlossen werden, da es hier in der Regel nicht um besonders komplexe oder weitreichende Entscheidungen geht. Stattdessen bietet der Onlineabschluss aus Sicht vieler Kunden den Vorteil der Zeitersparnis gegenüber dem Filialbesuch.

Aufgrund der hohen Preistransparenz im Internet befindet sich die regionale Filialbank hier in unmittelbarem Wettbewerb mit den Direktbanken. Eine weitere Möglichkeit ist daher, das Produktportfolio nach Vertriebskanälen zu differenzieren und zum Beispiel Produkte anzubieten, die nur online abgeschlossen und genutzt werden können. Die niedrigeren Kosten, die mit diesem Absatzkanal verbunden sind, können dann in Form günstigerer Konditionen an den Kunden weitergegeben werden, um diese besser gegen die Angebote von Direktbanken abzuschirmen. Die Mainzer Volksbank hat dies u. a. mit dem Online-Girokonto, dem Geldmarktkonto online und dem MVBdirekt-Depot umgesetzt.

Im Fokus stehen hier die sogenannten „hybriden" Kunden, die einfache Geschäfte gerne online erledigen, weil es schnell und bequem funktioniert, bei komplexeren Geschäften aber die persönliche Beratung suchen und schätzen. Hier liegt insbesondere die Chance für regionale Universalbanken einen Mehrwert gegenüber den Direktbanken zu generieren. So bevorzugen viele Kunden bei Bauvorhaben einen persönlichen und kompetenten Ansprechpartner vor Ort, der die Finanzierung bis zur Fertigstellung der Immobilie begleitet, bei unvorhergesehenen Mehrausgaben pragmatisch unterstützen kann und auch während der späteren Finanzierungsphase bei unerwarteten Lebensereignissen beispielsweise durch eine temporäre Reduzierung oder Aussetzung der Darlehensrate zur Seite steht.

Vielen Kunden ist auch nicht bewusst, dass bei dem aktuell sehr niedrigen Zinsniveau eine höhere Tilgung bzw. längere Zinsfestschreibung sehr sinnvoll sein kann. Ansonsten besteht bei der im Markt immer noch häufig angebotenen Basisvariante „zehn Jahre fest mit einem Prozent Tilgung" die Gefahr, dass sich die Rate für den Kunden nach Ablauf der Zinsfestschreibung mehr als verdoppeln kann, da in dieser Konstellation die Restschuld nach zehn Jahren noch bei etwa 88 % des Ursprungsdarlehens liegt. Eine Beratung bietet hier den Mehrwert, dass Kunden einerseits über solche Risiken aufgeklärt und andererseits Lösungsmöglichkeiten aufgezeigt werden. So kann das Zinsänderungsrisiko beispielsweise über eine Volltilgung innerhalb einer verlängerten Zinsfestschreibung von 25 oder 30 Jahren gänzlich eliminiert werden.

Auch der sogenannte „Ropo-Effekt" (Research online, Purchase offline) bietet zusätzliche Chancen. So nutzen viele Kunden das Internet, um sich vorab über Finanzprodukte zu informieren und dann in der Filiale abzuschließen (vgl. Dapp und Berscheid 2013, S. 5 f.). Hier besteht die Herausforderung, den Internetauftritt möglichst attraktiv und aussagekräftig zu gestalten, um den Kunden positiv anzusprechen. Dies kann insbesondere über verständliche Produktaussagen und kurze Erklärfilme erfolgen. Grundsätzliches Ziel ist es, den Kunden von der Beratungskompetenz der Bank zu überzeugen, um ihn im nächsten Schritt in die Filialberatung überleiten zu können. Hierbei ist es wichtig, bereits erste interaktive Kontaktmöglichkeiten zu bieten. Zu diesem Zweck hatte die Mainzer Volksbank u. a. sehr frühzeitig eine Callback-Funktion in ihrem Internetauftritt eingerichtet und im Jahr 2013 auch die Möglichkeit für Videobanking eingeführt. Weiterhin besteht die Möglichkeit für den Kunden, Anfragen online zu stellen. Hier hat sich gezeigt, dass eine möglichst zeitnahe Beantwortung erfolgsentscheidend ist. Für die Zukunft wird die noch stärkere Verzahnung der Vertriebskanäle im Rahmen einer umfassenden Multikanalstrategie von Bedeutung sein.

## 5.2 Erstellung einer Produktmatrix

Führt man die Kundenbedarfsfelder und die Kundensegmente in einer Tabelle zusammen, erhält man als Ergebnis eine Produktmatrix, welche die für einzelnen Themen und Kundensegmente vorgesehenen Produkte aus dem Gesamtproduktportfolio darstellt. Dies ist

<table>
<tr><th></th><th>Individual-Kunden</th><th>Betreuungs-kunden</th><th>Potenzial-kunden</th><th>Servicekunden mit erhöhtem Betreuungsbedarf</th><th>Service-kunden</th><th>Jugendmarkt</th></tr>
<tr><td rowspan="5">Vorsorge / Zukunft genießen</td><td colspan="5">MVB-RentePlus</td><td></td></tr>
<tr><td colspan="4">UniProfiRente / BSH-WohnRiester (bei Immobilienwunsch)</td><td></td><td></td></tr>
<tr><td colspan="5">Berufunfähigkeits-/Erwerbsunfähigkeitsversicherung</td><td>BU Start</td></tr>
<tr><td colspan="4">Rentenversicherung / Indexinvest</td><td></td><td>Ausbildungsvers.</td></tr>
<tr><td colspan="3">Fondsgebundene Rentenversicherung</td><td></td><td></td><td></td></tr>
</table>

**Abb. 3** Beispiel Produktmatrix. (Quelle: Mainzer Volksbank eG)

nachfolgend auszugsweise für das Themengebiet Vorsorge im Privatkundenbereich dargestellt (Abb. 3):

Da den einzelnen Kundengruppen jeweilige Beraterkompetenzen (zum Beispiel Kundenberater, Service-Berater, Servicemitarbeiter) gegenüberstehen, lässt sich auch der unmittelbare Produktschulungsbedarf für die Mitarbeiter ableiten. So muss ein Service-Mitarbeiter im Ergebnis ein deutlich geringeres Produktspektrum abdecken als ein Kundenberater. Dies ermöglicht es, die erforderlichen Schulungsmaßnahmen (insbesondere auch bei Neuprodukteinführungen) zielgerichtet und ressourcenschonend durchzuführen.

## 6 Bedarfsfeld Vorsorge: „MVB-RentePlus" als Beispiel einer erfolgreichen Erweiterung des Produktportfolios

Die kontinuierliche Alterung der Gesellschaft wird auch in den nächsten Jahren einen wesentlichen Megatrend darstellen. In der Bevölkerung wächst zunehmend das Bewusstsein, dass die gesetzliche Rente um eine private Altersvorsorge ergänzt werden muss, wenn der gewohnte Lebensstandard auch im Alter gehalten werden soll. Mit Einführung der Riester-Rente wurde eine mit staatlichen Zulagen und steuerlichen Anreizen geförderte Form der Altersvorsorge geschaffen. Die bundesweit etwa 36 Mio. Riester-Förderberechtigten haben bislang etwa 16 Mio. Riester-Verträge abgeschlossen.

Viele Kunden wünschen sich hierbei ein möglichst einfaches, verständliches und sicheres Produkt, welches eine angemessene Verzinsung bei möglichst geringen Kosten aufweist und nach Möglichkeit flexibel bespart werden kann.

Ziel der Einführung des bankeigenen Riester-Banksparplans war es daher, für die betont sicherheitsorientierten Kunden, welche keinen Investmentfonds und keine Versicherung als Anlageform wünschen, eine attraktive Produktalternative anbieten zu können.

Die Produktgestaltung berücksichtigt die zuvor genannten Anforderungen in hohem Maße:

- Die Höhe der Ratenzahlung und deren Turnus (monatlich, vierteljährlich, halbjährlich, jährlich) sind flexibel wählbar und durch den Kunden jederzeit änderbar.
- Zusätzlich zu den maximal staatlich geförderten Beträgen sind jedes Jahr wahlweise Einzahlungen von bis zu 10.000 € möglich.
- Es besteht 100 % Kapitalsicherheit ohne Kursschwankungen.

- Der Zinssatz liegt 0,50 % unter der Umlaufrendite öffentlicher festverzinslicher Anleihen, wird vierteljährlich angepasst und ist damit für den Kunden in höchstem Maß transparent.
- Die aktuelle Verwaltungsgebühr beträgt lediglich zehn Euro p. a. und liegt damit deutlich unter den Kosten einer Riester-Versicherung oder eines Riester-Fondssparplans.

Aber auch für die Bank ergeben sich wesentliche Vorteile:

- Über die Banksparpläne können langfristige Kundeneinlagen zur Stärkung der Passivseite der Bank gewonnen werden.
- Der kostengünstige Riester-Banksparplan bietet die Möglichkeit zur positiven Abgrenzung von Wettbewerbern, die über kein entsprechendes Produktangebot verfügen, und zur Neukundengewinnung.

Gleichzeitig ist zu berücksichtigen, dass für die Produktadministration nennenswerte interne Ressourcen vorgehalten werden müssen, zum Beispiel für die

- Verwaltung der Zulagenantragsdatenbank (Erfassung von Neuanlagen und von Änderungen),
- Übertragung von Verträgen von anderen Anbietern bzw. an andere Anbieter,
- Bearbeitung von Kundenanfragen bezüglich Zulagenkürzungen oder Zulagenrückbuchungen.

Die Einführung des Produktes erfolgte im Jahr 2002. MVB-RentePlus wurde erstmalig Testsieger im Finanztest 11/2003. In den Folgejahren 2004 bis 2007 wurde das Produkt wiederum Testsieger bei den Banksparplänen mit Kopplung an die Umlaufrendite. Zusätzlich erfolgten positive Nennungen von MVB-RentePlus zum Beispiel in den Zeitschriften Öko-Test und Stern. Diese positiven Testurteile wurden durch unterstützende Werbemaßnahmen und Vertriebsaktivitäten aktiv aufgegriffen. Zusätzlich wurde die Möglichkeit geschaffen, das Produkt auch online abzuschließen. Dies hat sich im Ergebnis in einer sehr positiven Absatzentwicklung niedergeschlagen (vgl. Abb. 4).

Gleichzeitig wurden in Zusammenarbeit mit der Rechenzentrale Optimierungen an den jährlichen Standmitteilungen vorgenommen, um den Bestandskunden regelmäßig Transparenz über die bisherige Wertentwicklung des Vertrages sowie die erhaltenen Zulagen zu geben.

Durch die Anhebung der staatlich geförderten Beträge auf 2100 € waren seit dem Jahr 2008 zusätzliche positive Effekte auf das Wachstum im Bestandsvolumen festzustellen. Derzeit gewinnt die Verrentungsphase zunehmend an Bedeutung. Hierfür werden dem Kunden zwei Varianten angeboten: die Sofortverrentung oder der Bank-Auszahlplan bis zum 85. Lebensjahr mit Restverrentung ab 85. Lebensjahr. Bislang ist zu beobachten, dass in der Regel der Bankauszahlplan vom Kunden gewählt wird, so dass eine langfristige Bindung der Kundeneinlagen auch über den Renteneintritt hinaus erfolgt. Als Fazit lässt

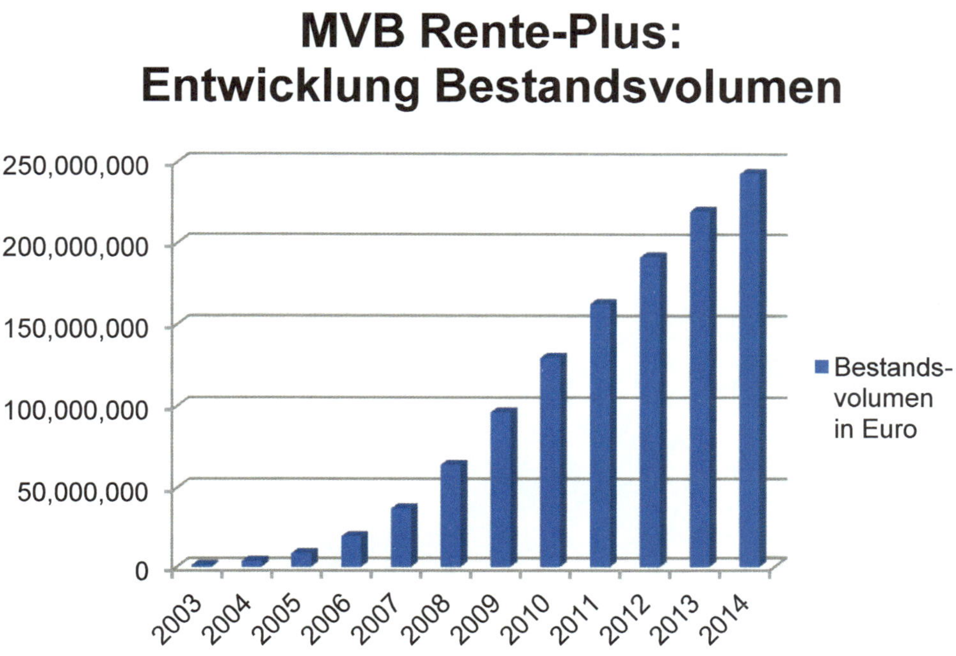


**Abb. 4** Entwicklung MBV Rente-Plus. (Quelle: Mainzer Volksbank eG)

sich festhalten, dass die Einführung des bankeigenen Riesterprodukts MVB-RentePlus die Produktpalette im Bedürfnisfeld Vorsorge sehr erfolgreich ergänzt und auch zur Gewinnung von Neukunden positiv beigetragen hat.

## Literatur

Bain & Company (2012) (Sinn, Walter; Vater, Dirk; Lubig, Dirk; Kasch, Michael), Was Bankkunden wirklich wollen, München/Zürich.

Bundesanstalt für Finanzdienstleistungsaufsicht (BaFin) (2012): Mindestanforderungen an das Risikomanagement – MaRisk, Rundschreiben 10/2012 (BA), 14. Dezember 2012.

Dapp, T. F., Berscheid, H. (2013) Deutsche Bank AG (DB Research) (Hrsg.): Banking & Technology Snapshot Demography – Silver surfers, The Importance of older generations for the internet, Frankfurt am Main, August 2013.

Köllnberger, J.; Sander, C., Wiederkehr, V.; Rottenaicher, S.; Rennhak, C. (Hrsg.) Carsten Rennhak, Gerd Nufer (2014): Ergebnisse einer Marktstudie zur Kundenbindung im Retail Banking, Neubiberg/Reutlingen, 2014.

KPMG (Hrsg.) (2013): Auswirkungen regulatorischer Anforderungen – Studie, Frankfurt/Berlin, Dezember 2013.

Löffelholz, J. (2014) in: Süddeutsche Zeitung/Süddeutsche.de: Achtung, Fallstricke, 9. September 2014, München, 2014.

Morschheuser B., Zerndt T., Alt R., Bons R., Puschmann T. (2014): Banking 2020– Zwischen Individualisierung und Standardisierung.

Roland Berger Strategy Consultants Holding (2013): Die Zukunft des Retail Bankings in Europa, Umfrage unter Top-Führungskräften 2013, München, 2013.

**Karsten Zerfaß** ist Generalbevollmächtigter der Mainzer Volksbank und leitet seit 2007 den Bereich Gesamtbanksteuerung, nachdem er zuvor das Vorstandssekretariat und die Vertriebssteuerung der Bank leitete. Sein Verantwortungsbereich umfasst neben dem Risiko- und Vertriebscontrolling die Bereiche Vertriebssteuerung, Produktmanagement und Finanzdienstleistungen (Verbundgeschäft).

Zusätzlich zum erfolgreichen Abschluss des Diplom-Kaufmanns absolvierte Herr Zerfaß im Rahmen eines studienbegleitenden Doppelqualifikationsprogramms die Ausbildung zum Bankkaufmann. Im Anschluss hieran war er bei einer auf Banken spezialisierten Unternehmensberatung mit Hauptsitz in Münster tätig.

# Teil V
# Beratung(-smodelle)

# Banken und Family Offices: Geschäftsmodelle mit Zukunft

Yvonne Brückner

## Inhaltsverzeichnis

1 Einleitung . . . . . 211
2 Family Office: Konzeptioneller Kern . . . . . 212
3 Friktionen, Anreize – und die Konsequenzen . . . . . 213
4 Geschäftsgrundlagen . . . . . 215
  4.1 Perspektivwechsel: Vom Produktverkauf zur Lösung von Kundenproblemen . . . . . 216
  4.2 Kundensegmentierung: Hilfsmittel und Wettbewerbsfaktor . . . . . 217
  4.3 Attraktive Leistungen anbieten . . . . . 218
  4.4 Augenhöhe und Verhandlungsschärfe antizipieren . . . . . 220
5 Attraktivitätscheck . . . . . 221
  5.1 Der Status Quo . . . . . 221
  5.2 Potenzial Unternehmer . . . . . 222
  5.3 Potenzial Segmententwicklung . . . . . 223
6 Fazit . . . . . 224
Literatur . . . . . 225

## 1 Einleitung

Das Segment der Hochvermögenden ist ein für Finanzdienstleister nach wie vor interessant anmutender Betätigungsbereich: Es wächst deutlich, wie diverse Wealth Reports belegen, und die erheblichen Vermögenssummen erlauben das Lösen vergleichsweise großer Tickets. Teilten sich in der Vergangenheit wenige traditionsreiche Privat- und ei-

Y. Brückner (✉)
Duale Hochschule Baden-Württemberg (DHBW), Stuttgart, Deutschland



D. Hellenkamp, K. Fürderer (Hrsg.), *Handbuch Bankvertrieb,*
DOI 10.1007/978-3-658-06447-1_13

nige Geschäftsbanken das vormals als wenig dynamisch geltende Geschäft, herrschen im Nachgang der Subprime- und Finanzkrise neue Gegebenheiten vor: Inhaltlich wie in der Besetzung der Marktes bieten sich inzwischen vielen Akteuren Chancen, doch hochvermögende Kunden sind kritisch wie anspruchsvoll, verlangen mehr denn je gerade keine standardisierten Services.

Geht es um die individuelle ganzheitliche Betreuung dieser Klientel, findet man sich seit einigen Jahren in drastisch wachsender Häufigkeit mit dem Begriff Family Office konfrontiert. Auch Banken nutzen diesen vielfach zur Beschreibung von Dienstleistungsbündeln oder als Bezeichnung eines Geschäftsbereichs, der Beziehungen unterhält zur Zielgruppe der sogenannten Ultra High Net Worth Individuals, Personen mit 30 Mio. € oder mehr investierbarem Vermögen. Der vorliegende Beitrag beleuchtet die grundlegende Tragfähigkeit dieses Ansatzes und skizziert Ansatzpunkte für erfolg- und ertragreiche Geschäftsbeziehungen zu dieser Gruppe.

## 2 Family Office: Konzeptioneller Kern

Den Ausgangspunkt für die Identifikation von Erfolgsfaktoren und Konzepten soll die Beschäftigung mit dem Phänomen Family Office an sich bilden. Worum handelt es sich bei einem Family Office im originären Verständnis und welche Implikationen ergeben sich hieraus?

Zwar entstammt der Terminus unverkennbar dem angelsächsischen Sprachraum, Intention und Konzept des Family Office wurden, abweichend vom etymologischen Ursprung, in Europa allerdings bereits viele Jahrhunderte vor der Gründung des House of Morgan und anderer Family Offices prominenter US-amerikanischer Familien umgesetzt – ursprünglich mit dem Hausmeier oder Majordomus, der adeligen Familienreichtum verwaltete. Kernidee war und ist dabei die Entwicklung eines Großvermögens gemäß den Interessen seiner bzw. seines Inhaber/s, unabhängig der geografischen Verortung wie auch anderer individueller Gegebenheiten.

Aus wissenschaftlicher Perspektive verkörpert das Family Office ausgehend von dieser Zwecksetzung eine Institution im neoinstitutionalistischen Sinne. Unter neoklassischen Rahmenbedingungen ohne Existenzberechtigung wird es durch in der Realität vorherrschende Friktionen legitimiert: Quasi omnipräsente Informationsasymmetrien, vielfach nennenswerte Transaktionskosten, steuerliche Einflüsse wie auch der Sachverhalt, dass Menschen – unabhängig ihres Vermögensstatus – eben keine Homines Oeconomici sind und mithin auch nicht wie solche agieren, machen die Handhabung großer Vermögen zu einer nicht-trivialen Aufgabe. Dies gilt für deren strategische Ausrichtung ebenso wie für die operative Realisation definierter Strategien.

Von dieser grundlegenden Warte aus betrachtet kann die in der gelebten Umsetzung beobachtbare Heterogenität des Phänomens Family Offices nicht überraschen. Sie erscheint vielmehr schlüssig, weil einerseits Perspektiven und Präferenzen von Vermögensinhabern provenienzbedingte Unterschiede aufweisen, die auch im Umgang mit dem jeweiligen

Vermögen Niederschlag finden. Weiter wirken die diversen Friktionen für die Akteure in Intensität und Reichweite unterschiedlich.

In der Konsequenz unterscheiden sich die beobachtbaren Ausprägungen von Family Offices in vielerlei Hinsicht, darunter auch dahingehend, wie viele Situationen betreut werden und ob sie sich im vollständigen oder mehrheitlichen Eigentum einer oder mehrerer Familien befinden oder es sich um Gesellschaften im (mehrheitlichen) Eigentum Dritter handelt, die lediglich definierte Dienstleistungen für Hochvermögende erbringen. Letzterer Ansatz scheint auf den ersten Blick auch für Banken interessant, um Geschäftsbeziehungen zu Hochvermögenden zu unterhalten, und eine Reihe von Banken verfolgt ihn, indem sie eigene Abteilungen betreibt, die sie Family Office oder ähnlich nennt.

Zwar fehlt es dem Begriff (bislang) an einer Legaldefinition, dennoch lässt sich ausgehend vom skizzierten Basiskonzept deutlich erkennen, dass ein Family Office ausschließlich die Interessen der Vermögensinhaber verfolgt und vertritt – und dies konzeptionell nicht auf Kapitalanlagen begrenzt. Da eine ertragsstrebende Bank notwendig eigene Ziele verfolgt, die in der Umsetzung zwar teilkongruent mit denen hochvermögender Kunden sein mögen, aber keineswegs vollständig deckungsgleich sein werden, bestehen wiederkehrend Divergenzen und entsprechend Konfliktpotenziale.

Bereits systemisch bedingt ist es mithin für Banken kaum möglich, glaubwürdig ein eigenes Family Office zu betreiben. Auszunehmen sind aus dieser Argumentation allenfalls Büros traditionsreicher Privatbankiersfamilien, die vielfach bereits über Generationen in einem entsprechenden Setup eigenes Vermögen, aber auch Kapital Dritter bearbeiten – ohne vertrieblich motiviertes Expansionsstreben. Hier herrscht offenkundig eine grundlegend andere Situation vor als bei Adressen, die das Feld Family Office als klassischen Geschäftsbereich mit konkreten vertrieblichen Zielen und Vorgaben bearbeiten.

## 3 Friktionen, Anreize – und die Konsequenzen

Dass in der Beziehung von Banken zu Hochvermögenden Konfliktpotenziale greifbare Relevanz entfalten, ist mit der Finanzkrise verstärkt ins Bewusstsein gerückt, letztlich aber ein krisenunabhängiger Sachverhalt und ebenfalls vor allem Friktionen geschuldet, die die reale Welt prägen. Würden Bankmitarbeiter (dem Kerngedanken des Rappaportschen Shareholder Value Ansatzes folgend) tatsächlich die Erfolge aus der möglichen Gesamtbestandsdauer einer Geschäftsbeziehung maximieren, würde der Trade off zwischen kurzfristiger Produktplatzierung und der Sicherung dauerhaft vertrauensvoller Zusammenarbeit durch Empfehlung von Produkten, die der Zielerreichung des Vermögensinhabers bestmöglich dienen, sicher in etlichen Fällen zu anderem Vorgehen führen als im Markt zu beobachten. Auch ein viel häufigerer Produktwechsel als aus Kundensicht wünschenswert unterbliebe in einer solchen Welt – schon deshalb, weil der Kunde unter vollständig transparenten Bedingungen die Zusammenhänge natürlich durchschaute.

Doch reale Gegebenheiten wie der Vertriebsanreiz Provision, wechselnde berufliche Stationen im persönlichen Werdegang von Bankmitarbeitern und allen voran Informationsgefälle zwischen Bank und Kunde führen zu einem Handeln abseits dieser Langfristigkeit. Nicht der Bedarf des Kunden und dessen dauerhafte Befriedigung stehen vielerorts im Vordergrund, sondern die Frage, welche Produkte zum jeweiligen Zeitpunkt für den Erfolg des Dienstleisters platziert werden müssen oder sollten. Dies geht zu Lasten eines gesicherten Erreichens der Kundenziele und damit zu Lasten des Kundennutzens. Als Folgerung bleibt festzuhalten, dass Produzenten und Vermittler von Finanzprodukten nicht glaubwürdig als Family Office agieren können. Interessenkonflikte sind hier systemisch unvermeidlich, was auch (potenziellen) Kunden nicht verborgen bleibt.

Aus dieser einfachen Logik wie auch negativen Erfahrungen resultierte in den vergangenen Jahren (sicherlich befördert durch die mediale Berichterstattung zu Exzessen innerhalb der Finanzbranche und die katalytische Wirkung von Krisen an sich) vielfach eine generelle Eintrübung des Vertrauensverhältnisses Hochvermögender zum Finanzdienstleister Bank, die weit über Aspekte der Finanzsystem- und Bankenstabilität hinaus reicht.

Dass beschädigtes Vertrauen wiederum zu negativen Konsequenzen führt, belegen Zahlen. Zwar fehlen rein auf die Gruppe der Ultra High Net Worth Individuals zugeschnittene belastbare Daten, der Blick auf ein etwas breiteres Spektrum von Vermögen ab einer Million Euro zeigt die in den Grundzügen übertragbare Tendenz aber deutlich: Diese haben gemäß einer Untersuchung der Managementberatung Investors Marketing zu mehr als 25 % in der Hochphase der Krise Vermögensverwalter gewechselt oder Kapital aus etablierten Bankbeziehungen abgezogen. Zudem gaben 42 % an, im Nachgang der Krise Veränderungen vornehmen zu wollen.

Die Richtung, in die diese Veränderungen gerade bei Ultra High Net Worth Individuals mit deren vergleichsweise großem Möglichkeitenraum gehen, ist unverkennbar die einer unabhängigen Betreuung bei voller Transparenz und Kontrolle über Vermögensteilbereiche wie auch über das Gesamtvermögen. Dieser Ansatz wird einer bankseitigen Betreuung aus den beschriebenen Gründen inzwischen vielfach vorgezogen. So kam es nach der Insolvenz der Investmentbank Lehman und den sich anschließenden Turbulenzen u. a. im deutschsprachigen Raum zu einer zweiten Gründungswelle unabhängiger Einheiten, darunter eine nennenswerte Zahl von Family Offices originärer Prägung.

Diese entstanden und entstehen auch weiterhin in Teilen, indem Hochvermögende im Fall intakter persönlicher Vertrauensbeziehungen ihren Bankbetreuer für eine eigene Einheit gewinnen oder gemeinsam mit ihm und weiteren Familien ein Multi Family Office gründen. Zu betonen ist, dass eine Single Family Office-Lösung aufgrund der erforderlichen Ressourcen und resultierenden Kosten erst bei signifikant dreistelligen Millionenvermögen in Erwägung gezogen werden sollte, auch wenn immer wieder Gründungen unterhalb dieser Größenschwelle zu beobachten sind. Kleinere Vermögen, die entsprechend der mittelständischen Prägung der deutschen Wirtschaft vergleichsweise häufig vorkommen, finden in aller Regel langfristig in Multi Family-Setups effizientere Lösungen.

Für sie ist es grundsätzlich natürlich auch möglich, sich einem bereits existierenden Multi Family Office anzuschließen. Die bisher vorherrschende Intransparenz des Family Office-Segments stellt diesbezüglich allerdings eine nicht zu unterschätzende Hürde dar: Im Erstkontakt mit dem Themenfeld Family Office ist es Hochvermögenden quasi unmöglich, sämtliche seriöse Anbieter zu identifizieren und im nächsten Schritt die den komplexen Leistungsbündeln verschiedener Akteure eigenen Unterschiede vollständig zu erfassen. Doch Hilfestellung ist im Aufbau – wissenschaftsseitig wie auch durch einen neu gegründeten Berufsverband für Family Officer wird zunehmend Transparenz zu Dienstleistungskonzepten und Vergütungsmodellen geschaffen. Ein Überblick über die Angebote des wissenschaftlichen Netzwerks Family Office Panel findet sich unter fo-panel.de. Nähere Informationen zum Berufsverband für Family Officer sind unter vufo.org verfügbar.

Banken und Finanzdienstleister sollten angesichts der fundamentalen Gegebenheiten wie auch des beobachtbaren Trends sensibel abwägen, ob sie den Versuch unternehmen, sich als Family Office zu positionieren oder einen nennenswerten Teil potenzieller Konflikte vermeiden, indem sie Family Offices gezielt als Zulieferer professioneller Dienstleistungen und verlängerte Werkbank bedienen und Hochvermögenden ohne Family Office ein gehobenes Wealth Management anbieten.

## 4 Geschäftsgrundlagen

Nachdem der Aspekt der institutionellen Positionierung eingehend beleuchtet und die Ausrichtung originärer Family Offices herausgestellt wurde, gilt das Interesse im Folgenden der Identifikation von Ansatzpunkten für eine erfolgreiche Geschäftstätigkeit im Feld der Ultra High Net Worth Individuals.

Aus der Perspektive des Zulieferers betrachtet verkörpert das wachsende Segment der Family Offices, das sich zunehmend organisiert und professionalisiert, weniger eine wettbewerbliche Bedrohung als vielmehr eine Gruppe potenziell attraktiver Geschäftspartner. Als solche interessant sind diese vor allem deshalb, weil Single wie Multi Family-Einheiten typischerweise nicht sämtliche Leistungen intern erbringen, sondern auf Basis definierter Kernkompetenzen und Wertschöpfungstiefe mit im Rahmen von Beauty Contests selektierten externen Dienstleistern kooperieren.

Voraussetzung für eine Zusammenarbeit ist allerdings naturgemäß eine tragfähige Vertrauensbasis. Entsprechend der Präferenz für unabhängige Lösungen und der Zurückhaltung gegenüber Banken sind in dieser Hinsicht zuletzt häufig kleinere, thematisch spezialisierte Einheiten im Vorteil, die eine enge persönliche Beziehung zu Inhaber und/oder Geschäftsführung auszeichnet und die teilweise exklusiv für Hochvermögende arbeiten. Beispielhaft zu nennen sind hier einige Immobiliendienstleister, die von hochvermögenden Familien selbst als eigenständige Einheiten geschaffen wurden und für mehrere Familien tätig sind. Am Markt aktiv sind aber auch Einheiten ohne originäre Verbindung zu Hochvermögenden, zum Beispiel im Feld unternehmerischer Direktbeteiligungen, wo Spezialisten aus dem Bereich Private Equity ihre Expertise anbieten, sowie unabhängige Vermögensverwalter, die massive Mittelzuflüsse verzeichnen konnten.

Aus Bankensicht interessant erscheint die eingehendere Beschäftigung mit den Zielen, die diesen Trend zu Boutiquen treiben. Diese liegen nach Angaben von Hochvermögenden primär im Bestreben, mit Themenspezialisten auf Augenhöhe und in partnerschaftlicher Weise zu arbeiten, das heißt auf Basis fundamental gleichgerichteter Interessen, die Misstrauen zum Beispiel im Hinblick auf etwaige Platzierungsinteressen jede Grundlage entziehen und Kontrollnotwendigkeiten entsprechend minimieren.

Als ein leistungsfähiges Instrument zur Gleichrichtung der Interessen von Beneficial Owner und Dienstleister gilt ein signifikantes Co-Investment des Letzteren, welches gerade bei den in den vergangenen Jahren besonders gesuchten direkten Sachwertanlagen gut darstellbar ist. Mit einem solchen signalisiert der Dienstleister, dass er selbst vom Investment umfänglich überzeugt und gewillt ist, mit dem Vermögensinhaber im konkreten Vorhaben eine „Schicksalsgemeinschaft" einzugehen. Die resultierende Aussicht auf einen (weitestgehenden) Ausschluss von Interessenkonflikten schafft eine gute Voraussetzung für Vertrauen – und das Eingehen einer Geschäftsbeziehung.

## 4.1 Perspektivwechsel: Vom Produktverkauf zur Lösung von Kundenproblemen

Dass das vielerorts beschädigte Vertrauen und seine toxische Wirkung auf gedeihliche Geschäftsbeziehungen erkannt und Wege zur Überwindung dringend gesucht sind, zeigen die beobachtbaren Bestrebungen vieler bekannter Häuser in Deutschland wie auch andernorts, das Geschäft mit Hochvermögenden neu auszurichten. Dabei gelten Auf- bzw. Ausbau von Marke und Reputation den Professionals gemäß einer Untersuchung von PriceWaterhouseCoopers als zentrale Herausforderungen (vgl. PricewaterhouseCoopers 2013, S. 9).

Die Antwort auf die Frage, wie diesen zu begegnen ist, scheint derweil allerdings noch weniger klar. Doch eine differenzierte Analyse liefert Ansatzpunkte, um eine tragfähige Vertrauensbasis zu schaffen, gewonnenes Vertrauen systematisch zu erhalten und damit die Grundlage für eine starke Marke zu legen.

Der erste Schritt auf dem Weg zu neuem Vertrauen besteht im Anerkennen vorhandener Konfliktpotenziale, die sich aus den Unterschieden in den Zielkatalogen von Bank und Kunde und den gegebenen Friktionen ergeben. Ein Propagieren von Interessenidentität ist schlicht nicht glaubwürdig. Der zweite Schritt sollte sodann ein bewusster Perspektivwechsel weg von der Anbietersicht und zu platzierenden Produkten hin zum Kunden sein.

Hierfür sind auf leitender Ebene systemisch Strukturen und Mechanismen zu etablieren, die die Betreuer hochvermögender Kunden möglichst konsequent deren Perspektive einnehmen lassen. Die Frage „Was braucht und will der konkrete Kunde?" und die Anschlussfrage „Kann ich (unter Rückgriff auf die Kompetenzen meines Hauses) hierfür eine adäquate Lösung anbieten?" sollten im Denken der Kundenmanager leitend sein.

Dieser Schritt hat weitreichende Auswirkungen. Dem fundamentalen Kulturwechsel im Basis-Approach folgend bedeutet eine konsequente Kundenorientierung in der Dimension Kommunikation beispielsweise eine Abkehr von der pauschalen Präsentation des gesamten Kompetenz- und Leistungsspektrums im Rahmen erster Kontakte und Gespräche.

Versetzen Sie sich in die Situation des Kunden, der mit mehreren Full Service Providern spricht, die alle ihre gesamte Leistungspalette präsentieren – während ihn aktuell nur ein ausgewähltes Thema beschäftigt. Überarbeitet ein Kunde beispielsweise aktuell seine Immobilienstrategie, interessiert er sich bestenfalls am Rande für die Vermögensverwaltungskompetenz diverser Anbieter. Die Vorstellung des „Bauchladens“ wirkt auf ihn dann beinahe notwendig überfrachtend und signalisiert gerade kein kundenorientiertes Angebotsverhalten.

Deutlich zielgerichteter (und angenehmer) wäre für ihn das Gespräch mit einem Berater, der ausreichend kompetent und sensibel ist, sein momentanes Interesse zu fokussieren. Die Chance, hieraus ein Geschäft abzuleiten, wäre ungleich größer.

## 4.2 Kundensegmentierung: Hilfsmittel und Wettbewerbsfaktor

Die Fähigkeit, individuelle Leistungswünsche und -bedarfe im Rahmen der Kommunikation mit dem (potenziellen) Kunden zu erkennen und zu fokussieren, stellt den vorstehenden Ausführungen entsprechend einen Schlüsselaspekt dar. Um als vertrauenswürdiger Partner wahrgenommen zu werden, müssen Berater ein Gespür für generelle und aktuelle Kundenwünsche entwickeln. Dies gelingt nachweislich einfacher, verfügt die Bank über geeignete Segmentierungskriterien, die auf Strukturgegebenheiten aufsetzend Rückschlüsse erlauben auf Werte, die für den bzw. die konkreten Vermögensinhaber „unantastbar“ sind, sowie auf familiäre Traditionen, Rollen, Interessen usw.

Im Hinblick auf die Nutzung ausgereifter Segmentierungskriterien besteht allerdings verbreitet immenser Optimierungsbedarf: Vielerorts dominiert noch immer die traditionsreiche Mono-Dimension Vermögensgröße die Segmentierung vermögender und hochvermögender Kunden. Dass diese nur eines von vielen maßgeblichen Kriterien darstellt und bei isolierter Anwendung kaum irgendeine sinnvolle Differenzierung ermöglicht, liegt aus Kundenperspektive auf der Hand. Soll der Betreuer in die bestmögliche Ausgangsposition versetzt werden, ein am Kundeninteresse orientiertes Geschäftsgebaren zu leben, gilt es, die zumeist umfangreichen ungenutzten Potenziale leistungsfähiger Segmentierung zu heben.

Hierfür ist zunächst im Rahmen eines analytisch fundierten Prozesses ein entsprechendes Segmentierungsschema zu entwickeln. Da die Beschreibung dieses Prozesses in angemessener Tiefe an dieser Stelle den Rahmen sprengen würde, seien nur beispielhaft Vermögensherkunft, Bestandsdauer, Grad unternehmerischer Prägung und Quote gepoolter Substanz als Faktoren benannt, die erheblichen Einfluss auf die Dienstleistungsbedarfe von Vermögensinhabern nehmen.

Im Bereich persönlicher Merkmale der/s Entscheider/s gilt Gleiches für den beruflichen Status: Handelt es sich um einen aktiven Unternehmer, der das Vermögen selbst aufgebaut hat, hat dieser häufig einen wiederkehrenden Anlagebedarf aus unternehmerischen Erträgen und geht mit Privatvermögen grundsätzlich anders um, als jemand, der zum Beispiel als Erbe in fünfter Generation den Arztberuf ausübt; dieser wiederum agiert naturgemäß anders als ein Privatier, der seinen Lebensunterhalt anteilig oder vollumfänglich aus dem Vermögen bzw. dessen Erträgen bestreitet.

Sind leistungsfähige Segmentierungskriterien identifiziert, muss die Bank diese den Mitarbeitern durch gezielte Schulungen erschließen, um die für die Einführung maßgeblichen Potenziale tatsächlich zu realisieren. Als Ansprechpartner des Kunden müssen die Mitarbeiter verstehen, wie sie die relevanten Informationen einholen und welche Konsequenzen das Vorliegen bestimmter Gegebenheiten für wahrscheinliche Interessen und Bedarfe (und damit das weitere Vorgehen) impliziert.

Dass diese Form der Kommunikation erheblich anspruchsvoller ist als die klassische Präsentation der Leistungspalette aus Anbietersicht, ist offensichtlich. Entsprechend bedarf es mitarbeiterseitig eines Talentpools, der diese individuelle Ansprache zu leisten vermag. Ist dieser gegeben, verspricht die Segmentierung signifikanten Mehrwert, den es durch personelle Kontinuität zu sichern gilt. Denn gerade die Sensibilität des Beraters für Themen und Bedarfe schafft eine vertrauensvolle persönliche Beziehung zum Kunden, welche für den langfristigen Bestand einer vitalen Geschäftsbeziehung zentrale Bedeutung besitzt. Entsprechend ist durch die gezielte Gestaltung sämtlicher Rahmenbedingungen bestmöglich für personelle Kontinuität Sorge zu tragen.

## 4.3 Attraktive Leistungen anbieten

Besteht ein reger Austausch mit aktuellen und potenziellen Kunden, verbessert dies für die Bank nicht zuletzt auch die Chancen, gesuchte Services anzubieten und in der Konsequenz von überdurchschnittlichen Margen zu profitieren. Denn werden Leistungen wie Konto- und Depotführung, Vermögensverwaltung, Immobilienbewirtschaftung usw. auch jederzeit benötigt, stellt sich die Aufmerksamkeit für Standardservices in der Regel eher begrenzt dar. Auf- und Ausbau von Reputation und Akquise neuer Kunden gelingen hingegen über Sonderthemen und einzelne Anlageklassen und Vehikel, die sich zu bestimmten Zeiten besonderen Interesses erfreuen. Entsprechend wertvoll ist ein möglichst differenziertes frühzeitiges Wissen um substanzielle Trends.

Dass die Strategien Hochvermögender alles andere als statisch sind, zeigt der Blick zurück auf die Jahre ab 2008. Um definierte Ziele zu erreichen gehen Vermögensinhaber seit Ausbruch der Subprime-Krise erkennbar veränderte Wege, der Kontinuität in den Zielen steht eine oft signifikante Veränderung der Anlagestrategien gegenüber. Diese zeichnen sich heute durch ein erkennbares Mehr direkter Investments in Sachwerte aus.

So besteht gemäß der innerhalb des Family Office Panels durchgeführten Studie „Family Office der Zukunft: Direktinvestments und Club Deals“ bei 76 % der Hochvermögenden ein generell (46 %) oder selektiv gesteigertes (30 %) strategisches Interesse an Direktanlagen. Neben Immobilien betrifft dieses zahlreich auch land- und forstwirtschaftliche Investments und unternehmerische Direktbeteiligungen. Komplexe Produkte sowie Anlagen, die aus Sicht der Vermögensinhaber Black-Box-Charakter besitzen, finden hingegen kaum mehr Interesse (vgl. Family Office Panel 2013, S. 11).

Als maßgeblich für diesen strategischen Shift beschreiben Vermögensinhaber neben dem Inflationsschutz, den die Anlage in Sachwerte gegenüber Nominalwerten bietet, Transparenzvorteile und die Möglichkeit, über das eigene Netzwerk zum Erfolg des Investments beitragen zu können. Betont werden aber auch emotionale Vorzüge: Das Investmentobjekt kann zu jeder Zeit besichtigt, die substanzielle Werthaltigkeit direkt wahrgenommen werden. Dies sowie die Tatsache, dass Preisvolatilität aufgrund des Fehlens eines täglichen Marking to Market weitgehend unsichtbar bleibt, erleichtert die Anlagedisziplin für viele Vermögensinhaber erheblich.

Differenziert man die Angaben der Studienteilnehmer zur strategischen Dynamik fällt auf, dass die Veränderungen dort am stärken ausgeprägt sind, wo sich Vermögensinhaber zuvor stark auf die Betreuung durch Banken und entsprechend wertpapierbasierte Investmentlösungen gestützt hatten: Während Hochvermögende mit überwiegender Betreuung durch Banken ihre Strategien zu 63 % und damit am häufigsten generell in Richtung direkter Investments modifiziert haben, haben Inhaber von Single Family Offices zwar ebenfalls Anpassungen vorgenommen, generell mehr direkt investieren hier aber lediglich 29 % der Befragten.

Gerade Vermögensinhaber mit ehemals hohem Delegationsgrad an Banken haben also ihre Strategien modifiziert und benötigen nun neue Kompetenzen sowie vielfach Hilfestellung in für sie noch (weitgehend) unbekannten Anlagebereichen. Zu den besonderen Herausforderungen zählt hierbei häufig der Zugang zum Immobilien- oder Direktbeteiligungsmarkt, denn es besteht die Gefahr, schon beim Ankauf von Objekten Adverser Selektion zum Opfer zu fallen und mithin bereits am Beginn des Investmentzyklus die Chance auf ein erfolgreiches Investment zu minimieren. Verfügt die Bank über leistungsfähige Zugänge und Kontakte, kann sie sich hier als wertvoller Partner positionieren. Dass dies zumindest in der Interaktion mit Family Offices bislang nur begrenzt geschehen ist, zeigen die Angaben zum Deal-Zugang: Hier belegen Banken nur Rang vier (vgl. Family Office Panel 2013, S. 26).

Bankseitig nicht übersehen werden sollte im Kontext des anhaltenden Trends zu direkten Investments, sowie ganz grundsätzlich, auch das Potenzial, das in Finanzierungen steckt. So führt die Beratungsgesellschaft zeb in ihrer Studie zum Private Wealth Banking aus, dass das gesamte Erlöspotenzial eines Wealth Management Kunden nur zu 39 % im Bereich der Vermögensanlage zu verorten ist. Mit 36 % entfällt ein fast ebenso großer Anteil auf Finanzierung und Immobilien, Vorsorge und Sonstiges machen 14 bzw. elf Prozent aus (vgl. Lumma et al. 2011, S. 144 f.). Im Geschäft mit Hochvermögenden dürften sich die Relationen ähnlich darstellen. Zusätzlich attraktiv erscheint der Bereich Finanzierung durch seine vergleichsweise stabilen Erträge, die geeignet sind, als Komplement zu volatileren Ertragskomponenten mit Kapitalmarktbezug die Schwankungsintensität zu reduzieren.

Greifbaren Mehrwert können Banken Family Offices zudem regelmäßig in Bereichen bieten, wo sie mit eigenen Abteilungen Kompetenz in Umfang und Tiefe vorhalten können, die das für einzelne Family Offices sinnvoll Mögliche übersteigt. Beispielhaft genannt sei hier bankeigenes Research, das Family Offices nicht zuletzt im Rahmen der

Entwicklung eines eigenen Weltbilds von Nutzen sein kann. In dem Maß, in dem Vermögensträger im Family Office nicht nur einen Controller, sondern auch einen strategischen Begleiter suchen, ist dieses Weltbild von exponierter Relevanz und mit ihm das zu seiner Entwicklung erforderliche Wissen.

Für eine Zusammenarbeit mit Hochvermögenden und Family Offices bieten sich also wesentlich mehr Ansatzpunkte als der Verkauf von Verwaltungsleistungen und Finanzprodukten. Gerade die weiteren Services bergen Potenzial, sich als Problemlöser zu positionieren und eine tragfähige Beziehung zu entwickeln.

## 4.4 Augenhöhe und Verhandlungsschärfe antizipieren

Sind die Voraussetzungen für eine vertrauensvolle Zusammenarbeit gegeben und ein konkreter, kompetent bedienbarer Leistungsbedarf ist identifiziert, bleiben als letzte Hürde die Konditionen der Leistungserbringung zu vereinbaren. Der beschriebene Trend zu unabhängigen Lösungen bringt auch diesbezüglich relevante Veränderungen mit sich: Hochvermögende agieren als Bankkunden und Nachfrager von Finanzdienstleistungen auf einem im Durchschnitt deutlich höheren Kompetenzlevel als noch vor einem Jahrzehnt. Das Mehr an Kompetenz wird einerseits, wo vorhanden, durch die professionellen Berater, sprich Family Officer, an den Tisch gebracht. Andererseits beschäftigen sich heute aber auch viele Vermögensträger selbst erheblich intensiver mit Themen rund um die Anlage ihres Vermögens.

Für aktive Unternehmer, die in der Regel stark auf ihren Betrieb fokussiert sind, gilt dies insgesamt weniger, jüngere Vermögensinhaber indes, die das Vermögen als ererbte Substanz zu bewahren und neue Investitionen zu begründen suchen, haben vielfach den Anspruch zu verstehen, welchen Risiken sie ihr Vermögen durch eine konkrete Investitionsentscheidung aussetzen, aber auch wie Diversifikation wirkt und ob Market Timing überhaupt möglich erscheint oder effizienter mittels kostengünstiger Anlagevehikel wie ETFs investieren werden kann. Um Antworten auf diese und weitere Fragen zu erarbeiten, hospitieren sie beispielsweise im Family Office und erarbeiten sich fundiertes Wissen – in der Anwendung wie auch über institutionelle Bildungswege.

Für Gesprächsinhalte und thematische Tiefe birgt diese Entwicklung klare Implikationen, ebenso für die Verhandlungsführung. Insbesondere wenn der Vermögensträger zusammen mit „seinem" Professional das Gespräch führt und dieser vormals selbst für Banken tätig gewesen ist, können nicht nur „die richtigen" Fragen gestellt bzw. über Fragenkataloge abgeprüft, sondern auch die tatsächlichen bankseitigen Kosten recht gut abgeschätzt werden. Als Konsequenz wird zum einen häufig nicht nur Transparenz über indirekte Vergütungen, sondern deren Weitergabe an den/die Vermögensinhaber gesichert. Zum anderen kann es dem Kunden auch mit Blick auf die direkte Vergütung gelingen, die Konditionen so weit zu drücken, dass die Geschäftsbeziehung zumindest punktuell für die Bank kaum mehr rentabel ist.

Dass bankseitig „Dumpingkonditionen" akzeptiert werden, ist analog zu anderen Branchen naturgemäß vor allem dann zu beobachten, wenn Marktanteile gewonnen werden sollen. Dies ist derzeit vielerorts der Fall und aufgrund der Umwälzungen innerhalb der Branche auch vergleichsweise gut möglich. Allerdings ist für das Angebot nicht oder kaum kostendeckender Konditionen häufig die Annahme leitend, dass Hochvermögende entsprechend ihrem Wunsch nach Kontinuität ihre Dienstleister nicht wechseln, insoweit keine fundamentalen Komplikationen entstehen, sodass gemäß der bankinternen Kalkulation später Konditionenanpassungen vorgesehen sind.

Im Rahmen dieser Kalkulation sollte allerdings beachtet werden, dass eine erhebliche Modifikation der Konditionen zu einem späteren Zeitpunkt schwerlich durchsetzbar sein dürfte ohne die Vertrauensbasis zu belasten und womöglich gar die Kundenbeziehung zu gefährden. Es empfiehlt sich mithin, von Beginn an auf transparenter Basis faire Konditionen anzubieten, gerne verbunden mit dem Hinweis, dass diese aufgrund nachhaltiger Kalkulation dann auch durchgehalten werden können. Die guten Erfahrungen, die Family Offices selbst mit aufwandsabhängigen, transparenten Vergütungsmodellen machen, welche Beratungs- und Verwaltungsleistungen auf Basis von Stunden- oder Tagessätzen honorieren, lassen diesen Ansatz auch für Banken vielversprechend erscheinen – wenn auch nicht als Grundlage eines Geschäftsmodells mit exorbitanten Margen.

# 5 Attraktivitätscheck

## 5.1 Der Status Quo

Die bisherigen Ausführungen zeigen: Um unter den gegebenen Bedingungen nachhaltig erfolgreiche Geschäftsbeziehungen zu Hochvermögenden und ihren Family Offices aufzubauen sind bankseitig erhebliche Herausforderungen zu bewältigen. Es bedarf eines offenen Umgangs mit dem Thema Interessenkonflikte, sowie eines vielerorts noch nicht (konsequent) vollzogenen Perspektivwechsels, um gerechtfertigtes Vertrauen Hochvermögender in die Bank als Dienstleister der Wahl zu schaffen und eine starke Marke zu etablieren, wie einige Privatbanken sie traditionell vorweisen konnten.

Hiermit einher gehen weitreichende Veränderungen, die vor grundlegenden Prozessen ebenso wenig Halt machen wie vor etablierten Segmentierungsansätzen und Pricing-Modellen. Veränderungswille muss also vorhanden sein. Um nachhaltig profitabel zu arbeiten bedarf es zudem vielerorts kostenseitiger Optimierungen, die angesichts wachsenden Regulierungsdrucks und notwendiger Technologieinvestitionen kurzfristig allerdings nicht einfach zu bewerkstelligen sein dürften. Gleichzeitig gilt es, sich neuen Wettbewerbern zu stellen, darunter u. a. von hochvermögenden Familien etablierte Dienstleister, die ihre Services auch Dritten offerieren.

Angesichts dieser Gesamtsituation stellt sich die Frage der tatsächlichen Attraktivität des Geschäfts mit Hochvermögenden und Family Offices. Klar ist, dass erfolgreiche Geschäftsmodelle der Zukunft denen der Vergangenheit nur entfernt ähneln dürften. Dennoch fällt die Bewertung aus Sicht der Autorin insgesamt positiv aus, wenn auch nicht rein auf Basis des Status Quo, sondern vielmehr unter Berücksichtigung des Ausblicks auf das Geschäftsfeld. Besondere Beachtung verdienen hierbei zwei Dimensionen: Die Hebung ungenutzter Potenziale aus etablierten Geschäftsbeziehungen zu Unternehmern sowie die zu erwartende Dynamik im jungen Segment der Family Offices.

## 5.2 Potenzial Unternehmer

Finden die definierten Segmentierungskriterien konsequent Anwendung auf den gesamten Kundenbestand einer Bank, sollten als ein Ergebnis aktive Unternehmer ins Blickfeld des gehobenen Wealth Managements rücken. Denn Unternehmer nutzen mehrheitlich nicht nur kein Family Office, sondern schenken dem privaten Vermögen generell wenig Beachtung, trotz dessen teilweise durchaus signifikanter Größe. Häufig allokiert der Unternehmer sein Privatvermögen unsystematisch auf Anlageklassen und konkrete Investments, agiert primär getrieben von punktuellen Interessen und Gelegenheiten.

Eine Aufwertung im Hinblick auf ihren Stellenwert im Kontext des Gesamtvermögens hat die private Vermögenssubstanz für viele Unternehmer zwar mit der Finanzkrise erfahren: Unter dem Eindruck temporär versiegender externer Finanzierungsmöglichkeiten dient sie seither als Lender of Last Resort im Sinne einer Absicherung für das Unternehmen für den Fall exogener Krisen – allerdings nicht selten ohne hierfür geeignet strukturiert zu sein.

Dass professionelle Wealth Management Services Vermögensinhabern in dieser Ausgangssituation besondere Mehrwertpotenziale bieten, ist offensichtlich. Trotz dieser Potenziale werden aktive Unternehmer bislang erstaunlich wenig systematisch als Kunden für ein gehobenes Wealth Management gewonnen. So gelingt es nach einer Studie von Roland Berger Strategy Consultants nur wenigen Banken, ihre Firmenkunden auch in der privaten Dimension zu bedienen (vgl. Roland Berger Strategy Consultants 2013). Die Erklärung der Autoren: Die Fokussierung auf das umsatzstarke Unternehmen verstelle den Blick.

Tatsächlich steht zu vermuten, dass die Problematik noch tiefer geht als diese Einschätzung nahe legt: Die Organisationsstruktur vieler Banken behindert eine gleichzeitige, abgestimmte Bearbeitung eines Kunden durch verschiedene Geschäftsbereiche vermutlich mehr, als dass sie eine solche befördert. So besteht zwar Marktpotenzial im Sinne der Verknüpfung der Geschäftsbereiche, dieses ist aber nicht unbedingt einfach zu heben.

Der ernst gemeinte Versuch könnte dennoch lohnen: Im Kreis der Eigentümer der knapp 200.000 rentablen deutschen Familienunternehmen mit einem Jahresumsatz von mindestens einer Million Euro befinden sich nach Expertenschätzung rund 70.000 potenzielle Kunden für gehobenes Vermögensmanagement. Ihre Vermögensdynamik und damit ihr Anlagebedarf stellt sich deutlich überdurchschnittlich dar, was sie als Wealth Management Kunden noch an Attraktivität gewinnen lässt. Offenheit für die Betreuung von Unternehmen und Privatvermögen aus einer Hand besteht zudem: Jeder dritte Unternehmer verfügt gemäß der Studie bereits über eine solche Betreuungskombination, weiteren 40 % erscheint sie dankbar.

Soll dieses Potenzial gehoben werden, sind allerdings erneut grundlegende Weichenstellungen vorzunehmen. Eine informelle Zusammenarbeit der Bereiche dürfte nicht ausreichen, vielmehr bedarf es der institutionalisierten Kooperation und entsprechend der Schaffung geeigneter Organisationsstrukturen. Denn wenngleich die Bank als Institution im Ganzen ein Interesse an effizienter Zusammenarbeit aller Geschäftsbereiche hat, um den Wert der Geschäftsbeziehungen zu maximieren, sind betroffene Geschäftseinheiten regelmäßig auf Abgrenzung bedacht. Mit artikulierten wie impliziten Vorbehalten der Mitarbeiter ist deshalb zugunsten letztendlichen Erfolgs sensibel umzugehen. Wie schon im Kontext der personelle Kontinuität thematisiert, gilt es auch intern, auf Anreize zu achten und Vertrauen zu schaffen.

Gelingt dies, kann schon frühzeitig auf einen Fortbestand der Kundenbeziehung auch für den Fall eines Unternehmensverkaufs hingearbeitet und/oder eine spätere Kooperation mit dem Family Office der Familie vorbereitet werden. Dieses setzt häufig auf einer Vorläufer-Lösung auf, in welcher der unternehmensseitig Finanzverantwortliche auch die private Vermögensdimension begleitet – ein Setup, das anlageseitig ebenfalls notwendig mit begrenzter „interner" Kapitalanlagekompetenz seitens des Kunden verbunden ist.

## 5.3 Potenzial Segmententwicklung

Für ein Engagement im Segment der Family Offices spricht, dass längerfristig ein weiterer Zuwachs im Zukauf professioneller Dienstleistungen durch diese Gruppe zu erwarten steht. Diese Entwicklung speist sich zum einen aus einem weiteren, wenn auch vermutlich etwas weniger dynamischen Anwachsen der Zahl aktiver Single und Multi Family Offices, welches u. a. durch anstehende Vermögensnachfolgen getrieben ist.

Zum anderen ist im Feld bestehender Family Offices noch einige strukturelle Dynamik zu erwarten, in deren Zuge die interne Wertschöpfungstiefe vor allem der Vielzahl junger Offices tendenziell abnehmen wird. Maßgeblich hierfür ist, dass viele Vermögensinhaber mit der Umstellung von einer Bankbetreuung hin zu einer Family Office Lösung den Wunsch verbinden, das eigene Vermögen zugunsten vollständiger Transparenz und Interessenkonfliktfreiheit möglichst losgelöst von externen Dienstleistern zu bearbeiten. Dieser häufig stark emotional beeinflusste Ansatz erweist sich im Zeitverlauf nicht selten als suboptimal, verursacht er doch weit höhere Kosten als bei planvollem Zukauf eines Teils benötigter Leistungen entstünden.

In der Konsequenz wird die Frage „Make or Buy?" für verschiedene Leistungen auf Basis einiger Jahre Erfahrung häufig anders beantwortet als zum Zeitpunkt der Etablierung der Family Office-Lösung. Wenngleich „echte" Family Offices substanzielle Vermögen bearbeiten, sind sie personell im längerfristigen Setup vielfach schlank aufgestellt.

Stellt man der Mitarbeiterzahl die Kompetenzbedarfe in den typischerweise vielfältigen Anlagebereichen von Aktien über Renten, Immobilien, Rohstoffe und Währungen bis hin zu Private Equity, Hedgefonds, Land- und Forstwirtschaft und Liebhaberanlagen wie zum Beispiel Classic Cars oder Kunst gegenüber, wird unmittelbar deutlich, dass eine professionelle vollintegrierte Vermögensbearbeitung kaum möglich ist.

Schließlich spricht auch die Dynamik in den durch die Beneficial Owner verfolgten Strategien für einen zunehmenden Zukauf. Zum einen ist das Kernkompetenzspektrum der Family Offices bislang nur selten auf direkte Sachwertanlagen ausgerichtet: Der „typische" Family Officer verfügt über umfangreiche berufliche Erfahrungen im kapitalmarktnahen Bereich oder im Resort Steuern und wird ungern die volle Zuständigkeit für die ihm fremden Aufgaben übernehmen. Zum zweiten bedarf es gerade im Feld direkter Sachwertanlagen in der Regel multipler Kompetenzen, die durch ein Family Office kaum durchgängig ausgelastet werden können.

Soll beispielsweise das Immobilienportfolio geografisch und über Nutzungsarten diversifiziert werden, bedarf es verschiedener Kompetenzprofile, um eine optimale Realisation der definierten Strategie zu gewährleisten. Die hierfür erforderlichen Experten können problemlos für mehrere Adressen tätig sein – es empfiehlt sich der Einkauf nach Bedarf, mit der Konsequenz eines Trends zum Zukauf.

## 6 Fazit

Die Annahme, dass Hochvermögende für eine Bank grundsätzlich hoch attraktive Kunden verkörpern, ist keinesfalls pauschal richtig. Gerade das Geschäft mit Ultra High Net Worth Individuals ist kein Bereich, in dem auf einfache Weise, zum Beispiel durch die großvolumige Platzierung eigener Produkte, hohe Margen erzielt werden – im Gegenteil: Aufwands-Ertragsrelationen sind häufig deutlich ungünstiger als im Geschäft mit weniger vermögenden Kunden, also beispielsweise dem Private Banking.

Dennoch bietet ein Engagement in diesem Segment Ertragspotenziale, die gerade durch ihren langfristigen Charakter durchaus Attraktivität besitzen. Die zentrale Herausforderung besteht in der Notwendigkeit, langfristig vertrauensvollen Geschäftsbeziehungen eine solide Grundlage zu bieten. Nur so kann beschädigtes Vertrauen nachhaltig zurück gewonnen und eine starke Marke gesichert werden. In diesem Sinne erfolgreich zu sein setzt voraus, Konfliktpotenziale anzuerkennen und Strukturen zu schaffen, die Vertrauen rechtfertigen und Individualität bedienbar machen. Dies erfordert vielerorts fundamentale Veränderungen und die Bereitschaft, langfristig denkend zu agieren.

Ist die aufrichtige Bereitschaft hierzu vorhanden, haben Banken gute Chancen, sich weniger als Family Offices, sondern vielmehr als deren verlässliche Partner attraktive Geschäftspotenziale zu sichern, denn Family Offices kaufen typischerweise einen nennenswerten Teil benötigter Leistungen zu – und der Anteil externer Services wird künftig voraussichtlich noch anwachsen, ebenso wie das Segment im Ganzen.

## Literatur

Family Office Panel (Hrsg.) (2013): Family Office der Zukunft: Direktinvestments und Club Deals, 2013.

Lumma, K. / Hampel, M. / Kühn, I.-W. (2011): Studie Private Wealth Banking: Wachstumsaussichten und Erfolgsfaktoren für den deutschen Markt, S. 135–155, in: Kirmße, Stefan (Hrsg.): Aktuelle Studien zu den Entwicklungen und Perspektiven des Bankgeschäfts in Deutschland und Europa, Managementreihe des zeb, Verlag: Knapp, 2011.

PricewaterhouseCoopers (PWC) (2013): Navigating to tomorrow: serving clients and creating value, Global Private Banking and Wealth Management Survey 2013, Global Private Banking and Wealth Management Survey 2013, Juni 2013.

Roland Berger Strategy Consultants (2013): Wealth Management für Unternehmer, April 2013.

**Prof. Dr. Yvonne Brückner** ist seit 2009 Professorin am Center of Finance der Dualen Hochschule Baden-Württemberg (DHBW) in Stuttgart. Sie forscht zum Thema Transgenerational Entrepreneurship und ist Initiatorin des Berufsverbands unabhängiger Family Offices.

Nach dem Abschluss des Diplomstudiums BWL mit Schwerpunkt Finanzen an der Johann Wolfgang Goethe-Universität in Frankfurt am Main im Jahr 2001 promovierte sie an ihrer Alma Mater zum Dr. rer. pol.

Bereits promotionsbegleitend sowie später in leitender Position war Frau Dr. Brückner in der strategischen Unternehmensberatung tätig und ist bis heute in diversen beratenden Funktionen als Aufsichts- und Beirätin aktiv. Sie ist Autorin zahlreicher Fachbeiträge.

# Ohne Beratungsqualität kein nachhaltiger Erfolg

Kai Fürderer

## Inhaltsverzeichnis

1 Einleitung ........ 227
2 Auffälligkeiten bei Bankentests ........ 228
3 Tests zur Aufdeckung von Schwachstellen ........ 230
4 Ganzheitliche Beratung von Privatkunden ........ 231
5 Elemente des Beratungsprozesses im Privatkundengeschäft ........ 233
5.1 Gesprächsvorbereitung und Begrüßung des Kunden ........ 233
5.2 Datenaufnahme ........ 234
5.3 Die Beratung nach dem Lebensphasenmodell ........ 235
5.4 Gesprächsabschluss und Verabschiedung ........ 236
5.5 Beratungsbausteine Baufinanzierung und Geldanlage ........ 236
6 Ganzheitliche Beratung von Firmenkunden ........ 237
6.1 Terminvereinbarung, Potenzialcheck und Terminbestätigung ........ 237
6.2 Vorbereitung auf das Kundengespräch ........ 238
6.3 Begrüssung und Gesprächseinstieg ........ 238
6.4 Bedarfsanalyse im Gespräch ........ 239
Literatur ........ 239

## 1 Einleitung

Die Bankenbranche steht vor erheblichen Herausforderungen. Die extreme Niedrigzinsphase reduziert die Margen, zahlreiche regulatorische Vorgaben müssen umgesetzt werden und erfordern einen immer höheren Aufwand, der klassische Filialvertrieb wird

K. Fürderer (✉)
Institut für Vermögensaufbau (IVA) AG, München, Deutschland



D. Hellenkamp, K. Fürderer (Hrsg.), *Handbuch Bankvertrieb*,
DOI 10.1007/978-3-658-06447-1_14

zunehmend durch digitale Vertriebswege ersetzt. Bereits im Jahr 2020 soll die Interaktion zwischen Kreditinstituten und Kunden mehrheitlich über Online-Kanäle erfolgen (vgl. Lünendonk 2012). Die Bank der Zukunft wird deshalb eine Multikanal- oder voraussichtlich eine Omnikanal-Bank sein.

Eine Bank, die ihren Kunden alle Kommunikations- und Vertriebswege bietet (von der Geschäftsstelle über Telefonbanking und Online-Filiale bis zu Mobile Banking) hat gute Chancen, auch künftig wettbewerbsfähig zu sein. Es wäre aber ein Irrtum zu glauben, hieraus resultiert unmittelbar eine Erfolgsgarantie. Wesentlich ist „Heute und Morgen" die Beratungsqualität und Kundennähe als wesentliches Differenzierungsmerkmal von Banken im Wettbewerb (vgl. Lünendonk 2012).

Eine Bank, die Schwächen bei der Beratung und Kundenfreundlichkeit aufweist, wird keinen nachhaltigen Erfolg haben. Kreditinstitute müssen hier höchste Qualität generieren, um „zukunftsfest" positioniert zu sein. Untersuchungen des Instituts für Vermögensaufbau (IVA) AG zeigen indes, dass sowohl bei der Beratungsqualität im Retailbanking (vgl. Institut für Vermögensaufbau 2014a) als auch im Bereich der Firmenkunden (vgl. Institut für Vermögensaufbau 2014b) noch umfassender Handlungsbedarf besteht.

Um eine gleichbleibend hohe Beratungsqualität bei jedem Berater der eigenen Bank sicherzustellen, können Banken „Drehbücher" für eine ganzheitliche Beratung einsetzen. Diese führen die Berater durch den Beratungsprozess, um eine lückenlose und einheitliche Beratung zu gewährleisten.

Aus diesem Grund hat die IVA AG einen Leitfaden für einen qualitativen Prozess zur ganzheitlichen und strukturierten Beratung von Privatkunden konzipiert, der sich individuell an die Abläufe von Banken anpassen lässt.

## 2 Auffälligkeiten bei Bankentests

Deutschlandweite, testkundenbasierte Untersuchungen der IVA AG zur Beratungsqualität im **Retailbanking** haben gezeigt, dass die Beratungsqualität in deutschen Banken weit entfernt ist von einem flächendeckend guten bzw. sehr guten Niveau. Die Ursachen hierfür liegen sowohl in den „Basisdisziplinen" als auch in der eigentlichen Beratungsleistung (vgl. Institut für Vermögensaufbau 2014a).

Zu den Basisdisziplinen, die man als Servicequalität bezeichnen könnte, zählen insbesondere die Punkte, die Kunden selbstverständlich von ihrem Dienstleister erwarten. Dies beginnt mit dem ersten Eindruck, den die SB-Zone erweckt, der Körperhaltung, Freundlichkeit und dem Engagement der dort arbeitenden Berater und Servicekräfte. Bereits hier zeigen sich große Unterschiede zwischen einzelnen Bankfilialen. Sehr wichtig für einen guten Start in die Beratung ist eine angenehme und vertrauliche Gesprächsatmosphäre, die am ehesten in einem gut strukturiertem Büro am Beratungstisch zu finden ist. In diesen Basisdisziplinen, die noch frei von fachlichen Anforderungen sind, haben viele Berater Schwierigkeiten mit einer angemessenen Kontaktgestaltung, sodass hier bereits erste Hürden in der Beratung zu überwinden sind.

Mit Erfüllung dieser Basisanforderungen ist nur das Fundament der Beratung gelegt. In der eigentlichen Beratungsphase zeigt sich dann oft die entscheidende Schwäche in Form eines fehlenden „Drehbuchs“ für die Beratung, welches das Beratungsgespräch in einer für den Kunden nachvollziehbaren und logischen Weise strukturiert und damit dem Kunden ein Mindestleistungsversprechen garantiert.

Um einen Kunden richtig beraten zu können, ist es wichtig, ihn zu Beginn eines jeden Beratungsgesprächs in der „Informationsphase“ wirklich kennenzulernen, bzw. die bisherigen Informationen zu überprüfen. Dafür ist es notwendig, dass der Berater über die wesentlichen Kundeninformationen (Alter, Beruf, Arbeitgeber, Einkommen, Familienstand und familiäre Situation, Wohnsituation) sowie die Ziele des Kunden (zum Beispiel Alters- und Familienvorsorge) verfügt und diese auch regelmäßig überprüft, um wiederkehrend auf die individuelle Lebenssituation des Kunden eingehen zu können.

An die Informationsphase schließt sich die „Analysephase“ an, in der der Berater die bisherige finanzielle Situation des Kunden abfragt (Haushaltsplan, Vermögenswerte, Schulden, Versicherungen und sonstige Finanzprodukte), um eventuelle Bedarfslücken aufzudecken. In dieser Phase sollte der Berater die einzelnen Bereiche nach ihrer Wichtigkeit überprüfen. So ist zum Beispiel die beste Anlageberatung wertlos, wenn der Kunde über keine Haftpflichtversicherung oder Liquiditätsreserve verfügt. An diese erste Analysephase sollte sich dann eine zweite Analysephase auf Produktebene anschließen, in der die jeweiligen Lösungen mit den Wünschen und Zielen des Kunden in Einklang gebracht werden. Im von der IVA AG durchgeführten Praxistest fehlten beispielsweise im Bereich Altersvorsorge oftmals wesentliche Fragen des Beraters, die notwendig sind, um eine für den Kunden bedarfsgerechte Lösung zu finden. Zahlreiche Berater führten eine Bedarfsanalyse dieser Art in vielen Fällen gar nicht durch.

An die beiden Analysephasen schließt sich die Erläuterungsphase an, in der dem Kunden die wesentlichen Produktmerkmale (Vor- und Nachteile, steuerliche Auswirkungen und Kosten) nachvollziehbar und transparent erklärt werden sollen. Zum Abschluss wird dem Kunden, gerade bei komplexen Themen, eine Gesprächszusammenfassung mitgegeben, damit er das Gespräch auch zu einem späteren Zeitpunkt noch nachvollziehen kann.

Die IVA-Bestandskundenbefragungen auf der Verbraucherplattform www.meine-Bank-vor-Ort.de haben gezeigt, dass mehr als die Hälfte der Kunden ihren Ansprechpartner nicht kennen und auch nicht glauben, dass die Bank ihre persönliche Finanzsituation vollständig kennt.

Einen Kunden an sich zu binden, ist üblicherweise weniger kostenintensiv und meist rentabler als einen neuen Kunden zu gewinnen. Für Banken und Sparkassen sollte es deshalb im höchsten Maße beunruhigend sein, wenn die Loyalität ihrer Kunden tendenziell gering ist.

Um die Beratungsqualität im Kundensegment der Firmenkunden genauer zu analysieren, führt die Institut für Vermögensaufbau (IVA) AG seit 2015 auch den CityContest Firmenkunden durch. Als Tester fungieren in diesem Fall echte Unternehmer, die in der Lage sind, die Testgespräche qualifiziert auswerten zu können. Zugrundeliegend ist auch bei diesem Testszenario ein Fragebogen, der sich an den für den Bereich Retail anlehnt.

In einer Pilotphase zum FOCUS-MONEY CityContest 2015 – **Firmenkunden** wurden bereits erste Erkenntnisse sichtbar (vgl. Institut für Vermögensaufbau 2014b):

- In der Regel war keine strukturierte Vorgehensweise in den Banken erkennbar.
- Bei 42 % der Gespräche waren diese nach der Vorstellung der Kontomodelle (in Verbindung mit der Nennung der Unterlagen zur Prüfung des Kreditantrages) beendet.
- Zwischen den besten und schlechtesten Ergebnissen einer Institutsgruppe ging die Differenz deutlich weiter auseinander als im Privatkundengeschäft.
- Die Berater waren sehr finanzierungsorientiert (ein Wechsel der Kontoverbindung allein wurde offenbar als unattraktiv betrachtet).

## 3 Tests zur Aufdeckung von Schwachstellen

Nicht zufriedenstellende Ergebnisse der Bankentests sind häufig darauf zurückzuführen, dass das Vorgehen des Beraters nicht ausreichend geregelt ist. Viele Banken haben keine festgeschriebenen Prozesse in der Beratung, sondern lediglich einzelne Beratungsschritte definiert.

Banken, die sich für eine erfolgreiche Zukunft aufstellen wollen, sollten detaillierte Handlungsanweisungen für ihre Berater erstellen, um ein systematisches und lückenloses Handeln im Umgang mit den Kunden zu gewährleisten. Nur so lassen sich Beratungsqualität und Kundenzufriedenheit nachhaltig erhöhen.

Als Testinstitut hat die IVA AG inzwischen exakte Erkenntnisse über die Schwachstellen der Banken im Umgang mit ihren Kunden. Denn bereits seit 2010 führt das Institut bundesweit in den 200 größten Städten großangelegte testkundenbasierte Untersuchungen zur Beratungsqualität im Retailbanking durch. Dafür setzt die IVA AG ein Team festangestellter Tester ein, an das hohe qualitative Anforderungen gestellt werden:

- Die Tester haben eine Ausbildung zum Bankkaufmann/-frau und/oder ein wirtschaftswissenschaftliches Studium absolviert.
- Es handelt sich um „Profi-Tester", das heißt, sie führen mindestens 100 Testgespräche pro Jahr in der gleichen Branche.
- Sie sind fachlich in der Lage, die Beratung (auch ohne Fragebogen) zu beurteilen. Das heißt, sie kennen die rechtlichen Rahmenparameter, die fachlichen Vor- und Nachteile und steuerliche Auswirkungen.
- Sie können ihre Rolle authentisch ausfüllen, da sie sich ausschließlich zu Themen beraten lassen, die angesichts ihrer persönlichen finanziellen Situation von realem Interesse für sie sind.
- In Bezug auf die sie betreffenden Themen wären sie aufgrund ihrer Ausbildung selbst in der Lage, eine sachgerechte Beratung zu geben.

In den mittlerweile weit über 5000 Testgesprächen, die von der IVA AG geführt wurden, wird ein eigens entwickelter Fragebogen eingesetzt, der bezüglich der Antwortoptionen klar definiert ist und somit jegliche Subjektivität ausschließt. Die Einarbeitungszeit eines festangestellten Testers dauert in etwa drei Monate, bis die Gespräche routiniert und mit der nötigen Objektivität geführt werden können. Jedes geführte Gespräch wird anschließend sorgfältig dokumentiert und ausgewertet.

Der Fragebogen untersucht die unterschiedlichen Aspekte des Beratungsgesprächs in vier Grunddimensionen:

a) **Vor- und Nachbetreuung:** Wie reibungslos verläuft der Erstkontakt, bzw. wie werden Möglichkeiten zur Nachbereitung und Fortführung des Gesprächs geschaffen?
b) **Atmosphäre/Interaktion:** Besteht räumlich und persönlich eine angenehme und konstruktive Gesprächsatmosphäre?
c) **Kundengerechtigkeit:** Wie sehr sind die Beratungsinhalte an der individuellen Bedarfssituation des Kunden orientiert?
d) **Sachgerechtigkeit:** Stellt der Berater die angesprochenen Themen objektiv, fachkompetent und systematisch dar?

## 4 Ganzheitliche Beratung von Privatkunden

Auf Basis der Erkenntnisse, die die IVA AG aus der Vielzahl der Testgespräche gewonnen hat, wurde ein Leitfaden für einen qualitativen Prozess zur ganzheitlichen und strukturierten Beratung von Privatkunden entwickelt, das „Drehbuch Fundament der ganzheitlichen Beratung" (vgl. Institut für Vermögensaufbau 2014a, S. 137 ff.). Es beschreibt den idealtypischen Beratungsverlauf einer qualitativ hochwertigen und strukturierten ganzheitlichen Beratung von Privatkunden, die zunächst auf einer Absicherung der wichtigsten Lebensrisiken und einer Vorsorge für den Ruhestand als Fundament der Kundenbeziehung basiert. Das Drehbuch besteht aus verschiedenen Modulen, die je nach Ausgangslage zumeist unabhängig voneinander sind. Das ermöglicht es, dass Banken den Beratungsprozess entweder als Ganzes oder Schritt für Schritt über einzelne Module umsetzen können.

Obwohl alle Banken für sich in Anspruch nehmen, „ganzheitlich" zu beraten, fehlt es oft an einem derartigen Beratungsprozess, sodass man Kreditinstitute typischerweise in drei Gruppen einteilen kann:

1. Wenige Banken, bei denen der Begriff der ganzheitlichen Beratung Deckmantel für den Verkauf von „Produkten der Woche" oder „Produkten des Monats" ist. Ziele und Wünsche des Kunden werden dabei so interpretiert, dass sie zum jeweiligen Produkt passen. Dieser rein produktorientierte Ansatz kann nicht für sich in Anspruch nehmen, den Kunden ganzheitlich zu beraten.

2. Zahlreiche Banken, bei denen sich die Berater stark an Zielen und Wünschen der Kunden orientieren. Dennoch führt die Beratung auch in diesen Fällen häufig zu einem aus Sicht des Kunden suboptimalen Ergebnis. Grund: Kunden haben selten das Fachwissen, um die Relevanz essenzieller Absicherung und frühzeitiger Altersvorsorge zu erkennen und kurzfristige Konsumwünsche über eine langfristige Absicherung bzw. Altersvorsorge zu stellen.
3. Zahlreiche Banken priorisieren ebenso grundsätzliche Bedarfsfelder, zum Beispiel Absicherung von Lebensrisiken vor Altersvorsorge und vor Vermögensanlage. Es erfolgt jedoch keine oder nur eine oberflächliche Priorisierung auf Ebene der einzelnen Bedarfsfelder, sodass die Auswahl von den Vorlieben des Beraters in Kombination mit den Zielen und Wünschen des Kunden bestimmt wird. Mit diesem Beratungsansatz kann für den Kunden eine gute Grundabsicherung und Grundvorsorge erreicht werden, wobei dies nicht grundsätzlich und für jeden Kunden der jeweiligen Bank sichergestellt ist. Somit erreicht auch dieser Beratungsansatz nicht durchgängig optimale Ergebnisse.

Insbesondere die Beratungsansätze 2 und 3 führen dazu, dass Kunden mit ähnlichen Bedürfnissen in der Grundabsicherung und Grundvorsorge teilweise deutlich unterschiedliche Lösungsvorschläge erhalten. Die Beratungsqualität hängt somit häufig primär von den „richtigen" Fragestellungen des jeweiligen Beraters bzw. seiner individuellen Fähigkeit ab, aus der Produktpalette sowohl die richtigen Produkte als auch die richtige Produktausgestaltung für den Kunden auszuwählen. Die Folge sind objektiv nicht nachvollziehbare Unterschiede bei den Empfehlungen.

Ausgangspunkt einer strukturierten ganzheitlichen Beratung sollte deshalb die Definition der einzelnen Lebensphasen und der wichtigsten Lösungen aus dem Bereich Grundabsicherung und Grundvorsorge sein, die für die Mehrheit der Kunden in einer konkreten Lebenssituation wichtig sind. Diese Empfehlung ist umso bedeutsamer, als bei der Mehrheit der Kunden die finanziellen Mittel für Absicherung und Altersvorsorge begrenzt sind, sodass sich die Bank im ersten Schritt auf die für den Kunden wesentlichen Lösungen konzentrieren sollte. Der Berater sollte daher mit dem Kunden, ausgehend von dessen individuellem Budget, die Möglichkeiten zur Umsetzung der einzelnen Themen entsprechend einer für die Lebensphase geltenden Priorität besprechen.

Die Orientierung am Lebensphasenmodell empfiehlt sich für alle Kundengespräche, um vor dem Hintergrund der Budgetrestriktionen vieler Haushalte zumindest ein stabiles Fundament in Form der wichtigsten Absicherungen und einer frühzeitigen Vorsorge für das Alter zu legen. Eine reine Beratung zu Themen wie „Baufinanzierung" oder „Geldanlage", ohne den Kunden vorher auf ein solides Fundament aus Absicherung und Vorsorge zu stellen, ist nicht ganzheitlich eingebettet und damit nicht optimal.

Das Drehbuch „Fundament der ganzheitlichen Beratung" beschreibt sowohl einen vollumfänglichen und idealtypischen Beratungsprozess (einschließlich Ansätze und Argumente für die Gesprächsführung) als auch Argumente für einzelne Absicherungs- und Altersvorsorgeprodukte.

Zu einer gelungenen Beratung zu diesem Thema gehört, dass der Berater dem Kunden die Auswahl der Produkte transparent und nachvollziehbar vorstellt. Nur so kann der Kunde seinen Berater und damit seine Bank als Partner wahrnehmen, der (auch) komplexe Abläufe und Sachverhalte verständlich und transparent erläutern kann. Auf diese Weise können sich Banken als verlässliche und vertrauenswürdige Partner positionieren.

Eine Beratung zu den Themen Absicherung und Altersvorsorge, die sich am Drehbuch „Fundament der ganzheitlichen Beratung" orientiert, erlaubt es Beratern, den hohen Ansprüchen an eine fachlich und sachlich korrekte Beratung, die für den Kunden transparent und verständlich ist, gerecht zu werden. Darüber hinaus entstehen zusätzliche Nutzenargumente für den Kunden und damit Cross-Selling-Ansätze für das Kreditinstitut.

# 5 Elemente des Beratungsprozesses im Privatkundengeschäft

## 5.1 Gesprächsvorbereitung und Begrüßung des Kunden

**Gesprächsvorbereitung bei Bestandskunden**

Das Ziel einer ganzheitlichen Beratung sollte sein, dem Kunden eine auf die jeweilige Lebenssituation abgestimmte Absicherung der wichtigsten Risiken sowie frühzeitige Vorsorge für das Alter aufzuzeigen. Daher sollte das Lebensphasenmodell Grundlage eines jeden Gesprächs sein. Im Rahmen der Terminvereinbarung sollte der erste Ansprechpartner mögliche Erwartungen des Kunden erfragen, um eine optimale Gesprächsvorbereitung sicherzustellen. Ferner sollte der Kunde darüber informiert werden, ob eventuell weitere Berater (Spezialisten) teilnehmen.

Der Kunde sollte folgende Unterlagen zum Beratungsgespräch mitbringen:

- Versicherungsordner
- letzte Renteninformation
- Unterlagen zu bestehenden Altersvorsorgeverträgen

Vor dem Termin liegt es in der Verantwortung des Beraters, eventuell bestehende Beratungsdokumentationen zur Absicherung und Altersvorsorge zu überprüfen. Bei identifizierten Lücken in diesen Bereichen sollte vorab überlegt werden, wie diese Lücken geschlossen werden können. Der Berater sollte zudem anhand eventuell bestehender Haushaltsrechnungen die für eine Absicherung und Altersvorsorge in Frage kommenden liquiden Mittel abschätzen.

**Gesprächsvorbereitung bei Neukunden**

Bei Neukunden ist eine umfangreiche Gesprächsvorbereitung in der Regel nicht möglich, da der Berater nicht auf bestehende Informationen zurückgreifen kann. Ferner wird der Neukunde nur selten wegen eines Absicherungs- und/oder Vorsorgebedarfs die neue Bankverbindung suchen, sondern sich eher allgemein über ein Konto informieren oder spezielle Beratungswünsche haben. Aber gerade bei Neukunden sollte die Situation genutzt werden, das Lebensphasenmodell vorzustellen, um eine auf die Lebenssituation abgestimmte Absicherung der wichtigsten Risiken und frühzeitige Altersvorsorge erreichen zu können.

**Begrüßung des Kunden**
Die Begrüßung des Kunden umfasst zwei Phasen. In der ersten Phase stellt der Berater sich und die Bank vor. Diese Vorstellung ist insbesondere bei Neukunden wichtig, um diese über die Kompetenzen und Stärken zu informieren und auf Besonderheiten hinzuweisen. In der zweiten Phase erfragt der Berater vom Kunden dessen Erwartungen an das Gespräch/die Bank bzw. wiederholt zur Abstimmung mit dem Kunden noch einmal die vom ersten Ansprechpartner erfragten Erwartungen und dokumentiert diese sowie die vom Kunden gegebenen erstem Informationen. Dem Kunden sollte an dieser Stelle die Notwendigkeit erläutert werden, beim Thema Absicherung und Altersvorsorge strukturiert vorzugehen, um mit ihm zusammen das für seine Lebensphase optimale und auf seine Ziele und Wünsche abgestimmte „Fundament" errichten zu können. Der Berater erklärt dem Kunden deshalb kurz die Vorgehensweise und holt zum Abschluss vom Kunden das Einverständnis dafür ein.

## 5.2 Datenaufnahme

**Einverständnis vom Kunden einholen**
Zu Beginn erläutert der Berater den notwendigen Dokumentationsumfang kurz und holt hierfür vom Kunden das Einverständnis ein. Im Anschluss stellt der Berater dem Kunden den Beratungsbogen vor, der eine strukturierte ganzheitliche Gesprächsführung in den Bereichen Absicherung und Altersvorsorge sicherstellt. Anhand des Beratungsbogens können Berater und Kunde auch später noch nachvollziehen, welche Absicherung- und Altersvorsorgeprodukte in diesem Gespräch thematisiert wurden. Der Berater sollte dem Kunden mitteilen, dass es für den Absicherungs- und Altersvorsorgebereich eine gesetzliche Dokumentationspflicht gibt, aufgrund derer der Gesprächsinhalt vom Berater in einem standardisierten Beratungsprotokoll am Ende des Gesprächs festgehalten wird. Das Beratungsprotokoll dient der Bank als Beweismittel, insbesondere in den Fällen, in denen der Kunde wesentliche Absicherungen oder Altersvorsorgeprodukte nicht abgeschlossen hat bzw. nicht abschließen wollte.

**Angaben zur Person**
Der Berater sollte den Kunden darauf hinweisen, dass die abgefragten Angaben persönlich, jedoch für die Beratung unverzichtbar sind. Bei Bestandskunden sind die Angaben stets auf Aktualität zu überprüfen.

Zu den persönlichen Daten zählen u. a.:

- persönliche Kontaktdaten
- Geburtsdatum, Familienstand, Kinder, Beruf
- Erreichbarkeit des Kunden

Falls der Kunde Bedenken haben sollte, diese Daten mitzuteilen, sollte ihm deutlich gemacht werden, dass ohne diese Angaben eine Beratung nicht möglich ist und er sicher sein kann, dass die Daten streng vertraulich behandelt werden.

## 5.3 Die Beratung nach dem Lebensphasenmodell

**Vorstellung des Lebensphasenmodells**
Im ersten Schritt sollte der Berater dem Kunden das Lebensphasenmodell vorstellen und die weitere Vorgehensweise besprechen.

**Haushaltsbudget als Ausgangspunkt**
Gemeinsam mit dem Kunden ermittelt der Berater, ob und welche finanziellen Mittel ihm bei seiner aktuellen Einnahmen- und Ausgabensituation zur Verfügung stehen. Während der Ermittlung des Budgets sollte der Berater vor allem bei den Punkten „Versicherungsbeiträge" und „Sparverträge" die dahinter liegenden Produkte genau hinterfragen, um zu erfahren, welche Lösungen eventuell schon vorhanden sind. Wichtig ist ferner, nach in naher Zukunft anstehenden finanziellen Änderungen zu fragen. Auch eine Frage nach der Familienplanung ist nicht indiskret, sondern im Hinblick auf finanzielle Entscheidungen unverzichtbar.

Das freie Budget und die bereits vorhandenen Absicherungs- und Vorsorgelösungen bestimmen, welche essenziellen Absicherungen und Vorsorgelösungen in Frage kommen und in welcher Höhe.

**Beratung im engeren Sinne**
Im Weiteren sollte der Berater mit dem Kunden die für dessen Lebensphase vorgesehenen wichtigen Produkte entsprechend ihrer Priorität abstimmen, zum Beispiel Haftpflicht-, Berufsunfähigkeits-, Unfallversicherung sowie Riester-Rente (Abb. 1).

**Ermittlung des Beratungsbedarfs im wichtigsten Bedarfsfeld**

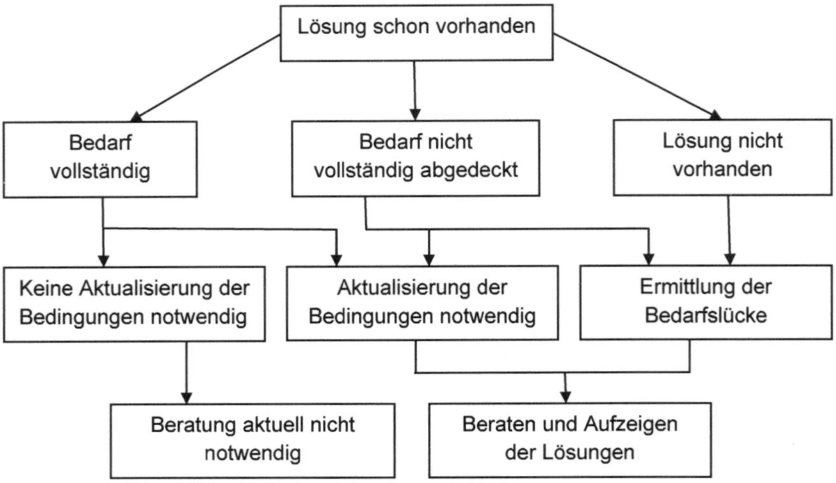


**Abb. 1** Beratungsprozess. (Quelle: Institut für Vermögensaufbau (IVA) AG)

## 5.4 Gesprächsabschluss und Verabschiedung

Da nicht alle Themenfelder in einem einzigen Gespräch abgedeckt werden können, sollte der Berater mit dem Kunden einen Fahrplan vereinbaren, um zu einem späteren Zeitpunkt über weitere noch offene Themen zu sprechen und dem Kunden anschließend individualisierte Lösungen zu präsentieren. Die Absicherungs- und Vorsorgesituation sollte regelmäßig überprüft werden, um diese an mögliche veränderte Lebenssituationen anzupassen. Der Berater sollte seine Kunden ausdrücklich darauf hinweisen, dass er für alle Fragen rund um das Thema Absicherung und Altersvorsorge als erster Ansprechpartner zur Verfügung steht. Zum Abschluss des Gesprächs sollte er sich für das entgegengebrachte Vertrauen bedanken und dem Kunden mitteilen, dass dieser ihn bei Fragen gern anrufen kann. Darüber hinaus ist nach dem Gespräch eine Frage nach der Zufriedenheit der Beratung stets angebracht. Sollte der Kunde zögern oder nicht ganz zufrieden sein, gilt es die Gründe dafür zu eruieren, um Missverständnisse oder Fehlentwicklungen rechtzeitig zu adjustieren. Ist der Kunde mit der Beratung zufrieden, sollte er um eine Weiterempfehlung gebeten werden. Bei der Verabschiedung ist dem Kunden mitzuteilen, dass man sich auf die weitere Zusammenarbeit mit ihm freut.

## 5.5 Beratungsbausteine Baufinanzierung und Geldanlage

Ergänzt wird das Drehbuch „Fundament der ganzheitlichen Beratung" durch die Beratungsbausteine Baufinanzierung und Geldanlage. Denn auch in diesen Bereichen sollte die Beratungsqualität nicht davon abhängen, ob der Berater zufällig die „richtigen" Fragen stellt bzw. fähig ist, die richtigen Produkte auszuwählen. Sicherstellen lässt sich die Beratungsqualität, indem die Prozesse in der Beratung definiert werden und der Berater sich im Kundengespräch daran orientiert.

## 6 Ganzheitliche Beratung von Firmenkunden

Im Bereich Firmenkunden sollten Berater ebenfalls ein „Drehbuch" nutzen, um eine ganzheitliche und strukturierte Vorgehensweise bei der Beratung zu gewährleisten. Auf Basis umfangreicher Testkäufe hat die „Gesellschaft für Qualitätssicherung in der Finanzberatung mbH" hierfür einen Leitfaden erstellt (vgl. Gesellschaft für Qualitätsentwicklung in der Finanzberatung 2015.). Dieser beschreibt einen idealtypischen Prozess von der Terminvereinbarung über das Empfehlungsmanagement bis hin zur nachhaltigen Betreuung von Firmenkunden.

### 6.1 Terminvereinbarung, Potenzialcheck und Terminbestätigung

Im Bereich Firmenkunden entscheidet regelmäßig bereits die Terminierung von Neukundengesprächen über Erfolg oder Misserfolg in der Geschäftsanbahnung. Entscheidend ist, dass der potenzielle Neukunde möglichst bereits bei seinem ersten Kontakt den zukünftigen Kundenberater kontaktiert. Insbesondere Unternehmer sind kritisch, wenn es um die Frage geht, wie oft sie sich einen Termin im Kalender reservieren müssen, um ihre Anliegen mit dem finalen Berater zu besprechen.

Deshalb sollte beim Erstkontakt mit dem Kunden ein „Potenzialcheck" erfolgen, der auf Basis von wenigen Fragen eine direkte Überleitung zum passenden Ansprechpartner sicherstellt. Neben persönlichen Daten und Kontaktdaten des Kunden werden Firma, Rechtsform und Gründungsdatum aufgenommen. Der Kunde hat außerdem die Möglichkeit, Schwerpunktthemen für den Termin anzugeben, zum Beispiel Zahlungsverkehr, Versicherungen oder Finanzierung. Unternehmensspezifische Daten, wie Jahresumsatz und Mitarbeiterzahl, dienen dazu, den Firmenkunden dem richtigen Kundensegment zuzuordnen, wobei hier eine erste Angabe in Bandbreiten für den Kunden weniger (daten-) sensibel ist als unmittelbar konkrete Zahlen.

Erfolgt ein Potenzialcheck nicht am Serviceschalter, sondern am Telefon, ist es unabdingbar, gewisse Standards einzuhalten, um eine problemlose Terminvereinbarung zu gewährleisten. Dazu gehört, dass alle Firmenkundenberater dem Telefonteam den Kalenderzugriff umfassend gewähren (inklusive der Planungshoheit), da sie Kundentermine bestätigen müssen, um sich am Kundenwunsch zu orientieren. Zudem sind die Kalendereinträge professionell zu führen, das heißt Freiräume können, mit einem Vorlauf von mindestens einem halben Tag, verbindlich terminiert werden, um dem Berater ausreichend Gelegenheit zur Gesprächsvorbereitung zu geben.

Eine Terminbestätigung steigert die Termintreue des Kunden, da durch die Erinnerung Termine nicht mehr „vergessen" werden. Sie erfolgt bei einer persönlichen Terminvereinbarung am Schalter, indem dem Kunden eine Terminbestätigungskarte mitgegeben wird, bei telefonischer oder schriftlicher Terminvereinbarung erfolgt die Bestätigung in der Regel per E-Mail oder SMS.

## 6.2 Vorbereitung auf das Kundengespräch

**Bestandskunden**
Bei bestehenden Kundenbeziehungen gehört zur Vorbereitung auf ein ganzheitliches Gespräch die komplette Analyse der bestehenden Produkte. Hierbei muss geprüft werden, ob alle Beratungsthemen bereits über die Bank abgedeckt wurden. Des Weiteren ist erforderlich, die Kontoumsätze der vergangenen Monate zu prüfen sowie die Homepage des Kunden auf eventuelle Neuausrichtungen oder Erweiterungen der Produktpalette durchzusehen. Überdies sind die persönlichen Daten auf ihre Richtigkeit zu überprüfen und ein Beratungsbogen mit allen bestehenden Informationen auszufüllen.

**Neukunden**
Bei Neukunden sind Unterlagen mit wesentlichen Informationen über die Bank, deren Produkte und dem Berater vorzubereiten.

## 6.3 Begrüssung und Gesprächseinstieg

Um eine angenehme Gesprächsatmosphäre und ein Vertrauensverhältnis zu schaffen, sollte der Berater dem Kunden eine Visitenkarte überreichen und sich mit seinem Namen und weiteren Details vorstellen: Funktion, Tätigkeitsbereich, Berufserfahrung und optional private Informationen. Dann erfolgt die Vorstellung der Bank, wobei gegenüber einem Firmenkunden deutlich mehr Aspekte zu nennen sind als bei einem Privatkunden. Denn einem Unternehmer ist die Leistungsfähigkeit der Hausbank sehr wichtig und er vergleicht kritischer und genauer, welche Bank zu seinem Anliegen passt. Mindestnennungen in diesem Bereich, die idealerweise durch eine Broschüre visualisiert werden, sind folgende Themen: Regionalität (Verbundenheit mit dem Wirtschaftsstandort), Leistungsfähigkeit (Verbundunternehmen, Kompetenzen), Referenzen, Zahlen, Daten und Fakten.

Zu Beginn des Gesprächs holt der Berater nochmals die Zustimmung des Kunden zum festgelegten Zeitrahmen ein und stellt ihm seine Agenda vor. Nachdem alle Themen, einschließlich zusätzlich mitgebrachter Themenwünsche des Kunden, im Fahrplan aufgenommen wurden, kann der Berater einschätzen, ob die relevanten Themen zu diesem Termin abgeschlossen werden können. Andernfalls, sollte er den Kunden auf einen eventuell nötigen Folgetermin hinweisen.

Zum Einstieg in das Gespräch und im Rahmen des Fahrplans muss der Berater seinen Anspruch als kompetenter Ansprechpartner in allen Finanzfragen positionieren. Daher ist es unerlässlich, neben den Themenwünschen des Kunden, auch den Anspruch an die eigene Beratungsqualität zu formulieren. Überlässt der Berater dem Kunden die Wahl über die zu besprechenden Bedarfsfelder, werden oft existenziell relevante Fragestellungen zu den Themen Absicherung und Vorsorge nicht hinreichend behandelt.

## 6.4 Bedarfsanalyse im Gespräch

Während des Beratungsgesprächs ist der Berater gehalten, eine fundierte Bedarfsanalyse durchzuführen, um den Ansprüchen des Kunden an eine hohe Service- und Beratungsqualität nachzukommen.

Der Kunde sollte seinerseits einen Gesamtüberblick über seine finanzielle Situation erhalten und sich sicher sein, über alle für ihn wesentlichen Bedarfsfelder beraten worden zu sein. Der Bedarfsanalyse bei Firmenkunden kommt eine besondere Bedeutung zu, da das institutionelle Fortbestehen des Unternehmens sowie der Gesellschafter/Geschäftsführer als Privatperson abgesichert sein muss.

## Literatur

Gesellschaft für Qualitätsentwicklung in der Finanzberatung mbH (2015): Drehbuch Fundament der ganzheitlichen Beratung im Bereich der Gewerbe-/Geschäftskunden.

Institut für Vermögensaufbau (IVA) AG (2014b): Focus-Money-City-Contest 2015– Firmenkunden, München, Dezember 2014.

Institut für Vermögensaufbau (IVA) AG (2014a): Qualitätsatlas Retailbanking 2013, Bericht über die vierte Durchführung einer deutschlandweiten, testkundenbasierten Untersuchung zur Beratungsqualität im Retailbanking, München, März 2014.

Lünendonk (2012): Lünendonk-Trendstudie: Zukunft der Banken 2020– Trends, Technologien, Geschäftsmodelle, Kaufbeuren.

**Kai Fürderer** ist Mitglied des Vorstands der Institut für Vermögensaufbau (IVA) AG und verantwortet den Bereich Prozessanalyse.

Nach dem Abschluss zum Dipl.-Betriebswirt (BA) und Investment Consultant (ebs/DBG) erfolgte sein Berufsstart in der Fondsadministration der DekaBank in Luxemburg. Danach war er Projektleiter bei der vwd GmbH – einem führenden Anbieter von Portfoliomanagement-Software – und im Anschluss Abteilungsleiter des Risikocontrollings der Wilhelm von Finck AG (heute: Deutsche Oppenheim Family Office AG).

Zuletzt war er Senior Consultant bei der Nielsen+Partner Unternehmensberater GmbH mit Spezialisierung auf Bankprozess-Optimierung.

# Bedarfsorientierte Beratung versus aktiver Bankvertrieb - Ein Widerspruch?

Lutz Boden

## Inhaltsverzeichnis

1 Einleitung . . . 241
2 Rahmenbedingungen bankbetrieblicher Aktivität . . . 242
3 Honorarberatung in Deutschland mit Akzeptanzproblemen . . . 243
3.1 Vorteil für Vermögende durch Honorarberatung . . . 245
3.2 Provisionsberatung bleibt dominierendes Modell . . . 245
4 Neue Medien verändern Kundenverhalten . . . 246
5 Persönliche Kundenberatung und elektronische Beratungswege . . . 247
5.1 Persönliches Gespräch weiterhin wichtig . . . 247
5.2 Qualität der Beratung entscheidend . . . 248
6 Berater müssen Attraktivität einer Kundenbeziehung langfristig bewerten . . . 249
7 Kundenorientierung erfordert offene Produktpalette . . . 249
8 Schlussbetrachtung . . . 250
Literatur . . . 250

## 1 Einleitung

Die strategische Ausrichtung der Bankberatung ist aktuell in zahlreichen Kreditinstituten das zentrale geschäftspolitische Thema. Dieses nicht zuletzt aufgrund der aktuellen und auch perspektivischen Entwicklung der Ertrags- und Kostensituation der Kreditinstitute sowie komplexer Rahmenbedingungen.

L. Boden (✉)
Sparkasse Karlsruhe Ettlingen, Karlsruhe, Deutschland

 
D. Hellenkamp, K. Fürderer (Hrsg.), *Handbuch Bankvertrieb,*
DOI 10.1007/978-3-658-06447-1_15

Planungen einer etwaigen Neuausrichtung bedingen deshalb vorab detaillierte Analysen diesbezüglicher Bestimmungsfaktoren.

## 2 Rahmenbedingungen bankbetrieblicher Aktivität

So wird die Ertragslage der Kreditinstitute zunehmend von der extremen Niedrigzinsphase negativ beeinflusst (vgl. Naumer und Schneider 2014, S. 93 ff.). Da der Ertragsanteil sowohl der Volks- und Raiffeisenbanken als auch der Sparkassen durch einen hohen Anteil des Zinsgeschäfts im Verhältnis zum Provisionsgeschäft gekennzeichnet ist (zumeist zwischen 70 und 80 %), sind diese Institutsgruppen aufgrund ihres Geschäftsmodells von dieser Entwicklung besonders tangiert. Die (international tätigen) Großbanken weisen hingegen eine geringere Abhängigkeit vom Zinsgeschäft auf, da deren Höhe historisch betrachtet gemeinhin einen Anteil unter 50 % ausweist. Die kurzfristige Rückkehr einer Zinsstrukturkurve in der Eurozone mit einem „normalen" Zinsniveau ist momentan nicht erkennbar. Die Gründe hierfür sind hinlänglich bekannt und begründen sich im Wesentlichen mit den Auswirkungen aus der Staatsschulden- und Bankenkrise in der EU seit 2007.

Des Weiteren sehen sich die Kreditinstitute in den letzten Jahren in Europa mit einer erheblichen Zunahme regulatorischer Veränderungen konfrontiert. Der daraus resultierende zusätzliche organisatorische und wirtschaftliche Aufwand belastet dabei insbesondere die kleineren und mittleren Kreditinstitute. Exemplarisch sind hierbei die Anforderungen an das Berichts- und Meldewesen oder aber die Compliancefunktion zu nennen. Diese gehen parallel einher mit den Forderungen der Bankenaufsicht nach einer wachsenden Ertragsstärke und der Zunahme der Eigenkapitaldecke.

In Europa unterliegen alle Kreditinstitute den Regelungen von Basel III. Die USA setzen die Regeln anders um, zum Beispiel nicht für kleine regionale Banken oder Kreditmakler, sondern nur für (eine Handvoll) international tätige Banken. Diese fungieren typischerweise als Aktiengesellschaften und waren oftmals Auslöser bzw. Verursacher der Bankenkrise.

Die Regulierungsmaßnahmen, die u. a. eine höhere Eigenkapitalunterlegung bei Kreditvergaben vorsieht, wirken in Europa nachhaltig auf alle Kreditinstitute (im Euroraum agieren aktuell aber über 6500 Kreditinstitute). Und zwar unabhängig davon, ob sie ihr Geschäftsmodell als international tätige Großbank oder als regional tätige Geschäftsbank ausgerichtet haben.

Die Heterogenität des deutschen Bankenmarktes mit seinem Drei-Säulen-Modell und dem Verbundsystem der Volks- und Raiffeisenbanken sowie der Sparkassen hat sich nicht zuletzt in der Finanz- und Wirtschaftskrise ausdrücklich bewährt. Eine flächendeckende Kreditversorgung der Realwirtschaft war jederzeit gegeben. Dieser Faktor ist besonders zu erwähnen, da die deutsche Wirtschaft im Gegensatz zum angelsächsischen Bereich durch mittelständische regionale Unternehmungen und nicht durch Großkonzerne getragen und geprägt wird. Insofern ist es notwendig, bei den politischen Entscheidungsträgern der EU Transparenz dafür zu schaffen, keine bewährten Vorteile von Kreditinstituten bzw.

Kreditinstitutsgruppen für eine regulatorische „Einheitslösung“ aufzugeben. Heterogenität geht beispielsweise dann verloren, wenn Volks- und Raiffeisenbanken sowie Sparkassen ähnlich wie international tätige Großbanken reguliert werden sollen. Den jeweiligen besonderen Geschäftsmodellen und den nationalen Strukturen muss hier Rechnung getragen werden (vgl. Hellmich und Siddiqui 2014, S. 105 ff.).

Die wachsenden Anforderungen an die Eigenkapitalunterlegung risikobehafteter Aktiva führt dazu, dass Kreditinstituten ceteris paribus zukünftig weniger Kapital zur Unterlegung banktypischer Risiken (Kreditrisiko, Marktrisiko und operationelles Risiko) zur Verfügung steht. Die Kreditinstitute können nunmehr durch zusätzliche Eigenmittel der Anteilseigner und/oder erwirtschaftete Erträge (in einem aktuell sehr schwierigen Marktumfeld, zum Beispiel wegen der Niedrigzinsphase) versuchen, diesen Anforderungen zu entsprechen. Andererseits können sie auch durch Reduktion der risikobehafteten Aktiva den erhöhten Anforderungen an das Eigenkapital nachkommen. Diese Vorgehensweise, zum Beispiel durch Rückführung des Kreditexposure einer Bank oder eine (sehr) restriktive Kreditpolitik, ist aber nicht im Sinne des Gesetzgebers und der EZB, da hierdurch gravierende volkswirtschaftliche Auswirkungen entstehen könnten (zum Beispiel eine Kreditklemme). Auch hier ist wiederum die notwendige Versorgung der mittelständischen Realwirtschaft in der Fläche unbedingt einzubeziehen.

Regulatorische Maßnahmen sollten insofern ausgewogen bestimmt werden, um die eigentlichen Intentionen des Gesetzgebers nicht durch die Auswirkungen im Nachhinein zu konterkarieren (vgl. Fahrenschon 2014).

Kurzum: Sinkende Erträge bei gleichzeitig deutlich steigenden Kosten führen zu einem Mix, der nicht zuletzt auch die Kundenberatung tangieren wird. Eine sehr heterogene Nachfrage nach Service- und Beratungsleistungen seitens der Kunden trifft dabei auf unterschiedliche Angebots- und Umsetzungsvarianten - sowohl in der Qualität als auch in der Quantität.

## 3 Honorarberatung in Deutschland mit Akzeptanzproblemen

Ein zentrales Argument für die Honorarberatung ist stets, dass es eine kundenbedarfsorientierte Beratung nicht geben kann, wenn das beratende Kreditinstitut von den jeweiligen Produktlieferanten monetäre/nicht-monetäre Zuwendungen erhält.

In diesem Zusammenhang wurden mit Wirkung vom 1. August 2014 wesentliche Teile des Gesetzes zur Förderung und Regulierung einer Honorarberatung über Finanzinstrumente (Honorar-Anlageberatungsgesetz) in Kraft gesetzt. Das Gesetz orientiert sich an dem Vorschlag der EU-Kommission zur Neufassung der MIFID vom 20. Oktober 2011 (MIFID II), der unter dem Begriff „unabhängige Beratung“ ein vergleichbares Konzept verfolgt, und ist damit auf der Linie der Entwicklungen in den anderen europäischen Ländern.

Ziel dieses Gesetzes ist es, einen Rahmen für die honorarbasierte Anlageberatung als alternatives Angebot zur provisionsgestützten Anlageberatung und Vermittlung zu schaffen. Dabei enthält das Gesetz nicht nur Reglementierungen für Institute, die eine honorarbasierte Beratung erbringen, sondern auch für solche die ihre Beratungsleistung auf Provisionsbasis abrechnen. Grundsätzlich soll im Rahmen der Honorar-Anlageberatung, als neue gesetzlich definierte Beratungsform, durch

- gesteigerte Wohlverhaltens- und Informationspflichten gegenüber den Kunden,
- eine erhöhte Transparenz im Hinblick auf die Art der Vergütung sowie
- durch ausschließliche Honorarzahlungen durch die Kunden

ein erhöhter Anlegerschutz erreicht werden (vgl. Wintzer und Waigel 2014).

Eventuelle Fehlanreize einer provisionsbasierten Beratung sind hier grundsätzlich nicht gegeben.

Doch die Tatsache, dass sich ein Honorar-Anlageberater unmittelbar und ausschließlich vom Kunden bezahlt wird und nicht mittelbar von den Anbietern der Finanzprodukte, beinhaltet eine besondere Herausforderung.

In Deutschland ist die Mentalität der Kunden für eine Finanzberatung einen vereinbarten Stundensatz zu entgelten historisch bedingt (noch) sehr gering ausgeprägt. Der Dienstleitungscharakter der Beratungsleistung des Kundenberaters eines Kreditinstitutes wird nicht analog anderer sonstiger Beratungsleistungen wahrgenommen, beispielsweise der eines Steuerberaters.

Die Honorarberatung wird deshalb auf Sicht voraussichtlich nur einen sehr geringen Marktanteil generieren können. Hierbei sind auch psychologische Aspekte relevant, insbesondere der Kontrollüberzeugung (External Locus of Control). Der Kunde weiß bei der Honorarberatung ex ante, er muss für eine Beratungsleistung bezahlen, obgleich er deren Qualität vorher nicht kennt. Die Provisionsberatung hat aus Kundensicht indes typischerweise den Vorteil, dass eine Vergütung nur dann zu entgelten ist, wenn der Kunde dem Vorschlag des Beraters annimmt und sich für ein bestimmtes Finanzprodukt entscheidet. Andernfalls bezahlt er für eine Beratung nicht.

Eine Motivation des Gesetzgebers regulatorisch einzugreifen, ist zweifelsohne das Ziel einer zunehmenden Transparenz für den Kunden beim Erwerb von Finanzprodukten und Finanzdienstleistungen zu erreichen.

Sind diese Konflikte aber im wirtschaftlichen Austausch nicht allgegenwärtig?

Der Verkäufer eines Bekleidungsgeschäftes wird seinen Kunden beim Kauf eines Anzugs möglicherweise nicht „objektiv" beraten, wenn er beim Anzug A eine Gewinn von 100 Geldeinheiten und beim Anzug B einen Gewinn von 200 Geldeinheiten erzielen kann.

Bankgeschäfte sind abstrakt und durch Informationsasymmetrien zwischen Kunden und dem Kreditinstitut besteht grundsätzlich stets das Risiko eines missbräuchlichen Verhaltens. Aus diesem Grund aber jeden Freiraum wirtschaftlicher Gestaltungsfreiheit in der Kreditbranche zu regulieren, kann letztlich dazu führen, dass bestimmte (mehrwertstiftende) Bankprodukte bestimmten Kunden gar nicht mehr angeboten werden. Fehlallokationen sind dabei nicht auszuschließen.

## 3.1 Vorteil für Vermögende durch Honorarberatung

Durchsetzen wird sich die Honorarberatung, wenn überhaupt, bei vermögenden Kunden, da sie für diese Kundengruppe regelmäßig kostengünstiger ist, als die Provisionsberatung. Ein Provisionssatz von einem Prozent, zum Beispiel bei einem gemischten Portfolio (Aktien, Festverzinsliche Wertpapiere, offene/geschlossene Fonds) führen bei einem Anlagevolumen von einer Million Euro zu einer Provision von 10.000 €. Die Opportunitätskosten einer Honorarberatung werden aus Kundensicht zumeist deutlich geringer sein.

Aus Sicht der Banken kann ein erhöhter Beratungsaufwand (Zeit, Personal, Technik) nur dann wirtschaftlich betrieben werden, wenn im Rahmen einer „Mischkalkulation" Provisionserträge mit höheren Margen und/oder erhöhten Transaktionsvolumina erzielt werden können.

Umgekehrt: Individuelles Beratungsgeschäft, zum Beispiel Aktienkommissionsgeschäft, kann vor dem Hintergrund deutlich zunehmender Kosten einer erhöhten Regulatorik dem Kunden nur noch angeboten werden, wenn ausreichend Erträge erwirtschaftet werden. Andernfalls entscheiden immer mehr Institute, eine individuelle Beratung in für den Kunden interessante, jedoch für das Kreditinstitut ggf. sogar defizitäre Produkte nicht mehr anzubieten, so dass Kunden nur noch standardisierte (Bank-) Produkte/Lösungen angeboten werden.

„Kleinanleger", die heute noch (provisionsbasiert) individuell beraten werden, weil der „Kundenmix" aus Vermögenskunden und Kleinanlegern passt, könnten mit der gesetzlichen Neuausrichtung das Nachsehen haben. Bei vielen Privat- aber auch Großbanken ist das bereits der Fall. Da der Aufwand, den eine individuelle Kundenberatung auslöst, unabhängig von der Losgröße des zugrundeliegenden Geschäftes ist, wird im Rahmen einer Mischkalkulation die Beratung der kleineren Tranchen durch die größeren Einheiten subventioniert.

Wenn zahlreiche Vermögenskunden einer Bank die Möglichkeit der Honorarberatung wählen, wird die Bank aufgrund der sich verändernden Deckungsbeitragsstrukturen langfristig keine Individualberatung mehr in der Provisionsberatung anbieten können. Dem Kleinanleger bleibt, wenn er nicht eine Standardberatung möchte, für die Individualberatung dann nur die Honorarberatung. Nehmen wir an, zwei Beratungsstunden würden mir 500 € in Rechnung gestellt, dann wären das bei einem Anlagevolumen von zum Beispiel 10.000 € aber bereits fünf Prozent Kosten.

Die Absicht, durch Honorarberatung den Anlegerschutz zu stärken, könnte sich dadurch quasi ins Gegenteil umkehren, da diese per se eher einen elitären Ansatz beinhaltet und sich tendenziell negativ auf die Breite auswirkt.

## 3.2 Provisionsberatung bleibt dominierendes Modell

„Um die Honorar-Anlageberatung von der übrigen Anlageberatung nach § 33 Absatz 3a des Wertpapierhandelsgesetzes zu trennen, müssen Wertpapierdienstleistungsunternehmen entsprechend ihrer Größe und Organisation sowie der Art, des Umfangs und der Komplexität ihrer Geschäftstätigkeit sicherstellen, dass seitens der übrigen Anlageberatung kein Einfluss auf die Honorar-Anlageberatung ausgeübt werden kann. Dies erfordert insbesondere sicherzustellen, dass:

1. die Vertriebsvorgaben für die Honorar-Anlageberatung (soweit compliance-technisch überhaupt zulässig) unabhängig von den Vertriebsvorgaben für die übrige Anlageberatung ausgestaltet, umgesetzt und überwacht werden
   und
2. die mit der Erbringung der Honorar-Anlageberatung betrauten Mitarbeiter nicht auch mit der Erbringung der übrigen Anlageberatung betraut sind.“ (vgl. § 12 Abs. 6 WpDVerOV (Wertpapierdienstleistungs-Verhaltens- und Organisationsverordnung); vgl. Bundesgesetzblatt Jahrgang 2014, Teil I, Nr. 30, S. 957)

Das bedeutet beispielsweise, dass der Honorar-Anlageberater keine Vereinbarungen mit Produktlieferanten über die Zahlung von Vertriebsprovisionen abschließen darf aber auch, dass andererseits ein Provisionsberater keine Incentivierung aus den Produktabschlüssen der Honorarberatung erhalten darf (Stichwort = zum Beispiel Staffelprämie, Gesamthausziel).

Nur unter Einhaltung dieser strengen Auflagen ist es einem Institut möglich, Kunden beide Beratungsformen anzubieten.

Die gesetzlichen Hürden für ein paralleles Anbieten von Provisions- und Honorarberatung innerhalb eines Kreditinstitutes sind effektiv zu hoch, so dass Kreditinstitute sich typischerweise entscheiden müssen, welches Beratungsmodell sie wählen, das heißt Provisionsberatung oder Honorarberatung.

Dieses nicht zuletzt aufgrund der notwendigen organisatorisch, funktionalen und personellen Trennung der beiden Bereiche. Inwieweit bei solch einer Konstellation ausreichende Betriebsgrößen erreicht werden, um positive Deckungsbeitrage zu erzielen, kann nur im Einzelfall entschieden werden.

Insofern ist es momentan eher unwahrscheinlich, dass die Honorarberatung die Provisionsberatung in Deutschland substituiert.

## 4 Neue Medien verändern Kundenverhalten

Bankkunden nutzen digitale Medien mit einer zunehmenden Intensität und auch Tiefe. Dieses gilt sowohl für den Bereich Produktinformation als auch für den Kauf eines Produktes (vgl. Dapp 2014). Die Verteilung der verschiedenen Zugangswege und Kundenkontaktpunkte der Kunden zur Bank wird sich zukünftig deutlich verändern. Banken werden hybride Angebotsstrukturen aufeinander abgestimmt anbieten, das heißt Online-Banking und stationäres Banking.

Gleichzeitig haben sich neue Plattformen wie zum Beispiel wikifolio entwickelt, auf denen in der Regel auf einer Consumer-to-Consumer-Ebene Produktlösungen angeboten werden. Informationen stehen dem einzelnen Kunden dort in Form von „Schwarmintelligenz" zur Verfügung.

Insofern müssen Kreditinstitute Informationen über Standardprodukte noch wesentlich stärker als bisher über das Internet anbieten, denn dort befinden sich ihre Kunden; aus Kundensicht, weil diese hierfür nicht extra in die Filiale kommen möchten, aus Banksicht, weil Gespräche die weitgehend nur Informationsfunktion haben, aufwendig sind. Bereits heute werden viele (nicht beratungsintensive) Standardgeschäfte, beispielsweise bei Tagesgeld oder Kreditkarten, online abgeschlossen.

Bei diesen Produkten kommt es darauf an, die notwendigen Informationen online zu vermitteln und wettbewerbsfähige Preise anzubieten, zum Beispiel dem Girokonto. Weiterhin ist das online-abschlussfähige Produktangebot auszubauen bzw. zu optimieren.

Komplexe Finanzprodukte, zum Beispiel im Baufinanzierungsbereich, werden ohne vorherige Beratung in der Regel nicht direkt online abgeschlossen. Obgleich (Nominal-) Zinskonditionen bei einem Online-Anbieter günstiger sein können, sollten aus Kundensicht die Gesamtkosten einer Finanzierung relevant sein. Diese können im Rahmen einer Kundenberatung ermittelt werden, erweitert um die Möglichkeiten neben dem Nominalzins zusätzlich beispielsweise auch Eigenkapitalvarianten, Tilgungssätze/-varianten, Zinsbindungsdauer, Einbindung öffentlicher Finanzierungs- und Fördermittel oder Möglichkeiten der Risikoabsicherung einzubeziehen.

## 5 Persönliche Kundenberatung und elektronische Beratungswege

Die stationäre Beratung hat insbesondere dann Kundenrelevanz, wenn Kunden langfristige Entscheidungen mit einem erhöhten Maß an Individualität, Komplexität sowie Qualität treffen müssen.

Aus Bankensicht führt ein zunehmender Kostendruck dazu, dass in kostenintensiven/renditeschwachen Bereichen, zum Beispiel in Servicebereichen, Kosten möglichst durch den Abbau von Personalkapazitäten reduziert werden und diese Aufgaben mittels digitaler Medien ausgelagert werden. Im Bereich der Kundenberatung werden in profitablen Segmenten die Beraterkapazitäten tendenziell eher auszubauen sein.

Anlassbezogene Gespräche werden dabei in einem persönlichen Kundengespräch durchgeführt, zum Beispiel das Jahresgespräch oder der Depot-Check.

Elektronische Beratungswege können gleichwohl auch im Segment der Vermögenskunden/Private Banking Kunden zukünftig verstärkt online angeboten werden, beispielsweise im Rahmen von Folgegesprächen durch Video- oder Telefonberatung.

### 5.1 Persönliches Gespräch weiterhin wichtig

Filialinstitute können im Wettbewerb mit Direktbanken niemals die Kostenführerschaft erreichen, da das stationäre Geschäft mit höheren Kosten verbunden ist. Sie sollten im

Wettbewerb um den Kunden deutlich den Vorteil und den Mehrwert herausstellen, dass der Kunde stets die Möglichkeit hat, vom online in das stationäre Netz zu wechseln.

Kunden informieren sich verstärkt zunächst online. Bei ihrer finalen Entscheidungsfindung möchten sie anschließend aber wiederkehrend ihren Kundenberater in räumlicher Nähe kontaktieren, um die online erworbenen Kenntnisse vertrauensvoll reflektieren zu lassen (ROPO-Effekt) (vgl. Kühner und Mosch 2013, S. 115 ff.).

Insbesondere Regionalinstitute können diesen Mehrwert deutlich herausstellen, da sie regional verwurzelt sind und ihre Kunden und ihre Lebensumstände üblicherweise besonders gut kennen. Regionalinstitute sollten auch ihren Beitrag für die Region gegenüber ihren Kunden stärker hervorheben und die Menschen in der Region hierdurch stärker an das eigene Institut binden (zum Beispiel Versorgung der Gesamtbevölkerung mit Dienstleistungen, nicht nur in ausgewählten Ballungszentren oder für bestimmte Kundengruppen; ebenso die Kreditvergabe in und für die Region, insbesondere an den Mittelstand oder die Förderung des Gemeinwohls durch Spenden und Sponsoring) (vgl. Haasis 2010, S. 86 ff.).

Online-Banking und stationäres Banking ergänzen sich demnach. Die Herausforderung für Kreditinstitute besteht allerdings darin, Beratungsmöglichkeiten und Vertriebswege möglichst gut miteinander zu verzahnen.

## 5.2 Qualität der Beratung entscheidend

Filialbanken können sich im Wettbewerb gegen Onlinebanken primär durch die Qualität ihrer Beratung abgrenzen. In diesem Punkt muss eine stationäre Bank besser sein als jede Onlinebank. Hierzu gehört, im gesamten Filialnetz einheitliche Qualitätsstandards zu etablieren. Das heißt, der Kunde erhält in seinem Kundensegment unabhängig davon, welche Filiale bzw. welchen Ansprechpartner in der Bankberatung er kontaktiert, eine gleichbleibend hohe Qualität sowie in der Regel ähnlich gelagerte Produktlösungen.

Basis für eine gleichbleibend hohe Qualität in Beratungsgesprächen bei Sparkassen ist das Sparkassen-Finanzkonzept bzw. die Sparkassen-Finanzplanung Privat. Der Kunde wird hierbei ganzheitlich strukturiert betrachtet. Seine individuelle finanzielle Situation bzw. Lebensphase wird dabei mit einer standardisierten Empfehlungsmatrix verglichen und soweit erforderlich werden seitens der Sparkasse Handlungsempfehlungen ausgesprochen und Lösungsangebote unterbreitet. Ziel ist es dabei die Kundenbedürfnisse optimal zu erfüllen.

Im Bereich Private Banking wird das Finanzkonzeptgespräch durch ein Strategiegespräch ersetzt, das durch Themenpläne für die Bereiche Vermögensoptimierung, Altersvorsorge, Absicherung von Lebensrisiken, Immobilienmanagement und Generationenmanagement ergänzt wird. Das Strategiegespräch folgt dabei im Grunde der gleichen Logik wie das Finanzkonzeptgespräch.

Die Ausrichtung eines jeden Kundenberaters am Finanzkonzept gewährleistet ein strukturiertes Kundengespräch mit qualifizierten Antworten auf die finanziellen Bedürfnisse des Kunden. Da die Durchführung von Beratungsgesprächen in dieser Form zeit- und damit kostenintensiv sind, müssen die Prozesse wiederkehrend auf deren Wirtschaftlichkeit hin überprüft werden. Möglicherweise können in der Zukunft deshalb nicht in allen Kundensegmenten intensive Kundengespräche durchgeführt werden. Neben der Differenzierung der Tiefe (Dauer des Einzelgesprächs) ist auch der Rhythmus (maximaler Zielzeitraum zwischen zwei Einzelgesprächen mit einem Kunden) zu definieren.

Die Kundensegmentzuordnung im Privatkundengeschäft orientiert sich gemeinhin an festgelegten Einkommens- und Vermögenskriterien im Kontext zum Alter und des Familienstands des Kunden. Entscheidend ist dabei die Sparfähigkeit des Kunden. Da Kunden in der Regel über mehrere Bankverbindungen verfügen, sollte das Kreditinstitut mit dem Ziel einer ganzheitlichen Betrachtung des Kunden Erkenntnisse über die gesamte finanzielle Situation des Kunden gewinnen. So ist gewährleistet, dass der Kunde dem „richtigen" Segment zugeordnet und die Beratung zielgerichtet angeboten wird.

## 6 Berater müssen Attraktivität einer Kundenbeziehung langfristig bewerten

Grundsätzlich leiten sich aus einer strukturierten Bedarfsanalyse nachvollziehbar und für den Kunden unmittelbar einsichtig seine „offenen" Handlungsfelder ab. Diese Handlungsfelder können mit geeigneten Finanzprodukten geschlossen werden. Insofern wird der Kunde im Rahmen seiner Möglichkeiten die Deckungslücken, möglicherweise nicht unmittelbar, jedoch mit einer hohen Wahrscheinlichkeit zu einem späteren Zeitpunkt schließen.

Regionale Filialbanken sollten deshalb den Wert einer Kundenverbindung langfristig bewerten und den Kunden so (möglicherweise) über Jahrzehnte begleiten. Die Bedürfnisbefriedigung des Kunden und ein aktiver Verkauf von Bankprodukten sind dann kein Widerspruch.

Grundsätzlich müssen in einer Kundenbeziehung sowohl der Kunde als auch die Bank langfristig einen erkennbaren Nutzen ziehen können. Einseitige Beziehungen führen dazu, dass der Kunde sich neu orientiert und einen Wettbewerber als neuen Partner wählt bzw. umgekehrt die Bank sich nicht mehr um den Kunden „kümmert" und der Kunde in finanziellen Angelegenheiten keinen aktiven Ansprechpartner mehr hat.

## 7 Kundenorientierung erfordert offene Produktpalette

Filialinstitute können dem Kunden überdies anbieten, Bankgeschäfte in jeder Filiale zu tätigen. Der Kunde erhält hierdurch zusätzliche Flexibilität bankbetriebliche Aktivitäten besser mit seiner persönlichen Lebensplanung zu koordinieren, beispielsweise in der Nähe des Arbeitsplatzes, beim Einkaufen u. a. Um diesen Vorteil ausspielen zu können, ist eine Grundpräsenz in der Fläche notwendig.

Kundenorientierung bedingt indes auch eine aktive Kundenansprache, wobei die Frequenz in den Kundensegmenten unterschiedlich ist. Das Kreditinstitut sollte eigeninitiativ etwaige Kundenbedürfnisse überprüfen und den Kunden anschließend diesbezüglich über den von dem Kunden präferierten Kontaktweg kontaktieren.

Dem Kunden sollten hierbei nicht nur Finanzprodukte des eigenen Hauses angeboten werden, sondern grundsätzlich Produkte aus einer offenen Produktpalette. Letztlich überzeugt den Kunden eine unabhängige individuelle Beratung und damit die Erkenntnis, dass sein Nutzen im Vordergrund steht (vgl. Borsch et al. 2010).

## 8 Schlussbetrachtung

Ein Widerspruch zwischen bedarfsorientierter Beratung und einem aktiven - auch zentral gesteuerten - Bankvertrieb ist vom Grundsatz her nicht gegeben, solange die Qualität der Beratung und die Intention des Produktangebotes die Kundenbedürfnisse vollumfänglich befriedigen.

Letztendlich ist das entscheidende Kriterium bei der Wahl des Kreditinstituts bzw. des Beraters das „Vertrauen" – und das kann nur zwischen Menschen entstehen. Daher wird – sofern der Gesetzgeber nicht eine andere gesetzliche Regelung trifft – die provisionsbasierte, bedarfsorientierte Beratung auch weiterhin in Deutschland vorherrschen.

## Literatur

Borsch, E., Friedrich, C., Haustein, T. (Hrsg.) (2010): Erfolgsfaktor Kundenorientierung: Aktuelle Ansätze in der Vermögensberatung aus Sicht unterschiedlicher Marktteilnehmer, Bank-Verlag, Köln.

Bundesgesetzblatt Jahrgang 2014, Teil I, Nr. 30, ausgegeben zu Bonn am 18. Juli 2014.

Dapp, T. F. (2014), Deutsche Bank Research (Hrsg.): Fintech – Die digitale (R) evolution im Finanzsektor; Algorithmenbasiertes Banking mit human touch, Frankfurt, 23. September 2014.

Fahrenschon, G. (2014): Risiken reduzieren statt verteilen – Anforderungen an eine wirksame Regulierung, Rede auf der Handelsblatt-Jahrestagung „Banken im Umbruch", 03. September 2014, Frankfurt.

Haasis, H. (2010): Demografischer Wandel aus Sicht der Sparkassen, S. 71–92, in: Demographic Banking, Demografische Entwicklung als Herausforderung für Kreditinstitute, (Hrsg.) Juncker, K., Nietert, B., Fritz Knapp Verlag, Frankfurt am Main, 2010.

Hellmich, M., Siddiqui, S. (2014): Klassische Geschäftsmodelle im Wandel, S. 105 ff., in: Aspekte moderner Bankenregulierung (Hrsg.) Niehoff, W., Hirschmann, S., Bank-Verlag, Köln.

Kühner, A., Mosch, A. (2013): Intransparenz in der Online-Welt, S. 115 ff., in: Banking 2. 0, 2. Aufl., (Hrsg.) Hüthig, S., Springer-Gabler Verlag, Wiesbaden.

Naumer, H.-J., Schneider, H. (2014): Banken im Niedrigzinsumfeld, S. 93 ff., in: Aspekte moderner Bankenregulierung (Hrsg.) Niehoff, W., Hirschmann, S., Bank-Verlag, Köln, 2014.

Wintzer, S., Waigel, C. (2014): Das neue Honoraranlageberatungsgesetz: Informations- und Offenlegungspflichten sowie Konsequenzen, entnommen (30.04.2015) Finanz Colloquium Heidelberg – url:http://blog.fc-heidelberg.de/2014/11/06/das-neue-honoraranlageberatungsgesetz-informations-und-offenlegungspflichten-sowie-konsequenzen, 6. November 2014.

**Dipl. Kfm. Lutz Boden** ist seit Mai 2013 Mitglied des Vorstands der Sparkasse Karlsruhe Ettlingen und verantwortet dort das gesamte Privatkundengeschäft und den Eigenhandel.

Nach dem Abschluss als Diplom-Kaufmann an der Universität der Bundeswehr in Hamburg im Jahr 1990 weist er inzwischen 25 Jahre Erfahrungen in Leitungsfunktionen in der Bundesluftwaffe sowie einer deutschen Großbank und in der Sparkassenorganisation auf.

Sein Schwerpunkt liegt von Beginn an im Privatkundengeschäft, in dem er in allen Kundensegmenten Leitungsaufgaben wahrgenommen hat, sowie im Wertpapierbereich.

Daneben verfügt er über umfangreiche Erfahrungen in ehrenamtlichen Funktionen sowohl als Stiftungsvorstand als auch als Vorstand einer kirchlichen Sozialstation.

# Teil VI
# Rechtliche Rahmenbedingungen

# Rechtsberatung für Bankkunden – Eine Gratwanderung mit Perspektiven

Hans Christian Blum und Michael Schellenberger

## Inhaltsverzeichnis


1 Einleitung . . . . . 256
2 Das Rechtsdienstleistungsgesetz als Leitlinie für Banken . . . . . 256
3 Vermögens- und Unternehmensnachfolge als erlaubte Nebentätigkeit? . . . . . 256
4 Banken und Testamentsvollstreckung . . . . . 257
4.1 Nutzung von Nachfolgethemen durch Banken als Tool zur Akquise und Kundenbindung . . . . . 258
4.2 Keine dauerhafte Kundenbindung ohne Vertrauen . . . . . 258
4.3 Bankberater nicht für alle Fragen legitimiert . . . . . 259
5 Ausgangspunkt Notfallplanung . . . . . 259
5.1 Bankmitarbeiter kann Problembewusstsein des Kunden schärfen . . . . . 260
5.2 Testament auch für Bankberater ein Thema . . . . . 261
5.3 Sensibilität des Beraters hat hohen Stellenwert . . . . . 261
6 Konfliktreduzierung und Steueroptimierung bei der Nachfolgeplanung . . . . . 262
7 Financial Planning unerlässlich . . . . . 263
7.1 Identifikation und Kommunikation beachten . . . . . 263
7.2 Praxisbeispiele . . . . . 264
7.2.1 Typische Situationen verbesserungsbedürftiger Nachfolgeplanungen . . . . . 264
7.2.2 Familienziele bestimmen Vermögensstruktur . . . . . 265
8 Unternehmensverkauf als Möglichkeit einer neuen Geschäftsbeziehung im Rahmen der Kundenbeziehung . . . . . 267
Literatur . . . . . 267



H. C. Blum (✉) · M. Schellenberger
CMS Hasche Sigle, Berlin, Stuttgart, Deutschland





D. Hellenkamp, K. Fürderer (Hrsg.), *Handbuch Bankvertrieb*,
DOI 10.1007/978-3-658-06447-1_16

## 1 Einleitung

Die Bankenwelt hat sich in den vergangenen Jahren gravierend verändert. Neue Wettbewerber aus anderen Branchen drängen in den Markt, seit der globalen Finanzkrise ist das Vertrauen der Menschen in die Finanzbranche erschüttert, herkömmliche Geschäftsmodelle funktionieren nicht mehr, die Erträge sind massiv unter Druck geraten. In dieser Situation loten die Manager in den Bankzentralen intensiv neue Ertragsquellen aus. Dabei rücken zunehmend auch Geschäftsfelder in den Fokus, die für die Institute grundsätzlich verbotenes Terrain darstellen, nämlich die Bereiche der rechtlichen Beratung.

## 2 Das Rechtsdienstleistungsgesetz als Leitlinie für Banken

Inwieweit der Bereich der Rechtsberatung tatsächlich verbotenes Terrain darstellt, richtet sich nach dem Rechtsdienstleistungsgesetz (RDG). Dieses dient dazu, Rechtssuchende, den Rechtsverkehr und die Rechtsordnung vor unqualifizierten Rechtsdienstleistungen zu schützen, § 1 Abs. 1 RDG. Gemäß § 2 Abs. 1 RDG ist eine Rechtsdienstleistung jede Tätigkeit in konkreten fremden Angelegenheiten, sobald sie eine rechtliche Prüfung des Einzelfalls erfordert. Daher ist es Banken grundsätzlich verwehrt, Rechtsdienstleistungen zu erbringen. Dies gilt jedoch nicht, sofern gemäß § 5 RDG die Rechtsdienstleistung eine so genannte Nebenleistung ist, und zum Berufs- und Tätigkeitsbild als Nebenleistung gehört. § 5 Abs. 2 RDG nennt exemplarisch einige ausdrücklich erlaubte Nebenleistungen. Hierzu gehören gemäß § 5 Abs. 2 Nr. 1 RDG Rechtsdienstleistungen, die im Zusammenhang mit einer Testamentsvollstreckertätigkeit erbracht werden (vgl. hierzu näher unten).

Sofern keine ausdrücklich erlaubte Nebenleistung im Sinne des § 5 Abs. 2 RDG vorliegt, ist für die Zulässigkeit der Nebenleistung erforderlich, dass ein sachlicher Zusammenhang der Haupttätigkeit mit der Rechtsdienstleistung besteht. Dies ist dann der Fall, wenn es sich um eine fest umrissene, typisierte berufliche Betätigung handelt, mit der die Verkehrsanschauung bestimmte untergeordnete Rechtsdienstleistungen verbindet (vgl. Otting 2008, Rn. 256). Neben dem sachlichen Zusammenhang ist es erforderlich, dass der Charakter einer Nebenleistung besteht. Dies ist dann der Fall, wenn die zusätzlich erbrachte, rechtsberatende oder rechtsbesorgende Tätigkeit die Gesamtleistung nicht prägt oder anders gesagt keine spezifisch rechtliche Angelegenheit, die trennbar ist, vorliegt (BT-Drs.16/3655, S. 52).

## 3 Vermögens- und Unternehmensnachfolge als erlaubte Nebentätigkeit?

Für Banken ist § 5 Abs. 2 RDG insbesondere bei Gestaltungsmöglichkeiten im Rahmen der Vermögens- oder Unternehmensnachfolge relevant (vgl. Pressemitteilung des BMJ vom 11.10.2007, Nord-ÖR 2007, 191, 192). Beispielsweise darf ein Kreditinstitut auf erbrechtlich günstige oder ungünstige Gestaltungen hinweisen und darstellen, welche rechtlichen Handlungsoptionen es gibt, zum Beispiel Testamentsvollstreckung, Errichtung einer Stiftung, Rechtsformwechsel eines Unternehmens (Deckenbrock und Henssler 2015, § 5, Rn. 53). Stets ist jedoch Voraussetzung, dass ein Zusammenhang mit konkreten Bankgeschäften gegeben ist. Unter Berufung auf eine allgemeine Pflicht zur Wahrung von Vermögensinteressen der Kunden ist es nicht zulässig, beliebig weit Rechtsdienstleistungen zu erbringen (Deckenbrock und Henssler 2015, § 5, Rn. 53). Daher wäre es zum Beispiel keine Nebenleistung mehr, sondern vielmehr eine Hauptleistung, wenn eine Bank die angedachte Vermögens- oder Unternehmensnachfolge tatsächlich durchführt. So stellte es insbesondere eine verbotene und bußgeldbewehrte Rechtsberatung im Einzelfall dar, Vorschläge für die Testamentsgestaltung für den Einzelfall zu unterbreiten, die anfallende Erbschaftsteuer konkret zu berechnen, eine Vorsorgevollmacht zu erstellen oder den Entwurf einer Satzung für eine Stiftung von Todes wegen vorzubereiten (BT-Drs. 16/3655, S. 55; OLG Karlsruhe NJW RR 2007, 206, 207).

Themen, die rechtliche und/oder steuerrechtliche Herausforderungen von Kunden betreffen, können für Banken somit nur Begleitthemen sein. Wenn eine Bank beispielsweise Finanzplanung oder Certified Estate Planning als Dienstleistungen anbietet, darf sie selbst dabei keine rechtliche und steuerliche Beratung leisten, die über eine Nebenleistung hinausgeht, sondern muss externe Experten (Rechtsanwälte, Steuerberater) hinzuziehen.

## 4 Banken und Testamentsvollstreckung

Als erlaubte Nebenleistungen gelten wie bereits oben erwähnt Rechtsdienstleistungen, die im Zusammenhang mit einer Testamentsvollstreckung stehen, § 5 Abs. 2 RDG. Damit dürfen sich Banken und Bankiers grundsätzlich umfassend auf dem Gebiet der Testamentsvollstreckung und der damit einhergehenden rechtlichen Fragestellungen tummeln. Gleichwohl werden Banken und Bankiers gut daran tun, sich nicht zu sehr als Institution oder als Person in den Vordergrund zu rücken, was das Testamentsvollstreckeramt anbelangt. Zum einen gibt es im Rahmen der Testamentsvollstreckung Aufgaben, die der benannte Testamentsvollstrecker nicht delegieren darf. Diese wären mithin bei der Benennung der Bank durch den Vorstand bzw. das vertretungsberechtigte Organ in personam vorzunehmen. Weiterhin sollte das Thema der Interessenkollision nicht aus dem Auge verloren werden. Die Testamentsvollstreckeramtsinhaberschaft aufgrund einer Interessenkollision kann durchaus dazu führen, dass keine hauseigenen Produkte für den Nachlass mehr erworben werden dürfen (vgl. zur Interessenkollision Deckenbrock und Henssler 2015, § 4 Rn. 26). Zuletzt sollte das Haftungspotenzial der Durchführung einer Testamentsvollstreckung nicht aus den Augen verloren werden, das nicht nur dann droht, wenn im wirtschaftlichen Eigeninteresse hauseigene Produkte erworben werden.

**Beispiel**

Rechtsberatung und Testamentsvollstreckung durch Banken: Eine Bank beschäftigt drei Juristen, die für Kunden Testamentsvollstreckungen anbieten. Sie erstellen die Testamente und lassen sie von einem Notar beurkunden. Die Vollstreckung wird von den Bankjuristen im Rahmen ihres Arbeitsverhältnisses vorgenommen. Ziel ist, mit dieser Dienstleistung die Kunden bzw. deren Rechtsnachfolger an die Bank zu binden. Eine solche Vorgehensweise ist unzulässig, soweit sie die Tätigkeit die Testamentserstellung betrifft. Gestattet ist jedoch die Ausübung des Testamentsvollstreckeramtes.

## 4.1 Nutzung von Nachfolgethemen durch Banken als Tool zur Akquise und Kundenbindung

Die Tatsache, dass die Beratung einer Vermögens- und Unternehmensnachfolge Banken im Kern nicht erlaubt ist, bedeutet jedoch keineswegs, dass Nachfolgethemen von Kreditinstituten nicht genutzt werden könnten und sollten, um Kunden zu gewinnen beziehungsweise Kundenbeziehungen auszubauen und zu festigen. Das betrifft vor allem die Beratung von Familien im gehobenen Privatkundengeschäft. Oft geht es für eine Bank darum, einen Unternehmenskunden auch als Privatkunden zu gewinnen, das heißt grundsätzlich Kunden ganzheitlich zu beraten und sich als Bank entsprechend aufzustellen (vgl. weiterführend Wessel 2013). Bei den heute umfassend informierten und besser denn je aufgeklärten Kunden reicht es nicht mehr, ihnen die Aktie des Monats oder den Fonds der Woche anzubieten, um eine vertrauensvolle Kunden-Bank-Beziehung aufzubauen.

Bankmitarbeiter erkennen mehr und mehr, dass sie den familiären und wirtschaftlichen Hintergrund des Kunden kennen sollten, um ihn besser zu verstehen. Sie wissen mittlerweile: Wenn wir die Familie besser kennen, können wir sensibel auf Ereignisse reagieren – etwa wenn die Tochter heiratet oder der Sohn Nachwuchs bekommt. All diese Events sind mit einem gewissen Bedarf verbunden, an dem die Bank beim Verkauf von Produkten ansetzen kann.

## 4.2 Keine dauerhafte Kundenbindung ohne Vertrauen

Für die Bank ist aber nicht nur entscheidend, möglichst viele Informationen über die Familie und deren wirtschaftlichen Hintergrund zu haben, um zu wissen, wann sie welches Produkt oder welche Dienstleistung anbieten kann. Hinzu kommt der emotionale Aspekt: Je tiefer die Vertrauensbeziehung zum Kunden, je stärker sich dieser dem Bankbetreuer öffnet, desto enger wird die Kundenbindung und umso unwahrscheinlicher wird es, dass der Kunde die Bank wechselt. Er möchte im Allgemeinen bestimmte Themen nicht immer wieder erörtern; er möchte sich darauf verlassen können, dass sein Bankberater die wichtigen Themen kennt, so dass er nicht jedes Mal von vorne mit Erläuterungen anfangen muss.

Es ist also durchaus sinnvoll, als Bank rechtliche und steuerliche Themen mit dem Kunden zu besprechen, soweit es für sie zulässig ist, und sich Partner – Rechtsanwälte, Steuerberater – sucht, die diese Themen vollständig abdecken können. Dadurch gewinnt die Bank Informationen über den Kunden und vertieft die Vertrauensbeziehung zu ihm. Dabei handelt es sich unter Umständen um Informationen, die der Bankbetreuer nur erhält, wenn er zusammen mit einem Rechtsanwalt oder Steuerberater mit dem Kunden spricht.

### 4.3 Bankberater nicht für alle Fragen legitimiert

Denn es gibt durchaus Fragen, die zu stellen nur der Rechtsanwalt oder Steuerberater legitimiert ist, nicht aber der Vertreter einer Bank – insbesondere wenn es um vertrauliche Informationen geht, die der Anwalt/Steuerberater unbedingt benötigt, um eine optimale rechtliche/steuerliche Lösung für die Probleme des Mandanten zu erreichen.

Darüber hinaus kann die Bank bei solchen Gesprächen vom Vertrauensvorsprung profitieren, den Rechtsanwälte und Steuerberater derzeit gegenüber Banken genießen. Der Fragensteller muss immer begründen können, warum er diese oder jene Frage stellt. Einerseits begrüßt es der Kunde, wenn man sich ganzheitlich um ihn kümmert, andererseits kann es Vertrauen kosten, wenn er sich ausgehorcht fühlt.

Die zentralen rechtlichen und steuerlichen Themengebiete, die auch für die Bank wichtig sind, weil dabei in der Regel auch Vermögensfragen geklärt werden müssen, sind

- Notfallplanung,
- Nachfolgeplanung,
- Vermögensstrukturierung.

## 5 Ausgangspunkt Notfallplanung

Eine Notfallplanung sollte für jede vermögende Familie am Anfang stehen, weil Notfälle altersunabhängig sind. Notfälle kommen immer von außen und treten ungeplant auf. Deshalb lässt sich Notfallplanung nicht mit dem Argument aufschieben, man sei dafür noch zu jung, hätte dafür auch später noch Zeit und mache ohnehin keine Fehler. Unfälle passieren, häufig durch fremdes Verschulden, weshalb niemand sagen kann, das Thema betreffe ihn nicht. Im Rahmen der Notfallplanung geht es um Themen wie Patientenverfügung, Notfalltestament sowie Vollmachten – und insbesondere auch um eine Bankvollmacht.

Wer handelt im Notfall? Wer trifft Entscheidungen, im Portfolio Positionen umzuschichten? Wer verkauft Vermögenswerte, weil die Familie Liquiditätsbedarf hat, um die Versorgung zu gewährleisten? Wer darf Rechnungen des Krankenhauses einreichen? Das sind Fragen, die enorme Schwierigkeiten hervorrufen können und eine Familie zu einem Zeitpunkt beanspruchen können, in dem sie sich lieber um denjenigen kümmern will, der den Notfall erlitten hat.

Hat die Familie nicht mit einer Notfallplanung vorgesorgt und es kommt beispielsweise zu einem Unfall, kann es passieren, dass von staatlicher Seite ein Betreuer eingesetzt wird, der nicht unbedingt im Sinne der Familie entscheidet, sondern allein im Hinblick auf die (objektive) Fürsorge für denjenigen, der den Unfall hatte. Das kann dazu führen, dass die Familie nicht optimal versorgt ist und zum Beispiel Vermögen umgeschichtet wird in einer Art und Weise, die weder Familie noch Kundenbetreuer goutieren.

Für den Bankbetreuer ist es in jedem Fall sinnvoll, den Kunden auf die Notwendigkeit einer Notfallplanung hinzuweisen. Er signalisiert ihm damit, dass er sich mit ihm identifiziert und ihm Anregungen gibt, die der Bank keinen unmittelbaren Profit einbringen. Er zeigt dem Kunden auf diese Weise aber auch, dass er dessen Bankvermögen schützt und die Frage klären will, wer über das Vermögen verfügen darf und wer nicht. Dabei sollte insbesondere überprüft werden, ob die Bankbeziehung so gestaltet ist, dass im Notfall Handlungsfähigkeit der Familie gewährleistet und deren Liquiditätsbedarf gesichert ist.

So weist beispielsweise die Deutsche Bank AG im Firmenkundenbereich ihres Interneteauftritts ihre Kunden explizit auf die Handlungsfähigkeit ihres Unternehmens, der Praxis oder Kanzlei hin und stellt eine Checkliste bereit. Hierin werden Fragen und Antwortmöglichkeiten u. a. zu den Kategorien

- Vertretung in Geschäftsführung und Gesellschafterstellung
- Abläufe, Verantwortlichkeiten
- Wichtige Unterlagen zu Banken, Versicherungen, Verträgen
- Wichtige Adressen und Ansprechpartner
- Testament, Familienurkunden

bereitgestellt (vgl. Deutsche Bank AG 2015).

## 5.1 Bankmitarbeiter kann Problembewusstsein des Kunden schärfen

Notfallplanung heißt in erster Linie: Vermeiden des schlimmsten Übels, aber nicht Aufstellen des besten Plans für die Zukunft aus Sicht der Gegenwart. Erst wenn für den Notfall vorgesorgt ist, sollte die Nachfolgeplanung angegangen werden. Die Familiensituation ist dann bekannt, die wesentlichen Dokumente wurden eingesehen. Bei der Nachfolgeplanung sollte die erste Frage an die Familie sein, was eigentlich deren langfristiges Ziel ist. Oft ist die Antwort, dass man das selber noch nicht so genau wisse, insbesondere noch nicht sicher sei, welches der Kinder berechtigt sein soll, das Unternehmen weiterzuführen oder das Familienvermögen zu verwalten.

Hat der Bankberater Kenntnis über familiäre und persönliche Hintergründe des Kunden und genießt er dessen Vertrauen, kann er durch gezielte Fragen bestehende Probleme in der Nachfolgeregelung aufzeigen und das Problembewusstsein des Kunden schärfen. Gegebenenfalls kann in diesem Stadium sogar ein Kennenlernen der Familie stattfinden. Der drohende Vermögensabfluss aufgrund mangelhafter Nachfolgeplanung kann anschließend durch eine professionelle Beratung verhindert werden.

## 5.2 Testament auch für Bankberater ein Thema

Wichtig ist, den Kunden zu erklären, dass ein Testament, das sie heute errichten, nur für eine begrenzte Zeit gedacht ist, beispielsweise zwei bis fünf Jahre, in der Regel aber nicht für zehn oder gar 30 Jahre. Im Testament sollte all das aufgenommen werden, was der Betreffende zu seinen Lebzeiten noch nicht umgesetzt hat, ihm allerdings wichtig ist, dass es nach seinem Tode umgesetzt wird. Tritt eine neue Situation ein, wird ein neues Testament errichtet bzw. werden Anpassungen vorgenommen. Das ist ein ganz wesentlicher Punkt bei der Nachfolgeplanung, den Bankmitarbeiter ihren Kunden klarmachen sollten.

Beim Testament handelt es sich demzufolge um ein „organisches" Dokument, das auf das biologische Ende des Kunden abzielt. In diesem Sinne ist Nachfolgeplanung auch nicht ein Ereignis, sondern ein Prozess, der zwar auf den Tod ausgerichtet ist. Doch so wie das Leben sich verändert, verändert sich auch die Nachfolgeplanung. Die wenigsten Mandanten erstellen 30 Jahre vor ihrem Tod einen Plan, der dann unverändert Gültigkeit behält.

Für viele Kunden ist dieses eine Wunschvorstellung, von der man sie jedoch abbringen sollte – nicht, weil sie alle zwei bis fünf Jahre ein neues Testament errichten sollen, sondern weil sich Dinge im Leben typischerweise ändern, die Einfluss auf die Nachfolgeplanung haben (können). So könnten sich beispielsweise die Kinder nicht so entwickeln wie erwartet oder eine unerwartet große Erbschaft das Vermögen wachsen lassen. Ein Testament bleibt in den seltensten Fällen über Jahrzehnte hinweg unverändert.

Ein weiterer Punkt ist die immer größere Internationalität von Vermögen. Das macht es möglicherweise erforderlich, sich darüber Gedanken zu machen, welches Recht überhaupt maßgebend ist. Bankberater können sich hier profilieren, indem sie beispielsweise den Kunden, der eine Ferienimmobilie im Ausland besitzt, darauf aufmerksam machen, dass sein Testament in dem jeweiligen Land möglicherweise gar nicht zulässig ist. Insbesondere, wenn eine bestimmte Geldanlage im Ausland auf Empfehlung des Bankberaters erfolgte, ist es sinnvoll, mit dem Kunden über solche Fragen zu sprechen (vgl. weiterführend Jayme 2014; vgl. Dutta 2014).

## 5.3 Sensibilität des Beraters hat hohen Stellenwert

Den Kunden davon zu überzeugen, das Thema Nachfolgeplanung anzugehen, stellt für den Rechtsberater und den Bankbetreuer gleichermaßen eine Herausforderung dar. Viele Menschen beschäftigen sich nicht gerne damit, weil sie das als Eingeständnis ihres zunehmenden Alters werten. Selbst im Alter von 70 oder 80 Jahren sagen viele Unternehmer: Warum sollte ich ein Testament machen, so alt bin ich doch noch gar nicht? Warum sollte ich Vermögen übertragen, die Erbschaftsteuer zahlen doch meine Kinder? Hier spielt die Angst vor Machtverlust sicherlich eine große Rolle.

Der Bankberater braucht viel Fingerspitzengefühl und Empathie, um mit dem Kunden über dieses Thema zu sprechen. Nimmt man „Relationship Management" ernst, bedeutet das, sich Zeit für den Kunden nehmen, ihm zuzuhören – und nicht versuchen, ihm auf die Schnelle etwas zu verkaufen. Es gibt in diesem Bereich zweifellos nicht *die* eine richtige Ansprache des Kunden, sondern nur eine bestimmte richtige Ansprache für einen bestimmten Kunden und eine andere richtige Ansprache für einen anderen Kunden. Die muss der Bankbetreuer jeweils erspüren – ist er dazu nicht in der Lage ist, ist er für diese Tätigkeit nicht geeignet. Die richtige Ansprache gelingt umso eher, je mehr Zeit sich der Berater für den Kunden nimmt und je besser er ihn kennt und sich in ihn hineinversetzen kann.

## 6 Konfliktreduzierung und Steueroptimierung bei der Nachfolgeplanung

Für den Bankmitarbeiter bieten sich hier Anknüpfungspunkte, da zum einen die Kundenbindung zur „alten" Generation noch existiert, zum anderen die Chance besteht, parallel dazu die Kundenbindung zur nächsten Generation aufzubauen. Der Bankberater kann also über den Kontakt mit dem bestehenden Kunden erreichen, eine Kundenbeziehung zu dessen Nachkommen zu etablieren. Erfolgt die Vermögensübertragung dagegen rein über das Testament, steht der Kunde nicht mehr zur Verfügung und die Bank muss versuchen, zu den Erben einen neuen Kontakt aufzubauen. Das ist wesentlich schwieriger als dies quasi in einem fließenden Übergang zu erreichen.

In der Praxis kommt es häufig zu einer Kombination aus letztwilliger Nachfolge durch Testament und lebzeitiger Nachfolge durch Schenkung. Die Schenkung kann dann in einer ganz bestimmten Struktur erfolgen. Es kann zum Beispiel vorteilhaft für die Familie sein, das Eigentum an einer Immobilie nicht direkt zu übertragen, sondern diese in eine Gesellschaft einzubringen und die Gesellschaftsanteile zu übertragen. Im Grunde genommen geht es bei der Nachfolgeplanung um zwei Aspekte, um Konfliktreduzierung in der Familie und um Steueroptimierung. Die Erbschaft- und Schenkungsteuer ist eine gestaltbare Steuer. Je größer das Vermögen, desto größer der Gestaltungsspielraum.

Um durch gezielte, sinnvolle Schenkungen Steueroptimierung zu betreiben, ist ein entsprechendes Freibetrags-Management nötig. Die Schenkungsteuer-Freibeträge betragen für Ehepartner 500.000 €, für Kinder 400.000 € und stehen alle zehn Jahre erneut zur Verfügung. Ein verheirateter Familienvater mit zwei Kindern kann demnach alle zehn Jahre 1,3 Mio. € steuerfrei übertragen. Die Schenkung kann auch modelliert werden, etwa indem man sich als Schenker den Nießbrauch vorbehält. Wird dieser Weg gewählt, erhält man den Ertrag aus dem Vermögensgegenstand, gibt dessen Substanz selbst aber weiter.

Häufig ist das Vermögen bei den Eltern nicht gleichmäßig verteilt. Dann muss im Rahmen der Nachfolgeplanung zunächst darauf geachtet werden, das Vermögen zuerst auf Ebene der Eltern sinnvoll zu verteilen, um es dann in die nächste Generation zu übertragen. Hier können „Tools" wie beispielsweise ein geregelter Wechsel des Güterstandes – etwa die sogenannte Güterstandsschaukel – zum Einsatz kommen.

## 7 Financial Planning unerlässlich

Bei der Nachfolgeplanung ist ebenso darauf zu achten, dass sich die schenkende Generation nicht zu frühzeitig arm schenkt. Sonst ist die lebenslange Versorgung des Schenkenden nicht gewährleistet.

Hierbei wird das Thema Financial Planning relevant, bei dem wiederum eine Bank eingebunden sein sollte und sich profilieren kann – beispielsweise indem eine Vermögensaufstellung und eine Liquiditätsanalyse erstellt und der Finanzbedarf der Eltern ermittelt wird, damit Eltern später nicht ihre Kinder um Geld bitten müssen (vgl. Schmidt 2011, S. 119 ff.). Wird die Vermögensaufstellung durch die Bank generiert, hat diese die Chance, an Informationen zu kommen, die ihr bisher nicht vorlagen. Kennt die Bank insofern bisher nur den Vermögensteil, den der Kunde bei ihr als Bank hält, hat der Bankmitarbeiter nunmehr gute Gründe, Daten zum gesamten Vermögen abzufragen. Andernfalls ist er nicht in der Lage, eine aussagefähige Vermögensaufstellung anzufertigen. Damit erhält die Bank Informationen, die ihr mit hoher Wahrscheinlichkeit einen künftigen Produktbedarf des Kunden aufzeigen (vgl. Schilling und Köhler 2011, S. 48 f.).

**Beispiel**

Verheiratete Bankkunden möchten ein Testament errichten. Die Einkunftsquellen sind bei den Ehegatten sehr unterschiedlich verteilt. Es bestehen zur Finanzierung aus dem Privatbereich und dem unternehmerischen Bereich umfangreiche Darlehen.

**Folge:** Bei Errichtung des Testaments wird meist nicht die Frage berücksichtigt, welchen Liquiditätsbedarf der jeweilige, länger lebende Ehegatte hat. Eine optimale Testamentserrichtung berücksichtigt den Liquiditätsbedarf aufgrund des Lebensstils, vorhandener Darlehen, Ausbildung der Kinder oder Ähnlichem.

**Abhilfe:** Sinnvollerweise ist parallel zur Testamentserrichtung eine Liquiditätsplanung durch die Bank aufzustellen.

### 7.1 Identifikation und Kommunikation beachten

Bei der Nachfolgeplanung geht es wirklich um maßgeschneiderte Lösungen. Das funktioniert nur, wenn man die Familie versteht und die Lösung so konstruiert ist, dass neben der steuerlichen Optimierung ein Höchstmaß an Konfliktvermeidung erreicht wird. Die Lösung muss zur Familie passen, die Familie muss sich damit identifizieren können – und die Lösung muss innerhalb der Familie richtig kommuniziert werden.

Man sollte vermeiden, eine Nachfolgeregelung im Stillen zu planen und die Nachkommen anschließend sagen, so hätten sie sich das nicht vorgestellt. Das heißt nicht, dass sich die ältere Generation von der Meinung der jüngeren abhängig machen sollte. Notwendig sollte aber zumindest eine rudimentäre Abstimmung sein, damit der Gedanke der Konfliktvermeidung am Ende tatsächlich zum Tragen kommt.

## 7.2 Praxisbeispiele

### 7.2.1 Typische Situationen verbesserungsbedürftiger Nachfolgeplanungen

**Beispiel**

Der Bankkunde ist verheiratet und hat keine Kinder.

**Folge:** Der länger lebende Ehegatte wird nicht automatisch Alleinerbe. Er wird lediglich Miterbe neben den Schwiegereltern. Der Ehegatte hat somit keine alleinige Entscheidungsbefugnis über das Vermögen des verstorbenen Ehegatten. Innerhalb der Erbengemeinschaft gilt das Einstimmigkeitsprinzip. Streitigkeiten sind programmiert.

**Abhilfe:** Errichtung eines Testaments, etwa mit Bestimmung des Ehegatten zum Alleinerben.

**Beispiel**

Der Bankkunde ist verheiratet und hat Kinder.

**Folge:** Der Ehegatte wird nicht automatisch Alleinerbe. Der länger lebende Ehegatte wird Miterbe neben den Kindern des verstorbenen Ehegatten. Er hat somit keine alleinige Entscheidungsbefugnis. Innerhalb der Erbengemeinschaft gilt das Einstimmigkeitsprinzip. Streitigkeiten sind wiederum programmiert. Sind die Kinder minderjährig, kann der Ehegatte teilweise die Kinder nicht vertreten, vielmehr muss die Bestellung eines Betreuers erfolgen und/oder eine Genehmigung des Vormundschaftsgerichts eingeholt werden.

**Abhilfe:** Errichtung eines Testamentes, unter Umständen mit Bestimmung des Ehegatten zum Alleinerben und/oder Anordnung der Testamentsvollstreckung. Es bestehen vielfältige weitere Gestaltungsmöglichkeiten.

**Beispiel**

Der Bankkunde hat mit seinem Ehepartner ein Berliner Testament errichtet.

**Folge:** In einem Berliner Testament setzen sich Ehegatten gegenseitig zu Alleinerben und zum Erben des länger lebenden Ehegatten die gemeinsamen Kinder ein. Ein „normales" Berliner Testament ist nicht erbschaftsteueroptimiert, da eine zweimalige Versteuerung des Nachlasses erfolgt.

**Abhilfe:** Das Berliner Testament ist erbschaftsteuerlich zu optimieren. Hierzu könnten beispielsweise zugunsten der Kinder Vermächtnisse verfügt werden, sodass der Freibetrag jedes beziehungsweise eines Kindes von 400.000 € pro Elternteil genutzt werden kann.

**Beispiel**

Das Vermögen eines Bankkundenehepaares ist sehr ungleich verteilt.

**Folge:** Im Todesfall des wirtschaftlich besser gestellten Ehegatten entstünde eine hohe Erbschaftsteuer zulasten des wirtschaftlich schlechter gestellten Ehegatten.

**Beispiel zur Abhilfe:** Durch einen Wechsel der Güterstände („Güterstandsschaukel") lässt sich in vielen Fällen steuerfrei Vermögen auf den anderen Ehegatten übertragen, sodass sich anschließend Vermögen von beiden Ehegatten an die Kinder im Rahmen der Schenkungssteuerfreibeträge übertragen lassen (oder auch nicht).

### 7.2.2 Familienziele bestimmen Vermögensstruktur

Der dritte Bereich, bei dem rechtliche und steuerliche Beratung Hand in Hand mit Bankberatung gehen können, ist die Vermögensstrukturierung. Diese ist oft eng mit der Nachfolgeplanung verbunden. Je höher das Vermögen des Kunden, desto mehr Möglichkeiten der Strukturierung bestehen. Dabei ist mit Vermögensstruktur nicht die Aufteilung des Vermögens auf unterschiedliche Assetklassen wie Aktien, Anleihen, Fonds oder Immobilien gemeint, sondern die rechtliche und steuerliche Struktur des Vermögens.

Bei dieser Art der Vermögensstrukturierung kommt es stark darauf an, welche Ziele die Familie mit dem Vermögen verfolgt. Ziel kann beispielsweise sein, das Familienvermögen zu erhalten unter der Bedingung, zwischen Familienvermögen und Eigenvermögen der einzelnen Familienstämme zu unterscheiden. So kann ein Familienstamm mit seinem Teil des Vermögens (Eigenvermögen) tun und lassen, was er will, während der Teil, der als Familienvermögen definiert wird, nicht angetastet werden darf. Dieser Teil erhält dann eine bestimmte gesellschaftsrechtliche Struktur, eine Stiftungsstruktur, oder bei sehr großen Vermögen eine Fondsstruktur und wird über Generationen hinweg in dieser Struktur gehalten.

Die häufigsten Strukturen sind Gesellschafts- und Stiftungsstrukturen (vgl. weiterführend Bundesverband Deutscher Stiftungen 2014). Bei der Errichtung dieser Strukturen kann die Bank nur eingeschränkt unterstützen. Trotzdem kann es sinnvoll sein, dass der Bankberater einen Kunden dazu anregt, in diese Richtung nachzudenken. Schließlich ist langfristige Kundenbindung für die Bank sehr wichtig. Jede natürliche Person, die Kunde der Bank ist, stirbt irgendwann, sodass ab diesem Zeitpunkt die Kundenbeziehung beendet ist.

Wird das Vermögen des Kunden hingegen in eine Struktur überführt, entsteht eine Gesellschaft oder eine Stiftung o. Ä. Diese haben im Gegensatz zu natürlichen Personen kein biologisches Ende. Setzt der Bankberater an Strukturen an, ist er losgelöst von Personen und muss sich nur um die Ansprechpartner kümmern, die in einer Gesellschaft oder Stiftung Vertretungsbefugnis haben. Die Gesellschaft oder Stiftung als Kunde ist unsterblich – und das ist für die Bank ein erstrebenswerter Zustand.

Aus diesem Grund sind viele Banken bemüht, vermögenden Kunden Stiftungsmanagement anzubieten. Damit können sie Kunden gewinnen, die kein natürliches Ende haben, was für Bankberater eine komfortable Ausgangslage bedeutet. Vertriebstechnisch bedeutet es, dass die Bank eine Vermögensverwaltung auf lange Sicht erhält, mit der Aussicht, auf diesem Weg Finanzprodukte zu verkaufen.

Bei Vermögensstrukturierung ist im Zusammenhang mit unternehmerischem Vermögen auch an das Poolen von Gesellschaftsbeteiligungen aus steuerlichen Gründen zu denken, oder eine Bündelung pro Familienstamm, um bei vielen Familienmitgliedern ein kleinteiliges Auseinanderbrechen des Vermögens zu vermeiden. Das Familienunternehmen wird neu strukturiert, damit es besser für die Nachfolge gewappnet ist.

Beispielsweise entscheiden sich Familienunternehmen aus unterschiedlichen Gründen für die Gründung einer Stiftung: Ziel kann sein, das Familienvermögen über die scheidende Generation hinaus zu bewahren, seine Zersplitterung im Scheidungs- oder Erbfall zu vermeiden oder es dem Zugriff von Gläubigern zu entziehen. Außerdem spielen häufig ertrag- und erbschaftsteuerliche Motive bei der Gründung einer Familienstiftung oder einer gemeinnützigen Stiftung eine Rolle.

**Beispiel**

Der Bankkunde ist verheiratet (oder alleinstehend) und hat keine Kinder. Er möchte sein Vermögen (zum Beispiel: Unternehmen) für die Nachwelt erhalten und einem bestimmten Personenkreis etwas Gutes tun.

**Folge:** Ohne eine Nachfolgeregelung fällt das Vermögen durch die gesetzliche Erbfolge an möglicherweise unbekannte Verwandte, was selten dem Willen des Erblassers entspricht.

**Abhilfe:** Durch die Einbringung des Vermögens beziehungsweise des Unternehmens in eine gemeinnützige Stiftung kann eine dauerhafte Verwaltung stattfinden. Die Erträgnisse kommen dem gewünschten gemeinnützigen Zweck zugute. Sofern lebzeitig eine gemeinnützige Stiftung gegründet wird, kann hierdurch zusätzlich die Einkommensteuer reduziert werden.

**Beispiel**

Der Bankkunde hat Vermögen im Ausland, lebt zu einem Großteil im Ausland und/oder seine Kinder leben im Ausland.

**Folge:** Jeder Staat hat ein eigenes Erbrecht und Erbschaftsteuerrecht. Für eine sinnvolle und konfliktreduzierende Nachfolgeplanung müssen die unterschiedlichen Erbrechte aufeinander abgestimmt werden. Andererseits besteht die Gefahr, dass testamentarische Anordnungen in dem anderen Land nicht wirksam sind. Erbschaftsteuerlich besteht die Gefahr der doppelten Besteuerung, da jedes betreffende Land alle weltweiten Vermögenswerte besteuern könnte. Dies hat der EuGH im Verhältnis Deutschland-Spanien für EU-konform erklärt.

**Abhilfe:** Prüfung der ausländischen Erb- und Steuerrechte und Harmonisierung dieser verschiedenen Rechtskreise durch Gestaltung. Regelungsbedarf besteht auch bei Kunden mit fremden und doppelten Staatsangehörigkeiten. Im Jahr 2012 ist die EU-Erbrechtsverordnung in Kraft getreten. Diese wirkt zwar erst ab dem 17. August 2015, dennoch sind bereits aktuell sämtliche Testamente mit Auslandsbezug zu prüfen und ggf. anzupassen.

## 8 Unternehmensverkauf als Möglichkeit einer neuen Geschäftsbeziehung im Rahmen der Kundenbeziehung

Ein weiteres wichtiges Thema für Banken ist der Verkauf eines Unternehmens. Meist wird von Bankenseite angestrebt, Unternehmenskunden auch als Privatkunden zu gewinnen. Verkauft ein Unternehmer seinen Betrieb, ist das für die Bank interessant, weil der Verkaufserlös dessen Geldvermögen entsprechend erhöht. Daraus ergeben sich ein erhöhter Anlagebedarf sowie die Notwendigkeit, das Vermögen zu verwalten.

Bankberater tun gut daran, Unternehmer frühzeitig für die Möglichkeit eines Verkaufs des Unternehmens zu sensibilisieren. Sie sollten sich mit ihm zusammen nicht nur Gedanken über den möglichen Verkaufspreis machen, sondern vor allem auch, was ein Unternehmensverkauf für den Unternehmer und seine Familie bedeutet. Häufig hinterlässt der Verkauf bei den Betroffenen ein Gefühl der Leere.

In diesem Zusammenhang sind letzten Endes Fragen wie die folgenden zu beantworten:

- Ergibt es Sinn, das Unternehmen fortzuführen?
- Kommt eine Stiftung in Frage, bei der die Familie beteiligt ist und die erwirtschafteten Erträge erhält?
- Ist es besser, in einem günstigen Moment zu verkaufen, etwa weil die Familie in den nächsten Jahren hohe Investitionen tätigen müsste, um am Markt bestehen zu können oder weil kein Familienmitglied sich für die Fortführung des Betriebs interessiert?

Wird das Vermögen nach dem Unternehmensverkauf in gesellschaftsrechtliche Strukturen gegossen, entsteht bei den betroffenen Familien die Einsicht, neue Aufgaben zu haben. Statt des operativ tätigen Unternehmens steuern sie nun eine Gesellschaft mit einem entsprechendem Geldvermögen, Immobilienbeteiligungen und anderen Vermögenswerten. Aus dem Unternehmer wird quasi ein unternehmerischer Privatier.

Um zu optimalen Lösungen in rechtlicher, steuerlicher, ökonomischer und finanzieller Hinsicht zu kommen, bedarf es hierbei eines perfekten Zusammenspiels von Rechtsanwälten, Steuerberatern und Bankiers (vgl. Ettinger und Jaques 2012).

## Literatur

Bundesverband Deutscher Stiftungen (Hrsg.), Zahlen, Daten, Fakten zum deutschen Stiftungswesen, 8. Aufl., Berlin, 2014.

Deckenbrock, Christian; Henssler, Martin, Rechtsdienstleitungsgesetz Kommentar, 4. Aufl., C.H. Beck Verlag, München, 2015.

Deutsche Bank AG, Checkliste 1: So bleibt Ihr Unternehmen, Ihre Praxis oder Kanzlei im Notfall handlungsfähig, url-link: www.deutsche-bank.de, Frankfurt. 2015.

Dutta, Anatol, Warum Erbrecht? – Beitrage zum ausländischen und internationalen Privatrecht, Mohr Siebeck Verlag, Tübingen, 2014.

Ettinger, Jochen, Jaques, Henning (Hrsg.), Beck'sches Handbuch Unternehmenskauf im Mittelstand, C.H. Beck Verlag, München, 2012.

Jayme, Erik, Hausmann, Rainer (Hrsg.), Internationales Privat- und Verfahrensrecht, 17. Aufl., C.H. Beck Verlag, München, 2014.
Kleine-Cosack, Michael, Rechtsdienstleistungsgesetz (Heidelberger Kommentar), 3. Aufl., C.F. Müller Verlag, Heidelberg, 2014.
Otting, Johannes, Rechtsdienstleistungen Neue Märkte für Nichtanwälte durch das RDG, 1. Aufl., Freiburg, Memento Verlag, 2008.
Schilling, Klaus, Köhler, Guido: Neue Wege der Kundenansprache – Der ROPO-Effekt, in: die bank, Zeitschrift für Bankpolitik und Praxis, S. 48 f., Köln, 06/2011.
Schmidt, Günter J., Persönliche Finanzplanung, Modelle und Methoden des Financial Planning, 2. Aufl., Heidelberg. Springer Verlag. 2011.
Wessel, Stephan, Goals, Control and Conflicts in Family Offices, Wiesbaden. Springer Gabler Verlag 2013.

**Hans Christian Blum** ist Rechtsanwalt und Fachanwalt für Erbrecht. Herr Hans Christian Blum ist Partner bei CMS Hasche Sigle und Leiter des Bereichs Private Clients. In seiner Haupttätigkeit als Rechtsanwalt berät er Unternehmer und Privatiers in der nationalen und internationalen Vermögens- und Unternehmensnachfolge.

Nebenberuflich ist er u. a. Lehrbeauftragter im Studiengang BWL-Bank der Dualen Hochschule Baden-Württemberg (DHBW) in Stuttgart, Dozent der EBS Business School im Intensivstudium Estate Planning, Leiter des Institutes Erbrecht des Deutschen Anwalts Instituts e. V. (DAI) und Kommentator erbrechtlicher Vorschriften im beck-online Großkommentar zum Zivilrecht.

Nach dem Studium der Rechtswissenschaften an der Johannes Gutenberg-Universität in Mainz trat er im Juli 2000 CMS Hasche Sigle Eschenlohr Peltzer bei.

**Dr. Michael Schellenberger** ist Rechtsanwalt und Fachanwalt für Erbrecht. Herr Dr. Schellenberger ist Counsel bei CMS Hasche Sigle und gehört dort dem Bereich Private Clients an. In seiner Haupttätigkeit als Rechtsanwalt berät er Unternehmer und Privatiers in der nationalen und internationalen Vermögens- und Unternehmensnachfolge.

Nebenberuflich ist er u. a. Lehrbeauftragter im Studiengang BWL-Bank der Dualen Hochschule Baden-Württemberg (DHBW) in Stuttgart, Lehrbeauftragter der Rechtsanwaltskammer Stuttgart und Kommentator erbrechtlicher Vorschriften im beck-online Großkommentar zum Zivilrecht.

Nach dem Studium der Rechtswissenschaften an der Universität Heidelberg und dem Studium der Verwaltungswissenschaften an der Deutschen Hochschule für Verwaltungswissenschaften in Speyer wurde er an der Universität Heidelberg promoviert und absolvierte seinen juristischen Vorbereitungsdienst in Baden-Württemberg.

# Strafrechtliche Risiken im Bankvertrieb

Hans Richter

## Inhaltsverzeichnis

1 Einleitung . . . . . . 270
2 Verdacht von Straftaten: Ihre Ansprechpartner und deren Arbeitsweise . . . . . . 270
2.1 Strafverfolgungsbehörden . . . . . . 270
2.2 Verfolgungszwang des Staatsanwaltes . . . . . . 272
2.3 Einleitungspraxis bei Bankverfahren . . . . . . 273
3 Strafrechtsrisiken in den Vertriebsbereichen der Kreditinstitute . . . . . . 273
3.1 Strafrechtliche Risiken Kreditgeschäft (vgl. umfassend hierzu Richter 2012, Kap. B, Rn. 1261 ff.) . . . . . . 273
3.2 „Sanierungsstrafrecht“ – Kriminogenes Minenfeld für Bankberater . . . . . . 279
3.3 Risiken bei Wertpapiergeschäften für Kunden und bei Eigengeschäften . . . . . . 283
4 Der Staatsanwalt im Haus: Eine weitere Risikoquelle . . . . . . 289
4.1 Zeugenpflichten (näher: Richter 2014b, Rn. 2035) . . . . . . 289
4.2 Zusammenarbeit Bankaufsichts- und Strafverfolgungsbehörde (Richter 2014b, Rn. 567 ff.) . . . . . . 290
4.3 Risiken unternehmensinterner Aufklärungsaktivitäten . . . . . . 291
Literatur . . . . . . 292

H. Richter (✉)
Staatsanwaltschaft Stuttgart, Stuttgart, Deutschland



D. Hellenkamp, K. Fürderer (Hrsg.), *Handbuch Bankvertrieb,*
DOI 10.1007/978-3-658-06447-1_17

# 1 Einleitung

Verantwortliche und Mitarbeiter im Vertrieb von Kreditinstituten haben nicht nur Anlass, sich mit den möglichen zivilrechtlichen Folgen und der Zusammenarbeit mit der Aufsichtsbehörde, wie sie in diesem Buch bereits eingehend dargestellt sind, zu beschäftigen. Immer wieder gibt es zudem Anlass (oder nur die Besorgnis), ein Sachverhalt könne auch strafrechtliche Konsequenzen haben. Diese Sorgen zu minimieren, aber auch Risiken strafbaren Verhaltens aufzuzeigen und Hinweise zu Handlungsmustern der Strafverfolgungsbehörden zu geben, um den Umgang mit diesen zu erleichtern, ist Aufgabe der nachfolgenden drei Abschnitte. Dabei werden unter 2. die agierenden Behörden vorgestellt und unter 4. Hinweise bei strafrechtlichen Maßnahmen in Kreditinstituten gegeben. Abschnitt „Strafrechtsrisiken in den Vertriebsbereichen der Kreditinstitute". schließt an die Darstellung der Aufgaben und Verantwortung in den einzelnen Vertriebsbereichen in diesem Werk an und stellt, darauf aufbauend, beispielhaft Strafrechtsrisiken der Mitarbeiter im Überblick vor.

# 2 Verdacht von Straftaten: Ihre Ansprechpartner und deren Arbeitsweise

Gerade für den Nichtjuristen im Unternehmen ist es nützlich, vorab im Hinblick auf mögliche Ansprechpartner im Strafrechtsbereich auf grundlegende Zuständigkeiten hinzuweisen. Dabei ist die Frage, ob Sachverhalte des Institutes strafrechtliche Konsequenzen haben können, nur die eine Seite möglicher Kontakte mit Strafverfolgungsbehörden. In den Blick ist auch zu nehmen, ob deren Ermittlungen gegen Mitarbeiter oder Geschäftsleiter oder solche gegen Geschäftspartner/Dritte Grundlage für arbeitsgerichtliche Maßnahmen oder die erfolgreiche *Geltendmachung von Schadensersatzansprüchen* sein könnten, zu deren Durchsetzung die Organe der Institute – wiederum unter Strafdrohung – verpflichtet sein können. Dabei kann die Wahrnehmung der Rechte Verletzter nach § 406d ff. StPO, insbes. die Akteneinsicht nach § 406e StPO, für die Institute besonders hilfreich, für die Betroffenen entsprechend belastend sein (vgl. allgemein hierzu Quedenfeld und Richter, 6. Teil, 5. Kapitel, Rn. 9 f.). Hierzu sollen zunächst die Strafverfolgungsbehörden und sodann deren „Arbeitsablauf" vorgestellt werden (vgl. näher hierzu Richter 2014a, Rn. 477).

## 2.1 Strafverfolgungsbehörden

Verantwortlich für ein strafrechtliches Ermittlungsverfahren ist gemäß §§ 152 Abs. 1 und 2, 160 StPO die **Staatsanwaltschaft**, deren „verlängerter Arm"[1] gemäß § 163 StPO die **Polizei** ist. Nur für den Fall, dass die Ermittlungen „keinen Aufschub gestatten" (§ 163

[1] BVerfG B. vom 15.02.1978 – 2 BvR 134/76, 268/76, BVerfGE 47, 255 ff., 263.

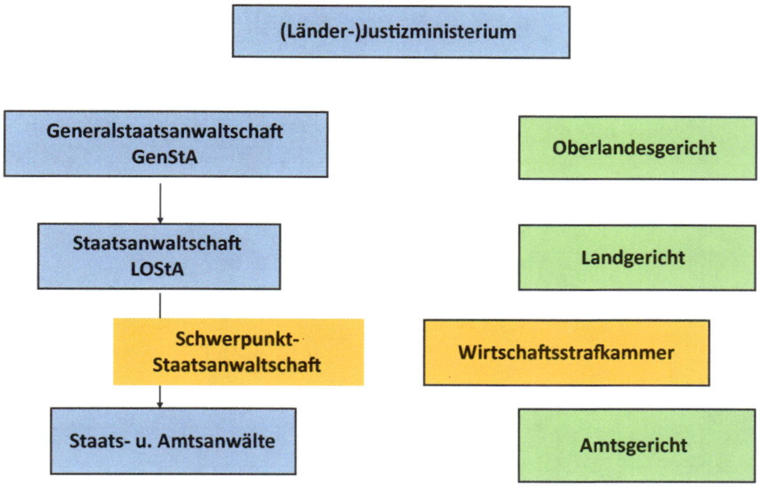


**Abb. 1** Organisation der Justiz

Abs. 1 S. 1 StPO) kann die Polizei (zunächst) selbständig ermitteln, ist aber stets an die Weisungen des Staatsanwaltes gebunden. In der Praxis der allgemeinen Kriminalität sind die Verhältnisse zwar regelmäßig umgekehrt: Die Polizei ermittelt aufgrund bei ihr erhobener Strafanzeigen den Sachverhalt und legt diesen dann dem Staatsanwalt zur Entscheidung vor (vgl. eingehend hierzu Niemeyer 2015, § 11 Rn. 2 ff). In Fällen der Wirtschaftskriminalität – demnach regelmäßig, allerdings mit regionalen Unterschieden, bei Banken – werden Staatsanwälte in sogenannte. „Schwerpunktstaatsanwaltschaften" (vgl. Fridrich 2015, § 7, Rn. 155 ff.) zuständig sein. Diese haben eine erweiterte örtliche Zuständigkeit, allerdings beschränkt auf die in § 74c GVG definierten *Wirtschaftsstraftaten*, zu denen (neben den Straftaten des KWG und des WpHG) auch solche des Betruges und der Untreue (§§ 263, 266 StGB) gehören, wenn „besondere Kenntnisse des Wirtschaftslebens erforderlich sind", was bei den nachfolgend geschilderten Sachverhalten regelmäßig der Fall sein wird. Die Staatsanwälte dieser Ermittlungsbehörden bearbeiten nur wenige Fälle, weshalb es zweckmäßig ist, sich bei Kontaktbedarf unmittelbar an den Staatsanwalt zu wenden. Organisatorisch stellt sich die (grundsätzlich auf Länderebene angesiedelte) Justiz wie in Abb. 1 veranschaulicht dar.

Abbildung 2 soll die Zuständigkeiten im Strafverfahrensrecht (auch im Hinblick auf die Spezialpolizei der Finanz- und Zollbehörden) verdeutlichen.[2]

Das Verhältnis zwischen Staatsanwaltschaft und Kapitalmarktaufsicht hat Erting aus der Sicht des Amtes an anderer Stelle (vgl. Erting 2014, Rn. 114 ff.) ausführlich beschrieben. Aus justizieller Sicht ist vor allem auf die (mit den Zusammenarbeitspflichten nach

---

[2] Die Linie zwischen Executive und Staatsanwaltschaft soll auf die Problematik der Weisungsbefugnis des Justizministers gegenüber der Staatsanwaltschaft hinweisen; vgl. insofern nur Meyer-Goßner und Schmitt 2014, GVG, vor § 141 Rn. 5 ff. m. Nachw.

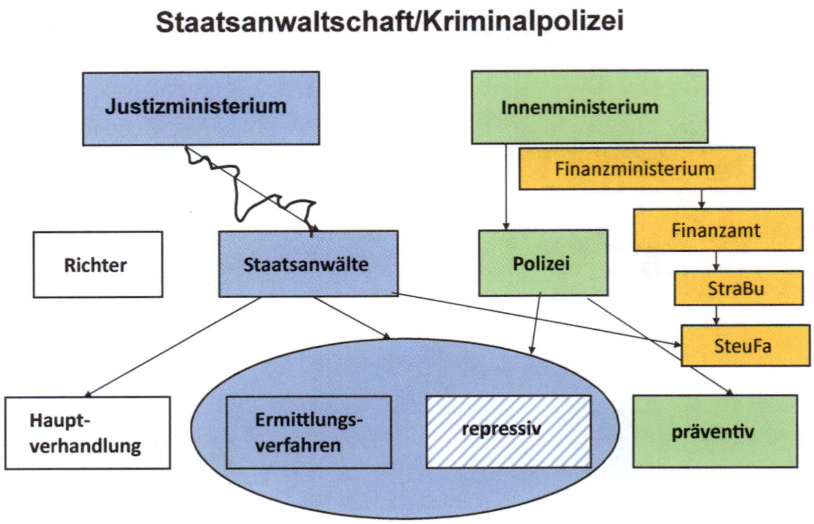


**Abb. 2** Zuständigkeiten im Strafverfahrensrecht

§§ 9 KWG, 4 WpHG korrespondierende) Mitteilungspflicht der Staatsanwaltschaften und Gerichte gegenüber der BaFin gemäß § 40a WpHG und – weitergehend (im Hinblick auf die persönlichen Verhältnisse der Beschuldigten oder der Art der verletzten Strafgesetze) – auf die Mitteilungen in Strafsachen vom 29.04.1998 (MiStra)[3] hinzuweisen. Derartige Hinweise haben nicht selten **berufs- und zivilrechtliche Folgen, die gravierender als (Kriminal-)Strafen wirken können.**

## 2.2 Verfolgungszwang des Staatsanwaltes

Nach dem **Legalitätsprinzip** ist die Staatsanwaltschaft berechtigt und verpflichtet wegen verfolgbarer Straftaten bei zureichenden Anhaltspunkten einzuschreiten (§ 152 Abs. 2 StPO). Der Staatsanwalt unterliegt damit einem „Ermittlungszwang", der die (notwendige) Kehrseite des staatlichen Anklagemonopols darstellt. Voraussetzung ist allerdings das Vorliegen eines „**Anfangsverdachtes**", der vom „dringenden" und vom „hinreichenden" Verdacht zu unterscheiden ist und an dessen Vorliegen nur geringe Anforderungen gestellt werden.[4] Es genügt nämlich bereits „eine gewisse, wenn auch noch geringe Wahrscheinlichkeit, bei der der Zweifel an der Richtigkeit des Verdachts noch überwiegen darf" (Quedenfeld und Richter 2015, 6. Teil, 5. Kapitel, Rn. 19). Vorausgesetzt sind aber zureichende *tatsächliche Anhaltspunkte* für eine bereits begangene bestimmte Straftat. Danach bleibt zu beachten: Die Staatsanwaltschaft wird nicht auf, sondern bei Verdacht tätig.

[3] Vom 19.05.2008 (BAnz Nr. 126a); auszugsweise abgedruckt bei Meyer-Goßner und Schmitt 2014, 6, Anh. 13.

[4] BVerfG Kammer-B. vom 23.03.1994 – 2 BvR 396/94, NJW 1994, 2079 ff.

## 2.3 Einleitungspraxis bei Bankverfahren

Waren Ermittlungsverfahren im Zusammenhang mit Kreditinstituten in der Vergangenheit überwiegend auf die Vergabe ungesicherter oder jedenfalls nicht hinreichend gesicherte Kredite gerichtet, geraten im Zusammenhang mit der Finanzmarktkrise zunehmend sonstige Risikogeschäfte (auch: „Kreditersatzgeschäfte"; zur strafrechtlichen Würdigung der ABS-Geschäfte vgl. Hadamitzky 2015, § 32 Rn. 172b) in den Fokus der Ermittlungsbehörden. Der **Anfangsverdacht** beruht zum Teil auf (meist anonymen) Anzeigen unzufriedener Mitarbeiter oder auch aus Erkenntnissen aus anderen Verfahren, insbesondere aus solcher bei Unternehmensinsolvenzen (Quedenfeld und Richter 2015, 6. Teil, 5. Kapitel, Rn. 93 ff.), häufig aber auch auf Pressemitteilungen, etwa über die Abberufung von Vorstandsmitgliedern, verbunden mit dem Hinweis auf Wertberichtigungsbedarf und gravierenden Fehlentscheidungen bei der Kreditvergabe (die allerdings im Rahmen von „Vorprüfungen" (vgl. die Nachweise bei Richter 2012, Kapitel B, Rn. 1262) regelmäßig mit den Erkenntnissen der Aufsicht abgeklärt werden (hierzu, auch zu den „auslösenden Momenten" für die Strafverfolgung vgl. Richter 2012, Kapitel B, Rn. 1374 ff.). Dabei sind sich die Staatsanwälte durchaus bewusst, dass zum Beispiel die Vergabe von **Krediten stets ein Risikogeschäft** ist,[5] bei dem, wie immer im Wirtschaftsleben, die Risiken mit den sich aus dem Geschäft ergebenden Chancen abzuwägen sind.[6] Bereits der Anfangsverdacht muss sich daher in diesen Fällen auf (vorsätzliche) unvertretbare Entscheidungen beziehen.

# 3 Strafrechtsrisiken in den Vertriebsbereichen der Kreditinstitute

Nachfolgend werden die aus der Sicht der Strafverfolgung besonders praxisrelevanten (Vertriebs-)Arbeitsbereiche des Kreditgeschäftes (mit den Besonderheiten der Begleitung von Sanierung und Abwicklung unternehmerischer Kunden) und bei Eigen- und im Wertpapiergeschäft vorgestellt. Nicht eingegangen wird, da den Vertrieb nicht unmittelbar betreffend, auf strafrechtliche Anforderungen an die Geschäftsorganisation eines Kreditinstitutes (vgl. hierzu eingehend mit Nachw. Richter 2014b, Rn. 1987 ff.).

## 3.1 Strafrechtliche Risiken Kreditgeschäft (vgl. umfassend hierzu Richter 2012, Kap. B, Rn. 1261 ff.)

Strafrechtliche Verantwortung in diesem Bereich bemisst sich in erster Linie am Straftatbestand der **Untreue** gemäß § 266 StGB, die mit Geldstrafe und mit Freiheitsstrafe bis

---

[5] Ständige Rechtsprechung zuletzt BGH B. vom 04.02.2014 – 3 StR 347/13, wistra 2014, 226 f., vgl. auch BGH B. vom 20.03.2008 – 1 StR 488/07, wistra 2008, 430 ff.

[6] BGH U. vom 06.04.2000 – 1 StR 280/99, wistra 2000, 305 ff.

zu zehn Jahren geahndet werden kann. Bankspezifisch soll kurz auf die einzelnen Tatbestandselemente der Norm aus Sicht der Strafrechtspraxis eingegangen werden, um deren Reichweite für den Vertrieb zu verdeutlichen.

**Wer kann die Tat begehen?**

Tauglicher Täter kann nur sein, wer besondere Verantwortung für fremdes Vermögen übernommen hat. Diese obliegt nicht nur den Organmitgliedern (Geschäftsleitern) der Kreditinstitute sondern grundsätzlich auch **Kreditsachbearbeiter** (wie alle anderen Entscheidungsträger bei Risikogeschäften). Zu prüfen bleibt aber stets, ob diese selbst die Entscheidungen treffen und solche nicht etwa nur vorbereiten (vgl. Tiedemann 1989, S. 319 ff., 322).[7] Eine etwaige Anweisung oder Zustimmung der Vorgesetzten oder Aufsichtsgremien rechtfertigt den Entscheidenden jedenfalls im strafrechtlichen Sinne nicht.[8] Ist er falsch informiert worden, kann sich auch der „Betrogene" – bei erkannt unvertretbarem Restrisiko – wegen Untreue strafbar machen.

**Bestimmung der Pflichtwidrigkeit**

Zentrales Element der Untreuestrafbarkeit ist die Verletzung der dem Pflichtigen obliegende Sorgfaltspflicht. Insoweit können hier nur einige schlagwortartige Hinweise für den Vertriebsmitarbeiter aus der Praxis der Strafverfolgung in diesem Bereich gegeben werden (näher, vor allem zur pflichtwidrigen Kreditvergabe, vgl. Richter 2012, Kapitel B, Rn. 1381 ff.).

Die **Pflichtverletzung** im hier zu besprechenden Bereich bezieht sich auf den Abschluss eines Risikogeschäftes, beispielhaft auf Kreditgewährung. Gewährt wird ein Kredit schon, wenn er (auch mündlich) zugesagt oder (auch ohne vorherige Bewilligung) als *Überziehung* zugelassen wird.[9] Pflichtwidrig ist eine solche Entscheidung, wenn die hierfür eingeräumte Befugnis überschritten wird. Dies kann einerseits auf einer **Kompetenzüberschreitung** (Überschreitung der Kreditbewilligungsgrenzen), andererseits einer **Prüfpflichtverletzung** (Verletzung von Informationspflichten) beruhen, wobei nicht jede Verletzung bankrechtlicher Pflichten straftatbegründend § 266 StGB wirkt.[10]

Die konkreten Kompetenzen für Kreditgewährungen (Zeichnungsbefugnisse) sind in aller Regel bankintern ebenso genau vorgegeben, wie etwaige Vorlage- oder Zustimmungserfordernisse. Ein Verstoß gegen diese Regelungen ist stets untreuerelevant und ein gewichtiges Indiz dafür, dass Entscheidungen Zuständiger verhindert oder eigene Entscheidungen vertuscht werden sollen. Sehr häufig erfolgt dies durch Kreditgewährungen ohne (den gebotenen) formgültigen Kreditvertrag (Bürgschaft gegenüber Drittbanken,

[7] BGH U. vom 12.01.1956 – 3 StR 626/54, BGHSt 9, 203 ff., 217 f.

[8] BGH vom 12.01.1956 – 3 StR 626/54, BGHSt 9, 203 ff., 215.

[9] Diese Selbstverständlichkeit hat die Aufsichtsbehörden schon mit Rundschreiben BAKred vom 07.07.1998 – I 3 – 237 – 2/94 klargestellt.

[10] Grundlegend aus strafrechtlicher Sicht BGH, U. vom 15.11.2001 – 1 StR 185/01, BGHSt 47, 148 ff. – Mannheimer Sparkasse.

Überziehung oder „Stehen-Lassen“ eines abgelaufenen Kredites u. a.) oder durch Manipulation der Kreditvoraussetzungen (Kredite werden mit Hilfe von Strohleuten gesplittet oder eine an sich gebotene Kreditnehmereinheit (§ 19 Abs. 2 KWG) wird nicht gebildet, Sicherheiten werden überbewertet oder bei bekannter rechtlicher Unwirksamkeit dem Kredit zugerechnet u. a.).

Neben den allgemeinen und besonderen Kompetenzregelungen der jeweiligen Bank sind zentrale Anknüpfungspunkte für den strafrechtlich relevanten Vorwurf der Untreue – durch unterlassene oder **unzulängliche Absicherung von Krediten** – den einzelnen Normen des KWG, insbesondere den §§ 13, 18, 21, zu entnehmen. Die bankaufsichtsrechtlichen Vorgaben (etwa in Form der MaRisk[11]) vermögen zwar einen Tatbestand der Pflichtwidrigkeit in § 266 StGB nicht verbindlich zu definieren. Zutreffend hat der BGH hieraus jedoch Anhaltspunkte für den dieser Norm und seiner Auslegung zugrundeliegenden allgemeinen Maßstab ordnungsgemäßen Handelns (vgl. hierzu grundsätzlich Tiedemann 2009; Vor § 283 Rn. 111 ff. m. Nachw.) – hier für den Kreditbereich – entnommen. Der praktische Anwendungsbereich solcher Ausführungen der anerkannten Praxis liegt daher in einer Konkretisierung des Pflichtenumfangs für die Handelnden. Vor allem nutzen die Strafgerichte diese Vorgaben, um behauptete Irrtümer über den Pflichtenkreis als bloße Schutzbehauptungen zu kennzeichnen.

**Überwachungs- und Kontrollpflichten** treffen neben dem Kreditsachbearbeiter auch alle Überwachungsorgane. Der Überwachungspflichtige muss die ihm zugänglichen Informationen einholen, wobei sich (auch strafrechtlich) der Umfang der Pflichten auch aus den „Bankenusancen“, einer Ausprägung der ganz allgemeinen **Grundsätze der ordnungsgemäßen Geschäftsführung**, wie sie für alle kaufmännischen Bereiche gelten, ergibt. Eine gesetzliche Ausprägung dieser Sorgfaltsanforderungen von zentraler Bedeutung ist *§ 18 KWG*. Bei Einhaltung der genannten „formellen“ Vorschriften ist strafrechtliche Pflichtwidrigkeit jedoch nur dann anzunehmen, wenn das Kreditgeschäft wegen der Gefährdung der Sicherungsinteressen der Bank unvertretbar ist[12] bzw. die Prüfpflichten gravierend verletzt sind.[13]

Der BGH hat in seiner bereits zitierten (Grundsatz-)Entscheidung im Mannheimer Sparkassenfall[14] tatsächliche Anhaltspunkte für eine (strafrechtlich relevante) unzureichende Risikoprüfung beispielhaft dann angenommen, wenn der Kreditverantwortliche

- die Informationspflichten vernachlässigt,
- nicht die erforderliche Befugnis besitzt,

[11] Mindestanforderungen an das Risikomanagement i. d. F. vom 14.12.2012 (GZ: BA 54-FR 2210-2012/002).

[12] BGH U. vom 21.03.1985 – 1 StR 417/84, wistra 1985, 190 f.

[13] BGH, U. vom 15.11.2001 – 1 StR 185/01, BGHSt 47, 148 ff. – Mannheimer Sparkasse

[14] Grundlegend aus strafrechtlicher Sicht BGH, U. vom 15.11.2001 – 1 StR 185/01, BGHSt 47, 148 ff. – Mannheimer Sparkasse.

- im Zusammenhang mit der Kreditgewährung unrichtige oder unvollständige Angaben gegenüber Mitverantwortlichen oder zur Aufsicht Befugten oder berechtigten Personen macht,
- die vorgegebenen Kredit-Zwecke nicht eingehalten werden,
- die Höchstkreditgrenzen überschritten werden oder
- die Entscheidungsträger eigenmächtig handeln.

Häufig wird von den Bankverantwortlichen in Strafverfahren eingewandt, bei der Kreditentscheidung handele es sich um einen Folgekredit bzw. um einen **Sanierungskredit**. Nur mit Hilfe dieser weiteren Kreditgewährung seien die zutage getretenen Risiken des Altkredites zu beseitigen gewesen. Die Pflichtwidrigkeit der neuen, zusätzlichen Kreditvergabe entfällt allerdings in diesen Fällen nur bei einem wirtschaftlich vernünftigen Gesamtplan, der auf einen einheitlichen Erfolg angelegt ist und bei dem nach einem Durchgangsstadium (der Sanierung) der Erfolg (Sicherung der Rückzahlungsfähigkeit/Werthaltigkeit der Sicherheit) mit mindestens hoher Wahrscheinlichkeit eintritt.[15] Wird, wie häufig, ein unbeherrschbares Kreditengagement durch ein weiteres, bezüglich Bonität und Sicherheit zweifelhaftes, abgelöst, tritt im Hinblick auf die ergänzende Kreditierung neuer Schaden ein. Die Gewährung des Sanierungskredites muss daher die konkrete Aussicht eröffnen, die Rückzahlungsfähigkeit bezüglich des Gesamtkredites (wieder) herzustellen.

Bei kritischer Würdigung der wirtschaftlichen Verhältnisse kommt der **Kreditbesicherung** eine besondere Bedeutung zu. Zwar vergibt die Bank keine Kredite wegen hinreichender Besicherung, sondern weil sie auf die Ertragskraft des Kreditnehmers vertraut. Aus strafrechtlicher Sicht fehlt es aber jedenfalls am (tatrelevanten) Schaden, wenn die Zins- und Rückzahlungsforderung durch hinreichende Sicherheiten abgedeckt ist. Im Übrigen ergibt sich die Pflicht zur Vergabe von Krediten regelmäßig aus den Satzungen der Banken, ansonsten aus den bereits erwähnten allgemeinen Grundsätzen ordnungsgemäßer Kreditvergabe. Insoweit kommt in der Praxis der Sicherheit „Immobilie“ besondere Bedeutung zu, deren Wertermittlung als Kreditsicherheit jedoch häufig an gravierenden Mängeln leidet – nicht selten, um das Ziel der Ausweitung des Kreditvolumens als Maßstab erfolgreicher Bankführung nicht zu gefährden. Zweck der Bewertung der Sicherstellung ist eine Realisierung der Forderungen für den Fall der Zahlungsunfähigkeit des Kreditnehmers durch Verwertung der Sicherheiten. Eine sorgfältige Ermittlung der Beleihungswerte und deren nachprüfbare Dokumentation gehören daher zur ordnungsmäßigen Geschäftsführung.[16]

Zusammenfassend sind die Pflicht der Besicherung von Krediten, die Prüfung von Sicherheiten und die Überschreitung von Beleihungsgrenzen wichtige Bereiche der strafrechtlich relevanten Pflichtverletzung im Sinne des § 266 StGB.

[15] BGH U. vom 29.05-1985 – IVa ZR 248/83, NJW RR 1986, 371 ff.

[16] Richtlinien für die Bewertung von Sicherheiten, DGRV Schriftenreihe Band 29, S 9 ff.

**Zur Bestimmung eines Untreueschadens**

Problematisch – und daher strafbarkeitsbeschränkend – ist in aller Regel die Feststellung des kausal durch die Pflichtverletzung entstandenen **Vermögensnachteils** im Vermögen der Bank. Er wird regelmäßig als Gefährdungsschaden (eingehend und mit umfassendem Nachw. der Rechtsprechung Hadamitzky 2015, § 32 Rn. 175 ff.) bezeichnet. Dieser Schaden ergibt sich aus der Gegenüberstellung des Kreditbetrages (zuzüglich Zinsen über die Laufzeit[17]) und dem Wert der Sicherheiten (so schon Nack 1980, S. 1599 ff.) zuzüglich Bonität (Kapitaldienstfähigkeit) des Kreditnehmers.

Für die Strafrechtspraxis kann generell gesagt werden, dass **Wertberichtigungen** auf den Anspruch der Bank durch deren Prüfer als ein wichtiges **Indiz für** den strafrechtlich festzustellenden **Schaden** gilt. Allerdings lehren die in Stuttgart gemachten Erfahrungen, dass einerseits solche Wertberichtigungen (pflichtwidrig) häufig nicht vorgenommen, andererseits (vor allem nach dem Wechsel der Verantwortlichen) aber auch überhöhte Wertberichtigungen aus (unternehmens- bzw. verbands-) politischen Erwägungen angesetzt werden. Entscheidend ist demgegenüber strafrechtlich der objektive Wert der Sicherheit im Verwertungsfall zum Zeitpunkt der Kreditentscheidung. Bei **Sanierungskrediten** kommt es auf das Sanierungskonzept an; schadensindizierend sind Neukredite, wenn die Werthaltigkeit der Rückzahlungsansprüche nicht mindestens die Summe der bestehenden Rückzahlungschancen der Alt- und Neukredite insgesamt erreicht. Bei **Kreditstundungen** bzw. unterlassenen Kredit**kündigungen** entsteht in der Regel kein (vertiefter) Schaden, weil (und wenn) zu diesem Zeitpunkt auch bei sofortiger Geltendmachung der Rückzahlungsforderung eine Befriedigung nicht zu erlangen ist.

Maßgebender **Zeitpunkt** für die Schadensberechnung und -bestimmung ist der Zeitpunkt der Pflichtverletzung. Diese liegt regelmäßig in der **Kreditentscheidung** (gegebenenfalls mit Genehmigungen); soweit diese Entscheidung nicht festgestellt werden kann, beim Abschluss des Kreditvertrages bzw. beim Zulassen der Kontoverfügung.

Die Feststellung des **endgültigen Ausfallschadens** ist nicht nur für die Strafzumessung von Bedeutung. Aus dem Verlauf des Kreditverhältnisses ziehen Staatsanwälte und Strafrichter häufig auch wichtige Indizien für den gesamten Tatnachweis, wenn auch ein Schluss vom im Verwertungsverfahren erzielten Erlös auf den (bedingten) Schädigungsvorsatz bei Kreditvergabe nicht zulässig ist.[18]

**Vorsatz**

Verbreitete Unkenntnis herrscht bei Entscheidungsträgern über den strafrechtlich relevanten Vorsatz, weil dieser häufig im Sinne einer Absicht missverstanden wird. Der Täter handelt vorsätzlich, wenn er eine Benachteiligung der Bank als mögliche Folge seines Handelns erkannt hat und diese in der Hoffnung, die ganze Angelegenheit werde gutge-

---

[17] So ausdrücklich BGH B. vom 06.06.2000 -1 StR 161/00, wistra 2000, 350; für das üblicherweise angesetzte Disagio gilt nichts anderes, weil es sich insoweit um vorweggenommene Zinszahlungen handelt.

[18] BGH B. vom 06.06.2000 -1 StR 161/00.

hen, dennoch hinnimmt (bedingter Vorsatz).[19] Das **Wissenselement** des Vorsatzes bezieht sich (neben der Pflichtwidrigkeit des Tuns) allein auf die schadensgleiche Vermögensgefährdung. Es entfällt daher nicht etwa, weil ein Bankleiter beabsichtigt, hofft oder glaubt, den endgültigen Schaden abwenden zu können. Erforderlich ist vielmehr nur, dass der Entscheidungsträger im Zeitpunkt der Kreditgewährung die (über das allgemeine Risiko bei Kreditgeschäften hinausgehende) Gefährdung des Rückzahlungsanspruches der Bank (also die **Minderwertigkeit des Rückzahlungsanspruchs im Vergleich zu der ausgereichten Darlehensvaluta**) erkannt und gebilligt hat.[20] Für das Wissenselement des bedingten Vorsatzes genügt bereits Kenntnis der die Vermögensgefährdung begründenden Umstände und das Wissen, dass die Forderung nach allgemeinen Bewertungsmaßstäben nicht als gleichwertig angesehen wird, mag der Entscheider sie selber auch höher bewerten. Mit anderen Worten: Wer bei sich aufdrängenden Zweifeln an der Bonität des Kreditnehmers allgemein, der Realisierung des Geschäftserfolges im Besonderen, am Wert von Sicherheiten u. a., naheliegende Bonitätsprüfungen unterlässt, handelt regelmäßig vorsätzlich im Sinne des Strafrechts.

Dementsprechend muss sich auch das **Billigungselement** des bedingten Vorsatzes auf diesen Schadensbegriff beziehen. Liegt neben einer gravierenden Verletzung von Informations- und Prüfungspflichten bereits eine über das allgemeine Risiko bei Kreditgeschäften hinausgehende erkannte höchste Gefährdung des Rückzahlungsanspruchs vor, liegt es nahe, dass der Verantwortliche die Schädigung der Bank auch billigend in Kauf genommen hat. Die Billigung liegt noch näher, wenn das Kreditengagement unbeherrschbar geworden ist. Eine Billigung ist stets anzunehmen, wenn erkannt wird, dass die Kreditvergabe die Existenz der Bank aufs Spiel setzt. Bei positiver Kenntnis der Unzuverlässigkeit des Kreditnehmers liegt sogar ein direkter Vorsatz bezüglich der schadensgleichen Vermögensgefährdung nahe.[21]

Indizierend für den **Vorsatz** im Hinblick auf den Schaden waren in der Strafrechtspraxis zum Beispiel die Nichteinhaltung der internen Gewährungsvorschriften, die Ausreichung von Strohmannkrediten (unter Umgehung von § 13 Abs. 1, 2 und 4 KWG), die Gewährung von „Postlaufkrediten" (Verfügungen über Gutachten nach „E. v.-Gutschrift"), sogenannte „Schubladen-Kredite" (gutgeschriebene Schecks u. ä. werden nicht zur Einziehung weitergegeben), Bürgschaftsgewährungen gegenüber dritten Banken, Manipulationen von Überziehungslisten, eigenmächtige Heraufsetzungen von Limits u. ä.

[19] BGH U. vom 06.02.1979 – 1 StR 685/78, NJW 1979, 1512; BGH U. vom 21.03.1985 – 1 StR 417/84, wistra 1985, 190 f.; LG Bochum U. vom 18.05.1981 – 9 KLs 35 Js 176/76, ZIP 1981, 1084 ff., 1087.

[20] BGH U. vom 06.02.1979 – 1 StR 685/78.

[21] BGH B v 18.02.2009 – 1 StR 731/08.

## 3.2 „Sanierungsstrafrecht" – Kriminogenes Minenfeld für Bankberater

Das „Sanierungsstrafrecht“ betrifft zunächst Straftaten des Kunden des Kreditinstitutes wie Bankrott, Insolvenzverschleppung, Nichtabführung von Beiträgen zur Sozialversicherung und Betrug (vgl. hierzu eingehend mit Nachw. Richter 2015, §§ 75 ff.). Zum „Berufsstrafrecht“ des Mitarbeiters eines Kreditinstitutes im Vertrieb gehört die Materie aber wegen der erheblichen Risiken der Teilnahme (als Anstifter oder Gehilfe; §§ 26, 27 StGB) an solchen Straftaten.

**Straftaten bei „Sanierung“**

Das Modell gescheiterter (strafbarer und dennoch sehr häufig vorkommender) Sanierungsversuche entspricht immer noch einem vom OLG Stuttgart bereits im Dezember 1983 entschiedenen Fall.[22] „Sanierer“ sind dabei zwar in der Regel Rechtsanwälte oder Steuerberater, gelegentlich aber auch (allein oder gemeinsam mit diesen) Kreditverantwortliche:

*Der „Sanierer“ einer bereits insolvenzreifen GmbH bietet dessen Gläubigern ein „Moratorium“ an. Eingehende Kundenzahlungen – angeblich auch „sicher“ solche von Dritten oder Familienangehörigen – sollen auf ein Anderkonto des "Sanierers" eingezahlt („Gläubiger-Pool“) und von diesem nach dem „Sanierungsplan“ ausbezahlt werden. Der „Sanierungsplan“ scheitert, der „Sanierer“ entnimmt seinen Lohn und überlässt den Rest der „Pool-Gelder“ dem Geschäftsführer.*

Solche „Sanierer“ sind regelmäßig sowohl dem Vermögen der zu sanierenden Gesellschaft als auch demjenigen ihrer Gläubiger, jedenfalls soweit diese einen Stundungsvertrag abgeschlossen haben (§§ 662, 275 BGB)[23], treuepflichtig gemäß § 266 StGB. Danach dürfen die im Rahmen des „Moratoriums“ eingehenden Gelder nur nach Maßgabe des „Sanierungsplanes“ verwendet werden. Bei dessen Scheitern (und mangels ausdrücklicher Regelungen) ist es Sache der ergänzenden Vertragsauslegung, wie das Geld verteilt werden darf und ob (Honorar- oder sonstige) Forderungen der „Berater“ hiervon bestritten werden dürfen.

An der Teilnahme (Initiation, Unterstützung) solcher Sanierungen lässt sich deutlich das allgemeine Risiko der Vertriebsmitarbeiter von Kreditinstituten an Straftaten ihrer Kunden verdeutlichen. Hierzu hat schon Wessing[24] zutreffend festgestellt, dass Krisen und Insolvenzen zwar Bestandteil einer funktionsfähigen Marktwirtschaft sind, die Tätigkeit der insoweit eingeschalten Berater jedoch „gefahrgeneigt“ ist. Entgegen vielfältiger

---

[22] OLG Stuttgart U. vom 13.12.1983 – 4 Ss (22) 494/83, wistra 1984, 114 f; hierzu Richter, wistra 1984, 97 f.

[23] Vgl BGH B. vom 09.04.1991 – 5 StR 85/91, wistra 1991, 218, kritisch hierzu Tiedemann, ZIP 2004, 2440 ff; OLG München B. vom 06.08.2004 – 2 Ws 660/04, 694/04, EWiR 2005, 519 m. (krit.) Anm. Schork/Gross, 519 f., demgegenüber zutr. Tiedemann, ZIP 2004, 2440 ff.

[24] NZI 2003, 1 ff.

Meinungen in der Literatur[25] hat der BGH die generelle **Straflosigkeit** sogenannter „neutraler" oder **„berufstypischer" Handlungen** abgelehnt[26] und statt dessen darauf abgestellt, ob der Gehilfenbeitrag die Haupttat objektiv fördert und der Gehilfe in Kenntnis der wesentlichen Merkmale der Haupttat und mit Förderungsbewusstsein handelt. Dass dieser den Erfolg lieber vermeiden würde oder sogar erklärt, er missbillige die Haupttat, ist hierbei ohne Bedeutung[27]. Strafbarkeitseinschränkend fordert der BGH allerdings den Nachweis der Kenntnis, dass das Handeln des Haupttäters ausschließlich auf die Begehung der strafbaren Handlung abzielt, weil in diesem Fall sein Tun als Solidarisierung mit dem Täter zu deuten ist. Hält es der Hilfeleistende hingegen lediglich für möglich, dass der Haupttäter seinen Beitrag zur Begehung einer Straftat nutzt, ist für die Beihilfestrafbarkeit erforderlich, dass das vom Gehilfen erkannte Risiko strafbaren Verhaltens des Haupttäters so hoch ist, dass hieraus zu schließen ist, dass sich der Gehilfe die Förderung eines erkennbar tatgeneigten Täters angelegen sein ließ.[28] Für den „Sanierungsberater" bedeutet dies, dass die Unterstützung (durch Rat und/oder Tat) der Sanierungsbemühungen des Organs der juristischen Person bei erkannter Überschuldung und/oder Zahlungsunfähigkeit die Beihilfestrafbarkeit regelmäßig begründet.

Im Hinblick auf verantwortliche Mitarbeiter kreditierender Banken (näher hierzu Richter 2014b, Rn. 2007 ff.) besteht **keine Pflicht zur Kreditkündigung** oder einem sonstigen Hinwirken auf die Erfüllung der Insolvenzantragspflicht. Zwar ist schon das Belassen der Kreditlinien – erst Recht das Einräumen neuer Kredite – objektiv geeignet, den Unterlassensvorsatz des Haupttäters zu stärken. Die Grenze der (straflosen) Sozialadäquanz ist jedoch überschritten, wenn Kreditentscheidungen im Hinblick auf Sondervorteile der Bank zu Lasten der Gläubigergesamtheit getroffen werden (zum Beispiel Belassen/Ausweitung von Krediten im Hinblick auf die Sicherung oder Verbesserung der Werthaltigkeit von Sicherungsobjekten der Bank). Allerdings kann schon das durch Beratung erzeugte erhöhte Sicherheitsgefühl die Tatentschlossenheit (psychisch) bestärken und damit die Beihilfestrafbarkeit begründen.[29]

**Sonstige Straftaten der Kreditnehmer**

Nach der Praxis der Staatsanwaltschaften bei Unternehmensinsolvenzen müssen die Mitarbeiter der Kreditinstitute damit rechnen, dass in nahezu jedem dieser Fälle ein Ermittlungsverfahren eingeleitet wird und in solchen Verfahren auch eine mögliche Teilnahmestrafbarkeit unter den soeben erläuterten Grundsätzen geprüft wird. Zentrale Bedeutung erlangt dabei der Verdacht verspäteter und/oder fehlerhafter Insolvenzantragstellung ge-

---

[25] Joecks, WM 1998, Sonderbeilage Nr. 1; Hassemer, wistra 1995, 412 ff. 43 ff; Ransiek, wistra 1997 41 ff., 46.

[26] BGH U. vom 01.08.00 – 5 StR 624/99, BGHSt 46, 107 ff. m. w. Nachw.

[27] Vgl hierzu, nahezu schulmäßig, m. Nachw. BFH U. vom 09.07.2003 – I R 100/02, DStRE 2003, 1251 ff., 1252.

[28] BGH U. vom 01.08.2000 – 5 StR 624/99, JZ 2000, 1175 ff.

[29] BGH B. vom 13.01.1993 – 3 StR 516/92, NStZ 1993, 233.

mäß § 15a Abs. 4 und 5 i. V. m. Abs. 1 InsO, nachdem schon die Antragsfrist von drei Wochen nach Eintritt eines Antragsgrundes (Zahlungsunfähigkeit und oder Überschuldung) nahezu in keinem Fall eingehalten wird (siehe hierzu eingehend m. Nachw. Richter 2015, § 80). Diese Drei-Wochen-Frist ist zwar grundsätzlich keine Sanierungsfrist, sondern dient der Vorbereitung der Antragstellung („unverzüglich"). Erfolgsversprechende Bemühungen zur Sanierung werden jedoch – allerdings nur innerhalb dieser Frist – zugelassen (h. M. statt aller Tiedemann 2010, Vor §§ 82 ff., Rn. 45 ff.).

Im Fall des Überschreitens dieser Frist haben Berater – eben auch solche aus dem Bereich der „Hausbank" – nicht nur der Handlungspflicht ihrer Kunden strafrechtlich relevant zuwider entsprechende **Hinweise** und Einwirkungen zu unterlassen. Sie dürfen vor allem das weitere (strafbare) Unterlassen **nicht** durch **aktives Handeln fördern**. Praktische Bedeutung erlangen Fälle, in denen die Gläubiger einer insolvenzreifen Unternehmung unter Hinweis auf ihre (angeblich geprüfte) Sanierungsfähigkeit um ein „Moratorium" ersucht werden (s. ooben) Der Nachweis des Vorsatzes im Hinblick auf die Zahlungsunfähigkeit der Unternehmung bereitet meist keine Probleme, weil in den Anschreiben regelmäßig ausgeführt wird, weitere Vollstreckungsversuche seien sinnlos und im Insolvenzverfahren würden die Gläubiger keinerlei Zahlung erlangen. Dass sie hierbei einem Begehren ihres Kunden entsprechen, entlastet die Gehilfen nicht. Auch **Weisungen durch Gesellschafter** (oder auch Einwilligung der Gläubiger) entbinden den Pflichtigen nicht, begründen vielmehr regelmäßig Teilnehmerstrafbarkeit für die Gesellschafter (Tiedemann 2010, Vor §§ 82 ff., Rn. 52 ff. m. Nachw.). Trotz Bedenken der Literatur[30] ist nach der gefestigten Rechtsprechung auch der **faktische Geschäftsführer** zur Antragstellung verpflichtet.[31] Gelegentlich ist es vorgekommen, dass Kreditsachbearbeiter (insbesondere bei Gewährung eines weiteren „Sanierungskredites" zur „Sicherung der korrekten Verwendung der Kreditmittel") die Entscheidungen über die Verwendung der liquiden Mittel des Kunden-Unternehmens an sich ziehen und auch nach außen als „Entscheidungsträger" auftreten. Hier liegt die Annahme faktischer Geschäftsführung nicht fern, was dazu führt, das ein solcher Entscheidungsträger auch strafrechtlich für alle Handlungspflichten (zum Beispiel: Insolvenzantragspflicht, Pflicht zur ordnungsgemäßen Rechnungslegung, zur Abführung von Arbeitnehmeranteile usw.) als faktisches Organ (auch strafrechtlich) haftet.

Ebenfalls kriminogen für Mitarbeiter von Kreditinstituten im Hinblick auf Anstiftung und Beihilfe sind die Handlungspflichten der Verantwortlichen krisenbefangener Unternehmen im Hinblick auf die **Rechungslegungsdelikte** (insbesondere **Bankrott** durch unterlassene oder fehlerhafte Bilanzierung und Buchführung gemäß §§ 283 Abs. 1 Nr. 5 und 7a, 7b, Abs. 6 und 283 b StGB; hierzu umfassend Richter 2015, § 85) und dem **Vorenthalten und Veruntreuen von Arbeitsentgelt** (§ 266a StGB; vgl. Thul 2015, § 38).

---

[30] Zuletzt Bergmann, NZWiSt 2014, 81 ff.; dagegen zutreffend Böge, GmbHR 2014, 1121 ff.

[31] BGH U. vom 22.09.1982 – 3 StR 287/82, BGHSt 31, 118, 122 f. bestätigend aktuell BGH B. vom 18.12.2014 – 1 StR 323/14 u. 324/14; BB 2015, 396 f. m. abl. Anm. Kleindiek.

Das Unterlassen der Buchführung/Bilanzierung und die Nichtzahlung fälliger[32] Beiträge der Arbeitnehmer **trotz** (zumutbarer) **Handlungsmöglichkeit** kann etwa dadurch von Bankmitarbeitern veranlasst/gefördert werden, dass diese vorrangige Befriedigung von Lieferanten/Handwerkern unter Hintanstellung der strafbewehrten Pflichten anraten (oder gar veranlassen), etwa um den Wert von Kreditsicherheiten zu erhöhen oder deren Wertminderung zu vermeiden.

Auf ähnlicher Ebene angesiedelt sind Ratschläge, die im Ergebnis auf die Schmälerung der (künftigen Insolvenz-)Masse zielen – für die (Schuldner-)Verantwortlichen Straftaten des **Bankrotts durch Masseschmälerung** (§ 283 Abs. 1 Nr. 1, auch Nr. 2–4 und 8, Abs. 6 StGB; Richter 2015, § 82), die regelmäßig bei Verantwortlichen juristischer Personen tateinheitlich auch die Straftat der Untreue gemäß § 266 StGB zur Folge hat, weil gleichzeitig auch das Vermögen der Gesellschaft geschmälert ist und insoweit angesichts der Krisenbefangenheit auch die Gesellschafter keine Verfügungsmacht (mehr) haben (Richter 2015, § 83, Rn. 22, § 82, Rn. 26 ff.).

Die Reichweite der **Gläubigerbegünstigung** (§§ 283c, 283 Abs. 6 StGB; Richter 2015, § 84, Rn. 17 ff.) wird demgegenüber häufig verkannt. Sie hat zwar lediglich die Beeinträchtigung der Verteilungsgerechtigkeit zum Schutzgegenstand und stellt insoweit eine Privilegierung zum Bankrott/zur Untreue dar. Tritt bei der „Masse" ein Schaden ein, ist die Strafbarkeit nach diesen Normen zu prüfen. Die Verteilungsgerechtigkeit ist aber tangiert, wenn der Gläubiger etwas bekommt, worauf er zu dieser Zeit oder in dieser Art keinen Anspruch hat (inkongruente Deckung). Eine Sicherheitsbestellung wird aber nicht etwa nach Nr. 13 der AGB-Bank kongruent, weil hierzu nur ein bestimmter Sicherungsanspruch auf einen individualisierbaren Gegenstand ausreicht.[33] Hiervon zu unterscheiden sind wiederum Zahlungen des Geschäftsführers auf ein debitorisch geführtes Geschäftskonto einer überschuldeten/zahlungsunfähigen GmbH. Hierbei wird infolge der Kontokorrentabrede der Insolvenzmasse zugunsten der Befriedigung *eines* Gläubigers ein Betrag entzogen, der ansonsten zur Befriedigung aller Gläubiger zur Verfügung stehen würde – Gefahr der Strafbarkeit der Geschäftsleiter und der Teilnahme von Bankmitarbeiter hieran. Da insoweit persönliche Ersatzpflicht *des Geschäftsführers* eintritt, können sich hieraus werthaltige Ansprüche der Bank ergeben, die regelmäßig beigetrieben werden müssen.[34]

Damit wird deutlich, dass die Tathandlung der Gläubigerbegünstigung nur selten vom Schuldner ausgeht. Dieser ist zwar allein **tauglicher Täter**, der Begünstigte – das kann die Bank sein, in diesem Fall deren Mitarbeiter – ist zwar als **notwendiger Teilnehmer** grundsätzlich straflos. Dies gilt aber nicht für den Teilnehmer, dessen Teilnahmehandlung sich nicht auf die notwendige Teilnahme beschränkt – die bloße Entgegennahme der in-

[32] Die Fälligkeit richtet sich nach der Satzung der Kasse, i. d. R. ist dies der drittletzte Bankarbeitstag des Monats. Zur Duldung der verspäteten Abführung der Arbeitnehmeranteile vgl. OLG Brandenburg U. vom 21.11.2002 – 12 U 149/01, GmbHR 2003, 595 ff.

[33] BGH U. vom 03.12.1999 – IX ZR 313/97, WM 1999, 12 ff.

[34] BGH U. vom 11.09.2000 – II ZR 370/99, ZIP 2000, 1896 ff.

kongruenten Leistung. Ansonsten ist er als Teilnehmer, häufig als Anstifter, wenn er etwa die Begünstigung vom Schuldner fordert, strafbar.

## 3.3 Risiken bei Wertpapiergeschäften für Kunden und bei Eigengeschäften

Die im Zusammenhang mit dem Wertpapiergeschäft tätigen Mitarbeiter von Banken sind vielfältigen Strafrechtsrisiken ausgesetzt. Diese können einerseits im Betrugs- und Untreuestrafrecht, andererseits in den (Kern-)Strafnormen des WpHG begründet sein, wobei es durchaus Überschneidungen gibt.

**Sorgfaltspflichtverletzungen und Gebührenschinderei**
Weniger praktische Bedeutung für den Vertrieb haben strafrechtliche Risiken bei Verstößen gegen allgemeine Sorgfaltspflichten im Zusammenhang mit Wertpapierdienstleistungen für Kunden. Gemäß § 31 WpHG sind diese (und Wertpapiernebendienstleistungen) mit der erforderlichen Sachkenntnis, Sorgfalt und Gewissenhaftigkeit **im Interesse der Kunden** zu erbringen. Nach § 32 WpHG ist es einem Wertpapierdienstleistungsunternehmen (und verbundenen Unternehmen) verboten, den An- oder Verkauf von Finanzinstrumenten zu empfehlen, wenn und soweit die Empfehlung **nicht mit den Interessen der Kunden** übereinstimmt. § 33 WpHG regelt die **Organisationspflichten** in solchen Unternehmen. Diese sind verpflichtet, die für eine ordnungsmäßige Durchführung der Wertpapierdienstleistung und Wertpapiernebendienstleistung notwendigen Mittel und Verfahren vorzuhalten und wirksam einzusetzen. Sie müssen demnach so organisiert sein, dass sie über *angemessene interne Kontrollverfahren* verfügen. Dem genügen diese Verfahren nur dann, wenn sie geeignet sind, Verstößen entgegenzuwirken.

Vereinzelt hat sich die Strafrechtspraxis mit Auswüchsen zu beschäftigen. So ist es zur Täuschung über den Wert der Gegenleistung beim **Vertrieb von Wertpapieren** (zum Beispiel Fonds-Anteilen) gekommen, weil Innenprovisionen verschwiegen wurden. Insofern hat das Verschweigen von Positionen, welche geeignet sind, die Werthaltigkeit der vermittelten Leistung negativ zu beeinflussen, zunächst zivilrechtliche Haftungsfolgen (vgl. hierzu etwa Gallandi 2000, S. 279 ff.).[35] Strafverfahren folgen vor allem, wenn den Anlegern fälschlich suggeriert wird, der Kaufpreis enthalte keine (weiteren) Kosten, die auf die Wertbildung Einfluss haben. Spiegelt der Vertriebsmitarbeiter einen entsprechenden Substanzwert vor und/oder verschweigt er nachteilige Umstände (zum Beispiel, dass durch Zwischenschaltung und Weiterverkauf ein künstlicher Gewinn erzielt worden war, welcher die Werthaltigkeit des Fondsanteils unmittelbar schmälert[36]) kann dies Strafbar-

[35] BGH U. vom 17.07.2012 – XI ZR 198/11; BGH U. vom 01.03.2011 – XI ZB 26/08; BGH U. vom 16.05.2006 – XI ZR 26/04.

[36] So im Fall des OLG Stuttgart, OLG Stuttgart – 1 HEs 69/2000; s. auch BGH B. vom 09.03.1999 – 1 StR 50/99, NStZ 1999, 555 f.; BGH U. vom 07.03.2006 – 1 StR 379/05; spez. bei „Schrottimmobilien“ BGH U. vom 08.10.2014 – 1 StR 359/13.

keit wegen Betrugs (§ 263 StGB) begründen. Fälle des sogenanntes **„Churning“** („Buttern“ oder „Gebührenschinderei“; auch „Kick-back-Vereinbarungen“) sind demgegenüber – auch unter dem Gesichtspunkt des Betruges gemäß § 263 StGB[37], aber auch der Untreue gemäß § 266 StGB[38] – fast ausschließlich Gegenstand zivilrechtlicher (Haftungs-)Entscheidungen gewesen.

**Insiderstraftaten und Marktmanipulation**
Von großer und zunehmender Bedeutung in der Strafverfolgung – weitgehend aber fehlender Sensibilisierung der Vertriebsmitarbeiter (auch) von Kreditinstituten – ist die Strafbarkeit bei den zentralen Strafnormen des Wertpapierhandelsgesetzes (WpHG). Hierauf – auch zur Praxis und der Zusammenarbeit zwischen Strafverfolgung und Aufsichtsbehörde (BaFin) – soll deshalb näher eingegangen werden (eingehend hierzu, unter dem Gesichtspunkt der Compliance-Verantwortlichkeit, Richter 2014b, Rn. 1987 ff.).

Strafbar mit Freiheitsstrafe bis zu fünf Jahren bzw. Geldstrafe (Milderung bei Versuch und Leichtfertigkeit – Abs. 3 und 4) nach § 38 Abs. 1 WpHG sind **Insiderhandlungen** (Zuwiderhandlungen gegen § 14 WpHG). Den eigentlichen Straftatbestand muss der Rechtsanwender durch „Zusammenlesen“ der Strafnorm (als „Blankettnorm“) und der Handlungsnorm selbst bilden (zu dieser „Technik“ grundlegend Tiedemann 2014, Rn. 197 ff, 337 ff.). Zu unterscheiden sind drei Fallgruppen der Strafbarkeit:

- der Insiderhandel,
- die Weitergabe/das Zugänglichmachen und
- die Kaufempfehlung/-verleitung.

Normadressat ist nur ein (Primär- und Sekundär-)**Insider**, also derjenige, der kraft eines besonderen Bezugs zum Emittenten oder von einem solchen vermittelt, Kenntnis von einer Insiderinformation hat. Das verbotene Tun/Unterlassen muss sich dabei stets auf diese **Insiderinformation** (§ 13 WpHG) beziehen, die dann vorliegt, wenn sie hinreichend konkret und nicht allgemein bekannt und zur Kursbeeinflussung (besonders, das heißt erheblich) geeignet ist,[39] wobei die Begriffe unter Berücksichtigung ihres europarechtlichen

[37] BGH U. vom 13.07.2004 – VI ZR 136/03, WM 2004, 1768; OLG Düsseldorf, U. vom 03.02.2011 – I-6 U 35/09; zuletzt Schleswig-Holst. OLG U. vom 19.09.2013 – 5 U 34/13; LG Essen U. vom 28.03.2008 – 56 (38/07) 300 Js 251/07.

[38] OLG Düsseldorf U. vom 18.03.2009 – I-15 U 48/08; OLG Celle U. vom 17.05.2001 – 11 U 187/00; LG Essen U. vom 28.03.2008 – 56 (38/07) 300 Js 251/07.

[39] Der BGH hat allerdings schon früh entschieden, dass an den Nachweis „keine überspannten Anforderungen“ gestellt werden dürfen, BGH U. vom 06.11.2003 – 1 StR 24/03, BGHSt 48, 373, NJW 2004, 302 ff., wistra 2004, 109 („OPEL“ oder auch „Scalping“).

Bezuges **richtlinienkonform**[40] ausgelegt werden müssen.[41]

Mögliche strafbare Teilnahmehandlungen von Bankmitarbeitern betreffen häufig den „klassischen“ Insiderhandel, der für den Primär- wie für den Sekundärinsider gleichermaßen strafbar ist. Dieser soll deshalb, mit Bezug auf diesen Adressatenkreis, anhand einiger Praxisbeispiele vorgestellt werden. Vorab aber ein Hinweis auf den typischen Ablauf des Erwerbsvorgangs nach deutschem Recht aus der Sicht der Strafverfolger:

Zwischen dem Käufer bzw. Verkäufer und seiner depotführenden Bank besteht jeweils ein Kommissionsvertrag gemäß §§ 383 ff HGB (Kümpel und Wittig 2011, Rn. 10.102). Die beauftragte Bank gibt auf der Grundlage des Kommissionsverhältnisses jeweils im eigenen Namen aber für fremde Rechnung gegenüber dem als Makler tätigen Skontroführer die auf den Abschluss eines Kaufvertrages gerichtete schuldrechtliche Willenserklärung ab (vgl. § 27 BörsG). Die (sachenrechtliche) Eigentumsübertragung erfolgt nach § 929 S. 1 BGB. Die meisten Erwerbs- bzw. Veräußerungsgeschäfte von Aktien werden über den sogenannten Effektengiroverkehr abgewickelt. Im Effektengiroverkehr befinden sich die Wertpapiere in Girosammelverwahrung (§ 2 S. 1 Hs. 2 DepotG). Ein Austausch von Wertpapieren zwischen den einzelnen depotführenden Banken im Sinne einer physischen Übergabe findet nicht statt. Um die Übereignung herbeizuführen, gibt die Depotbank des Verkäufers gegenüber der Bank des Erwerbers ein Übereignungsangebot ab, welches diese Bank im eigenen Namen als Stellvertreterin der Depotbank des Käufers annimmt (vgl. Eder 2004, S. 107 ff.).

Soll nicht nur Versuch vorliegen, muss ein **Erwerbs- oder Veräußerungsgeschäftsabschluss** erfolgt sein. Das heißt allerdings nicht, dass sich der amtlich registrierte Preis verändert haben muss. Bereits der einzelne auf Umsätze basierende Börsenpreis ist das Ergebnis eines Preisbildungsprozesses, dessen Marktkonformität sowohl vom Insider- als auch Manipulationsstrafrecht geschützt wird. So gehört auch eine etwaige Gutschrift des Gewinns oder Verlustvermeidung nicht zum Tatbestand. Strafbarkeitsrisiken für Bankmitarbeiter sollen nun folgende Beispiele (aus Richter 2014b, Rn. 2026) belegen.

**Beispiel**

V ist Mitglied des Vorstandes einer AG. Er lässt eine Verkaufsorder durch seine Ehefrau E erteilen, nachdem er im Vorstand Kenntnis von einer Verschlechterung der Ertragserwartung erlangt hat, die am nächsten Tag mittels einer „Ad-hoc-Meldung“ (gemäß § 15 WpHG) publiziert werden soll, worauf der Aktienpreis (wie vorhergesehen) fällt. V gibt an, vom Handel seiner Ehefrau nichts gewusst zu haben, diese sei wohl

[40] Richtlinie 82/592/EWG und nachfolgende Richtlinien; aktuell der Vorschlag der Kommission vom 21.10.2011 für eine Richtlinie über strafrechtliche Sanktionen für Insider-Geschäfte und Marktmanipulation (Marktmissbrauchsrichtlinie – MAD) und die Richtlinie über Märkte für Finanzinstrumente (MiFID).

[41] Vgl. etwa die als „Europäisches Grundsatzurteil zum Insiderrecht“ bezeichnete Entscheidung „Spector Photo Group NV“ des EUGH (U. vom 23.12.2009 – C –45/08).

von dem Depotführer bei der Bank B zu dem Verkauf bestimmt worden. Der Betrag sei auch zu unbedeutend, als dass er sich damit beschäftigt habe. Die Durchsuchung bei der Bank und die Vernehmung des Bankmitarbeiters ergeben, dass die E den Auftrag ausdrücklich „auf Wunsch ihres Mannes dringend" für diesen Tag erteilt hat (Insiderhandel durch V, Beihilfe der E).

Der (für die AG und deren Vorstand persönlich bankintern zuständige) Bankmitarbeiter B versteht den Auftrag der E richtig und empfiehlt seinen guten Kunden (K1 bis K4), zu verkaufen, was diese sofort in Auftrag geben (strafbare Insiderempfehlung durch B, Straflosigkeit der K1 bis K4).

B teilt seinem (ihm besonders verbundenen Bank-)Kunden (K5) den „Panikverkauf" des V mit, dieser erteilt daraufhin Verkaufsorder (strafbare Insidermitteilung des B, strafbarer Insiderhandel des K5).

**Beispiel**

**Vorstand V** der A-AG gibt eine (positive) Ertragsentwicklung, die für einen publizitätspflichtigen Abschluss gerade festgestellt worden ist, gegenüber **einzelnen Journalisten** bei sogenannten „Hintergrundgesprächen" vorab bekannt (strafbare **Insidermitteilung**, da die Information nicht an die „Öffentlichkeit", sondern an einen beschränkten Personenkreis ging).

**B**, der als zuständiger **Mitarbeiter der Hausbank** der A-AG von diesen Quartalszahlen (auch **Jahresabschlüsse**, Personal- oder Vertragsentwicklungen u. ä.) erfährt, macht sich bei **Handel** (für sich oder die Bank) wegen **Insiderhandel**, bei Mitteilung an Dritte wegen **Insidermitteilung** als **Primärinsider** strafbar, wenn und soweit er die Information **„bestimmungsgemäß"**, also im Rahmen seiner Arbeit bei der Bank für die AG erlangt.

Erfährt ein anderer Mitarbeiter der Bank den Sachverhalt (nur „anlässlich" seiner Tätigkeit und somit nicht „bestimmungsgemäß") ist dieser als **Sekundärinsider** bei Handel strafbar, bei unbefugter Weitergabe oder Empfehlung erfüllt er den Bußgeldtatbestand des § 39 Abs. 2 Nr. 3 und 4 WpHG.

**Beispiel**

**V**, der selbst und mit Familienmitgliedern 80 % der Aktien einer börsennotierten Familien-AG hält, beabsichtigt den Mehrheitsanteil zu veräußern. Er gewährt einem Interessenten **I**, der schon ein Paket von 15 % der Aktien dieser Gesellschaft hält, vollständigen Einblick in die Bücher der Unternehmung, wonach dieser von einigen Insiderinformationen Kenntnis erlangt. **I** entscheidet hierauf, die Aktien nicht zu kaufen (**Insiderhandeln in Form des Unterlassens;** hier ist streitig, ob Strafbarkeit gegeben ist, die h. M. lehnt dies jedenfalls für den vorliegenden Fall ab, weil es an einer gemäß § 13 StGB erforderlichen **Garantenstellung** zur Abwendung der Gefahr fehlt[42]) – mehr/weniger als beabsichtigt zu kaufen, er verkauft sein Paket (jeweils strafbarer **Insiderhandel**). Entsprechende Strafbarkeit von Bank-Mitarbeitern im Zusammenhang der Beteiligung der Bank an Fusionen u. ä. sind aus diesem Beispiel leicht ableitbar.

**S**, der Sohn des I, der von den Absichten und der Kenntnis des I erfährt, handelt bezüglich seines eigenen Paketes (strafbarer **Insiderhandel** des Sekundärinsiders[43]).

Ganz entsprechend der dargestellten Strafbarkeit bei Insiderhandlungen (auch hinsichtlich des Strafmaßes) hat das WpHG diejenige der **Marktmanipulation** geregelt (§ 38 Abs. 2 i. V. m. §§ 39 Abs. 1 Nr. 1, 2 und Abs. 2 Nr. 11 WpHG. § 20a Abs. 1 S 1 Nr. 1–3 WpHG), die sogar noch eine deutlich höhere praktische Bedeutung erlangt: Auch hier muss die Tathandlung zur Preisbeeinflussung geeignet sein und auf den Kurs (oder Marktpreis) *einwirken*. Die Manipulation muss also – als tatbestandsmäßigen Erfolg – einen manipulierten Preis herbeiführen, der sich allerdings ebenfalls nicht in einer Preisänderung manifestieren muss.

Als Manipulationshandlungen sind danach strafbar (übersichtlich und instruktiv Schröder 2015, Rn. 479 ff.):

- **unrichtige oder irreführende Angaben** über oder das Verschweigen von bewertungsrelevanten Umständen, die jeweils zur Kursbeeinflussung geeignet sind (**informationelle Einwirkung** – § 20a Abs. 1 Nr 1 WpHG).
- Vornahme von **Geschäften** oder Erteilung von Kauf- oder Verkaufsangebote mit der Eignung, falsche oder **irreführende Signale** für das Angebot, die Nachfrage oder den Kurs von Finanzinstrumenten zu geben oder ein künstliches Preisniveau herbeizuführen (**handelsbezogene Einwirkung** – § 20a Abs. 2 WpHG).
- **Sonstige Täuschungshandlungen** mit Kursbeeinflussungseignung – also solche Handlungen, die geeignet sind, einen verständigen Anleger über Angebot und Nachfrage an einer Börse (oder relevantem Markt) in die Irre zu führen und dadurch auf den Preis einzuwirken.

Unterschieden wird dabei zwischen **informationsgestützter** (Beispiele: Falsche oder irreführende Angaben über die Unternehmensentwicklung, das Unternehmensvermögen, die Inhaberschaft; Berichte, Meinungen oder Empfehlungen zu Transaktionen ohne sorgfältige Recherche „ins Blaue hinein"; unterlassene oder verspätete Veröffentlichung von ad-hoc-Mitteilungen; unterlassene oder verspätete Mitteilung über sogenannte Directors

---

[42] Nachw. bei Schröder 2015, Rn. 303, 357; anderes kann zum Beispiel unter dem Aspekt der „**Geschäftsherrenhaftung**" für **Verantwortliche** der **Emittenten**, Mitarbeiter der BaFin und Börsen gelten; vgl. Richter 2014b, Rn. 353 ff. Auch **Mitarbeitern von Banken**, die für die Sicherung der Insiderinformation als vertraulich verantwortlich sind, kann eine solche Garantenstellung obliegen.

[43] Zu den diffizilen Problemen auch beim „Paket-Handel", bei Unternehmensübernahme oder beim „Management-Buy-out"; vgl. nur Schwark und Zimmer 2010, § 14 Rn. 53 ff, 59 f.

Dealings etc.) und **handelsgestützter Manipulation** (Beispiele: Pumping and Dumping*:* Eine Person oder mehrere Personen in Absprache treiben den Kurs in die Höhe, um anschließend eigene Aktien in großer Menge abzustoßen; Trash and Cash*:* Der Täter geht eine Short-Position ein und stößt durch massive weitere Verkaufsaktivitäten einen Kursverfall der betroffenen Aktie an, um danach die eingegangene Position zu schließen; Advancing the Bid*:* Vorgaukeln lebhafter Umsätze, um den Preis in die Höhe zu treiben; Knock-out Kicker*:* künstliche Herbeiführung des Über-/Unterschreitens einer Knock out-Schwelle; Making the Close Mistrades, nicht vorhandene Liquidität suggerieren usw.*)* unterschieden werden (eingehend zu diesen und weiteren Beispielen: Schröder 2015, Rn. 376 ff.).

Auch hier sollen einige Beispiele (aus Richter 2014b, Rn. 2033; weitere Beispiele bei Sorgenfrei 2013, Rn. 50 ff.; Schröder 2015, Rn. 487 ff., Richter 2006, S. 294 ff, S. 299) die Strafbarkeit (auch von Bankmitarbeitern) wegen Manipulationstaten belegen.

**Beispiel**

**B**, Mitarbeiter der **örtlichen KSK**, kauft 115.000 Stück der E-Aktie, beginnend mit einem Preis von 0,055 €. Danach gibt er zeitlich abgestimmt mit marktfernen Preisen limitierte Kauf- und Verkaufsorder zum jeweils gleichen Preis ab. Der Kurs verändert sich auf letztlich 0,36 €. B erleidet durch diese Geschäfte letztlich einen Verlust (dennoch strafbare **Manipulationshandlung** durch **sonstige Täuschungshandlung** – sogenannte „Wash Sales", auch „Pumping and Dumping").

**Beispiel**

**L**, der **Leiter des Nostrohandels der Genossenschafts-Bank G**, richtet auf den Namen seiner Freundin F unter Verstoß gegen Compliance-Regeln Depots bei anderen Banken ein und gibt entsprechende gegenläufige Order ab, tätigt aber zwischendurch immer wieder Käufe für seine Bank (neben **Manipulationsstraftat** durch **sonstige Täuschungshandlung** durch L (sogenannte „Matched Orders") ist regelmäßig auch **Untreue** gemäß § 266 StGB zum Nachteil der Bank verwirklicht, was zu entsprechenden Schadensersatzansprüchen der Bank führt – § 823 Abs. 2 BGB i. V. m. § 266 StGB).

**Beispiel**

Der **Fonds-Manager F der P-Privatbank** wünscht einen bestimmten (deutlich erhöhten) Preis der A-Aktie zum Bewertungsstichtag seines Fonds. Er bespricht mit dem **Händler H,** der den Handel für diesen **Bankensektor** abwickelt, die Kauf-Strategie mittels abgestimmter marktferner Angebote am Stichtag den Zielkurs zu erzielen (strafbare **Manipulation** durch „effektive Geschäfte" durch F, **Beilhilfe** hierzu durch H).

## 4 Der Staatsanwalt im Haus: Eine weitere Risikoquelle

Wie schon unter 4.1. erwähnt, besteht bei Ermittlungsmaßnahmen gegen Banken (aber auch gegen deren Geschäftspartner) die Gefahr, dass diese bekannt werden. Dies kann zu einer Rufschädigung führen und birgt auch die weitere Gefahr, dass die Maßnahmen zur Gewinnung mit dem Tatverdacht nicht zusammenhängender weiterer Informationen führen (vgl. Stetter 2014, Rn. 525 ff., 527; allgemein hierzu Quedenfeld und Richter 2015, Rn. 9a ff.). Obwohl das Interesse der Kreditinstitute demgemäß auf deren Vermeidung gerichtet ist und auch die Bankaufsicht (anders als im Bereich der Börsenaufsicht) Verdachtsmomente grundsätzlich nicht an die Strafverfolgungsorgane weiter leitet, lassen sich solche nicht immer vermeiden. Nützlich könnte aber auch die Sicht der Staatsanwaltschaft sein, weil diese die Strafbarkeitsrisiken der Betroffenen verdeutlicht. Deshalb sollen einzelne Aspekte der gesetzlich vorgegebenen Kommunikation zwischen Bank (und deren Mitarbeiter) und den Strafverfolgungsbehörden nachfolgend dargestellt werden.

### 4.1 Zeugenpflichten (näher: Richter 2014b, Rn. 2035)

Häufig werden Mitarbeiter oder Organmitglieder von Banken bei der ersten offenen Ermittlungshandlung der Staatsanwaltschaft, der Durchsuchung der Bankräume, den strafprozessualen Status des **Beschuldigten** haben. Insofern steht ihnen, wie allgemein bekannt, ein Schweigerecht zur Seite. Hierüber müssen sie von den Strafverfolgungsbehörden auch belehrt werden. Dennoch liegt bei diesen in einer solchen Situation regelmäßig ein Bedürfnis zur Erläuterung vor. Dabei müssen sich die Betroffenen bewusst sein, dass es Aufgabe der Polizeibeamten oder auch Staatsanwälte ist, solche Angaben für die Ermittlungsakten aufzuschreiben, regelmäßig in einem nach der Durchsuchung erstellten Vermerk.

Soweit die bei der Durchsuchung angetroffenen Mitarbeiter der Bank als (potenzielle) Zeugen in Betracht kommen, sind sie zwar zu Angaben gegenüber der Polizei nicht verpflichtet, wohl aber gegenüber dem Staatsanwalt, der sie auch in der Räumen der Bank und bei der Ausführung der Durchsuchung (allerdings nur in diesem Zusammenhang) vernehmen kann. Eines besonderen Hinweises darauf, dass das (zivilrechtliche) „**Bankgeheimnis**" gegenüber den Strafverfolgungsbehörden keine Bedeutung erlangen kann,[44] bedarf es nicht. Ein etwa von einem Vorgesetzten ausgesprochenes **Verbot einer Aussage** gegenüber einem Mitarbeiter kann dessen Schweigen nicht rechtfertigen und deshalb die dann vom Staatsanwalt einzusetzenden Zwangsmittel (Beantragung von Zwangshaft oder Festsetzung von Zwangsgeld) nicht hindern, wohl aber die Gefahr der Strafbarkeit des Vorgesetzten wegen (versuchter) **Strafvereitelung** gemäß § 258 StGB oder auch **Begüns-**

[44] Vgl. nur LG Landshut B. vom 15.05.1985 – 1 Qs 75/85, WM 1985, 749 f.

**tigung** (§ 257 StGB) begründen. Allerdings erheben die Staatsanwaltschaften zunehmend die Beweismittel bei

Banken nicht im Wege von Durchsuchungs- und Beschlagnahmebeschlüssen sondern mittels Auskunftsersuchen gemäß § 95 Abs. 1, die mit Zwangsgeld- und Zwangshaft durchgesetzt werden können.[45]

## 4.2 Zusammenarbeit Bankaufsichts- und Strafverfolgungsbehörde (Richter 2014b, Rn. 567 ff.)

Der **Bank-Syndikus** und sonstige Mitarbeiter von Rechtsabteilungen der Bank oder von der Bank beauftragte sonstige Rechtsanwälte sind in der soeben erwähnten Situation der Durchsuchung häufig zunächst die ersten „Hilfen" für beschuldigte Mitarbeiter der Bank. Der Syndikus der Bank kann allerdings regelmäßig nicht als Verteidiger ihrer Mitarbeiter mandatiert werden, da er weisungsgebunden in die Organisation der Bank eingeordnet ist, jedenfalls deren Interessen zu vertreten hat. Er hat – wie sonstige Mitarbeiter, Vorgesetzte und externe Berater, soweit das Hausrecht der Bank reicht und die Ermittlungshandlung nicht gestört wird – gleichwohl ein Anwesenheitsrecht.

Bei ersten Ermittlungsmaßnahmen treten häufig Unsicherheiten auf, welche Aufsichts- oder Strafverfolgungsbehörde Ansprechpartner sein könnten. Für die – erstaunlich weiten und in der Bankpraxis noch weitgehend unbekannten – **Befugnisse der BaFin** (nicht nur aber auch als Bußgeldbehörde) ist auf die umfassenden Regelungen in § 4 WpHG nach dem AnSVG zu verweisen. Beachtet werden müssen aber auch die **Mitteilungspflichten der Staatsanwaltschaften** gegenüber dem BaFin gemäß § 40a WpHG.

Diesen konkreten Anweisungen zur Zusammenarbeit folgt die Praxis. Entsprechend den gegenseitigen Informationspflichten hat die BaFin als zentrale Behörde regelmäßig über etwaige Verfahren bei Staatsanwaltschaften Kenntnis. Deren Zuständigkeit ist zum einen nach sachlichen Kriterien (allg. Staatsanwaltschaft und „Schwerpunktstaatsanwaltschaft für Wirtschaftsstraftaten"), zum anderen nach dem Tatort, hilfsweise nach dem Wohnsitz des Beschuldigten, zu bestimmen.[46] Damit sind die praktischen Probleme der Zuständigkeitsbestimmung allerdings keinesfalls gelöst, wie die generalklauselartigen Beschreibungen der RiStBV deutlich machen: „Nach den gesamten Umständen des Tatkomplexes", der „besonderen Bedeutung" und nach „kriminaltaktischen Erwägungen".

Danach ist es sachdienlich, sich zunächst bei Fragen, ob Ermittlungen durchgeführt werden und ggf. von wem, an die BaFin zu wenden.

[45] Hierzu eingehend LG Lübeck B. vom 03.02.2000 – 6 Qs 3/00 – 720 Js 35837/98, NJW 2000, 3148 f.

[46] Hinweise für die praktische Handhabung der Zuständigkeitsbestimmung geben Nr. 26 und Nr. 28 RiStBV (Richtlinien für das Straf- und Bußgeldverfahren).

## 4.3 Risiken unternehmensinterner Aufklärungsaktivitäten

Ganz abschließend sei noch auf einige Risikofelder im Zusammenhang mit interner Aufklärung von (möglicherweise) strafrechtlich relevanten Sachverhalten hingewiesen. Diese betreffen zwar in erster Linie die Unternehmensleitung und die Mitarbeiter der Compliance-Funktionen (vgl. insofern Richter 2014a, Rn. 505 ff., b, Rn. 2034 ff.). Auch für die Mitarbeiter im Vertrieb könnten jedenfalls die Kernpunkte solcher Risiken zu deren Vermeidung von Bedeutung sein.

**Mitarbeiterbefragung und Schutz vor Selbstbelastung**
Gemäß § 55 StPO steht in einem strafrechtlichen Ermittlungsverfahren jedem Zeugen ein **Auskunftsverweigerungsrecht** im Hinblick auf mögliche Selbstbelastung zur Seite und hat jeder Beschuldigte gemäß § 136 Abs. 1 StPO das Recht zu schweigen. Diesen Schutznormen liegt das Verfassungsgebot zugrunde, dass niemand gezwungen werden kann, gegen sich selbst auszusagen.[47] Auf **private Befragungen** – auch wenn diesen faktische oder rechtliche Zwangswirkungen innewohnen – sind diese Rechte allerdings nicht zu übertragen, will man nicht die Pflicht der Staatsanwaltschaft zur Wahrheitserforschung als Korrelat zum Verbot der Selbsthilfe aushöhlen. Ob ein Mitarbeiter zur Mitwirkung an der Aufklärung von – auch kriminogenen – Sachverhalten und sogar zu (selbstbelastenden) Angaben gegenüber seinem Arbeitgeber (oder einem von diesem beauftragten Dritten) verpflichtet ist, richtet sich demgemäß ausschließlich nach außerstrafrechtlichen Normen, insbesondere des Zivil- und Arbeitsrechts.

**Verwertung der Unternehmensinformation durch die Strafverfolgungsbehörden**
Dementsprechend hat das LG Hamburg[48] zutreffend festgestellt, dass weder der Grundsatz der **Selbstbelastungsfreiheit** bei Angaben von Mitarbeitern anlässlich interner Unternehmensuntersuchungen gegenüber dem Unternehmer oder von diesem beauftragter externer Rechtsanwälte noch das **Beschlagnahmeverbot** nach § 97 Abs. 1 Nr. 3 StPO noch das **Verwertungsverbot** des § 160a StPO (a. F.) Anwendung finden.

Dies gilt erst Recht für den Syndikus des Unternehmens, der nicht in den Schutzbereich der Rechtsanwälte einbezogen ist. Hieran ändert auch die seit 01.01.2011 geltende Neufassung des § 160a StPO nichts. Diese gewährt zwar grundsätzlich allen Rechtsanwälten einen absoluten Schutz vor strafprozessualem Zugriff, erfasst jedoch den Syndikus weiterhin nicht.

Dem vom Unternehmen beauftragten Rechtsbeistand steht im Strafverfahren gegen den Mitarbeiter auch kein Zeugnisverweigerungsrecht zur Seite (Siegrist 2011, S. 427 ff.). Das Unternehmen muss daher damit rechnen, dass seine Erforschungsergebnisse im Rah-

---

[47] Nemo tenetur se ipsum accusare, vgl. BVerfG B. vom 08.10.1974 – 2 BvR 747/73, BVerfGE 38, 105 ff., 113.

[48] B. vom 15.10.2010 – 608 Qs 18/10, NJW 2011, 942.

men eines strafrechtlichen Ermittlungsverfahrens gegen seinen Willen (und dem des Mitarbeiters) sichergestellt und verwertet werden.

**Straftaten bei internen Ermittlungen**
Wie unterlassene oder unzureichende Compliance straf- und/oder bußgeldrechtliche Ahndung zur Folge haben kann, so kann auch „zu viel Compliance" Strafbarkeit der Verantwortlichen begründen. Grundsätzlich ist insoweit natürlich jede Straftat geeignet, weil allein die Zielsetzung der internen Aufklärung keinen Rechtfertigungsgrund zur Erfüllung von Straftatbeständen gibt.

Besondere Bedeutung haben bei einer solchen unternehmensinternen „Investigation" folgende Normen erlangt:

§ 206 StGB betrifft die Verletzung des **Post- oder Fernmeldegeheimnisses**. Dieses betrifft nicht nur das Öffnen verschlossener Sendungen an den Mitarbeiter sondern auch die Verwendung der dem Unternehmen bekannt gewordenen Verbindungsdaten und Inhalte eines **Telekommunikationsvorganges**.

Strafbar ist auch die (ungenehmigte) Aufzeichnung (oder Verwendung von Abhörgeräten) bezüglich des **nicht öffentlich gesprochenen Wortes** (§ 201 StGB), die Verletzung des **Briefgeheimnisses** (§ 202 StGB), ungenehmigte **Bildaufnahmen** (§ 201a StGB) und das **Ausspähen und Abfangen von Daten** (§§ 202a und 202b StGB).

Schließlich ist noch auf § 258 StGB (**Strafvereitelung**) hinzuweisen, der keineswegs die (vollständige) Verhinderung der Strafverfolgung voraussetzt. Die Strafnorm kann vielmehr schon dann einschlägig sein, wenn interne Ermittlungen Beweisbeeinträchtigung (auch solche auf Zeit) zur Folge haben.

## Literatur


Eder, C. J. (2004): Die rechtsgeschäftliche Übertragung von Aktien, NZG 2004.

Erting, I. (2014), in: Jobe, C. J. (Hrsg.), Riskante Bankgeschäfte: Haftungsrisiken und Strafverfolgung, Heidelberg 2014.

Fridrich, J. (2015), in: Müller-Gugenberger, C. (Hrsg.), Wirtschaftsstrafrecht, 6. Aufl. 2015. Heidelberg.

Gallandi, V. (2000): Die Aufklärungspflicht bei Innenprovisionen, in: WM Zeitschrift für Wirtschafts- und Bankrecht, 6/2000.

Hadamitzky, A. (2015), in: Müller-Gugenberg, C. (Hrsg.), Wirtschaftsstrafrecht, 6. Aufl. 2015.

Kümpel, S; Wittig, A. (2011): Bank- und Kapitalmarktrecht, 4. Auflage 2011

Meyer-Goßner, L.; Schmitt, B. (2014): Strafprozessordnung: Gerichtsverfassungsgesetz, Nebengesetze und ergänzende Bestimmungen, 57. Aufl. 2014.

Nack (1980): Untreue im Bankenbereich durch Vergabe von Großkrediten, NJW 1980,

Niemeyer, J. (2015): in: Müller-Gugenberger, C. (Hrsg.), Wirtschaftsstrafrecht, 6. Aufl. 2015.

Quedenfeld, D., Richter, H. (2015), Wirtschaftsstrafverfahren, in: Bockemühl, J. (Hrsg.), Handbuch des Fachanwalts Strafrecht, 6. Aufl. 2015.

Richter, H. (2015): Müller-Gugenberger, C. (Hrsg.), Wirtschaftsstrafrecht, 6. Aufl. 2015.

Richter, H. (2014a), in: Jobe, C. J. (Hrsg.), Riskante Bankgeschäfte: Haftungsrisiken & Strafverfolgung, 2014.
Richter, H. (2014b), in: Schäfer, H. (Hrsg.), Compliance, 5 Aufl. 2014
Richter, H. (2012), in: Clemens et al., Strafrechtliche Risiken der Rechtsberater und Mitarbeiter von Banken bei Unternehmenskrise und Sanierung, in: Problematische Firmenkundenkredite, 4. Aufl. 2012
Richter, H. (2006): Strafrechtliche Risiken für Bankmitarbeiter aus dem neuen Insider- und (Kurs-/ Preis-) Manipulationsstrafrecht, in: BankPraktiker, 6/2006.
Schröder, C. (2015): Handbuch Kapitalmarktstrafrecht, 3. Aufl. 2015
Schwark, E./ Zimmer, D. (Hrsg.) (2010): Kapitalmarktrechts-Kommentar, 4. Aufl., 2010
Siegrist, U. (2011): Ermittlungen in Steuer- und Wirtschaftsstrafsachen – Quo vadis? wistra 2011, 427 ff.
Sorgenfrei, U. (2013), in: Park, T. (Hrsg.), Kapitalmarktstrafrecht, 3. Aufl. 2013
Stetter, S. (2014): Rolle und Vorgehen der strafrechtlichen Unternehmensvertretung („Verteidigung"), in: Jobe, C. J. (Hrsg), Riskante Bankgeschäfte: Haftungsrisiken & Strafverfolgung.
Thul, A. (2015), in: Müller-Gugenberg, C. (Hrsg.), Wirtschaftsstrafrecht, 6. Aufl. 2015.
Tiedemann, K. (2014): Wirtschaftsstrafrecht, 4. Aufl. 2014
Tiedemann, K. (2010): GmbH-Strafrecht, 5. Aufl. 2010.
Tiedemann, K. (2009): in: Leipziger Kommentar zum StGB, 12. Aufl. 2009.
Tiedemann, K. (1989): Untreue bei Interessenkonflikten, in: Jeschek, H.-H. und Vogler, T. (Hrsg.), Festschrift für Herbert Tröndle zum 70. Geburtstag, Berlin 1989,

**Dr. jur. Dipl.Kaufmann (FHS) Hans Richter** ist seit 1980 (mit Unterbrechungen als Richter und als Leiter der Stabsstelle Recht der Treuhandanstalt Berlin) Staatsanwalt in der Schwerpunktabteilung für Wirtschaftsstrafsachen der Staatsanwaltschaft Stuttgart, seit 1994 als Abteilungsleiter und seit 2012 als deren Hauptabteilungsleiter.

Daneben übt er regelmäßige Lehr- und Prüftätigkeiten u. a. an der Deutschen Richterakademie in Trier und Wustrau, an der Bundesfinanzakademie in Bühl, für das Münchner Fachkolleg für Insolvenzrecht, für das Finanz Colloquium Heidelberg, EUROFORUM Deutschland, Düsseldorf aus, ist Prüfer für die Erste Juristische Staatsprüfung, Universität Heidelberg und für die Zweite Juristische Staatsprüfung für das Land Baden-Württemberg und seit 1998 Dozent der Dualen Hochschule Baden-Württemberg (DHBW), Stuttgart, seit 2008 auch an der Hochschule für Wirtschaft und Umwelt Nürtingen-Geislingen.

Er ist Autor vieler Fachbeiträge und Mitautor in Fachbüchern, vor allem für das Bank- und Börsen-, Sanierungs- und Insolvenzstrafrecht und (Mit-)Herausgeber des BankPraktiker.

# Teil VII
# Finanzmanagement

# Finanzmanagement in einer Genossenschaftsbank

Dirk Borgartz und Andreas Schünhof

## Inhaltsverzeichnis

1 Einleitung . . . 297
2 Unternehmerische Verantwortung durch Profit-Center . . . 298
2.1 Budgetprozess . . . 300
2.2 Planungsprozess . . . 300
3 Vertriebssteuerung und Vertriebscontrolling . . . 303
4 Risikomanagement im Bankvertrieb . . . 308
5 Möglichkeiten und Grenzen von Anreizsystemen . . . 310
6 Schlussbetrachtung . . . 312
Literatur . . . 312

## 1 Einleitung

Finanzmanagement ist ein Teilbereich der Unternehmensplanung und -steuerung, der in den vergangenen Jahren an Bedeutung zugenommen hat. Das ist zum einen auf die nach der Bankenkrise 2007 verschärften Richtlinien im Bankensektor zurückzuführen, zum anderen auf die Geldpolitik der Europäischen Zentralbank (EZB): In Zeiten eines extremen

D. Borgartz (✉) · A. Schünhof
Volksbank Kur- und Rheinpfalz eG, Speyer, Deutschland



D. Hellenkamp, K. Fürderer (Hrsg.), *Handbuch Bankvertrieb,*
DOI 10.1007/978-3-658-06447-1_18

Niedrigzinsumfeldes kann nicht mehr auf die Zinsmarge als wesentliche Ertragskomponente für eine positive Ausgestaltung der Gewinn- und Verlustrechnung und damit der Bilanz gesetzt werden (vgl. Nolte 2014). Andere Bilanzierungsposten, etwa Provisionserträge, gewinnen stetig an Bedeutung. Dementsprechend muss der geschäftspolitische Umgang mit Produktlösungen für den Kunden in diesem Bereich neu überdacht und ggf. angepasst werden.

Dabei stehen die genossenschaftlichen Kreditinstitute nicht allein vor den Herausforderungen und der Suche nach neuen Wegen, um sich in einem schwierigen Marktumfeld von den Mitbewerbern abzusetzen. In einer sich wandelnden Gesellschaft hat sich auch die Rolle des Kunden geändert: Dieser betrachtet seine Bank immer seltener als Hausbank auf Lebenszeit (vgl. Bain & Company 2015). Kunden werden in einer globalisierten Geschäftswelt in ihren Entscheidungen zunehmend flexibel und unabhängig. Ständige Erreichbarkeit und jederzeitige Verfügbarkeit von (Hintergrund-) Informationen und Wissen im Internet haben zu diesem Wertewandel beigetragen.

Als Kreditinstitut muss man sich frühzeitig mit dieser Entwicklung auseinandersetzen und Konzepte entwickeln, die für den Kunden einen Mehrwert generieren und die eigenen Kernkompetenzen unterstreichen.

Die Sicherung des Erfolgs als regionale Genossenschaftsbank ist die Basis der Existenz und Unabhängigkeit im Bankensektor. Deshalb fokussiert die Volksbank Kur- und Rheinpfalz eG das Finanzmanagement, das auch von den Kunden eingefordert wird: Zielgerichtete und der Situation angepasste Planung, Steuerung und Kontrolle aller Finanz- und Investitionsentscheidungen. Auf diese Weise soll der künftige Erfolg des Unternehmens überschau- und erkennbar gemacht werden.

Durch Institutionalisierung und Formalisierung entstehen eigenständige Pläne für die zu führenden Organisationseinheiten.

Fragen, die sich in diesem Zusammenhang stellen, sind: Was bedeutet dies für eine regional verwurzelte Genossenschaftsbank? Wie kann mit dem Themenblock des Finanzmanagements umgegangen werden, um die Bank weiter voran zu bringen? Welche Abhängigkeiten bestehen innerhalb dieses Themenblocks und auf welche externen Adressaten muss zwingend Rücksicht genommen werden?

## 2 Unternehmerische Verantwortung durch Profit-Center

Die Aufteilung des Geschäftsgebietes in mehrere Einheiten erleichtert die Aufbau- und Ablauforganisation, weil so kleinere Steuerungseinheiten geschaffen werden. Die regionalen Teilmärkte arbeiten als eigenständige Profit-Center des Vertriebs in der Gesamtbank. Dabei bleiben sie rechtlich unselbstständige Einheiten und firmieren unter dem Dach des Gesamtinstituts. Neben einer flachen Führungshierarchie dient dies auch der (internen) Konkurrenz: Die Teilmärkte stehen in einem innerbetrieblichen Wettbewerb zueinander und arbeiten dennoch an der Umsetzung der gemeinsam gesteckten Ziele im Sinne der Gesamtbank zusammen. Der regelmäßige Austausch der Führungskräfte untereinander ist dabei kommunikations- und vertriebsfördernd.

Jeder Teilmarkt ist der Gesamtbankstrategie und -philosophie untergeordnet. Nur so kann in der Außendarstellung ein einheitliches, geschlossenes Bild generiert werden, ohne auf den notwendigen eigenen Gestaltungsspielraum komplett zu verzichten. Im Rahmen seiner Profit-Center-Verantwortung muss die jeweilige Führungskraft selbstständig tätig werden und im Rahmen der Gesamtzielverantwortung eigene Akzente setzen. Diese dürfen indes nicht gegenläufig zur operativen Maßnahmenplanung der Gesamtbank sein, sodass einerseits ein einheitliches Gesamtbankbild wahrgenommen wird und andererseits unterschiedliche regionale Gegebenheiten berücksichtigt werden können. Kunden können sich mit einer lokalen bzw. regional agierenden Bank direkter identifizieren – anders als mit einer gemeinhin „anonymen" Großbank.

Die Steuerung über Profit-Center erleichtert überdies die Wahrnehmung von Führungsaufgaben. Sie lässt Delegation zu und überträgt Verantwortung auf nachgeordnete Ebenen. Verantwortung ist dabei nicht nur auf das Vertriebsergebnis beschränkt, sondern gilt auch im Ressourcen- und Prozessbereich wie zum Beispiel der eigenverantwortlichen Verwaltung eines Marketingbudgets oder der Möglichkeit der Mitgestaltung von Vertriebsabläufen. Eine solche weiterreichende Sichtweise erlaubt es, die Wirtschaftlichkeit und Effektivität eines Profit-Centers im Hinblick auf einen definierten Deckungsbeitrag (vgl. Schierenbeck et al. 2014, S. 66 ff.) und die Aufwandsrentabilität besser zu beurteilen und als Führungskraft ggf. steuernd einzugreifen. Meist werden Gegenmaßnahmen bereits früh eingeleitet, weil unerwünschte Entwicklungen durch regelmäßige Soll-Ist-Vergleiche und Analysen der Auslastung von Mensch und Maschine frühzeitig auffallen. Die vorhandenen Kapazitäten werden hierdurch regelmäßig auf ihren Auslastungsgrad hin überprüft.

Die Koordination der Geschäftsstellenebene sowie die Zusammenführung auf Teilmarktebene sind und bleiben originäre Führungsaufgaben. Hierzu zählt neben der Zielverantwortung auch die Personalverantwortung. Beide Aspekte sind miteinander verbunden und bedingen sich gegenseitig: Die Ziele der Bank lassen sich für alle Beteiligten (ob Mitarbeiter, Kunden oder Außenstehende) nur gemeinsam erreichen und erlebbar machen! Deshalb ist den Führungskräften ein Mitspracherecht bei Personalentscheidungen einzuräumen, insbesondere weil die Personalbesetzungen das Ergebnis einer Vertriebseinheit maßgeblich beeinflussen. Dieses schließt Konstanz beim Mitarbeitereinsatz in einer Geschäftsstelle ein, denn die Mitarbeiter sind gegenüber dem Kunden das „Gesicht der Bank vor Ort" und nach innen untrennbar mit ihrem Profit-Center verbunden.

Der Teamgedanke steht in den Geschäftsstellen bzw. Profit-Centern nach wie vor im Vordergrund. Gleichwohl wird einer langjährigen Entwicklung in der Privatwirtschaft gefolgt, nämlich einer immer stärker werdenden Fokussierung auf den einzelnen Mitarbeiter – sowohl im Sinne der Personalentwicklung als auch des Controllings, das heißt insbesondere der Vertriebssteuerung.

Insofern ist die Betrachtung des eigenen Kundenstammes und die Einhaltung der von der Gesamtbank festgelegten Kriterien der Kundensegmentierung wichtig (vgl. PricewaterhouseCoopers 2011, S. 11 f.). Die Vertriebssteuerung richtet sich nach einzelnen Kundensegmenten aus. So wird gewährleistet, dass die richtigen Kunden auch dem entsprechenden Berater bzw. Mitarbeiter zugeordnet werden. Eine Führungskraft kann somit

Steuerungsunterschiede je Beratungssegment vornehmen, um das Profit-Center „Filiale" bzw. „Teilmarkt" im Kurs zu korrigieren. Um die Zukunftsfähigkeit der Bank zu erhalten und auszubauen, sind selbstverständlich regelmäßige Überprüfungen der bewertungsrelevanten Kriterien notwendig, so wie sie in der Unternehmensvision als langfristiges Ziel der strategischen Planung festgeschrieben wurden.

## 2.1 Budgetprozess

Jeder Vertriebseinheit obliegen die Budget- und damit die Ressourcenverantwortung für ihren Bereich. Durch die Verantwortung für einen bestimmten Etat ergibt sich ein neuer Umgang in Bezug auf die Ausgabe von Firmengeldern. Die Möglichkeit der Entscheidungshoheit in einem begrenzten Rahmen unterstreicht die Eigenverantwortlichkeit der ressourcenverwaltenden Person und fördert zumeist auch deren Persönlichkeitsentwicklung.

Projekte im Bereich von Spenden und Sponsoring werden, zum Beispiel im Rahmen des vorhandenen Marketingbudgets, stärker in Bezug auf Wirksamkeit und Effizienz hinterfragt. Das bedeutet, dass weniger nach dem „Gießkannenprinzip" verfahren wird, sondern Fokusprojekte (im Idealfall zu Schwerpunktthemen wie Jugend, Kunst, Sport) vor Ort gezielt ausgewählt werden und in den Genuss einer Schwerpunktförderung gelangen. Außerdem werden regionale Sonderaktionen aus diesem in Eigenverantwortung verwalteten Marketingtopf finanziert.

Die Budgetplanung wird dabei ähnlich der Vertriebsplanung im Rahmen eines Gegenstromverfahrens durchgeführt, das heißt Top-down–Bottom-up. Vor allem die Gesamtbanksteuerung hat in dieser Phase stets die Auswirkungen für das Gesamthaus in Form einer Ertragshochrechnung zu erfassen, weil die Mittel zur Finanzierung der Ausgaben im Jahresverlauf auch erwirtschaftet werden müssen.

Im Rahmen der Budgetplanung der Gesamtbank wird zudem auf die Liquiditätslage des Hauses geachtet: Wie sollte sich die Bank als Kunde am Markt verhalten? Bei der Bewältigung dieser Aufgabe stimmen sich die Bereiche Gesamtbanksteuerung und Treasury intensiv ab, um letztlich die mit der Unternehmensstrategie und -philosophie bestmöglichen und konformen Alternativen umzusetzen. Die Überprüfung und Überwachung der in diesem Zusammenhang (unter Einhaltung der gesetzlichen Vorschriften) getätigten Aktivitäten sind zu erfüllende Daueraufgaben.

## 2.2 Planungsprozess

Wie lassen sich die unterschiedlichen Profit-Center am besten steuern? Was kann von zentraler Stelle dazu beigetragen werden, um einer Führungskraft die Umsetzung zu erleichtern?

Ein wesentliches Argument hierbei ist, Mitarbeiter in die regelmäßigen Aktivitäten der Vertriebsplanung einzubinden (vgl. Kipker 2013). Darüber hinaus muss die

Erwartungshaltung der Geschäftsführung transparent kommuniziert werden. Der Planungskreislauf wird einmal im Jahr (in der Regel zu Beginn des vierten Quartals) angestoßen, sodass die operative Vertriebsplanung beginnen kann (vgl. Wernz 2012, S. 3 ff.). Die Zielstruktur orientiert sich dabei an der Vertriebsstrategie der Genossenschaftsbanken sowie an der bankindividuell formulierten Steuerungsphilosophie. Künftiges Zielbild ist die Überführung der Vertriebsstrategie in die jährliche operative Vertriebsplanung. Dies geschieht nicht zwingend in linearer Form. Für den Transformationsprozess wird insgesamt ein Zeitfenster von etwa fünf Jahren als mittelfristiger Planungshorizont angenommen.

Der Planungsprozess wird nach strategischen Vorgaben einer vorab von Gesamtbank- und Vertriebssteuerung definierten Zielstruktur von jeder Vertriebseinheit autonom gestaltet.

Als Unterstützung erhalten die Führungskräfte potenzialorientierte Auswertungen, um die Berechnungen der künftig zu erzielenden Erträge durch gemeinsame Analysen und Interpretationen zu erleichtern. Dabei werden nicht nur quantitative Größen zur Ermittlung der Ertragsziele in die Jahresplanung einfließen, sondern weitere (bereits aufgesetzte) Projekte durch qualitative Ziele zusätzlich berücksichtigt. Dieser Mix aus Ergebnis- und Aktivitätszielen sowie Einzel- und Teamzielen muss den SMART-Anforderungen eines Zielsystems (spezifisch, messbar, akzeptiert, realistisch, terminierbar) genügen.

Die zuständige Führungskraft hat dabei die Aufgabe der Koordination und der Plausibilisierung der gelieferten Werte, die sich aus geschäftspolitisch bestimmten qualitativen und quantitativen Zielwerten zusammensetzen. Im Idealfall ist die Phase der Planung im Dezember abgeschlossen, sodass das Planjahr mit klar definierten Zielwerten beginnen kann und bei den Kundenberatern keine Unklarheit über die an sie gerichteten Erwartungen vorherrscht. Während der Vertriebsplanung stehen nicht nur die Vertriebsstellen der einzelnen Teilmärkte in engem Kontakt miteinander, sondern auch die Vertriebs- und die Gesamtbanksteuerung. Dabei geht es vor allem darum, eine mögliche Unterplanung der Marktbereiche gegenüber der Gesamtbankplanung frühzeitig zu erkennen und Maßnahmen zur Gegensteuerung ergreifen zu können.

Die gemeinsame Verabschiedung der operativen Jahresplanung durch Vorstand, Banksteuerung und mittlerer Führungsebene nach intensiver Diskussion in Form eines Workshops trägt zur Erweiterung der Transparenz und Akzeptanz bei.

Die Führungskräfte des Vertriebs können die Mitarbeiter anschließend umfassend über die Hintergründe der Zielzahlen informieren und überdies eigene Meilensteine (ausgerichtet am (Gesamtbank-) Vertriebskalender als Grundlage der jährlichen Vertriebskampagnen) festsetzen. Diese müssen stets konform mit den Interessen der Gesamtbank sein.

Die Dokumentation des Planungsprozesses und des Planungsergebnisses erfolgt nach der Verabschiedung in schriftlicher Form und wird den Führungskräften zu Informationszwecken nochmals zur Verfügung gestellt. Da die Führungskräfte der Volksbank Kur- und Rheinpfalz eG zugleich als Vertriebsbeauftragte gemäß Anlegerschutz- und Funktionsverbesserungsgesetz (AnsFuG) fungieren, ist der Informationspflicht seitens der Gesamtbank- und Vertriebssteuerung unter Einbezug des Compliance-Beauftragten entsprochen.

Im operativen Planungsprozess hat die Ausweitung der gesetzlichen Anforderungen, insbesondere im Wertpapierbereich, einen erheblichen Teil dazu beigetragen, die Top-down-Bottom-up-Kommunikation voranzutreiben und den Planungsprozess den Gegebenheiten anzupassen.

So ist beispielsweise die Mitarbeiterführung an den Kundeninteressen auszurichten und nicht an produktbezogenen Vorgaben. Ebenso sind regelmäßige Soll-Ist-Vergleiche notwendig, die die Planung sowie deren Umsetzung überwachen und ein eventuelles Eingreifen ermöglichen. Dabei werden nicht nur die Teilmärkte einzeln betrachtet, sondern auch Vergleiche mit anderen Vertriebseinheiten des Hauses durchgeführt. Abweichungen von der zu Jahresbeginn vereinbarten Zielstruktur sollten unterjährig nur in begründbaren Ausnahmefällen vorgenommen und angepasst werden. Genau wie die ursprünglich vorgenommene Vertriebsplanung müssen diese Fälle dokumentiert werden, um im Rahmen der operativen Planungsprozesse der Folgejahre auf eine einheitliche Datenbasis bei eventuell vorgenommenen Plan-Plan-Vergleichen zurückgreifen zu können. Die Aussagekraft solcher Vergleiche ist jedoch begrenzt, denn Plansteigerungen sagen nichts über die Qualität der Planung an sich aus. Die größte Plansteigerung ist nicht werthaltig und damit in der Praxis unbrauchbar, wenn die tatsächliche Ertragskraft erheblich von diesem Planwert abweicht. Folglich muss dieser Betrachtung ein Soll-Ist-Vergleich in Form einer unterjährig dynamisch fortgeschriebenen Hochrechnung mit dem Planungswert folgen. Im Jahresverlauf stabilisiert sich der Aussagegrad und verdichtet sich zum Trend. Kurzfristige Abweichungen liefern sinnvolle Informationen und lösen einen Analyseprozess aus. Die Hochrechnung der Zielerreichung kann sowohl linear als auch degressiv erfolgen. Hierbei sollte man sich auf eine (Vorgehens-) Methode einigen und diese aus Gründen der Planungsstabilität, -klarheit und -kontinuität über einen längeren Zeitraum (=mehrere Planungsperioden) beibehalten.

Eine operative Jahresplanung kann aber auch potenzialorientiert erfolgen: Anhand einer im Laufe des Vorjahres berechneten Marge zzgl. einer im Vorfeld definierten Steigerung wird das aktive Vertriebsziel (hier das Ertragsziel I, welches das Provisionsgeschäft umfasst) des kommenden Vertriebsjahres in Euro bestimmt. Hier kann eine direkte Verknüpfung zum Mitarbeiter erfolgen, da in einem ersten Schritt das Ziel als Pro-Kopf-Ziel definiert wird. Durch Aggregation entsteht dann ein Teamziel bzw. das Ziel eines Profit-Centers. Bei dieser Betrachtungsweise sollten allerdings Segmentunterschiede in die Hochrechnung einbezogen werden, da das Servicesegment ein abweichendes Aufgabenfeld und anderen Ertragsanspruch als das Beratungssegment hat. Überdies wird auf diese Weise die unterschiedliche Kundenklientel und das damit verbundene Kundenpotenzial mit in die Betrachtung einbezogen.

Die Berechnungsmethodik muss gerade vor bzw. im Einführungsprozess über einen längeren Zeitraum fortgeführt werden, um verlässliche Ergebnisse erzielen zu können und die Margenplanung auf eine solide Datenbasis zu stellen (Methodenkontinuität). Nur so können Schwachstellen in der Entwicklung erkannt und Gegenmaßnahmen ergriffen werden. Zum anderen muss gerade bei Durchführung eines Systemwechsels im Planungsprozess eine gewisse Parallelität zwischen beiden Systemen herrschen, um die getroffenen

Annahmen verifizieren zu können. Hier ist es sinnvoll, die Führungskräfte als Planungsverantwortliche rechtzeitig in den Prozess einzubeziehen und die beiden Vorgehensweisen (auch unter Einbeziehung der Gesamtbanksteuerung) gegenüberzustellen. Die gemeinsame Erarbeitung von Vor- und Nachteilen bringt nicht nur das Planungssystem, sondern auch die Führungskräfte in ihrer Argumentationsgrundlage gegenüber ihren Mitarbeitern weiter.

Letztendlich kann diese Planungsart auch in einem Kennzahlensystem münden. Hier wären dann zum Beispiel die Methode des Sales Return on Investment (SROI) Mitarbeitereffektivität und -effizienz sowie das Kundenwertvolumen als Basis für das Kundenpotenzial zu betrachten und zu bewerten (vgl. hierzu Birke et al. 2015). Zu einer genauen Ausgestaltung dieser Werte wird auf die folgenden Abschnitte verwiesen.

## 3 Vertriebssteuerung und Vertriebscontrolling

Faktisch ist die Vertriebsplanung und -steuerung ein Produkt des Strategieprozesses auf Gesamtbankebene. Ausgangspunkt ist eine Vision, die den Strategiekreislauf in Gang setzt und so den Rahmen für eine strategische Planung, Umsetzung, Beurteilung und Analyse definiert. Dieser Prozess bezieht sich nicht nur auf die Volksbank Kur- und Rheinpfalz eG, sondern orientiert sich auch an den Vorgaben des Genossenschaftsverbandes. Diese Dachstrategie färbt durch die enge Verzahnung des Bankenverbundes immer auf die eigene Strategie ab, da sich die diesbezüglich relevanten, strategischen Großprojekte in diesem Rahmen bewegen. Gleichwohl sind diese Projekte für die Weiterentwicklung der genossenschaftlichen Gruppe wesentlich, auch um sich zu präsentieren und im Verbund einheitliche Standards zu etablieren. Dennoch ist es wichtig, für das eigene Haus Fokussierungen vorzunehmen, um das Vertriebsprofil zu schärfen und eine regionale Individualität zu wahren.

Was bedeutet das konkret? Ein auf der Gesamtbankebene erarbeiteter strategischer Umsetzungsplan wird zur Basis der Planung und Steuerung der sog. Vertriebsbank mit ihren aus der Aufbauorganisation abgeleiteten Profit-Centern, das heißt den Vertriebseinheiten. Diese können pyramidenförmig bis auf die kleinste Vertriebseinheit (Mitarbeiter) „heruntergebrochen" werden.

Die einzelnen Vertriebseinheiten werden an ihrer eigenen operativen Zielplanung gemessen. Die Jahresplanung wird aus Darstellungsgründen linear verteilt. Dieses unterstellt eine gleichmäßige Präsenz der Mitarbeiter und schließt Sonderfaktoren wie Urlaub oder saisonale Schwankungen im Jahresendgeschäft rechnerisch aus.

Unterjährige Vertriebskampagnen lassen sich auf den ersten Blick im Vertriebscontrolling ebenfalls nicht gleich erkennen. Hierfür gibt es ein in der Darstellung und Vertriebssteuerung/-controlling analoges aber separates Steuerungsinstrument.

Grundsätzlich: Grundlage des monatlichen Soll-Ist-Vergleiches sind die von der Gesamtbanksteuerung ermittelten Ertragszahlen. Sie werden sowohl en bloc als definierte Ertragsziele als auch in Einzelproduktwerten für Wertpapiergeschäft, Fondsabsatz,

Bausparen oder Versicherungsabsatz ausgewiesen. Zur Verdeutlichung der Aussagekraft wurde neben den reinen Zahlen die farbliche Unterlegung in Form eines Ampelsystems gewählt. Für einen ersten Blick ist das Farbsystem gut geeignet, allerdings muss im Anschluss eine Bewertung der Zahlen durch die zuständige Führungskraft erfolgen. Ebenso ist eine reine Betrachtung der einseitigen Übersicht nicht ausreichend, diverse Detailberichte müssen als zusätzliche Quellen herangezogen werden. Diese können zum einen im Controllingportal selbst zu finden sein, wie zum Beispiel Prüfberichte über provisionierte Verträge, als auch über die Auswertung des persönlichen Controllings der Mitarbeiter durch Dokumentationen von Abschlüssen und Kontakten. Über das Eigencontrolling kann der Mitarbeiter seine Vertriebsergebnisse jederzeit real time sehen. Allerdings wird hierbei nicht die buchungstechnische Gutschrift der Erträge abgewartet, sondern ein Ertragszufluss bei Produktabschluss unterstellt. Da in dieser Ansicht nur das Neugeschäft betrachtet wird, erhalten die Berater auch keine Gutschriften in Form von Bestandserträgen bzw. keine barwertige Verrechnung der Erträge zum Vertrags-Abschlussdatum. Dieses wird jedoch im Vertriebscontrolling der Gesamtbanksteuerung berücksichtigt, sodass es hier zu abweichenden Ergebnissen kommen kann.

Ein Controllingportal mit Ampelfunktion ist allerdings nicht immer vorteilhaft: Die Farbcodierung der Zielerreichung stellt strukturell eine zu grobe Rasterung dar und kann deshalb nur ein Grobindikator sein. Insofern sollte neben einer Einführung in die Lesart des hauseigenen Controllings auch ein regelmäßiges Update über Veränderungen und Neuerungen in den Auswertungen erfolgen. So kann die Akzeptanz der Kontrolle gesteigert werden und die Mitarbeiter sind zugänglicher, sich mit dem Themenkomplex Zielerreichung, Vertriebserfolg bzw. -misserfolg in einer sachlichen Art und Weise auseinanderzusetzen.

Ein weiterer „Ressourcenfresser" ist in diesem Zusammenhang die „Kontrolle des Kontrollportals": Als Vorbereitung von Monats- bzw. Quartalsgesprächen erfolgt regelmäßig eine manuelle Kontrolle des Controllingportals, um sich eine gute Argumentationsbasis gegenüber der Führungskraft zu verschaffen und um im Zweifelsfall Abweichungen der eigenen Zielerreichung dem Controllinginstrument zuzurechnen.

An diesem Punkt zeigt sich wiederum ein Vorteil des Einzelcontrollings: Kein Mitarbeiter kann sich hinter den Leistungen eines anderen verstecken, sondern jeder wird an seiner individuellen Zielvereinbarung und damit -erreichung gemessen. Abwesenheiten in Form von Krankheit oder Urlaub fallen somit direkt ins Gewicht und können gemeinhin nicht durch das Team kompensiert werden. Das Controllingportal kann qualitativ stets nur so gut sein wie die Qualität der Daten, die bereitgestellt werden. So kann es vorkommen, dass Verträge nachpoliciert werden müssen und dadurch nur zeitverzögert abgerechnet werden können. Solche Ereignisse gleichen sich im Zeitverlauf typischerweise wieder aus. Überdies wird hierauf in den turnusmäßigen Mitarbeitergesprächen hingewiesen.

Grundsätzlich wird der Vertrieb (neben den Kundenwünschen) durch einen mittlerweile rollierenden Vertriebskalender geleitet. Dieser wird gemeinsam mit der operativen Jahresplanung von den Führungskräften verabschiedet und enthält alle operativen geplanten Maßnahmen zur Jahreszielerreichung. Hier können neben Werbekampagnen auch Kundenveranstaltungen, die die Erreichung eines bestimmten Teilziels voranbringen sollen, eingeplant werden. Die Vertriebsunterstützung hat dabei die Aufgabe, die von der Vertriebssteuerung gemachten Vorgaben in die Praxis umzusetzen. Die Unterstützung kann von ausgearbeiteten Kampagnen (quasi als Komplettpaket von Plakatwerbung über Verkaufshilfen bis zur Definition von möglichen Potenzialkunden) bis hin zu kleinen Impulsen wie einem speziellen Thekenaufsteller reichen. Um den Erfolg einer solchen Kampagnenunterstützung messen zu können, wird meist ein Kampagnencontrolling durchgeführt. Wichtig ist in diesem Kontext Abstimmung und Kommunikation, damit die einzelnen Vertriebsstellen und Teilmärkte nicht eigene Vertriebsaktionen zeitgleich zu gesamtbankweiten Aktionen starten. Die Aktualisierung und Konkretisierung des Vertriebsplans erfolgt in regelmäßigen Zeitintervallen, meist im Zusammenhang mit der direkten Ausgestaltung einer definierten Schwerpunktmaßnahme.

Eine individuelle Vertriebssteuerung findet durch den Mitarbeiter selbst statt: Aus einem guten Kundenbeziehungsmanagement und dem Aufbau eines strukturierten Vermögens mit regelmäßigen Fälligkeiten ergibt sich eine rollierende Kontaktmöglichkeit mit einer systematischen Kundenansprache. Die Ansprache erfolgt bedarfsbezogen und nicht aufgrund von bestimmten Produkten oder Sonderaktionen. Das Kundeninteresse verlagert sich so immer weiter in den Mittelpunkt der Kundenbeziehung (vgl. Bain & Company 2012). Der reine Produktverkauf verliert an Bedeutung, auch wenn im Rahmen der ständig zunehmenden Verzahnung mit der digitalen Welt die Informationsmöglichkeiten über Produkte schier unendlich sind. Die digitale Informationsquelle sollte die persönliche Beratung nicht ersetzen.

Das spiegelt sich auch in der Vorgehensweise wider, einen gemeinsamen Gesprächsfahrplan zu vereinbaren. Durch diese Absprache entsteht eine weitere Möglichkeit der rollierenden Kontaktaufnahme, welche der Kunde in einem ersten Gespräch zustimmen muss. Der Wandel in der Beratungsphilosophie verstärkt die Notwendigkeit, qualitative Planungsziele für die Kundenberatung und -betreuung (losgelöst von reinen Ertragszielen) zu definieren. Wichtig ist dabei transparent darzustellen, wie sich die qualitativen Zielzahlen zusammensetzen und wie und wie oft sie gemessen werden. In eine qualitative Betrachtung sollten nicht nur vermeintlich positive Kriterien aufgenommen werden, sondern auch solche, die auf den ersten Blick negativ erscheinen. So lassen sich zum Beispiel über Statistiken zu Kontoauflösungen Erkenntnisse über Möglichkeiten zur Produktverbesserung ableiten.

Im Rahmen des Gesamtbankcontrollings wird nicht nur die Vertriebsplanung betrachtet (vgl. Schierenbeck et al. 2014, S. 27 ff.). Vertriebskampagnen zur Absatzförderung oder zentrale Vertriebsmaßnahmen nach § 14 Abs. 3 WpDVerO (Verordnung zur Konkretisierung der Verhaltensregeln und Organisationsanforderungen für Wertpapierdienstleistungsunternehmen) stehen gleichfalls im Fokus des Controllings. Diese werden in kürzeren zeitlichen Abständen betrachtet, da hiervon ein direkter Impuls an die Vertriebssteuerung erfolgt: Fragen nach Erfolg oder Misserfolg einer Kampagne müssen zeitnäher betrachtet werden, um während des Kampagnenzeitraums ggf. ein Eingreifen zu ermöglichen und parallel eine Nachsteuerung einzuleiten. Gerade für zentrale Vertriebsmaßnahmen, die im

Bereich Wertpapier nach § 14 Abs. 3 WpDVerO durchgeführt und dokumentiert werden, ist eine zeitnahe Kontrolle notwendig. In die Prüfung dieser Ergebnisse ist die Einbeziehung der zuständigen Führungskraft unerlässlich, da sie die Zahlen zu den Gegebenheiten des Teilmarktes in einen direkten Bezug setzen kann. Damit wird die Qualität dieser Bezugszahl erhöht und für jeden Außenstehenden transparent. Auch im Hinblick auf eine Compliance-Prüfung kann so der Nachweis der Selbstkontrolle des Marktes erfolgen. Die Prüfung der Wahrung der Kundeninteressen kann nicht durch ein Controllingportal erfolgen. Sie muss separat verbal dokumentiert werden, da eine Darstellung als Ampelsystem analog den Ertragszahlen nicht sinnvoll und damit nicht umsetzbar ist.

Die Vertriebssteuerung im Rahmen einer Margenplanung erweist sich grundsätzlich als schwieriger, da in der Planung nur ein definiertes Gesamtziel an Provisionserträgen festgelegt wurde und keine weiteren Teilziele. So kann jeder Mitarbeiter seinen persönlichen Ertragsfokus auf ein bestimmtes ertragsbringendes Produkt setzen. Im Idealfall ergänzt sich das Team in einer Vertriebsstelle so gut, dass alle Provisionsbereiche wie Bausparen, Versicherungen und Wertpapiere abgedeckt werden können. So gut diese Planungsart für den individuellen Mitarbeiter ist, so schlecht lässt sich das Spartengeschäft damit steuern. Hier muss die Vertriebssteuerung darauf achten, dass ein gewisser Ausgleich zwischen den einzelnen Produkten hergestellt wird, um Kunden- und Marktpotenziale auszuschöpfen.

Die Steuerungskomponenten können bei einer margenorientierten Planung somit nur auf der Gesamtertragszielebene greifen. Die Aufstellung eines Vertriebskalenders mit Schwerpunktaktionen ist möglich, allerdings ist ein Kampagnencontrolling aufgrund der individuellen Schwerpunkte der Mitarbeiter nicht einfach umzusetzen, ohne punktuell demotivierend zu wirken.

**Kennzahlen und Kennzahlensysteme**

Die Ausgestaltung eines Kennzahlensystems orientiert sich immer an den Adressaten der entsprechenden Auswertung. Ihre übergeordnete Aufgabe ist die Beurteilung des Unternehmens im Innen- und Außenverhältnis.

Bei einer externen Betrachtung wird meist auf veröffentlichtes Zahlenmaterial wie die Bankbilanz zurückgegriffen. Hieraus lassen sich im Rahmen einer Bilanzanalyse diverse betriebswirtschaftliche Kennzahlen herauslesen und ermitteln. So können durch Benchmarkvergleiche zum Beispiel im genossenschaftlichen Banksektor Erkenntnisse gewonnen werden. Durch die gesetzliche Festlegung der Bilanzbestandteile (§ 266 HGB) ist eine diesbezügliche Einheitlichkeit gegeben. Einzelne Bilanzierungsvorschriften lassen jedoch Wahlrechte zu.

Generell gilt: Zielführend ist die Kontinuität der gewählten Bewertungsmethoden, um eine aussagekräftige und im Zeitverlauf valide Entwicklung zu dokumentieren.

Die interne Betrachtung der Kennzahlensysteme steht unterjährig im Vordergrund. Nur so können Entwicklungen frühzeitig erkannt und im Rahmen der Vertriebsplanung und -steuerung rechtzeitig reagiert werden. Die operative Vertriebssteuerung richtet sich dabei an den vertriebsstrategischen Zielen und ihrer Übersetzung in eine Steuerungskennzahl aus. In ihr vereinen sich die in der Zielplanung festgelegten quantitativen und qualitativen

Ziele wie Ertrags-, Volumens- und Stückziele auf Einzel- und auf Teamebene. Die daraus resultierenden Kennzahlen müssen in Einklang mit der Gesamtbankplanung stehen und transparent sein. Bei der Erweiterung des Kennzahlensystems muss darauf geachtet werden, dass die Rechte der betrieblichen Mitbestimmung, zum Beispiel bei der Einführung von Einzelcontrollings, beachtet werden.

Die Transparenz bezieht sich dabei nicht nur auf die Zusammensetzung der einzelnen Ertragsziele (welches Vertriebsgeschäft lässt sich an welcher Stelle im Controllingbericht wiederfinden), sondern auch auf konkrete Ertragsbeiträge (wie viel erwirtschaftet der Vertriebsmitarbeiter bei Abschluss eines Geschäftes für die Gesamtbank). Das direkte Gegenüberstellen von zwei eigenständigen Kennzahlen zu einer Verhältniskennzahl in Prozent ist vor allem in den organisatorisch unteren Vertriebseinheiten Neuland.

Die verstärkte Einführung von qualitativen Zielen in der Planung erfordert auch deren Messbarkeit. Da in diesem Bereich keine konkreten Zahlen vorliegen, muss mit abbildbaren Hilfsgrößen gearbeitet werden, die den formulierten strategischen Größen entsprechen.

Bei der Definition dieser Ziele sollte bereits im Vorfeld auf die Darstellbarkeit und entsprechende Transparenz geachtet werden. Die Mitarbeiter müssen wissen, was sich hinter einem qualitativen (und möglicherweise nicht direkt greifbaren) Ziel verbirgt und erkennen, wie sie zu dieser Zielerreichung beitragen können.

Setzt man im Rahmen des Planungsprozesses auf eine Margenplanung, müssen die durch Vertriebscontrolling zu ermittelnden Zahlen darauf abgestimmt sein. Wie bereits angedeutet, werden in diesem Zusammenhang neue Kennzahlen eingeführt. Deren Definition muss bereits im Planungsprozess erläutert werden, um einen einheitlichen Wissensstand bei den Führungskräften zu erlangen.

Beispiel für eine neu einzuführende Kennzahl ist eine Bruttomarge, die das Verhältnis des erwirtschafteten und definierten Provisionsertrags zum vorhandenen Kundenwertvolumen (= Summe von Aktiv-, Passiv- und Depotvolumen) eines Kundenberaters oder Teams widerspiegelt. Sie erlaubt eine Aussage darüber, ob Kundenpotenziale effektiv und effizient ausgenutzt werden. Auf diese ermittelte Kennzahl kann nun im weiteren Verlauf aufgebaut werden: Die Marge in Relation zu den angefallenen Personalkosten im Sinne von Vertriebskosten kann als SROI (Sales Return on Investment) bezeichnet werden. Sie sollte in TEUR ausgewiesen werden und steht für die Effizienz eines Mitarbeiters sowie seinen monetären Beitrag am Gesamtergebnis des Teilmarktes bzw. der Bank. Indirekt spiegelt sich auch die Qualität in Bezug auf Fachwissen und Sozialkompetenz in diesem Wert wider, da nur ein vom Kunden anerkannter Berater erfolgreich sein und wirtschaftlich arbeiten kann. Marge und SROI lassen sich sowohl monatlich als auch jährlich ausweisen. Die Beschäftigung mit der Monatsscheibe ist jedoch unter Steuerungsaspekten sinnvoller, da hier durch den Aufbau einer Zeitreihe wertvolle Erkenntnisse (insbesondere im Zeitraum des Wechsels des Planungsvorgehens und dem damit verbundenen Neuaufbau des Vertriebscontrollings) bzgl. des Umgangs mit diesem System gewonnen werden. Die Mitarbeiter sind in dieser Phase eng durch die jeweiligen Führungskräfte zu begleiten, um eine Akzeptanz für das neue System zu erlangen.

Die Verzahnung von harten Ertragsdaten und eher weicheren Mitarbeiterdaten ist zukunftsweisend, auch wenn die Anzahl von Mitarbeiter und die daraus resultierenden Personalkosten durchaus als harte Kennzahlen betrachtet werden können. Damit erfolgt die Bewertung der Arbeit unabhängig vom Ansehen einer Person, sie zählt in dieser Sichtweise nur als Kostenfaktor, der in Verbindung mit den erwirtschafteten Erträgen eine klassische Aufwands-Ertrags-Relation abbildet und somit eine Aussage über die Wirtschaftlichkeit der Vertriebsstelle bzw. auch des einzelnen Mitarbeiters ermöglicht.

## 4 Risikomanagement im Bankvertrieb

Um in einem sich wandelnden und immer komplexer werdenden Umfeld erfolgreich bestehen zu können, ist für jede Bank ein leistungsfähiges Risikomanagement notwendig (vgl. Hull 2014, S. 35 ff.).

Die ständige Weiterentwicklung und Anpassung an aktuelle Gegebenheiten des auf Wirtschaftlichkeit ausgerichteten Risikosystems kann als Daueraufgabe betrachtet werden. Strategische Leitlinien beschreiben als zentralen Punkt der Risikosteuerung und des Risikocontrollings mögliche Risiken innerhalb eines Bankbetriebes (vgl. Schierenbeck et al. 2014, S. 371 ff.). Das Risikomanagement wird durch eine nachhaltige Geschäfts- und Risikostrategie bestimmt, mit der die langfristige Existenz der Bank gesichert wird. Sie beinhaltet deshalb die wesentlichen Geschäftsaktivitäten der Bank. Im Rahmen des jährlichen Planungsprozess wird die Strategie durch die Geschäftsführung regelmäßig überprüft und ggf. anlassbezogen angepasst. So wird auf eine enge Verzahnung und somit einer Koexistenz von operativer Planung und Steuerung sowie Geschäfts- und Risikostrategie geachtet.

Im Rahmen einer strategischen Analyse werden Ertrags- und Risikokonzentrationen untersucht. Dazu werden auch Annahmen getroffen, die regelmäßig sowie anlassbezogen überprüft werden. Einzuleitende Maßnahmen werden (wenn notwendig) in der Strategie bzw. in einer ebenfalls von der Geschäftsführung verabschiedeten Teilstrategie verankert. Strategische Ziele und Maßnahmen zur Erreichung dieser Ziele bilden die notwendigen Eckpunkte für eine operative Planung und sind somit Gegenstand der strategischen Planung, die von der Gesamtbanksteuerung zu verantworten ist. Wichtig ist auch hier, dass die aus der Strategie abgeleiteten Ziele so formuliert werden, dass eine Überprüfung der Zielerreichung möglich ist und Abweichungen analysiert und erörtert werden. Letztlich ist das Risikomanagement einer Bank eine Aufgabe aller am Prozess beteiligten Mitarbeiter – vom Vorstand über die Steuerung und Kreditüberwachung bis zum Compliance-Beauftragten und der internen Revision.

Zu den Grundsätzen der Risikosteuerung zählt nicht die vollständige Risikovermeidung, sondern vielmehr eine zielkonforme und systematische Risikohandhabung. Dabei ist auf Geschäfte zu verzichten, deren Risiko vor dem Hintergrund der Risikotragfähigkeit und der Risikostrategie des Instituts nicht vertretbar sind. Ertragschancen und Risiken müssen in einem angemessenen Verhältnis zueinander stehen. Durch Übertragung auf andere Marktteilnehmer können nicht strategiekonforme Risiken begrenzt werden. Risikokonzentration wird durch den Einsatz von quantitativen Instrumenten und qualitativen Risikoanalysen vermieden. Bei auftretenden Schadensfällen wird zur Schadenbegrenzung ein aktives Management betrieben. Die Risikotragfähigkeit ist gegeben, wenn die wesentlichen Risiken durch sogenannte Risikodeckungsmasse laufend gedeckt sind.

Die Risikotragfähigkeit wird GuV-orientiert berechnet. Parallel dazu wird ein Tragfähigkeitskonzept barwertig erstellt. Hierbei ist ein Risikopuffer einzukalkulieren. Ergänzt wird es durch einen mehrjährigen Kapitalplanungsprozess, der die Planung und Überwachung der zukünftigen Tragfähigkeit der eigenen Risiken sicherstellt. In diesem Planungsprozess werden der regulatorische und der interne Kapitalbedarf ermittelt, um diesen frühzeitig und unter Ergreifen geeigneter Maßnahmen zu decken. Wesentliche Aspekte der Kapitalplanung sind dabei die aufsichtsrechtlichen Anforderungen, die eigene Geschäftstätigkeit, die strategischen Ziele und das wirtschaftliche Umfeld und deren Veränderungen.

Bei der Ermittlung der Risikotragfähigkeit werden sowohl die erwarteten Risiken, als auch im Rahmen eines Risikoszenarios unerwartete Risiken berücksichtigt. Das Risikoszenario soll helfen, die Verlustanfälligkeit eines Instituts zu erkennen. Die Ermittlung findet in regelmäßigen Abständen statt, in der Regel monatlich. Je nach Auslastung des Risikolimits werden automatisch Handlungen in die Wege geleitet und Gegenmaßnahmen beispielsweise Maßnahmen zur Risikominimierung ergriffen.

Einmal jährlich wird zusätzlich eine Risikoinventur vorgenommen, die das Ziel hat, einen Überblick über die Risiken auf Gesamtinstitutsebene zu schaffen (vgl. Hull 2014, S. 59 ff.). Diese Risikoinventur kann auch außerplanmäßig erfolgen, wenn sich zum Beispiel grundlegende Annahmen oder Rahmenbedingungen verändert haben oder erkennbar ist, dass getroffene Einschätzungen mit Wesentlichkeitscharakter nicht mehr zutreffend sind. Aus Gründen der Nachvollziehbarkeit sind nicht nur diese Fälle zu dokumentieren, sondern die gesamte Risikoinventur. Im Rahmen des Inventurprozesses werden die großen Risikoblöcke Adressenausfallrisiko, Marktpreisrisiko, Liquiditätsrisiko, Operationelle Risiken (= Risiko per Legaldefinition) sowie Sonstige Risiken inkl. Unterrisiken betrachtet (vgl. Schierenbeck et al. 2014, S. 435 ff.). Dabei werden auch potenzielle Risikokonzentrationen berücksichtigt. Die Risikoinventur ist somit der zentrale Baustein der Gesamtbank- und Risikosteuerung und hilft bei der frühzeitigen Erkennung, Erfassung und angemessenen Darstellung von wesentlichen Risiken. Die Risikoidentifizierung bezieht sich dabei nicht nur auf die Bank, sondern auch auf ihr gesamtes Umfeld, da Risiken in allen Unternehmensbereichen auftreten können. Auch außerbilanzielle Gesellschaftskonstruktionen werden in die Betrachtung mit eingeschlossen, da diese ebenfalls risikobehaftet sein können.

Neben der Gesamtbanksteuerung ist die interne Revision als prozessunabhängige Überwachungsinstanz in den Prüfungsablauf mit eingebunden. Die rechtliche Grundlage hierfür wurde mit Einführung und Umsetzung der Mindestanforderungen für das Risikomanagement von der BaFin geschaffen. Außerdem ist sie fester Bestandteil der internen Kontrollsysteme. Das System kann allerdings seine Wirkung umfassend nur entfalten, wenn alle Mitarbeiter mit einem entsprechenden Risikobewusstsein ausgestattet sind und eine Risiko- und Kontrollkultur in der Bank gelebt wird. Kontrollen werden dabei in die Aufbau- und Ablauforganisation integriert. Sie werden als fehlerverhindernde Maßnahmen wie zum Beispiel das Vier-Augen-Prinzip als Funktionstrennungsprinzip direkt in den Arbeitsalltag eingefügt. Durch Schulungen und regelmäßige Gespräche werden Mitarbeiter nicht nur für dieses Thema sensibilisiert, sondern auch die Basis für die Integrität, das Wertegerüst sowie die fachlichen Voraussetzungen geschaffen.

## 5 Möglichkeiten und Grenzen von Anreizsystemen

Die Entwicklung von Anreizsystemen ist originäre Aufgabe des Personalmanagements, da sie in den Teilbereich der sozialen Leistungen eines Arbeitgebers fallen. Die Steigerung der Mitarbeitermotivation ist eine zentrale Aufgabe, die sich positiv auf das Arbeits- und Betriebsklima auswirkt und dieses bewusst gestaltet.

Die konkrete Ausgestaltung eines Anreizsystems kann sehr komplex sein: Seiner Einrichtung liegen unterschiedliche Prämissen zugrunde, wie Verhaltenssteuerung, Motivation und Risikotransfer. Ob direkt oder indirekt, materiell oder immateriell, individuell oder gruppenbezogen, intrinsisch oder extrinsisch: Letztendlich müssen die Motivationsstrukturen der Mitarbeiter angesprochen werden, um zwischen den Zielen von Individuum und Unternehmen eine Überseinstimmung zu erzielen. Nur so kann eine für alle Seiten gute und aufeinander abgestimmte Lösung im Arbeitsalltag erzielt werden, die weder Stillstand noch Rückschritt bedeutet.

Ein klassisches Beispiel für ein Anreizsystem ist die Gestaltung der Entlohnung. Prämien und Sonderausschüttung werden an zuvor definierten und transparent gemachten Kriterien festgemacht. Dieser variable Lohnbestandteil kann zum Beispiel an das Gesamtergebnis der Bank gekoppelt werden und im Rahmen eines 13. Monatsgehalts an die Mitarbeiter ausgeschüttet werden. In diesem Falle gilt das Prinzip „Einer für alle" und jeder Mitarbeiter enthält seinen entsprechenden Anteil. Allerdings besteht auch die Möglichkeit, diesen Lohnbestandteil individuell im Rahmen von jährlichen Zielgesprächen zu vereinbaren. Hier wird zur Messung der Zielereichung auf ein, den Gesprächsinhalten angepasstes, Einzelcontrolling zurückgegriffen. Möglich ist auch die Kombination von Einzel- und Gruppenzielen. Die Durchsetzung von Malusregelungen bei Nichterreichen von Zielen ist eine konträre Möglichkeit – für die Motivation von Mitarbeitern ist sich indes nicht förderlich, da sich die permanente Angst vor Fehlern bzw. Scheitern eher demotivierend auswirkt – und das Arbeitsklima verschlechtert anstatt verbessert. Die konkrete Ausgestaltung ist in einer separaten Betriebsvereinbarung hausindividuell zu regeln.

Das Thema der leistungsorientierten Bezahlung durch variable Lohnbestandteile wird seit der Finanzmarktkrise 2007 im Bankbereich restriktiver als früher betrachtet (vgl. Opletal 2011). Bis zu diesem Zeitpunkt waren vor allem im Bereich des Investment Banking variable Bestandteile in Form von Boni und Provisionen die Regel. Diese Vorgehensweisen wurden im Nachhinein als Fehlentwicklung interpretiert, da der langfristige Unternehmenserfolg aus dem Blickfeld verschwunden war und für den Einzelnen nur der persönliche Erfolg in Höhe der Bonifikation zählte. Der kurzfristige Erfolg stand somit über einem angemessenen Risikomanagement und lässt sich rückblickend als Fehlanreiz interpretieren. Die Unterschätzung dieses Risikos brachte einige Institute in wirtschaftliche Schwierigkeiten. Im Rahmen der Stabilisierung wurden deshalb vom Financial Stability Board (FSB) Prinzipien für Vergütungssysteme erarbeitet. Die rechtliche Regelung, um diesen Fehlanreizen entgegen zu wirken, erfolgte im Jahr 2010 durch die Veröffentlichung und Inkraftsetzung der Institutsvergütungsverordnung (InstitutsVergV). Acht große deutsche Banken hatten sich bereits im Vorfeld selbst verpflichtet sich daran zu halten.

Doch auch nichtmonetäre Anreizsysteme wirken sich positiv auf die Leistungsbereitschaft im Rahmen von Principal-Agent-Beziehungen aus. So kann die Aussicht auf Förderung, etwa durch Weiterbildungen und damit verbunden auf beruflichen Aufstieg durch die zuständige Führungskraft, die regelmäßig eine Einschätzung in Bezug auf Leistungsverhalten und Entwicklungspotenzial der ihm unterstellten Kollegen vornimmt, das Engagement eines Mitarbeiters stärken. Wichtig ist, dass die entsprechenden Maßnahmen abgestimmt sind und auch durchgeführt werden. Die kontinuierliche Weiterentwicklung der fachlichen, methodischen und persönlichen Kompetenzen eines jeden Mitarbeiters bringt nicht nur die individuelle Person weiter, sondern durch die Beschäftigung mit neuen Herausforderungen kann das gesamte Team von diesen Erkenntnissen profitieren. Bei der unmittelbaren Durchführung kann eine Unterstützung in Form von Freiraum zur Erbringung der gewünschten Leistung sinnvoll sein und nicht nur die Freistellung zur Absolvierung der Prüfung. Das erfolgreiche Absolvieren eines solchen Weges hat Vorbildcharakter für das gesamte Unternehmen und kann unter Umständen auch positiv in die Unternehmenskommunikation eingebaut werden.

Anreizsysteme werden nicht nur im Großen gebraucht, sondern auch im Kleinen. So kann ein von der Führungskraft ausgerufener interner Mitarbeiterwettbewerb durchaus den internen Wettbewerb, aber zugleich den Zusammenhalt eines Teams fördern. Wichtig ist in diesem Fall, die konkrete Ausgestaltung des Anreizes und vor allem die Einhaltung der Umsetzung. Der Gedanke der gemeinsamen Partizipation am Erfolg ist gleichzeitig als Teambildungsmaßnahme zu betrachten. Ein Mitarbeiterwettbewerb muss allerdings mit der geschäftspolitischen Strategie konform gehen. Nur dann sind Zielsetzungen wie Steigerung von Beratungsqualität und Fokussierung auf Kundeninteressen umzusetzen.

Als Win-Win-Situation für Bank und Mitarbeiter hat sich das innerbetriebliche Vorschlagswesen etabliert. Die Wertschätzung von Ideen und Anregungen aus dem Kreis der Mitarbeiter muss gewährleistet sein, auch wenn nicht alle Punkte in der Praxis umsetzbar sind. Wie diesbezügliche Wertschätzung gezeigt wird, kann von mehreren Faktoren abhängig gemacht werden und ist hausindividuell gestaltbar. Allerdings sollte bei der Einführung einer öffentlichen Würdigung darauf geachtet werden, dass alle Mitarbeiter, die Verbesserungsvorschläge eingereicht haben, gleich behandelt werden.

Das beste Anreizsystem ist jedoch wirkungslos, wenn es nur auf dem Papier steht und nicht von der Führungskraft angewendet wird. Insofern muss es integrativer Bestandteil des Führungssystems und der Führungskultur im Unternehmen sein.

## 6 Schlussbetrachtung

Das Finanzmanagement umfasst unterschiedlichste Aspekte, die bei der Führung einer Bank und der Mitarbeiter zu beachten sind. Sie sind fachübergreifend und ganzheitlich zu betrachten, da deren Zusammenhänge nicht auf einen einzelnen Themenbereich einzugrenzen sind. Dabei dürfen die Stakeholder als Adressaten der Geschäftspolitik einer genossenschaftlichen Bank nicht ausgegrenzt werden.

Die Messung des operativen Geschäftserfolgs und die Auseinandersetzung mit den Vertriebsergebnissen kann als Basis einer erfolgreichen Geschäftstätigkeit betrachtet werden. Dadurch ist eine Kontrolle und etwaige Anpassung des eigenen Handelns möglich. Die Reflexion mit den eigenen Zielwerten muss dabei alle Vertriebsebenen erfassen und darf nicht auf die Führungskräfte oder nur den Vorstand reduziert werden. Welche Planungsmethode sich dauerhaft durchsetzt ist nicht maßgeblich für den Unternehmenserfolg, denn: Beide Methoden sehen eine kritische Reflexion der Vertriebsergebnisse vor.

Auf die regelmäßige Überarbeitung von Ziel- und Leitbildern und eine damit verbundene Weiterentwicklung von Visionen und Strategien kann nicht verzichtet werden. Wie diese erarbeitet werden ist letztlich zweitrangig. Wichtig ist, dass diese überzeugend kommuniziert werden, damit alle Mitarbeiterinnen und Mitarbeiter ihre Bank in der Außenwirkung authentisch repräsentieren können. Kommunikation ist im Bereich des Finanzmanagements ein nicht zu unterschätzender Erfolgsfaktor.

Auch wenn das Geschäftsgebiet der Volksbank Kur- und Rheinpfalz eG regional begrenzt ist, sind die Entwicklungen auf europäischer und nationaler Ebene präsent. Die zunehmende Vernetzung und Digitalisierung der Welt macht weder an Landesgrenzen noch an Grenzen eines regionalen Geschäftsgebietes halt. Dies setzt voraus, dass sich Mensch und Maschine immer schneller an neue Gegebenheiten anpassen, um wettbewerbsfähig und innovativ zu bleiben. Dies gilt auch für das Finanzmanagement, das letztendlich von der schnellen Umsetzung von Entscheidungen im Kundeninteresse nur profitieren kann. Die Einhaltung sinnvoller Standards beispielsweise in Bezug auf Risikomanagement, Planungsvorgehen oder anderer Prozesse ist für die Branche der Kreditwirtschaft insgesamt positiv, da eine gemeinsame Basis auch verlorengegangenes Kundenvertrauen in den Bankensektor wieder zurückgewinnen kann. Dieses Vertrauen ist das Kapital der Zukunft und bildet die Basis des starken Fundaments des genossenschaftlichen Bankwesens.

## Literatur

Bain & Company (2015) (Bergmann, M., Vater, D.), Loyalität im Privatkundengeschäft: Erfolgsmodell Omnikanal, München/Zürich.

Bain & Company (2012) (Sinn, Walter; Vater, Dirk; Lubig, Dirk; Kasch, Michael), Was Bankkunden wirklich wollen, München/Zürich, 2012.

Birke, D; Sprengel, D; Ulrich, J.; Viertler, M. (2015): Vier Wege zum Vertriebserfolg in: Harvard Business manager, url-link: http://www.harvardbusinessmanager.de/blogs/vier-wege-zum-vertriebserfolg-a-981706.html (Stand: 18. Mai 2015).

Hull, J. C. (2014): Risikomanagement: Banken, Versicherungen und andere Finanzinstitutionen, 3. Aufl., Pearson Verlag, Hallbergmoos.
Kipker, I. (2013) (Horváth & Partner), Aktuelle Trends in der Vertriebssteuerung von Banken, Lüneburg, 12.6.2013.
Nolte, B. (2014) (4P Consulting), Studie – Regionalbanken in Deutschland 2014, Januar 2014.
Opletal, J. (2011): Neugestaltung von Anreizsystemen im Lichte der Wirtschaftskrise, Saarbrücken.
PricewaterhouseCoopers AG Wirtschaftsprüfungsgesellschaft (Hrsg.) (2011): Effektives Kundenmanagement im Retail Banking, Frankfurt, Dezember 2011.
Schierenbeck, H., Lister, M., Kirmße, S. (2014): Ertragsorientiertes Bankmanagement, Band 1: Messung von Rentabilität und Risiko im Bankgeschäft, 9. Aufl., Springer Gabler Verlag, Wiesbaden.
Wernz J. (2012): Banksteuerung und Risikomanagement, Springer Verlag, Berlin/Heidelberg, 2012.

**Dirk Borgartz** ist Bankkaufmann und seit 20 Jahren als Vorstand im genossenschaftlichen Bankensektor tätig. Seine Ressortzuständigkeit als stellvertretender Vorstandssprecher der Volksbank Kur- und Rheinpfalz liegt im Privatkundengeschäft, der aktiven Vertriebssteuerung, dem Marketing und im Treasury.

Er studierte an der Steinbeis-Hochschule, Berlin, und graduierte nach absolviertem BBA-Studium zum MBA in Financial Services Industry.

**Andreas Schünhof** ist seit 2011 als Abteilungsdirektor Vertriebsmanagement/Marketing für die Volksbank Kur- und Rheinpfalz tätig.

Seit dem BA-Studium in Karlsruhe blickt er auf über 20 Jahre Erfahrung in den Bereichen Privatkundenbetreuung, Wealth Management und Vertriebssteuerung mit Stationen in Karlsruhe, Frankfurt und Luxemburg zurück. 2009 graduierte er zum MBA an der Steinbeis-Hochschule in Berlin.

# Langfristige Sicherung des Vertriebserfolgs durch abgestimmtes Produkt- und Risikomanagement

Andreas Mitschele und Martin Schmid

## Inhaltsverzeichnis

1 Einleitung . . . 316
2 Dimensionen des Vertriebserfolgs . . . 316
2.1 Vertriebsleistung und Vertriebserfolg . . . 317
2.2 Aufspaltung des Gesamterfolgs auf Vertrieb und Treasury . . . 318
2.3 Periodische und barwertige Betrachtung . . . 319
3 Erfolgreiches Produktmanagement im Passivgeschäft . . . 321
3.1 Spannungsfeld zwischen Kunden- und Bankinteressen . . . 321
3.2 Kundenbedürfnisse bei Passivprodukten . . . 322
3.3 Interessenausgleich und Kundenbindung durch faires Produktangebot . . . 323
4 Wechselwirkungen mit dem Risikomanagement auf Gesamtbankebene . . . 325
4.1 Risikokapital als Engpassfaktor . . . 325
4.2 Verknüpfung von Vertriebs- und Risikomanagement . . . 326
4.3 Einzelgeschäftsebene und Herausforderungen auf Gesamtbankebene . . . 328
5 Fazit . . . 329
Literatur . . . 329

A. Mitschele (✉)
Duale Hochschule Baden-Württemberg (DHBW), Stuttgart, Deutschland

M. Schmid
Kreissparkasse Tübingen, Tübingen, Deutschland



D. Hellenkamp, K. Fürderer (Hrsg.), *Handbuch Bankvertrieb,*
DOI 10.1007/978-3-658-06447-1_19

# 1 Einleitung

Das Marktumfeld der Kreditinstitute wird heute von drei zentralen Einflussfaktoren geprägt, deren Bedeutung in naher Zukunft voraussichtlich noch weiter zunehmen wird. Zum einen haben die Lehren aus der Finanzkrise eine Vielzahl neuer regulatorischer Rahmenbedingungen mit sich gebracht. Steigende Eigenkapitalanforderungen mit besonderem Fokus auf hartes Kernkapital haben gravierende Auswirkungen auf die Risikotragfähigkeit und schränken somit die Möglichkeit zur Erzielung von Erträgen durch Risikoübernahme, zum Beispiel aus Fristentransformation, Aktienerwerb oder Kundenkreditgeschäft, weiter ein. Neue Liquiditätskennzahlen veranlassen Banken zur Vorhaltung wenig ertragreicher Assets, wie beispielsweise Bundesanleihen. Zahlreiche weitere Vorgaben führen insgesamt zu einem deutlichen Eingriff in die Geschäftsmodelle bestehender Banken (vgl. Mössinger und Mitschele 2014).

Als weitere indirekte und zugleich gravierende Implikation der Finanzkrise lässt sich das außerordentlich niedrige Zinsumfeld nennen, bei dem sich keine mittelfristigen Erholungstendenzen abzeichnen. Infolgedessen können Kreditinstitute ihre Margen am Markt zunehmend schlechter durchsetzen. Seit dem 11. Juni 2014 verlangt die Europäische Zentralbank zudem einen Strafzins für kurzfristige Einlagen von Banken, der derzeit bei −0,20 % steht. Viele Banken stellen diese extremen Rahmenbedingungen vor Herausforderungen. Erste Institute haben diese negativen Einlagenzinsen (begleitet von einem sehr negativem Medienecho) bereits an ihre Kunden weitergegeben.

Der harte und sich immer weiter verschärfende Wettbewerb erhöht den Druck auf die Institutsmargen zusätzlich. Im internationalen Vergleich gilt der Bankplatz Deutschland als „overbanked“, was eine seit Jahren andauernde Konsolidierung mit sich gebracht hat. Neue Dynamik verleiht diesem Trend zusätzlich die omnipräsente „Digitale Revolution“. Durch neue Technologien, zum Beispiel bei Zahlungsverfahren und im Bereich Social Media, können neue Marktteilnehmer mit vergleichsweise niedrigen Hürden in banknahes Dienstleistungsgeschäft einsteigen. Die zunehmende „Digitalisierung“ des Bankgeschäfts stellt gerade auch für Primärbanken eine große Herausforderung dar. Wenn die Nachfrage nach deren differenzierenden Faktoren „Lokale Präsenz“ und „Persönliche Beratung“ abnimmt, führt dies unweigerlich zu weiterem Kostendruck, vor allem bei ihren Filialen. Zugleich nimmt mit der Transparenz auch die Preissensitivität der Kunden zu, während wiederum ihre Loyalität abnimmt.

# 2 Dimensionen des Vertriebserfolgs

Eingangs wurde das schwierige Marktumfeld von Kreditinstituten skizziert. Um nun konkret die Entwicklung des Vertriebserfolgs im zinstragenden Geschäft im Zeitablauf zu analysieren, kann die Zinsspanne der Kreditinstitute analysiert werden. Dies erfolgt unter der Annahme, dass ein niedriger Vertriebserfolg sich in der Regel in einem niedrigen Zinsüberschuss (Zinserträge abzüglich Zinsaufwendungen) bzw. einer geringen Zinsspanne (Zinsüberschuss in Relation zur durchschnittlichen Bilanzsumme) niederschlägt. Einmal

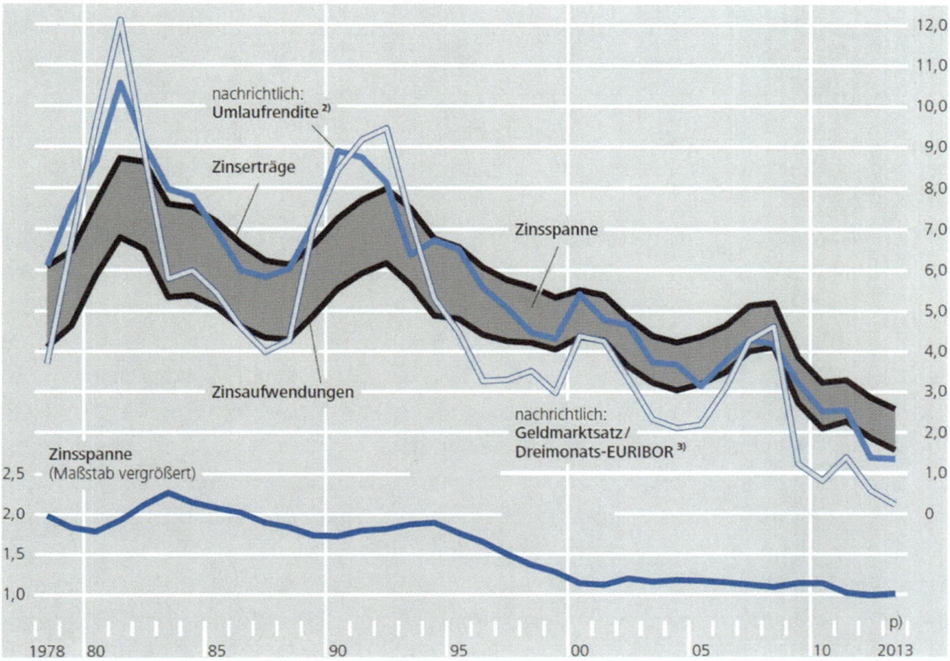


**Abb. 1** Zinserträge und Zinsaufwendungen der Kreditinstitute im Zinszyklus in % der durchschnittlichen Bilanzsumme. (Quelle: Deutsche Bundesbank 2014, S. 58)

jährlich veröffentlicht die Deutsche Bundesbank in ihrem Monatsbericht die Zinsspanne in Prozent der durchschnittlichen Bilanzsumme zusammenfassend für alle deutschen Kreditinstitute. Dies ermöglicht eine näherungsweise Analyse der längerfristigen Entwicklung der Zinserträge. Aus Abb. 1 wird der signifikante Rückgang der Zinsspanne von ca. zwei Prozent im Jahr 1978 auf ca. ein Prozent im Jahr 2013 ersichtlich. Annahmegemäß lässt dieser Rückgang zumindest teilweise auf einen rückläufigen Vertriebserfolg schließen.

Der Zinsüberschuss ergibt sich dabei aus allen im Bestand befindlichen Geschäften. Im Zeitablauf dämpfen somit Geschäfte, die aus Phasen mit höheren Marktzinsen stammen, den Rückgang des Zinsertrages und somit auch des Zinsüberschusses. Da diese Geschäfte allerdings auslaufen und durch solche mit kleinerem Beitrag ersetzt werden, führt bereits eine Seitwärtsbewegung der Zinsspanne zu einem weiteren Abschmelzen des Zinsüberschusses. Verstärkt wird dieser Effekt durch das zwischenzeitlich weiter deutlich gesunkene Zinsniveau, durch das ein Zinssenkungspotenzial im Zinsaufwand ausgeschöpft ist und außerdem die Möglichkeit der Nutzung von Ertragschancen, zum Beispiel aus der Fristentransformation, immer weiter eingeschränkt wird.

## 2.1 Vertriebsleistung und Vertriebserfolg

Grundsätzlich ist festzuhalten, dass die Akquise, Betreuung und Beratung von Kunden zweifellos elementare Leistungen der Vertriebsmitarbeiter darstellen. Da hierdurch der

Geschäftsabschluss unterstützt bzw. erst möglich gemacht wird, müssen diese Aspekte im gesamtheitlichen Rahmen einer Vertriebssteuerung berücksichtigt werden. Gleichwohl sollten sie die letztendliche Orientierung der Erfolgsmessung aber auch nicht überlagern. Es empfiehlt sich daher, diese Unterstützungsleistungen als ergänzende Komponenten der individuellen Zielvereinbarungen der Vertriebsmitarbeiter zu integrieren (Aktivitätensteuerung).

Grundsätzlich muss ein internes Steuerungssystem auf Basis von Wertgrößen die weiteren Vertriebs- und Betreuungsleistungen zielgerichtet unterstützen und so eine Rückkopplung der Vertriebserfolge ins Vertriebscontrolling ermöglichen. Der Vertriebserfolg der jeweiligen Einzelgeschäfte lässt sich dabei eindeutig mittels harter Fakten, insbesondere den Cash-Flows, ermitteln. Das Ergebnis als Wert des fakturierten Finanzgeschäfts ist objektiv und stellt die Basis für das Vertriebscontrolling und die weiteren Betrachtungen dar.

Für die verschiedenen Geschäftstypen einer Bank ergeben sich dabei unterschiedliche finanzielle Erfolgsgrößen. Zinsgeschäfte werden noch unterteilt in Festzinsgeschäfte, bei denen die Cash-Flows bei Geschäftsabschluss feststehen, und variable Geschäfte, bei denen sowohl Cash-Flows als auch Zinsbindung flexibel sind. Ein deutlich geringerer Erfolgsanteil ergibt sich aus Provisionsgeschäften, bei denen in der Regel eine einmalige Provision vereinnahmt wird. Außerdem lassen sich noch Dienstleistungsgeschäfte, zum Beispiel die Immobilienvermittlung, anführen, die hier jedoch, wie das sonstige Provisionsgeschäft auch, nicht weiter vertieft werden.

## 2.2 Aufspaltung des Gesamterfolgs auf Vertrieb und Treasury

Der Vertriebserfolg wird nach der etablierten Marktzinsmethode ermittelt, durch die der Cash-Flow jedes Geschäfts bei Abschluss strukturkongruent refinanziert wird (vgl. Schierenbeck et al. 2014; vgl. Goebel et al. 1999). Somit werden die Zinsrisiken des Geschäfts kalkulatorisch (oder auch faktisch) geschlossen und der Vertriebserfolg in Form seines Margenbarwerts ermittelt. Das Treasury übernimmt das Geschäft vom Berater zum Margenbarwert und erzielt seinerseits auf Basis des Gesamtbank-Cash-Flows Erträge aus Fristentransformation und Risikoübernahme.

Solange die Cash-Flows eines Geschäfts unverändert bleiben, kann somit eine gerechte und risikoadäquate Verteilung des Vertriebserfolgs durchgeführt werden. Wenn bei einem Geschäft allerdings der geplante und kalkulierte Cash-Flow vom tatsächlichen Cash-Flow abweicht, zum Beispiel durch Sondertilgung im Aktivgeschäft, muss prinzipiell eine Ausgleichszahlung oder eine Abschirmung über Optionsprämien zwischen Vertrieb und Treasury erfolgen.

Aufgrund von Zuordnungsschwierigkeiten und technischen Herausforderungen werden Ausgleichszahlungen in der Praxis jedoch wenig beachtet und deren Verrechnung meist nicht vorgenommen. Dies kann offensichtlich zu Fehlanreizen im Vertrieb führen. Da das Kundengeschäft vom Markt an das Treasury verkauft wird, muss dessen risikoloser Erfolg (ermittelt als Margenbarwert oder laufende Marge vor Kosten; s. Abschn. 2.3) auch nachhaltig realisierbar sein. Insofern führt an der Berücksichtigung von Ausgleichszahlungen im Grunde kein Weg vorbei. Alternativ denkbar wäre eine Anpassung der für die Kalkulation in der Marktzinsmethode verwendeten Cash-Flows auf Basis historischer Erfahrungswerte bei Cash-Flow-Störungen analog der Modellierung impliziter Optionen im Festzinsgeschäft. In Abschn. 4 wird dargelegt, dass ohne verlässliche Cash-Flows, gegebenenfalls unter Berücksichtigung von Ausgleichszahlungen, eine nachhaltige Steuerung nicht möglich ist.

## 2.3 Periodische und barwertige Betrachtung

Im Hinblick auf die zeitliche Dimension wird der Vertriebserfolg eines Einzelgeschäfts in der Praxis entweder über die gesamte Produktlaufzeit (barwertig) oder über den individuellen Erfolgsbeitrag in einem Zeitabschnitt (periodisch) betrachtet. Traditionell ist die Steuerung aufgrund leichter Verständlichkeit und Analogie zum Rechnungswesen nach wie vor stark von der periodischen Betrachtung geprägt, die die laufende Marge (auch als Konditionsbeitrag bezeichnet) in den Mittelpunkt stellt. Demgegenüber etabliert sich langsam, aber immer weiter, die barwertige Betrachtung, die anhand des Margenbarwerts ermittelt, was die Bank mit dem Geschäft diskontiert auf den Abschlusstag insgesamt an Ertrag erzielt hat. Beide Methoden stellen lediglich unterschiedliche Blickwinkel dar, da sich die Ergebnisse in der Gesamtbetrachtung (Totalperiode) entsprechen.

Eine periodische Betrachtung des Vertriebserfolgs anhand des Konditionsbeitrags mischt allerdings die Margen von Neu- und Bestandsgeschäften (Durchschnittsbetrachtung). Dadurch wird im Grunde der Bestandserfolg betrachtet und nicht der isolierte Vertriebserfolg einer bestimmten Periode. Es empfiehlt sich daher, eine periodische Betrachtung mit speziellem Fokus auf das Neugeschäft anzuwenden. Optimal im Sinne einer verursachungsgerechten Erfolgszurechnung ist es, alle Erträge des Kundengeschäfts allein dem Abschlusszeitpunkt zuzurechnen. Dies gelingt durch eine barwertige Betrachtung des Erfolgs der Neugeschäftsabschlüsse.

Bei der periodischen Steuerung enthält die laufende Marge des Neugeschäfts nur dann steuerungsadäquate Informationen, wenn sie nicht im Nachhinein gestört wird, beispielsweise durch Ausgleichszahlungen. Wie bereits im vorherigen Abschnitt ausgeführt, werden geplante Cash-Flows jedoch immer durch ungeplante Zahlungen gestört werden. Diese führen daher sowohl in der periodischen als auch in der barwertigen Betrachtung zu Anpassungsbedarf.

Obwohl eine Beurteilung des effektiven Vertriebserfolgs ohne Korrektive nicht möglich ist, werden gerade in der periodischen Sicht diese Anpassungen in der Praxis üblicherweise nicht durchgeführt. Daraus können Impulse zur Fehlsteuerung resultieren. Demgegenüber kann mit einer barwertigen Steuerung eine verursachungsgerechte Verrechnung im Sinne einer Grenzbetrachtung einfacher umgesetzt werden, da bereits alle erfolgsbestimmenden Elemente enthalten sind. Damit können auch Ausgleichszahlungen beim Einzelgeschäft oder auf aggregierter Ebene direkt berücksichtigt werden.

Die unterschiedliche Vorgehensweise soll an einem einfachen Leitbeispiel verdeutlicht werden.

**Beispiel**

Ein Kunde kommt zum Berater und möchte eine Anlage tätigen. Der Berater bietet ihm ein variables Sparprodukt (zum Beispiel Sparbuch) an, das anhand der Marktzinsmethode mit „gleitend zehn Jahre“ (Annahme: ein Prozent) bepreist und kalkuliert wird. Die Kundenkondition ist mit 0,3 % festgelegt, woraus sich eine laufende Marge von 0,7 % pro Jahr ergibt. Der Kunde ist zufrieden und schließt das Geschäft ab.

Sechs Monate später sind die Marktzinsen gestiegen. Die Bank hebt den Sparzins jedoch noch nicht an, da sich der der Produktkalkulation zugrundeliegende gleitende Zehn-Jahressatz nur marginal verändert hat. Der Kunde stellt sich allerdings als sehr zinssensitiv heraus und ist nun mit seiner Kondition im Marktvergleich unzufrieden. Er kündigt daraufhin seinen als variabel angelegten Vertrag. Ex post hätte daher zum Abschlusszeitpunkt mit dem Sechs-Monatssatz (Annahme: 0,2 %) kalkuliert werden müssen. In diesem Fall wäre die Marge sogar negativ geworden (−0,1 %). Diese vereinfachte Überschlagskalkulation dient als Basis für die Ausgleichszahlung, die in diesem konkreten Fall vom Marktbereich an das Treasury zu zahlen wäre[1].

Bei Vernachlässigung der Ausgleichszahlung wird somit die laufende Marge zu hoch angesetzt. Eine Berücksichtigung der Ausgleichszahlung führt dagegen sowohl in der periodischen als auch in der barwertigen Steuerung in Summe zum richtigen Ergebnis. Dies gilt allerdings nur aus Sicht der Vertriebssteuerung, da die Aussagekraft der Risikosteuerung durch die resultierende Unschärfe gestört wird.

Die isolierte und ohne Ausgleichszahlung überhöhte Marge liefert also eine Fehlinformation und führt in der Folge zu fehlerhaften Impulsen für die Vertriebssteuerung. Der ursprünglich kalkulierte Erfolg stellt sich in diesem konkreten Fall als nicht nachhaltig heraus, und aufgrund der resultierenden Unzufriedenheit des Kunden wurde lediglich ein „Scheinertrag“ erwirtschaftet. Bei komplexeren Beispielen aus der Praxis zeigt sich letztendlich auch, dass eine barwertige Ausgleichszahlung nur schwer mit einer periodischen Marge vereinbar ist.

[1] Durch den Einstieg bzw. Ausstieg in einen historischen Gleitzins entstehen aufgrund der Abweichung zu den Ist-Zinsen Kursdifferenzen (Über- oder Unter-Pari-Kurse) in der Refinanzierung. Die Vorgehensweise soll anhand des obigen Beispiels nochmals detaillierter erläutert werden: Es sei angenommen, dass beim Einstieg in den historischen Zinssatz (hier: „gleitend zehn Jahre“) ein bestimmter Betrag als Ausgleichszahlung fällig geworden ist, und dass sich kurz darauf der kurzfristige Marktzins geändert hat. Wenn der Kunde dann nach kurzer Zeit wieder aussteigt, entspricht die Ausgleichszahlung bei Ausstieg beinahe der bei Einstieg. Diese Näherung lässt sich unter der Prämisse treffen, dass sich die Kurse in der Zwischenzeit durch den Anstieg der kurzen Zinsen kaum verändert haben sollten.

## 3 Erfolgreiches Produktmanagement im Passivgeschäft

Die vorstehenden Ausführungen im Hinblick auf einen auch im Zeitablauf nachhaltigen Vertriebserfolg werden nun exemplarisch weiter anhand des Passivgeschäfts einer Bank vertieft und illustriert. Unter Erfolg ist dabei zunächst zu verstehen, dass in der laufenden Periode tatsächlich Erträge erwirtschaftet werden. Auch Planungssicherheit im Hinblick auf zukünftig erwartete Erträge im Sinne von deren Stabilität gehört jedoch zum Erfolg.

### 3.1 Spannungsfeld zwischen Kunden- und Bankinteressen

Eine Bank agiert im Produktmanagement grundsätzlich im Spannungsfeld zwischen Kunde, Produkt und Kondition. Die Bank definiert zunächst ein Produktportfolio, das auf ihre Zielgruppe sowie deren Bedürfnisse ausgerichtet sein muss. Der Kunde tritt nun mit bestimmten Bedürfnissen und Erwartungen an die Bank heran. Letztendlich sollen adäquate und mit dem gesamten Produktportfolio abgestimmte Konditionen die Kunden entlang ihrer individuellen Wünsche in die passenden Produkte führen, und die Kundenbedürfnisse zudem dauerhaft zufriedengestellt werden.

Abbildung 2 verdeutlicht das Spannungsfeld vereinfacht für Produkte auf Aktiv- und Passivseite im Hinblick auf Kapital- und Zinsbindung bei einer allgemeinen Annahme gleich bleibender bzw. langfristig steigender Zinsen, die im derzeitigen Zinsumfeld schlüssig erscheint. Während die Bank Konditionen von Aktivgeschäften in diesem Fall

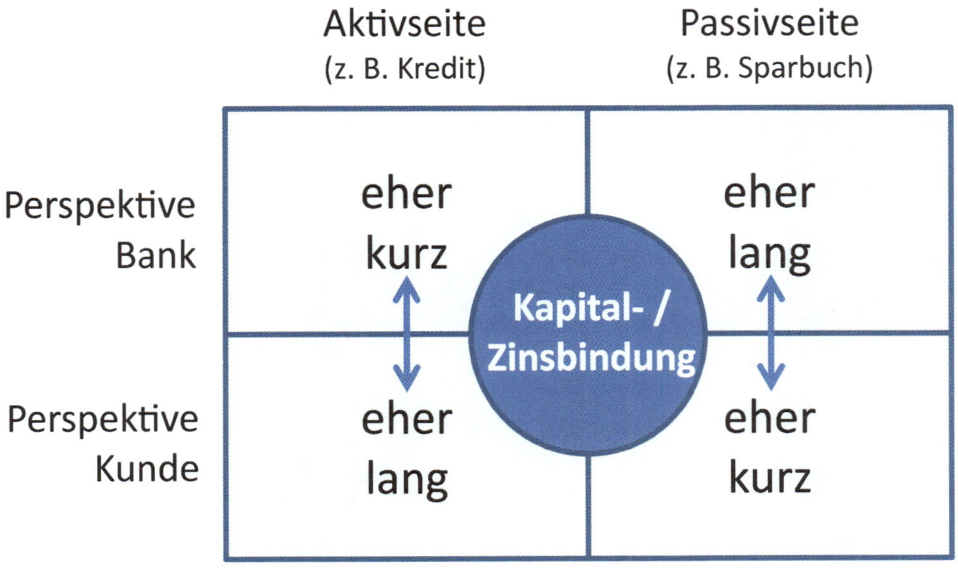


**Abb. 2** Gegenläufige Interessen von Kunden und Bank im Hinblick auf die Zinsbindung von Produkten

eher kurzfristig fixieren möchte, präferiert der Kunde, insbesondere bei steigenden Zinsen, eine langfristige Perspektive. Im Passivbereich verhält es sich genau umgekehrt.

Das Optimierungsproblem für das Produktmanagement besteht nun darin, einen für beide Vertragsparteien zufriedenstellenden Mittelweg für die Charakteristika Laufzeit, Kondition und Konditionsanpassung festzulegen. Nur wenn der Bank ein fairer Interessenausgleich zwischen den gegensätzlichen Perspektiven gelingt, schafft sie eine stabile Basis für nachhaltige Kundenzufriedenheit und damit auch Kundenbindung. Vor dem Hintergrund der dynamischen Entwicklungen im Bankgeschäft muss eine Bank ihr Produktportfolio zudem beständig kritisch prüfen, um ihre Zielkundengruppen auch weiterhin adäquat ansprechen zu können.

## 3.2 Kundenbedürfnisse bei Passivprodukten

Wie in allen anderen Bankbereichen, muss auch das Portfolio der Passivprodukte sowohl auf die Interessen der Kunden, als auch die der Bank selbst abgestimmt werden. Abbildung 3 veranschaulicht eine Bedürfnistreppe der Kunden im Passivgeschäft, aufgeteilt in die Stufen Liquidität, Sparen und Vorsorge. Während die Verfügbarkeit des Kapitals von Stufe zu Stufe abnimmt, steigt der Anspruch des Kunden im Hinblick auf die Produktverzinsung.

Um in der Vertriebs- und Risikosteuerung die Produkte nun konsistent modellieren zu können, sollte der Kunde berechenbar im Sinne einer Planbarkeit seiner Cash-Flows sein. Hieraus leitet sich direkt eine Planbarkeit der Produkte ab, die letztendlich den langfristigen Erfolg im Kundengeschäft unterstützt.

Dabei stellt sich die Frage, wie der Kunde zu einem besser prognostizierbaren Verhalten motiviert werden kann. Hier ist auf der einen Seite das Produktmanagement gefragt, das die richtigen Produkte für die Bedürfnisse der Kunden bereitstellen muss. Dadurch

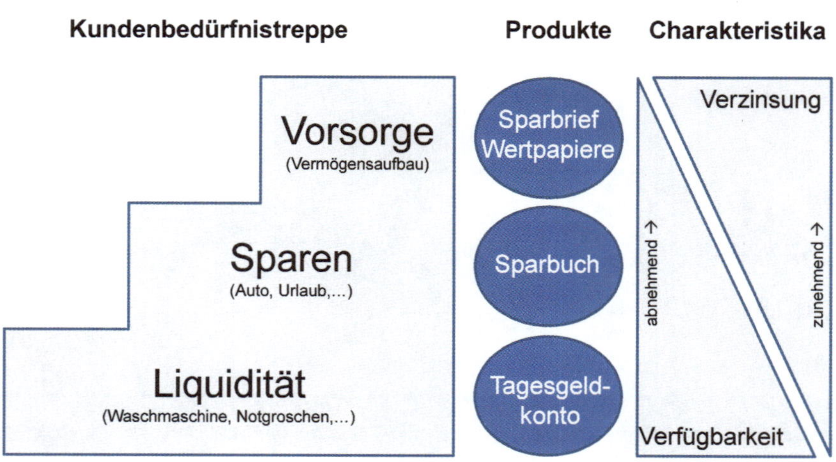


**Abb. 3** Kundenbedürfnistreppe und Charakteristika exemplarischer Passivprodukte

wird zunächst sichergestellt, dass der Kunde mit seinem Produkt zufrieden ist und im Produkt bleibt. Auf der anderen Seite ist jedoch auch wichtig, dass die Mischungsverhältnisse auf der Steuerungsseite gut austariert sind. Diese müssen (möglichst unabhängig von der Zinssituation und Zinsentwicklung) das tatsächliche Kundenverhalten abbilden.

Dies lässt sich anhand des bereits in Abschn. 2.3 eingeführten Leitbeispiels wie folgt erörtern: Der Anlagekunde hat (wie jeder andere Kunde auch) den Wunsch nach hohen Zinsen. Im Gespräch mit dem Berater stellt sich jedoch heraus, dass dem Kunden gleichzeitig auch eine hohe Zinsreagibilität der Produktkondition wichtig ist. Dennoch bekommt der Kunde im Beispiel ein Produkt angeboten, das zum Abschlusszeitpunkt das Bedürfnis nach hohen Zinsen am besten erfüllt (hier: Sparbuch). Wenn der Marktzins ansteigt, wird der Kunde gegebenenfalls unzufrieden, da die Sparbuchkondition den Anstieg nicht oder nicht vollständig nachvollzieht. Dies war im konkreten Fall geschehen: Aufgrund seiner Unzufriedenheit ist der Kunde aus dem Produkt ausgestiegen.

Da er von Beginn an bereits ein Bedürfnis nach hoher Verfügbarkeit hatte, wäre ein Tagesgeldkonto für den Kunden besser geeignet gewesen. Dieses hätte den Zinsanstieg auch dynamischer nachvollzogen und wäre in der Steuerung beispielsweise vollständig mit „gleitend drei Monate" abgebildet worden. Durch die Fehlkalkulation (im Beispiel mit „gleitend zehn Jahre") wird ersichtlich, dass eine Nachhaltigkeit im Hinblick auf den gesamten Produktlebenszyklus nicht gegeben war[2]. Damit ein Kunde auch zukünftig noch zufrieden ist, muss das richtige Produkt mit der richtigen (und gegebenenfalls sich dynamisch anpassenden) Kondition angeboten und verkauft werden. Die deutlich geringere Marge (im Beispiel des Tagesgeldkontos) ist in Kauf zu nehmen, da nur so von Beginn an der tatsächlich mit dem Kunden erzielte Ertrag ausgewiesen wird.

## 3.3 Interessenausgleich und Kundenbindung durch faires Produktangebot

Eine Fehlberatung und Fehlsteuerung wie im obigen Leitbeispiel gilt es unbedingt zu vermeiden. Im hart umkämpften Wettbewerbsumfeld kommt erfolgreicher Kundenbindung nämlich eine Schlüsselrolle zu. Das Produktmanagement einer Bank muss daher Produkte entwickeln, die den Kunden langfristig halten. Eine langfristige Zufriedenheit des Kunden mit den Produkten der Bank steht dabei im Mittelpunkt. Diese kann nur entstehen, wenn die Produkte in Verbindung mit einer bedarfsorientierten Beratung zu den Kundenbedürfnissen passen. Bei unpassenden Produkten drohen wegen entstehender Unzufriedenheit des Kunden Umschichtungen – sowohl in andere Produkte des Hauses als auch hin zum Wettbewerb. Das Produktmanagement sollte daher eine klare Zuordnung der Kundenbedürfnisse zu konkreten Produkten vornehmen (s. Abbildung 3, zum Beispiel Bedürfnis nach hoher Liquidität – Tagesgeldkonto). So kann eine nicht am eigentlichen Kundenbedürfnis orientierte Beratung vermieden werden.

[2] Anmerkung: Die Mischungsverhältnisse mit sehr langem oder sehr kurzem Horizont dienen hier der vereinfachten Illustration, wenngleich diese Extreme nicht besonders praxisrelevant sind.

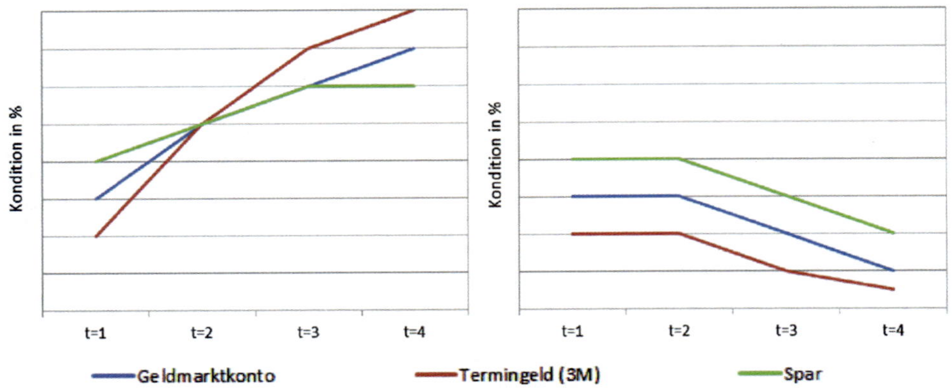


**Abb. 4** Unterschiedliche Produktzinskurven für ein Zinsszenario

Gerade bei höheren Anlagevolumina beinhaltet der Kundenwunsch oft nicht nur ein Bedürfnis, so dass die Abbildung mit nur einem Produkt nicht bedürfnisgerecht möglich ist. Im konkreten Beispielfall des Anlagekunden empfiehlt es sich, den Anlagebetrag (bei entsprechend vorliegendem Kundenwunsch) zunächst nach den Bedürfnissen des Kunden aufzuteilen (Liquidität, Sparen, Vorsorge). Im zweiten Schritt wird dann jedem Bedürfnis das passende Produkt zugeordnet. Dieses Vorgehen ist transparent und kommt dem Kundenwunsch durch faire Konditionen und Konditionsanpassungen nach. Nur so bleibt der Kunde nachhaltig zufrieden und bringt der Bank auch verlässliche Erträge ein.

Auch die Preisgestaltung muss zum jeweiligen Produktcharakter passen. Im variabel verzinslichen Passivbereich ist hierbei insbesondere auf das unterstellte Mischungsverhältnis zu achten. Beispielsweise können Produkte für das Kundenbedürfnis „Sparen" mit deutlich längeren Mischungsverhältnissen kalkuliert werden, als Produkte für das Bedürfnis nach „Liquidität". Für die erfolgreiche parallele Steuerung von Vertrieb und Risiken muss schließlich ein Gleichlauf zwischen Preisstellung (Vorkalkulation) und Verwendung im Risikocontrolling (Nachkalkulation) sichergestellt werden. In der Praxis ist diese Abstimmung allerdings oftmals nicht gegeben.

Bei der Preisgestaltung ist ebenfalls wichtig, dass im Gesamtangebot einer Bank die einzelnen Produkte zueinander wechselseitig konsistent sind und sich im Hinblick auf die beschriebenen Kundenbedürfnisse nicht überschneiden bzw. kannibalisieren. Mit Rückgriff auf das Leitbeispiel wäre dies der Fall, wenn sich die Produktzinskurven des Sparprodukts (Bedürfnis Sparen) und des Tagesgeldkontos (Bedürfnis Liquidität) im Zeitablauf schneiden. Ein solcher Fall tritt im linken Schaubild von Abb. 4 in der zweiten Periode ein. Ab diesem Zeitpunkt besteht die Gefahr, dass Kunden „Produkt-Hopping" betreiben und zwischen den Produkten mit falsch abgestimmten Konditionen hin- und herwechseln.[3] Im konkreten Fall bietet es sich für den Kunden an, vom Sparprodukt in Termingeld mit

[3] Ein Wechsel zwischen Produkten ist für die Risikosteuerung dann nicht von Bedeutung, wenn dieser zwischen Produkten mit identischen oder ähnlichen Mischungsverhältnissen erfolgt. In der Vertriebssteuerung verbleibt dann aber noch die Möglichkeit, dass der Kunde zwischen Produkten

höherer Kondition zu wechseln. Dadurch mag zwar der Kunden zufriedengestellt werden, aber für die Bank findet in diesem Fall kein fairer Interessenausgleich statt. Aus Sicht der Steuerung wechselt der Kunde dabei von einem eher langen in ein kurzes Mischungsverhältnis. Dadurch entstehen die bereits thematisierten Ausgleichszahlungen, die es eigentlich zu vermeiden gilt.

Gut abgestimmte Produktkonditionen im Zeitablauf zeigt demgegenüber das rechte Schaubild in Abb. 4. Auch wenn sich die Konditionen mit der Zeit ändern, erhalten die Kunden keine Anreize, zwischen den Produkten zu wechseln.

## 4 Wechselwirkungen mit dem Risikomanagement auf Gesamtbankebene

Gemäß Bundesbankbericht vom September 2014 steuert der Zinsüberschuss nach wie vor ca. 80 % zum Gesamterfolg von Banken bei (vgl. Deutsche Bundesbank 2014, S. 59). Der Vertrieb von Zinsgeschäften ist und bleibt damit die wichtigste Erfolgsquelle von Banken – und gleichzeitig stellt der Zinsertrag damit aus Risikosicht eine erhebliche Ertragskonzentration dar. Um diese Herausforderung erfolgreich zu meistern, muss das Produktmanagement eng mit dem Risikomanagement eines Kreditinstituts verknüpft sein. Die bereits beschriebenen Planabweichungen kalkulierter Cash-Flows der Einzelgeschäfte können bei systematischem Auftreten, beispielsweise aufgrund nicht bedürfnisgerechter Beratung, erhebliche Relevanz für das Gesamthaus bekommen.

Bei der Steuerung des Vertriebs und damit auch des Vertriebsrisikos kann durch die Berücksichtigung von Ausgleichszahlungen eine unzureichend geeignete Modellierung im Mischungsverhältnis mehr (barwertig) oder weniger (periodisch) gut kompensiert bzw. korrigiert werden. In der Vertriebssteuerung können derartige Abbildungsunschärfen in der Ergebnisermittlung (Markt/Treasury) prinzipiell ex post berücksichtigt werden. Allerdings wird die Risikoermittlung und –steuerung, die ex ante vorgenommen wird, durch die nicht eintretenden Annahmen unscharf bzw. fehlerhaft.

### 4.1 Risikokapital als Engpassfaktor

Wenn der Vertrieb innerhalb einer Periode nicht den geplanten Erfolg erwirtschaften konnte, wurde in der Vergangenheit oftmals versucht, ausbleibende Erträge durch eine erhöhte Risikoübernahme zu kompensieren. Im Bereich Zinsänderungsrisiko kann dies beispielsweise durch einen erhöhten Hebel im Zinsbuch und im Adressenausfallrisiko durch den Kauf südeuropäischer Staatsanleihen erfolgen. Solche Maßnahmen konnten den Ertrag in der Regel positiv beeinflussen, da Risikokapital keinen wirklichen Engpass darstellte.

mit unterschiedlichen Margen für die Bank wechselt. Hieraus ergibt sich eine Unschärfe in der Margen- und Ergebnisplanung in der Vertriebssteuerung.

Wenngleich derartige Strategien oftmals erfolgreich waren, so erhöhten sie jedoch gleichzeitig das Gesamtbankrisiko erheblich.

Im inzwischen deutlich verschärften regulatorischen Umfeld ist ein solcher Ausgleich von Ertragsrückgängen im Vertrieb durch kurzfristige zusätzliche Risikoübernahme nur noch in einem engen Rahmen möglich. Der Hebel im Zinsbuch wird beispielsweise durch den Zinsrisikokoeffizienten limitiert, der eine weiche Grenze in Abhängigkeit vom Eigenkapital darstellt (laut BaFin-Rundschreiben 11/2011). Demgegenüber stellen das Prüfkriterium der Bundesbank[4] oder die Going-Concern-Anforderung im Kontext der Risikotragfähigkeit harte Grenzen dar. Bei letzterer muss eine Bank sicherstellen, dass sie die aufsichtsrechtlichen Mindestanforderungen für Eigenmittel auch dann noch erfüllt, wenn aktuelle Risiken schlagend werden. Aus beiden Gründen wird das Risikodeckungspotenzial zum Engpassfaktor.

Solche aufsichtsrechtlichen Einschränkungen im Hinblick auf die Übernahme von Risiken in einzelnen Bereichen können allerdings auch das rein betriebswirtschaftliche Kalkül negativ beeinflussen. Wenn einzelne Risiken, wie zum Beispiel das Adressenausfallrisiko, durch harte regulatorische Obergrenzen limitiert werden, kann dies in der strategischen Asset Allocation zu ineffizienten Allokationen führen. Aufsichtsrechtliche Obergrenzen können also Begrenzungen anderer (im Grunde nicht regulatorisch beschränkter) Risiken nach sich ziehen.

## 4.2 Verknüpfung von Vertriebs- und Risikomanagement

Da das früher verbreitete Vorgehen zum Ausgleich fehlender Erträge im Vertrieb durch erhöhte Risikoübernahme kaum mehr möglich ist, muss der Vertriebserfolg heute auf andere Weise stabilisiert werden. Die Basis hierfür bilden konsistente Annahmen und Betrachtungen in Vertriebs- und Risikosteuerung. Dazu müssen die Modelle in beiden Bereichen aufeinander abgestimmt sein und mit denselben Parametern rechnen, also beispielsweise im Produktmanagement und im Risikocontrolling. Zusätzlich müssen die verwendeten Parameter das tatsächliche Verhalten der Kunden möglichst treffend abbilden, um die richtigen Vertriebs- und Risikosteuerungsimpulse zu generieren. Das angenommene Zinsanpassungsverhalten im Controlling muss also mit dem tatsächlichen Verhalten des Kunden und mit der am Markt verwendeten Kondition zusammenpassen.

Diese Vorgehensweise beginnt mit einer konsistenten Modellierung des Verhaltens im Kundengeschäft. Die entsprechenden Modellparameter werden dann auch in der Risikosteuerung verwendet. Hieraus resultiert unweigerlich ein Modellrisiko – bei fehlerhaften Annahmen sind zudem Vertrieb und Risikosteuerung im gleichen Maße betroffen. Den-

[4] Das Prüfkriterium der Bundesbank für die Risikotragfähigkeit einer Bank lautet wie folgt: Gesamte Eigenmittelanforderung nach SolvV + Barwertminderung in Folge eines Zinsschocks um (+200) Basispunkte <=95 % der Eigenmittel nach § 10 Abs. 2 KWG.

noch kann sich nur auf diese Weise über längere Sicht eine zielgerichtete Produkt- und Steuerungsphilosophie im Unternehmen etablieren.

Fatal erweist sich in der Praxis, wenn im Risikomanagement auf Basis falscher aus dem Vertrieb übermittelter Prämissen gerechnet wird. Wie im Leitbeispiel illustriert, wird hierdurch die Steuerung massiv gestört, da einem Kunden mit vermeintlich langfristigem Anlagehorizont ein eher langfristiges Produkt mit langem Mischungsverhältnis im Risikomodell verkauft worden ist. Somit wird sich dieser Kunde (bzw. bei systematischer Fehlberatung die Mehrheit der Kunden) in diesem Produkt nicht so verhalten, wie es die Modellierung der Steuerungssysteme im Vertrieb und Risikomanagement vorsieht. Das Modell geht dann fälschlicherweise von einer grundsätzlichen Konstanz des Produktvolumens aus, die aber nicht gegeben ist.

Um Fehlinformationen und damit Fehlsteuerungsimpulse zu vermeiden, ist zudem eine konsequente Umsetzung der Vertriebsstrategie erforderlich. Strategieoperationalisierung heißt hier insbesondere, dass die Zielgruppe und das jeweils dazugehörige Produktportfolio (Kundengruppe – Kundenbedürfnisse – Produkte) konkretisiert werden müssen. Die Vorgehensweise wird in Abb. 5 veranschaulicht.

Die Geschäftsstrategie hat einen längerfristigen Planungshorizont und soll die Erträge realistisch planen. Zwar lassen sich aus der Strategie die Produkte nicht direkt ableiten. Durch die in der Geschäftsstrategie festgelegten Zielgruppen ergeben sich aber die daraus resultierenden Kundenbedürfnisse und über die Kundenbedürfnisse ergibt sich der Produktbedarf im Portfolio. Weiterhin müssen die Produkte die Interessen beider beteiligten Parteien adäquat ausgleichen.

**Abb. 5** Stufen zur Operationalisierung der Vertriebsstrategie

## 4.3 Einzelgeschäftsebene und Herausforderungen auf Gesamtbankebene

Für eine geeignete Steuerung ist die Verbindung vom Einzelkunden bzw. Einzelprodukt zum Kollektiv aller Kunden bzw. Produkte sehr wichtig. Dabei sollten im Einzelfall mögliche und auch erwartete Abweichungen bei den Cash-Flows nicht zu einem geänderten Verhalten des gesamten Kollektivs führen. Solche individuellen Ereignisse können durch Motivänderung des Kunden, individuell unvorhersehbaren Liquiditätsbedarf oder Unzufriedenheit des Einzelnen mit den Zinsanpassungen eintreten.

Nach dem Gesetz der großen Zahlen in Verbindung mit geeigneter Modellierung des Kundenverhaltens, sollten sich die zinsunabhängigen einzelkundenbezogenen Einflüsse größtenteils wieder ausgleichen. Entsprechend sollten unerwarteten zinsunabhängigen Abflüssen entsprechende Zuflüsse anderer Kunden in vergleichbarer Höhe gegenüber stehen. Es kommt also nicht auf den konkreten Einzelfall an, sondern auf das Verhalten im Kollektiv. Wenn diese Abstimmung gelingt, passt auch die Abbildung im Risikocontrolling, das sich auf das Kollektiv bezieht.

Auf Ebene aller Kunden sollte also im Idealfall eine Konstellation angestrebt werden, aus der sich keine (wesentlichen) Ausgleichszahlungen ergeben, da sonst Störungen in der Zinsänderungsrisiko- und Liquiditätssteuerung resultieren. Die Herausforderung für die Bank besteht hierbei darin, dass sich Markt und Produktgestaltung/Kalkulation deutlich besser verstehen müssen, um den Kunden richtig zu bedienen und die Margen richtig zur Incentivierung zu verwenden. Dies muss über entsprechende Kommunikation sowie gegebenenfalls Zusatzinformationen[5], die den Beratern für jedes Produkt zur Verfügung gestellt werden, gelöst werden. So kann eine Abstimmung zwischen den Belangen der Vertriebssteuerung, zum Beispiel durch Ausgleichszahlungen, und den Auswirkungen auf die Gesamtbanksteuerung im Sinne einer integrierten Ertrags- und Risikosteuerung vorgenommen werden.

Was beim Risikomesssystem als konstanter Input angenommen wird, muss auch beim Liefersystem als stabil angenommen werden. Dabei geht es in erster Linie um Margen und Mischungsverhältnisse, die im Risikomanagement als konstant angenommen werden und nicht als modellierbare Risikofaktoren. Sollten nun die tatsächlich realisierten Zahlen zu stark von den im Modell als konstant angenommenen Werten abweichen, so liefert das Risikomodell entsprechend unpräzise Werte. Es tritt also ein Modellrisiko ein.

In der Kalkulation in Vertriebssteuerung und -controlling erfolgen ex-post-Betrachtungen. Demgegenüber fußt das Risikomanagement auf Gesamtportfolioebene auf ex-ante-Betrachtungen. Daher müssen sich dessen Annahmen auch in der Realität dauerhaft bestätigen. Wenn das nicht gilt, treffen auch die Vorhersagen der Risikomodelle nicht zu. In der Folge kann es zur Ableitung fehlerhafter Steuerungsmaßnahmen kommen, die überhaupt nicht zur Realität passen.

[5] Beispielsweise sollte der Berater das Mischungsverhältnis kennen und dessen Wirkungsweise verstehen.

## 5 Fazit

Eine der großen Herausforderungen bei der langfristigen Sicherung des Vertriebserfolgs im Zinsgeschäft besteht darin, die tatsächlichen Bedürfnisse des Kunden herauszufinden und adäquat zu bedienen. Hierzu müssen die Berater im Verkaufsgespräch gezielt nachhaken und zugleich widerstehen, beispielsweise im Passivbereich, direkt nach dem Produkt mit dem aktuell höchsten Zins zu greifen. Auch wenn dadurch das Kundenbedürfnis nach möglichst hohen Zinsen kurzfristig erfüllt sein mag, kann sich dennoch Unzufriedenheit im Zeitablauf ergeben – beispielsweise durch langsame Zinsanpassung eines bestimmten Passivprodukts in einer Phase steigender Zinsen.

Nur wenn auf die Kundenbedürfnisse optimal angepasste Produkte verkauft werden, kann von einer nachhaltigen Zufriedenheit des Kunden ausgegangen werden. Dann fällt es auch leichter, einen Ausgleich der diametral gerichteten Interessen von Kunde und Bank im Sinne einer für beide Seiten fairen Konditionierung zu erreichen. Wichtig für das Gesamthaus ist zudem, dass konsistente Annahmen in Modellen der Vertriebs- und Risikosteuerung verwendet werden. Erst dann kann ausreichend verlässlich geplant und somit der langfristige Erfolg sichergestellt werden.

Es ist insgesamt festzustellen, dass die Margen im Bankvertrieb aufgrund von Wettbewerb und niedrigem Zinsniveau sowie regulatorischer Rahmenbedingungen gesunken sind. Perspektivisch ist hier keine Trendwende zu erwarten und damit wird der (relative) Vertriebserfolg vor möglichen Prozess- und Kostenoptimierungen dauerhaft geringer sein. Wie aufgezeigt wurde, birgt eine kalkulatorische Falschabbildung erhebliche Risiken in der Gesamtbanksteuerung und verschleiert die tatsächlichen Ergebnisse. Von großer Bedeutung ist daher die Transparenz über die tatsächlichen Wertbeiträge des Vertriebs und eine konsistente Risikomodellierung innerhalb der integrierten Gesamtbanksteuerung.

## Literatur

Bartetzky, P. (2012): Praxis der Gesamtbanksteuerung, Schäffer-Poeschel, Stuttgart.

Deutsche Bundesbank (2014): Die Ertragslage der deutschen Kreditinstitute im Jahr 2013, Deutsche Bundesbank Monatsbericht September 2014, 66. Jahrgang, Nr. 9: S. 55–77.

Goebel, R., Sievi, C., Schumacher, M. (1999): Wertorientiertes Management und Performancesteuerung, Deutscher Sparkassen Verlag Stuttgart.

Mössinger, C., Mitschele, A. (2014): Mehr Liquidität – mehr Kosten, Die Bank (2): S. 44–48. Februar 2014.

Mitschele, A., Schmid, M. (2010): Zusammenführung von strategischer und operativer Banksteuerung in einem Kennzahlensystem, Risiko Manager (25/26): S. 24–29. Dezember 2010.

Rolfes, B. (2008), Gesamtbanksteuerung, Schäffer-Poeschel, Stuttgart.

Schierenbeck, H., Lister, M., Kirmße, S. (2014): Ertragsorientiertes Bankmanagement, Band. 1: Messung von Rentabilität und Risiko im Bankgeschäft, SpringerGabler, Wiesbaden.

Wimmer, K. (2009): Aktuelle Herausforderungen für die Vertriebssteuerung, Betriebswirtschaftliche Blätter: S. 210–214. April 2009.

Wimmer, K. (2006): Moderne Bankkalkulation. Grundlagen und Anwendungsmöglichkeiten, 3. Aufl., Stuttgart.

**Prof. Dr. Andreas Mitschele** ist seit 2010 Leiter im Studiengang BWL-Bank an der Dualen Hochschule Baden-Württemberg (DHBW) in Stuttgart. Zudem verantwortet er als Studiendekan und wissenschaftlicher Leiter den Master in Business Management Finance der DHBW.

An den Universitäten Karlsruhe sowie Newcastle (Australien) erwarb er den Abschluss Diplom-Wirtschaftsingenieur mit finanzwirtschaftlichem Schwerpunkt. In Karlsruhe promovierte er anschließend zum Thema „Integriertes Risikomanagement".

Vor seiner Professur verantwortete er in einer Management-Beratung verschiedene Mandate in der Finanzbranche. Nebenberuflich übernahm er Lehraufträge an der Hochschule Karlsruhe. Er ist zudem Autor zahlreicher Veröffentlichungen in Fachzeitschriften.

**Martin Schmid** ist seit 2012 Abteilungsleiter Controlling bei der Kreissparkasse Tübingen.

Nach dem Abschluss als Diplom-Kaufmann an der Eberhard-Karls-Universität Tübingen sammelte er 20 Jahre Erfahrungen in den Themenfeldern Risikocontrolling und Unternehmenssteuerung bei Sparkassen, Verbänden und einer Beratungsgesellschaft.

# Teil VIII
# Personalmanagement

# Relevanz des Personalmanagements als integrativer Bestandteil einer Gesamtbankstrategie

Thomas Kahleis

## Inhaltsverzeichnis

1 Einleitung ... 333
2 Attraktivität des Arbeitgebers Bank ... 334
3 Auswirkungen regulatorischer Veränderungen im Personalmanagement ... 334
4 Intensiver Wettbewerb um Talente – „War for Talents“ ... 335
5 Karriere versus Work-Life-Balance ... 337
6 Kommunikations- und Informationsverhalten im Wandel ... 338
7 Personalstrategie als Teil der Gesamtbankstrategie ... 338
Literatur ... 341

## 1 Einleitung

Kreditinstitute sind Dienstleistungsunternehmen – insofern begründen im Besonderen Mitarbeiter den Erfolg einer Bank. Persönliche und fachliche Kompetenzen sind gefragt wie nie. Die Mitarbeiterbindung ist die Herausforderung im Personalmanagement und entscheidet langfristig über den Erfolg einer Bank.

Mit dieser Erkenntnis wird in der Praxis von Kreditinstituten unterschiedlich umgegangen. Eine vermeintlich erforderliche Intensivierung der Mitarbeiterbetreuung bleibt scheinbar aus; wie eine in den vergangenen Jahren oftmals rückläufige Betreuungsquote, die sich auch aus der Relation von Bankmitarbeitern im Verhältnis zu Personalfachleuten innerhalb eines Instituts ergibt, offenbart.

T. Kahleis (✉)
Bank für Sozialwirtschaft AG, Köln, Berlin, Deutschland



D. Hellenkamp, K. Fürderer (Hrsg.), *Handbuch Bankvertrieb*,
DOI 10.1007/978-3-658-06447-1_20

## 2 Attraktivität des Arbeitgebers Bank

Das Ausfüllen eines verwaltungstechnischen Rahmens war historisch im Personalwesen die Hauptaktivität. Das Personalmanagement deckt heute insbesondere Themen wie Personalführung und -entwicklung sowie Change Management ab und legt den Fokus auf die wachsenden Herausforderungen, die die Gewinnung und langfristige Bindung immer anspruchsvoller werdender qualifizierter Mitarbeiter an das eigene Institut mit sich bringen.

Nicht nur das Aufgabengebiet des Personalmanagements, auch die Rahmenbedingungen haben sich in den letzten Jahren deutlich verändert – und zwar intern und extern. Das Image der Branche ist derzeit nicht gut und Gründe hierfür sicherlich vielschichtig. So hat das Bild des Bankangestellten in der Öffentlichkeit in Folge der Finanzkrise seit 2008 stark gelitten. Im Weiteren haben sicher auch die hohen Vertriebsvorgaben, die für Bankberater der unterschiedlichen Kreditinstitute galten, dazu beigetragen, dass das Vertrauen der Kunden und das Ansehen der Banken gesunken sind (vgl. Pfingsten 2012). War eine Bank vor zehn, 20 Jahren ein überaus begehrter Arbeitgeber, sieht das aktuell etwas anders aus, beispielsweise wenn es um die Besetzung der Ausbildungsplätze geht. Früher konnten Geldhäuser unter den Abiturienten aus den Besten selektieren. Inzwischen ist es deutlich schwieriger geworden, Auszubildende zu finden, die den Anforderungen entsprechen. Dieses variiert natürlich, in Abhängigkeit von der Unternehmensgröße und dem Bekanntheitsgrad des Unternehmens. Als mittelständisches Haus muss sich die Bank für Sozialwirtschaft beispielsweise stärker bemühen, um von geeigneten BewerberInnen im Recruiting als interessanter Partner angesehen zu werden, als das bei großen, international bekannten Adressen der Fall ist. Ähnlich verhält es sich bei der Gewinnung von Spezialisten in Stab und Linie.

Insgesamt ist der Ausbildungsberuf des Bankkaufmanns in den Augen potenzieller Bewerber heute jedenfalls weniger attraktiv als früher. Das formulieren auch Bewerber in zahlreichen Personalauswahlgesprächen sehr deutlich. Abbildung 1 weist hierzu nachstehend die häufigsten Ausbildungsberufe im Vergleich aus.

## 3 Auswirkungen regulatorischer Veränderungen im Personalmanagement

Die Anforderungen an das Personalmanagement steigen aber auch mit den zunehmenden regulatorischen Vorgaben, wie beispielsweise der Institutsvergütungsverordnung (ausführlich: Verordnung über die aufsichtsrechtlichen Anforderungen an Vergütungssysteme von Instituten).

Eine Bank muss hiernach sehr sorgfältig und nach strengen Vorgaben darauf achten, wie die Vergütungssysteme ausgestaltet werden, insbesondere mit Blick auf erfolgsabhängige Vergütungsbestandteile. Diese zielen nicht nur auf die Unternehmensleitung ab, sondern auch auf die nachgeordneten Führungsebenen (vgl. Buscher et al 2014).

Die Vergütungsmodelle müssen demnach folgende Kriterien erfüllen:

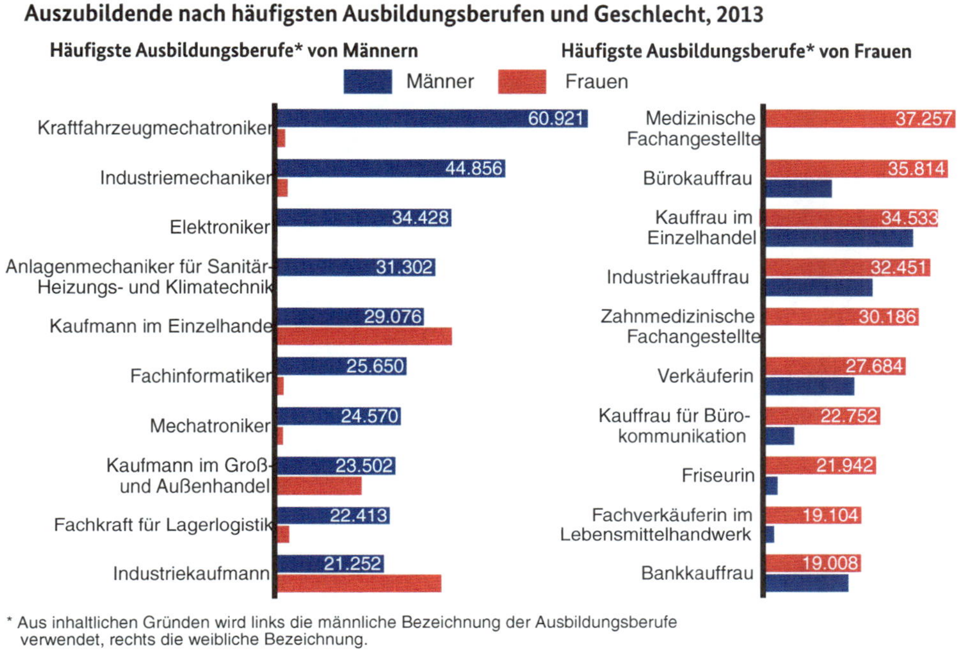


**Abb. 1** Ausbildungsberufe in der Bundesrepublik Deutschland. (Quelle: Bundesinstitut für Bevölkerungsforschung 2014a)

- Sie müssen den vom Gesetzgeber vorgegebenen Regeln gerecht werden.
- Gleichzeitig müssen sie so gestaltet sein, dass die in der Gesamtstrategie der Bank niedergelegten Ziele erreicht werden können.
- Anreize, unverhältnismäßig hohe Risiken einzugehen, müssen vermieden werden.
- Der Gehaltsempfänger darf nicht signifikant von der variablen Vergütung abhängig sein, fixe und variable Vergütung sollen in einem angemessenen Verhältnis stehen.
- Die variable Vergütung darf die Fähigkeit des Instituts nicht einschränken, angemessene Eigenmittel zu bilden. Die Ergebnisentwicklung ist zu berücksichtigen.

## 4 Intensiver Wettbewerb um Talente – „War for Talents"

Der Wettbewerb um die besten Köpfe nimmt zu. Dabei steht die Bank für Sozialwirtschaft als mittelständisches Institut regional und überregional nicht nur mit anderen mittelständischen Häusern im Wettbewerb, sondern auch mit großen Kreditinstituten wie der Deutschen Bank und der Commerzbank.

Obgleich die Attraktivität der großen Institute seit der Finanzkrise gelitten hat, müssen kleinere Kreditinstitute sich stärker engagieren, um auf dem Bewerbermarkt wahrgenommen zu werden. Diese Notwendigkeit, sich erkennbar zu positionieren, gilt auch für die Bank für Sozialwirtschaft, die sich selbst als Nischenbank oder Fachinstitut im Bereich Sozial- und Gesundheitswirtschaft sieht.

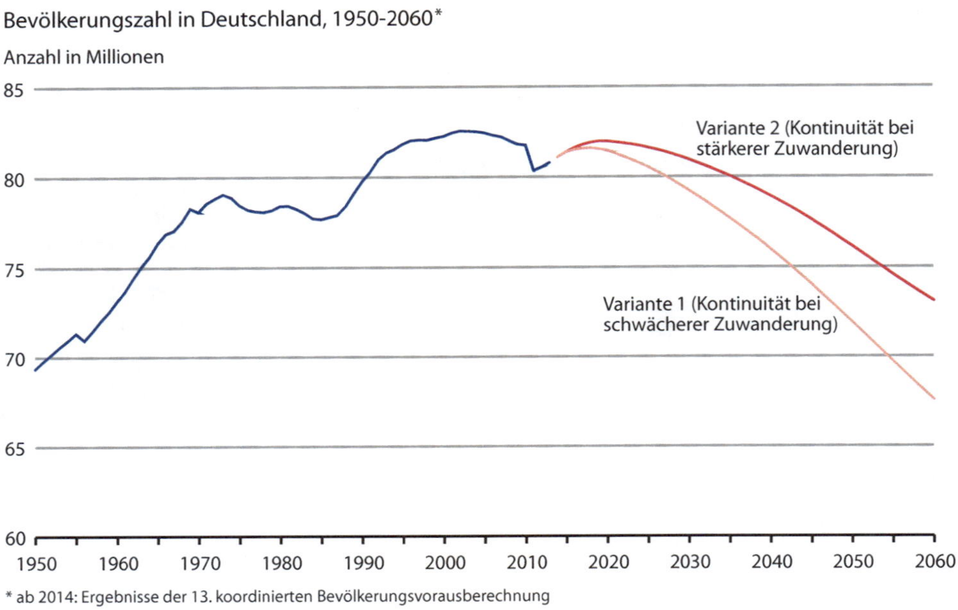


**Abb. 2** Entwicklung prognostizierter Bevölkerungszahlen in Deutschland. (Quelle: Bundesinstitut für Bevölkerungsforschung 2014c)

Der Wettbewerb um qualifizierte Mitarbeiter wird schon allein deshalb intensiver, weil aufgrund der demografischen Entwicklung immer weniger junge Leute in das Berufsleben eintreten. Das Angebot an Erwerbspersonen und vor allem an gut ausgebildeten Fachkräften wird sich in den kommenden Jahren weiter reduzieren (vgl. Zehrfeld 2012). Abbildung 2 weist die erwartete rückläufige absolute Bevölkerungszahl in Deutschland (vgl. Statistisches Bundesamt 2009) aus, wobei in den verschiedenen Varianten unterschiedliche Annahmen zu Geburtenrate, Lebenserwartung und Wanderungssaldo unterstellt werden.

Eine absolute Reduktion der Gesamtbevölkerungszahl geht dabei zukünftig zusätzlich einher mit einer Abnahme des relativen Anteils der unter 20-Jährigen und der 20- bis unter 65-Jährigen, wie Abb. 3 zeigt. Diese Zielgruppe steht im Personalmanagement der Bank im Fokus.

Bereits heute gestaltet sich die Besetzung einzelner Vakanzen mitunter herausfordernd, beispielsweise bei IT-Spezialisten oder Spezialisten für aufsichtsrechtliche Themenkomplexe.

Dabei stehen Kreditinstitute nicht nur untereinander im Wettbewerb, sondern immer häufiger auch mit Unternehmen aus anderen Branchen.

Daneben müssen Bewerber wiederkehrend davon überzeugt werden, dass im Bankvertrieb ebenfalls gute Entwicklungs- und Aufstiegschancen bestehen.

Der Wettbewerb um die sogenannte Generation Y und Generation Z wird durch zahlreiche neue Berufsbilder zudem intensiviert. Hierbei kommen die meisten bereits in frühester Kindheit mit neuen Medien in Berührung, sodass sie sich bei einer späteren möglichen

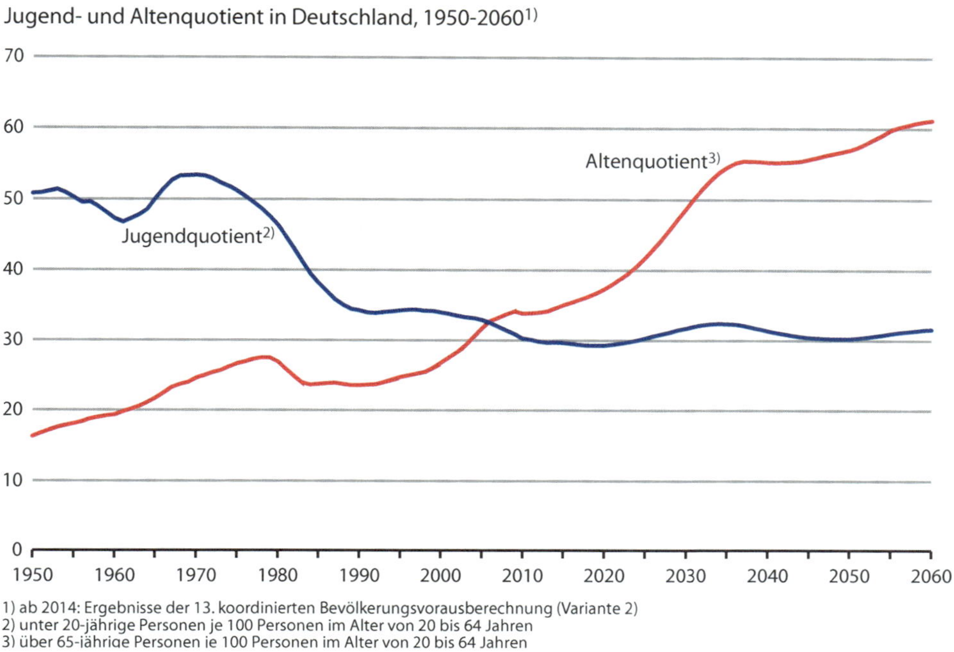


**Abb. 3** Prognostizierte Entwicklung von Jugend- und Altenquotient in Deutschland. (Quelle: Bundesinstitut für Bevölkerungsforschung 2014b)

Berufswahl signifikant eher für ein Tätigkeit entscheiden, bei der sie im neuen Tätigkeitsfeld die Möglichkeit haben, diese Medien einzusetzen. Hier ist Überzeugungsarbeit notwendig, dass auch in der Bankenbranche entsprechende Möglichkeiten bestehen.

## 5 Karriere versus Work-Life-Balance

Die Ansprüche der Bewerber beziehungsweise der Mitarbeiter sind in den vergangenen Jahren insgesamt gestiegen. Das betrifft nicht nur die Vergütung, sondern generell das Thema Work-Life-Balance (vgl. OECD 2014).

Zudem hat ein Bewusstseinswandel stattgefunden; kein Bewerber erwartet heute mehr, eine Tätigkeit fürs Leben vorzufinden. Selbstverständlich hat das Thema Sicherheit des Arbeitsplatzes noch immer eine hohe Relevanz, bedeutsamer ist für die meisten Mitarbeiter indes, eine attraktive Tätigkeit in einer angenehmen Arbeitsatmosphäre ausüben zu können – und darüber hinaus (ausreichend) Zeit für soziale Kontakte und Freizeit zu haben.

Die Beschäftigten sind sich in der Regel bewusst, dass sie auch für andere Arbeitgeber interessant sein können. Sie sind selbstbewusster als früher und suchen häufiger aktiv neue berufliche Herausforderungen. Ungeachtet dessen, ist die Bank natürlich an einer langen Betriebszugehörigkeit ihrer Mitarbeiter interessiert.

## 6 Kommunikations- und Informationsverhalten im Wandel

Die dynamischen Entwicklungen der Kommunikations- und Informationstechnologien (vor allem mit Blick auf Geschwindigkeit und Vernetzung) führen zu deutlich veränderten Ausgangssituationen auf dem Bewerbermarkt.

Stellenbesetzungen laufen mittlerweile kaum noch über Printmedien, sondern fast ausschließlich über das Internet (https://www.sozialbank.de). Elektronische Medien, Social Media prägen dabei den Arbeitsmarkt (vgl. Jäger et al. 2009, S. 6 bis 8).

Sind die Bewerber dann zu Mitarbeitern des Unternehmens geworden, setzt sich das Bedürfnis nach Information und Kommunikation fort. Arbeitgeber müssen sich dieser Entwicklung und den neuen Anforderungen stellen.

So kommt es bei der Bank für Sozialwirtschaft einerseits darauf an, Bewerbern die Attraktivität eines speziellen Marktes aufzuzeigen, andererseits die Interessenten zu finden, die bereit sind, sich intensiv in einen bestimmten Fachbereich einzuarbeiten und sich vor allem langfristig in diesem zu bewegen.

## 7 Personalstrategie als Teil der Gesamtbankstrategie

Das Personalmanagement der Bank muss stets bestrebt sein, aktiv zu agieren. Deshalb ist die Personalstrategie eng in die Gesamtstrategie der Bank eingebunden. Dabei gilt es hierbei, perspektivisch zu denken und als strategischer Partner (sowohl des Vorstands als auch der einzelnen Fachbereiche) bei der Gestaltung der Bank mitzuarbeiten.

Um zu gewährleisten, dass Vakanzen in der Bank für Sozialwirtschaft zügig adäquat besetzt werden können, wurden entsprechende zukunftsorientierte Maßnahmen ergriffen:

- Stellenausschreibungen erfolgen in Zusammenarbeit mit den führenden Online-Stellenbörsen grundsätzlich nur noch online. Nur in Ausnahmefällen wird auf Printmedien zurückgegriffen. Bewerbungen gehen überwiegend elektronisch über das Bewerbermanagementsystem der Bank ein. In Papierform kommen sie nur noch selten vor.
- Eine Bewerber-Managementsoftware wurde implementiert; diese hat zu einer erheblichen Reduzierung der Durchlaufzeiten bei der internen Weiterleitung der Bewerbungsunterlagen an die Fachbereiche geführt und dient als zentrales Instrument zum Monitoring laufender Rekrutierungsprozesse. Damit ist es auch möglich, Bewerbern schneller als bisher ein Feedback zu übermitteln.
- Die Präsentation der Bank nach außen wurde überarbeitet, Stellenausschreibungen erhielten ein neues, ansprechendes Layout.
- In den Stellenanzeigen wird mit Fotos von „echten“ Mitarbeitern der Bank in Aktion geworben.
- Es wurde ein Imagefilm produziert, in dem sich die Bank als leistungsfähiges Unternehmen und attraktiver Arbeitgeber präsentiert.

Bei der Auswahl von Mitarbeitern, insbesondere von Führungskräften, setzt die Bank unter anderem auf das Instrument „Assessment-Center" (vgl. Schumacher 2014).

Der Grund hierfür ist, dass dem Aspekt der Führungskompetenz eine große und zukünftig weiter wachsende Bedeutung zukommt. Selbstverständlich sollte eine Führungskraft auch hohe Fachkompetenz auf seinem spezifischen Arbeitsgebiet haben. Die Führungskraft muss allerdings keineswegs die beste Fachkraft sein, wie das in der Vergangenheit oft der Fall war. Der Vorgesetzte muss seinerseits akzeptieren können, dass Mitarbeiter die besseren Fachspezialisten sein können – und er muss genügend Zeit haben, seinen Führungsaufgaben vernünftig nachzukommen. Darüber hinaus wird von Mitarbeitern zunehmend ein hohes Maß an Sozialkompetenz seitens der Führungskraft (zum Beispiel ausreichende Wertschätzung) eingefordert, um ein Team gut zu führen.

Die Vorteile eines Assessment-Center bei der Besetzung von Führungskräften sind:

- Das Verfahren bietet ein hohes Maß an Objektivität und Validität.
- Es wird ein starker Bezug zur künftigen Tätigkeit hergestellt.
- Gewährleistung einer größeren Beurteilungstiefe durch die Kombination unterschiedlicher Verfahren bzw. Tools.
- Ein direkter Vergleich zwischen verschiedenen Kandidaten ist möglich.
- Bei der Besetzung von Positionen wird ein hohes Maß an Transparenz erreicht.
- Entwicklungspotenziale von Mitarbeitern für die Karriere- sowie Entwicklungsplanung werden innerhalb des Assessment-Center sichtbar und werden seitens der Personalentwicklung berücksichtigt.

Unter den sich ändernden Rahmenbedingungen ist das Personalmanagement gefordert, geeignete Vorkehrungen zum Erhalt der Leistungsfähigkeit der Mitarbeiter zu treffen. Hierzu gehören eine nachhaltige Personalentwicklung und eine langfristige Personalplanung (vgl. Institut der deutschen Wirtschaft 2014, S. 13 ff.).

Darüber hinaus ist eine einheitliche und an den Unternehmenserfordernissen ausgerichtete Führungskultur in der Bank notwendig. Derzeit ist die Dienstleistungsorientierung unterschiedlich ausgeprägt und divergierende Führungsstile sind zu konstatieren (vgl. Pinnow 2012).

Die Bank für Sozialwirtschaft zielt insbesondere mit den nachstehenden Maßnahmen auf das Erreichen einer nachhaltigen Personalentwicklung:

- Systematische Begleitung und Förderung der Mitarbeiter mit dem Fokus Sozial- und Gesundheitswirtschaft sowie Methoden- und Sozialkompetenz
- Aufstellen eines einheitlichen „Katalogs" an (Weiterbildungs-)Angeboten, die in Abstimmung mit der Führungskraft genutzt werden können
- Übergreifende Maßnahmen beispielsweise regelmäßige „Fresh-up"-Veranstaltungen und Austausch von Erfahrungen.

Um eine einheitliche Führungskultur zu realisieren, wurden mehrere Maßnahmen ergriffen und bestimmte Ziele vorgegeben:

**Einführung eines Kompetenzmodells**
Der Vorstand engagiert sich als treibende und unterstützende Kraft des Vorhabens. Die Stärkung der Partizipation gilt hierbei grundsätzlich als Voraussetzung für eine spätere Identifikation der Führungskräfte mit dem Modell. Dazu bedarf es neben einer intensiven Kommunikation und Prozessbegleitung eines weit gesteckten Rahmens, um die Ideenvielfalt der Beteiligten nicht einzuschränken sowie die Ausrichtung des Modells an der Strategie der Bank.

**Führungskräfteentwicklung**
Abgeleitet aus dem Kompetenzmodell und durch eine intensive Begleitung (Skill-Management) sollen Führungskräfte der Bank langfristig eine einheitliche Führungskultur gewährleisten. Die Einführung von Führungskreisen ist in diesem Zusammenhang eine ausgewählte Maßnahme.

**Führungskultur**
Die Führungskultur in der Bank ist einheitlich und transparent. Führung wird als elementare Managementaufgabe wahrgenommen. Wesentlich ist dabei die Verlässlichkeit für die Mitarbeiter der Bank, dass die Führungskräfte nach transparenten Kriterien handeln, ohne gewollte individuelle Unterschiede einzuschränken. Die Führungskräfte erhalten hierzu Instrumente zum situativen Einsatz an die Hand.

Nachhaltige Führungsqualität soll durch Einführung flexibler Arbeitszeitmodelle und strategisches Recruitment erreicht werden.

**Flexible Arbeitszeitmodelle**
Arbeitszeitmodelle werden an die Herausforderungen des demografischen Wandels oder an die der entsprechenden Lebenssituationen der Mitarbeiter angepasst. So können beispielsweise die Bedürfnisse älterer Arbeitnehmer sowie von Müttern/Vätern berücksichtigt werden. Darüber hinaus werden Arbeitszeitkonten implementiert.

**Strategisches Recruitment**
Hierzu gehören eine Reihe von Maßnahmen und Zielen im Hinblick auf die Gewinnung leistungsfähiger Fach- und Führungskräfte.

So wird diesbezüglich beispielsweise die Website der Bank für Sozialwirtschaft kontinuierlich ausgebaut zum Beispiel mit einem neuen Karriereportal, das als zentrale Informationsquelle für potenzielle Bewerber dient (https://www.sozialbank.de). Darüber hinaus wird in Zusammenarbeit mit der Unternehmenskommunikation im Hinblick auf die Erreichung eines einheitlichen Marktauftritts eine weitsichtige Social-Media-Strategie konzipiert.

Durch den Ausbau der Öffentlichkeitsarbeit in Form von Schul- und Hochschulmarketing werden Kooperationen geknüpft und ausgebaut. Hierdurch kann ein wechselseitiger Nutzen geschaffen und Nachwuchskräfte über die Hochschule rekrutiert werden. Führungskräfte der Bank halten zum Beispiel Vorlesungen oder Studierende lernen im Rahmen von Veranstaltungen die Bank für Sozialwirtschaft kennen. Das Schulmarketing zielt darauf ab, begabte Schüler frühzeitig für eine Bankausbildung zu interessieren, etwa durch Unternehmensbesichtigungen, Vorträge an Schulen oder Schülerpraktika.

Im Weiteren ist ein aktives Beziehungsmanagement mit einem (potenziellen) Kandidaten durch die Einführung persönlicher Kontaktpunkte in Form von Bindungsprogrammen für Schüler, Auszubildende und Studenten vorgesehen. Hierbei soll der persönliche Kontakt zwischen Kandidaten und einem Recruiter bzw. Personalmitarbeiter nachhaltig aktiv bleiben, zum Beispiel durch Maßnahmen wie den Versand von Geburtstags und Weihnachtskarten oder Informationen zu relevanten Veranstaltungen der Bank. Ein wesentliches Ziel ist es, dadurch einen Talentpool zu schaffen mit Second-Chance-Bewerbern, herausragenden Empfehlungskandidaten und Praktikanten.

Zudem können durch Beziehungsmanagement Multiplikatoreffekte erreicht werden, indem Kandidaten ihre positiven Erlebnisse mit der Bank in ihrem Umfeld und über soziale Netzwerke kommunizieren.

Ein weiteres Ziel besteht darin, das Image der Bank als attraktiver Arbeitgeber zu pflegen.

Hierzu können unter Berücksichtigung der Vergütungsordnung der Bank für Sozialwirtschaft auch marktgerechte und transparente Vergütungsstrukturen realisiert werden, beispielsweise langfristige Gestaltungsoptionen der variablen Vergütung und der Mitarbeiter-Erfolgsbeteiligung zur Honorierung der Leistung und zur Identifikation mit der Bank. Neben den vorhandenen Vergütungssystemen, können dazu insbesondere im AT-Bereich, auch zusätzliche Vergütungskomponenten beispielsweise Dienstwagen sowie projektbezogene Einmalzahlungen gehören.

Das Personalmanagement hat somit auf Gesamtbankebene die Funktion eines Strategieberaters mit den übergeordneten Zielen eines kontinuierlichen Auf- und Ausbau der Arbeitgebermarke Bank für Sozialwirtschaft, einer Erhöhung bzw. dem Beibehalten einer hohen Mitarbeiterzufriedenheit und einer strategischen, das heißt langfristigen Bindung an die Bank.

## Literatur

Bundesinstitut für Bevölkerungsforschung (Demografieportal des Bundes und der Länder) (2014a): Männliche und weibliche Jugendliche wählen unterschiedliche Berufe. Beitrag vom 14.11.2014. Wiesbaden 2014.

Bundesinstitut für Bevölkerungsforschung (Demografieportal des Bundes und der Länder) (2014b): Erhebliche Verschiebungen in der Altersstruktur. Beitrag vom 27.10.2014. Wiesbaden 2014.

Bundesinstitut für Bevölkerungsforschung (Demografieportal des Bundes und der Länder) (2014c): Bevölkerungszahl nimmt in Zukunft ab. Beitrag vom 28.10.2014. Wiesbaden 2014.

Buscher, A., Hannemann, R., Wagner, A., Weigl, T. (2014): Verordnung über die aufsichtsrechtlichen Anforderungen an Vergütungssysteme von Instituten (Institutsvergütungsverordnung - InstitutsVergV): Kommentar. Stuttgart. Verlag: Schäffer-Poeschel. 2014.

Jäger, W., Böhm S., Niklas S. (2009): Bewerberansprache wird mobil, in: PERSONAL 09/2009, S. 6–8.

Institut der deutschen Wirtschaft e. V. (2014): Lebensphasenorientierte Personalpolitik - Theoretisches Konzept und empirische Evidenz, Köln.

OECD (2014): Better Life Index, Work Life Balance. url.-link: http://www.oecdbetterlifeindex.org/de. 2014.

Pfingsten, A. (2012): Finanzmarktkrise und Bankenimage – was Sparer über Einlagensicherheit wissen und wie sie Banken (ein)schätzen. Wiesbaden. Gabler Springer Verlag.

Pinnow, D. F. (2012): Führen. Worauf es wirklich ankommt, 6. Aufl. Wiesbaden. Gabler Springer Verlag.

Statistisches Bundesamt (2009): Bevölkerung Deutschlands bis 2060, 12. koordinierte Bevölkerungsvorausberechnung. Wiesbaden.

Schumacher, F. (2014): Assessment Center und Risikomanagement bei Personalentscheidungen: Leitfaden zur Anwendung, 2. Aufl. Wiesbaden. Gabler Springer Verlag.

Zehrfeld, W. (2012): Fachkräftesicherung: Situation - Handlungsfelder – Lösungen. Frankfurt am Main. Verlag: Frankfurter Allgemeine Buch.

**Thomas Kahleis** Jahrgang 1966, ist seit dem 1. Juli 2014 Vorstand der Bank für Sozialwirtschaft AG. Neben dem Bereich Personal, Organisation und Recht verantwortet er die Ressorts Compliance und Fraud, die interne Revision sowie Unternehmenssteuerung.

Nach seinem Abschluss als Diplom Ökonom an der Ruhr Universität Bochum begann seine Karriere 1992 mit einem Traineeprogramm bei der Dresdner Bank AG.

Seit 1996 arbeitet Herr Kahleis bei der Bank für Sozialwirtschaft AG. Bis zu seiner Ernennung zum Generalbevollmächtigten und Prokurist im Jahr 2007 bekleidet er diverse Leitungsfunktionen in seinen heutigen Ressorts und erlangte 2002 den Abschluss Diplomierter Bankbetriebswirt.

# Kompetenzmanagement – Strategische Ausgangsbasis von Personalentwicklungsmaßnahmen

*mit Anwendungsbeispielen von KSPG AG und der Landesbank Baden-Württemberg (LBBW)*

Heiko Hartmann

## Inhaltsverzeichnis


1 Einleitung . . . . . . . . . . 343
2 Theoretische Ausgangsbasis und terminologische Fundierung . . . . . . . . . . 345
3 Kompetenzmanagement: Theoretische Grundlagen und Implementierung . . . . . . . . . . 347
3.1 Bedeutung, Strategische Ausrichtung, Aufgaben und Prozess eines integrierten Kompetenzmanagementsystems . . . . . . . . . . 347
3.2 Exemplarische Darstellung eines Kompetenzmodells bei der KSPG AG . . . . . . . . . . 356
3.3 Exemplarische Anwendung der persönlichkeitsbasierten Kompetenzentwicklung im Unternehmenskundenvertrieb der LBBW . . . . . . . . . . 357
4 Praxis-Konzept zur Implementierung eines ganzheitlich integrierten Kompetenzmanagementsystems . . . . . . . . . . 358
5 Fazit . . . . . . . . . . 362
Literatur . . . . . . . . . . 363


## 1 Einleitung

In Zeiten geändertem Kundenverhalten, stetig wachsenden regulatorischen Anforderungen und sinkenden Margen stehen Banken heute mehr denn je vor großen Herausforderungen. Es ist unbestritten, dass nachhaltige Bank-Vertriebserfolge in besonderem Maße von


H. Hartmann (✉)
KSPG AG, Neckarsulm, Deutschland





D. Hellenkamp, K. Fürderer (Hrsg.), *Handbuch Bankvertrieb*,
DOI 10.1007/978-3-658-06447-1_21

der Fähigkeit einer Bank abhängig sind, die Kompetenzen ihrer Mitarbeiter[1] optimal einzusetzen und im Hinblick auf zukünftige Entwicklungen weiter auszubauen. Motivierte Mitarbeiter, welche ihre Kompetenzen in die Bank einbringen, sind wertvolle Ressourcen zur erfolgreichen Umsetzung langfristiger Ziele. Gerade in kompetitiv hart umkämpften Märkten mit hohem Wettbewerbsdruck – wie der Banklandschaft – stellen die Mitarbeiter den wesentlichen Erfolgsfaktor dar. Die Mitarbeiterkompetenzen sind jedoch häufig nicht umfassend bekannt. Dies kann dazu führen, dass die bereits vorhandenen Kompetenzen nicht optimal genutzt werden und demzufolge nicht systematisch weiterentwickelt werden können.

Des Weiteren fehlt es häufig an einer systematischen Ableitung der gegenwärtigen und zukünftig zur Umsetzung der Ziele notwendigen Kompetenzen. Es mangelt an einer systematischen Bestimmung der Kompetenzen aus der Strategie einerseits sowie an einer durchgängigen Beschreibung der Kompetenzanforderungen und dem Vergleich mit vorhandenen Mitarbeiterkompetenzen andererseits.

**Dieses hat zur Folge, dass keine systematische Ermittlung des Kompetenzbedarfs stattfinden kann und die Kompetenzentwicklung somit nicht auf die Vertriebsziele ausgerichtet ist.**

Unter Kompetenzmanagement ist die systematische

- Erfassung,
- Nutzung und
- Entwicklung

von Kompetenzen zu verstehen (vgl. Krickl 2006, S. 148). In einem Kompetenzmanagementsystem erfolgt eine systematische Bezugnahme der Personalinstrumente und -prozesse auf ein einheitliches Kompetenzmodell (vgl. Grote et al. 2012a, S. 3 f.). Ein ganzheitlich integriertes Kompetenzmanagementsystem stellt die Verbindung zwischen Unternehmensstrategie und Personalentwicklung her (vgl. Fischer et al. 2008, S. 123) und gewährleistet die Bereitstellung, Nutzung und Weiterentwicklung der heute und in Zukunft notwendigen Kompetenzen.

Zur langfristigen Sicherung der Wettbewerbsfähigkeit ist demnach der Bedeutsamkeit von Kompetenzen Rechnung tragen. Die Personalinstrumente sind auf ein Kompetenzmodell hin ausgerichtet werden, um somit ein ganzheitlich integriertes Kompetenzmanagementsystem (als strategische Ausgangsbasis der Personalarbeit) zu erhalten.

Auf den nächsten Seiten wird aufgezeigt, wie ein ganzheitlich integriertes Kompetenzmanagementsystem gestaltet sein könnte. Darüber hinaus wird erörtert, wie eine Implementierung durchgeführt werden kann.

Zunächst erfolgt kurz die Darstellung des Bereiches Personalentwicklung; zudem werden die theoretischen Grundlagen des Kompetenzmanagements erörtert. Darauf aufbauend werden die Aufgaben, der Prozess sowie die strategische Ausrichtung des Kompetenzmanagements in Verbindung mit konkreten Personalinstrumente und -prozesse dargestellt.

[1] Aus Gründen der besseren Lesbarkeit wird nachstehend die maskuline Flexionsform verwendet.

Daraufhin wird das bestehende Kompetenzmodell von der KSPG AG sowie eine mögliche Anwendung der persönlichkeitsbasierten Kompetenzentwicklung im Vertrieb der LBBW (Landesbank Baden-Württemberg) vorgestellt. Abschließend wird ein Konzept zur möglichen Vorgehensweise der Implementierung eines Kompetenzmanagementsystems erarbeitet und um weitere Handlungs- und Umsetzungsempfehlungen ergänzt.

## 2 Theoretische Ausgangsbasis und terminologische Fundierung

Unter Personalentwicklung ist weit mehr zu verstehen als eine reine Fort- und Weiterbildung (vgl. Mentzel 2012, S. 2). Eine strategieorientierte Personalentwicklung ergibt sich durch die Ausrichtung der Personalentwicklung an der Unternehmensstrategie (vgl. Mudra 2004, S. 249), das heißt, ihre Ziele und Inhalte sollen unternehmensstrategisch begründet sein und sich auf diejenigen Kompetenzen beziehen, welche zur Verwirklichung strategischer Unternehmensziele benötigt werden (vgl. Solga et al. 2011, S. 19). Es werden systematisch Schlüsselqualifikationen entwickelt, welche für zukünftige Leistungsanforderungen benötigt werden.

Die Personalentwicklung kann als Schnittbereich von Kompetenz- und Organisationsentwicklung gesehen werden. Der Fokus der Personalentwicklung ist hierbei die Integration der Bereiche Kompetenz- und Organisationsentwicklung. In diesem Sinne sollte jede Personalentwicklungsmaßnahme kompetenz- und organisationsbezogene Auswirkungen besitzen (vgl. Arnold 2006, S. 9). Abbildung 1 zeigt die Systematik der Personalentwicklung auf.

1. **Informationen heranziehen**: Zu Beginn des Personalentwicklungsprozesses müssen gezielt Informationen über den quantitativen und qualitativen Personalbedarf des Unternehmens sowie über die Qualifikation die Entwicklungsfähigkeit der Mitarbeiter eingeholt werden (vgl. Mudra 2004, S. 154 ff.).
2. **Analysen vornehmen:** Zur Beurteilung der Anforderungen an die Personalstruktur und die mitarbeiterbezogenen Komponenten ist eine intensive Auswertung der Informationen notwendig.
3. **Maßnahmen festlegen:** Auf Basis der Analyseergebnisse werden entsprechende Maßnahmen festgelegt.
4. **Maßnahmen planen/konzipieren:** Entsprechende Maßnahmen sind zielgruppenspezifisch zu konzipieren und organisatorisch zu planen bzw. bereits bestehende Maßnahmen zu modifizieren (vgl. Abschn. 2.1.4 Maßnahmen der Personalentwicklung).

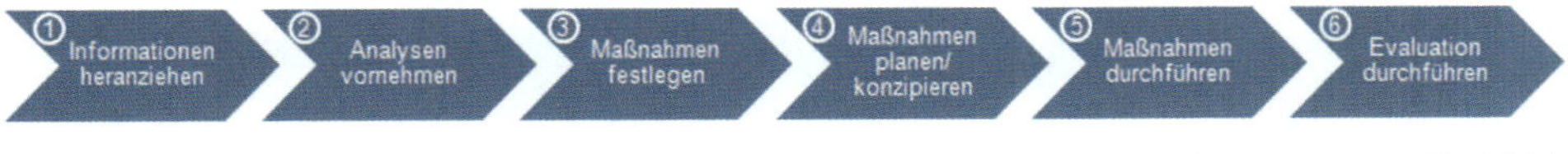


**Abb. 1** Personalentwicklungsprozess. (Quelle: eigene Darstellung in Anlehnung an Mudra 2004, S. 231 f.)

5. **Maßnahmen durchführen:** Die Maßnahmendurchführung ist die Hauptaufgabe der operativen Personalentwicklungsarbeit.
6. **Evaluation durchführen:** Neben der reinen Beurteilung der Maßnahme bezieht sich die Evaluation zudem auf die nachhaltige Wirkung von Personalentwicklungsmaßnahmen.

Die ersten Prozessschritte stellen zugleich den zentralen Kern eines systematischen Kompetenzmanagements dar: die Ermittlung der gegenwärtigen und zukünftigen Anforderungen an die Personalstruktur im Abgleich mit den vorhandenen mitarbeiterbezogenen Qualifikationen und Eignungen einerseits sowie dem Entwicklungspotenzial und -bedürfnis der Mitarbeiter andererseits. Das Ergebnis zeigt den Kompetenzentwicklungsbedarf auf.

**Beispiel**

Der Begriff **Kompetenz** lässt sich etymologisch zurückführen auf den lateinischen Begriff *competencia,* welcher mit Zusammentreffen oder Zusammenkommen zu übersetzen ist (vgl. Habich 2006, S. 16) sowie auf das Verb *competere*, im Sinne von zusammentreffen oder zustehen; Kompetenzen können der individuellen und der organisationalen Ebenen zugeordnet werden (vgl. Zaugg 2006, S. 3 f.).

**Individuelle Kompetenz**

Auf der individuellen Betrachtungsebene hat sich im deutschsprachigen Raum in den letzten Jahren das Kompetenzverständnis von Erpenbeck und Rosenstiel etabliert (vgl. Floss 2008, S. 20). Nach ihrer Definition „sind *Kompetenzen* Dispositionen selbstorganisierten Handelns, sind *Selbstorganisationsdispositionen*" (Erpenbeck und Rosenstiel 2007, S. XIX, H. i. O.), „wobei unter Dispositionen die bis zu einem bestimmten Handlungszeitpunkt entwickelten inneren Voraussetzungen zur Regulation der Tätigkeit verstanden werden" (Erpenbeck und Rosenstiel 2007, S. XXXVI). In diesem Verständnis sind Selbstorganisationsdispositionen die Möglichkeiten einer Person, mit einer komplexen und bisher unbekannten Situation angemessen umgehen zu können (vgl. Rosenstiel et al. 2004, S. 6). Erpenbeck fasst die Eigenschaften von Kompetenz wie folgt zusammen: „Kompetenzen werden von Wissen fundiert, durch Werte konstituiert, als Fähigkeiten disponiert, durch Erfahrungen konsolidiert, auf Grund von Willen realisiert" (Erpenbeck 2007, S. 490).

Eine grundlegende Taxonomie von individuellen Kompetenzen (vgl. Erpenbeck und Rosenstiel 2007, S. XXIV):

- Personale Kompetenzen: Hierdurch ist eine Person in der Lage, sich selbst einzuschätzen und Einstellungen, Werthaltungen sowie Selbstbilder zu entwickeln.
- Aktivitäts- und umsetzungsorientierte Kompetenzen: Hierunter wird verstanden, dass es einer Person möglich ist, ihre Fähigkeiten, Erfahrungen und Motivationen auf andere Kompetenzen zu übertragen, um somit Handlungen erfolgreich umsetzen zu können.

- Fachlich-methodische Kompetenzen: Mit dieser Kompetenz ist es einer Person möglich, mit ihren methodischen und fachlichen Fähigkeiten, Fertigkeiten und Kenntnissen das vorhandene Wissen zu bewerten und Probleme lösen zu.
- Sozial-kommunikative Kompetenzen: Durch diese Kompetenz kann sich eine Person teamorientiert verhalten sowie sich mit anderen Personen kreativ auseinander setzen.

**Organisationale Kompetenz**

Prahalad und Hamel definieren Kernkompetenzen als „the collective learning in organization, especially how to coordinate diverse production skills and integrate multiple streams of technologies“ (Prahalad und Hamel 1990, S. 82). In diesem Verständnis sind Unternehmen in der Lage, mittels der Konzentration auf ihre Kernkompetenzen, langfristige Wettbewerbsvorteile zu sichern (vgl. Floss 2008, S. 4).

North u. a. definieren die Kernkompetenzen einer Organisation als ein „Verbund von Fähigkeiten und Technologien, der auf explizitem oder implizitem Wissen beruht und durch zeitliche Stabilität und produktübergreifenden Einfluss gekennzeichnet ist“ (North et al. 2013, S. 49). Kernkompetenzen können folglich als unternehmensspezifische Stärken beschrieben werden, welche die strategischen Erfolgsfaktoren eines Unternehmens/einer Bank darstellen (vgl. Grote et al. 2012a, S. 5) In gleichem Verständnis definiert Moog Kernkompetenzen als die Fähigkeiten, auch unter sich stark ändernden Rahmenbedingungen Wettbewerbsvorteile zu generieren, indem sie auf Grundlage der vorhandenen Ressourcen Leistungsergebnisse erzielen (vgl. Moog 2009, S. 22). Somit können organisatorische Kernkompetenzen als spezifische Bündel individueller Kompetenzen bezeichnet werden (vgl. Hülsmann und Müller-Martini 2006, S. 376).

## 3 Kompetenzmanagement: Theoretische Grundlagen und Implementierung

### 3.1 Bedeutung, Strategische Ausrichtung, Aufgaben und Prozess eines integrierten Kompetenzmanagementsystems

Übergreifend kann Kompetenzmanagement beschrieben werden als der „gezielte Aufbau und die Nutzung relevanter Kompetenzen auf individueller, organisationaler und interorganisationaler Ebene“ (Krickl 2006, S. 148). Hierbei gilt es „Kompetenzen zu identifizieren, zu rekrutieren, zu entwickeln, zugänglich zu machen, zu nutzen, zu sichern, mit der Strategie abzustimmen und schließlich zu bewerten“ (Zaugg 2006, S. 4).

Kompetenzmanagement hinterfragt, wie die Fähigkeit von Individuen selbstorganisiert und kreativ in Problemsituationen zu handeln, methodisch erfasst, entwickelt und in Handlungszusammenhänge einzuordnen sind. Bezogen auf die Bank hinterfragt Kompetenzmanagement, wie diese Fähigkeiten zur Steigerung des Unternehmenserfolgs eingesetzt und genutzt werden können. Ergebnis ist ein unternehmensspezifisches Kompetenzmodell und entsprechend abgeleitete Maßnahmen (vgl. Erpenbeck 2010, S. 18).

**Individuelles Kompetenzmanagement**
Auf der individuellen Betrachtungsebene ist unter Kompetenzmanagement eine strukturierte Methode zur Beschreibung, Bewertung und Erfassung von individuellen Kompetenzen zu verstehen. Es hat zum Ziel, vorhandene Potenziale aufzuspüren, optimal einzusetzen und (bezogen auf die spezifischen persönlichen Entwicklungsziele) zu entwickeln (vgl. North et al. 2013, S. 21). Es unterstützt die Auseinandersetzung mit der beruflichen Entwicklung und die bewusste und aktive Gestaltung des zukünftigen beruflichen Werdegangs (vgl. North et al. 2013, S. 18).

**Organisationales Kompetenzmanagement**
Unter Kompetenzmanagement auf der organisationalen Betrachtungsebene ist eine Managementdisziplin – mit der Aufgabe organisationale Kompetenzen zu identifizieren, zu nutzen und weiterzuentwickeln – zu verstehen (vgl. Tilebein 2007, S. 51).

Kompetenzmanagement als Teil des strategischen Managements verbindet somit die strategischen Entscheidungen einer Bank mit den dafür notwendigen Kompetenzen, um dadurch strategische Wettbewerbsvorteile zu realisieren (vgl. Habich 2006, S. 18). Nach North u. a. werden im organisationalen Kompetenzmanagement die vorhandenen, individuellen Kompetenzen als Ganzes erfasst, genutzt und unter Bezugnahme der Unternehmens- und Mitarbeiterziele entwickelt (vgl. North et al. 2013, S. 21 f.).

**Bedeutung des Kompetenzmanagements**
Der Einsatz eines Kompetenzmanagementsystems hat in den letzten Jahren konstant an Bedeutung hinzugewonnen. Im Folgenden sind die wesentlichen Ursachen für diese steigende Relevanz eines systematischen Kompetenzmanagements, welches vorhandene und künftig notwendige Kompetenzanforderungen an die Mitarbeiter strategisch und operativ steuert, aufgezeigt:

**Demografische Entwicklung**
Die Verfügbarkeit am Arbeitsmarkt von Fachkräften und jüngeren Mitarbeitern nimmt als Folge der demografischen Entwicklung zunehmend ab (vgl. Nienaber 2007, S. 32). Zudem erhält der Aspekt des generationsübergreifenden Lernens mehr Relevanz (vgl. North et al. 2013, S. 11). Ein zusätzlicher Effekt stellt die Verschiebung des Renteneintrittsalters dar, weshalb das durchschnittliche Beschäftigungsalter weiter steigen wird.

**War for Talents**
Bedingt durch den demografischen Wandel, dem allgemeinen Bank-Vertrauensverlust sowie die fortschreitende Technologisierung stellt der Wettbewerb um die besten Mitarbeiter – dem „War for Talents“[2] – eine der größten Herausforderungen für die Banken dar (vgl. Grote et al. 2012a, S. 8 f.).

[2] „War for Talents“ steht für den zunehmenden Kampf um die besten Talente, die im Informationszeitalter die entscheidende Ressource des Unternehmenserfolges darstellen – so die Unternehmensberatung McKinsey als Namensgeber.

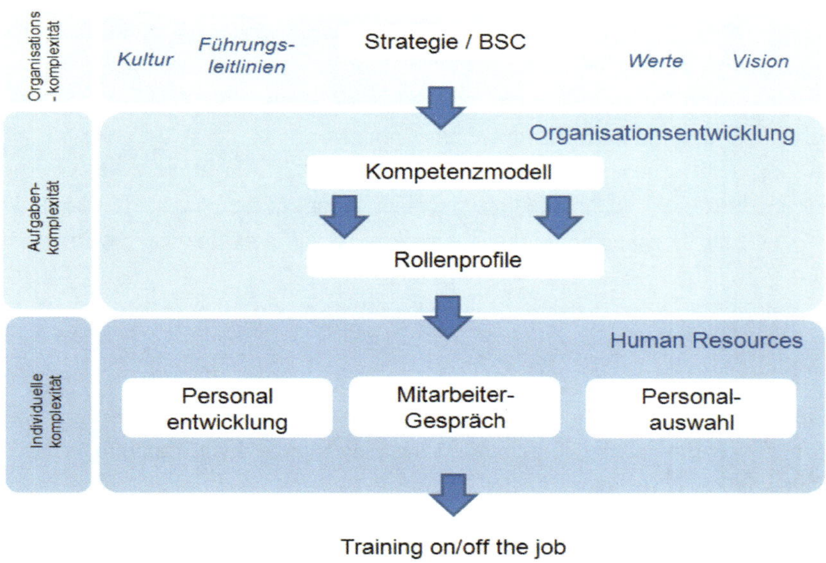


**Abb. 2** Gesamtverankerung des Kompetenzmanagements. (Quelle: eigene Darstellung in Anlehnung an Fischer et al. 2008, S. 127)

### Ökonomisches und rechtliches Umfeld

Ein dynamisches Umfeld verlangt schnelles Handeln. Gleiches gilt auch für immer komplexer werdende Strukturen sowie Auflagen und Vorschriften – wie sie die Bankenwelt in den vergangenen Jahren erfahren hat: und hat damit verbunden steigende Anforderungen an die Kompetenzen und kognitiven Fähigkeiten der Mitarbeiter zur Folge (vgl. Grote et al. 2012a, S. 8).

### Strategische Ausrichtung des Kompetenzmanagements

Ein strategisches Kompetenzmanagementsystem ist auf die strategischen Ziele der Bank ausgerichtet (vgl. Reinhardt 2006, S. 4). Indem strategische Ziele und Anforderungen in quantitative und qualitative Kompetenzbedarfe übersetzt werden (vgl. Strohmeier 2010, S. 26), besitzt Kompetenzmanagement eine Brückenfunktion zwischen der Strategie und den Mitarbeitern einer Bank (vgl. Reinhardt 2006, S. 4 f.).

Abbildung 2 veranschaulicht die verbindende Wirkung des Kompetenzmanagements von der Strategie zu einzelnen Qualifizierungsmaßnahmen.

### Aufgaben des Kompetenzmanagements

Die Aufgaben im Kompetenzmanagement strukturieren North u. a. nach folgenden vier Aspekten (vgl. North et al. 2013, S. 23):

1. Erfassung: Strukturierte und verdichtete Übersicht der Kompetenzen auf Unternehmens- und Mitarbeiterebene zur systematischen Analyse des Kompetenzbestandes auf Organisations- und Teamebene sowie individueller Ebene.

2. Reflexion: Kritisches Hinterfragen der Kompetenzbestände, um dadurch vorhandene Kompetenzlücken zu erkennen.
3. Verteilung: Verteilung der Kompetenzen über die Ebenen der Organisation zur Erhöhung der Verfügbarkeit des Kompetenzbestandes.
4. Entwicklung: Kompetenzportfolios werden unter Berücksichtigung der vorhandenen Kompetenzstruktur und den zukünftigen Anforderungen angepasst; Hierdurch wird die Kompetenz auf Organisations- und Teamebene sowie individueller Ebene erhöht.

Ein ganzheitlich integriertes Kompetenzmanagementsystem führt zu folgenden Vorteilen:

1. für Führungskräfte und Mitarbeiter (vgl. Gröne et al. 2004, S. 62 f.):
   - Die Führungskräfte profitieren von der Möglichkeit einer vorausschauenden Mitarbeiterentwicklung und eines systematischen Identifizierens vorhandener Potenziale.
   - Für die Mitarbeiter bietet Kompetenzmanagement ein zielgerichtetes Entwickeln ihrer Kompetenzen und ein transparentes Entwicklungsmodell.
2. für Banken (vgl. Sticksel 2011, S. 22):
   - Eine kompetenzbasierte Mitarbeiterbeurteilung verbessert die Bankvertriebsleistung, erhöht die Transparenz und steigert die Mitarbeitermotivation.
   - Die Integration des Rekrutierungsprozesses in das Kompetenzmanagementsystem verhilft zu einer Kosten- und Zeitersparnis, einer Verbesserung der Rekrutierungserfolgsquote, einer verringerten Fluktuationsquote und zur Minimierung des Personalentwicklungsbedarfs.
   - Durch eine in das Kompetenzmanagement integrierte Nachfolgeplanung findet ein zielgerichteter und zukunftsorientierter Kompetenzaufbau statt. Desweiteren wird der Kompetenzentwicklungsbedarf in zeitlicher und monetärer Dimension eindeutiger definierbar.
   - Eine auf das Kompetenzmanagement ausgerichtete Personalentwicklung führt zu einer Sicherung der kontinuierlichen Kompetenzentwicklung, zu einer Passgenauigkeit der Entwicklungsmaßnahmen sowie zu einer Erhöhung der Mitarbeiterbindung durch eine systematische Karriereplanung.

**Kompetenzmanagementprozess**

Die Durchführung von Kompetenzmanagement ist ein wiederkehrender Prozess, welcher bei entsprechender Modifizierung jährlich durchlaufen werden sollte (vgl. Gröne et al. 2004, S. 8). Der Kreislaufprozess des Kompetenzmanagements ist in Abb. 3 dargestellt.

Abbildung 3 zeigt, dass die Ableitung der Anforderungen an die Mitarbeiter aus der Gesamtstrategie heraus erfolgt. Aus diesen lassen sich die jeweilig benötigten Soll-Kompetenzen in Form von konkreten Kompetenz-Anforderungsprofilen, einschließlich entsprechender Ausprägungsstärke, bestimmen.

Die anschließende Ermittlung der individuellen Ist-Kompetenzen der Mitarbeiter kann als Fremdbeurteilung im Rahmen eines Mitarbeitergespräches, mittels eines 360-Grad-

**Abb. 3** Kreislaufprozess des Kompetenzmanagementsystems. (Quelle: eigene Darstellung in Anlehnung an Gröne et al. 2004, S. 9)

Feedbacks oder durch eine Selbsteinschätzung des Mitarbeiters erfolgen (vgl. Gröne et al. 2004, S. 13). Eine Fremdbeurteilung durch die Führungskraft sollte gemeinsam mit dem jeweiligen Mitarbeiter durchgeführt werden, um die Akzeptanz für das System Kompetenzmanagement zu erhöhen (vgl. Gröne et al. 2004, S. 13). Die Formen der Fremdbeurteilung reichen von offener und direkter Fremdbeurteilung bis hin zu gruppenbezogenen Feedbacksystemen. Zumeist sind Mitarbeiter- oder Entwicklungsgespräche durch die Führungskraft Anlässe der Fremdeinschätzung (vgl. North et al. 2013, S. 82). Die Fähigkeit der Führungskraft objektiv beurteilen zu können, muss hierbei jedoch Voraussetzung sein (vgl. Enaux und Henrich 2011, S. 109).

Mittels eines 360-Grad-Feedbacks können Fach- und Führungskräfte eine differenzierte Rückmeldung von verschiedenen Anspruchsgruppen (wie Kollegen, nächsthöheren Führungskräften und unterstellten Mitarbeitern sowie Führungskräften/Mitarbeitern aus anderen Bereichen) zu ihren beruflichen Kompetenzen sowie ihrem Führungs- und Teamverhalten erhalten (vgl. Blum und Zaugg 2008, S. 67). Die Selbstbeurteilung durch den Mitarbeiter stellt zwar eine kostengünstige und ohne großen organisatorischen Aufwand durchführbare Methode dar, ist jedoch eine subjektive und somit eher ungenaue Methode der Beurteilung (vgl. North et al. 2013, S. 82).

Im Anschluss an die Ermittlung der vorhandenen Kompetenzen erfolgt eine Gap-Analyse, bei welcher die benötigten Soll-Kompetenzen der Mitarbeiter den vorhandenen Ist-Kompetenzen gegenübergestellt werden. Hieraus können geeignete Qualifizierungsmaßnahmen für die individuelle Kompetenzentwicklung des jeweiligen Mitarbeiters abgeleitet werden (vgl. Barthel und Zawacki-Richter 2007, S. 235). Im Nachgang sind die Ergebnisse der Qualifizierungsmaßnahmen zu evaluieren und in den darauf folgenden Kompetenzmanagementzyklus aufzunehmen (vgl. Gröne et al. 2004, S. 8).

**Integriertes Kompetenzmanagementsystem**

In einem ganzheitlich integrierten Kompetenzmanagementsystem erfolgt die inhaltliche Ausrichtung der Personalinstrumente und -prozesse auf ein zentrales Kompetenzmodell (vgl. Grote et al. 2012a, S. 4). In einem Kompetenzmodell werden die in einem Unternehmen verwendeten Kompetenzen strukturiert. Hierdurch wird zum einen der Umfang und Inhalt der Kompetenzen transparent und zum anderen ein einheitlicher Sprachgebrauch im Unternehmen gewährleistet, welcher inhaltliche Überschneidungen und Wiederholungen vermeidet (vgl. Grote et al. 2012a, S. 3).

Ein Kompetenzmodell für sich stellt jedoch noch kein Kompetenzmanagementsystem dar, sondern erfordert die inhaltliche Ausrichtung der Personalinstrumente auf Kompetenzen (vgl. Grote et al 2012a, S. 3 f.) In Abb. 4 sind diejenigen Personalprozesse und

**Abb. 4** Kompetenzmanagement als Basis von Personalprozessen und –instrumenten. (Quelle: eigene Darstellung in Anlehnung an North et al. 2013, S. 241 ff., und Gröne et al. 2004, S. 63 ff.)

-instrumente dargestellt, welche in ein ganzheitliches Kompetenzmanagementsystem integriert werden können.

**Recruiting**

Für die Personalbeschaffung bietet die Bezugnahme auf ein Kompetenzmodell die Möglichkeit, die notwendigen Kompetenzen des potenziellen Mitarbeiters mit dem Anforderungsprofil der zu besetzenden Stelle detailliert zu prüfen und für den weiteren Einsatz im Unternehmen transparent aufzubereiten (vgl. North et al. 2013, S. 116). Diese Vorgehensweise erleichtert ebenfalls den Prozess der internen Stellenbesetzung. Desweiteren beinhalten betriebliche Kompetenzmodelle Verhaltenserwartungen, welche als Bestandteil der Arbeitgebermarke über Personalmarketingaktivitäten möglichen Bewerbern mitgeteilt werden können (vgl. Grote et al. 2012c, S. 248).

**Projektteambesetzung**

Vor allem bei großen und international agierenden Unternehmen ist es nur schwer möglich, Projektteams ausschließlich auf Basis subjektiver Einschätzungen einzelner Führungskräfte zu besetzen (vgl. North et al. 2013, S. 107). Eine umfassende, strukturierte Erfassung der Mitarbeiterkompetenzen ermöglicht hierbei eine systematische Auswahl der Teammitglieder entsprechend den für das jeweilige Projekt benötigten Kompetenzen (vgl. Büdenbender und Strutz 2005, S. 158 f.).

**Talent (Relationship) Management**

Der Begriff Talent wird in Unternehmen für Mitarbeiter verwendet, welche besondere Fähigkeiten oder ein in der Vergleichsgruppe überdurchschnittliches Können aufweisen (vgl. Grote et al. 2012c, S. 246). Talent Management ermöglicht die Identifikation, Bindung und Entwicklung von talentierten Mitarbeitern im Unternehmen (vgl. Enaux und Henrich 2011, S. 11). Der Fokus von Talent Management liegt auf der intensiven, individuellen Förderung ausgewählter Mitarbeiter, welche über ein systematisch geführtes Kompetenzmanagementsystem identifiziert werden können (vgl. Pellert und Cendon 2012, S. 33).

Talent Relationship Management bezieht sich insbesondere auf die Beziehung zu noch nicht bzw. nicht mehr in der Bank beschäftigen Personen. Zeitlich betrachtet liegen die Maßnahmen vor dem eigentlichen Rekrutierungsprozess und knüpfen direkt, zum Beispiel in Form eines Alumni-Programms, an das Beschäftigungsende an (vgl. Grote et al. 2012c, S. 246).

**Mitarbeiterbeurteilung**

Bei der Mitarbeiterbeurteilung schätzen die Führungskräfte Ihre Mitarbeiter in regelmäßigen Abständen nach einem meist standardisiertes Verfahren ein (vgl. Mentzel 2012, S. 61). Sie lässt sich unterteilen in Leistungs- und Potenzialbeurteilung, wobei die Leistungsbeurteilung als ein vergangenheitsorientiertes Instrument bezeichnet werden kann, welches das Arbeitsergebnis des Mitarbeiters bewertet (vgl. Jung 2011, S. 738). Die jeweiligen Soll-Kompetenzprofile der entsprechenden Tätigkeit bilden hierbei die Grundlage für die Ist-Bewertung (vgl. Barthel und Zawacki-Richter 2007, S. 235).

**Potenzialanalyse**

Wesentliches Kennzeichen einer Potenzialbeurteilung ist die Zukunftsorientierung. Die Potenzialanalyse hat das Ziel, neben vorhandenen geistigen Fähigkeiten auch Anlagen bei den Mitarbeitern zu erkennen und daraus auf ein künftig mögliches Verhalten des Mitarbeiters zu schließen (vgl. Jung 2011, S. 739). Einer zielgerichteten Potenzialförderung geht demnach eine qualifizierte Potenzialerhebung voran (vgl. Pollack und Pirk 2001, S. 64).

**Nachfolgeplanung**

Eine Nachfolgeplanung soll gewährleisten, dass für alle Schlüsselstellen im Unternehmen mindestens ein Nachfolgekandidat für den gegenwärtigen Stelleninhaber in der Planung vorhanden ist, um somit aufkommende Vakanzen direkt schließen zu können (vgl. Mentzel 2012, S. 146). Als Grundlage können hierfür die Kompetenzanforderungen der entsprechenden Stelle dienen, mit Hilfe derer zudem kritische Kompetenzlücken gezielt abgebaut werden können (vgl. North et al. 2013, S. 113). Über eine Verknüpfung zur Potenzialaussage der Mitarbeiter kann ein erweiterter Personenkreis in die Nachfolgesuche einbezogen werden (vgl. Biesalski und Abecker 2006, S. 43).

**Karriere-/Laufbahnplanung**

Die Laufbahnplanung zeigt mögliche Entwicklungswege für den Mitarbeiter auf, welche von Leistung, Kompetenz, Potenzial sowie von seinen Wünschen und Neigungen abhängig ist (vgl. Mentzel 2012, S. 138 f.). Eine systematische Laufbahnplanung erhöht die Bindung von Fach- und Führungskräften in der Bank (vgl. Becker 2009, S. 520).

**Individuelles und kollektives Weiterbildungsmanagement**

Ein systematisches Kompetenzmanagement verhindert ein in der betrieblichen Weiterbildung oft vorzufindendes ‚Gießkannenprinzip', bei welchem Mitarbeiter ohne konkreten Blick auf die individuell notwendige Kompetenzentwicklung zu Seminaren angemeldet werden (vgl. North et al. 2013, S. 123). Wesentlich zielführender sind hingegen Qualifizierungsmaßnahmen, welche am direkten Kompetenzentwicklungsbedarf des jeweiligen Mitarbeiters ansetzen (vgl. Pellert und Cendon 2012, S. 34). Das standardisierte Lernen weicht daher zunehmend individuell verschiedenen Lernformen, wie zum Beispiel Web Based Training, modularisierte Seminarbausteinangebote und arbeitsintegrierte Maßnahmen (vgl. North et al. 2013, S. 124). Ein inhaltlich auf Kompetenzen ausgerichtetes Seminarangebot beinhaltet eine kompetenzorientierte Bedarfsanalyse, Seminarkonzeption und einen entsprechenden Transfer von Lerninhalten (vgl. Grote et al. 2012c, S. 236 f.).

**Entlohnungs- und Anreizsysteme**

Die jeweiligen Kompetenzanforderungen können für eine transparente Positions- oder Rollen- bzw. Jobfamilienbewertung Ausgangsbasis sein, welche neben Entscheidungsrahmen, Ressourcenverantwortung und Wertschöpfungsbeitrag zudem auf Fach-, Sozial- und Managementkompetenzen basieren kann (vgl. Fratschner o. J., S. 6).

**Rahmenbedingungen für eine erfolgreiche Implementierung**

Ein integriertes Kompetenzmanagementsystem muss von allen Mitgliedern der Organisation gelebt und in allen relevanten Geschäftsprozessen verankert sein. Dieser integrative Leitgedanke ist die Voraussetzung für ein durchgängig effektives Kompetenzmanagementsystem (vgl. North et al. 2013, S. 23).

Im Folgenden werden die wesentlichen Erfolgsfaktoren für eine Implementierung eines Kompetenzmanagementsystems in einem Unternehmen aufgezeigt:

**Unternehmenskultur**

Voraussetzung für eine fruchtbare Kompetenzmanagement-Unternehmenskultur sind sowohl Offenheit und gegenseitige Wertschätzung als auch Austausch und Transparenz einschließlich einer institutionalisierten Feedbackkultur (vgl. Enaux und Henrich 2011, S. 113). Darüber hinaus muss eine klare und durchgängige Kompetenzorientierung in der Unternehmenskultur aufgebaut und verankert werden (vgl. North et al. 2013, S. 198).

**Unterstützung des Managements**

Eine Promotorenfunktion durch das oberste Management hilft Widerstände bei der Ausgestaltung des Kompetenzmanagementsystems zu überwinden (vgl. North et al. 2013, S. 193 f.). Ebenso wird durch die Einbindung des Top-Managements die Akzeptanz bei den Mitarbeitern und Führungskräften erhöht (vgl. Grote et al. 2012b, S. 40 f.).

**Organisatorische Verankerung**

Das Kompetenzmanagementsystem ist keine institutionalisierbare Disziplin, sondern muss als integrativer Leitgedanke von allen Führungskräften und Mitarbeitern in allen relevanten Prozessen gelebt werden (vgl. North et al. 2013, S. 23).

Die frühzeitige Einbindung des Betriebs-/Personalrates und des Datenschutzverantwortlichen erleichtert die Schaffung von formalen Rahmenbedingungen wie etwa einer Betriebsvereinbarung (vgl. North et al. 2013, S. 205).

**Pilotartige Implementierung**

Ein Kompetenzmanagementsystem sollte schrittweise, beginnend in einem Pilotbereich, eingeführt werden. Die Erkenntnisse und Erfahrungen aus diesen Pilotprojekten können so in den weiteren Prozess der Implementierung einfließen und Modifizierungen des Kompetenzmodells, der Personalentwicklungsinstrumente oder des Einführungsprozesses an sich zur Folge haben (vgl. Grote et al. 2012b, S. 54).

Für die Einführung eines ganzheitlich integrierten Kompetenzmanagementsystems ist mit einem Zeitraum von bis zu fünf Jahren zu kalkulieren (vgl. Demmer 2010, S. 23).

**Information und Kommunikation**

Die Akzeptanz der Führungskräfte und Mitarbeiter ist unentbehrlich, sodass frühzeitige Informationen über Bereichs- und Hierarchiegrenzen hinweg notwendig sind (vgl. North et al. 2013, S. 194 ff.). Bei fortschreitendem Implementierungsprozess sind die Führungskräfte zudem im Detail zu schulen (vgl. Enaux und Henrich 2011, S. 113).

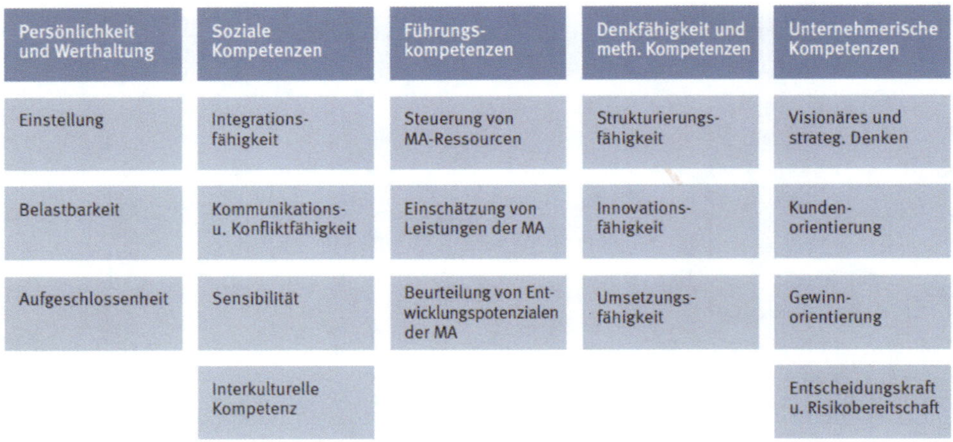


**Abb. 5** Kompetenzmodell KSPG. (Quelle: KSPG 2015b, o. S.)

## 3.2 Exemplarische Darstellung eines Kompetenzmodells bei der KSPG AG

**Unternehmensorganisatorische Strukturen**

Das Firmen-Akronym KSPG steht für Kolbenschmidt (KS) und Pierburg (PG). Die Unternehmen Kolbenschmidt und Pierburg wurden in den Jahren 1910 in Neckarsulm bzw. 1909 in Berlin gegründet und im Jahr 1998 in der heutigen KSPG AG zusammengeführt (vgl. Schlott 2009, S. 10 ff.). Der Unternehmenssitz ist in Neckarsulm.

An mehr als 30 Produktionsstandorten in Europa, Nord- und Südamerika sowie in Japan und China werden etwa 12.000 Mitarbeiter beschäftigt. Im Jahr 2014 erwirtschaftete die KSPG-Gruppe, als internationales Automobilzulieferunternehmen für Motorenkomponenten und -systeme, einen Umsatz von rund 2,5 Mrd. € (vgl. KSPG 2015a, o. S.). Die Automobilindustrie ist (wie der Bankenmarkt auch) durch einen stark kompetitiven Wettbewerbsdruck gekennzeichnet.

**Bestehendes Kompetenzmodell**

Das bei KSPG bestehende Kompetenzmodell wurde auf Basis der Unternehmenswerte und -leitsätze erarbeitet. Es besteht aus den fünf Kompetenzfeldern Persönlichkeit und Werthaltung, soziale Kompetenzen, Führungskompetenzen, Denkfähigkeit und methodische Kompetenzen sowie unternehmerische Kompetenzen (vgl. Abb. 5). Diesen Kompetenzfeldern sind insgesamt 17 überfachliche unternehmensspezifische Kompetenzen zugeordnet, welche wiederum mit spezifischen Verhaltensankern näher beschrieben werden. Das KSPG-Kompetenzmodell fungiert als zentraler Anker für eine Vielzahl der oben beschriebenen, systematisch ineinander greifende Personalprozesse.

### 3.3 Exemplarische Anwendung der persönlichkeitsbasierten Kompetenzentwicklung im Unternehmenskundenvertrieb der LBBW

Die Landesbank Baden-Württemberg (LBBW) ist mit einer Bilanzsumme von ca. 266 Mrd. € (per 31.12.2014) sowie rund 11.100 Mitarbeiterinnen und Mitarbeitern im Konzern die größte deutsche Landesbank. Ihre Hauptsitze sind Stuttgart, Karlsruhe, Mannheim und Mainz. Zusammen mit ihren drei Kundenbanken BW-Bank, Rheinland-Pfalz Bank und Sachsen Bank bietet sie in bundesweit rund 200 Filialen sowie Stützpunkten alle Geschäftsarten eines großen Kreditinstituts mit einer breiten regionalen Verwurzelung. Innerhalb der Landeshauptstadt Stuttgart erfüllt die BW-Bank für die LBBW die Aufgaben einer Stadtsparkasse. Das Geschäftsmodell der LBBW beruht auf fünf Säulen und umfasst die Geschäftsfelder Firmenkunden, Privatkunden, Sparkassen, Immobilienfinanzierung sowie Financial Markets. Dabei bilden die BW-Bank, die Sachsen Bank sowie die Rheinland-Pfalz Bank als unselbstständige Anstalten mit eigenständigem Marktauftritt die drei starken regionalen Säulen im Geschäft des Konzerns mit Privat- und Unternehmenskunden (vgl. LBBW 2015a, o. S.).

Das Bildungsprogramm der Landesbank Baden-Württemberg umfasst produktspezifische Seminare sowie solche, welche die Förderung der Methoden- und Sozialkompetenzen zum primären Ziel haben. Primäres Ziel der speziellen Trainingsreihe für den Vertrieb ist die weitere Verbesserung von generellen und spezifischen Vertriebskompetenzen. Dieser orientiert sich an den Vertriebsprozesshauptaufgaben „Potenziale/Planung", „Gesprächsvorbereitung", „Gesprächsdurchführung", „Gesprächsnachbereitung" und „Nachhalten und Steuern". Diese Aufgabenstellungen erfordern unterschiedliche Kompetenzen (vgl. LBBW 2015b; o. S.).

Im Folgenden erfolgt eine kurze Darstellung der persönlichkeitsbasierten Kompetenzentwicklung (in Ableitung von der individuellen Denkstilpräferenz des Beraters) im Unternehmenskundenvertrieb der LBBW.

Die unterschiedlichen Aufgaben im Vertriebsprozess werden dem HBDI-Modell gegenübergestellt und hierdurch einem der vier Denkstilquadranten zugeordnet. Dadurch ist ein Abgleich der Vertriebsaufgabe und des individuellen HBDI-Profils möglich. So können die Stärken gezielt genutzt und die herausgearbeiteten Lernfelder können geschlossen werden (vgl. LBBW 2015b, o. S.).

Das HBDI-Modell visualisiert eine persönlichkeits-individuelle Denkstilpräferenz. Es besteht aus den vier Denkstilarten: A = Analytisch/Lösungsorientiert; B = Organisiert/Kontrolliert; C = Emotional/Zwischenmenschlich; D = Konzeptionell/Ganzheitlich (vgl. Bendsen 2015, o. S.). Abbildung 6 zeigt das HBDI-Modell auf.

Der Berater kann somit mögliche Kompetenz-Lücken für sich identifizieren und sich dadurch seiner Persönlichkeit entsprechend gezielter weiterbilden: das heißt er kann Trainings wie zum Beispiel „Verkaufskompetenzen", „Preisverhandlungen", „Gesprächsvorbereitung – mit Struktur zum Ziel zum Wohle des Kunden" oder „Der Berater als Kundenteam-Steuermann" persönlichkeitsindividuell bewusster auswählen (vgl. LBBW 2015b, o. S.).

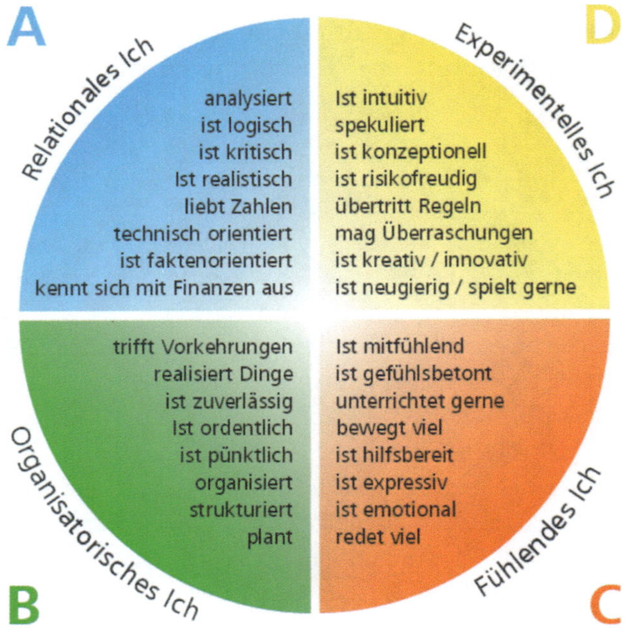


**Abb. 6** HBDI-Modell. (Quelle: Bendsen 2015, o. S.)

## 4 Praxis-Konzept zur Implementierung eines ganzheitlich integrierten Kompetenzmanagementsystems

Die Einführung eines Kompetenzmanagementsystems in einem Unternehmen benötigt eine systematische Planung. In diesem Kapitel werden die Implementierungsschritte eines Kompetenzmanagementsystems anhand des vierstufigen Phasenmodells von Grote et al. Aufgezeigt (vgl. Grote et al. 2012b, S. 37):

Phase 1: Klärung der Ausgangssituation
Phase 2: Vorgehen bei der Kompetenzmodellierung
Phase 3: Gestaltung des Kompetenzmodells
Phase 4: Umsetzung des Kompetenzmodells

**Phase 1: Klärung der Ausgangssituation**

Die Implementierung eines Kompetenzmanagementsystems sollte über ein Projekt realisiert werden. Zu Beginn des Projektes ist (im Rahmen eines Kick-off-Workshops) ein gemeinsames Verständnis der Ausgangssituation und der Kompetenzmanagementsystem-Zielsetzung zu erreichen.

Spätestens hierbei ist zu klären, welche Ziele durch die Implementierung eines ganzheitlich integrierten Kompetenzmanagementsystems erreichen; wie zum Beispiel:

- Sicherstellung nachhaltiger Wettbewerbsfähigkeit als übergeordnete Maxime
- Ableitung des Kompetenzentwicklungsbedarfs aus der Gesamtbankstrategie
- Systematisierung der eingesetzten Personalinstrumente
- Unterstützung des strukturierten Wachstums
- Veränderungsprozesse
- Unterstützung bei der Integration von Mitarbeitern bei Fusionen

**Phase 2: Vorgehen bei der Kompetenzmodellierung**
Für die Erstellung eines Kompetenzmodells muss entschieden werden, ob dieses im Bottom-up oder Top-down-Ansatz durchgeführt wird. Beim Top-down-Ansatz werden die Kompetenzen von der Unternehmensführung vorgegeben, beim Bottom-up-Ansatz von den Mitarbeitern erarbeitet und über mehrere Stufen aggregiert (vgl. North et al. 2013, S. 217).

Der Autor empfiehlt, bei der Einführung des Kompetenzmanagements externe Unterstützung (das heißt Kooperationen mit Unternehmensberatungen, Hochschulen oder Forschungseinrichtungen) in Anspruch zu nehmen. Meist wird diese bezüglich fachlichem Know-how für die konzeptionelle Arbeit in den ersten Phasen der Implementierung sowie für die Moderation von Workshops eingeholt. Die Umsetzung sowie Klärung der Detailfragen wird hingegen oft mit internen Mitarbeitern umgesetzt. Wesentliche Vorteile der Zusammenarbeiten mit Externen sind deren Erfahrungswissen aus vergleichbaren Projekten und die Ergänzung um die Außenperspektive. Mögliche Nachteile sind in einem erhöhten Koordinations- und Kostenaufwand zu sehen (vgl. Grote et al. 2012b, S. 41 f.).

**Phase 3: Gestaltung des Kompetenzmodells**
Das bei KSPG unternehmensspezifisch eingesetzte Kompetenzmodell beinhaltet allgemeine, überfachliche Kompetenzen für alle Mitarbeiter des Unternehmens, unabhängig ihrer Tätigkeit, und stellt somit die Grundlage des Kompetenzmanagementsystems dar. Aufgrund des angestrebten, ganzheitlich integrierten Ansatzes des Kompetenzmanagements ist es jedoch notwendig, das bestehende Kompetenzmodell um fachliche Kompetenzen zu ergänzen. Hierfür müssen diese funktions- und bereichsspezifisch für die entsprechenden Mitarbeitergruppen abgeleitet werden.

Die Fachkompetenzen für Funktionen wie Marktfolge, Controlling, IT und Marketing können übergreifend einheitlich definiert werden. Bei den fachlichen Kompetenzen (wie diese zum Beispiel auch der Bankvertrieb explizit fordert) müssen die entsprechenden Besonderheiten beachtet werden.

**Phase 4: Umsetzung des Kompetenzmodells**

**Erstellung der Soll-Kompetenzprofile**
Die Erarbeitung der Fachkompetenzen für die einzelnen Funktionen sollte zielführender weise in entsprechenden Teilprojekten durchgeführt werden. Für jede Funktion im Unternehmen ist demnach ein Projekt zu starten, welches die notwendigen Fachkompetenzen

seiner Funktion erarbeitet. Projektteilnehmer sind jeweils Mitarbeiter aus den Funktionen der verschiedenen Geschäftsbereiche.

Als Grundlage für die Erarbeitung der konkreten Soll-Kompetenzprofile können die Aufgaben- und Anforderungsbeschreibungen der Tarif-Funktionsbeschreibungen und die ggf. in der Bank bereits angewandte Strukturierung nach Jobfamilien herangezogen werden. Hieraus können von den Projektteams die relevanten Kompetenzen und notwendigen Soll-Ausprägungsgrade für die jeweiligen Kompetenzprofile abgeleitet und definiert werden.

Der Autor empfiehlt zur Erarbeitung der Soll-Kompetenzprofile für den Bankvertrieb ebenso ein eigenes Projekt zu starten. Mit Hilfe eines Fragebogens können über qualitative Interviews die Experten des jeweiligen Bereiches zu heute und zukünftig benötigten Kompetenzen befragt werden.

**Kompetenzmessung**

Zur Messung der vorhandenen Ist-Kompetenzen der Mitarbeiter ist zu empfehlen, das folgende, bereits im Unternehmen bei der Potenzialanalyse eingesetzte Einstufungsverfahren, anzuwenden (wie zum Beispiel 4: besonders starke Ausprägung, 3: starke Ausprägung, 2: genügende Ausprägung, 1: fehlende bis geringe Ausprägung).

Vom Autor wird als zielführend erachtet, die Durchführung der Kompetenzeinschätzungen in ein jährlich stattfindendes Mitarbeitergespräch zur Leistungsbeurteilung zu integrieren, bei welchem der Mitarbeiter von seiner direkten Führungskraft bewertet wird. Durch einen Vergleich der Soll- und Ist-Kompetenzen können hierbei direkt Kompetenzaufbaubedarfe erkannt sowie Aufbaumaßnahmen gemeinsam vereinbart werden. Dieses unternehmensweit einheitliche Vorgehen kann das tariflich verbindliche Qualifizierungsgespräch ersetzen sowie Transparenz und Vergleichbarkeit im Unternehmen herstellen.

Personalentwicklungsmaßnahmen können somit aufgrund eines systematisch abgeleiteten Bedarfs konzernweit besser geplant, spezifischer konzipiert und effektiver durchgeführt werden.

**Jährlicher Kompetenzmanagementprozess**

In Anlehnung an Gröne et al. (vgl. Kapitel Kompetenzmanagementprozess) wird folgender (jährlich zu durchlaufender) Prozessablauf vom Autor als sinnvoll erachtet:

1. Schritt: Vorbereitung
   Grundlage zur Bestimmung der gegenwärtigen und zukünftigen Kompetenzen sind die Bestimmung der strategischen Ziele aus den Unternehmens- und einzelnen Geschäftsbereichsstrategien sowie die Ergebnisse des Fragenbogens zu den Schlüsseltechnologien.
2. Schritt: Soll-Kompetenzprofile
   Ableitung und Definition (bzw. in den Folgejahren Überprüfung und Anpassung) der Soll-Kompetenzprofile mit Ausprägungsgraden über Soll-Kompetenz-Workshops.
3. Schritt: Ist-Kompetenzen

Einschätzung der Ist-Kompetenzen der Mitarbeiter durch die jeweilige Führungsraft im Rahmen eines Mitarbeitergespräches.

4. Schritt: Soll-/Ist-Kompetenzvergleich
   Vergleich der Soll- und Ist-Kompetenzprofile und Ableitung des Kompetenzaufbaubedarfs; Individuelle Planung und Vereinbarung von Kompetenzaufbaumaßnahmen.
   Schritt: Kompetenzaufbau
   Konzeption, Organisation und Durchführung von Kompetenzaufbaumaßnahmen über die dezentralen Personalentwicklungen in den Geschäftsbereichen.
5. Schritt: Evaluation
   Bewertung der Kompetenzaufbaumaßnahme und des Transfers in den Arbeitsbereich.

Die bankweite Verantwortung für das Kompetenzmanagement sollte bei einer zentralen Stelle, der strategischen Personalentwicklung liegen. Zu ihren Aufgaben sollte neben der Verantwortung für die Einführung und Weiterentwicklung der weltweiten Prozesse, die Einführung und Verfolgung eines Berichtswesens zählen. Ebenso ist die Erstellung und das Controlling der Einhaltung der unternehmensweiten Zeitpläne für den jährlichen Kompetenzmanagementprozess, in welchen u. a. geregelt ist, bis wann die Überarbeitung der Soll-Kompetenzprofile oder die Ist-Einschätzung der Mitarbeiter abgeschlossen sein muss, zu ihrem Aufgabengebiet zu zählen.

Die Führungskräfte nehmen im Kompetenzmanagement eine Schlüsselrolle ein. Sie tragen die direkte Verantwortung im laufenden Kompetenzmanagementprozess und sind erster Ansprechpartner für die Mitarbeiter.

**Rahmenbedingungen**

Einbindung der Mitarbeiter und Kommunikation: Zur erfolgreichen Implementierung eines Kompetenzmanagementsystems ist die frühzeitige Einbindung der Mitarbeiter notwendige Voraussetzung. Informationen über die Vorteile eines Kompetenzmanagementsystems und den aktuellen Implementierungsstand können hierbei u. a. per E-Mail, Info-Ständen auf dem Werksgelände, Informationsveranstaltungen und Betriebsversammlungen gegeben werden. Als Kommunikationsplattform bietet sich zudem ein eigener Intranetauftritt an, zum Beispiel mit Informationen zum Kompetenzmanagementsystem, Verantwortlichkeiten, Ansprechpartnern und Zeitplänen. Des Weiteren könnten ein Kompetenzmanagement-Wiki und virtuelle Teamräume für die Verantwortlichen bereitgestellt werden. Die offene Unterstützung für das Kompetenzmanagement von Seiten des Vorstands ist ebenfalls wichtig, um die Akzeptanz bei den Mitarbeitern zu erhöhen.

Vor und begleitend zu der Implementierung sind entsprechende Schulungen für die Führungskräfte zum Kompetenzmanagement allgemein, dem Aufbau und der Anwendung des IT-Tools sowie der Gesprächsführung zu konzipieren und durchzuführen.

Ein weiterer Erfolgsfaktor der Implementierung ist die Erzeugung von Transparenz innerhalb des Prozesses. Bereits zu Beginn der Einführung müssen die Zuständigkeiten und Verantwortlichkeiten definiert und an alle Mitarbeiter kommuniziert werden.

**IT-Unterstützung**
Auf die Gestaltung der IT-Unterstützung ist ebenfalls ein besonderer Fokus zu richten. Zur optimalen Nutzung der Vorteile eines integrierten Kompetenzmanagementsystems sollte das Kompetenzmanagement-IT-Tool in die bestehende IT-Systemlandschaft integriert sein, sodass alle Personalprozesse und -instrumente auf einen gemeinsamen Datenbestand zugreifen können.

In dem IT-Tool sollte die Möglichkeit bestehen, die organisatorische Struktur des Unternehmens abzubilden und die Soll-Kompetenzprofile entsprechend der Jobfamilien zu strukturieren. Die Einschätzung der Mitarbeiterkompetenzen durch die Führungskraft findet dann direkt im IT-Tool statt, indem für den einzelnen Mitarbeiter gemäß seiner Tätigkeit entsprechende Soll-Kompetenzprofile zugeordnet werden können und die Ist-Bewertung durchgeführt werden kann.

Das IT-Tool sollte zudem die Funktion besitzen, Kompetenzaufbaumaßnahmen zu verknüpfen. Es sollten direkt für jede Kompetenz entsprechende Maßnahmen auswählbar sein, welche nötig sind, die entsprechende Kompetenz aufzubauen. Die Dokumentation über den Status der Qualifizierungsmaßnahmen, die Dokumentation individueller Weiterbildungshistorien sowie alle administrativen Vorgänge bezüglich der Maßnahmen sollten ebenso über das IT-Tool abgedeckt werden können.

Des Weiteren sollte das IT-Tool über kombinierte Auswertungsfunktionen verfügen, wie zum Beispiel Soll-Ist-Kompetenzvergleiche über verschiedene organisatorische Einheiten hinweg (zum Beispiel Team-, Gruppen-, Abteilungsebene, Geschäftsbereichs- oder Konzernebene), Kompetenzanalysen für die Nachfolgeplanung (in Verbindung mit den Ergebnissen aus der Potenzialanalyse und dem Talentmanagement) sowie Auswertungen zu den Kompetenzaufbaumaßnahmen.

Die Thematik des Datenschutzes muss in Abstimmung mit dem Datenschutzbeauftragten und dem Betriebs-/Personalrat erörtert werden.

## 5 Fazit

In Zeiten sich ändernden Kundenverhaltens, stetig wachsenden regulatorischen Anforderungen und sinkenden Margen stehen Banken heute mehr denn je vor großen Herausforderungen. Die Ertrags- und Innovationskraft von Banken wird immer mehr von der Fähigkeit abhängig, vorhandene Mitarbeiterkompetenzen optimal zu nutzen und entsprechend den zukünftigen Anforderungen weiter zu entwickeln.

Kompetenzmanagement als systematische Methode zur Beschreibung, Erfassung und Weiterentwicklung von Kompetenzen stellt ein strategisch ausgerichtetes und operativ praktikables Instrument für Banken dar.

Ein ganzheitlich integriertes Kompetenzmanagementsystem verbindet die Gesamtstrategie mit der Personalentwicklung, indem strategische Ziele der Bank in konkrete Kompetenzbedarfe überführt werden. Die Kompetenzlücken können anschließend zielgerichtet durch individuelle Kompetenzaufbaumaßnahmen geschlossen werden. Das Bündel der daraus sich ergebenden Vorteile, wie zum Beispiel zielgerichtetes Recruiting und Talentmanagement, Transparenz der unternehmensweiten Kompetenzen, Erhöhung der Mitarbeitermotivation und -bindung, wurde im Rahmen dieses Artikels dargestellt. Die Vernetzung der Personenwicklungsinstrumente erfolgt somit über die Kompetenzen. Hierfür ist es notwendig, eine aussagekräftige, aktuelle und umfassende Datenbasis über die vorhandenen Mitarbeiterkompetenzen und den zukünftigen Anforderungen aufzubauen.

Die Implementierung eines umfassenden Kompetenzmanagementsystems bezieht alle Mitarbeiter ein und schafft somit eine ‚Kultur der Kompetenzen'. Entsprechend ist es notwendig, den Einführungsprozess detailliert zu planen und die Mitarbeiter einzubinden. Es bedarf Zeit, ein funktionierendes Kompetenzmanagementsystem sukzessive in der Organisation zu verankern. Ist ein Kompetenzmanagementsystem jedoch fest in der Prozessstruktur der Bank integriert, bietet es eine Vielzahl an Möglichkeiten und Vorteilen, die strategische und operative Personalarbeit zu steuern und somit die Bank zukunftsfähig zu gestalten.

## Literatur

Arnold, R. (2006): Personalentwicklung – Eine Grundlegung. Studienbrief im Rahmen des Fernstudiengangs Personalentwicklung. TU Kaiserslautern.

Barthel, E./Zawacki-Richter, O. (2007): Integriertes Kompetenzmanagement (IKM) zur Bewertung und Gestaltung des Kompetenzkapitals. In: Barthel, E. u. a. (Hrsg.) (2007): Kompetenzkapital heute. Wege zum Integrierten Kompetenz-management. Frankfurt: Frankfurt School Verlag, 231–247.

Barthel, E. u. a. (Hrsg.) (2007): Kompetenzkapital heute. Wege zum Integrierten Kompetenzmanagement. Frankfurt: Frankfurt School Verlag.

Becker, M. (2009): Personalentwicklung. Bildung, Förderung und Organisations-entwicklung in Theorie und Praxis. 5., aktualisierte und erweiterte Auflage. Stuttgart: Schäffer-Poeschel Verlag.

Blum, A./Zaugg, R. J. (2008): 360-Grad-Feedback. Komplexe Arbeitsbeziehungen erfordern differenzierte Feedbacksysteme. In: Thom, N./Zaugg, R. J. (Hrsg.) (2008): Moderne Personalentwicklung. Mitarbeiterpotenziale erkennen, entwi-ckeln und fördern. 3., aktualisierte Auflage. Wiesbaden: Gabler Verlag, 65–84.

Büdenbender, U./Strutz, H. (2005): Gabler Kompakt-Lexikon Personal. 1.000 Begriffe zu Personalwirtschaft, Personalmanagement, Arbeits- und Sozialrecht nachschlagen, verstehen, anwenden. 2. Auflage. Wiesbaden: Gabler Verlag.

Enaux, C./Henrich, F. (2011): Strategisches Talent-Management. Talente systematisch finden, entwickeln und binden. Freiburg: Haufe-Lexware.

Erpenbeck, John/Rosenstiel, Lutz von (2007): Einführung. In: Erpenbeck, John/Rosenstiel, Lutz von (Hrsg.) (2007): Handbuch Kompetenzmessung. Erkennen, verstehen und bewerten von Kompetenzen in der betrieblichen, pädagogischen und psychologischen Praxis. 2., überarbeitete und erweiterte Auflage. Stuttgart: Schäffer-Poeschel Verlag, XVII–XLVI.

Erpenbeck, J. (2009): Was „sind" Kompetenzen? In: Faix, W.G./Auer, M. (Hrsg.) (2009): Talent. Kompetenz. Management. Band 1. Stuttgart: Steinbeis-Edition, 79–139.

Erpenbeck, J. (2010): Kompetenzen – eine begriffliche Klärung. In: Heyse, V./Erpenbeck, J./Ortmann, S. (Hrsg.) (2010): Grundstrukturen menschlicher Kompetenzen. Praxiserprobte Konzepte und Instrumente. Münster: Waxmann Verlag, 13–20.

Fischer, S./Schneider, S./Schmitz, A. (2008): HR als Business Partner – Ein Beispiel aus der Praxis. Durch Kompetenzmanagement komplexe Herausforderungen bewältigen. In: Blank, T. u. a. (Hrsg.) (2008): Integrierte Soziologie – Perspektiven zwischen Ökonomie und Soziologie, Praxis und Wissenschaft. Festschrift zum 70. Geburtstag von Hansjörg Weitbrecht. München und Mering: Rainer Hampp Verlag, 123–135.

Floss, Franca Leona (2008): Strategisches Kompetenzmanagement. Grundlagen, praktische Befunde, Chancen. Saarbrücken: VDM Verlag Dr. Müller.

Gröne, T. u. a. (2004): Effizientes Kompetenzmanagement in Unternehmen. Ergebnisse einer Studie des Institutes für Europäische Wirtschaftsstudien IEWS Reutlingen inklusive Konzeption einer operativen Gestaltungsempfehlung. Schriftenreihe des ESB Research Institute. Stuttgart: Ibidem-Verlag.

Grote, S u. a. (2012a): Einleitung: Vom Wettbewerb zur Kompetenz. In: Grote, S./Kauffeld, S./Frieling, E. (Hrsg.) (2012): Kompetenzmanagement. Grundlagen und Praxisbeispiele. 2., überarbeitete Auflage. Stuttgart: Schäffer-Poeschel Verlag, 1–13.

Grote, S. u. a. (2012b): Implementierung eines Kompetenzmanagementsystems: Phasen, Vorgehen und Stolpersteine. In: Grote, S./Kauffeld, S./Frieling, E. (Hrsg.) (2012): Kompetenzmanagement. Grundlagen und Praxisbeispiele. 2., überarbeitete Auflage. Stuttgart: Schäffer-Poeschel Verlag, 35–56.

Grote, S. u. a. (2012c): Perspektiven des Kompetenzmanagements. In: Grote, S./Kauffeld, S./Frieling, E. (Hrsg.) (2012): Kompetenzmanagement. Grundlagen und Praxisbeispiele. 2., überarbeitete Auflage. Stuttgart: Schäffer-Poeschel Verlag, 235–252.

Habich, J. (2006): Kompetenz-Management: Eine kritisch-rationale Anaylse. München: Hampp Verlag

Hülsmann, M./Müller-Martini, M. (2006): Kompetenzen externer Individuen im Competence-based View – einige Basisüberlegungen. In: Burmann, C./Freiling, J./Hülsmann M. (Hrsg.) (2006): Neue Perspektiven des Strategischen Kompetenz-Managements. Wiesbaden: Deutscher Universitäts-Verlag, 373–393.

Jung, H. (2011): Personalwirtschaft. 9., aktualisierte und verbesserte Auflage. München: Oldenbourg Verlag.

Krickl, O. (2006): Kompetenzmanagement als Erfolgsfaktor für das Geschäfts-prozessmanagement. In: Zaugg, R. J. (Hrsg.) (2006): Handbuch Kompetenz-management. Durch Kompetenz nachhaltig Werte schaffen. Bern: Haupt-Verlag, 147–154.

Mentzel, W. (2012): Personalentwicklung. Wie Sie Ihre Mitarbeiter fördern und weiterbilden. 4., überarbeitete Auflage. München: dtv.

Moog, T. (2009): Strategisches Ressourcen- und Kompetenzmanagement industrieller Dienstleistungsunternehmen. Ein theoretischer und praktischer Erklärungs-ansatz. Wiesbaden: Gabler-Verlag.

Mudra, P. (2004): Personalentwicklung. Integrative Gestaltung betrieblicher Lern- und Veränderungsprozesse. München: Verlag Vahlen.

Müller-Vorbrüggen, M. (2008a): Struktur und Strategie der Personalentwicklung. In: Bröckermann, R./Müller-Vorbrüggen, M. (Hrsg.) (2008): Handbuch Personal-entwicklung. Die Praxis der Personalbildung, Personalförderung und Arbeits-strukturierung. 2., überarbeitete und erweiterte Auflage. Stuttgart: Schäffer-Poeschel-Verlag, S. 3–22.

Müller-Vorbrüggen, M. (2008b): Management der Personalentwicklung. In: Bröckermann, R./Müller-Vorbrüggen, M. (Hrsg.) (2008): Handbuch Personal-entwicklung. Die Praxis der Personalbildung, Personalförderung und Arbeits-strukturierung. 2., überarbeitete und erweiterte Auflage. Stuttgart: Schäffer-Poeschel-Verlag, S. 707–722.

Nienaber, C. (2007): Die Bedeutung des Kompetenzmanagements für die strategische Personalarbeit. In: Jochmann, W./Gechter, S. (Hrsg.) (2007): Strategisches Kompetenzmanagement. Heidelberg: Springer-Verlag, 25–46.

North, K./Reinhardt, K./Sieber-Suter, B. (2013): Kompetenzmanagement in der Praxis. Mitarbeiterkompetenzen systematisch identifizieren, nutzen und entwickeln. Mit vielen Fallbeispielen. 2., bearbeitete und erweiterte Auflage. Wiesbaden: Gabler-Verlag.

Pollack, W./Pirk, D. (2001): Personalentwicklung in lernenden Organisationen. Konzepte, Beispiele, Übungen. Wiesbaden: Gabler-Verlag.

Reinhardt, K. (2006): Quo Vadis Kompetenzmanagement? Chancen und Heraus-forderungen für die Praxis. In: Gronau, N./Fröming, J./Schmid, S. (Hrsg.) (2006): Kompetenzmanagement in der Praxis. Schulung, Staffing und Anreizsysteme. Berlin: Gito-Verlag, 3–11.

Rosenstiel, L. v./Pieler, D./Glas, P. (Hrsg.) (2004): Strategisches Kompetenz-management. Von der Strategie zur Kompetenzentwicklung in der Praxis. Wiesbaden: Gabler Verlag.

Solga, M./Ryschka, J./Mattenklott, A. (2011): Ein Prozessmodell der Personal-entwicklung. In: Ryschka, J./Solga, M./Mattenklott, A. (2011): Praxishandbuch Personalentwicklung. Instrumente, Konzepte, Beispiele. 3., vollständig überarbeitete und erweiterte Auflage. Wiesbaden: Gabler-Verlag, S. 19–34.

Schlott, S. (2009): Mit Leidenschaft Entwickler, 100 Jahre Pierburg und Kolbenschmidt. Düsseldorf: Droste Verlag.

Sticksel, P. (2011): Seminarunterlagen zum Präsenzseminar im Rahmen des Fernstudiums Personalentwicklung an der Universität Kaiserslautern am 12.08.2011: Kompetenzanalyse und -aufbau für unterschiedliche Zielgruppen und Situationen.

Tilebein, M. (2007): Theoriebeiträge der Komplexitätsforschung zum strategischen Kompetenz-Management. In: Freiling, J./Gemünden, H. G. (Hrsg.) (2007): Dynamische Theorien der Kompetenzentstehung und Kompetenzverwertung im strategischen Kontext. Mering: Rainer Hampp Verlag, 49–77.

Zaugg, R. J. (2006): Kompetenzlandkarte. Eine Einführung in dieses Handbuch. In: Zaugg, Robert J. (Hrsg.) 2006: Handbuch Kompetenzmanagement. Durch Kompetenz nachhaltig Werte schaffen. Bern: Haupt-Verlag, 1–14.

## Verzeichnis der Zeitschriften

Biesalski, E./Abecker, A. (2006): Wenn wir wüssten, was wir wissen. In: Personal-wirtschaft 06/2006, 42–45.

Demmer, C. (2010): Kompetenzmanagement: Nichts für Dünnbrettbohrer. In Personal-wirtschaft 05/2010, 22–25.

Pellert, A./Cendon, E. (2012): Talente und Kompetenz im Gleichgewicht. In: Personal-wirtschaft 05/2012, 33–35.

Prahalad, C. K.; Hamel, G. (1990): The Core Competence of the Corporation. In: Harvard Business Review, Jg. 68, H. 3, S. 79–91.

Strohmeier, S. (2010): Mitarbeiterprofile per Knopfdruck. In: Personalwirtschaft 05/2010, 26–28.

## Verzeichnis der Internetquellen

Bendsen, B. (2015): Darstellung des HBDI-Modells. www.babettebendsen.de/de/HBDI-Babette-Bendsen.pdf (zugegriffen am 04.03.2015).

Fratschner, F. (o. J.): Moderne Vergütungssysteme. Eine Publikationsreihe des Bundesverbandes der Personalmanager (Hrsg.), Berlin: http://www.bpm.de/sites/default/files/bpm_service06_verguetung_neu.pdf (zugegriffen am 04.03.2015).

KSPG (2015a): Vorstellung der Gesamt-Unternehmensgruppe KSPG. http://www.kspg.com/unternehmen/kspg-ag (zugegriffen am 04.03.2015).

LBBW (2015a): Das Unternehmensprofil der LBBW. www.lbbw.de/de/ueber_uns/unternehmensprofil/unternehmensprofil.jsp (zugegriffen am 04.03.2015).

## Weitere Quellen

KSPG (2015b): Kompetenzmodell. Interne Unterlage.

LBBW (2015b): Interviews mit Jens Jungbauer (Leiter der Abteilung ‚Personal: Marke, Entwicklung und Grundsatz/LBBW) und Carsten Sauter (Senior-Referent in der Abteilung ‚Personal: Marke, Entwicklung und Grundsatz/LBBW); Januar/Februar 2015.

**Heiko Hartmann** beschäftigt sich in der Konzernholding des Automobilzulieferers KSPG AG mit Führungskräfteentwicklung (inklusive Potenzialanalyse/Nachfolgeplanung), Organisationsentwicklung und HR-Strategie (zum Beispiel demografischer Wandel/ Employer Branding/Gesundheitsmanagement).

Zuvor war er als Personalreferent bei der Landesbank Baden-Württemberg (LBBW) im Rahmen Hochschulmarketing, Mitarbeiterauswahl und Traineebetreuung mit dem Fokus Private Banking tätig.

Herr Hartmann studierte an der Berufsakademie Karlsruhe (Bank, Diplom-Betriebswirt (BA)), der FH Ludwigshafen (Personalmanagement, Diplom-Betriebswirt (FH)) sowie der Universität Kaiserslautern (Personalentwicklung, Master of Arts (M. A.)).

Nebenberuflich ist er seit Jahren an der DHBW in Stuttgart im Studiengang BWL-Bank als Dozent im Bereich Personalmanagement aktiv und betreut darüber hinaus wissenschaftliche Arbeiten.

# Teil IX
# Technologie/Prozesse

# Banken-Technologie – Anforderungen an die Bank der Zukunft

Steffen A. Jentsch

## Inhaltsverzeichnis


1 Einleitung ... 369
2 Technische Lösungen müssen kundenorientiert sein ... 370
3 Multikanal-Banking wird zu Omnikanal-Banking ... 372
4 Cloud-Technologie Voraussetzung für weitere Digitalisierung ... 375
5 Sicherheit ist oberstes Gebot ... 376
6 Digitalisierung umsetzen: Den Weg in die Cloud gestalten ... 379


## 1 Einleitung

Kein Zweifel, das Bankgeschäft ist im Umbruch. Keineswegs neu ist, dass Finanzdienstleistungen ohne Technik gar nicht mehr abgebildet werden können. Aber auch die zugrundeliegenden Entwicklungsparadigmen haben sich geändert, wurden Bankthemen in der Vergangenheit sehr stark aus der Sicht des Anbieters und der Regulatorik konzipiert, werden die Funktionen und Prozesse heute immer stärker aus der Sicht der Nachfrager, also der Bankkunden, entwickelt und gesteuert.

Die Zahl der Anbieter ist groß, der Wettbewerb in der Bankenbranche hart. Gefördert wird er durch eine Vielzahl von Finanzportalen im Internet, die Finanzprodukte für den Kunden vergleichbar machen, auch wenn es sich oft nur um eine Pseudo-Vergleichbarkeit handelt. In diesem Umfeld muss die Bank versuchen, sich möglichst gut zu platzieren und Finanzprodukte anzubieten, die auf den Bedarf des Kunden zugeschnitten sind.


S. A. Jentsch (✉)
Fiducia & GAD IT AG, Münster, Deutschland





D. Hellenkamp, K. Fürderer (Hrsg.), *Handbuch Bankvertrieb*,
DOI 10.1007/978-3-658-06447-1_22

Doch in diesem Umbruch ist die Finanzindustrie nicht allein. Wer hätte vor ein paar Jahren gedacht, dass man telefonieren so revolutionieren kann, wie das Apple mit dem iPhone gelungen ist? Die Finanzbranche ist heute in einer ähnlichen Situation wie Apple damals; wie die meisten anderen Industrien befindet sie sich in einem Veränderungsprozess, nämlich in einem Prozess der Digitalisierung. Dieser Prozess birgt für die Banken Risiken, aber auch Chancen.

## 2 Technische Lösungen müssen kundenorientiert sein

In einem Umfeld, das mehr und mehr durch Digitalisierung geprägt wird, wird Kundenorientierung für Banken zunehmend wichtiger. Zumal neue Wettbewerber aus der digitalen Welt auf den Bankenmarkt drängen. PayPal, Google Wallet oder Apple Pay haben keineswegs nur den Umsatz aus dem Zahlungsverkehr im Visier. In der Hauptsache geht es ihnen um den Kundenkontakt. Unternehmen wie Facebook gelingt es, ihre Kunden gleichsam in einen persönlichen Mikrokosmos einzuhüllen, in dem sich Informationen und Dienste in jeder Lebenslage zu einem situationsbezogenen Kontext zusammenfügen. Ein Kontext, der sich überdies durch Interaktion permanent erweitert. Banken können und sollten in Sachen personalisierter Kundenbindung von den Internetfirmen lernen. Denn über kurz oder lang kommen sie am veränderten Medienverhalten der „Always-on-Generation" nicht vorbei.

Breit gestreute Mailings mit Spar- oder Finanzierungsangeboten entsprechen den Erwartungen der heutigen Kundengeneration immer weniger – auch dann nicht, wenn sie elektronisch im persönlichen Postfach der Online-Filiale eingehen. Solche Angebote sind unpersönlich, kommen bestenfalls zufällig zur rechten Zeit und haben für Kunden in der Regel keine situative Relevanz. Wer aber zum Beispiel weiß, wann und wofür ein Kunde wie viel zahlt, kann seine Offerten personalisieren und genau auf diejenigen Situationen zuschneiden, in der ein bestimmter Bedarf entsteht.

Das funktioniert für die Banken aber nur, wenn Kunden mit der Verwertung ihrer persönlichen Informationen einverstanden sind und sich freiwillig an der Erhebung entsprechender Daten beteiligen. Dies werden Kunden nur dann tun, wenn sie einen persönlichen Mehrwert daraus ziehen können, etwa durch aktive Nutzung des persönlichen Finanzmanagements. Dies wiederum setzt voraus, dass Banken Vertrauen genießen im Hinblick auf den bestimmungsgemäßen Gebrauch persönlicher Informationen und die Sicherheit der zugrunde liegenden IT-Infrastruktur.

Bisher wurden vor diesem Hintergrund vor allem Produkte entwickelt, die für Spezialisten in der Bank oder den Treasury-Abteilungen der Firmenkunden nutzbar waren. Das waren Lösungen mit einem hohen Maß an Sicherheit, die aber auch etwas „sperrig" waren. Dafür wird es zwar auch in Zukunft noch einen Markt geben, doch Finanzdienstleistungen werden zunehmend auch von der breiten, gut informierten Bevölkerung selbst getätigt. Die meisten dieser Nutzer möchten jedoch einfache Technologien, was die Benutzbarkeit betrifft. Damit gelangen Anbieter in ein Spannungsfeld zwischen Sicherheit und Bedienbarkeit. „Big Data“, „Data Analytics“ und „Security“ sind in diesem Zusammenhang Stichworte, die sehr ausgewogen in die Produktentwicklung einbezogen werden müssen. Auf der einen Seite ist es hilfreich, die Bedarfssituation des Kunden besser zu erkennen und damit Dienstleistungen und technisch verknüpft Informationen zur Verfügung zu stellen, die den Vertriebsprozess unterstützen. Auf der anderen Seite dürfen Bedienbarkeit und die Hebung des Datenschatzes nicht zu Lasten der Sicherheit und des Datenschutzes gehen. Ausgewogen wird dadurch die Entstehung neuer Produkte unterstützt.

Beispiel klassisches Bankkonto: Was ist eigentlich dessen Mehrwert? Im Grunde wird aufgelistet, was der Kunde an Geld ausgegeben hat, was er eingenommen hat. Ein echter Mehrwert ist schwer zu erkennen. Die Frage ist, wie die Liquiditätsströme in der Vergangenheit gelaufen sind – und ob man daraus ableiten kann, was in Zukunft passieren wird. Hier kann man analytisch ansetzen für ein „Personal Finance Management“ des Kunden. Mit den Möglichkeiten, die Data Analytics bietet, lässt sich auf Basis der vergangenheitsbezogenen Daten in die Zukunft blicken. Man kann also antizipieren, wie die Liquiditätsströme sich künftig entwickeln werden, welche Ausgaben wann anfallen. In der Folge kann die Bank passende Finanzdienstleistungen, etwa Ansparprodukte, integrieren, und bei sich ändernden Zahlungsströmen flexibel anpassen.

Für die Bank ist es wichtig herauszufinden, welches Bedürfnis der Nutzer oder Kunde hat und wie sich dieses Bedürfnis mit einer passenden Finanzdienstleistung oder einem passenden Produkt verknüpfen lässt. Das kann „Bezahlen“ sein, das kann eine „Finanzierung“ sein, aber auch ein „Ansparen“, beispielsweise auf ein Auto oder ein Eigenheim. Diese Verknüpfung von Bedarf und Dienstleistung wird zunehmend wichtiger. Für die Technik bedeutet das, integrierte Lösungen anzubieten.

Hierbei sind einige zentrale Punkte zu beachten. Oberste Priorität hat „Usability“, also Benutzerfreundlichkeit und Kunden-Serviceorientierung. Außerdem muss genau darauf geachtet werden, wo die betreffende Finanzdienstleistung einen Bedarf trifft. In Zukunft wird die bedarfsgesteuerte Finanzdienstleistung mehr und mehr in den Vordergrund rücken.

Pointiert ausgedrückt: Findet beispielsweise irgendjemand die Handlung „bezahlen“ angenehm? Nein, niemand geht in ein Kaufhaus oder bestellt im Internet und sagt „Ich gehe jetzt bezahlen“. Das Erlebnis der Menschen besteht im Einkaufen, bezahlen „müssen“ sie, das ist eine mehr oder weniger lästige Pflicht, ein Akt, der nun mal mit dem Kaufvorgang verbunden ist.

Auch am Beispiel „Mobile Payment“ ist erkennbar, dass sich die Finanzindustrie, wie zum Beispiel Amazon, Alibaba oder Apple, intensiver mit der zugrundeliegenden Bedürfnisstruktur beschäftigen muss.

So ist „Mobile Payment“ an sich nur ein Symptom, das heißt eine Ausprägung, welche die Ursache gar nicht abbildet. Die „Ursache“ besteht in dem Bedürfnis des Kunden, etwas zu kaufen. Dass er das dann macht, wenn er gerade unterwegs ist und dann für das Gekaufte zahlen muss, ist nur das Symptom. Mobiles Bezahlen ist daher kein langfristiger Trend, sondern nur etwas, was Menschen ohnehin machen. Sie sind mobil!

Letztlich wird nicht „Mobile Payment", sondern „Integrated Payment" benötigt, eine in die Bedarfssituation integrierte Bezahlfunktionalität. Wenn ich zum Beispiel mit meinem Auto zu einer Tankstelle fahre und tanke, warum soll ich dann noch reingehen, wenn ich nicht noch den Supermarkt besuchen will, der in jeder Tankstelle integriert ist? Das kostet Zeit, ich würde mich lieber gleich wieder ins Auto setzen und weiterfahren. Das kann ich, sobald ich dort integriert zahlen kann, etwa weil ein dafür konzipiertes Gerät mein Kennzeichen erkennt und ich aufgrund einer intelligenten technischen Lösung zahlen kann. Ein zentrales Thema ist also, Dienstleistung und Bedarfssituation miteinander zu verbinden.

Sicherlich werden sich mobile Bezahllösungen, zum Beispiel auf Basis von NFC-Technologien, noch eine lange Zeit verbreiten, insbesondere nachdem Apple in diesem Markt aktiv ist. Das wird von den Menschen angenommen werden, wird aber dennoch nur ein Übergang sein. Warum sollte man auf lange Sicht noch ein Gerät, ein physisches Medium, brauchen? De facto ist es egal, ob ich eine Karte mit NFC-Technologie habe oder ein damit ausgestattetes Mobiltelefon. Das einzige Argument, das für das Mobiltelefon spricht ist, dass ich meine Geldbörse gern mal vergesse, mein Handy aber nicht.

Die Zukunft wird sein, Technologie nicht nur bedarfsgerecht zu integrieren, sondern die Technologie so zu gestalten, dass Geräte, die der Kunde bisher mit sich tragen muss, überflüssig werden, weil sie ebenfalls, zum Beispiel über biometrische Methoden, integriert werden.

## 3 Multikanal-Banking wird zu Omnikanal-Banking

Bei der Umsetzung solch integrierter Lösungen in einer immer stärker werdenden digitalisierten Welt ist es ein Vorteil der Banken, dass die Produkte der Kreditwirtschaft bereits digital sind. Digitalisierung von Finanzdienstleistungen bedeutet daher im ersten Schritt, dass es neue Vertriebswege gibt, die von den Anbietern entsprechend konsequent und vom Kundenbedarf her durchdacht, bedient werden müssen. Viele dieser Vertriebswege haben bisher eher ein Schattendasein geführt, nicht zuletzt, weil sie mitunter vor dem Hintergrund von Kosteneinsparungen konzipiert wurden. Ein klassisches Beispiel sind SB-Bereiche, die aber nicht nur Kostenersparnisse bringen, sondern zusätzlich die Möglichkeit bieten, vertrieblichen Nutzen zu generieren. Vor dem Geldautomat oder dem Kontoauszugsdrucker hat die Bank für einige Sekunden die ungeteilte Aufmerksamkeit des Kunden, sodass es sehr sinnvoll ist, vertriebliche Kampagnen über SB-Geräte zu fahren. Dabei kann die Bank auch über die eigenen Finanzprodukte hinaus denken. Hier können dem Kunden sogar Produkte angeboten werden, die zu seiner Finanzlage passen, etwas was Amazon und Co. so nicht können. Es ist also wichtig, diese Bereiche auch und gerade unter dem Gesichtspunkt des Vertriebs zu überdenken und dort entsprechende Technik zur Verfügung zu stellen. Darüber hinaus bietet es sich an, nicht nur einzelne Vertriebskanäle zu betrachten, sondern die Vertriebswege in ihrer Vielfalt und Verzahnung zu durchdenken, also einen Multikanal-Ansatz zu verfolgen.

Mittlerweile zeichnet sich ab, dass die Multikanal-Strategie nicht mehr ganz den Bedürfnissen der Kunden entspricht. Häufig läuft der Suchvorgang eines Nutzers so ab, dass er in einem bestimmten Kanal seine Suche nach einem Finanzprodukt startet, dann den Kanal wechselt und vielleicht über einen dritten Kanal abschließt. Daher ist es sinnvoll, den Multikanal-Ansatz zu einem Omnikanal-Ansatz auszuweiten. Das bedeutet, dass die Bank die Prozesse und die Datenhaltung technisch so darstellen muss, dass der Kunde innerhalb des Gesamtprozesses an definierten Stellen von einem Kanal zum anderen Kanal wechseln kann, ohne dass Daten verlorengehen. So kann die Bank ihren Kunden tatsächlich eine professionelle Omnikanal-Dienstleistung zur Verfügung stellen, die sich am tatsächlichen Kundenverhalten ausrichtet.

Der Wandel vom Multikanal- zu Omnikanal-Banking bietet Chancen, ist aber aufwendig. Die Bank muss den Wandel aktiv gestalten und auch im nicht digitalen Bereich Antworten auf das veränderte Kundenverhalten finden. Das ist dann erfolgreich, wenn damit auch eine Veränderung des Filialkonzepts einhergeht. Neue Filialen sind viel offener, mit Beratungslounges und angenehmer Atmosphäre. Ein gutes Beispiel hierfür ist das Bankery in Gütersloh, das ein Restaurant mit einer Bank verbindet, ausgestattet mit moderner Technik, etwa mit iPads, auf denen neben der Speisekarte auch Spiele für die Kinder und kurze Informations- und Beratungssequenzen der Bank abrufbar sind. Während die Kunden auf das Essen warten, werden sie bei Bedarf von Mitgliedern des Beratungsteams betreut; sozusagen Banking als Erlebnis, losgelöst vom traditionellen Modell der Filiale.

Auch hier werden die Geschäftsabschlüsse nicht unbedingt beim Mittagessen gemacht, dies ist aber auch nicht so relevant. Wichtig ist, dass der Berater die Beziehung zu seinem Kunden hat, ein Thema aufnehmen oder Informationen platzieren kann. Der Abschluss erfolgt dann oft wie bisher in der Filiale. Das ist Omnikanal-Banking: Der Kunde muss die Möglichkeit haben, die klassische Filiale, eine Internetlösung, mobile Lösungen und Hybridlösungen miteinander zu kombinieren.

Entscheidend ist die Nähe zum Kunden. „Nähe" heißt hier nicht nur räumliche Nähe, also den Kunden in die Filiale zu bringen. „Nähe" bedeutet vor allem, dass ich als Bank jederzeit ansprechbar bin – ob das über soziale Medien geschieht, über eine Banking-App, in der „Bankery", einem Bank-Café oder über sonstige Kanäle. Die notwendige Nähe zum Kunden wird durch intelligente Kombination aller Vertriebs- und Kommunikationskanäle hergestellt.

Für die Genossenschaftliche Finanzgruppe bedeutet das, dass sie die Filiale in der Fläche nicht vernachlässigt. Sie wird auch in Zukunft mit der klassischen Filiale in der Fläche vertreten sein. Das ist ein Mehrwert, ein Zeichen für Kundennähe. Aber sie wird den Vertriebsweg Filiale definitiv um andere Vertriebskanäle ergänzen, um diese Nähe zum Kunden auch zu behalten. Deshalb ist es wichtig, dass der Kunde zwischen den einzelnen Kanälen wechseln kann, ohne dass Daten und Informationen für den Berater verlorengehen. Erfolg wird man nur mit einer Kombination der Kanäle haben. Rein digitale Banken werden es genau so schwer haben wie reine Filialbanken. Der Kunde will die bedarfsgerechte Mischung haben.

Die fortschreitende Digitalisierung verändert auch die Rolle des Bankberaters. Sind die notwendigen Daten und Technologien vorhanden, kommt man über die automatisierte Analyse letztlich zu einer sehr treffsicheren Bedarfseinschätzung, aber auch für die Bank zu einer verbesserten Risikoeinschätzung. Auch können prozessuale Verbesserungen umgesetzt werden, zum Beispiel durch die Visualisierung der Risikoparameter durch ein Ampelsystem, das im besten Fall auch für den Kunden nachvollziehbar die Entscheidungsparameter der Bank transparent darstellt und vom Berater aktiv im Beratungsgespräch verwendet werden kann. Mit solchen Analyseergebnissen lassen sich auch entsprechende Ratings in die Prozesse integrieren. Der Berater selbst kann sich dadurch stärker auf den Kunden und seinen Bedarf konzentrieren, er muss ihn, überspitzt formuliert, nur noch in den eigenen Gedankengängen unterstützen, ihm Hilfestellung leisten. Viele Konsumenten und Bankkunden sind heute viel zu gut informiert, um einen Berater zu benötigen, der ihnen sagt, was sie zu tun und zu lassen haben. Ein gutes Beratungskonzept hilft dem Kunden, seine eigenen Vorstellungen zu festigen, mit Informationen anzureichern, und dann die beste Lösung für ihn zu entwickeln. Auf diese Weise erreichen Banken die Kundenzufriedenheit, die sie benötigen. Ein Konzept, bei dem der Berater nur Vertriebsvorgaben umsetzt, ist nicht zukunftsfähig.

Voraussetzung für solch einen kundenzentrierten Beratungsansatz ist eine Standardisierung der zugrundeliegenden Systeme, um, fachliche, technische und auch aufsichtsrechtliche Transparenz und Vergleichbarkeit zu gewährleisten. Daraus ergibt sich kein Widerspruch zum Individualisierungstrend, der ebenfalls zu beobachten ist. Eine gewisse Standardisierung ist sogar Voraussetzung, um dem Kunden auch individuelle Produkte anbieten zu können. Denn erst Standardisierung auf der technischen Seite ermöglicht in einer Beratungssituation das Herausarbeiten der Annahmen, die einem Produkt zugrunde liegen, sowie die Möglichkeit, die Annahmen zu variieren und entsprechende Daten zu ändern. Damit wird einerseits eine Individualisierung für den Kunden erreicht, mit Berücksichtigung individueller Annahmen – und man hat andererseits ein sauber standardisiertes Produkt, das absolut nachvollziehbar ist und kosteneffizient „produziert" werden kann.

Natürlich muss ein Bankberater weiterhin komplizierte Finanzprodukte erklären können. Er muss auch aufzeigen, was passiert, wenn sich Rahmenbedingungen ändern. Anlageprodukte sind oft komplex. Man muss darauf achten, welche Annahmen ihnen zugrunde liegen. Dabei kann die Technik sehr hilfreich sein, wenn es darum geht, diese Annahmen transparent zu machen, etwa die Entwicklung von Inflation und Zinsen oder Ausfallrisiken. Dann können Berater und Kunde zusammen prüfen, wie sich die Performance des Produkts verändert, wenn man die Annahmen variiert, also zum Beispiel eine ungünstige Zinsentwicklung unterstellt. Das hilft dem Kunden bei der Einschätzung, ob das Produkt zu seiner Risikoneigung passt oder vielleicht doch zu spekulativ ist.

Das sind Merkmale, die man aus den herkömmlichen Beratungsansätzen so nicht abbilden kann. Aber inzwischen sind Technologien, analytische Systeme und Vernetzungen verfügbar, mit deren Hilfe eine Digitalisierung und damit eine deutliche Verbesserung dieser Prozesse über alle Kanäle hinweg möglich ist. Der Kunde informiert sich heute bereits im Internet und wechselt ab einem bestimmten Zeitpunkt den Kommunikationskanal, um mit seinem Berater zu sprechen, per (Video-) Telefon oder direkt in der Filiale. Hier kann durch eine weitere Integration der am Kunden ausgerichteten Kommunikationskanäle der Produktverkauf im Internet mit oder ohne „virtuellen" Berater unterstützt werden.

## 4 Cloud-Technologie Voraussetzung für weitere Digitalisierung

Mit dieser Entwicklung rücken nicht nur Kundenverhalten sondern auch Kunden-/Consumer-Technologien mehr und mehr in den Vordergrund, sodass Kundenverhalten und technologische Möglichkeiten eng miteinander verzahnt werden müssen.

Die Technologie muss es erlauben, Kommunikationsmöglichkeiten auf den verschiedenen Geräten zu generieren. Hierfür ist die technologische Flexibilität der Browser-Technologie ideal, denn der technologische Wandel hat sich enorm beschleunigt. Vor zehn Jahren gab es nicht einmal ein iPhone. Seitdem ist die Zahl der Endgeräte geradezu explodiert. Wollte man immer eigene Lösungen anbieten, hätte man überhaupt keine Chance, die Dienstleistung auf die Vielzahl der Endgeräte anzupassen. Die Genossenschaftliche Finanzgruppe hat für diese Entwicklung besonders gute Voraussetzungen.

Die genossenschaftliche Organisation wendet im Grunde seit 150 Jahren eine ähnliche Logik der vernetzten Dienstleistung und der gegenseitigen Unterstützung mit starken, subsidiären Partnern an. Auch das Internet erlaubt solche Arbeitsweisen. Mit Hilfe der Technologie der Verbund- oder auch Gemeinschaftsrechenzentren wird diese Idee heute gelebt. Dieses Prinzip der vernetzten Dienstleistungen ist unter einem anderen Namen weltweit erfolgreich und nennt sich heute Cloud-Computing.

Durch die Nutzung der „Cloud-Technologie" sind die Banken langfristig in der Lage die notwendige flexible und zukunftsfähige Technologie zur Bedienung der Kundenanforderungen und Kundentechnologien zu bezahlbaren Preisen anzubieten. Auch für die eigene IT bietet die private Cloud der Genossenschaftlichen Finanzgruppe die zukunftssichere Antwort durch echte mehrmandantenfähige und zentrale Betriebslösung für Hunderte von Banken.

Damit ist eine Basis vorhanden, die für die Cloud-Entwicklung unmittelbar nutzbar gemacht werden kann. Es ist sehr wichtig, dass wir Cloud-Technologien abbilden können, mit allen Fragen rund um Datenschutz, Datensicherheit, hoher Verfügbarkeit der Systeme, Ausfallsicherheit, hoher Performance und natürlich auch der Möglichkeit, im Rahmen der Datenschutzanforderungen die Daten zu analysieren

Es sind aber nicht nur die zukunftsfähigen anwendungstechnischen Errungenschaften, die Cloud stellt IT-Anwendungen ohne aufwendigen Eigenbetrieb lokaler Hardware-Systeme als reinen Service im Browserfenster zur Verfügung. Und das auf nahezu beliebigen mobilen und fest installierten Endgeräten. Überdies spart das Cloud-Modell den Geldhäusern Kosten, weil künftig wartungsarme Thin-Clients, Tablets oder gemeinsam mit dem Kunden nutzbare Surface-Tables bisherige Desktop-PCs ersetzen. Damit wird aber auch die infrastrukturelle Grundlage geschaffen, um die Prozesse des Endkunden und des Bankberaters zu synchronisieren. Kein Kunde möchte einen Berater haben, der sich hinter dem Bildschirm seines Expertensystems versteckt und kryptische Informationen eingibt. Schnell und wendig ist Wolken-IT vor allem auch deshalb, weil innovative Anwendungen, die das Bankgeschäft substanziell verändern, von nun an ohne Zeitverzug und zusätzliche Investitionen sofort bis zum Endkunden einsatzbereit sind.

In den vergangenen Jahren hat sich bereits viel verändert. Vor fünf Jahren waren Client-Server-Architekturen noch weit verbreitet. Trotz bereits bestehender Multimandantenfähigkeit der Verbund-Rechenzentren gab es noch dedizierte Clients. Schon zwei, drei Jahre später war die Entwicklung deutlich fortgeschritten. „Mobility" hatte nun einen ganz anderen Stellenwert, die meisten Banken setzten verstärkt Laptops ein, die Verbindungen wurden in die Hardware integriert, sodass man stets mobil sein konnte. Die ersten Produkte und Beratungsprozesse tauchten im Internet auf, Multikanalstrategien wurden entwickelt. „Data Analytics" und „Reporting" wurden wichtige Themen, „Security" trat mehr und mehr in den Vordergrund.

Inzwischen werden hochverfügbare Cloud-Lösungen angeboten, dank derer man mit jedem Endgerät, mit dem iPad ebenso wie mit dem Mobiltelefon, auf die Cloud zugreifen und jedes Bankprodukt über das Endgerät aufrufen kann. Alles, was die Bankberater heute noch brauchen, ist eine URL, also eine Web-Adresse. Sie müssen nur die URL in den Browser eingeben, dann können sie – zusätzlich abgesichert – auf die Cloud-Lösung zugreifen.

Parallel dazu können alle Vorgänge online verarbeitet werden, sodass Berater und Kunde immer unabhängig vom Endgerät zu jeder Zeit an jedem Ort über die gleichen Informationen verfügt. Diese Möglichkeiten lassen sich in der Kunde-Bank-Beziehung weiter ausbauen und nutzen. In der Kombination der Online-Fähigkeit und Web 2.0 Arbeits- und Kommunikationsweisen können nicht nur Produkte platziert, sondern auch gemeinsam mit den Kunden kreiert werden. Viele Genossenschaftsbanken oder ethisch ausgerichtete Banken nutzen die technischen Möglichkeiten, um ihre Kunden aktiv in die Anlagestrategie oder auch die Kreditvergabepolitik des Bankhauses einzubinden. Damit wird die Kundenbindung und die Ausrichtung am Kundenbedarf noch einmal deutlich gesteigert. Über solche kollaborative Plattformen kommuniziert die Bank mehr und mehr mit ihren Kunden, wobei auch „Social Media"-Lösungen einbezogen werden. Zwar gibt es noch kein funktionierendes „Facebook-Banking", aber natürlich eine Kommunikationslinie zwischen der Bank via Facebook zum Kunden.

Das alles hat nicht nur mit einem technologischen Wandel zu tun, sondern auch mit einem kulturellen. Es ist offensichtlich, dass der technologische Wandel sehr viele Optionen eröffnet. Die große Herausforderung ist aber, die Prozesse entsprechend zu organisieren, sich als Bank auf den Wandel der Kunde-Bank-Beziehung auch kulturell einzurichten. Nur die Technologie zu berücksichtigen, wird nicht ausreichen.

## 5 Sicherheit ist oberstes Gebot

Ein weiteres Thema, das im Zuge der Digitalisierung und der Bündelung der Daten in der Cloud an Bedeutung gewinnt, ist Sicherheit. Laut einer Kundenbefragung des Instituts ibi research an der Universität Regensburg hat die Kreditwirtschaft derzeit noch einen klaren

Vertrauensvorsprung gegenüber Technologieunternehmen. Dieses gewachsene Vertrauen können Banken im Wettbewerb mit Non-Banken durch hohe IT-Sicherheit festigen.

Datenschutz und Datensicherheit stellen eine gewaltige Herausforderung dar, weil täglich Millionen von Onlineangriffen stattfinden – von staatlich gelenkter Überwachung der Systeme über ganz einfache Hacking-Versuche bis hin zu hochspezialisierten Cyber-Angriffen, die etwa aus China, Russland oder Rumänien auf die IT-Systeme zugreifen und versuchen, Schäden anzurichten. Das ist ein permanenter Kampf, der in den vergangenen Jahren an Schärfe zugenommen hat.

Online-Banking ist aber dennoch wesentlich sicherer, als Daten zuhause auf dem Rechner abzulegen. Jeder Rechner, der zuhause steht, wird mittlerweile im Durchschnitt 250.000 Mal pro Tag angegriffen. Diese Angriffe müssen mit Antiviren-Programmen und ähnlicher Software abgewehrt werden. Fachleute gehen davon aus, dass es inzwischen kein Endgerät mehr gibt (ob PC oder Mobilgerät) das frei von schädlicher Software ist.

Für uns bedeutet das, künftig weniger zu investieren, um das Endgerät „sauber" zu halten. Denn wir glauben, dass wir diesen Wettlauf gar nicht mehr gewinnen können. Vielmehr setzen wir verstärkt darauf, die Kommunikationskanäle zwischen Endgerät des Kunden und dem Cloud-Rechenzentrum der Bank abzusichern. Die Bank kann und will ohnehin nicht kontrollieren, was sich auf dem Gerät des Kunden befindet, das würde der Kunde auch gar nicht zulassen. Trotzdem hat die Bank ein Interesse, über sichere Kanäle mit dem Kunden zu kommunizieren. Dafür gibt es in der Genossenschaftlichen Finanzgruppe Produkte, mit denen der Paradigmenwechsel von der Absicherung des Endgeräts hin zur Absicherung des Kommunikationskanals bereits vollzogen wurde.

Es ist ein permanentes Hase-und-Igel-Rennen, das hier im Gange ist – zwischen Hackern und IT-Technologiefirmen. Mittlerweile werden in den Rechenzentren der Banken Spezialisten beschäftigt, die Angriffsszenarien erforschen, Forensiker, die bis in kleinste Details Schadcodes analysieren. Außerdem wurden Frühwarnsysteme aufgebaut und die Zusammenarbeit mit dem Bundeskriminalamt, dem Bundesamt für Sicherheit in der Informationstechnik und europäischen Behörden intensiviert.

Weil es für Hacker immer aufwendiger wird, Technologien mittels Technologien zu „knacken", bedienen sie sich mehr und mehr des „Social Engineerings". Das heißt, sie nutzen das mit Viren verseuchte Endgerät des Kunden und gaukeln ihm etwas vor, beispielsweise, dass er an einen bestimmten Empfänger Geld überweisen muss. Fällt der Kunde darauf herein, wird das Geld in andere Kanäle umgeleitet.

Um sich vor Missbrauch zu schützen, kann man den Kunden nur empfehlen, die Lösungen zu nutzen, die ihnen die Bank anbietet. Nur so kann ein möglichst hoher Grad an Sicherheit erreicht werden. Dazu dienen zum Beispiel TAN-Leser, die aus dem Betrag und der Kontonummer eine Transaktionsnummer generieren. Wird der Kunde gefragt, ob der Betrag xy Euro auf die Kontonummer abc überwiesen werden soll, muss er die Daten allerdings auch wirklich prüfen und nicht einfach auf „ja" klicken. Ist der Kunde dazu nicht bereit, stößt jede noch so schlaue Sicherheitslösung an ihre Grenzen.

Hacker konzentrieren sich also inzwischen auf die Schwachstelle „Kunde". Deshalb sollte der Kunde keiner anderen Person Einblick in die Bankdaten gewähren, die er in ein

Gerät eingibt, wie er eben auch niemand in seine Geldbörse blicken lässt oder Blankobelege verteilt. Er muss sich vergewissern, dass die Daten, die angezeigt werden, auch wirklich die richtigen sind. Das wird leider häufig nicht sorgfältig genug gemacht.

Bankkunden hierfür zu sensibilisieren ist eine große Herausforderung im Vertrieb, weil die Gefahr besteht, dass dies als lästig oder schulmeisterlich empfunden wird. Aber es ist wichtig, denn je bequemer die Bezahltechniken werden, desto höher ist das Risiko von Social Engineering. Hacker setzen genau an dieser Schwachstelle an. Die zentrale Aufgabe besteht darin, ein sicheres (und gleichzeitig bequemes) Identifikationszertifikat des Kunden zu schaffen, das eine hundertprozentige Autorisierung gewährleistet.

Das ist bei Internetbezahldienstleistern außerhalb der Kreditwirtschaft die große Schwachstelle. Außerhalb der regulatorischen Auflagen und Sicherheitsverfahren ist es zugegebenermaßen zwar sehr bequem, über solche Bezahldienstleister zu zahlen, die Frage ist allerdings, wer noch bereit sein wird, all seine Daten und ein Konto bei diesen Unternehmen zu führen, wenn es zunehmend unsicher wird. Das Modell funktioniert, solange es bequem ist und der Kunde das Risiko nicht spürt, weil diese Unternehmen es sich wegen der hohen Beträge, die der Handel zahlen muss, leisten können, das Betrugsrisiko zu tragen und die Missbräuche aus diesen Gewinnen zu bezahlen. Doch die Missbrauchszahlen wachsen stark und es ist fraglich, wie lange dieses Prinzip noch trägt. Auch die Aufsichtsbehörden werden aufmerksam und das Bewusstsein nimmt zu, dass sich nicht nur Banken Regeln unterwerfen werden müssen, sondern auch andere Anbieter von Finanzprodukten. Werden auch Non-Banken stärker reguliert, ist fraglich, ob das Modell der Internetbezahldienstleister noch „lebensfähig“ sein wird. Dann bieten sich wieder Chancen für traditionelle Banken, die schon bisher einer Vielzahl von Regeln unterworfen sind und dieses professionell managen.

Misstrauen besteht bei vielen Menschen auch gegenüber internationalen Großunternehmen wie Google, Ebay oder Amazon. Die Nutzer fragen sich, was diese Firmen eigentlich mit ihren Daten machen. Eine Information zu suchen oder ein Buch zu bestellen ist eine Sache, in diesem Bereich vertraue ich als Nutzer diesen Anbietern. Eine andere Sache ist es, meine Finanzdaten herauszugeben. Viele Menschen fragen sich, warum sie diese ausgerechnet einem Internetunternehmen anvertrauen sollen.

Hier eröffnen sich Chancen für klassische Banken, wenn es ihnen gelingt, allen Kunden bzw. Nutzern neutral integrierte Finanzdienstleistungen anzubieten. Denn die Bank ist ausschließlich mir als Kunde verpflichtet. Die Kunden vertrauen in diesem Umfeld ihrer Bank. Schaffen es die Banken, mit Hilfe der angebotenen Technologien diese Vertrauensfunktion quasi zu digitalisieren, wäre das ein wichtiger Schritt in ihrer Weiterentwicklung und im Hinblick darauf, im Wettbewerb mit den neuen Anbietern zu punkten.

Selbst die junge Generation, die Google und Amazon „cool“ findet, geht mit Technologien und gesellschaftlichen Werten anders um, als viele noch vor kurzer Zeit befürchtet hatten. Sie sind keineswegs so blauäugig, wie manche Ältere denken. Werte wie Nachhaltigkeit sind ihnen durchaus wichtig. Dazu ein Beispiel: Noch vor wenigen Jahren war die Meinung weit verbreitet, man bräuchte in Deutschland nur noch wenige große Banken, um die Wirtschaft mit Krediten zu versorgen. Sparkassen sowie Volks- und Raiffeisenbanken galten als Anachronismen, die über kurz oder lang vom Markt verschwinden werden.

Die Finanzkrise hat die Bankenlandschaft jedoch massiv verändert und vor allem den Sparkassen und genossenschaftlichen Instituten einen gewaltigen Zulauf gebracht, gerade von jungen Leuten. Dafür gibt es im Wesentlichen drei Gründe:

Der erste Grund ist, dass sie viel stärker in der Realwirtschaft verwurzelt sind als die Großbanken. Sie weisen dementsprechend eine ganz andere Risikostruktur auf. Kleine Gewerbetreibende bekommen in der Regel eher einen Kredit bei einer Sparkasse oder Volksbank als bei einer Großbank.

Der zweite Grund ist die dezentrale Struktur, sowohl der Sparkassen-Finanzgruppe als auch der Genossenschaftlichen Finanzgruppe – mit subsidiären, starken Dienstleistern. Das heißt, dass ich selbst in meinem kleinen Ort Finanzdienstleistungen erhalte, die ich bei anderen Banken nicht mehr bekomme, außer ich setze mich ins Auto und fahre in die nächste größere Stadt. Integriert im System der Volks- oder Raiffeisenbank werden selbst in meinem Ort Bank-, Bausparkassen- und Versicherungsleistungen angeboten.

Und der dritte Grund: Die Nachhaltigkeit, die damit verbunden ist, dass Sparkassen und Genossenschaftsinstitute vor Ort Steuern zahlen, sich in der Region engagieren, wird auch von „Digital Natives" gesehen und anerkannt. Sie registrieren, dass die Gesellschaft und damit auch sie davon profitieren.

Die Sichtweise auf die unterschiedlichen Dienstleister verändert sich also, auch die der jüngeren Generation. Sie geht bewusster mit Werten um. Ihre Einstellung zu Datenschutz und Datensicherheit hat sich gewandelt. Das hat auch damit zu tun, dass sie die Risiken der neuen Medien nicht schlechter einschätzen können als ältere Nutzer. Sie durchlaufen einen Entwicklungsprozess – von Facebook, wo jeder auf ihre Daten zugreifen kann, über Instagram, wo ich einen digitalen „Footprint" hinterlasse, bis zu „SnapChat", um dann eben auch den digitalen Fußabdruck löschen zu können.

## 6 Digitalisierung umsetzen: Den Weg in die Cloud gestalten

Aufgabe des IT-Dienstleisters ist es, die beschriebenen Marktveränderungen frühzeitig zu antizipieren und in technische Lösungen zu überführen.

Die GAD eG migrierte bis 2015 rund 410 Volks- und Raiffeisenbanken in eine gemeinsame Private Cloud. Als Zugang dient der bereits bestehende sichere Anschluss der Banken an die GAD eG, der exklusiv über eigene Standleitungen führt, die nicht zum Internet gehören und nur einem definierten Benutzerkreis zugänglich sind. In der Umsetzung benötigen sowohl die migrierenden Banken als auch ihr Provider einen klar abgesteckten Kurs, um die Cloud-Migration zielsicher umzusetzen.

Die Vorbereitungen zum Aufbruch in die Cloud begannen bei der GAD lange vor dem eigentlichen Startschuss. So baute der genossenschaftliche IT-Dienstleister sein früheres Rechenzentrum in ein hochgradig virtualisiertes Data Center um. Virtualisierung ist für Cloud-Provider unerlässlich – zum einen aus Gründen höherer Flexibilität und optimaler Ressourcenauslastung, zum anderen aber auch als Voraussetzung für die gegenseitige Abschottung von Anwendungen verschiedener Banken, die sich die gemeinsame Cloud-Plattform teilen. Für sichere Zugangswege zur Private Cloud sorgte der Ausbau des vorhandenen Datennetzes zu einem flächendeckenden MPLS-Netzwerk, das mit Komprimierungs- und Cache-Mechanismen ausgestattet ist und rund 5800 Standorte versorgt.

Banken, die über den Aufstieg in die Wolke nachdenken, sollten einen möglichen Provider vorab im Hinblick darauf prüfen, ob die dortige Infrastruktur inklusive ihrer Netzwerkzugänge ein BaFin-konformes Sicherheitsniveau erfüllt. Wenn ja, ist es für sie in der Cloud leichter, den Mindestanforderungen an das Risikomanagement in Sachen Sicherheit und Ausfallschutz der IT gerecht zu werden. Ein professioneller Cloud-Anbieter kann physischen Schutz und Verfügbarkeit von IT-Systemen zuverlässiger und kostengünstiger ermöglichen, als dies bei lokalem Betrieb im eigenen Haus möglich ist.

Als weitere Vorbereitung auf die Cloud-Reise gestaltete die GAD zudem ihr komplettes Anwendungsportfolio um: Da Software künftig als endgeräteunabhängiger Service ausgeliefert werden sollte, mussten traditionell strukturierte Programme in eine Cloud-fähige Webarchitektur überführt werden. Dies betraf sowohl bankspezifische Applikationen als auch Back-Office-Anwendungen einschließlich der Kommunikationsplattform Domino Lotus Notes. Nach Abschluss dieser Arbeiten konnte die Migration der rund 410 betreuten Volks- und Raiffeisenbanken starten.

Bevor lokale Datenbestände aus einer Bank in die zentrale Cloud verlagert werden können, sind anspruchsvolle inhaltliche Aufgaben zu lösen: So gilt es im Vorfeld zu entscheiden, welche Applikationen mit auf die Reise gehen sollen und welche nicht. Dabei können Anwendungen aus der Private-Cloud der Banken in zwei Varianten bezogen werden: Als Software-as-a-Service (SaaS) oder als Platform-as-a-Service (PaaS). Unter SaaS werden standardisierte Anwendungen betrieben, die in den meisten Mitgliedsbanken in gleicher Weise laufen. Das trifft zum Beispiel auf Kernbankfunktionen oder die E-Mail-Kommunikation zu. PaaS hingegen kommt für alle bankindividuellen Programme infrage. Typischerweise laufen in den Mitgliedsbanken verschiedene Anwendungen, die in der Summe eine vielerorts durchaus heterogene Anwendungslandschaft ergeben.

Im Rahmen ihrer Migrationsberatung unterstützt die GAD den Entscheidungsprozess durch speziell aufbereitete Checklisten, die einen Abgleich der Ist-Anwendungen in der Bank mit der Portfoliodatenbank der GAD gestatten. Ein solcher Abgleich gibt unter anderem Aufschluss darüber, wie viele Non-Standard-Anwendungen im Vergleich zum Durchschnitt aller anderen Mitgliedsbanken im eigenen Haus im Einsatz sind. Für jede einzelne Applikation ist überdies ersichtlich, ob es für die damit unterstützten Geschäftsprozesse standardisierte Alternativen im Angebot des gemeinsamen Dienstleisters gibt.

Vorteilhaft ist der Umstieg auf Standardanwendungen auch deshalb, weil sich dadurch die Quote der Thin-Client-fähigen Arbeitsplätze in der Bank erhöht. Prinzipiell ist ein Endgerät Thin-Client-fähig, wenn alle Anwendungen am betreffenden Arbeitsplatz als SaaS oder PaaS aus der Cloud bezogen werden. Das ist der Grund, warum die Portfolioanalysen der GAD nicht nur die pauschale Thin-Client-Quote ausweisen, sondern zudem eine Übersicht über den Thin-Client-Status jedes einzelnen Endgeräts liefern.

Auf lange Sicht bringt der Cloud-Umzug umso mehr Vorteile, je mehr konventionelle Desktops in Thin-Clients umgewandelt werden. Je weniger Anwendungen wiederum nach der Migration im eigenen Haus verbleiben, desto mehr Server- und Speichersysteme können endgültig stillgelegt werden. Entsprechend höher sind in der Bank die Einsparungen bei den laufenden Betriebskosten und der Rückgang des künftigen Hardware-Investitionsbedarfs.

Eine weitere Konsolidierungschance, nämlich in Bezug auf die Datenbestände in einer Vielzahl von Verzeichnissen auf den Bankarbeitsplätzen, bietet sich Banken bei der Vorbereitung auf die Fileservice-Migration. Notwendig ist die genaue Prüfung aller Dateien samt ihrer Berechtigungen ohnehin, weil ein weitgehend automatischer Transfer in die Cloud nur dann gesichert ist, wenn die Namenskonventionen und Cloud-Richtlinien für Verzeichnisstrukturen für alle Dateien erfüllt sind. Im Fall der GAD-Mitgliedsbanken erfolgt diese Prüfung weitgehend automatisiert und zwar mit einem eigens dafür entwickelten Analyse-Tool, das die GAD im Rahmen der Migrationsvorbereitung zur Verfügung stellt.

Diesen Schritt nutzen viele Volks- und Raiffeisenbanken sowie auch Privatbanken als willkommene Gelegenheit, sich von redundanten Dateien zu befreien, die sich im Lauf der Zeit angesammelt haben. Bestes Beispiel dafür sind oft megabyteschwere Powerpoint-Präsentationen, die seit Jahren Speicherplatz in etlichen Verzeichnissen belegen. Solche Redundanzen im Datenbestand, die unnötigerweise in die Cloud verlagert werden, verursachen dort nach dem Pay-per-Use-Prinzip zusätzliche Kosten.

Mit der konsequenten Konzentration der IT-Dienstleistung beim IT-Full-Service-Provider hat die Bank die Freiräume und technologischen Voraussetzungen geschaffen, um sich nicht nur auf das Banking zu konzentrieren, sondern auch, um teuren Ballast abzuwerfen und sich agil am Bedarf einer digitalisierten Finanzwirtschaft auszurichten.

Mit diesem Angebot haben die Banken die Chance, modernste Technologie kostengünstig, standardisiert und über jedes Endgerät aus der Cloud zu beziehen. Die Anwendungen stehen hochverfügbar, ausfallsicher und entsprechend der aktuellen regulatorischen Rahmenbedingungen 7 × 24 h zur Verfügung. Die Daten sind zu jeder Zeit über alle Vertriebskanäle synchron und always-online für einen Omnikanalvertrieb verfügbar. Dies ermöglicht der Bank, noch stärker entlang des Kundenbedarfs auch und gerade im digitalen Zeitalter erfolgreichen, kundenorientierten Bankvertrieb zu betreiben.

**Steffen A. Jentsch** leitet seit 2013 das Ressort Kunden in der GAD eG, seit dem 1. Januar 2014 als Vorstandsmitglied. Nach dem Zusammenschluss der beiden genossenschaftlichen IT-Dienstleister zur Fiducia & GAD IT AG verantwortet er seit dem 1. Juli 2015 das Vorstandsressort Verbund und Marktkunden.

Steffen Jentsch begann nach seinem Abschluss an der Universität Zürich seine Karriere bei der Landesbank Hessen-Thüringen, wo er die Verzahnung von Banklösungen mit den ERP-Systemen der Firmenkunden vorantrieb und mehrere Führungspositionen bekleidete. Nach mehrjähriger Erfahrung in der Beratung von großen Finanzdienstleistern bei KPMG/BearingPoint kam er 2005 zur GAD eG und übernahm die Bereichsleitung für das Portfoliomanagement, wo er für die Strategie und Weiterentwicklung des Produktportfolios verantwortlich war.

Steffen Jentsch vertritt das Unternehmen in diversen Bundes- und Aufsichtsgremien.

# Generation Y: Bankkunden im Zeitalter der Digitalisierung

## Herausforderungen einer kundenorientierten Ausrichtung

Detlef Hellenkamp

### Inhaltsverzeichnis

1 Einleitung . . . . . . . . . . 383
2 Generation Y und Digitalisierung im bankbetrieblichen Kontext . . . . . . . . . . 384
3 Digitales Nutzungsverhalten . . . . . . . . . . 384
4 Strukturelle Auswirkungen der Digitalisierung . . . . . . . . . . 389
5 Entwicklungsperspektiven von Kunde-Bankbeziehungen im Zeitalter der Digitalisierung . . . . . . . . . . 391
6 Schlussbetrachtung . . . . . . . . . . 392
Literatur . . . . . . . . . . 394

## 1 Einleitung

Cloud Banking, Crowdfunding, Bitcoins, Social Media, Big Data, Industry 4.0, Smart-Banking/Algo-Banking stehen exemplarisch für Ausprägungen und Dynamik aktueller technologischer Entwicklungen, deren Auswirkungen und Handlungskonsequenzen in Kreditinstituten diskutiert werden. (Bank-)Kunden leben in einer zunehmend digitalisierten Welt und erfahren in vielen Lebensbereichen deren Nutzungsmöglichkeiten.

Insbesondere die Generation Y (Geburtsjahrgang etwa 1980 bis 2000) wächst im intuitiven Umgang mit digitalen Medien auf. Diese Gruppe wird deshalb regelmäßig auch als Digital Natives bezeichnet (vgl. Prensky 2001; vgl. Appel und Michel-Dittgen 2013).

D. Hellenkamp (✉)
Duale Hochschule Baden-Württemberg (DHBW), Stuttgart, Deutschland



D. Hellenkamp, K. Fürderer (Hrsg.), *Handbuch Bankvertrieb*,
DOI 10.1007/978-3-658-06447-1_23

Aufgrund des demografischen Wandels wird der Anteil internetaffiner Kunden weiter zunehmen und damit eine strikte Abgrenzung zwischen Online- und Offline-Vertriebs- und Kommunikationskanälen durch die Kunden, in der bisherigen Form, immer weniger stattfinden.

Kreditinstitute stehen in diesem Kontext vor der Herausforderung eines zunehmend veränderten Nachfrageverhalten ihrer Kunden und der Frage:

Was können Banken im Zeitalter der Digitalisierung tun, um sich am Kundenbedürfnis auszurichten (bzw. sich nicht weiter davon zu entfernen) und damit letztlich nicht über Technologie- und Produktplattformen austauschbar und beliebig zu werden (vgl. Hellenkamp 2014, S. 36 f.)?

Da die Generation Y typischerweise bereits in einer Bankbeziehung steht und sehr technikaffin ist, wird angenommen, dass insbesondere deren digitales Nutzungsverhalten die zukünftigen Vertriebs- und Kommunikationskanäle der Kreditinstitute maßgeblich bestimmen wird.

## 2 Generation Y und Digitalisierung im bankbetrieblichen Kontext

Dieser Ansatz war Ausgangspunkt einer empirischen Untersuchung im Oktober/November 2014, um Studierende der Dualen Hochschule Baden-Württemberg (DHBW) Stuttgart im Studiengang BWL-Bank zu ihrem digitalen Nutzungsverhalten zu befragen. Hierzu wurden die Ergebnisse eines aktiven, nicht-zufallsgesteuerten Auswahlverfahrens mittels einer schriftlichen Befragung bei 126 Studierenden des ersten und dritten Semesters erhoben. Die Studierenden sind im öffentlich-rechtlichen, genossenschaftlichen und privaten Bankensektor angestellt und stehen dem Bankgeschäft deshalb grundsätzlich intrinsisch motiviert gegenüber. Insgesamt waren 50 % der Teilnehmer männlich und 50 % weiblich. Ausgewählte Ergebnisse dieser Erhebung werden im Weiteren erläutert.

## 3 Digitales Nutzungsverhalten

Der Digitalisierungsbericht 2014 des Meinungsforschungsinstituts TNS Infratest weist das TV-Gerät für 41,8 % der privaten Haushalte ab 14 Jahren in Deutschland als wichtigstes technisches Gerät aus. Das Smartphone hat mit 19,9 % für diesen Personenkreis die nächsthöhere Präferenz (vgl. TNS Infratest 2014, S. 84).

Analysiert man indes die Relevanz der Geräte nach Altersgruppen, wird ein deutlich verändertes Nutzungsverhalten der Generation Y gegenüber den Generationen älter als 39 Jahre offenbar.

Demnach ist das Smartphone bei den Digital Natives in höchstem Maße relevant, das heißt, es ist das wichtigste Gerät für:

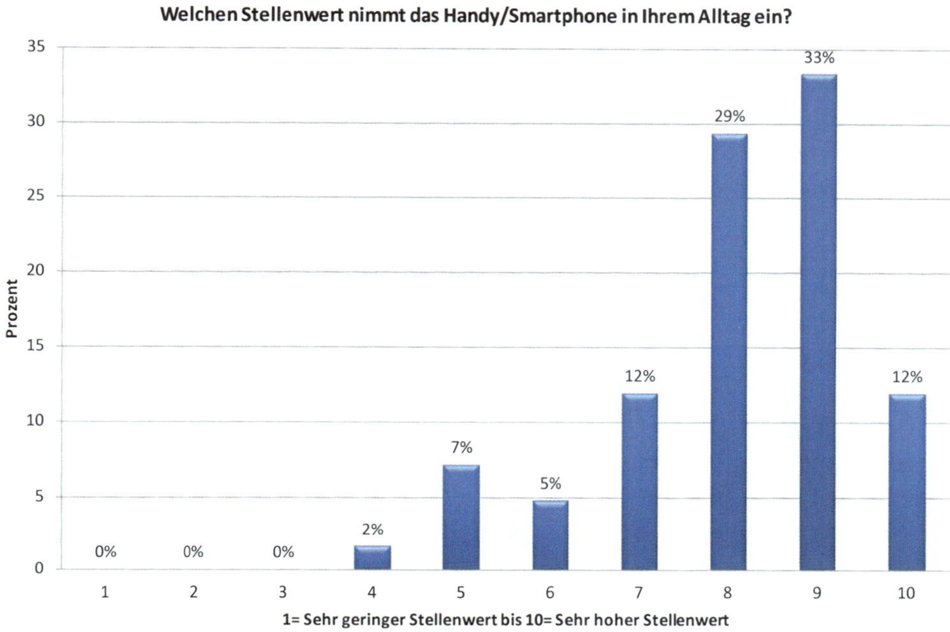


**Abb. 1** Stellenwert von Handy/Smartphone im Alltag

- 52 % in der Altersgruppe der 14- bis 19-Jährigen (TV Gerät acht Prozent)
- 45 % in der Altersgruppe der 20- bis 29-Jährigen (TV Gerät sieben Prozent)
- 31 % in der Altersgruppe der 30- bis 39-Jährigen (TV Gerät 24 %)

Dahingegen ist das Smartphone für die Altersgruppe der 50- bis 59-Jährigen nur für acht Prozent (TV Gerät 51 %), für die Altersgruppe der 60- bis 69-Jährigen nur für sechs Prozent (TV Gerät 59 %) und für die Altersgruppe der 70- bis 79-Jährigen nur für ein Prozent (TV Gerät 79 %) bedeutsam (vgl. TNS Infratest 2014, S. 85).

Die Ergebnisse der DHBW-Studie weisen ähnliche Ergebnisse aus.

100 % der Digital Natives nutzen einen PC/Laptop/Netbook, um in das Internet zu gelangen. Parallel hierzu haben 99 % der DHBW-Studierenden zusätzlich noch einen Internetzugang über ihr Smartphone/Handy.

Die Frage „*Welchen Stellenwert nimmt das Handy/Smartphone in Ihrem Alltag ein?*“ bewerten die Studierenden im arithmetische Mittel mit 8,1 (1 = sehr geringer Stellenwert bis 10 = sehr hoher Stellenwert). Dabei bewerten 74 % der Befragten den Stellenwert zwischen 8 und 10, wie Abb. 1 zeigt.

Etwa 40 % der Studierenden nutzen das Internet hiernach für ein bis zwei Stunden, 44 % etwa drei bis vier Stunden, fünf bis sechs Stunden (zehn Prozent) und mehr als sechs Stunden immer noch sechs Prozent.

Die Initiative D21 kommt in einer aktuellen Studie durch TNS Infratest zu dem Ergebnis, dass 75 % der Internetnutzer über 14 Jahren ihre Bankgeschäfte über das Internet

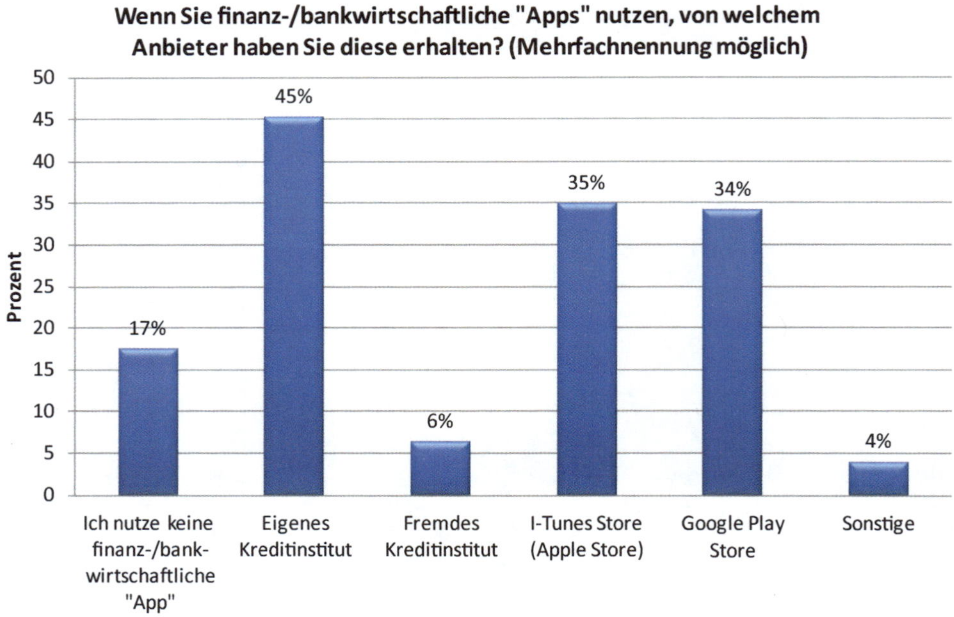


**Abb. 2** Quellen finanz-/bankwirtschaftlicher Applikationen

abwickeln. 19 % lehnen dieses Procedere insbesondere aufgrund von Sicherheitsvorbehalten bewusst ab. Die Studie zeigt auch, dass mobile internetfähige Endgeräte insbesondere von Personen zwischen 14 und 34 Jahren, das heißt der Generation Y, vorangetrieben werden. Bei den Personen älter als 55 Jahre wird Mobile-Banking nur etwa von zehn Prozent mittels Smartphone durchgeführt (vgl. Initiative D21 2014, S. 3).

Von den Teilnehmern der DHBW-Studie nutzen etwa 63 % ihr Smartphone zum Mobile Banking.

Kunden nutzen insbesondere in der Erwartung sicherer digitaler (Vertriebs-)Kanäle zunehmend ihr Smartphone oder Tablet, um mobil Informationen zu erhalten oder Produkte zu erwerben. Hierzu werden inzwischen zahlreiche leistungsstarke Applikationen (sog. Apps) oder webbasierte Finanzdienstleistungen angeboten, die dem Kunden neben allgemeinen Informationen (Produkteigenschaft, Kosten, Risiken u. a.) vermehrt auch individuelle Konfigurations- und Produktoptionen anbieten. Diese Dienste generieren dem Kunden ein hohes Maß an Transparenz und sind 24 h täglich verfügbar (24/7). Die Studierenden der DHBW-Studie nutzen zu 83 % eine finanzwirtschaftliche Applikation.

Auf die Frage: *„Wenn Sie finanz-/bankwirtschaftliche Apps nutzen, von welchem Anbieter haben Sie diese erhalten?"*, antworten 45 %: *„Ich nutze eine App meines eigenen Instituts."* Allerdings verwenden die Digital Natives regelmäßig mehr als eine entsprechende Applikation.

Abbildung 2 zeigt die Herkunft finanzwirtschaftlicher Applikationen seitens einzelner Anbieter (Mehrfachnennungen möglich).

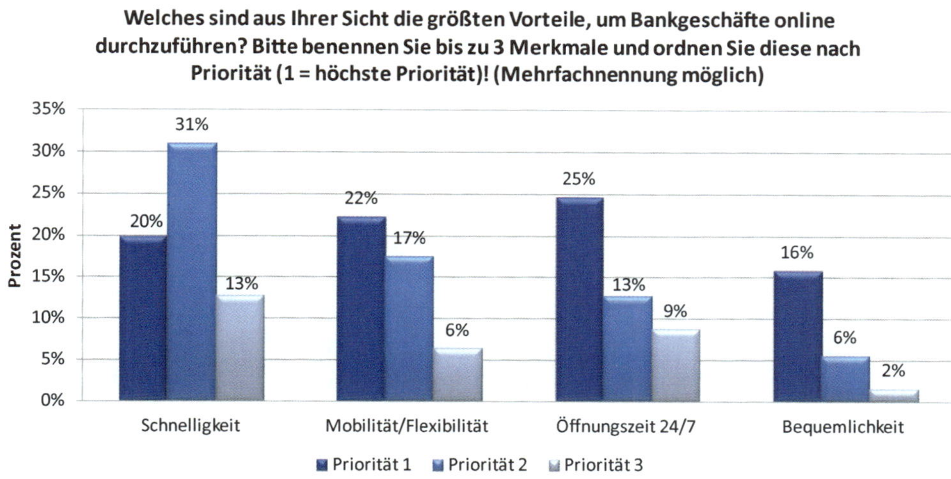


**Abb. 3** Vorteile beim Online-Banking

Die Studierenden gewichten Gründe dafür, ihre Bankgeschäfte online durchzuführen unterschiedlich. Schnelligkeit ist hiernach von 64 % der Befragten als Grund mit der höchsten Priorität aufgeführt. Annähernd gleichgewichtet werden als Gründe danach die Möglichkeit permanenter Öffnungszeiten (24/7) mit 47 % und Mobilität/Flexibilität mit 45 %. Bequemlichkeit führen in der Studie noch 24 % der Teilnehmer als Vorteil an (Abb. 3).

Mehrwertstiftende Finanzapplikationen erzeugen Kundeninteresse und werden inzwischen bereits von zahlreichen Non- und Near-Banks angeboten. Hieraus kann in einem ohnehin bereits bestehenden wettbewerbsintensiven Marktumfeld ein zusätzlicher Verdrängungsmechanismus resultieren. Kreditinstitute geraten dabei insbesondere in einem Bereich mit leicht zu standardisierenden Finanzprodukten und -dienstleistungen durch technologiegetriebene Entwicklungen außerhalb des Bankensektors seitens sogenannter FinTech-Unternehmen[1], zunehmend unter Druck (vgl. Dapp 2014, S. 4 f.).

So werden Kunden heute beispielsweise einfache und kostengünstige Leistungen aus einer vormals bankbetrieblichen Wertschöpfungskette des Zahlungsverkehrs angeboten, wie PayPal als Anbieter eines Online-Bezahlsystems und Tochterunternehmen des US-Konzerns eBay, Apple Pay als Zahlungssystem des US-Unternehmens Apple für eigene mobile Geräte, Google Wallet als Online-Bezahlsystem des US-Unternehmens Google Inc. oder der MyWallet Card seitens der Deutschen Telekom, einer auf Guthaben basierenden MasterCard.

Andere Unternehmen wie „Number26" (u. a. Axel Springer Konzern) haben ein Girokonto für Smartphones konzipiert. Ohne eigene Banklizenz (mittels Wirecard Bank) kann

[1] FinTech – Kurzform für „Finanztechnologie". Finanzielle Dienstleistungen werden mittels modern(st)er Technologien angeboten, zum Beispiel Business Intelligence, Crowd-Finance, E-Commerce, Mobile-Payment.

ein gebührenfreies Konto direkt vom Gerät aus eröffnet werden. Kunden werden über jede Kontotransaktion per push-Mitteilung informiert, eine persönliche Finanzplanung ist integriert und Geldbeträge bis 100 € können an Personen der eigenen Kontaktliste via Smartphone versendet werden. Hierzu müssen keine TAN-Listen oder Generatoren eingesetzt werden. Transaktionen werden nur mit dem registrierten Handy und einem Code freigegeben.

Wieder andere Internetanbieter, wie beispielsweise Easyfolio oder Quirion (Honorarberaterbank Quirin), versuchen die Themen Altersvorsorge und Wertpapieranlage zu vereinfachen und zu standardisieren. Bei Easyfolio beantwortet der Anleger zum Beispiel zehn unterschiedliche Fragen zum Anlagetyp (Alter, Renditeerwartung, Verlusttoleranz u. a.) und erhält abschließend eine von drei Portfolioempfehlungen auf Basis von Indexfonds. Und: Auch in anderen Geschäftsfeldern, wie dem Kreditgeschäft (zum Beispiel Smava, Auxmoney, Lendico) oder auf Crowdinvesting-Plattformen (zum Beispiel Seedmatch, Companisto), bieten (Internet-)Unternehmen inzwischen banktypische Dienstleistungen an (vgl. Seibel 2015, S. 41).

Gelingt es diesen Unternehmen, (Bank-)Kunden in der Zukunft in ihren Systemeinheiten mit immer mehr attraktiven Anwendungsmöglichkeiten einzubinden und diese miteinander zu vernetzen, besteht das Risiko, dass Kunden sich von ihrer Bank distanzieren und an neuen Anbietern ausrichten. Dieses wird für Kreditinstitute umso kritischer, wenn sich Bankkunden bei ihrem neuen Anbieter irgendwann in einer komplexen und komfortablen, aber nahezu geschlossenen Systemumgebung (Walled Garden) befinden, die sie ohne erheblichen Aufwand für einen Systemwechsel nicht mehr verlassen können oder wollen, zum Beispiel iOS versus Android (vgl. Dapp 2014, S. 8 f.). Kunden werden sodann neue webbasierte Finanzanwendungen und Apps von Kreditinstituten und (Dritt-)Anbietern zunehmend schwerer in ihren finanzwirtschaftlichen Entscheidungsrahmen einbeziehen.

Aus diesem Grund haben beispielsweise der Bundesverband der deutschen Volksbanken und Raiffeisenbanken (BVR) und der Bundesverband deutscher Banken (BdB) ihre Absicht erläutert, noch im Jahr 2015 (als Antwort auf PayPal) gemeinsam eine Girokonto-Lösung für schnelles, einfaches und sicheres Bezahlen im Internet zu entwickeln (vgl. BVR 2015).

Die Generation Y nutzt das Internet gemäß DHBW-Studie hinsichtlich möglicher Anwendungskategorien unterschiedlich intensiv. Auf einer Skala von 1 (gar keine Nutzungsintensität) bis 10 (sehr hohe Nutzungsintensität) nutzen die Teilnehmer mit einem arithmetischen Mittel von 9,3 das Internet am intensivsten zur Kommunikation (E-Mails, SMS, WhatsApp etc.).

Im Weiteren präferieren sie „Informieren“ (8, 8) und „Kaufen“ (6, 1). Eine geringe Ausprägung der Internetnutzung weisen „Spiele(n)“ (2, 9) und „Verkaufen“ (2, 6) aus.

Zudem haben soziale Netzwerke bei der Entscheidung, Bankdienstleistungen in Anspruch zu nehmen, keine signifikante Relevanz, wie Abb. 4 zeigt.

Zu diesem Ergebnis kommt ebenso eine Studie der FH Köln aus dem Jahr 2013. Hiernach haben soziale Medien bei der Generation Y (hier 18- bis 30-Jährige) kaum eine Relevanz, um sich über Bankprodukte oder -dienstleistungen zu informieren (vgl. Bankmagazin 2014, S. 6).

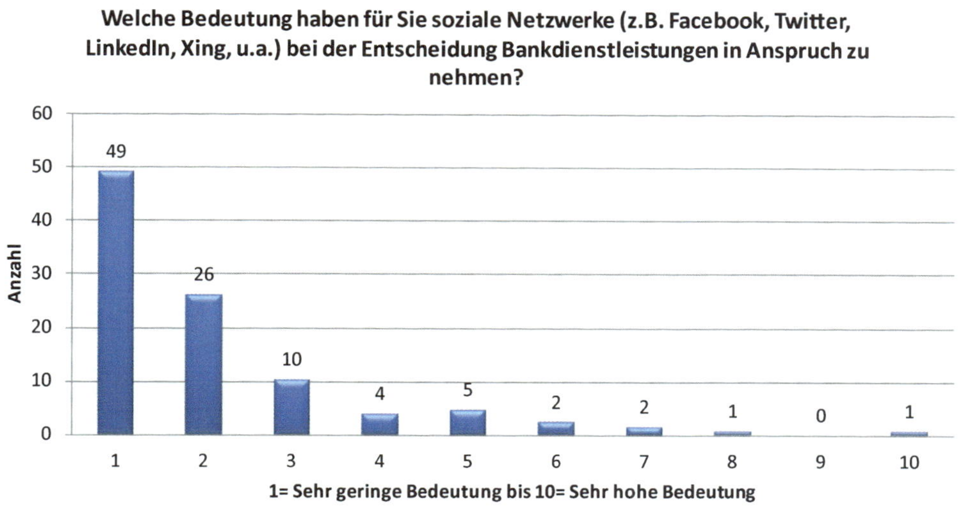


**Abb. 4** Relevanz sozialer Netzwerke bei der Inanspruchnahme von Bankdienstleistungen

## 4 Strukturelle Auswirkungen der Digitalisierung

Die Digitalisierung nimmt, wie aus dem digitalen Nutzungsverhalten ablesbar, in den Lebenswelten der Menschen zunehmend Raum ein, unabhängig davon, wie sich die Individuen zu diesen Entwicklungen im Einzelnen positionieren. Möglichkeiten, sich diesen Entwicklungen zu entziehen, sind im beruflichen sowie im privaten Kontext, ohne Konsequenzen, immer weniger gegeben.

Hierzu gehört auch, dass die wachsende Zergliederung der Wertschöpfungsketten von Unternehmen, u. a. auch Kreditinstituten, zu einer Neudefinition der Grenzen zahlreicher Unternehmen führt (vgl. Eichhorst und Tobsch 2014, S. 11 f.).

Global bietet das Internet immer mehr Menschen ortsunabhängig eine nahezu unendliche Informationsmenge rund um die Uhr an. So erhöhen zahlreiche Entwicklungen, beispielsweise die Bereitstellung und Analyse sehr großer Datenmengen (Big Data), Angebote virtueller Infrastrukturen (Cloud Computing) und die Dynamik einer globalen Vernetzung das Tempo einer weiteren Globalisierung.

Die Digitalisierung verändert auch die Interaktion und Kommunikation der Menschen im Alltag, beispielsweise durch Social Media Plattformen wie Facebook, Twitter, YouTube oder Netzwerke wie XING und LinkedIn.

Darüber hinaus werden Möglichkeiten webbasierter Technologien im industriellen Bereich (Industrie 4.0) kontinuierlich ausgelotet und weiterentwickelt.

Konsequenz: Innerhalb unserer Gesellschaft werden durch die Digitalisierung Normen und Werte der Menschen und Unternehmen sowie Prozesse und Strukturen nachhaltig berührt. Deshalb obliegen Geschäftsmodelle von Unternehmen und Kundenbedürfnisse aus unternehmerischer Sicht einem regelmäßigen, wiederkehrenden Überprüfungs- und Anpassungsprozess (vgl. Dapp 2014, S. 3 f.).

(Bank-)Kunden erwarten in der Zukunft zunehmend eine zielgerichtete Ansprache zu individuellen Produkt- und Dienstleistungsangeboten. Unternehmen müssen hierzu das Verhalten ihrer Kunden und deren Verhaltensdaten genauer kennen und analysieren, beispielsweise mittels Trackingsoftware.

Kundendaten könn(t)en vermehrt miteinander verknüpft und analysiert werden, um mittels komplexer Algorithmen statistische Aussagen über ein zukünftig wahrscheinliches Kundenverhalten abzuleiten und so ein für den Kunden hohes Maß an Personalisierung zu generieren. Aber: Das Erfassen und die Auswertung personenbezogener Daten mit dem Ziel individualisierter Angebote und der Verkauf personenbezogener Daten an Dritte ist in Deutschland grundsätzlich nur mit dem ausdrücklichen Einverständnis der Kunden bzw. dem Einhalten der geltenden Datenschutzbestimmungen möglich (vgl. Dapp 2014, S. 11 f., 26). Kreditinstitute werden sich deshalb zukünftig immer mehr in dem besonderen Spannungsfeld eines vertraulichen Umgangs mit Kundendaten/-informationen und der Notwendigkeit einer vermehrten (in- und externe) Informationsanalyse bewegen.

Datensicherheit weist für das Mobile Banking einen zentralen Akzeptanzfaktor aus. Nach einer Studie von Roland Berger und Visa im Jahr 2015 haben 58 % der Kunden zu ihren Banken bei der Weitergabe persönlicher Informationen ein hohes Vertrauen, deutlich mehr als gegenüber anderen Institutionen, beispielsweise gegenüber der Bundesregierung (50 %) oder Mobilfunkanbietern (acht Prozent). Kreditinstitute könnten diesen Vertrauensvorteil nutzen, um am digitalen Wachstumspotenzial zu partizipieren (vgl. Bloching et al. 2015, S. 18 f.).

Die höchsten Gefahren bei der Nutzung des Internets sehen die Teilnehmer der DHBW-Studie ebenso in Sicherheitsvorbehalten – hier insbesondere bezogen auf die eigene Datensicherheit bzw. Datendiebstahl, beispielsweise durch Trojaner, Phishing, Viren, Malware (Abb. 5).

Bei der allgemeinen Frage *„Wie sicher sind aus Ihrer Sicht Bankgeschäfte, die online durchgeführt werden?“*, leiten sich bei den Teilnehmern allerdings keine signifikanten Ergebnisse ab. Das arithmetische Mittel liegt mit 4,2 in einem annähernd indifferenten Bereich (1 = absolut sicher/kein Risiko bis 10 = sehr unsicher/hohes Risiko).

Sicherheitsvorbehalte scheinen bei den meisten Teilnehmern der DHBW-Studie zumeist abstrakt und nicht konkret vorhanden zu sein. Werden die Sicherheitsrisiken zu einzelnen ausgewählten Anwendungen konkret hinterfragt, wird deutlich, dass bei keiner der nachstehenden Anwendungen signifikante Sicherheitsrisiken von den Studierenden wahrgenommen werden.

Die kommende Frage weist folgende Bewertungsergebnisse als arithmetisches Mittel aus: *„Wie bewerten Sie mögliche Sicherheitsrisiken durch Schadprogramme (zum Beispiel Viren, Trojanische Pferde, Spyware, u. a.) bei der Nutzung nachstehender Internetanwendungen (alphabetisch sortiert)?“ Bitte tragen Sie auf einer Skala von 1 (absolut sicher/kein Risiko) bis 10 (sehr unsicher/hohes Risiko) die Zahl in das jeweilige Kästchen vor den Kategorien ein.*

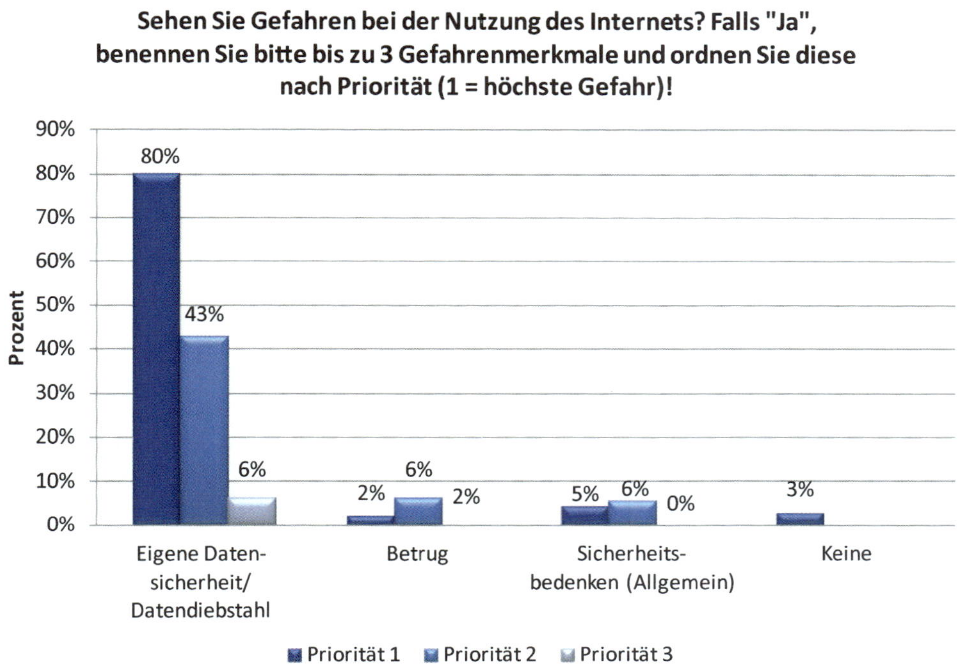


**Abb. 5** Gefahren bei der Nutzung des Internets

- Ebay (Internetauktionen): 4,7
- Einkaufen zum Beispiel über Amazon (Konsum): 3,9
- E-Mail-Versand (Kommunikation): 5,4
- Facebook (Kommunikation): 6,3
- Google (Informationssuche): 5,2
- Online-Banking (zum Beispiel Überweisungen, Wertpapierkäufe): 3,9
- WhatsApp (Kommunikation): 5,5

Das Antwortverhalten korrespondiert mit den Studienergebnissen der Initiative D21 durch TNS Infratest. Hiernach ist lediglich bei zwei Prozent der Befragten beim Online-Banking bereits einmal ein finanzieller Schaden entstanden (vgl. Initiative D21 2014, S. 18).

## 5 Entwicklungsperspektiven von Kunde-Bankbeziehungen im Zeitalter der Digitalisierung

Kreditinstitute werden den digitalen Wandel stärker aus Sicht des Kunden wahrnehmen müssen. Das heißt konkret: Sie müssen die heutigen und zukünftigen Kundenbedürfnisse ganzheitlich erfassen und antizipieren sowie die vom Kunden genutzten Technologien beim eigenen Produkt- und Dienstleistungsangebot umfassend einbeziehen.

Andernfalls erhalten Kunden nur Teillösungen, die Bedürfnisse nicht ganzheitlich abbilden und „Insellösungen" entstehen lassen.

Wettbewerbssituationen können heute für Kreditinstitute im Kontext leicht zu standardisierender Produkte oder Dienstleistungen schnell entstehen. Sind Produkte oder Dienstleistungen digitalisierbar, sind sie gemeinhin beliebig kopierbar und damit kein knappes Gut mehr. Mittels Internettechnologien können sie inzwischen ohne persönlichen Kundenkontakt automatisiert angeboten werden. Hiervon betroffen sind neben Kreditinstituten bereits ebenso zahlreiche andere Branchen beispielsweise Versicherungsunternehmen, im Gesundheitswesen Online-Apotheken sowie die Musik-, Verlags- oder Medienbranche (vgl. Dapp 2014, S. 4 bis 7).

Innerhalb der Kreditbranche fokussieren neue Anbieter regelmäßig insbesondere die Produkte und Dienstleistungen, die nicht der seit Jahren zunehmenden gesetzlichen Regulierung obliegen. Insofern ist es konsequent, wenn Universalbanken ihre Filialen weiterhin als einen wichtigen Vertriebs- und Kommunikationskanal im Kontext ihrer Digitalisierungsstrategie berücksichtigen. Die Markteintrittsbarrieren eines funktionsfähigen Filialnetzes sind für zahlreiche Anbieter zu hoch und Kreditinstitute können durch den persönlichen Kundenkontakt weiterhin Wettbewerbsvorteile generieren.

Im Rahmen der DHBW-Studie erwarten 96 % der Teilnehmer von ihrer Bank in der Zukunft weiterhin die Möglichkeit einer persönlichen Beratung in der Filiale. Davon ist für 31 % die persönliche Beratung insbesondere bei „komplexen Gesprächsthemen" unbedingt erforderlich.

Obwohl die Relevanz einer persönlichen Beratung in der Filiale so hoch gewichtet wird, sind 56 % der Studierenden nicht bereit, anstatt eines persönlichen Beratungsgesprächs Ihre Bankberatungsgespräche via Videokonferenz/Bildtelefonie/VoIP, zum Beispiel Skype durchzuführen, wie Abb. 6 zeigt.

Gründe könnten partiell in der Struktur des Panels angenommen werden. Indes: Ein digitaler Kundenkontakt (zum Beispiel Videokonferenz) wird niemals ein persönliches auf Interaktion basierendes Gespräch ersetzen, um gleichermaßen psychosoziale Indikatoren einer zukünftigen vertrauensvollen Zusammenarbeit zu erhalten, das heißt neben der Sprache beispielsweise durch Gestik, Mimik, Umgangsformen u. a.

Kunden erwarten bereits heute auf den Vertriebs- und Kommunikationskanälen außerhalb des Filialbetriebs im Kontakt mit ihrem Kreditinstitut ein Höchstmaß an Innovation und technischem Fortschritt. Aus der jeweiligen Nutzung muss der Kunde dabei aber Mehrwerte generieren können, zum Beispiel, indem Suchkosten reduziert und Informationszugänge erleichtert werden (vgl. Dapp 2014, S. 33).

## 6 Schlussbetrachtung

Ausgewählte Non- und Near-Banks haben heute bereits einen deutlichen (digitalen) Informationsvorsprung gegenüber (Universal-)Banken hinsichtlich ihres kundenspezifischen Wissens. Selbstverständlich unterliegen Kreditinstitute zahlreichen regulatorischen

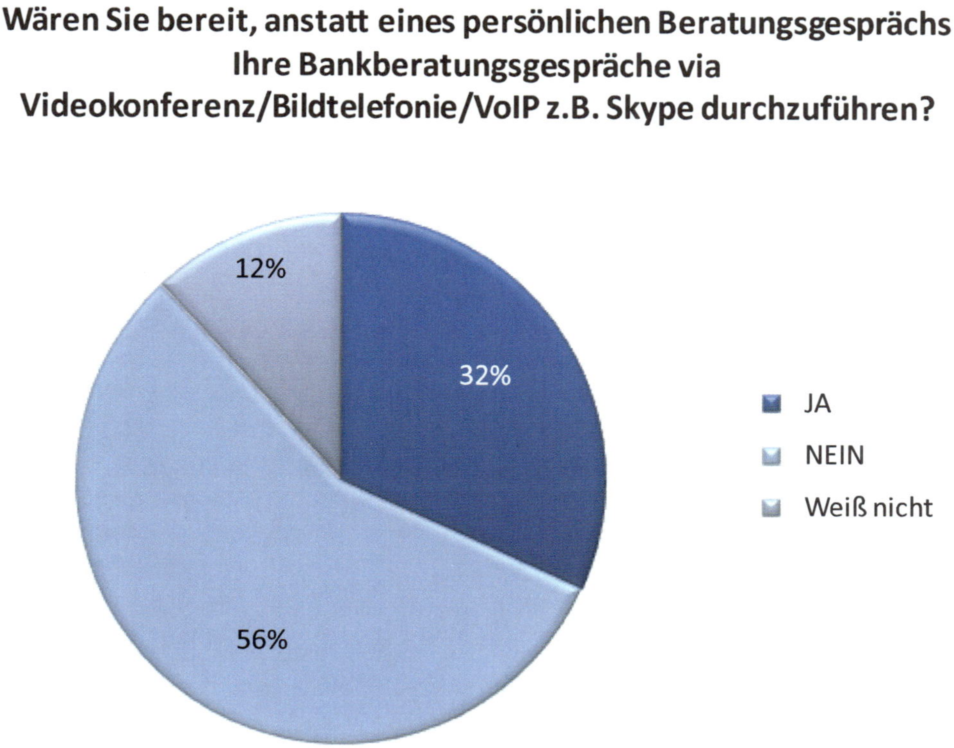


**Abb. 6** Beratungsgespräche via Bildübertragung

Rahmenbedingungen, u. a. auch bei der Verknüpfung von Kundendaten (zum Beispiel Compliance – „Chinese Walls").

Gleichwohl: Unabhängig von den gesetzlichen Bestimmungen haben personenbezogene Daten auch für Kreditinstitute bereits heute einen hohen ökonomischen Wert. Durch die Analyse vergangenheitsbezogener Daten könn(t)en Banken Prognosen zukünftiger Verhaltensweisen/Bedürfnisse ihrer Kunden herleiten und Kundenansprachen deutlich zielgerichteter einsetzen. Insbesondere einfache, standardisierbare und damit technisch skalierbare Fragestellungen sind dann auf Basis von Algorithmen automatisiert zu beantworten. Die vom Kunden gewünschte Individualisierung kann insbesondere im Retailbanking durch persönliche Ansprache und individuellen Service erfolgen. Komplexe bankbetriebliche Fragestellungen werden weiterhin selbstverständlich individuell zu betreuen sein (vgl. Dapp 2014, S. 37).

Darüber hinaus muss die Kundenansprache durch Kreditinstitute zukünftig deutlich innovativer werden, um (neue) Kunden zu generieren und diese langfristig zu binden. So konnten sich im Rahmen der DHBW-Studie beispielsweise 71 % der Teilnehmer vorstellen, sich vertraglich für 24 Monate mit ihrem (Online-)Gehaltskonto an eine Bank zu binden, wenn ihnen diese hierfür kostenlos bzw. stark vergünstigt ein Smartphone oder Tablet zur Verfügung stellt.

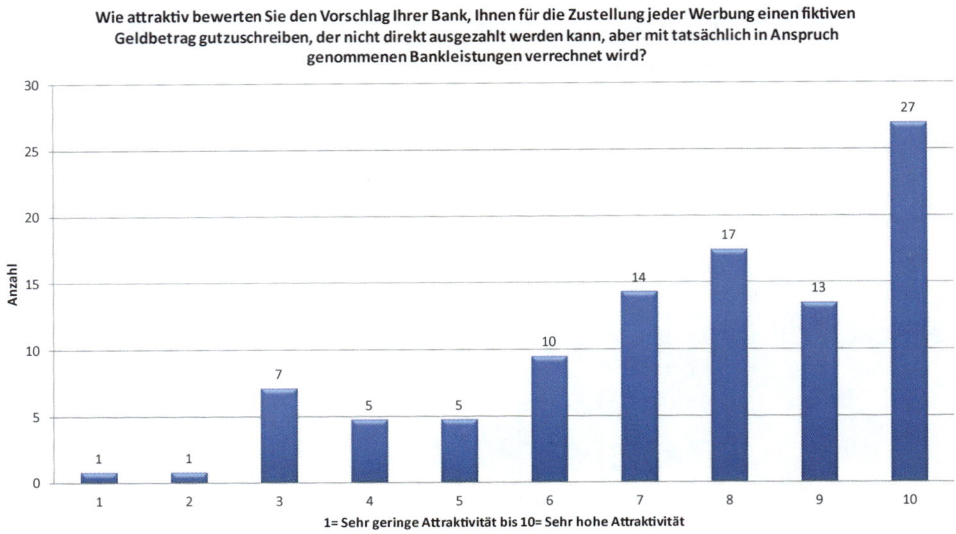


**Abb. 7** Werbeansprache gegen Entgelt

Des Weiteren würde die Mehrheit der Teilnehmer die Zustellung von Werbung akzeptieren, wenn ihnen hierfür ein fiktiver Geldbetrag gutgeschrieben wird, wie Abb. 7 zeigt.

Die Attraktivität bemessen die Teilnehmer der DHBW-Studie im arithmetischen Mittel mit 7,5 (1= sehr geringe Attraktivität, 10= sehr hohe Attraktivität). 57 % bewerten die Attraktivität eines solchen Angebots sogar mit 8 bis 10 Skalenpunkten.

Insgesamt werden Kreditinstitute in der Zukunft letztlich vermehrt strategische Allianzen eingehen (müssen), um die dauerhaft erheblichen Aufwendungen digitaler Weiter- und Neuentwicklungen wirtschaftlich abbilden zu können.

## Literatur

Appel, W., Michel-Dittgen, B. (2013): Digital Natives – Was Personaler über die Generation Y wissen sollten, Springer Gabler Verlag, Wiesbaden.

Bankmagazin (2014): Junge Kunden bevorzugen klar das Online Banking, S. 6, Januar 2014; darin Quellverweis: Müller, S., Retail Banking im Wandel – Aktuelle Herausforderungen und Geschäftsmodelle, FH Köln, 2013.

Bloching, B., Wege, E., Flemming, J., Bloching, O., Hoffmann, M., (Hrsg. Roland Berger Strategy Consultants) (2015): Digitale Revolution im Retail-Banking – Chancen in der neuen Multikanal-Welt aus Kundensicht, Februar 2015.

BVR (Bundesverband der deutschen Volksbanken und Raiffeisenbanken) (2015): Presserklärung vom 26. März 2015: Neues Online-Bezahlverfahren deutscher Banken startet Ende 2015, Berlin.

Dapp, T. F. (2014) Deutsche Bank Research (Hrsg.): Fintech – Die digitale (R)evolution im Finanzsektor; Algorithmenbasiertes Banking mit human touch, Frankfurt, 23. September 2014.

Eichhorst, W., Tobsch, V. (2014) (Hrsg. Bertelsmann Stiftung): Flexible Arbeitswelten – Bericht an die Expertenkommission „Arbeits- und Lebensperspektiven in Deutschland“, Gütersloh.

Hellenkamp, D. (2014): Bankdienstleistungen zwischen Digitalisierung und Kunden – Renaissance der Filiale?, bank und markt (9) – Zeitschrift für Retailbanking: S. 36–37. September 2014.
Initiative D21 (2014) (Hrsg. Fiducia IT, Initiative D21): Online-Banking 2014– Sicherheit zählt, Wünsche und Anforderungen an Bankgeschäfte im Internet.
Prensky, M. (2001): Digital Natives, Digital Immigrants, in: On The Horizon, MCB University Press, Vol. 9 No. 5. Oktober 2001.
Seibel, K. (2015): Nicht ohne mein Handy, Welt am Sonntag, 25. Januar 2015, Nr. 4, S. 41, 2015.
TNS Infratest (2014): Digitalisierungsbericht 2014, Juli 2014.

**Prof. Dr. Detlef Hellenkamp** ist seit 2010 Hochschullehrer und Leiter im Studiengang BWL-Bank der Dualen Hochschule Baden-Württemberg (DHBW) in Stuttgart.

Nach dem Abschluss als Diplom-Kaufmann an der Universität Duisburg-Essen im Jahr 1992 weist er etwa 20 Jahre Erfahrungen in Leitungsfunktionen internationaler Universalbanken und einer genossenschaftlichen Rechenzentrale mit Stationen in Frankfurt, Dortmund, Essen und Münster aus.

Er promovierte zum Dr. rer. oec. am Lehrstuhl Unternehmensfinanzierung und Banken an der Bergischen Universität Wuppertal.

Daneben hat er Erfahrungen in diversen beratenden Funktionen als Aufsichts-, Stiftungs- und Beirat und ist Autor zahlreicher Veröffentlichungen.

# Digitalisierung im Fokus: Vom Mobile Payment zum Mobile Commerce

Georg von Waldenfels

## Inhaltsverzeichnis

1 Einleitung ... 397
2 Nutzenargumente im M-Commerce determinieren deren Zukunft ... 399
3 Rahmenbedingungen hemmen M-Commerce ... 401
4 Sicherheit als unerlässliche Notwendigkeit ... 403
Literatur ... 405

## 1 Einleitung

Kunden haben heute zahlreiche Möglichkeiten, Online-Bezahlverfahren zu nutzen. Sie dienen dazu, im Internet möglichst einfach und sicher Zahlungen an Online-Händler zu leisten.

Beim Thema „Mobile Payment" steht die Entwicklung in vielen Ländern eher noch am Anfang. Hierbei handelt es sich primär um das Bezahlen mit dem Smartphone im stationären Handel unter Verwendung drahtloser Kommunikation (Abb. 1).

Dabei kann die sogenannte „Near Field Communication" (NFC) Technologie am „Point of Sales" (POS) zum Einsatz kommen, eine im Handel schon verbreitete Technologie.

Der Terminus „Mobile Payment" erfasst in diesem Kontext die Vorgänge nicht ausreichend weit, weil der Prozess des „Bezahlens" im Mittelpunkt steht. Es geht aber keineswegs nur um das Bezahlen mit dem Mobiltelefon, sondern auch um zusätzliche Dienste sowie deren intelligente Verknüpfung, welche dem Kunden Mehrwerte generieren.

G. von Waldenfels (✉)
Wirecard AG, Aschheim, Deutschland



D. Hellenkamp, K. Fürderer (Hrsg.), *Handbuch Bankvertrieb*,
DOI 10.1007/978-3-658-06447-1_24

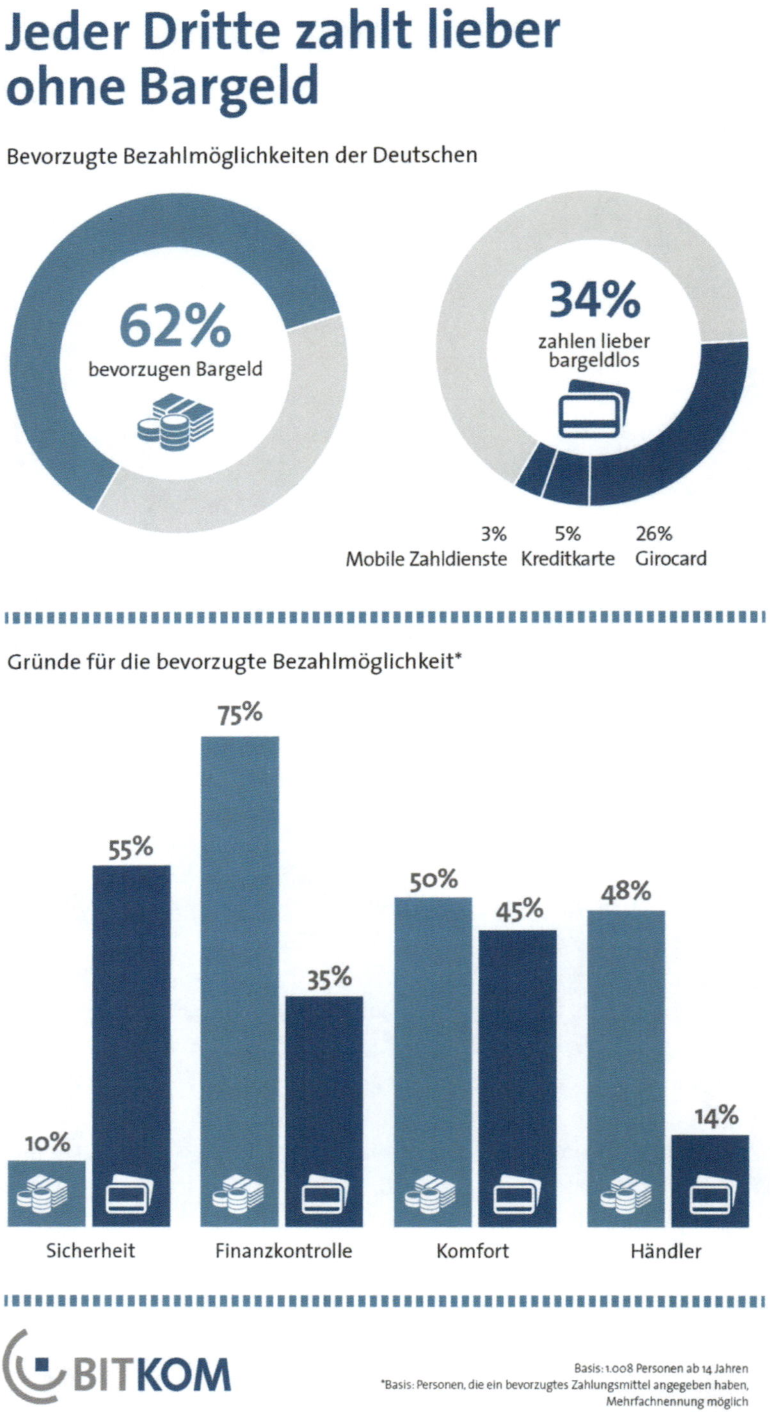


**Abb. 1** Bevorzugte Zahlungsmittel der deutschen Bevölkerung. (Quelle: BITKOM 2014b)

Insofern beschreiben die Termini „Mobile Commerce“ oder M-Commerce die Funktionsweise angemessen (vgl. Heinemann 2012).

## 2 Nutzenargumente im M-Commerce determinieren deren Zukunft

Beim „Mobile Commerce“ gibt es indes noch viele „Henne-Ei“-Probleme. Einerseits nutzen aktuell nicht ausreichend viele Kunden diese Anwendungen, um für den Handel in toto interessant genug zu sein, andererseits stehen zu wenige Angebote, das heißt „Point of Sales“, zur Verfügung, um für den Kunden attraktiv zu sein.

Bisher erhält der Kunde (Konsument) in diesem System fast nur die Möglichkeit zu bezahlen, darüber hinaus aber keinen weiteren nennenswerten Mehrwert. Aus diesem Grund wird das System bisher nicht angenommen. Handel und Kunden müssen einen erkennbaren Zusatznutzen erhalten, um nicht weiterhin Kredit- oder EC-Karte einzusetzen.

Die nötige Infrastruktur im stationären Handel ist komplex. Der stationäre Handel in Deutschland agiert anders als in anderen Ländern. Die Herausforderungen reflektieren sich in typischen Fragen der meisten Händler:

- Warum soll ich in eine neue Infrastruktur viel Geld investieren?
- Warum sollte der Kunde mit seinem Mobiltelefon bezahlen? Möglicherweise dauern Bezahlprozesse länger und das Kassenpersonal muss aufgrund zunehmender Komplexität zusätzlich geschult werden.
- Wie viel zusätzliche Kunden und Umsatz bringt mir diese neue Technologie?

Zudem stehen auch Kunden einem mobilen Bezahlsystem durchaus kritisch gegenüber. Hierbei stellen sich beispielsweise neben Fragen nach der grundsätzlichen Akzeptanz der Kunden ein mobiles Bezahlsystem zu nutzen, Fragen nach der Komplexität des Anmeldeprozesses sowie den konkreten Mehrwerten insbesondere im Vergleich mit der aktuellen Nutzung einer Kreditkarte.

Aktuell ungünstige Rahmenbedingungen und eine unzureichende Infrastruktur werden indes nicht verhindern, dass „Mobile Commerce“ an Bedeutung gewinnt und zwar sobald Konsumenten Mehrwerte unmittelbar erkennen und das System intuitiv mit Spaß nutzen.

Für zahlreiche Bundesbürger ist das Smartphone nahezu unverzichtbar geworden. In einer Studie im Auftrag des BITKOM hat das Meinungsforschungsinstitut Aris in Zusammenarbeit mit BITKOM Research 1004 Personen ab 14 Jahren im Jahr 2014 repräsentativ befragt. 61 % gaben auf die Frage „Auf welches Gerät können Sie gar nicht verzichten?“, das Smartphone an. Dabei sind es in der Altersgruppe der 14- bis 29-Jährigen sogar 74 %, wie Abb. 2 ausweist.

Insofern haben Smartphones eine deutlich höhere Relevanz für die Nutzer als andere Hightech-Geräte, beispielsweise herkömmliche Mobiltelefone, Laptops oder Desktop PCs.

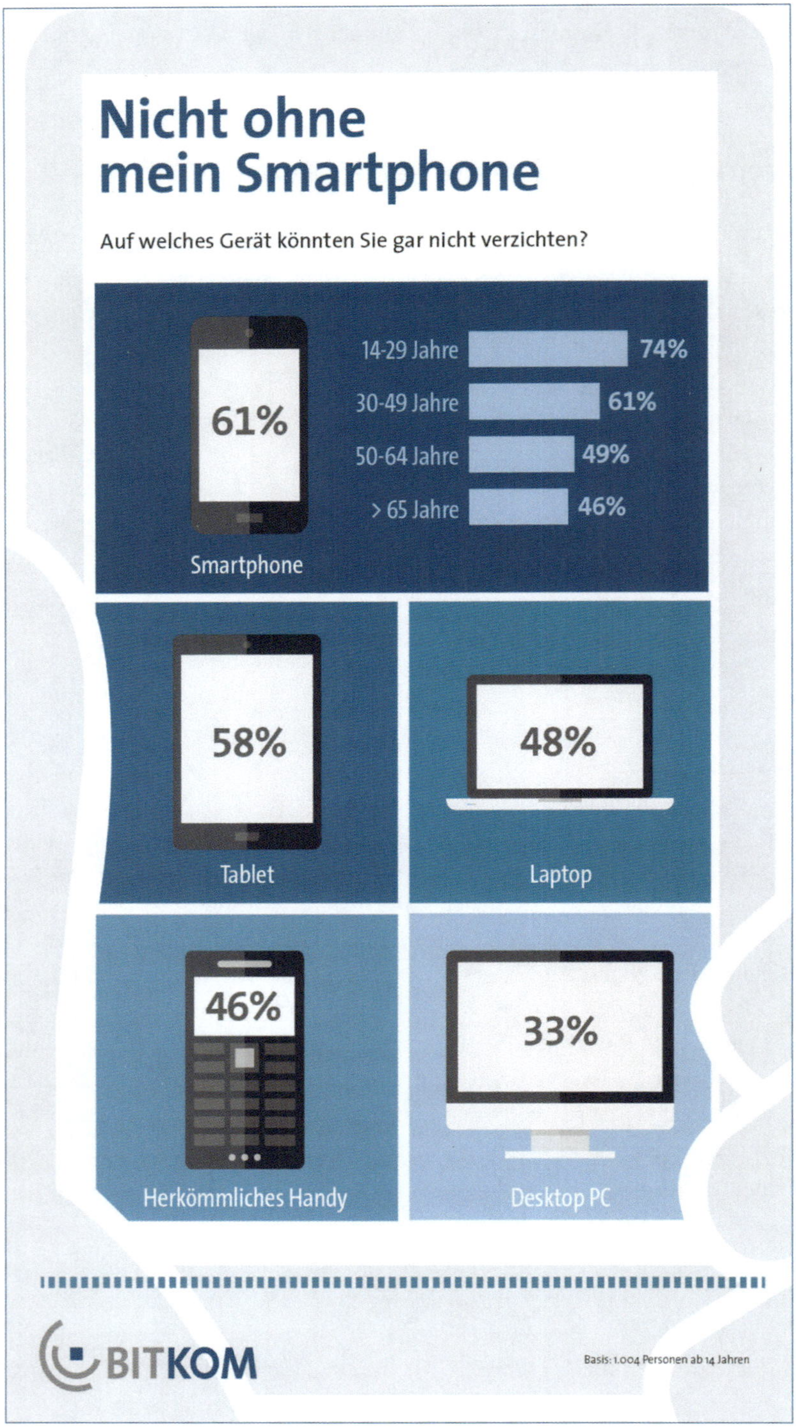


**Abb. 2** Relevanz ausgewählter technischer Geräte. (Quelle: BITKOM 2014a)

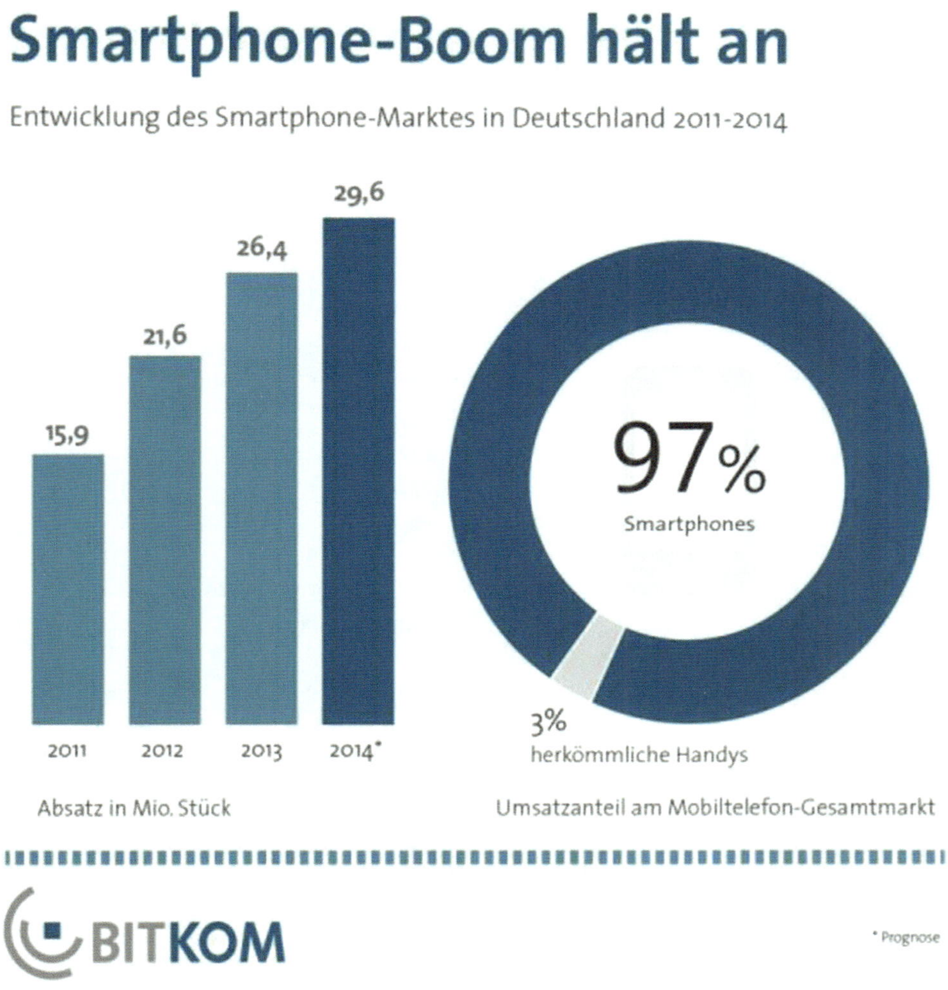


**Abb. 3** Entwicklung des Smartphone-Marktes in der Bundesrepublik Deutschland. (Quelle: BITKOM 2014d)

## 3 Rahmenbedingungen hemmen M-Commerce

Im ersten weiteren Zielbild haben Kunden sämtliche Kreditkarten, Kundenkarten, Bahn- und Flugtickets in ihrem Smartphone und verfügen damit quasi über eine digitale Geldbörse. Damit können sie einfach und schnell bezahlen, erhalten automatisch zahlreiche attraktive Angebote und müssen nicht mehr daran denken, ob sie einen Geldbeutel bei sich tragen. Sie können beispielsweise Einkaufspunkte sammeln und bekommen Finanzierungsangebote „just in time".

Diese bereits heute verfügbaren Technologien könnten im Bereich des mobilen Bezahlens möglicherweise den Durchbruch bringen, zumal Smartphones mittlerweile von nahezu jedermann für zahlreiche andere Anwendungen ohnehin genutzt werden (Abb. 3).

Bisher wurde die Entwicklung innovativer Payment-Lösungen durch die vorhandenen (insbesondere regulatorischen) Rahmenbedingungen in Deutschland und in der EU erschwert. Aus Praxissicht wird der Gesetzgeber hierbei wiederkehrend als nicht unterstützend wahrgenommen. Überdies resultieren aus Einzelthemen beispielsweise Geldwäsche, ergänzende Restriktionen.

Innovative „Usecases" und neue Geschäftsmodelle werden durch den Regulator dadurch (temporär) gebremst. NFC-Technologie (vgl. Langer und Roland 2010, S. 206 ff.; vgl. Lerner 2013, S. 48 ff.) für kontaktlose Datenübertragung, Fingerprinting, Face-Recognition und Iris-Recognition sind heute bzw. sehr zeitnah bereits verfügbar.

Auf die Finanzbranche ausgerichtete Richtlinien hinsichtlich „Mobile Payment" „So zahlen wir in Deutschland" und „So zahlen wir international" sind somit aus Anbieter- als auch aus Kundensicht kontraproduktiv.

Banken und andere Finanzdienstleister (etwa Unternehmen, die seit Jahren im Zahlungsverkehrsgeschäft aktiv sind) sind angehalten, insbesondere aufgrund regulatorischer Adjustierungen, in den nächsten Jahren ihr Leistungsportfolio zu erweitern, wenn sie weiterhin wirtschaftlich arbeiten wollen. So wird beispielsweise ab 2016 in Europa die sogenannte „Interchange Fee" gesenkt. „Interchange Fee" beschreibt eine Gebühr, die Finanzdienstleister einander für die Akzeptanz von Transaktionen bezahlen, die auf der Nutzung von Kreditkarten beruhen (European Parliament 2014).

Banken oder Kreditkartenunternehmen, die es versäumen, sich rechtzeitig auf die veränderten Rahmenbedingungen einzustellen, werden nachhaltige Probleme bekommen. So sind diesbezüglich deutliche Umsatzrückgänge zu erwarten. Geschäftsmodelle, die auf die Einnahme der „Interchange Fee" ausgerichtet sind, werden voraussichtlich nicht mehr tragfähig sein und müssen deshalb erweitert oder umgebaut werden, um den Kunden möglichst viele Mehrwerte zu bieten.

Mehrwerte könnten beispielsweise ortsbezogene Rabattaktionen, digitale Loyalty-Programme oder neuartige, kontextbezogene Produkte generieren, um sowohl die Kundenbindung als auch neue Einnahmequellen zu erschließen.

Einzelne (zumeist ausländische) Kreditinstitute agieren bereits heute sehr innovativ, beispielsweise die Barclays Bank in England. Zahlreiche deutsche Kreditinstitute stehen neuen, innovativen Themen in ihrer Grundhaltung skeptisch und zurückhaltend gegenüber. Durch zahlreiche neue Wettbewerber wird der Innovationsdruck indes zunehmen und die Banken werden sich neu ausrichten müssen, um den Anschluss nicht zu verpassen. Das Thema „Online" wird bereits seit Jahren vernachlässigt und Wettbewerbern, wie zum Beispiel Paypal, wurden Teile der originären Wertschöpfungskette der Banken überlassen.

Im Grunde ist „Mobile Commerce" ein strategisches Thema, das in den kommenden Jahren höchste Aufmerksamkeit erfahren wird und deshalb im Vorstand vom CEO verantwortet bzw. begleitet werden sollte.

Im Allgemeinen benötigen Kunden ein Konto, das in der Vergangenheit selbstverständlich bei einer Bank unterhalten wurde. In der Zukunft wird entscheiden, welche Angebote und welchen Service eine kontoführende Stelle, zum Beispiel eine Bank, anbietet und ob der Kunde seine Leistungen bei einem Kreditinstitut oder einem anderen Anbieter nachfragt.

Das Verhalten Jugendlicher ist im Vergleich zur älteren Generation durch ein abnehmendes Sicherheitsdenken und durch andere Erwartungshaltungen geprägt. Jugendliche haben beispielsweise ein abweichendes Einkaufs- und Zahlungsverhalten im Internet und in sozialen Netzwerken einen anderen Umgang mit persönlichen Informationen. Die Marke einer internationalen Bank hat bei jungen Konsumenten einen deutlich geringeren Stellenwert.

## 4 Sicherheit als unerlässliche Notwendigkeit

Alle Marktteilnehmer setzen sich mit dem Stellenwert von Sicherheit und Vertrauen im Kontext von Mobile Commerce auseinander (vgl. Lerner 2013, S. 41 ff.). Dabei ist die diesbezügliche Sensitivität des Einzelnen zumeist sehr unterschiedlich ausgeprägt. Sollte im Rahmen einer kleineren Transaktion beispielsweise zehn Euro Schaden entstehen und der Schaden wird kurzfristig reguliert (möglicherweise ergänzend honoriert mit einem Gutschein von fünf Euro), werden die meisten Kunden vermutlich keine Sicherheitsbedenken entwickeln. Wenn aufgrund neuer Bezahlverfahren aber große Schäden entstehen, kann dieses zu großen Sicherheitsbedenken der Nutzer und möglicherweise dem wirtschaftlichen Aus eines Anbieters führen.

Über ein Drittel der Internetnutzer haben bereits Erfahrungen mit Cybercrime gemacht. Eine repräsentative Studie, bei der 1020 Internetnutzer befragt wurden weist dabei sehr unterschiedliche Erfahrungen aus, wie Abb. 4 zeigt.

Die Unternehmen sollten unter Berücksichtigung bestehender Datenschutzrichtlinien deshalb ihre Möglichkeiten nutzen, um Informationen zu erhalten, die zum Schutz ihrer (potenziellen) Kunden beitragen. Hierzu könnten beispielsweise Informationen zu User-Standortdaten oder Informationen aus Social-Media-Kanälen verwendet werden.

Die Rahmenbedingungen für Innovationen sollten dabei dringend so ausgestaltet werden, dass Möglichkeiten für Innovationen geschaffen werden. So ist zum Beispiel die Identifikation mit dem Post-Ident-Verfahren bereits seit Jahren ein Hindernis und nicht mehr zeitgemäß. Mittlerweile wurden digitale Identifizierungslösungen von der BaFin zugelassen, was ein erster wichtiger Schritt ist.

Deutschland entwickelt sich sukzessive in Richtung einer bargeldlosen Gesellschaft, in der zu einem noch unbestimmten Zeitpunkt in der Zukunft nur noch digital bezahlt werden wird. Hiervon profitieren werden zahlreiche Marktteilnehmer, beispielsweise der Handel, da kein Aufwand mehr im Kontext mit Bargeld entsteht (Bargeldtransport u. a.) sowie Kreditinstitute, die kein Bargeld mehr vorhalten und mit hohem Aufwand die Logistik der Geldautomaten betreiben.

International ist diese Entwicklung bereits deutlich weiter fortgeschritten, insbesondere dort, wo der Staat diesbezügliche Innovationen unterstützt (Abb. 5).

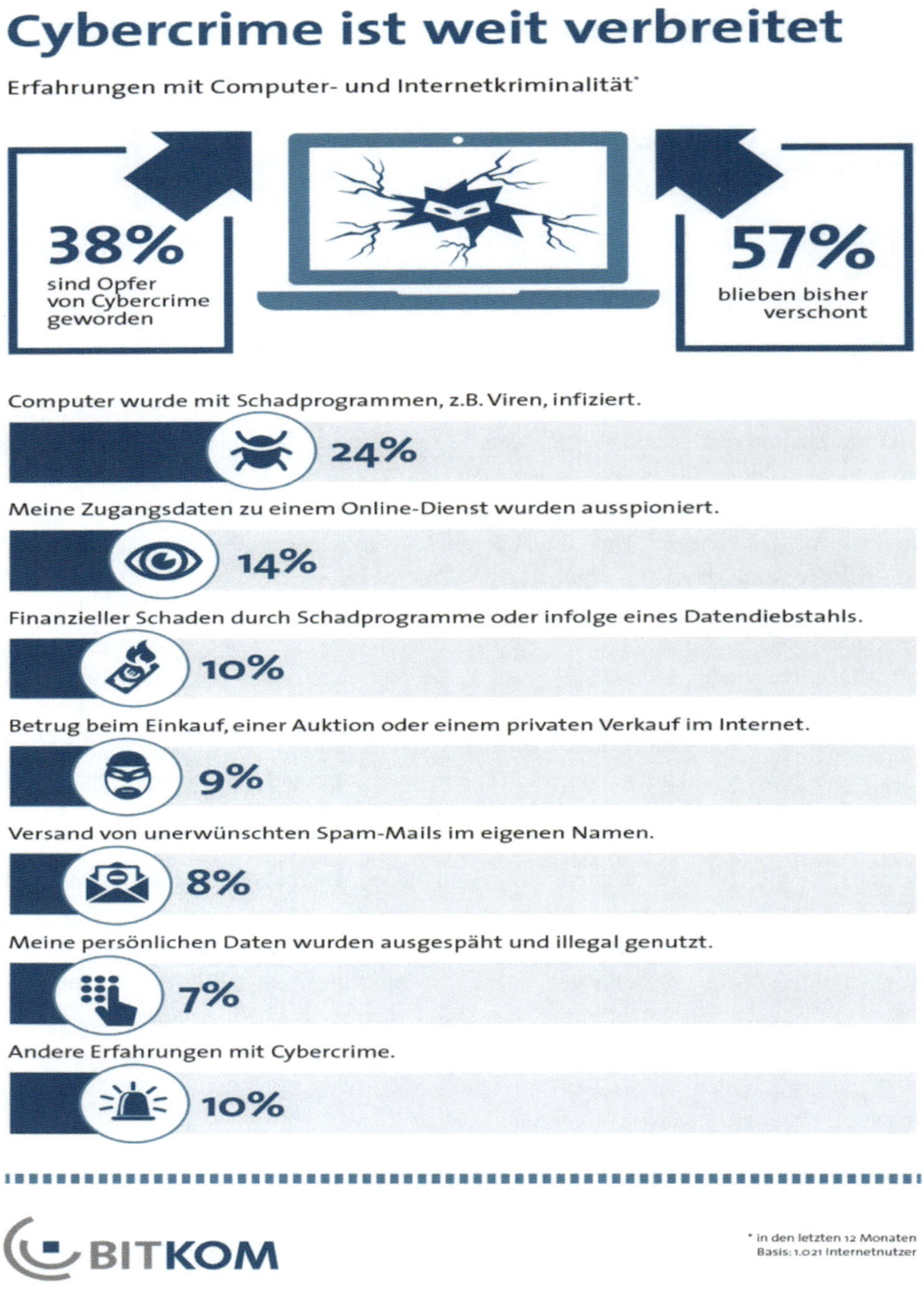


**Abb. 4** Erfahrungen mit Cybercrime. (Quelle: BITKOM 2014c)

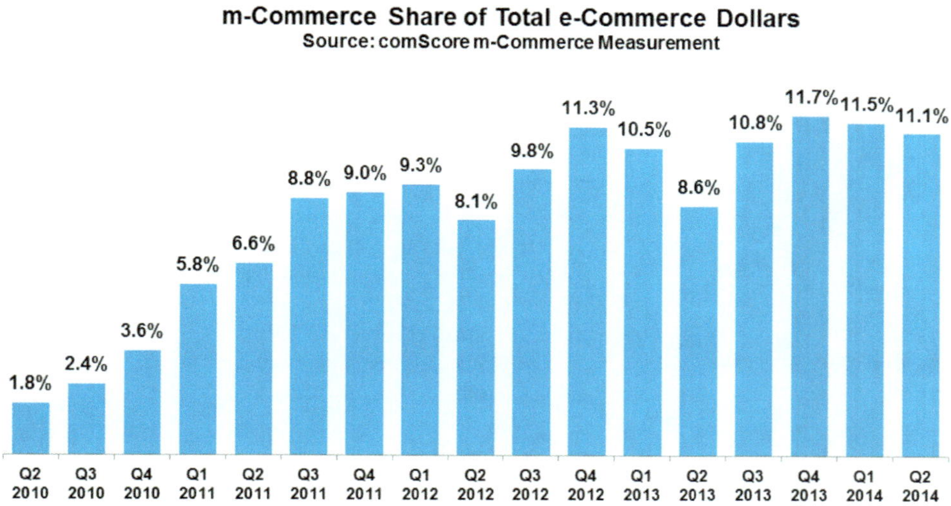


**Abb. 5** Prozent-Anteil im US-Retail E-Commerce mittels Smartphone. (Quelle: Lipsman 2014)

Asiatische Telekommunikationsanbieter kaufen zum Teil Kreditinstitute und generieren anschließend mit einer Vollbanklizenz innovative Produkte. So bieten anschließend Telekommunikationsanbieter ihren Kunden Finanzprodukte an und stellen ihnen Kreditlinien zur Verfügung. Sie stehen damit im originären Bankgeschäft plötzlich neben Kreditinstituten im Wettbewerb um (deren) Kunden.

## Literatur

BITKOM (2014a) Bundesverband Informationswirtschaft, Telekommunikation und neue Medien e. V., Nicht ohne mein Smartphone. Beitrag vom 28.07.2014. Berlin, 2014.

BITKOM (2014b) Bundesverband Informationswirtschaft, Telekommunikation und neue Medien e. V., Jeder Dritte zahlt lieber ohne Bargeld. Beitrag vom 24.06.2014. Berlin, 2014.

BITKOM (2014c) Bundesverband Informationswirtschaft, Telekommunikation und neue Medien e. V., 38 % der Internetnutzer sind Opfer von Cybercrime. Repräsentative Studie des Marktforschungsinstitutes ARIS im Auftrag des BITKOM. Beitrag vom 06.05.2014. Berlin, 2014.

BITKOM (2014d) Bundesverband Informationswirtschaft, Telekommunikation und neue Medien e. V., Smartphone-Boom setzt sich 2014 ungebrochen fort. Beitrag vom 12.02.2014. Berlin, 2014.

European Parliament (2014), MEPs secure deal to cap card payment fees, Press release, 17.12.2014.

Heinemann, G. (2012): Der neue Mobile-Commerce: Erfolgsfaktoren und Best Practices, Wiesbaden. Gabler Springer Verlag.

Langer, J., Roland, M. (2010): Anwendungen und Technik von Near Field Communication (NFC), Heidelberg, Springer Verlag.

Lerner, T. (2013): Mobile Payment – Technologien, Strategien, Trends und Fallstudien, Wiesbaden, Vieweg + Teubner Verlag, Springer Fachmedien.

Lipsman, A. (2014), comScore, Inc., Q2 M-Commerce Explodes to 47 % Y/Y Gain: What it Means for the Growth of Mobile, url-link: http://www.comscore.com, 19.08.2014.

**Georg von Waldenfels** gilt als absoluter Spezialist im Bereich digitaler Geschäftsmodelle und Innovationen und war einer der Vorreiter im Bereich mobiles Internet.

Nach dem Abitur auf Schloss Salem und einer klassischen Ausbildung bei der Deutschen Bank sowie Studienaufenthalten in den USA war er in verschiedenen führenden Positionen unter anderem bei BAT, Apple und der Deutschen Telekom AG tätig.

Gemeinsam mit Partnern gründete Georg von Waldenfels seit 2008 mehrere Start-ups im Bereich Digital Commerce. Nach dem erfolgreichen Verkauf seiner Firmen übernahm er verschiedene Beratungsprojekte, u. a. für einen erfolgreichen internationalen Internetinvestor und die Deutsche Telekom.

Georg von Waldenfels verantwortet aktuell bei der Wirecard AG den Bereich Consumer Solutions.

# Teil X
# In- und externe Kommunikation

# Qualitätsführerschaft mit Multikanalvertrieb und Online-Marketing

Wolfgang Kuhn

## Inhaltsverzeichnis

1 Einleitung ... 409
2 Ausgangssituation der Bank ... 410
3 Kommunikation Bank-Kunde im Wandel ... 411
4 Projekt „Multikanalvertrieb und Onlinemarketing“ ... 414
4.1 Erst kommt die Vision ... 414
4.2 … dann die Ziele ... 414
4.3 Chancen und Handlungsoptionen ... 417
4.4 Projektrisiken ... 418
4.5 Erfolgsfaktor Kommunikation ... 420
4.6 Projekt mit Leben füllen ... 420
5 Einzige Konstante ist der Wandel ... 421
Literatur ... 421

## 1 Einleitung

Unsere Welt unterliegt einem permanenten Wandel. Dieses gilt für die Wirtschaft im Allgemeinen und die Finanzbranche im Besonderen. Internet und Digitalisierung stellen Kreditinstitute vor erhebliche Herausforderungen, denen sie mit strategischen Lösungen begegnen müssen, um gegenüber (neuen) Wettbewerbern nicht Marktanteile oder möglicherweise die gesamte Geschäftsgrundlage zu verlieren (vgl. Keck und Mertes 2015, S. 195).

W. Kuhn (✉)
SÜDWESTBANK AG, Stuttgart, Deutschland



D. Hellenkamp, K. Fürderer (Hrsg.), *Handbuch Bankvertrieb*,
DOI 10.1007/978-3-658-06447-1_25

Zudem werden Kunden anspruchsvoller – sie wollen Bankgeschäfte schnell, komfortabel, ortsunabhängig und sicher tätigen (vgl. Bain & Company 2012a, S. 19). Dennoch bleiben Vertrauen und der persönliche Kontakt die Basis für eine dauerhafte Beziehung zwischen Bank und Kunden.

Die Südwestbank AG hat sich zum Ziel gesetzt, diese vermeintlichen Gegensätze in Einklang zu bringen und dafür das Projekt „Multikanalvertrieb und Online-Marketing", kurz MOM, initiiert. Dieses zielt darauf ab, die technologische Vielfalt in die Geschäftsprozesse einzubinden und den Kunden dort abzuholen, wo er sich befindet.

Das Projektteam besteht aus Mitarbeitern fast aller Bereiche der Bank. Eine zentrale Herausforderung war, die unterschiedlichen Aspekte und Ansprüche aller Beteiligten zu integrieren und eine Strategie zu formulieren, die für die Gesamtbank Gültigkeit hat.

## 2 Ausgangssituation der Bank

Noch vor einigen Jahren hatte die Südwestbank AG eine statische Website, die keine Interaktivität zuließ und wenig kundenorientiert war. Änderungen konnten nicht flexibel und zeitnah vorgenommen werden. Inzwischen wird die Homepage genutzt, um im Sinne der Kunden zu agieren: Die Bank veröffentlicht Newsletter, startet Kampagnen im Internet, nutzt Google Analytics, um herauszufiltern, was die Kunden besonders interessiert und worauf sie am häufigsten zugreifen. Ein flexibles Content Management System (CMS) erlaubt es, Änderungen schnell und unkompliziert umzusetzen.

Kunden sind heute anspruchsvoller und aufgeklärter als früher, ihre Informations- und Kaufgewohnheiten haben sich verändert. Sie agieren nach dem „Sanduhr-Prinzip": In der sog. Impuls- oder Informationsphase ist der Online-Anteil sehr hoch, bevor sich die Phasen der Beratung und des Vertragsabschlusses stark auf die Filiale verengen. In der nachfolgenden Servicephase weitet sich der Anteil der Internetaktivitäten wie der untere Teil einer Sanduhr wieder aus. Oder anders ausgedrückt: Die Kunden informieren sich ausführlich online, kaufen aber offline (vgl. Meyer 2010, S. 9, 14 f., 27 ff.).

Bekannt geworden ist dieses Phänomen unter dem Begriff „RoPo", der für „Research online, Purchase offline" steht. Der eigentliche Vertragsabschluss erfolgt also überwiegend direkt in der Filiale. Danach erhöhen sich die Online-Kontakte wieder (vgl. Heinrich und Thalmair 2013, S. 50 f.).

Wettbewerber wie PayPal, Amazon oder Google, die gegenüber der Finanzbranche den Vorteil haben, nicht der Bankenregulierung zu unterliegen, versuchen verstärkt, den Banken Marktanteile abzunehmen.

## 3 Kommunikation Bank-Kunde im Wandel

Am Anfang steht die Analyse der Rahmenbedingungen und der Marktsituation. Sie liefert eine zentrale Erkenntnis:

- Das Internet verändert die Kommunikation zwischen Banken und Kunden nachhaltig.

Smartphones, Tablets und Apps spielen in diesem Veränderungsprozess eine wichtige Rolle. Regionale Filialbanken wie die Südwestbank AG stehen damit vor drei zentralen Herausforderungen:

1. Sie müssen auf das sich wandelnde Kommunikationsverhalten im Kontext einer zunehmend digitalisierten Welt reagieren.
2. Sie müssen abschätzen, welche Bedeutung der Online-Vertriebskanal in Zukunft haben wird und welche Produkte zu welchem Preis für welche Zielgruppe angeboten werden können.
3. Sie müssen sich auf einen härter werdenden Wettbewerb einstellen, da Unternehmen aus anderen Branchen, insbesondere Technologiekonzerne, ebenfalls Finanzdienstleistungen anbieten.

Wie verändert die Digitalisierung das Verhalten der Bankkunden?

Deutschlands Bürger schätzen die digitalen Möglichkeiten durchaus, liegen in dieser Beziehung im europäischen Vergleich aber nur im unteren Mittelfeld (Abb. 1).

Mehr als 70 % der Kunden beginnen gem. einer Bain-Studie die Suche heute bereits im Internet. Obwohl nur etwa die Hälfte der Kunden gleich zu Beginn ihren Kundenberater kontaktieren, ist der Stellenwert des Berater für etwa 70 % der Kunden wichtig bzw. sehr wichtig, wie Abb. 2 zeigt.

Dennoch erfolgt der weit überwiegende Teil der Geschäftsabschlüsse nach wie vor in den Filialen. Das gilt insbesondere für komplexere und erklärungsbedürftige Finanzprodukte, beispielsweise im Kreditbereich.

Interessant ist, wie der Online-Vertrieb sich auf die Kontakte zwischen Kunden und Banken auswirkt. Hier ist auf der einen Seite festzustellen, dass die Kunden seltener als früher in die Filiale kommen. Andererseits hat sich die Zahl der Kundenkontakte insgesamt kräftig erhöht, da die Kontakte über das Internet explosionsartig gestiegen sind.

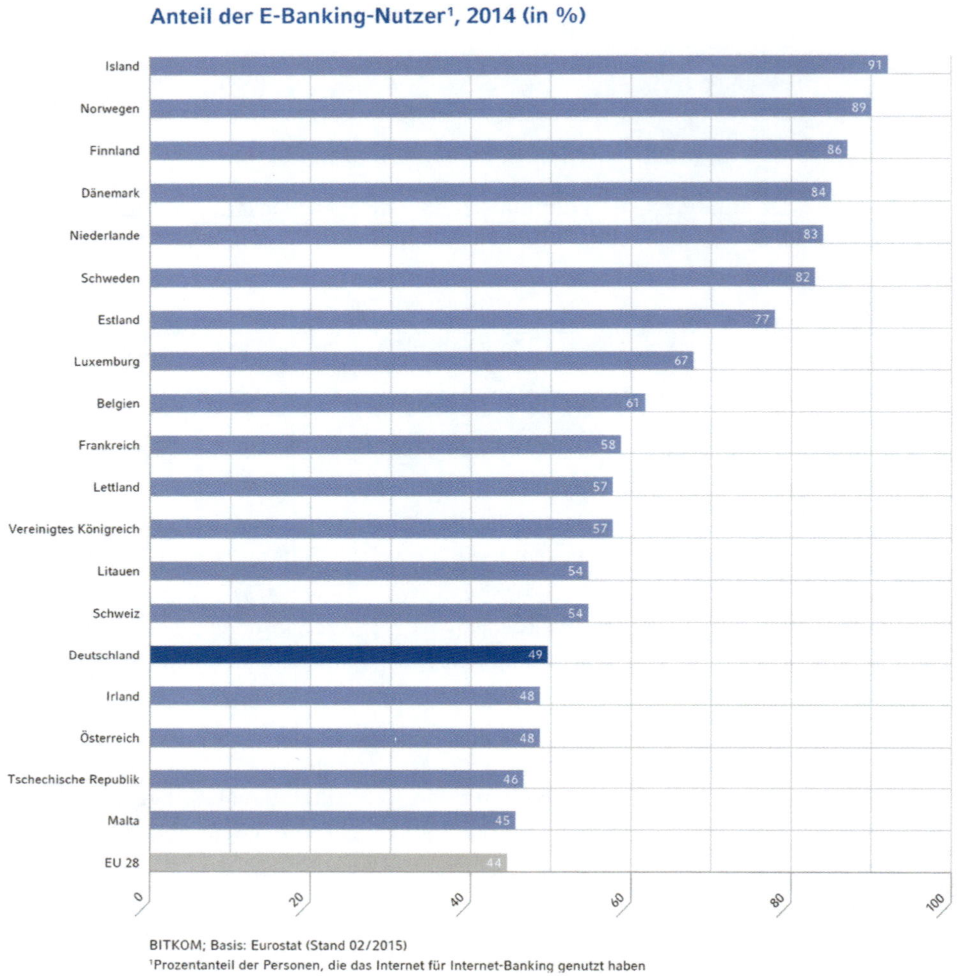


**Abb. 1** Online Banking, Deutschland im europäischen Vergleich. (Quelle: BITKOM 2015)

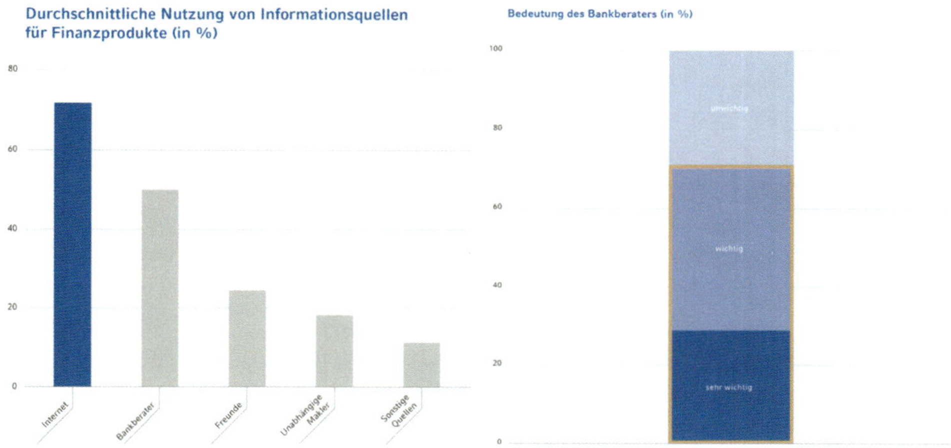


**Abb. 2** Durchschnittliche Nutzung von Informationsquellen und Bedeutung des Bankberaters. (vgl. Bain & Company 2012b, S. 13 f.)

Kunden treten mit der Südwestbank AG inzwischen überwiegend online in Kontakt, entweder über Online-Banking oder über unsere Homepage. An zweiter Stelle folgt der SB-Bereich, also beispielsweise beim Geld abheben oder am Kontoauszugsdrucker. Nur 16 % der Kontakte finden in der Filiale statt (Abb. 3).

Obgleich sich die Bedeutung des Internets für Geschäftsabschlüsse noch in Grenzen hält, wird es als Informationsmedium bereits intensiv genutzt. Dieses gilt vor allem für vermögende Kunden, wie eine Befragung von Südwestbank-Kunden zeigt (Abb. 4).

**Abb. 3** Erstanalyse der SÜDWESTBANK-Kontaktpunkte. (Quelle: Südwestbank AG)

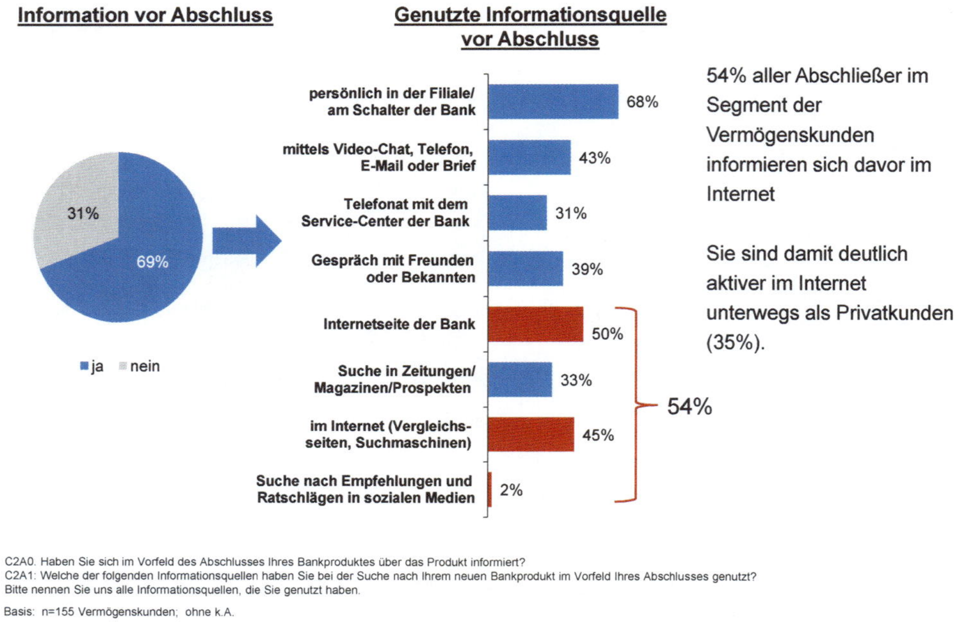


**Abb. 4** Wie Kunden sich informieren. (Quelle: Südwestbank AG)

## 4 Projekt „Multikanalvertrieb und Onlinemarketing"

### 4.1 Erst kommt die Vision …

Was will die Südwestbank AG mit dem Projekt „Multikanalvertrieb und Onlinemarketing" erreichen?

Die Bank hat eine Vision formuliert, die ausdrückt, wo die Bank nach Implementierung des Projekts in der für sie relevanten Region stehen will (Abb. 5):

- Die Südwestbank ist für die Kunden ein gewichtiger Marktteilnehmer in der digitalen Welt und sie erlöst ausreichend Erträge damit.
- Kunden erleben eine echte Multikanal-Bank ohne Hürden zwischen den Vertriebs- und Kommunikationskanälen.
- Man will gerne Kunde der Südwestbank AG sein.
- Die Südwestbank AG hat einen hohen Bekanntheitsgrad und eine breite, stabile Kundenbasis.

### 4.2 … dann die Ziele

Um diese Vision Wirklichkeit werden zu lassen, verfolgt die Bank im Wesentlichen drei Ziele:

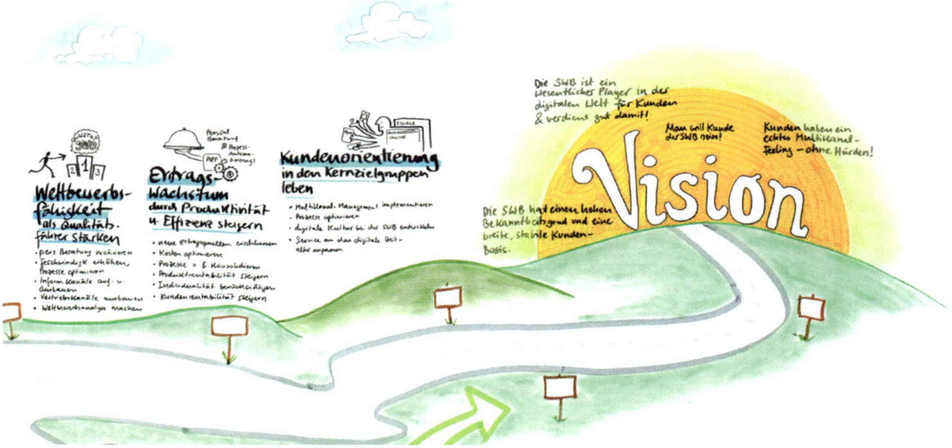


**Abb. 5** Vision – Mind-Map „Zielbild Multikanalvertrieb und Onlinemarketing". (Quelle: Südwestbank AG)

1. **Wettbewerbsfähigkeit als Qualitätsführer stärken**
2. **Ertragswachstum durch Produktivität und Effizienz steigern**
3. **Kundenorientierung in den Kernzielgruppen leben**

Bei der Umsetzung dieser Ziele muss die Bank auf Folgendes achten:

- Die Online-Strategie orientiert sich an der Geschäftsstrategie der Südwestbank AG. Diese ist auf ein ertrags- und risikoorientiertes Wachstum im zinstragenden Geschäft und im eigenkapitalschonenden Dienstleistungsgeschäft gerichtet.
- Neben dem Ausbau der Mittelsegmente Vermögens- und Gewerbekunden sollen die gehobenen Geschäftsfelder Private Banking und Firmenkunden forciert werden. Diese Kunden sind die Kernzielgruppen der Bank.
- Die Südwestbank AG versteht sich als Qualitätsführer mit einer marktgerechten Preis- und Konditionsgestaltung.
- Sie richtet sich auch weiterhin als filialorientierte Privatbank aus. Das Geschäftsgebiet konzentriert sich grundsätzlich auf Baden-Württemberg.
- Die Südwestbank AG kann und will nicht Innovator sein, sondern möchte die für ihre Kernzielgruppen relevanten Technologien exzellent adaptieren. Implementiert werden die Dinge, die zur Bank passen und welche die Kunden für ein zeitgemäßes Banking benötigen.
- Andere Kreditinstitute haben ein großes Interesse an den Kunden der Südwestbank AG. Im Rahmen dieses Wettbewerbs sollen der Multikanal-Vertrieb und das Online-Marketing maßgeblich zur Sicherung und zum Ausbau der Kundenzielgruppen beitragen.

- Die Bank tritt über drei Kanäle mit den Kunden in Kontakt: den Informationskanal, den Kommunikationskanal und den Vertriebskanal.
- Es können unterschiedliche IT-Dienstleister herangezogen werden, um akzeptable Lösungen für alle Themen zu erreichen.

**Ziel 1: Wettbewerbsfähigkeit als Qualitätsführer stärken**
Die Strategie der Südwestbank AG zielt auf die Qualitätsführerschaft in den von ihr besetzten Märkten:

- Wichtigstes Qualitätsmerkmal ist und bleibt die persönliche Beratung. Diese wird durch geeignete Werkzeuge unterstützt. Erweiterte Online-Funktionalitäten wie zum Beispiel die Online-Terminvereinbarungen oder Video-Beratungen könnten den Beratungsprozess aus Kundensicht optimieren.
- Relevante Prozesse sowie deren Dauer sollen an Online-Standards weiter angepasst sowie über festgelegte Performance-Kriterien regelmäßig überprüft und optimiert werden.
- Informationskanäle sollen auf- und ausgebaut werden. Dazu gehören beispielsweise die Einbindung von Social Media und exklusive Zugänge zu Informationen wie zum Beispiel Markteinschätzungen. Dabei ist zu beachten, dass Kunden heute einer erheblichen Informationsflut ausgesetzt sind. Insofern muss Kommunikation gezielt erfolgen, um den Kunden nicht unnötig zu belasten, sondern ihm mit Informationen der Südwestbank AG einen Mehrwert zu bieten.
- Die Möglichkeit des Online-Abschlusses für ausgewählte Produkte soll installiert bzw. ausgebaut werden.
- Eine geplante Wettbewerbsanalyse soll einen Status über die im Einsatz befindlichen Lösungen anderer Anbieter generieren. Daraus werden entsprechende Maßnahmen abgeleitet, welche die Bank dabei unterstützen, das Ziel der Qualitätsführerschaft zu erreichen.

**Ziel 2: Ertragswachstum durch Produktivität und Effizienz steigern**

- Prozesse werden optimiert und wenn nötig konsolidiert bzw. standardisiert. Kunden sollen so beispielsweise ausgewählte Formulare bereits online ausfüllen können. Weitere Outsourcing-Möglichkeiten an die Kunden werden geprüft.
- Durch verschiedene Maßnahmen wie eine besondere Preisstrategie für Online-Produkte oder den Einsatz von Analysesystemen zur Bewertung der Produktnutzungsquote soll die Kunden- und Produktrentabilität gesteigert werden.
- Mit dem Ausbau des Online-Vertriebs sollen über unterschiedliche Kanäle wie die eigene Website, Portale oder Plattformen neue Ertragsquellen erschlossen werden.

**Ziel 3: Kundenorientierung in den Kernzielgruppen leben**

- Um eine nachhaltige Kundenorientierung zu leben, muss die Bank alle gängigen und von den Kunden präferierten Zugänge zur Bank anbieten – und zwar unabhängig von Raum, Ort und Zeit. Im Rahmen eines Multikanal-Managements werden diese unterschiedlichen Kanäle miteinander vernetzt.
- Gemeinsam mit der Führungsebene sowie den Mitarbeitern wird eine professionelle Online-Kompetenz auf- und ausgebaut. Damit soll das Selbstverständnis der Fokussierung auf den Kunden erhöht werden.
- Durch das Angebot einer Südwestbank-App für Smartphones, den Ausbau des Online-Vertriebs, ein optimiertes Online-Banking, eine übersichtliche Homepage, eine verbesserte Filialausstattung mit Online-Technologie sowie eine durchdachte Social-Media-Strategie wird der Service der Bank an das digitale Zeitalter angepasst.

## 4.3 Chancen und Handlungsoptionen

Durch das Projekt MOM eröffnet sich der Bank eine Fülle von Chancen und Handlungsoptionen (Abb. 6):

- Kundenwünsche erfüllen: Zunehmend mehr Menschen erwarten von ihrer Bank, dass sie auch online mit ihr kommunizieren und (ausgewählte) Geschäfte durchführen können.
- Offline-Lösungen, die sich bewährt haben, können auf Online übertragen werden.
- Wir können aus Fehlern der „First Mover" lernen und auf funktionierende Lösungen setzen.
- Umsetzung innovativer Möglichkeiten durch technologischen Fortschritt, wie beispielsweise NFC-Technologie.
- Vorhandene Betriebsprozesses können bei dieser Gelegenheit überprüft und optimiert werden.
- Service für die Kunden rund um die Uhr.
- Entlastung der Mitarbeiter in den Filialen.
- Neue Möglichkeiten für den Vertrieb durch Multikanal-Banking.
- Erschließung bisher ungenutzter Kundenpotenziale.
- Die Zahl der Online-Abschlüsse nimmt zu.
- Mehr Ertrag für die Bank.
- Die Bank kann sich über Social Media präsentieren und über sich und ihre Produkte informieren, aber auch mehr über die Kunden erfahren.
- Als Folge von Online-Aktivitäten verlieren geografische Distanzen an Bedeutung und die Reichweite steigt.

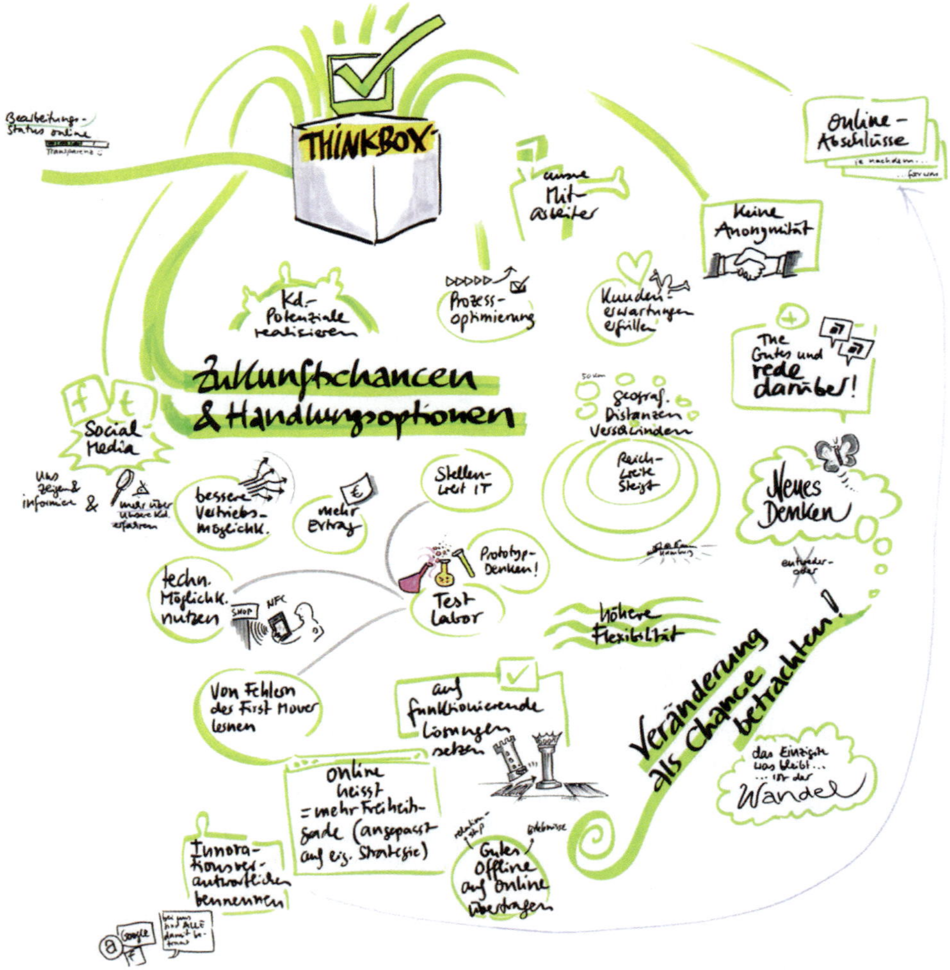


**Abb. 6** Zukunftschancen und Handlungsoptionen – Mind-Map „Strategische Werkstatt Multikanalvertrieb und Online Marketing". (Quelle: Südwestbank AG)

## 4.4 Projektrisiken

Um ein Projekt wie MOM erfolgreich zu gestalten, müssen die Verantwortlichen Risiken identifizieren. Dabei sind externe und interne Risiken zu unterscheiden (Abb. 7).

### Externe Risiken

- Der Gesetzgeber sorgt mit Gesetzesänderungen dafür, dass geplante Lösungen nicht realisiert werden können.
- Wettbewerber offerieren attraktivere Angebote und gewinnen dadurch Marktanteile.

**Abb. 7** Störfaktoren – Mind-Map „Strategische Werkstatt Multikanalvertrieb und Online Marketing". (Quelle: Südwestbank AG)

- Neue Konkurrenten wie Google erweisen sich bei Finanzdienstleistungen als innovativer, mutiger und schneller und übernehmen mehr und mehr Bankfunktionen.
- Kunden akzeptieren die von uns angebotenen Lösungen nicht.

**Interne Risiken**

- Finanzielle oder personelle Ressourcen reichen nicht, um das Projekt umzusetzen. Die Kostenentwicklung muss deshalb sorgfältig im Auge behalten werden.
- Eigentümer der Bank versagen dem Projekt ihre Unterstützung.

- Anderen Projekten wird eine höhere Priorität eingeräumt.
- Existenzängste der Mitarbeiter in den Filialen führen zu mangelnder Unterstützung.
- Unzureichende interne Information und Kommunikation führt zu mangelnder Akzeptanz.

## 4.5 Erfolgsfaktor Kommunikation

Für das Gelingen des Projekts ist Kommunikation daher sehr wichtig. Aus diesem Grund wurden unterschiedliche Kommunikationsplattformen etabliert. Der Fachbereichs-übergreifenden Zusammenarbeit kommt eine hohe Bedeutung zu.

Vor diesem Hintergrund sind die Kommunikationswege und -frequenzen entsprechend auszurichten:

- Die Teilprojektleiter tauschen in ihren Besprechungen mit den Projektmitgliedern Informationen aus und leiten diese in die Projektleiter-Besprechungen weiter.
- Im Rahmen der sogenannten Kommunikationswerkstatt informieren die Projektleiter die zweite Führungsebene über den aktuellen Stand. Dabei besteht für alle relevanten Bereiche (vom Marktbereich bis hin zur Revision und dem Betriebsrat) die Möglichkeit, sich aktiv in das Projekt einzubringen und Empfehlungen auszusprechen.
- In einem Lenkungsausschuss werden regelmäßig der Projektstatus besprochen und finale Entscheidungen getroffen.
- Im Infoportal der Bank werden alle Mitarbeiter der Bank zeitnah über den aktuellen Projektfortschritt informiert.

## 4.6 Projekt mit Leben füllen

Das Projekt kann nur erfolgreich werden, wenn alle Mitarbeiter der Bank davon überzeugt sind. Eine aktive Umsetzung durch die Mitarbeiter in der Praxis ist damit ein zentraler Erfolgsfaktor, damit die (Neu-)Ausrichtung der Südwestbank AG von den Kunden verstanden und angenommen wird. Zielgerichtete Aktivitäten generieren dabei eine erhöhte Akzeptanz der Mitarbeiter:

- Führungskräfte der Bank werden regelmäßig über den Projektstatus informiert und sind angehalten, die Informationen in die Bank zu tragen. Die Online-Strategie wird über alle Hierarchieebenen hinweg gelebt.
- Mitarbeiter werden im Infoportal über die wichtigsten Entwicklungen auf dem Laufenden gehalten. Für komplexe Themen gibt es Schulungen und Coachings.

- Die Südwestbank AG setzt weiterhin auf persönliche Beratung durch qualifizierte Mitarbeiter. Neue Technologien kommen ergänzend zum Einsatz und unterstützen die Arbeit.
- Eine Kultur des gelebten digitalen Verständnisses in der Bank soll sukzessive entstehen. Diese ist geprägt von der Überzeugung, dass die richtigen Weichen für eine erfolgreiche Zukunft der Bank im digitalen Zeitalter gestellt sind.

Das Projekt trägt somit insgesamt dazu bei, die Zukunft der Bank und deren Arbeitsplätze langfristig zu sichern.

## 5 Einzige Konstante ist der Wandel

Wir müssen konstatieren, dass der Wandel das Einzige ist, was bleibt. Die Geschwindigkeit, in der sich Dinge ändern, wird sich weiter erhöhen. Insofern werden wir in kürzeren Zyklen denken und Veränderungen schneller umsetzen. Damit einher geht regelmäßig eine Umschichtung von Budgets und Kapazitäten.

Das Know-how der Mitarbeiter muss den Veränderungen Rechnung tragen und wird kontinuierlich ausgebaut – die Erwartungen der Kunden werden dabei weiter steigen. Kreditinstitute müssen den neuen Bedürfnissen entsprechen, um nicht Kunden an Wettbewerber zu verlieren, die schneller und besser auf technologische Neuerungen reagieren.

Entscheidend wird dabei sein, einen ausgewogenen Spagat zwischen zeitunabhängigem Service und persönlicher Betreuung des Kunden (also zwischen online und offline) herbeizuführen.

## Literatur

Bain & Company (2012a) (Sinn, Walter; Vater, Dirk; Lubig, Dirk; Kasch, Michael), Was Bankkunden wirklich wollen, München/Zürich.

Bain & Company (2012b) (Vater, Dirk; Cho, Youngsuh, Sidebottom, Peter), Retail-Banking: Die digitale Herausforderung, München/Zürich, 2012.

BITKOM (2015) (Bundesverband Informationswirtschaft, Telekommunikation und neue Medien): Eurostat-Statistik, E-Banking-Nutzung, url-link: www.bitkom.org, Berlin, Februar 2015.

Heinrich, B., Thalmair, A. (2013): Online Social Networks – Neuer Vertriebskanal zur kundenindividuellen Ansprache für Finanzdienstleister?, BIT: Banking and Information Technology 14 (2/2013), S. 49–63, Regensburg.

Keck M., Mertes S. (2015): Einfluss der Digitalisierung auf die Bankfiliale – neue Technologien für mehr Kundennähe, S. 195 ff., in: (Hrsg. Seidel, M., Liebetrau, A.), Banking & Innovation 2015 – Ideen und Erfolgsrezepte von Experten für die Praxis, Heidelberg, Springer Verlag.

Meyer, T (2010): Mehrheit der Bankkunden recherchiert online – Ergebnisse einer Clickstream-Analyse, Deutsche Bank Research, 1. September 2010, url-link: www.dbresearch.de, Frankfurt.

**Dr. Wolfgang Kuhn** ist seit dem 1. Juni 2008 Vorstandssprecher der SÜDWESTBANK AG, seit 2006 ist er Mitglied des Vorstandes der mittelständischen Privatbank. Dr. Kuhn verantwortet das Geschäftsfeld Private Banking, die Bereiche Asset Management, Handel & Treasury, Marketing/Vertriebssteuerung, Private Equity sowie den Marktbereich Mittlerer Neckar.

Der gebürtige Biberacher ist ein Bankexperte durch und durch. Bereits sein Vater war Vorstandsvorsitzender einer Bank. Nach seinem BWL-Studium und Promotion am Lehrstuhl für Allgemeine Bank- und Versicherungsbetriebswirtschaft in Nürnberg zog es auch Dr. Wolfgang Kuhn in die Finanzbranche. Zunächst als Vorstandsassistent bei der Stuttgarter Bank AG und später im Vorstand sowie als Vorstandssprecher der Bankhaus Bauer AG.

Dr. Kuhn ist Honorarprofessor am Institut für Handel und Banken der Universität Leipzig. Zudem begleitet er zahlreiche Mandate in privaten und öffentlichen Institutionen und ist ehrenamtlich tätig.

# Kundenkommunikation – In guten wie in schlechten Zeiten!

Klaus-J. Fink

## Inhaltsverzeichnis

1 Einleitung . . . . . 423
2 Bankvertrieb und kommunikative Kompetenz gehören zusammen . . . . . 424
2.1 Neue Medien können Vier-Augen-Gespräch nicht ersetzen . . . . . 425
2.2 Flexibilität in der Kundenberatung wird erwartet . . . . . 426
3 Ein wirksames Instrument der Kundenbindung – „After-Sales-Betreuung" . . . . . 428
4 Kommunikation als permanenten Lernprozess begreifen . . . . . 429
Literatur . . . . . 430

## 1 Einleitung

Banken sind Dienstleistungsunternehmen mit teilweise sehr komplexen Produkten. Deren Verkauf erfordert mitunter eine intensive Kommunikation zwischen Bank und Kunden (vgl. Langen 2007).

Besonders notwendig ist sie in Krisenzeiten, da der Beratungsbedarf der Menschen in solchen Phasen zunimmt. Doch gerade dann entsteht bei Kunden häufig der Eindruck, dass Banken „abtauchen", anstatt umfassend aufzuklären. Dies war Anfang dieses Jahrtausends der Fall, als der Boom am Aktienmarkt mit dem Platzen der Dotcom-Blase sein Ende fand, aber auch nach dem Ausbruch der Finanz- und Bankenkrise 2007. Ausgerechnet in einer für den Kunden kritischen Marktsituation, in welcher der Beratungs- und Informationsbedarf besonders hoch war, haben Banken ihre nach außen gerichtete Kommu-

K.-J. Fink (✉)
Klaus-J. Fink Telefontraining und Empfehlungsmarketing, Bad Honnef, Deutschland

 
D. Hellenkamp, K. Fürderer (Hrsg.), *Handbuch Bankvertrieb*,
DOI 10.1007/978-3-658-06447-1_26

nikation zurückgefahren. Hinzu kommt, dass sie von vielen Kunden als wenig transparent wahrgenommen wird.

Noch immer haben viele Bankkunden regelmäßig negative Assoziationen, wenn sie von ihrer Bank aktiv angerufen werden, beispielsweise im Kontext von Konto- oder Dispositionskreditüberziehungen. Eine negative Erwartungshaltung der Kunden legt nahe, dass Banken ihre Kommunikation verbessern können und müssen, wenn sie die Kundenbeziehungen erhalten und intensivieren wollen.

Lange Zeit hat die Bankenbranche die Kommunikation vernachlässigt (vgl. Seibel und Stocker 2014). Über Jahrzehnte wurden die Türen in einem Verkäufermarkt, in dem die Kreditinstitute die Rahmenbedingungen maßgeblich bestimmten, um 16:30 Uhr geschlossen. Inzwischen agieren die Banken bekanntermaßen in einem Käufermarkt, mit der komplexen Anforderung, die Kommunikation in Richtung ihrer Kunden zielgerichtet zu optimieren.

Die Flexibilität der zeitlichen Disposition in der Bankberatung ist dabei ein gewichtiger Wettbewerbsfaktor. Der Berater eines freien Finanzvertriebs besucht den Kunden auch um 19:30 Uhr noch in seinem persönlichen Umfeld und generiert dadurch an der Bank vorbei Geschäftsmöglichkeiten.

Dabei ist der Kunde für die Bank wie ein offenes Buch. Der Berater kennt dessen Einkommen, seine finanziellen Verpflichtungen und seine persönlichen Präferenzen. Dennoch beraten freie Berater millionenfach Bankkunden ohne Kenntnis ihrer Bank, oftmals besser motiviert, besser trainiert und deutlich kommunikativer als Mitarbeiter von Kreditinstituten. Banken müssen hier ansetzen, um nicht im Wettbewerb deutlich Nachteile zu erfahren.

## 2 Bankvertrieb und kommunikative Kompetenz gehören zusammen

Das Thema Kommunikationskompetenz wurde im Bankvertrieb lange Zeit deutlich vernachlässigt. Inzwischen erkennt indes eine neue Generation von Bankmitarbeitern zunehmend, dass in einem Käufermarkt hierin ein zentraler Wettbewerbsfaktor liegt (vgl. Hellenkamp 2013, S. 39 f.; vgl. Brettschneider 2011).

Sie haben verstanden, dass bei erklärungsbedürftigen und komplexen Bankdienstleistungen insbesondere der persönliche Gesprächstermin das A und O ist und gehen wesentlich aktiver an dieses Thema heran. Bereits der erste Schritt, beispielsweise per Telefon, ist der Start in die Kommunikation(-sbeziehung) zum Kunden. Der Berater fährt im Rahmen einer Kunde-Bank-Beziehung typischerweise regelmäßig zum Kunden oder dieser kommt in die Bank. Hervorzuheben ist hierbei, dass die Geschäftsanbahnung und -durchführung direkt zwischen Menschen herbeigeführt wird.

Banken haben stets viel Wert auf exzellente Ausbildung gelegt und dabei insbesondere die fachliche Ausbildung fokussiert. Fachwissen ist selbstverständlich in hohem Maße relevant, aber es ist in der Kommunikation mit dem Kunden nur dann zielgerichtet und erfolgreich, wenn auch Verhaltensaspekte der Bankmitarbeiter einen ähnlich hohen Stellenwert einnehmen.

Kreditinstitute haben in den vergangenen Jahren in sehr unterschiedlicher Qualität beraten (vgl. Institut für Vermögensaufbau 2014). Selbstverständlich impliziert Beraten auch das Vermitteln von Fachwissen. Die Kommunikation in der Bankberatung sollte aber deutlich weiter gefasst sein. Zur Kommunikation einer Beratung gehört hiernach als erstes Ziel bereits einen Kontakt bzw. Termin verbindlich zu bestimmen, um dem Kunden anschließend ein Angebot erstellen zu können (zweites Ziel) und dieses Angebot so lange aktiv zu verfolgen, bis eine positive/negative Entscheidung seitens des Kunden getroffen wird (drittes Ziel). Mündet diese Vorgehensweise mit einem zufriedenen Kunden im Abschluss im Bereich Absicherung, Altersvorsorge, Geldanlage o. a., wäre die „Königsklasse“ in der Bankberatung erreicht.

## 2.1 Neue Medien können Vier-Augen-Gespräch nicht ersetzen

Kunden nutzen zahlreiche (neue) Vertriebswege für Finanzdienstleistungen, beispielsweise durch Online Banking oder Mobile Payment. Die zunehmende Digitalisierung wird die Kommunikation zwischen Bank und Kunde in der Zukunft erheblich beeinflussen. So müssen Kreditinstitute insbesondere die jüngere Generation, sogenannte Digital Natives, im Auge behalten, zum Beispiel in puncto Social Media Präsenz.

Bankprodukte sind typischerweise erklärungsbedürftig, komplex und abstrakt. Lösungsvorschläge, die Bankberater einem Kunden ohne bankbetriebliches Wissen erläutern, verstehen diese deshalb häufig nicht zu 100 %. Gleichwohl unterschreiben Kunden Bankverträge, da sie ihrem Berater vertrauen. Der Kundenanteil, welcher Bankgeschäfte ausschließlich über digitale Vertriebswege durchführt, ist aktuell (noch) gering, wird in der Zukunft aber weiter zunehmen.

Dennoch: Die digitalen Vertriebswege bilden im Rahmen einer Kunde-Bank Beziehung stets nur einen Teil im heutigen Omni-Channel-Banking ab.

Es bleibt wichtig, aktiv auf Kunden zuzugehen, den Kontakt zu pflegen. Das Vier-Augen-Gespräch wird nicht komplett ersetzt werden. Als Telefonmarketing/-verkauf als eine Form des Direktvertriebs aufkam, wurde darüber diskutiert, inwieweit ein Außendienst in der bisherigen Form überhaupt noch zeitgemäß ist.

Mit dem anschließenden eCommerce, beispielsweise über Onlineshops/Onlinebanking, stellt sich die Frage, ob irgendwann auch Finanzdienstleistungen nur noch über das Internet abgewickelt werden. Hieraus resultierende Unsicherheiten sind nachvollziehbar aber partiell deutlich übertrieben. Eine Zukunftsprognose für die kommenden 20 Jahre ist seriös nicht möglich. Sicherlich wird es Kunden geben, die ihre gesamten Bankprodukte, zum Beispiel Festgeldanlage, Baufinanzierung, Wertpapierprodukte online abschließen. Sobald Produkte aufgrund von Kundenbedürfnissen deutlich vom Standard abweichen (wie in der Baufinanzierung oder einem ertrags-/risikogesteuertem individuellem Wertpapierportfolio) wünschen sich zahlreiche Kunden das persönliche Gespräch mit einem Berater.

Eine Reihe von Regionalbanken hat in den vergangenen Jahren ihre Kommunikation ausgezeichnet aufgestellt. Andere Kreditinstitute, beispielsweise die Großbanken, haben in diesem Bereich noch erhebliches Potenzial.

Defizite bestehen keineswegs nur in der externen Kommunikation der Institute, sondern auch in der internen Kommunikation. Häufig erfolgt die Überleitung/Hinführung eines Kunden von einer (Fach-)Abteilung in eine andere (Fach-)Abteilung nicht so, wie es idealerweise sein sollte.

**Beispiel**

Ein Kunde erwähnt bei seinem Berater, dass er darüber nachdenkt, sich eine Eigentumswohnung zu kaufen. Dieses Signal wird regelmäßig nicht aufgenommen und eine Weitergabe an den Kollegen in der Immobilienabteilung unterbleibt. Bankmitarbeiter agieren in ihrem Tätigkeitsfeld aufgrund nicht vorhandener Anreizsysteme oft mit einem „Tunnelblick", zum Beispiel da die Filiale bzw. das Profit Center keine Vergütung erhält, wenn das Geschäft außerhalb ihres Bereichs erfolgreich abgeschlossen wird. In der Konsequenz werden Kunden (nachdem sie bestimmte Bankprodukte abgeschlossen haben) mehr verwaltet als betreut.

## 2.2 Flexibilität in der Kundenberatung wird erwartet

Kunden haben in den letzten Jahren ein erhöhtes Anspruchsdenken entwickelt (Käufermarkt), beispielsweise in Bezug auf die Erreichbarkeit, den persönlichen Kontakt zum Bankberater und die Verständlichkeit der Beratung (Abb. 1).

Andere Branchen sind hier Vorreiter, zum Beispiel die Öffnungszeiten im Einzelhandel, welche mittelbar die Erwartungen der Kunden nach einer erhöhten Flexibilität auch auf Branchen wie die Kreditwirtschaft übertragen. Wenn Sie um 22:00 Uhr nachts noch Lebensmittel einkaufen wollen, ist das heute kein Problem mehr. Ausgewählte Kreditinstitute haben indes es immer noch Mittwochnachmittag oder täglich von 12:00 bis 14:00 Uhr geschlossen.

In den vergangenen Jahren sind zahlreiche Banken deutlich flexibler geworden. Eine insgesamt intensive Wettbewerbssituation im Kontext der Finanzkrise seit dem Jahr 2007, extrem niedrige Zinsen und eine erhöhte (kostenintensive) Bankenregulierung haben dazu geführt, dass die Erträge der Banken gesunken sind und der Druck, sich intensiver um die Kunden zu kümmern, zugenommen hat. Die Entwicklung zu einer intensiveren und besseren Kundenkommunikation wird in den kommenden Jahren voraussichtlich anhalten und u. a. durch das Selbstverständnis einer jungen nachwachsenden Generation positiv vorangetrieben, die bisher nur eine Wettbewerbssituation im Käufermarkt kennt, das heißt, „der Kunde ist König."

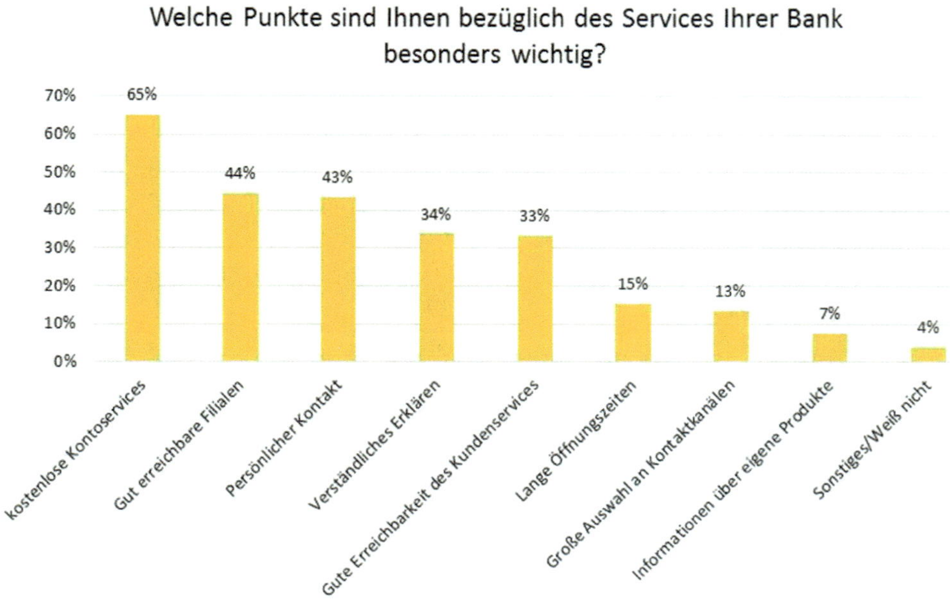


**Abb. 1** Servicepräferenzen aus Kundensicht. (Quelle: ServiceRating 2014)

Gehemmt wird diese Entwicklung durch Mitarbeiter in Kreditinstituten, denen es (partiell) an kommunikativer Kompetenz mangelt. Die erfolgreiche Ausübung in diesem Beruf zielt in der Kundenberatung primär auf Menschen, die eher extrovertiert sind, denen es Spaß macht mit anderen Menschen zu kommunizieren und die Freude daran haben, neue Menschen kennenzulernen.

Mitarbeiter müssen „trainiert“ werden, um ein sinnvolles und für beide Seiten erfolgreiches Gespräch mit dem Kunden zu führen. Eine alte Erfahrung ist, dass in den meisten Gesprächen der Verkäufer zu viel redet und der Kunde zu wenig. In der Regel wird zu wenig gefragt und in der Folge nicht bedarfsorientiert genug beraten.

Zwar haben die Banken in den vergangenen Jahren sehr viel getan, was die Bedarfsanalyse der Kunden betrifft. Aber die Kreativität der Berater ist groß, von Leitfäden zur Bedarfsermittlung abzuweichen. Die Berater müssen für den Beratungsprozess zielgerichtet trainiert werden. Überdies ist ein stärkeres quantitatives und qualitatives Controlling des Beratungsprozesses durch die Führungskräfte notwendig. Hierzu gehören einerseits quantitative Ziele, zum Beispiel die Anzahl aktiver Telefonanrufe sowie Kundentermine, um qualitativ im Kommunikationsprozess aufzusetzen.

## 3 Ein wirksames Instrument der Kundenbindung – „After-Sales-Betreuung"

Mit einer guten Beratung und vielleicht auch einem erfolgreichen Geschäftsabschluss ist die Kommunikation mit dem Kunden aber noch nicht beendet. Vielmehr sollte der Berater wenige Tage später den Kunden nochmals anrufen und eruieren, ob noch Fragen bestehen oder ob der Kunde noch etwas auf dem Herzen habe, worüber er gerne reden möchte. Der Berater sollte dem Kunden einfach ein gutes Gefühl geben. Auf diese Weise lässt sich Kundenbindung schaffen (vgl. Christiani et al. 2005, S. 193 ff.).

Ein altes Sprichwort lautet: Wer die letzte Suppe reicht, der erbt. Übersetzt heißt das: Wer den letzten Kontakt hat, macht das Geschäft. Man kann das als „Kuschelcall" bezeichnen, wenn der Berater den Kunden ausdrücklich nicht mit dem Ziel anruft, etwas verkaufen zu wollen, sondern einfach Interesse bekundet oder auf etwas aufmerksam macht, was den Kunden interessieren könnte.

Die Idee dahinter ist simpel. Wenn sich der Bankberater um den Kunden kümmert, kümmert sich auch der Kunde um die Argumente des Beraters. Kümmert sich der Berater nicht um den Kunden, kümmert sich bald ein anderes Kreditinstitut um ihn – und er ist dann für seine bisherige Bank möglicherweise verloren. Aus Sicht des Kunden sind die Bankprodukte dann beliebig und die Bankverbindung damit austauschbar.

Warum sollte sich ein Kunde darum „kümmern", einen Bankberater bzw. eine Bank zu empfehlen? Die Empfehlungskultur ist in der Bankenlandschaft ein nicht gehobener Schatz. Denn erfahrungsgemäß bewegen sich Menschen meist in einem sozialen Umfeld, das sie mit Menschen in der gleichen Lebenssituation zusammenbringt, in der gleichen Einkommenssituation. Spricht der Bankberater mit einem Kunden, der 200.000 € pro Jahr verdient, kann er davon ausgehen, dass dieser Kunde Personen kennt, die ein ähnlich hohes Einkommen haben.

Trotzdem sprechen Bankmitarbeiter typischerweise den Kunden nicht aktiv hinsichtlich einer Weiterempfehlung an. Dabei könnte die Bank so zielgerichtet und kostengünstiger neue Kunden akquirieren als über teure Werbung (vgl. Fink 2014, S. 23 ff.). Eine allgemeine pauschale Ansprache wird hierzu allerdings nicht ausreichen. Der Kundenberater muss gezielt Fragen nach einer Weiterempfehlung stellen.

Kein Kunde wird aufgrund einer solchen Ansprache ein Beratungsgespräch abbrechen. Möglicherweise antworten Kunden ausweichend, zum Beispiel dass sie im Bekannten- und Freundeskreis nicht über Geld und Finanzangelegenheiten sprechen, weil daran bereits Freundschaften zerbrochen seien. Wichtig ist das Signal der Bereitschaft gegenüber dem Kunden als Berater auch für Personen mit Beratungsbedarf aus dem Umfeld des Kunden zur Verfügung zu stehen.

Empfehlungen können durch finanzielle Anreize unterstützt werden, hierbei muss in der Höhe aber eine Balance zwischen dem originären Interesse des Kunden eine gute Bank(-beratung) weiterzuempfehlen und dem Interesse am monetären Anreiz des Kunden gefunden werden. Auch Anreize die dem Berater zufließen sind stets in ihrer Wirkung zu bedenken und müssen mit der Unternehmenskultur der Bank abgestimmt sein.

Empfehlungsmarketing ist im Bankensektor sehr heterogen ausgeprägt. Manche Banken haben sehr überzeugende Konzepte, andere haben das Thema bisher vernachlässigt. Dabei ist zu beobachten, dass immer mehr Branchen das Thema Empfehlungsmarketing aufgreifen, da es in weitgehend gesättigten Märkten immer schwieriger wird, neue Kunden zu gewinnen. Möglichkeiten im Telefonmarketing sind begrenzt, Cold Calling nicht mehr möglich, im Bereich Direct Marketing liegt die Response Quote im Promillebereich, Eventmarketing ist extrem teuer.

Kurz gesagt: Die Unternehmen stoßen mit ihren Marketingmaßnahmen an Grenzen.

Einige Schweizer Banken haben durch Empfehlungsmarketing über Jahrzehnte gut von der „Steueraversion" deutscher Bürger gelebt. Das Prinzip: Leute, die Schwarzgeld haben, kennen Leute, die ebenfalls Schwarzgeld haben. Warum sollte dieses Instrument der Kundenakquisition nicht auch in anderen Bereichen hervorragend funktionieren? Empfehlungen können somit ein zusätzlicher Weg sein, um aus bestehenden Kundenkontakten neues Geschäftspotenzial zu generieren.

Die Kundenbetreuung der Bestandskunden ist in der Praxis oft eher eine Kundenverwaltung mit der Hoffnung darauf, bei einzelnen Bestandskunden irgendwann einmal eine große Lebensversicherung, Baufinanzierung o. ä. abzuschließen.

## 4 Kommunikation als permanenten Lernprozess begreifen

Banken obliegen hinsichtlich ihrer Kommunikation noch weiteren Herausforderungen.

Kommunikation beginnt bereits, wenn ein Bestandskunde oder ein potenzieller Kunde bei der Bank anruft (vgl. Fischer 2014). Sie rufen an, wollen Herrn Mustermann sprechen und erhalten die Antwort, dass dieser nicht im Haus ist. Dass Sie gefragt werden, ob Sie sich noch einmal melden möchten, ob Sie eine Nachricht hinterlassen möchten, wann Sie erreichbar sind, ob man schon mal jemand etwas ausrichten soll. Das kommt eher selten vor. Hier besteht noch erheblicher Verbesserungsbedarf.

Desweiteren legen zahlreiche Kreditinstitute größten Wert auf ihren Internetauftritt mit ansprechenden Grafiken und Design. Ein zentrales Erfolgsrezept liegt aber weniger im Erscheinungsbild der Homepage, sondern primär darin, vom Kunden gefunden zu werden. Um bei bestimmten Stichworten in Suchmaschinen ganz oben aufgeführt zu werden, sind Investitionen in die Suchmaschinenoptimierung erforderlich. Wer bei der Suche durch den Internetnutzer nicht auf der ersten Seite gefunden wird, wird wahrscheinlich gar nicht gefunden, weil kaum jemand auf die zweite Seite umblättert.

Führungskräfte in Kreditinstituten unterstellen wiederkehrend, es reicht aus, Mitarbeiter ein bis zwei Mal auf ein Kommunikationsseminar zu entsenden, um anschließend kompetent und eloquent mit Kunden zu kommunizieren. Hierzu ist ein Vergleich mit Sportlern angebracht. Ein Profisportler trainiert vier bis fünf Mal die Woche und bestreitet dann einen Wettkampf. Bankberater trainieren möglicherweise ein bis zwei Mal im Jahr, befinden sich aber dauernd im Wettkampf.

Insofern ist es erstaunlich, wie gering die Budgets einzelner Kreditinstitute beispielsweise gegenüber Versicherungsunternehmen sind, um Mitarbeiter zu qualifizieren – insbesondere um deren Verhalten im Umgang mit Kunden zu optimieren. Selbstverständlich lernen Bankberater durch die Anwendung in täglichen Gesprächen, das heißt durch „learning by doing“. Gleichwohl können Sie in der täglichen Kommunikation mit ihren Kunden aber auch ständig alles falsch machen.

Bei einem Arzt kommt niemand auf die Idee, er soll an seinen Patienten üben – jedem ist sofort einsichtig, dass hieraus erhebliche gesundheitliche Schäden resultieren können. In einem Kreditinstitut kann Üben am Kunden ökonomisch ebenfalls teuer sein, beispielsweise in dem man Kunden aufgrund von Unzufriedenheit verliert, Schadenersatzansprüchen aus Kommunikationsdefiziten entstehen o. a.

Um erfolgreich zu sein, müssen Bankmitarbeiter deshalb permanent trainiert werden. Mittlerweile ist immerhin zu erkennen, dass Weiterbildungsmaßnahmen der Banken mit dem Seminarfokus „Erfolgreich kommunizieren und verkaufen“ zugenommen haben.

## Literatur

Brettschneider, F. (2011): Das versteht doch kein Mensch, Interview am 08.11.2011 in Süddeutsche Zeitung/süddeutsche.de, url-link: http://www.sueddeutsche.de (Zugriff: 05.02.2015), Süddeutscher Verlag, München.

Christiani, A., Detroy, E.-N., Fink, K.-J., Kreuter, D., Limbeck, M. (2005): Das Sales-Master-Training, Gabler-Verlag, Wiesbaden.

Fink, K.-J. (2014): Empfehlungsmarketing – Königsweg der Neukundengewinnung, 6. Aufl., Springer Gabler Verlag, Wiesbaden.

Fischer, C. (2014): Maximale Kundennähe am Telefon, 3. Aufl., Springer Gabler Verlag Wiesbaden.

Hellenkamp, D. (2013): Didaktische Kompetenz im Vertrieb entfaltet Vertrauen, bank und markt (11) – Zeitschrift für Retailbanking: S. 39 f., November 2013.

Institut für Vermögensaufbau (IVA) AG (Hrsg.) (2014): Qualitätsatlas Retailbanking 2013. Bericht über die vierte Durchführung einer deutschlandweiten, testkundenbasierten Untersuchung zur Beratungsqualität im Retailbanking, München, März 2014.

Langen, R. (2007): Die Sprache der Banken: Erfolgsrezepte für eine überzeugende Kommunikation mit Kapitalgebern, Rosenberger Fachverlag, Leonberg, 2007.

Seibel, K., Stocker, F. (2014): Wenn man auf der Bank nur Bahnhof versteht, in: Die Welt, url-link: http://www.welt.de (Zugriff: 04.02.2015), WeltN24, Berlin, 2014.

ServiceRating (2014): Welche Punkte sind Ihnen bezüglich des Services Ihrer Bank besonders wichtig, (Repräsentative Umfrage mit insgesamt 1.067 Personen in der Zeit 03.09. bis 05.09.2014), Köln, 2014. url-link: http://www.it-finanzmagazin.de (Zugriff: 02.02.2015).

**Klaus-J. Fink** der studierte Jurist, gilt seit mittlerweile mehr als 20 Jahren als deutschlandweit anerkannter Erfolgstrainer für Telefon- und Empfehlungsmarketing sowie für das Thema Recruiting.

Er ist Dozent an der European Business School (EBS), Lehrbeauftragter an der Hochschule für angewandtes Management (HAM) sowie Gastredner an der Europäischen Fachhochschule (EUFH) in Brühl. Außerdem ist er Expert-Member im Club 55, einer Vereinigung der besten Verkaufstrainer Europas. Er ist Buchautor und Herausgeber von Video- und Audiotrainings.

Dem renommierten Key-Note-Speaker wurde zweimal der Conga Award der TOP 10 Deutschland verliehen. Er erhielt zweimal die Auszeichnung als „Trainer des Jahres“ und wurde 2012 in die „Hall of Fame“ der German Speakers Association anlässlich der Ehrung für sein Lebenswerk aufgenommen.

# Kommunikation als Erfolgsfaktor im Bankvertrieb

Martin Limbeck

## Inhaltsverzeichnis

1 Einleitung .......... 433
2 Kundenerwartungen müssen im Mittelpunkt stehen .......... 434
3 Kompetenz schafft Vertrauen .......... 435
4 Verkaufen und Kundenbindung stehen nicht im Widerspruch .......... 437
5 Neue Medien nicht vernachlässigen .......... 438
Literatur .......... 438

## 1 Einleitung

Die Erfolge der Kreditinstitute in der Vergangenheit sprechen dafür, dass sie in ihrer Kommunikation einiges richtig gemacht haben. Doch die Zeiten haben sich geändert. Banken und deren Dienstleistungen sind transparenter geworden. Die Kunden sind heute sehr gut informiert und begegnen ihrem Berater oftmals auf „Augenhöhe" (Früchtl und Peters 2013). Gründe hierfür liegen in den umfassenden Informationsmöglichkeiten durch das Internet. Soziale Netzwerke machen es leicht, mehr über die Menschen zu erfahren, mit denen wir geschäftlich zu tun haben.

Kunden „googlen" heute regelmäßig, um sich über Finanzprodukte, aber auch über ihren Bankberater zu informieren. Sie sind dadurch nicht nur besser informiert, sondern in der Regel auch anspruchsvoller und selbstständiger in ihren Entscheidungen geworden.

M. Limbeck (✉)
Martin Limbeck Training® Group, Königstein im Taunus, Deutschland



D. Hellenkamp, K. Fürderer (Hrsg.), *Handbuch Bankvertrieb*,
DOI 10.1007/978-3-658-06447-1_27

Kreditinstitute müssen hierauf in ihrer Kommunikation reagieren, wenn sie den hohen Ansprüchen im Wettbewerb entsprechen wollen.

So haben etwa Sparkassen, die durchaus als Gewinner der Finanzkrise betrachtet werden können, das Image, Institute für Kleinkunden zu sein. Dabei betreuen sie zahlreiche vermögende Privatkunden. Und dennoch: Sparkassen sind für Vermögende nicht die erste Wahl, wenn es darum geht, ihr Geld professionell zu verwalten. Schuld daran ist das in der Öffentlichkeit kommunizierte „Graue-Maus-Image".

## 2 Kundenerwartungen müssen im Mittelpunkt stehen

Ein fehlerhaftes Kommunikationsverhalten von Bankmitarbeitern kann dazu führen, dass ein Geschäftsabschluss nicht zustande kommt.

**Beispiel**

Ein Kunde möchte ein Haus erwerben, das bereits sein Interesse geweckt hat.

Er ruft in der Immobilienabteilung einer Bank an – eine junge Dame meldet sich, die beim Anrufer rasch den Eindruck erweckt, dass sie nicht über die nötige Kompetenz verfügt. Sie verspricht dem Kunden, ein Exposé zu versenden und ihren Vorgesetzten zu informieren, der den Kunden zurückrufen wird. Der Vorgesetzte ruft um 16.49 Uhr zurück und spricht auf die Mailbox des Kunden, der um diese Zeit noch beruflich unterwegs und deshalb nicht erreichbar ist. Der Kunde ruft um 17.49 Uhr zurück, erreicht in der Bank jedoch niemanden mehr. Als der Kunde am nächsten Tag das Exposé nicht vorliegen hat, ruft er nochmals bei der Bank an. Alle Telefonleitungen sind belegt – er bittet um Rückruf. Dieser erfolgt erneut, während der Kunde arbeitet und nicht erreichbar ist. Der Kunde ruft daraufhin die Telefonzentrale der Bank an und erhält die Mobilfunknummer des Leiters der Immobilienabteilung. Er ruft diesen an, erreicht ihn jedoch nicht – weil keine Mailbox eingerichtet ist.

Am Tag darauf ruft der Kunde erneut in der Bank an: Die junge Dame entschuldigt sich, dass sie das Exposé noch nicht versendet hat und verspricht, das sofort zu erledigen – außerdem werde ihr Chef in Kürze anrufen. Das Exposé kommt, der Anruf nicht.

Nach einer Woche – einem Freitagmittag – schreibt der Kunde eine SMS an den Leiter der Immobilienabteilung, ob er das Objekt am Sonntag besichtigen könne. Von Seiten der Bank erfolgt keine Reaktion, weshalb sich der Kunde am Montag der nächsten Woche an den Vorstand der Bank wendet und sich über das Verhalten der Bankmitarbeiter und deren mangelndes Interesse beschwert.

Die enttäuschten Erwartungen führen dazu, dass der Kunde für die Bank bereits zu diesem Zeitpunkt meist verloren ist.

Studien belegen, dass die Erwartungen der Kunden an ihre Bank in den vergangenen Jahren gestiegen sind (vgl. Bain & Company 2012). Ein gut ausgebildeter Berater reicht nicht mehr: In Punkto Kundenkommunikation und „abschlussorientiertes Verkaufen“ muss sich einiges tun.

Hierzu ein weiteres Praxisbeispiel, welches der Autor in dieser Form selbst erlebt hat.

**Beispiel**

Der Kunde sitzt im Besprechungszimmer einer Bank und möchte sich über Geldanlagen beraten lassen. Der Kundenberater stellt sich vor mit den Worten, er sei ursprünglich aus dem Kreditbereich, was seinen Interessen eigentlich mehr entspricht, ist aktuell aber im Bereich Geldanlagen tätig.

Damit sendet er dem Kunden das Signal: „Ich arbeite hier nur als Anlageberater, weil mein Arbeitgeber das so will.“ Die Beratung beschränkt sich anschließend auf zwei Produktempfehlungen eines Versicherungspartners der Bank. Im Weiteren gibt der Kundenberater unumwunden zu, die Thematik noch nicht ganzheitlich durchdrungen zu haben. Der Kunde könnte jedoch gern einen neuerlichen Gesprächstermin mit einem Spezialisten vereinbaren. Der Spezialist sei zudem der richtige Ansprechpartner, wenn der Kunde zu einem anderen Zeitpunkt eine Finanzierung nachfragen wolle.

Das Gespräch war nach zehn Minuten ohne Geschäftsabschluss beendet.

Der Kundenberater hatte sich in keiner Analysephase über den Kunden informiert, das heißt sich mit dessen persönlicher und finanzieller Situation beschäftigt. Insgesamt hat er beim Kunden einen inkompetenten Eindruck hinterlassen.

Berater, die erfolgreich sein wollen, müssen sich in der Welt des Kunden auskennen und sich die Zeit nehmen, sich intensiv mit ihm auseinanderzusetzen. Diese Zeit nehmen sich viele Berater nicht in dem hierfür notwendigen Maß. Gründe können in fehlenden Anreizen liegen, sind aber zumeist vor allem eine Frage der Einstellung.

Kreditinstitute müssen ihre Mitarbeiter von Veränderungen und neuen Wegen überzeugen und möglichst auch begeistern. Wenn Mitarbeiter nur durch „Druck“ handeln, entsteht keine intrinsische Motivation. Mitarbeiter werden dann nicht gemeinsam aktiv an ihren Kundenbeziehungen arbeiten.

## 3 Kompetenz schafft Vertrauen

Ersterlebnisse bleiben im Gedächtnis des Menschen – wie Studien zeigen – am stärksten haften (vgl. Bösel 2012). Das bedeutet: Geht ein Kundenberater unvorbereitet in das Erstgespräch mit einem Kunden, beeinflusst das dessen Bild vom Kreditinstitut erheblich – und zwar negativ. Damit ist keine gute Voraussetzung geschaffen, um das Vertrauen des Kunden im Weiteren zu gewinnen und eine langfristige Bindung zu erreichen.

Der Erstbesuch entscheidet darüber, ob ein Kunde mit einem potenziellen Anbieter überhaupt einen nächsten Schritt gehen möchte. Gewinnt der Kundenberater das Vertrauen des Kunden, erhält er von diesem die Möglichkeit, im Verkaufsprozess fortzuschreiten und gelangt (möglicherweise) zum Abschluss. Diese Kausalkette gilt für jede Branche – auch für Finanzdienstleister.

Doch: Wie gewinnt man Vertrauen? Vertrauen gewinnt nur der Kundenberater, der Fachwissen kompetent kommuniziert und dabei die Branche bzw. das Geschäft sowie die Situation des Kunden versteht. Vertrauen entsteht, wenn der Kundenberater bereits in einem ersten Gespräch empathische, „intelligente" und auf eigenem Wissen basierende Fragen stellt, dem Klienten aufmerksam zuhört und durch Nachfragen signalisiert, dass er den Kunden und seine Bedürfnisse versteht. Kunden erwarten Fachkompetenz und relevante Informationen; sie schätzen es zudem, wenn sich der Nutzen in Zahlen ausdrücken lässt. Das hilft ihnen beim Positionieren ihres Projekts im eigenen Unternehmen (vgl. Kreindler und Rajguru 2014).

Banken tun viel, um sich dem Kunden offener, freundlicher und kommunikativer als früher zu präsentieren – und machen dennoch gravierende Fehler. So bedienen sich Banken regelmäßig einer Sprache, die für Kunden oft unverständlich ist (vgl. Brettschneider 2014, S. 15 ff.).

Mitunter passen auch verbale und nonverbale Kommunikation nicht zusammen.

**Beispiel**

Eine Filiale wird umgebaut und dabei von Grund auf modernisiert. Ein Kunde kommt in die neuen Räumlichkeiten, sieht den Filialleiter und lobt den Umbau: „Sehr schön, kein Trübglas mehr, alles ist so hell hier". Der Filialleiter nimmt den Kunden zur Seite und beginnt zu flüstern: „Ich gebe Ihnen mal meine Visitenkarte mit meiner Durchwahl. Die darf ich normalerweise nicht herausgeben, weil nun alles über ein Callcenter läuft. Aber für eine Kunden wie Sie mache ich das."

Konsequenz: Die Bank entfernt einerseits das Trübglas, um sich dem Kunden gegenüber offen und kommunikativ zu präsentieren. Andererseits kann der Kunde den Filialleiter oder seinen persönlichen Kundenbetreuer nicht mehr direkt anrufen. Beides passt nicht zusammen und steht im Gegensatz zu einer Strategie, in deren Mittelpunkt der Kunde stehen soll.

Banken sollten stärker als bisher berücksichtigen, dass viele Menschen während der Öffnungszeiten aus beruflichen Gründen keine Gelegenheit haben, ihre privaten (Bank-)Geschäfte zu erledigen. Kreditinstitute müssen (wie in anderen Branchen) kundenorientierter vorgehen und ähnlich wie beispielsweise Ärzte Sprechzeiten von 16 bis 22 Uhr anbieten (vgl. Bauer und Praeg 2014). Damit können die Menschen erreicht werden, die während der üblichen Arbeitszeit keine Gelegenheit haben zum Arzt bzw. zur Bank zu gehen.

Zahlreiche Menschen möchten andererseits gar nicht die Räume der Bank aufsuchen, sondern wünschen sich, dass ihr Bankbetreuer sie in ihrer gewohnten häuslichen Atmosphäre berät. Experten sprechen in diesem Zusammenhang von einem Trend zu „Cocooning". Dazu braucht die Bank mobile Mitarbeiter, die bereit sind, außerhalb der Bankräumlichkeiten und Öffnungszeiten mit den Kunden zu kommunizieren – unter Umständen auch am Wochenende.

## 4 Verkaufen und Kundenbindung stehen nicht im Widerspruch

Vielen Beratern ist nicht hinreichend bewusst, dass abschlussorientiertes Verkaufen und langfristige Kundenbindung kein Widerspruch sind.

**Beispiel**

Ein Institut beabsichtigt seine Berater zu schulen, damit diese Cross-Selling-Potenziale besser ausschöpfen. Von Seiten der Berater kommen Argumente wie: „Ich habe ein so gutes Verhältnis zu dem Kunden X, ich werde von ihm sogar zur Taufe der Kinder eingeladen. Ich möchte diese Kundenbeziehung nicht aufs Spiel setzen, nur um ein bisschen mehr Geschäft zu machen." Häufig fehlt es hier an einer positiven Einstellung des Kundenberaters hinsichtlich: Verkaufen (vgl. Altmann 2013, S. 22 ff.).

Selbstverständlich sind auch Entgeltmodelle in Bezug auf „Verkaufen" relevant. Je höher das Grundgehalt des Beraters, desto geringer ist tendenziell die Motivation, sich intensiv um den Kunden zu bemühen. Umgekehrt gilt: Wer vom Verkaufen leben muss, der verkauft. Dabei ist neben Leistungsanreizen auch die Identifikation mit der Bank beziehungsweise deren Produkten und Dienstleistungen signifikant.

Kreditinstitute müssen sich den veränderten Kundenerwartungen anpassen und ihre Kundenberater regelmäßig schulen und motivieren, um erfolgreich zu sein. Ein Grundproblem: Kreditinstitute verhalten sich in wirtschaftlich erfolgreichen Zeiten nach dem Grundsatz „es läuft doch, warum soll ich Geld für Trainingsmaßnahmen ausgeben". In wirtschaftlich nicht erfolgreichen Zeiten heißt es dann „wir verdienen zu wenig, haben kein Budget für Schulungen."

Kreditinstitute müssen Verkaufen deshalb wie Spitzensportler trainieren und Mitarbeiter dürfen Training nicht als Sanktion betrachten.

Wenn Banken das in der Finanzkrise verlorene Vertrauen wieder aufbauen wollen, entwickelt sich dieses insbesondere über das Gespräch und den seriösen Umgang engagierter Berater mit ihren Kunden. Jedes Institut hat in ihrem Produktportfolio Produkte, deren Verkauf Priorität hat – und Produkte, deren Verkauf aus Ertragsgründen o. a. weniger fokussiert ist. Berater sollten Kundenbeziehungen niemals gefährden, indem etwas verkauft wird, nur um der Bank einen hohen Ertrag zu generieren. Berater müssen die Kunden auch mit ihrer Persönlichkeit überzeugen (vgl. Cialdini 2007). Langfristig am erfolgreichsten ist, wer nur das verkauft, was die Kundenbedürfnisse deckt und dabei verständlich und ehrlich über die Chancen und Risiken der einzelnen Produkte aufklärt.

Bankkunden haben heute neben höheren Erwartungen im Allgemeinen deutlich mehr Wahlmöglichkeiten als früher. Kundenberater müssen deshalb in der Lage sein, zu einem

Vertragsabschluss zu kommen. Sieht ein Kundenberater sich nur als Berater und nicht als Verkäufer, wird er langfristig in einer Bank nicht erfolgreich sein.

Anders ausgedrückt: Wer seine Kunden nur beraten will, zwingt sie woanders zu kaufen.

## 5 Neue Medien nicht vernachlässigen

Wir leben längst in einer hybriden Konsumgesellschaft. Sie ist gekennzeichnet durch „smart shopper", die sich über Bankleistungen online informieren und dann offline kaufen (sog. ROPO-Effekt, research online, purchase offline) – Aber: Ebenso Verbraucher, die es umgekehrt machen (vgl. Esser 2002). Das Internet und die Sozialen Netzwerke haben hierbei eine hohe Relevanz.

Um die sich hieraus ergebenden Möglichkeiten zu nutzen, benötigen Kreditinstitute ein fortschrittliches, wettbewerbsfähiges Social-Media-Profil. Dieses Profil ist wie ein digitales Schaufenster, das die Bank in der Kundenwahrnehmung transparent(er) macht und die Möglichkeiten bietet, durch Empfehlungen neue Kunden zu gewinnen. Die Zahl der Bewertungsportale, auf denen Kunden Bankdienstleistungen benoten, hat deutlich zugenommen. Menschen vertrauen stark auf Empfehlungen anderer, besonders wichtig sind hierbei die Einschätzungen von Freunden und Bekannten.

Natürlich birgt der Einsatz von Social Media Plattformen auch Risiken. So kann beispielsweise ein „Shitstorm" die Reputation eines Kreditinstitutes beschädigen. Banken sollten diesen Risiken dennoch nicht ausweichen, etwa indem sie soziale Medien komplett nicht nutzen. Entscheidend ist, dass sie sich kritischen Kundenstimmen stellen und offen damit umgehen.

Wir leben in einer digitalen Welt. Wer keine wettbewerbsfähige Online-Strategie hat, geht bewusst das Risiko ein, von einem Teil der potenziellen Kunden als Anbieter gar nicht wahrgenommen zu werden. Das betrifft nicht nur die Bank als Institution, sondern jeden einzelnen Mitarbeiter. Selbstverständlich muss der Content stets auf seine Wirkung hin reflektiert werden – doch das ist im Offline-Modus sicherlich nicht anders.

## Literatur

Altmann, H. C. (2013): Mut zu neuen Kunden, 7. Auflage, München.

Bain & Company (2012) (Sinn, Walter; Vater, Dirk; Lubig, Dirk; Kasch, Michael), Was Bankkunden wirklich wollen, München/Zürich.

Bauer, W. (Hrsg.); Praeg, C.-P. (2014) (Fraunhofer IAO, Trendstudie: Bank & Zukunft 2014, Transformation der Banken – Neue Wege zu Innovation und Wachstum, Stuttgart, Fraunhofer-Verlag.

Bösel, R. (2012): Warum ich weiß, was Du denkst, Etsdorf am Kamp, Galila Verlag, Etsdorf am Kamp (A), 2012.

Brettschneider, F. (2014): „Für Kunden oft schwer zu verstehen: Die Sprache der Banken 2014", Eine Studie der Universität, Hohenheim und der H&H Communication Lab GmbH.

Cialdini, R. B. (2007): Die Psychologie des Überzeugens, 5. Auflage, Huber Verlag, Bern.

Esser B. (2002): Smart Shopping – Eine theoretische und empirische Analyse des preis-leistungsorientierten Einkaufsverhaltens von Konsumenten, Josef Eul Verlag, Lohmar/Köln.
Früchtl, C.; Peters, A. (2012) (Hrsg.) ibi research an der Universität Regensburg: Die Bankberatung im Umbruch – Anforderungen, Konflikte und Lösungen aus Kunden- und Beratersicht, Regensburg.
Kreindler, P., Rajguru, G., Die Krise der Verkäufer, in: Harvard Business manager, 11. August 2014.

**Martin Limbeck** ist einer der renommiertesten Business-Speaker und Verkaufsexperten auf internationaler Ebene. Bis heute trat er in mehr als 20 Ländern auf. Neben seinen Vorträgen begeistert er bereits seit 23 Jahren mit seinem Insider-Know-how und praxisnahen Strategien Mitarbeiter aus Management und Verkauf in seinen umsetzungsorientierten Trainings.

Auch als Autor hat sich Martin Limbeck ein breites Publikum erobert: Sein Buch „Nicht gekauft hat er schon“ ist seit über drei Jahren Dauergast in den Bestsellerlisten und elektrisiert nach wie vor Leser und Medien. Auch der neue Titel des Bestsellerautors, „Warum keiner will, dass du nach oben kommst …“, hat mit seinem Erscheinen im Jahr 2014 einen fulminanten Start hingelegt.

# Empfehlungsmarketing als optimaler Weg zu neuen Bankkunden

Roger Rankel

## Inhaltsverzeichnis


1 Einleitung ... 441
2 Persönliche Weiterempfehlung ist glaubwürdig ... 442
3 Möglichkeiten des Empfehlungsmarketing ausloten ... 443
4 Strategisches Vorgehen statt Hoffen auf den Zufall ... 446
5 Ausgangssituationen bestimmen die Gesprächsstrategie ... 447
5.1 Ausgewählte Gesprächsbeispiele in unterschiedlichen Ausgangssituationen ... 447
5.2 Empfehlungsnahme aktiv steuern ... 449
Literatur ... 450


## 1 Einleitung

In den vergangenen Jahren haben das Image des Bankberaters und das Vertrauen der Kunden in die Institution Bank stark gelitten. Wurden die Empfehlungen des Bankberaters früher kaum in Frage gestellt, sind die Kunden heute oft skeptisch. Das hat Folgen für die Kundenbindung und die Gewinnung von Neukunden. Ein geeignetes Instrument, sowohl bestehende Kunden enger an die Bank zu binden als auch zusätzliche Kunden zu gewinnen, ist Empfehlungsmarketing (vgl. Rankel und Neisen 2012, S. 129 ff.). Abbildung 1 weist beispielsweise einen Rückgang der Vertrauenswürdigkeit der Beratung durch die Bank von 34 % der privaten Aktionäre im Jahr 2004 auf 27 % im Jahr 2013 aus.


R. Rankel (✉)
Feldafing am Starnberger See, Deutschland





D. Hellenkamp, K. Fürderer (Hrsg.), *Handbuch Bankvertrieb,*
DOI 10.1007/978-3-658-06447-1_28

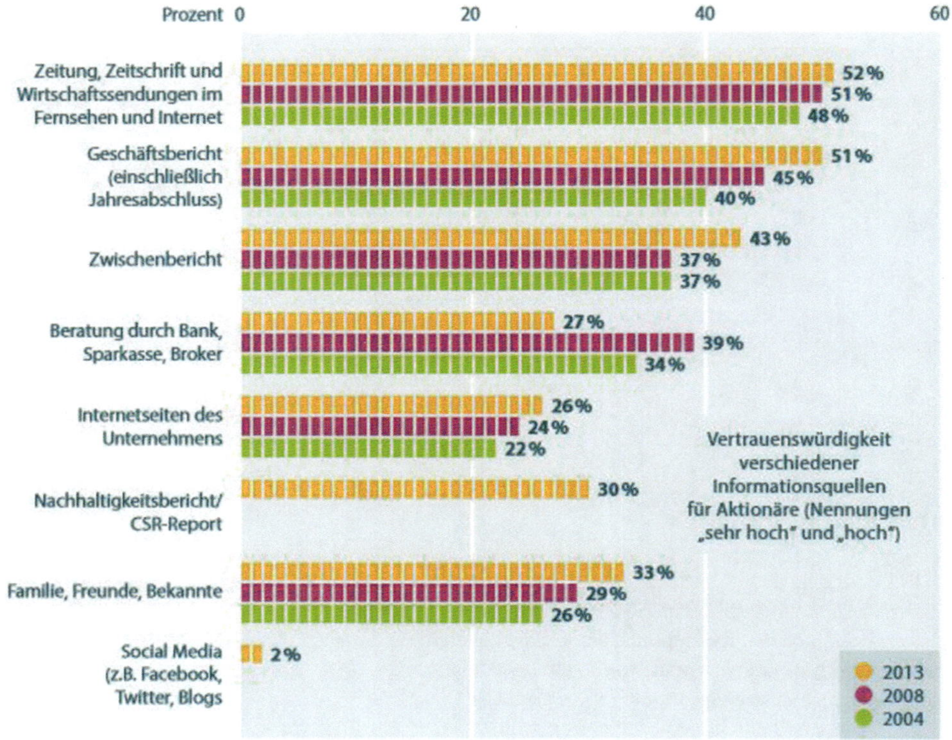


**Abb. 1** Vertrauenswürdigkeit verschiedener Informationsquellen für private Aktionäre. (Quelle: Pellens und Schmidt 2014, S. 36)

## 2 Persönliche Weiterempfehlung ist glaubwürdig

Ein Kunde, der zufrieden ist, empfiehlt die Bank an potenzielle neue Kunden weiter. Dabei nutzt Empfehlungsmarketing das Phänomen, dass gerade in Zeiten von Social Media die persönliche Weiterempfehlung an Glaubwürdigkeit gewonnen hat. Gerade im Internetzeitalter ist die persönliche Empfehlung der einfachste und effektivste Weg zu neuen Kunden. Zusätzlich bietet Empfehlungsmarketing Banken und Bankberatern die Chance, verlorengegangenes Vertrauen der Kundschaft zurückzugewinnen.

Empfehlungsmarketing bedeutet nicht, dass ein Bankberater einem zufriedenen Kunden (beiläufig) gegenüber artikuliert, dass er sich über eine Weiterempfehlung freuen würde. Aussagen von Beratern wie „Natürlich werde ich hin und wieder empfohlen" oder „Das Thema spreche ich nicht aktiv an, weil ich nicht als Bittsteller erscheinen möchte" weisen auf ein nicht vorhandenes oder nicht funktionierendes Empfehlungsmarketing hin.

Das Ziel beim Empfehlungsmarketing ist es, echte Empfehlungen anstatt unverbindliche Kontakt(-adressen) zu erhalten und diese Empfehlungen anschließend systematisch im Rahmen der Neukundenakquise einzusetzen, um auf Kaltakquise verzichten zu können. Selbstverständlich bestehen zahlreiche Wege, Neukunden zu akquirieren. In der Praxis sind diese oftmals nicht effektiv und deutlich teurer. So gehen klassische Anzeigen in der täglichen Werbeflut unter, Werbebriefe und Mailings sind nicht zielgerichtet und Clickraten bei Webanzeigen sind gemeinhin niedrig (vgl Rankel und Neisen 2012, S. 171 f.).

Zu einem professionellen Empfehlungsmarketing gehört es, eine sichere Gesprächsstrategie für mögliche Gesprächssituationen und Kundentypen zu haben und Kunden im Beratungsprozess zum richtigen Zeitpunkt stets gezielt auf das Thema Empfehlungen anzusprechen (vgl. Rankel und Neisen 2013, S. 161 ff.). Zudem gilt es, den Empfehlungsprozess so zu steuern, dass er der Bank (wirtschaftlich) interessante Kunden generiert.

Vertrauensmangel und eine gewisse (finanzwirtschaftliche) Orientierungslosigkeit sind Beweggründe, die Menschen motivieren, von einer ihnen nahestehenden Person (etwa einem Arbeitskollegen oder Freund, dem sie vertrauen) einen guten Rat zu erhalten. Hat ein Bankkunde mit seinem Kundenberater gute Erfahrungen gemacht und empfiehlt dieser den Berater an eine ihm nahestehende Person weiter, geht der Angesprochene in der Regel davon aus, dass er mit diesem Kundenberater gleichfalls zufrieden sein wird – im Gegensatz zu einem Kundenberater, bei dem er sich anonym meldet und zu dem er noch keinerlei persönlichen Bezug hatte.

Menschen achten heute zunehmend auf Referenzen. Beispielhaft wird das sichtbar bei der Produktsuche und -information mittels digitaler Medien, wie der Online-Suche nach einem Hotel. Bestehende Bewertungen bzw. Referenzen anderer Kunden beeinflussen dabei erheblich unser Nachfrageverhalten und lassen Menschen einer besonders positiven qualitativen Bewertung regelmäßig folgen.

Studien zeigen, dass Menschen in persönliche Empfehlungen von Bekannten das größte Vertrauen haben.

Das betrifft den Kauf von Produkten, die Wahl eines Hotels oder Restaurants – oder eben auch des Bankberaters. Hiernach vertrauen den Empfehlungen durch Bekannte 80 %.

Empfehlungen bieten Banken daher große Chancen, wenn sie das Thema strategisch angehen. Das Ziel eines Kreditinstitutes sollte es sein, eine hohe Beratungsqualität sicherzustellen, sodass zufriedene Kunden „ihre" Bank weiterempfehlen. Dieser Ausdruck der Wertschätzung durch den Kunden wird in der Praxis indes automatisch üblicherweise nicht der Fall sein.

## 3 Möglichkeiten des Empfehlungsmarketing ausloten

In den vergangenen Jahren wurde das Thema Empfehlungen von zahlreichen Banken tendenziell vernachlässigt, teilweise sogar als „Strukturvertriebsmethode" abgelehnt.

Die Vorgehensweise von Strukturvertrieben ist typischerweise nicht die, mittels Empfehlungsmanagement durch zufriedene Kunden weiterempfohlen zu werden. Das Bestreben ist es in der Regel, Adressen von Freunden/Bekannten „beliebiger" Ansprechpartner zu erhalten.

Inzwischen hat sich die Finanzbranche der Idee eines qualifizierten Empfehlungsmanagements gegenüber zunehmend geöffnet. Eine aktive Berücksichtigung einfacher grundlegender Verhaltensweisen in der Kunde-Bank-Kommunikation können bereits positive Auswirkungen herbeiführen (vgl. Schumacher und Kindermann 2013, S. 49 ff.).

**Beispiel**

Beim telefonischen Erstkontakt eines Kunden sollte ein Bankmitarbeiter sich stets erkundigen, aufgrund wessen Empfehlung der Anruf erfolgt. Beim Anrufer entsteht dadurch der Eindruck: „Dieses Institut muss qualitativ gut sein, andernfalls würden sie das gar nicht zum Thema machen". Ruft der Anrufer nicht auf Basis einer Empfehlung an und hinterfragt er die diesbezügliche Rückfrage, kann ihm mitgeteilt werden, dass Empfehlungen oftmals Gründe der Kundenansprache sind und man sich deshalb gern danach erkundigt. Das Thema Empfehlungen lässt sich im Unternehmen also kultivieren.

**Beispiel**

Hat ein Kreditinstitut sein qualifiziertes Empfehlungsmanagement bereits konsequent umgesetzt und erreicht beispielsweise eine Empfehlungsquote von 92 %, kann es hiermit aktiv werben. In der Wartezone könnte mit der Aussage „92 % unserer Kunden empfehlen uns weiter" Aufmerksamkeit und der eigene Qualitätsanspruch hervorgehoben werden.

**Beispiel**

Kundenberater könnten zu Beginn eines Beratungsgespräches dem Kunden ihren hohen Beratungs- und Zufriedenheitsanspruch erläutern und in diesem Kontext die grundsätzliche Kundenbereitschaft eruieren, das Kreditinstitut bei sehr guter Leistung weiterzuempfehlen.

Der Kunde erbringt somit erst eine „Gegenleistung", wenn er selbst einen Nutzen aus der Beratung erhalten hat.

Das Potenzial des Empfehlungsmarketings ist von zahlreichen Kreditinstituten noch nicht ausreichend erkannt. Jeder Mensch hat im Durchschnitt über 500 „aktive Beziehungen", zum Beispiel Verwandte, Freunde, Nachbarn, Kollegen, Sportvereine, Kirchenchor u. a.

Mit jeder qualifizierten Empfehlung erschließen sich neue Kontaktnetze, die sich im Weiteren potenzieren können. Wenn ein Kunde seinem Kundenbetreuer somit drei seiner Kontakte vermittelt, resultieren daraus rechnerisch 1500 neue Ansprechpartner, von denen jeder im Durchschnitt wieder 500 Menschen kennt – ein theoretisches Potenzial von 750.000 Neukunden.

Wenn nur jeder Tausendste dieser Kontakte überzeugt werden kann, resultieren hieraus (ohne hohe Investitionsaufwendungen) deutliche zusätzliche wirtschaftliche Wachstumsmöglichkeiten.

Hinzu kommt ein psychologischer Aspekt: Es ist ein Unterschied, ob ein möglicher Neukunde über eine Anzeige oder die Bank-Homepage zum Berater gelangt oder die Empfehlung eines zufriedenen Kunden. Denn eine Empfehlung stimmt den Interessenten positiv auf das Gespräch mit dem Bankberater ein. Sie sorgt von Anfang an für ein gutes Gesprächsklima. Gleichzeitig erhöht sie die Chancen auf einen erfolgreichen (am Kundenbedürfnis orientierten) Abschluss. Der Berater startet mit dem Qualitätsversprechen des Empfehlungsgebers in die Kundenberatung. Voraussetzung ist, dass der Empfehlungsgeber mit dem Berater und seinem Service rundherum zufrieden war. Nur dann kann die Bank auf „Mundpropaganda" mit ihren positiven Effekten setzen.

Darüber hinaus ist nicht nur der „Startvorteil" beim Erstkontakt ein wichtiges Argument für ein qualifiziertes Empfehlungsmarketing. Viele Menschen haben bereits die Erfahrung gemacht, dass es interessante berufliche Tätigkeitsfelder, exklusive Mitgliedschaften oder wertvolle Hintergrundinformationen regelmäßig über Kontakte gibt (vgl. Schumacher und Kindermann 2013, S. 83 ff.).

Diese Erfahrungen gelten auch für aus Banksicht interessante Kunden. Oftmals sind diese selbst erfolgreiche Netzwerker, das heißt, auch sie nutzen und geben routiniert Empfehlungen. Kundenberater haben demnach insbesondere bei ihren besten Kunden mit der Frage nach Empfehlungen große Erfolgschancen. Auf diese Weise können Kontakte zu weiteren interessanten Menschen in deren Netzwerk hergestellt werden (vgl. Rankel und Neisen 2013, S. 175 ff.).

Das Thema Empfehlungen muss beim Kunden vom Kundenberater indes aktiv und gezielt angesprochen werden. Eine Empfehlung ist mehr als der unverbindliche Rat eines Kunden, bei wem der Berater „es auch mal versuchen könnte". Der Berater muss hierbei verschiedene Aspekte beachten:

- Die Ansprache muss für den Kunden angenehm, aber verbindlich erfolgen.
- Die Beratungsleistung muss empfehlenswert sein (zum Beispiel komplexe Finanzierungssituation).
- Der Kundenberater muss dem Kunden ein Heraus-/Einstellungsmerkmal geben. Andernfalls besteht aus Kundensicht kein Empfehlungsgrund, sondern eine durchschnittliche zu erwartende Leistung

Kundenberater sollten dabei stets einen Vertriebsleitsatz beachten: „Verkäufer suchen Kunden, aber Kunden suchen Experten." Das heißt, ein (Bank-)Experte spricht dem Kunden nicht nach dem Mund und macht es ihm nicht immer leicht.

In der Praxis begehen Kundenberater oft den Fehler, sich zu devot zu verhalten. Sie sind zumeist nicht in der Lage, unangenehme Dinge klar anzusprechen und befinden sich damit nicht auf Augenhöhe mit ihren Kunden. Kunden erwerben im Kontext eines Beratungsgespräches ein Bankprodukt nicht isoliert. Sie erwarten stets auch eine klare Positionierung, das heißt „Rückgrat des Betreuers". Ein erfolgreicher Kundenberater wird ein eigenes authentisches Profil entwickeln, im positiven Sinne, mit Ecken und Kanten.

Wichtig für ein erfolgreiches Beratungsgespräch ist: verbindlich im Ton, klar in der Sache.

## 4 Strategisches Vorgehen statt Hoffen auf den Zufall

Das Thema strategisches Empfehlungsmanagement ist zu wichtig, um es dem Zufall oder der persönlichen Tagesform einzelner Bankberater zu überlassen. Ein durchdachter strategischer Ansatz ist unerlässlich (vgl. Rankel und Neisen 2013, S. 147 ff.).

Empfehlungen sollte ein fester Platz im Kundengespräch eingeräumt werden; und sie müssen systematisch vorbereitet werden. Entscheidend ist, die Kundenansprache konsequent an der jeweiligen Gesprächssituation auszurichten bzw. an der Frage: „Wie ist der Kunde zum Berater gekommen?"

In der Praxis wird das Thema oft eher halbherzig am Ende des Beratungsgespräches angesprochen. Der Kunde verabschiedet sich, etwa mit einem „Danke für die gute Beratung!", und der Berater schiebt ein „Freut mich, empfehlen Sie mich gerne weiter!" hinterher. Das ist selten von Erfolg gekrönt, denn unverbindliche Bitten lösen in der Regel unverbindliche Reaktionen aus.

Eine erfolgreiche Empfehlungsansprache ist immer in zwei Gesprächssequenzen geteilt:

1. Der Kundenberater vereinbart mit dem Kunden, dass dieser ihn weiterempfiehlt (Anmerkung: unter der Voraussetzung einer hohen Kundenzufriedenheit). Das kann am Ende des ersten Beratungsgesprächs oder erst nach Wochen/Monaten der Fall sein.
2. Der Kundenberater konkretisiert im Weiteren die Empfehlung, indem er mit dem Kunden darüber ein Gespräch führt, an wen er ihn weiterempfehlen möchte und welche Vorgehensweise am sinnvollsten ist.

Die Analyse zahlreicher Kundengespräche zeigt, dass es in der zweiten Gesprächssequenz oft zu folgenden Aussagen seitens der Kunden kommt: „Mir fällt keiner ein", „Die sind alle schon bei Ihrer Bank", „Ich mache mir mal Gedanken", „Ich weiß gar nicht, ob die das interessiert". Solche Vor- und Einwände sind typisch für diese Gesprächssequenz, in der sich der Berater konkrete Empfehlungen abholen möchte (vgl. Schumacher und Kindermann 2013, S. 47 f.).

Warum ist das so? Welche Fehler machen Berater in der üblichen Empfehlungsansprache?

Viele Berater gehen zu schnell in die zweite Gesprächssequenz. Ausreden des Kunden sind deshalb nicht erstaunlich. Kunden fühlen sich überrumpelt, wenn unerwartet Empfehlungen ausgesprochen werden sollen. In diesem Moment entsteht eine emotionale Barriere, die vom Kundenberater nur selten zu überwinden ist.

Wenn der Bankberater in der ersten Gesprächssequenz indes bereits eine Vereinbarung mit dem Kunden getroffen hat (das heißt die Zusage einer Weiterempfehlung(-smöglichkeit) bei Kundenzufriedenheit), entsteht eine Abwehrhaltung zumeist nicht, sodass in der zweiten Sequenz sehr viel weniger Einwände entstehen.

Die erste Sequenz dauert im Gespräch etwa eine Minute, die zweite Sequenz, in der sich der Berater die Empfehlung abholt, im Kern nicht länger. Jede andere Maßnahme zur Gewinnung von Neukunden nimmt wesentlich mehr Zeit in Anspruch.

## 5 Ausgangssituationen bestimmen die Gesprächsstrategie

Es gibt keine Empfehlungsstrategie, die in jeder Gesprächssituation funktioniert. Gleichwohl lässt sich jeder Kunde einer von sechs Ausgangslagen zuordnen:

**Erstgespräche**

I. Ein Interessent, der auf Empfehlung kommt
II. Ein Kunde, der von einem anderen Kundenberater aus dem eigenen Hause kommt (übertragener Kunde)
III. Ein Interessent, der ohne Empfehlung kommt

**Bestandskunden**

I. Ein Bestandskunde, der noch nie auf Empfehlungen angesprochen wurde
II. Ein Bestandskunde, der angesprochen wurde, aber nicht empfohlen hat
III. Ein Bestandskunde, der angesprochen wurde und empfohlen hat

Die wesentliche Grundvoraussetzung einer funktionierenden Empfehlungsstrategie ist eine qualitativ hochwertige Beratungsleistung und eine damit einhergehende hohe Kundenzufriedenheit (vgl. Rankel und Neisen 2013, S. 147 ff.). Kundenzufriedenheit entsteht, wenn die erhaltene Leistung den persönlichen Erwartungen entspricht. Werden die Erwartungen übertroffen, ist der Kunde begeistert und kann sich zum „Fan" entwickeln. Die Erwartungen seines zufriedenen Kunden muss ein Kundenberater deshalb kennen!

### 5.1 Ausgewählte Gesprächsbeispiele in unterschiedlichen Ausgangssituationen

Die folgenden zwei Gesprächsbeispiele zeigen, wie Gespräche zwischen einem Kundenberater und einem Kunden (mit dem Ziel eine Empfehlung zu erhalten)- idealerweise ablaufen könnten (weitere Beispiele in Rankel und Neisen 2013, S. 41 ff.).

**Gesprächsbeispiel 1**

Ein Interessent, der auf Empfehlung kommt.

Wie das Thema angesprochen werden kann, wenn ein potenzieller Neukunde aufgrund der Empfehlung eines anderen Kunden zum Berater kommt. Nach der Begrüßung beginnt das eigentliche Gespräch:

Berater: *„Herr Kunde, wir sind heute auf Empfehlung von Herr Schmidt zusammengekommen. Was denken Sie, warum Sie Herr Schmidt an mich weiterempfohlen hat?"*

Kunde: *„Herr Schmidt wusste, dass ich auch etwas für meine Altersvorsorge tun will."*

Berater: *„Denken Sie, dass Herr Schmidt darüber hinaus inhaltlich mit mir und meiner Beratung zufrieden ist?"*

Kunde: *„Ich glaube schon, er fühlte sich ganz gut betreut."*

Berater: *„Wäre es für Sie vorstellbar, dass, wenn auch Sie mit mir und meiner Beratung, mit meiner Dienstleistung zufrieden sind, dass auch Sie mich weiterempfehlen?"*

Kunde: *„Vorstellbar schon, wobei ich das jetzt noch nicht sagen kann."*

Berater: *„Natürlich können Sie das jetzt noch nicht sagen. Nur dann, wenn Sie wirklich mit mir zufrieden sind."*

Kunde: *„Dann ja."*

Betreuer: *„Wollen wir es so halten?"*

Kunde: *„In Ordnung."*

Betreuer: *„Dann würde ich, Herr Kunde, Folgendes vorschlagen: Wir starten jetzt mit dem eigentlichen Thema, und wenn Sie anschließend zufrieden und der Ansicht sind, meine Beratung ist empfehlenswert, kommen wird noch mal auf den Punkt zu sprechen, mit der Frage, an wen auch Sie mich empfehlen möchten."*

Kunde: *„Ja, das passt."*

Am Ende der kurzen Gespächssequenz steht eine klare Vereinbarung: Wenn der Kunde zufrieden ist, wird er den Berater weiterempfehlen.

**Gesprächsbeispiel 2**

Ein Bestandskunde, der noch nie auf Empfehlungen angesprochen wurde.

Bei Bestandskunden ist die Kundenzufriedenheit ebenfalls Dreh- und Angelpunkt der Empfehlungslogik. Der Hauptunterschied zu Neukunden und Interessenten: Während der Berater bei Erstgesprächen erst noch für Zufriedenheit sorgen muss, kann er bei Bestandskunden an die bisherige gute Zusammenarbeit anknüpfen.

Berater: *„Herr Kunde, bevor wir heute mit unseren eigentlichen Inhalten starten, eine Frage vorab: Wie sind Sie eigentlich mit mir, mit meiner Beratung und mit meiner Person zufrieden?"*

Kunde: *„Tja, wir arbeiten ja jetzt schon über zwei Jahre zusammen. Das zeigt ja schon, dass ich ganz zufrieden bin."*

Berater: *„Würden Sie sagen, empfehlenswert zufrieden?"*

Kunde: *„Auch das."*

Berater: *„Grund ist: Damit ich mehr Zeit für meine Kunden, also für Sie, habe, arbeite ich mittlerweile hauptsächlich auf Empfehlungsbasis. Das heißt, zufriedene*

*Kunden empfehlen mich weiter. Und so würde ich mich freuen, dass, wenn auch Sie mit mir und meiner Beratung zufrieden sind (so, wie Sie es mir ja gerade gesagt haben), dass auch Sie mich weiterempfehlen.“*

Kunde: „*Tja ... Warum eigentlich nicht ...*“

Berater: „*Wäre es für Sie vorstellbar, dass auch Sie mich weiterempfehlen?*“

Kunde: „*Ja, das wäre vorstellbar.*“

Berater: „*Natürlich nur, wenn Sie wirklich mit mir zufrieden sind.*“

Kunde: „*Doch, in jedem Fall.*“

Berater: „*Möchten Sie mich dann auch weiterempfehlen?*“

Kunde: „*Ja, das mache ich gern.*“

Der Kundenberater hat damit eine Vorlage für die eigentliche Empfehlungsnahme.

## 5.2 Empfehlungsnahme aktiv steuern

Wenn ein Kunde mehr oder weniger bereitwillig Kontaktdaten potenzieller Interessenten herausgibt, nützt das dem Bankberater zunächst kaum. Einerseits ist er mit einer Kontaktaufnahme unter Berufung auf einen Bekannten/Verwandten nur einen kleinen Schritt weiter als bei einer Kaltakquisition.

Diesbezüglich verbietet § 7 des Gesetzes gegen den unlauteren Wettbewerb (UWG) unaufgeforderte Telefonanrufe mit dem Ziel der Geschäftsanbahnung. Angerufene Personen können sich bei der Wettbewerbszentrale über den Berater beschweren. Zulässig sind Telefonanrufe nur dann, wenn bereits eine Geschäftsbeziehung besteht.

Darüber hinaus sind zahlreiche Menschen durch Callcenter-Anrufe inzwischen ohnehin emotional derart berührt, dass unaufgeforderte Kontaktaufnahmen durch Kundenberater im Kontext von Kundenakquisitionen nicht zielführend erscheinen.

Ist der Kunde indes bereit, den Kundenberater weiterzuempfehlen, sollte dieser die Empfehlungsnahme aktiv (mit-)steuern. Hierzu kann er dem Kunden zielgerichtet Fragen stellen, um möglichst qualitativ werthaltige Empfehlungen zu erhalten. Typischerweise könnten Fragen beispielsweise in dieser Form gestellt werden:

Berater: „*Beim Thema Empfehlungen, Herr Kunde, hat es sich bewährt, auf drei Dinge zu achten: Am besten, wir überlegen gemeinsam kurz,*

1. *Wer passt zu mir als Person?*
2. *Wer passt zu meiner Dienstleistung/Wem kann ich Nutzen stiften?*
   *und*
3. *Wer wird Ihrer Empfehlung folgen?*“

Durch die ersten beiden Fragen beugt der Betreuer Empfehlungen vor, die sich als „Sackgasse“ erweisen könnten, beispielsweise Kontakte ohne Bedarf für das Angebot. Insgesamt sollte der Kundenberater seine Formulierungen stets auf sich und den Kundenkreis zuschneiden, beispielsweise der Beratung vermögender Privatkunden.

## Literatur

Pellens, B. und Schmidt, A. (Hrsg.): Deutsches Aktieninstitut, Verhalten und Präferenzen deutscher Aktionäre - Eine Befragung von privaten und institutionellen Anlegern zum Informationsverhalten, zur Dividendenpräferenz und zur Wahrnehmung von Stimmrechten, Studien des Deutschen Aktieninstituts, Frankfurt.

Rankel, R. und Neisen, M. (2013): So funktioniert Empfehlungsmarketing heute, GABAL Verlag, Offenbach.

Rankel, R. und Neisen, M. (2012): Etwas etwas anders machen: … und dadurch besser verkaufen, 3. Aufl., GABAL Verlag, Offenbach.

Schumacher, H.-G. und Kindermann, D. F. (2013): Strategisches und qualifiziertes Empfehlungsmanagement – Leitfaden für Verkäufer und Vertriebsführungskräfte in der Versicherungsbranche, Wiesbaden. Gabler Springer Verlag.

**Roger Rankel** In den 90er Jahren war Roger Rankel einer der erfolgreichsten Finanzdienstleister Deutschlands. Er spricht die Sprache der Makler und ist seit mehr als zehn Jahren „der Macher" unter den Top-Referenten: Seine Bücher werden Bestseller, seine Unternehmensgründungen schreiben Erfolgsgeschichten.

Roger Rankel lehrt an Universitäten, experimentiert in Fernsehformaten und gehört damit zweifelsfrei zu den facettenreichsten seines Faches. Schon mehr als 200 Banken arbeiten nach seiner erfolgreichen Art der Kundengewinnung & Umsatzsteigerung.

Branchenübergreifend arbeiten schon mehr als 200 kleinere Vertriebe, Mittelständler und große Konzerne nach seiner erfolgreichen Art der Kundengewinnung & Umsatzsteigerung. Das Wirtschaftsmagazin impulse bescheinigt ihm: „Die Zahl der Neukunden bei Rankels Schülern steigt im Schnitt um bis zu 24 %!"

# Teil XI
# Ethik und Nachhaltigkeit

# Ethische Grundlagen eines nachhaltigen Bankvertriebs

Jürgen Abele

## Inhaltsverzeichnis

1 Einleitung ... 453
2 Zur Notwendigkeit eines erneuerten (Selbst-)Verständnisses der Finanzwirtschaft ... 454
2.1 Rückbesinnung auf die Grundprinzipien der Sozialen Marktwirtschaft (in wesentlichen Teilen so erschienen in Abele 2012, S. 9–13) ... 454
2.2 Dominanz der Finanzwirtschaft (in wesentlichen Teilen so erschienen in Abele 2012, S. 13–17) ... 458
2.3 Sachzwangdenken und der Bedarf eines gerechten Ordnungsrahmens für den globalen Finanzmarkt ... 460
3 Ethisches Verhalten im Bankvertrieb ... 462
3.1 Freiheit braucht Verantwortung ... 462
3.2 Moralprinzipien als Grundlage eines fairen Vertriebs ... 463
3.3 Zur Mitverantwortung als Staats- und Wirtschaftsbürger ... 468
3.4 Schaffung einer ethischen Unternehmenskultur in der Bank ... 469
4 Fazit ... 474
Literatur ... 475

## 1 Einleitung

Unethisches Verhalten in der Finanzwirtschaft hat nicht nur erhebliche gesellschaftliche Schäden zur Folge, sondern kann auch die Institute selbst stark belasten. Die Reputation einer gesamten Branche wurde durch zum Teil moralisch fragwürdiges Geschäftsgebaren beschädigt, was wiederum negative Auswirkungen auf den nachhaltigen Erfolg haben

J. Abele (✉)
Abele Depotverwaltung GmbH, Nördlingen, Deutschland



D. Hellenkamp, K. Fürderer (Hrsg.), *Handbuch Bankvertrieb,*
DOI 10.1007/978-3-658-06447-1_29

kann. Ein zu beobachtender Vertrauensverlust der Kunden und der Bevölkerung in die Finanzindustrie ist sowohl gesellschaftspolitisch als auch aus Sicht der Banken äußerst bedenklich. Vertrauen ist die „[…] wesentliche Legitimationsressource der Banken. Die Kunden vertrauen darauf, dass sich die Bank bzw. ihre Vertreter […] an implizite oder explizite ethische Grundsätze halten“ (Leusmann S. 5 f.). Damit ist es allzu verständlich, dass nicht nur aus Politik und Gesellschaft, sondern auch aus der Branche selbst, Rufe nach einem ethischeren, verantwortungsvolleren Bankwesen lauter werden.

„Die Marktwirtschaft funktioniert nur unter zwei Bedingungen gut: sie benötigt einen klaren geregelten rechtlichen Rahmen und wird getragen vom Verantwortungsbewusstsein der wirtschaftlichen Akteure“ (Küng 2012, S. 188). Wenn Wirtschaftsethik ganzheitlich gedacht wird, muss sie diesen beiden Bedingungen gerecht werden – andernfalls werden stets nur einzelne Symptome betrachtet und diese mit Einzelmaßnahmen behandelt. Wer das Thema jedoch ernsthaft angeht, kommt nicht umhin, zunächst die Ursachen im Einzelnen zu analysieren. Da diese sowohl im institutionellen als auch im individuellen Bereich zu finden sind, müssen beide Seiten dieser Betrachtung untersucht werden.

Ohne entsprechende institutionelle Rahmenbedingungen wird eine pauschale Forderung nach moralischem Verhalten den einzelnen Bankmitarbeiter in einem von Vertriebszielen geprägten Arbeitsalltag schnell überfordern. Gleichzeitig dürfen mangelhafte Institutionen keine Entschuldigung für individuelles ethisches Fehlverhalten sein.

Aus diesem Grund wird im Folgenden zunächst die Notwendigkeit eines fairen Ordnungsrahmens dargelegt, bevor im zweiten Teil des Beitrages die Individualethik fokussiert wird.

Ethisches Verhalten in der täglichen Praxis des Bankvertriebs lässt sich nicht allein durch Verhaltenskodizes, Vertriebsleitlinien oder ähnliches erzwingen. Zu allererst bedarf es einer theoretischen Fundierung, auf welche die konkrete praktische Umsetzung aufbauen muss, um die Basis für eine (notwendige) umfassende Neuausrichtung des Bankvertriebs zu generieren.

## 2 Zur Notwendigkeit eines erneuerten (Selbst-)Verständnisses der Finanzwirtschaft

### 2.1 Rückbesinnung auf die Grundprinzipien der Sozialen Marktwirtschaft (in wesentlichen Teilen so erschienen in Abele 2012, S. 9–13)

Nach dem Ende des Zweiten Weltkrieges und der totalitären Herrschaft der Nationalsozialisten begann in Deutschland unweigerlich die Diskussion über die zukünftige Gestaltung von Wirtschaft und Gesellschaft. Auf gesellschaftspolitischer Ebene musste das oberste Ziel sein, dem Volk die Herrschaft zurückzugeben, auf ökonomischer Ebene hatte die Überwindung des wirtschaftlichen Notstandes, des Elends und der Armut oberste Priorität. Die auf den ersten Blick naheliegende Lösung einer demokratischen Republik mit einem marktwirtschaftlichen System war hierbei keineswegs unumstritten. Ganz im Gegenteil, die schlechten Erfahrungen mit dem Kapitalismus des 19. Jahrhunderts, welcher Ungleichheit, eine Verarmung und Verelendung der Arbeiterschicht und dementsprechend große soziale Spannungen mit sich brachte, führten zu einer gewissen Abneigung gegenüber der Marktwirtschaft. Hinzu trat der romantische Reiz eines kollektivistischen Systems, das Gleichheit und soziale Gerechtigkeit versprach. Im Zuge der Sehnsucht nach Stabilität und Sicherheit der vom Krieg gebeutelten Bevölkerung drohte der Wert der Freiheit zurückgedrängt zu werden. Somit rückte der alte **Antagonismus zwischen Markt- und Planwirtschaft** auf der wirtschaftlichen sowie zwischen **Liberalismus und Kommunismus** auf der politischen Ebene ins Zentrum der wissenschaftlichen und politischen Debatte.

Vor diesem Hintergrund erscheint die Leistung der geistigen Väter der Sozialen Marktwirtschaft in einem noch helleren Lichte. Sie wurden nicht müde, in dieser äußerst schwierigen Situation, in der Wirtschaftslenkung noch an der Tagesordnung stand, die Fahnen des Liberalismus und der Marktwirtschaft hoch zu halten und mit schlagkräftigen Argumenten für die individuelle Freiheit zu kämpfen.

Bei diesem Vorhaben mussten die Nachteile und Gefahren eines kollektivistischen Systems verdeutlicht werden. Die im Kern auf **Marx** basierende Idee des Kommunismus warb mit dem Versprechen, durch die Instrumente der zentralistischen Wirtschaftslenkung und des kollektiven Eigentums an Produktionsmitteln die „Herrschaft des Kapitals" zu brechen und damit die Missstände des Manchester-Kapitalismus des 19. Jahrhunderts zu überwinden. Die Vordenker der Sozialen Marktwirtschaft entlarvten diese Vorstellung als Illusion und verwiesen darauf, dass die ökonomische Machtballung, die Ursache der Fehlentwicklungen des frühen Laissez-faire Liberalismus war, lediglich durch eine noch größere Machtkonzentration des Staates ersetzt würde. Der Ursprung der Bedrohung individueller Freiheit liegt nämlich stets im Missbrauchspotenzial geballter bzw. konzentrierter Macht. Deshalb folgt daraus gerade auch im Kollektivismus eine große Gefahr der Unterdrückung und Bevormundung des Einzelnen. Ein Staatsapparat, der „[...] die Herrschaft über das Wirtschaftsleben an sich reißt und die nackte Existenz jedes einzelnen von seiner Entscheidung abhängig macht, muß uns notwendigerweise die Substanz der Freiheit selbst entziehen und uns zu Hörigen machen" (Röpke 1950, S. 115 f.).

Die Gründungsväter bedienten sich in ihrer Argumentation auch der **Kantischen Philosophie**. Kant sieht im Setzen von Zwecken das grundlegende Element des Menschseins und verurteilt daher eine Degradierung des Menschen zum bloßen Mittel zum Zweck. Oder wie er es in seiner dritten Formel des Kategorischen Imperativs ausdrückt: „Handle so, daß du die Menschheit sowohl in deiner Person, als in der Person eines jeden andern jederzeit zugleich als Zweck, niemals bloß als Mittel brauchst" (Kant 1785, S. 429; diese Form des „Kategorischen Imperativs" wird im zweiten Teil des Beitrags noch einmal aufgegriffen). Eucken erkennt, dass der Kollektivismus diesem Prinzip widerspricht, da er das Individuum zu einem Mittel der Planerfüllung erniedrigt (vgl. Eucken 1952, S. 126).

Die freiheitsunterdrückende Gestalt des Kollektivismus lässt für die Gründungsväter allein den Liberalismus als politisches und damit die Marktwirtschaft als ökonomisches Leitbild zu.

Gleichzeitig distanzieren sie sich aber vom Laissez-faire Kapitalismus des 19. Jahrhunderts. So wirft Eucken der damaligen Form des Liberalismus einen blinden Glauben an eine natürliche Ordnung und die berühmte **Smith'sche „unsichtbare Hand" des Marktes** vor, auf dessen Basis wirtschaftliche Freiheit oberste Priorität erhielt, was wiederum die Entstehung freiheitsbedrohender privater Macht begünstigte und so den Keim der wachsenden Ungleichheit und aufkommenden sozialen Spannungen legte (vgl. Eucken 1952, S. 53). Auch Rüstow bemängelt die Verkürzung des liberalen Gedankenguts auf die nackte Form des Wirtschaftsliberalismus, welcher das gesellschaftliche Teilgebiet der Ökonomie ins Zentrum rückte und über andere Teilgebiete erhob. „Die soziale und wirtschaftliche Katastrophe des wirtschaftlichen Liberalismus war im wesentlichen eine Folge der Absolutheit, mit der er seine Maxime „Laissez faire, laissez passer", so viel an ihm lag, durchführte. „[…] Liberalismus bedeutet praktisch für das 19. Jahrhundert in aller erster Linie Wirtschaftsfreiheit, Freiheit der auf Konkurrenz beruhenden Marktwirtschaft" (Rüstow 2001, S. 26 f.).

Hier deutet Rüstow bereits einen wesentlichen Kern der geistigen **Grundlagen der Sozialen Marktwirtschaft** an. Die schwerwiegenden Folgen und Auswüchse des Wirtschaftsliberalismus sind dem Liberalismus nämlich nicht von Natur aus inhärent, sondern entstehen erst durch die Überbetonung der ökonomischen Freiheit. Vor diesem Hintergrund glauben die Gründungsväter einen „dritten Weg" aufzeigen zu können und damit der Wahl zwischen Scylla und Charybdis, zwischen Kollektivismus und „Vulgärliberalismus" (Rüstow) zu entkommen. Nach ihrer Überzeugung muss es darum gehen, die Ökonomie den gesellschaftlichen Werten und Belangen unterzuordnen, sie als Mittel zum Zweck zu gebrauchen, und nicht umgekehrt.

Natürlich war das wirtschaftliche Wachstum und die Überwindung des Notstandes ein zentrales Anliegen. Dennoch durfte nach den Vordenkern der Sozialen Marktwirtschaft nicht die ökonomische Effizienz zur obersten Maxime bei der Wahl eines adäquaten Wirtschaftssystems erhoben werden. „Die Frage der Wirtschaftsordnung steht in unlösbarem Zusammenhange mit der der politischen und Gesamtlebensordnung, die wir erstreben. Es gilt heute die Klarheit darüber zu gewinnen, wie wenig es möglich ist, die Ideale menschlicher Freiheit und persönlicher Würde zu verwirklichen, sofern die wirtschaftliche Ordnung, die wir wählten, dem widerspricht" (Müller-Armack 1946, S. 81). Die beiden zentralen Werte, welche unter keinen Umständen für wirtschaftliche Fortschritte oder anderweitige Ziele zurückgedrängt werden dürfen, sind hierbei individuelle Freiheit und soziale Gerechtigkeit. **Für die Gründungsväter wäre kein System hinnehmbar, das Unfreiheit oder Ungerechtigkeit schon in seinem Innern trägt.** Diese Zielkombination, die auf ökonomischer Ebene „[…] das Prinzip der Freiheit auf dem Markte mit dem des sozialen Ausgleichs zu verbinden" (Müller-Armack 1956, S. 390) versucht, ist das dringendste Anliegen des Leitbilds der Sozialen Marktwirtschaft.

Ziel war es also, das enorme Leistungspotenzial einer Marktwirtschaft in den Dienst aller Gesellschaftsmitglieder und eben nicht nur der ökonomisch Überlegenen zu stellen. Zur Lösung dieses Problems trug maßgeblich die **Freiburger Schule** und der dort begründete **Ordoliberalismus** bei. Wie bereits angedeutet, sollte eine funktionierende Wirtschaftsordnung auf denselben Prinzipien wie die ihr vorgelagerte Gesellschaftsordnung basieren. Die von der Freiburger Schule vorgelegte Theorie der „Interdependenz der Ordnungen" fordert dementsprechend die Kompatibilität aller Teilordnungen einer Gesellschaft. *„Die Ordnungsprinzipien der Wirtschaft sollten mit den Prinzipien anderer Ordnungen – z. B. des Staates – von vornherein abgestimmt sein*" (Eucken 1952, S. 133, H. i. O.).

Um Freiheit und Gerechtigkeit zu gewährleisten, erkannten die Ordoliberalen die Notwendigkeit eines wirtschaftspolitischen Ordnungsrahmens. **Nur wenn dem Spiel der Marktkräfte und damit auch der wirtschaftlichen Freiheit klare Grenzen gesetzt werden, können die unerwünschten Auswüchse der Marktwirtschaft verhindert werden**. Die Marktwirtschaft muss in ein geistiges und politisches Korsett eingebunden werden, damit die Gesellschaft in ihrer vollen Breite davon profitieren kann (vgl. Böhm 1937). Damit gelang es, das alte Spannungsfeld zwischen Markt- und Planwirtschaft aufzulösen, indem nicht mehr allein das quantitative Ausmaß staatlicher Wirtschaftslenkung diskutiert wurde, sondern die Art und Weise der staatlichen Wirtschaftspolitik in den Fokus rückte.

Grundlegend hierfür ist die Unterscheidung zwischen Spielregeln und Spielzügen bzw. zwischen Form und Prozess. Ein starker Staat ist nach dem Konzept der Sozialen Marktwirtschaft unbedingt notwendig, da dieser die Spielregeln bestimmen und überwachen soll. „Damit war die Ökonomie als eines sich selbst genügenden Regelsystems, das allein der Logik von Angebot und Nachfrage unterworfen ist, (wieder) dem Primat der Politik unterstellt" (Maier-Rigaud und Maier-Rigaud 2001, S. 243). Die Spielregeln sind zugleich eine unabdingbare Voraussetzung für den Erhalt der Freiheit selbst, da die Freiheit jedes Einzelnen nur geschützt werden kann, wenn Stärkere daran gehindert werden, in den Freiheitsbereich der Schwächeren einzudringen (vgl. Miksch 1949, S. 166). Gleichzeitig sollte sich der Staat weitgehend aus dem Spiel innerhalb des Ordnungsrahmens heraushalten, um das Entfaltungspotenzial der Marktkräfte nicht zu beeinträchtigen.

Damit gelang es den Gründungsvätern, eine umfassende Konzeption vorzulegen, die die enorme Leistungsfähigkeit der Marktwirtschaft nutzt, sie aber in den Dienst der Gesellschaft als Ganzes stellt. „Die **Soziale Marktwirtschaft** ist keine ausschließliche Wettbewerbstheorie; sie mag am ehesten als Stilbegriff bezeichnet werden in dem Sinn, daß in der Sozialen Marktwirtschaft eine stilhafte Koordination erstrebt wird zwischen den Lebensbereichen des Marktes, des Staates und der gesellschaftlichen Gruppen. Ihr Ansatz ist daher ebenso sehr ein soziologischer wie ein ökonomischer, ein statischer wie ein dynamischer. Es ist ein dialektischer Begriff, in dem die gesellschaftlichen Zielsetzungen ein entsprechendes Gewicht gegenüber den ökonomischen besitzen, der also Wirtschafts- und Gesellschaftspolitik in einem umfaßt" (Müller-Armack 1962, S. 297).

## 2.2 Dominanz der Finanzwirtschaft (in wesentlichen Teilen so erschienen in Abele 2012, S. 13–17)

Vor dem Hintergrund dieser ausführlichen Bemerkungen zu den geistigen Grundlagen der Sozialen Marktwirtschaft erscheinen die wirtschaftspolitischen Entwicklungen seit den 1970er Jahren teilweise grotesk.

Nachdem die interventionistische Keynesianische Wirtschaftspolitik der staatlichen Nachfragestimulation, die von den Gründungsvätern der Sozialen Marktwirtschaft übrigens abgelehnt wurde (vgl. zum Beispiel Röpke 1958), mehr oder weniger als gescheitert galt, setzten sich zunehmend libertäre Denkansätze durch. Als wohl einflussreichste Protagonisten sind hier die beiden Nobelpreisträger Hayek und Friedman zu nennen. Nach libertärem Gedankengut ist die individuelle Freiheit allein in ihrem negativen Sinne als Zustand, „[…] indem ein Mensch nicht dem willkürlichen Zwang durch den Willen eines anderen oder anderer unterworfen ist […]" (Hayek 1960, S. 14), zu verstehen. Um die Freiheit nicht zu beeinträchtigen, fordert Friedman daher, Staatseingriffe auf ein Minimum zurückzuführen. Diese würden ohnehin mehr Schaden als Nutzen stiften (vgl. Friedman 1962).

Als Wirtschafsberater Reagans gelang es Friedman, seine theoretischen Überlegungen in die Praxis umzusetzen, während Thatcher ähnliches in Großbritannien vollbrachte. Seitdem – zumindest bis vor wenigen Jahren – beherrscht das wirtschaftspolitische Paradigma der Deregulierung, Privatisierung und Liberalisierung die Politik der meisten Industrieländer. Die Schaffung freier Märkte dringt ins Zentrum aller Überlegungen (vgl. Ötsch und Thomasberger 2009).

Es scheint geradezu, als ob die negativen Erfahrungen mit dem Laissez-faire Kapitalismus des 19. Jahrhunderts sowie die Warnungen und Lösungsansätze der Vordenker der Sozialen Marktwirtschaft in Vergessenheit geraten wären. Wie dem frühen Laissez-faire Kapitalismus dient auch dem heutigen Vertrauen in die freien Marktkräfte der Glaube an eine natürliche bzw. göttliche Ordnung und Harmonie als geistesgeschichtliche Grundlage. Der Unterschied ist jedoch, dass dieser Glaube sich nun in das wissenschaftliche Gewand der Gleichgewichtstheorie gekleidet hat. „Die meisten Ökonomen können sich der Faszination von Gleichgewicht und stationärem Zustand ebenso wenig entziehen wie der aus dem gleichen Denken stammenden Vorstellung unbegrenzten gleichgewichtigen Wachstums. Religiöse und säkulare Endzeiterwartungen und Erlösungshoffnungen mischen sich mit Lehrsätzen der Gleichgewichtsökonomie. […] Das neoliberale Projekt der Moderne ist […] alles andere als ein Neubeginn. Es ist vielmehr auf das Engste verbunden mit diesen tradierten religiös-philosophischen Paradigmen und der daraus folgenden Gleichgewichtsverheißung" (Maier-Rigaud und Maier-Rigaud 2001, S. 224 ff.).

Der Niedergang der kommunistischen Welt schien die libertären Ansichten zu bestätigen, woraufhin die Globalisierung weiter vorangetrieben und immer mehr Länder vom Glauben an den freien Markt überzeugt wurden. Luttwak, der aufgrund der hohen Geschwindigkeit des Prozesses und des dadurch ausgelösten strukturellen Anpassungsdrucks vom „**Turbo-Kapitalismus**" spricht, bemängelt die unzureichende Diskussion potenzieller Folgen einer derartigen Wirtschaftspolitik (vgl. Luttwak 1999, S. 19). Mit dieser erneuten Überbetonung wirtschaftlicher Freiheit wiederholt sich die dominante Stellung der Ökonomie. Ulrich spricht von der „Durchökonomisierung aller Lebensbereiche“, im Zuge derer die ökonomische Effizienz zum gesellschaftlichen Leitprinzip erhoben wird. Daraus resultiert ein „Sachzwangdenken“, das mit der Begründung der Rentabilität zur Ablehnung sozialer, ökologischer oder anderer gesellschaftlicher Ansprüche führt. Ulrich entblößt dabei den normativen Charakter des Effizienz- bzw. Marktprinzips, da es jegliche Überlegungen unter die Norm der Gewinnmaximierung stellt.

Das bedeutet, dass viele unserer Probleme nur scheinbar aus ökonomischen Zwängen resultieren. In Wahrheit verursachen wir selbst diesen Zwang, da wir das Effizienzprinzip über andere Normen und Werte emporheben (vgl. Ulrich 2008, S. 159 ff.). Dadurch verkümmern die sozialen Beziehungen zu bloßen Transaktionen zwischen gewinnstrebenden Homines oeconomici, der Primat des Marktes regiert die Gesellschaft. Die Befürworter des libertären Marktdogmas rechtfertigen ihre Sichtweise mit der vermeintlich gemeinwohlfördernden Wirkung des freien Marktes. Auf Basis einer utilitaristischen Ethik wird in erster Linie ökonomisches Wachstum angestrebt, wohingegen die Verteilung von untergeordnetem Interesse ist. Ulrich verwirft diese „marktmetaphysische Gemeinwohlfiktion“ aufgrund der mangelnden moralischen Wertfreiheit und Unparteilichkeit des Marktprinzips, das systematisch die ökonomisch Stärkeren bevorzugt (vgl. Ulrich 2008, S. 175 ff.).

**Die überhöhte Stellung der Marktideologie stellt nicht zuletzt auch eine Gefahr für die Demokratie dar**. Die politische Dimension der Globalisierung kann nicht mit der Globalisierung der Wirtschaft Schritt halten. Dadurch entsteht das Problem, dass der Grenzenlosigkeit des Marktes und des Wettbewerbs ein national begrenzter Herrschaftsbereich der Demokratie gegenübersteht. Die ehemals mögliche Grenzziehung durch die Demokratie, welche den Schwachen und Benachteiligten eine gewichtige Stimme gab, ist in Zeiten globaler Mobilität weitgehend wirkungslos. „Dieses Bild ist so lange stark und stimmig, wie die räumliche Reichweite des Wettbewerbs die räumliche Reichweite der Demokratie nicht wesentlich übersteigt. Sobald aber die Starken weltweit mobil sind, während das demokratische Gegengewicht durch die Schwächeren auf den nationalen Rahmen beschränkt bleibt, haben wir eine dramatische Veränderung des Kräftegleichgewichts“ (Weizsäcker 1997, S. 10 f.).

Die bis hierher skizzierten Probleme treffen ganz besonders auf ein wichtiges ökonomisches Teilgebiet zu: **den globalen Finanzmarkt**. Aufgrund der hohen Mobilität des Finanzkapitals war es hier besonders naheliegend, die Ideologie der Deregulierung, Privatisierung und Liberalisierung weltweit voranzutreiben und einen globalen, freien Finanzmarkt zu schaffen. Die Auflösung der Grenzen der nationalen Finanzmärkte erlaubt es dem Finanzkapital, stets dorthin zu fließen, wo es die höchste Rendite erwartet. Unternehmen und Staaten wurden so zum Spielball der Investoren, da diese jederzeit damit drohen können, ihr Geld abzuziehen. Das Ulrich'sche „Sachzwangdenken“ ist hier besonders stark ausgeprägt, da alles getan wird, um ein Unternehmen oder einen nationalen Standort aus Investorensicht besonders attraktiv zu gestalten; was nicht rentiert, muss auf den Prüfstand. Diese Entwicklungen sind so weit vorangeschritten, dass selbst der Milliardär und

Fondsmanager Soros vor den Gefahren mahnt. „Dieses Eindringen der Marktideologie in Bereiche, die jenseits von Wirtschaft und Ökonomie liegen, hat zweifellos zerstörerische und demoralisierende Folgen für die Gesellschaft. Doch ist der Marktfundamentalismus inzwischen so mächtig, daß alle politischen Kräfte, die sich ihm zu wiedersetzen wagen, kurzerhand als sentimental, unlogisch oder naiv gebrandmarkt werden" (Soros 1998, S. 26 f.).

Nach Soros kommt hinzu, dass die Gleichgewichtstheorie Finanzmärkte keineswegs zutreffend zu beschreiben vermag. „In Wahrheit neigen Finanzmärkte zu Exzessen, und wenn eine Boom/Bust-Folge einen bestimmten Punkt überschreitet, wird sie niemals zu ihrem Ausgangspunkt zurückkehren. Statt wie ein Pendel haben die Finanzmärkte in letzter Zeit eher wie eine Abrißbirne funktioniert: Eine Wirtschaft nach der anderen haben sie zusammenbrechen lassen" (Soros 1998, S. 14 f.; diese Aussagen haben seither leider nicht an Aktualität verloren – ganz im Gegenteil). Im Zuge der Globalisierung hat der Finanzmarkt in der Tat Dimensionen angenommen, die jedes Unternehmen und jede Volkswirtschaft in die Knie zwingen können. Die Finanzmärkte emanzipierten sich von ihrer ehemals dienenden Rolle für die Realwirtschaft und diktieren nun selbst die Regeln. Die Handelsvolumen auf den Finanzmärkten wachsen weit schneller als die Realwirtschaft, was die Aufblähung des Finanzsektors verdeutlicht. Besonders beeindruckend ist auch der Anteil der Finanzindustrie an den Unternehmensgewinnen nach Steuern, der in den USA zwischen 1982 und 2007 von 5 auf 41 % anschwellte (vgl. Schumann und Grefe 2008, S. 85). „The basic problem is that finance has moved from servant to master, from tail to dog. It has acquired so much structural power as to shape the conditions of existence of everyone else" (Wade 2008).

Die Befürchtungen der Kritiker der libertären Wirtschaftspolitik fanden in der Finanzkrise und Weltwirtschaftskrise 2008/2009 ihre Bestätigung. Die Fehlentwicklungen wurden mit einem Schlag offengelegt, so dass seitdem eine breitere Debatte über die zukünftige Ausrichtung von Wirtschaft und Gesellschaft stattfindet. Es sollte ganz im Sinne der Ordoliberalen wieder darum gehen, den Märkten – und insbesondere den Finanzmärkten – klare Grenzen zu setzen, um deren Vordringen in außerökonomische Bereiche zu verhindern.

## 2.3 Sachzwangdenken und der Bedarf eines gerechten Ordnungsrahmens für den globalen Finanzmarkt

Die Erhöhung des Effizienzprinzips über alle anderen Werte zur absoluten Norm des Wirtschaftens wird in der Finanzbranche an allen Ecken und Enden deutlich. Für ethische Überlegungen ist scheinbar kein Platz in einer Welt, in der in Sekundenschnelle Profit gemacht werden muss. Jede Überlegung wird allein der Frage der Gewinnmaximierung unterworfen. Mit dem „Totschlagargument" einer zu geringen Rendite werden Stellen abgebaut, Filialen geschlossen und ganze Geschäftsbereiche eingestellt. Gleichzeitig sind

Geschäfte, die hohe Erlöse mit sich bringen, attraktiv, ungeachtet ihrer gesellschaftlichen Folgen. Es muss getanzt werden, solange die Musik spielt.

Ulrich weist eindringlich darauf hin, dass es absolute Sachzwänge nur dort geben kann, wo Naturgesetze herrschen. Die „Verabsolutierung des Effizienzaspekts zum Selbstzweck" ist aber kein Naturgesetz. Sie ist viel eher ein „Denkzwang", dem wir meinen zu unterliegen (vgl. Ulrich 2008, S. 137 ff.). Durch die eingehend erläuterte Entgrenzung der wirtschaftlichen Freiheit gilt auf dem globalen Finanzmarkt nur noch das Recht des (ökonomisch) Stärkeren. Jedes einzelne Institut versucht, im globalen Wettstreit seine Rendite zu maximieren. Regulierung wird hierbei eher als Hindernis erachtet und dank der Mobilität des Finanzkapitals häufig umgangen. Die nationalen Standorte werden gegeneinander ausgespielt, was zu einem globalen „Standortwettbewerb" (Ulrich) führt. Durch ihre dominierende Stellung unterwirft die Finanzwirtschaft nahezu alle Bereiche des menschlichen Zusammenlebens der Marktlogik. Und zwar auch in Bereichen, aus denen wir ursprünglich den Markt weitgehend heraushalten wollten, wie Bildung, Gesundheit, Soziales, Umweltschutz, Kultur usw.

Die Marktwirtschaft an sich ist nicht das Problem. **Das Problem in unserer globalisierten Ökonomie ist vielmehr, dass sich der globale Markt verselbständigt hat, wohingegen der politische Einfluss nach wie vor weitgehend nationalstaatlich verhaftet ist**. Aufgrund des Drucks durch das globale Finanzkapital schwindet der nationale Einfluss der Politik immer weiter. Das Primat der Politik ist dem Primat des Marktes gewichen. Ethische, ökologische oder soziale Forderungen müssen dem Effizienzprinzip untergeordnet werden. Um diesen Konflikt des Sachzwangdenkens zu überwinden, ist eine Rückbesinnung auf die Grundsätze der Sozialen Marktwirtschaft notwendig. Der Markt muss wieder in die Gesellschaft eingebettet werden. Allein ein starker und gerechter Ordnungsrahmen kann dem freien Spiel der Marktkräfte Grenzen setzen. Nur wenn der Einzelne innerhalb eines gewissen Rahmens vor der Härte des Marktes geschützt wird, kann er sein Gewinnstreben zu Gunsten anderer Werte und Normen zurückschrauben. Dies gilt sowohl für Individuen als auch für Unternehmen. „Die *Marktwirtschaft*, auch die Finanzwirtschaft, ist nicht Selbstzweck, sie muss *im Dienst der Bedürfnisse der Menschen stehen*" (Küng 2012, S. 153, H. i. O.).

Die Finanzindustrie muss ihr Selbstverständnis erneuern. Sie ist lediglich ein Subsystem unseres gesellschaftlichen Gesamtsystems. Sie soll uns ein Mittel für unsere gesellschaftlichen Ziele sein. Das Primat der Politik und das Primat der Ethik müssen vor der Systemlogik der Marktwirtschaft stehen. Da ein rechtsverbindlicher Rahmen auch die einzelnen Banken von ihren Sachzwängen entlastet, hat nicht nur die Gesellschaft als Ganzes ein großes Interesse an einer Etablierung eines fairen, globalen Ordnungsrahmens, sondern bei genauerem Hinsehen also auch die Finanzindustrie selbst. „Ordnungspolitik soll aus dieser Sicht also *Sachzwangbegrenzungspolitik* sein: *Nur wenn der Wettbewerbsdruck begrenzt ist, ist individuelle Selbstbegrenzung zumutbar*" (Ulrich 2008, S. 173, H. i. O.).

# 3 Ethisches Verhalten im Bankvertrieb

Die bisherigen Ausführungen verdeutlichen, dass gerechtes Handeln in einer Gesellschaft durch Rahmenbedingungen gefördert werden muss. Ansonsten droht die permanente moralische Überforderung des Einzelnen. Gleichzeitig darf sich aber das Individuum nicht hinter einem unfairen System verstecken. Unmoralisches Verhalten wird dadurch keineswegs legitimiert. Aus diesem Grund bedarf es nicht nur einer Erneuerung des Ordnungsrahmens des Finanzmarktes, sondern flankierend ebenso einer ethischen Fundierung des Verhaltens der einzelnen Marktakteure.

## 3.1 Freiheit braucht Verantwortung

Wie bereits ausführlich dargelegt wurde, haben wir uns bewusst für eine anthropozentrische Gesellschaft entschieden. Die Würde des Menschen und die damit eng verknüpfte individuelle Freiheit stehen an oberster Stelle. Allerdings wurde gleichzeitig verdeutlicht, dass die Freiheit des Einzelnen – insbesondere im Bereich der Ökonomie – durchaus Grenzen braucht, um die Freiheit eines jeden zu schützen. Die Exzesse in der Finanzwirtschaft und das schwindende Vertrauen der Bevölkerung in die Banken und ihre Mitarbeiter deuten darauf hin, dass die Freiheit im Finanzgewerbe einer Überarbeitung bedarf und über sinnvolle Grenzen nachgedacht werden muss.

Versucht man die teils sachlichen, teils populistischen Vorwürfe, denen sich die Finanzwirtschaft ausgesetzt sieht, zu kategorisieren, finden sich an der Spitze der Liste sicher folgende Schlagwörter:

- Der gierige Banker, dem der schnelle Profit und die damit zusammenhängenden Bonizahlungen wichtiger sind als eine nachhaltige und vertrauensvolle Kundenbeziehung.
- Der übertriebene Leverage der institutionellen Marktteilnehmer, die durch den hohen Fremdkapitaleinsatz ihre Eigenkapitalrenditen in die Höhe treiben und gleichzeitig eine Sozialisierung drohender Verluste dankend in Kauf nehmen. Es sei an das 25-Prozent-Renditeziel von Ackermann sowie an die zahlreichen Bail-outs im Nachgang zur Finanzkrise erinnert.
- Die Überbetonung der kurzfristigen Rendite, an der sich Fondsmanager, Banker, Unternehmenslenker und Wirtschaftspolitiker messen lassen müssen, welche langfristige, strategische und nachhaltige Entscheidungen immer schwieriger macht.

Bei genauerem Hinsehen sind diese vermeintlichen Gründe für die Vertrauenskrise jedoch selbst nur Symptome eines viel tiefer liegenden Phänomens. Die eigentliche Ursache liegt im bereits beschriebenen Prozess der Entgrenzung der ökonomischen Freiheit im Zuge der globalen Deregulierungswelle. Während nämlich die Freiheitsspielräume auf dem Finanzmarkt immer größer wurden, mangelt es diesem Prozess an einer begleitenden Weiterentwicklung des Konzepts der Verantwortung. Die wirtschaftliche Freiheit wurde Schritt für

Schritt von der persönlichen Verantwortung losgelöst, so dass sich eine deutliche Diskrepanz von Chance und Risiko aufgetan hat. Wer die Früchte seiner ökonomischen Freiheit selbst erntet, im Falle des Scheiterns seine Verluste hingegen der Allgemeinheit aufbürden kann, hat einen spürbaren Anreiz, hohe Risiken einzugehen. Selbst Hayek betont, dass ein freier und mündiger Bürger für die Konsequenzen seines Handelns eine gewisse Verantwortung übernehmen muss. Die untrennbare Verbindung von Freiheit und Verantwortung diszipliniert jeden Menschen und hilft, vergangene Fehler in der Zukunft nicht erneut zu begehen (vgl. Hayek 1959, S. 277 ff.).

Die Balance von Freiheit und Verantwortung ist in der Finanzwirtschaft aus dem Lot geraten und bedarf daher einer dringenden Neujustierung. Dabei sollte wie die Freiheit auch die Verantwortung individuell angelegt sein. „So wie das Eigentum aller in Wirklichkeit niemandes Eigentum ist, so ist auch die Verantwortlichkeit aller meist niemandes Verantwortlichkeit" (Hayek 1959, S. 292). Dies bedeutet, dass der Handelnde selbst für seine Taten gerade stehen muss. Im ökonomischen Bereich schlägt sich dies im Prinzip der Haftung nieder, welches nach Eucken eines der konstituierenden Prinzipien einer funktionierenden und nachhaltigen Wettbewerbsordnung ist (vgl. Eucken 1952, S. 279–285. „Haftung ist nicht nur eine Voraussetzung für die Wirtschaftsordnung des Wettbewerbes, sondern überhaupt für eine Gesellschaftsordnung, in der Freiheit und Selbstverantwortung herrschen"; Eucken 1952, S. 285).

Da der Gesetzgeber aber niemals alle denkbaren Handlungen haftungsmäßig begrenzen kann, darf sich ein umfassender Verantwortungsbegriff nicht nur auf die Einhaltung gesetzlicher Regelungen beziehen. Es besteht also die dringende Notwendigkeit einer weiter gefassten Verantwortungskultur, die auf Prinzipien des moralischen Handelns beruht.

## 3.2 Moralprinzipien als Grundlage eines fairen Vertriebs

Die bisherigen Anmerkungen zur individuellen Freiheit bezogen sich ausschließlich auf die Handlungsfreiheit. Für eine gerechte Gesellschaft ist die verfassungsrechtlich geschützte Handlungsfreiheit eine notwendige Bedingung. Nur so kann jeder Einzelne seine eigenen Lebenspläne ohne willkürlichen Zwang durch Dritte verfolgen und verwirklichen. Neben der Handlungsfreiheit wird in der Philosophie auch von der Willensfreiheit gesprochen. Diese besagt, dass unser Wille nicht determiniert oder heteronom, also fremdbestimmt ist, sondern dass wir selbst frei über unseren Willen bestimmen können. Kant sieht in der Willensfreiheit den Kern des menschlichen Seins, denn die Freiheit unseres Willens ist die Bedingung der Möglichkeit unserer Autonomie. Dank ihr sind wir in der Lage, uns selbst Gesetze und Prinzipien aufzuerlegen und nach diesen zu leben (vgl. Kant 1785, S. 448–449).

Freiheit ermöglicht uns aber nicht nur ein selbstbestimmtes Leben, sondern bringt gleichzeitig auch eine Verpflichtung mit sich. Wenn wir in der Lage sind, einen selbstbestimmten Willen zu fassen, darf die im vorherigen Abschnitt angesprochene Verantwortung nicht nur die Folgen des Handelns berücksichtigen. Vielmehr haben wir die durch unsere Vernunft gegebene moralische Pflicht, bereits unseren Willen und damit unsere Handlungsintention eingehend zu überdenken und zu reflektieren.[1] Die Forderung nach ethischem Verhalten darf jedoch nicht verwechselt werden mit dem Diktat bestimmter Verhaltensweisen. Es geht also nicht darum, den Menschen zu sagen, was sie tun sollen. Dies wäre reiner Moralismus, der nicht nur an der Natur des Menschen vorbeigeht, sondern sogar selbst in höchstem Maße unethisch sein kann. Vielmehr muss es Ziel sein, den Handelnden ethische Prinzipien an die Hand zu geben, anhand derer sie ihren Willen und ihre Handlungen eigenständig reflektieren können.

Ein erster Ansatz wäre, die moralische Grundhaltung, das Ethos, zu stärken. So plädiert bspw. Küng für ein „**Weltethos**", im Rahmen dessen sich die Marktteilnehmer auf verbindliche ethische Mindeststandards verständigen. Küng stellt fest, dass Moral und Ethos mehr sind als nur wohl klingende Begriffe. Die dauerhafte Akzeptanz eines (Wirtschafts-) Systems hängt maßgeblich mit der moralischen Haltung seiner Teilnehmer zusammen. Nur wenn ein Mindestmaß an ethischem Verhalten von jedem erwartet und gelebt wird, bildet sich Vertrauen, was wiederum eine notwendige Bedingung für eine funktionierende Wirtschaft und damit auch Gesellschaft ist (ausführlich dargelegt in Küng 2012).

Dieser im Kern tugendethische Ansatz geht bereits auf Aristoteles zurück.[2] Für Aristoteles besteht der Lebenszweck in der „Glückseligkeit", welche somit das „höchste Gut" darstellt. „Denn das Glück erwählen wir uns stets um seiner selbst willen und niemals zu einem darüber hinausliegenden Zweck" (Aristoteles 2006, S. 15). Das Glück muss sich der Einzelne jedoch permanent erarbeiten, indem seine Lebensweise dem Entwurf eines guten Lebens entspricht. Ein „gutes" Leben bedeutet hier vor allen Dingen ein tugendhaftes, sittliches Leben. Nur wer moralisch handelt und lebt, wird das Ziel eines glücklichen Lebens erreichen. In jedem Fall ist ein Lebensplan, der sich allein das Streben nach Reichtum als Ziel setzt, kein Entwurf des guten Lebens und führt daher auch nicht zur erhofften Glückseligkeit. Denn Geld ist nach Aristoteles kein Lebenszweck, sondern nur ein Mittel, um die wahren Ziele des Lebens zu erreichen. Sich dieser jahrtausendealten Worte zu erinnern, ist in unserer heutigen Zeit vielleicht bedeutender denn je.

Die Gesinnung und den Charakter des Einzelnen ethisch zu schulen, ist äußerst wichtig. Denn nur wenn überhaupt der Wille da ist, sich ethisch korrekt zu verhalten, ist eine gerechtere Gesellschaft realisierbar. Das Ethos ist damit die Motivation und die Basis für faires und gerechtes Handeln. Was genau nun aber fair, tugendhaft, gerecht oder ethisch bedeutet, ist hiermit noch nicht gesagt. Die Aufgabe, die sich nun im Anschluss stellt, ist also die Suche nach einem Moralprinzip anhand dessen man prüfen kann, was man tun soll bzw. darf (vgl. zum Beispiel 2008, S. 30 ff. zu dieser Unterscheidung zwischen Ethos und Moralprinzip).

---

[1] Kant ist einer der bedeutendsten Verfechter dieser „pflichtethischen" Auffassung. Sein daraus abgeleitetes Moralprinzip wird an späterer Stelle thematisiert.

[2] Die moralphilosophischen Ausführungen des Aristoteles sind insbesondere in seiner „Nikomachischen Ethik" schriftlich festgehalten.

Die moderne Vernunftethik in der Tradition Kants versucht Moralprinzipien rational zu begründen. Grundvoraussetzung für ethisches Verhalten nach Kant ist die Anwendung der Vernunft. Wir dürfen uns nicht von Leidenschaften, Sinnen oder Trieben leiten lassen. Wenn ein moralisches Gesetz universell gelten soll, so muss es durch die Vernunft und nicht durch die Empirie bzw. die Erfahrung begründet sein. Letzteres wäre eine praktische Regel, aber kein moralisches Gesetz (vgl. Kant 1785, S. 388 f.). Für Kant ist allein der gute Wille die notwendige Bedingung für gutes Handeln. Denn Tugenden, Motive oder anderweitige Kriterien können immer auch negativ ausgelegt bzw. angewendet werden. „Es ist überall nichts in der Welt, ja überhaupt auch außer derselben zu denken möglich, was ohne Einschränkung für gut könnte gehalten werden, als allein ein guter Wille" (Kant 1785, S. 393).

Wie aber kann beurteilt werden, ob ein Wille gut ist? Von einem guten Willen kann nach Kant gesprochen werden, wenn aus Pflicht gehandelt wird. Und zwar aus Pflicht vor dem moralischen Gesetz, das jeder Mensch in sich trägt. Dieses Gesetz wird durch die Vernunft begründet und findet in Kants berühmten „Kategorischem Imperativ" Ausdruck. In seiner bekanntesten Form lautet dieser: „handle nur nach derjenigen Maxime, durch die du zugleich wollen kannst, daß sie ein allgemeines Gesetz werde" (Kant 1785, S. 421). Es geht also um die Verallgemeinerung von Maximen. Maximen sind subjektive Grundsätze des individuellen Handelns, also eine Art Handlungsregel, die sich der Einzelne selbst setzt. Voraussetzung für ethisches Verhalten ist demnach, dass sich die Maxime einer Handlung widerspruchsfrei verallgemeinern lässt und sozusagen als allgemeines Gesetz gelten könnte.

Der Kategorische Imperativ geht dabei über die Goldene Regel hinaus.[3] Die Verallgemeinerung soll sicherstellen, dass die Maxime einer Handlung nicht nur für subjektive Belange, sondern auch objektiv für die Gemeinschaft gedacht und gewollt werden kann (vgl. Höffe 1996, S. 189). Von besonderer Bedeutung – nicht zuletzt für das Wirtschaftsleben – ist eine weitere Formulierung des Kategorischen Imperativs: „Handle so, daß du die Menschheit, sowohl in deiner Person, als in der Person eines jeden andern, jederzeit zugleich als Zweck, niemals bloß als Mittel brauchest" (Kant 1785, S. 429). Die oben erwähnte Willensfreiheit und Autonomie ermöglicht dem Menschen das selbstbestimmte Setzen von Zwecken. Zur Erreichung seiner Ziele und Zwecke dürfen durchaus andere Menschen als Mittel bzw. Werkzeuge benutzt werden. Jedoch niemals ausschließlich als Mittel. So verwendet bspw. jemand seine Freunde als Umzugshelfer oder ein Unternehmer seine Mitarbeiter als Mittel für die Erreichung der unternehmerischen Ziele. Dies ist ethisch auch nicht verwerflich, solange die Menschen auch gleichzeitig als Zweck anerkannt werden. Der Unternehmer muss für fairen Lohn und menschenwürdige Arbeitsbe-

[3] Die Goldene Regel findet ihren Ursprung bereits in der Bibel und ist in der Formulierung Wilhelm Buschs wohl am bekanntesten: „Was du nicht willst, das man dir tu', das füg' auch keinem anderen zu." Bei der Goldenen Regel kann jedoch immer noch subjektiv argumentiert werden, wohingegen der Kategorische Imperativ den Handelnden verpflichtet, in die Rolle aller anderen zu schlüpfen.

dingungen sorgen, der Vertriebsmitarbeiter darf seinen Kunden nie nur als gewinnbringendes Objekt betrachten, sondern als menschliches Wesen mit Bedürfnissen und Schwächen.

Diese tiefgreifende Erkenntnis Kants findet sich in unserem Grundgesetz in Artikel 1 wieder: „Die Würde des Menschen ist unantastbar." Jeder Mensch muss immer gleichzeitig auch selbst als Zweck betrachtet werden. Die Würde und die Freiheit eines anderen dürfen zum Erreichen der eigenen Zwecke niemals und unter keinen Umständen verletzt werden.

Ein striktes Anwenden dieser moralischen Pflicht entlarvt zugleich auch die Schwächen einer utilitaristischen Ethik, wie sie insbesondere in der Ökonomie häufig als Legitimationsgrundlage herangezogen wird. Der **Utilitarismus**[4] fokussiert allein die Folgen einer Handlung. Gut ist, was nützlich ist. „Das größte Glück der größten Zahl" (Bentham) ist also das Kriterium, anhand dessen verschiedene Handlungsmöglichkeiten abgewogen werden. Das offensichtlichste Problem dieser Ethik ist die Bewertung von Freude und Leid und damit die „Berechnung" des Nutzens einer Handlung. Die Erfassung des Nutzens, die Bestimmung der Betroffenen, die Prognose der Folgen sowie die Abwägung zwischen verschiedenen Handlungen sind äußerst problematisch. Des Weiteren ist insbesondere die reine Konzentration auf die Folgen zu kritisieren. Denn genau hierin besteht die große Gefahr, dass unethische Mittel zur Erreichung des größtmöglichen Nutzens eingesetzt werden.

„Der Zweck heiligt die Mittel" ist ein Leitspruch, der im Rahmen des Utilitarismus durchaus Anwendung finden kann. Was von Kant vehement abgelehnt wird, lässt sich durch eine utilitaristische Ethik rechtfertigen. Zudem kann das Erreichen des Nutzenmaximums bedeuten, dass Minderheiten unterdrückt werden, da sie in der Gesamtrechnung nicht sonderlich ins Gewicht fallen. In der Ökonomie ist der Utilitarismus stark verankert. Die Mehrzahl der wirtschaftspolitischen und unternehmerischen Entscheidungen (Maximierung des BIP-Wachstums, Minimierung der Arbeitslosigkeit, Gewinnmaximierung, Steigerung der Provisionserlöse usw.) basieren auf einer utilitaristischen Legitimationsgrundlage. Wichtig ist in erster Linie das Ziel, der Zweck. Die Mittel sowie Fragen der Gerechtigkeit, wie bspw. der Verteilungsgerechtigkeit, sind zweitrangig oder werden komplett ausgeklammert. Aber nicht nur ökonomisch, sondern vor allen Dingen gesellschaftspolitisch ist der Utilitarismus als ethisches Prinzip nicht ausreichend. Mit Hilfe der utilitaristischen Argumentation ließen sich bspw. auch Folter, Todesstrafe, Sklaverei und gar Diktatur rechtfertigen, wenn dadurch der gesellschaftliche Gesamtnutzen gesteigert werden kann. Nach Höffe ist der Utilitarismus aufgrund des Gesagten keine zureichende ethische Position, da er die eigene Vollkommenheit sowie die sittliche Richtigkeit der Handlung selbst nicht ausreichend berücksichtigt (vgl. Höffe 2008, S. 7 ff.).

Wer die Würde des Menschen als obersten Wert in der Gesellschaft anerkennt, wird sich folglich für einen vernunftethischen Ansatz in der Tradition Kants entscheiden müssen. Ulrich entwickelt in seiner „Integrativen Wirtschaftsethik" die Allgemeingültigkeit des vernunftbasierten Moralprinzips ebenfalls auf dieser Basis. Da wir alle die gleiche Ver-

[4] Der Utilitarismus basiert insbesondere auf den Schriften von Bentham (1780) und Mill (1871).

letzlichkeit aufweisen, kommen wir gar nicht umhin, uns auch allen die gleiche Schutzbedürftigkeit zuzusprechen. Die Menschenwürde, die in der individuellen Freiheit und den unveräußerlichen Menschenrechten Ausdruck findet, ist somit die axiomatische Basis unserer gesellschaftlichen Verfassung. Im zweiten Schritt sind wir dank unserer Vernunft in der Lage, uns in die Rolle einer anderen Person zu versetzen. Diese Fähigkeit des gedanklichen Rollentausches ermöglicht uns, die Sichtweise unserer Mitmenschen einzunehmen und somit unseren Willen und unsere Handlungen zu reflektieren. Da wir alle diese Möglichkeit der Selbstreflexion besitzen, erschließt sich im dritten Schritt der wechselseitige Anspruch moralischen Verhaltens. Wir erwarten von unseren Mitmenschen, dass sie von dieser Möglichkeit Gebrauch machen. Diese Reziprozität kann nun im vierten Schritt verallgemeinert werden: Das Moralprinzip ist universell gültig. Wir stimmen damit alle der Gültigkeit eines vernunftbasierten ethischen Prinzips zu, an dem wir unsere Handlungen ausrichten (vgl. Ulrich 2008, S. 45 ff.).

Nun ist es selbstverständlich auf den ersten Blick nicht ganz trivial, sich bei jeder Handlungsintention zu fragen, ob sie dem Kategorischen Imperativ entspricht. Aus diesem Grund soll noch einmal die Bedeutung der Verallgemeinerung der Maxime, wie sie Kant fordert, betont werden. Anders ausgedrückt heißt dies in etwa: Kann ich widerspruchsfrei wollen, dass in meiner speziellen Situation jeder gesetzlich verpflichtet sein sollte, genauso zu handeln, wie ich es tun will? Hier wird die weitreichende Forderung des Moralprinzips deutlich. Wenn sich bspw. ein Vertriebsmitarbeiter vor der Empfehlung eines Produkts diese Frage stellt, wird er sicher in manchen Fällen anders entscheiden. Er wird seine Maxime überdenken.

Die Beantwortung dieser Frage ist zugegebenermaßen nicht immer ganz einfach, was uns aber keineswegs von dieser Pflicht entbindet. Dennoch gibt es weiterführende Ansätze, die in manchen Situationen leichter anzuwenden sind als der Kant'sche Kategorische Imperativ. Die Diskursethik beruft sich ebenfalls auf das universell gültige Moralprinzip.[5] Allerdings wird hier der Rollentausch bzw. der Perspektivenwechsel nicht als „inneres Gedankenexperiment des Einzelnen" durchgeführt, sondern durch einen herrschaftsfreien, öffentlichen Diskurs. Herrschaftsfrei bedeutet, dass kein Teilnehmer des Diskurses in der Lage ist, anderen Teilnehmern seine subjektiven Interessen aufzuzwingen. Die kritische Öffentlichkeit in Gestalt mündiger, vernünftiger und aufgeklärter Bürger findet in einem argumentativen Prozess moralisch legitime Handlungsweisen, denen alle zustimmen können. Dieser „ideale" Diskurs ist in der Realität natürlich kaum vorzufinden. Er ist vielmehr ein „gedanklicher Ort" (vgl. Ulrich 2008, S. 95 ff.). Hier lautet also die Frage, die sich ein Einzelner stellen muss: Würde ein aufgeklärtes Publikum meiner Handlung zustimmen?

---

[5] Bedeutende Vertreter der noch relativ jungen Diskursethik sind bspw. Apel (1972, 1988) und Habermas (1983, 1991).

### 3.3 Zur Mitverantwortung als Staats- und Wirtschaftsbürger

Im Kern führt diese Frage natürlich zum selben Ergebnis wie die obige. Allerdings wird hier die Rechtfertigung vor der allgemeinen Öffentlichkeit noch etwas deutlicher. Ulrich weist darauf hin, dass sich die Gültigkeit des Moralprinzips für den Einzelnen in unterschiedlichen Rollen auswirkt. So ist jeder als Staatsbürger gefordert, sich an der Lösung gesellschaftlicher Probleme zu beteiligen. Diese staatsbürgerliche Pflicht ist unter anderem auch eine notwendige Bedingung, um die im ersten Teil dieses Beitrags geforderten gerechten Rahmenbedingungen zu verwirklichen. Nur die kritische Öffentlichkeit kann den nötigen Druck erzeugen, um die Politik zu fairem und gerechtem Handeln zu motivieren. „Allein der öffentliche Vernunftgebrauch freier und mündiger Bürger kann denn auch in der Republik den kritischen Legitimationsdruck erzeugen, der die politischen Instanzen zur Wahrnehmung des öffentlichen Interesses statt bloss ihrer eigenen Sonderinteressen anhält" (Ulrich 2008, S. 333).

Jeder Staatsbürger ist nun aber gleichzeitig auch Wirtschaftsbürger. In der Gestalt des Konsumenten, des Arbeitnehmers oder -gebers, des Kreditnehmers oder gebers, des Sparers, des Investors usw. In unseren Rollen als Wirtschaftsbürger dürfen keine geringeren ethischen Ansprüche gelten. Wirtschaft und Gesellschaft lassen sich, wie in Kapitel „Digitalisierung und Regulierung: Katalysatoren eines sich wandelnden Bankgeschäftes" verdeutlicht, nicht voneinander trennen. Jeder hat damit auch als Wirtschaftssubjekt eine staatsbürgerliche Mitverantwortung. Wenn es also um die Gestaltung einer gerechten Rahmenordnung geht, darf sich ein Einzelner nicht aufgrund einer individuellen Betroffenheit gegen diese stellen. „Sich gegen *allgemeine* Rahmenbedingungen legitimer privatwirtschaftlicher Interessenverfolgung mit dem Argument der *besonderen* Betroffenheit aufgrund des bisherigen „Gewohnheitsrechts" einer nicht verallgemeinerungsfähigen Handlungsweise zu stellen und daraus im speziellen Fall die Unzumutbarkeit einer ansonsten legitimen und lebenspraktisch sinnvollen ordnungspolitischen Reform abzuleiten, kann grundsätzlich keine vertretbare wirtschaftsbürgerliche Haltung sein" (Ulrich 2008, S. 344, H. i. O.). Somit haben auch die Finanzindustrie und ihre Entscheidungsträger die ethische Verpflichtung, sich für die Etablierung eines aus Sicht der gesamten Gesellschaft wünschenswerten Ordnungsrahmens einzusetzen, selbst wenn dies an manchen Stellen individuelle Gewinnmöglichkeiten beschränken könnte.

Hier wird das unmoralische Element, welches die Lobbyarbeit häufig in sich trägt, deutlich. Seine Interessen, Meinungen und Bedenken in den öffentlichen Diskurs miteinzubringen, ist in der Regel unproblematisch, sogar wünschenswert. **Ethisches Verhalten als Wirtschafts- und als Staatsbürger bedeutet aber, seine eigenen Interessen unterzuordnen, wenn sie nicht mit den Interessen der Gesellschaft als Ganzem in Einklang stehen**. Im Wirtschaftsleben heißt ethisches Verhalten daher häufig auch „Verzicht auf strikte Eigennutzmaximierung" (Ulrich 2008, S. 347).

Subjektive Gewissensberuhigung mit Phrasen wie „Es sieht ja keiner, was ich hier tue.", „Wenn ich es nicht täte, würde es ein anderer tun.", „Einmal ist keinmal!" wird durch die strikte Anwendung des Moralprinzips unmöglich. Jede Handlung steht dann unter der kritischen Beobachtung der (gedachten) Öffentlichkeit.

**Auch für den Bankvertrieb hat dies weitreichende Folgen.** So muss sich der Vertriebsmitarbeiter fragen, ob ein breites, aufgeklärtes Publikum den Verkauf eines Produktes an einen Kunden uneingeschränkt befürworten würde. Wenn sich im Zuge dieser Prüfung herausstellt, dass das Produkt für den Kunden im Eigentlichen im Moment gar nicht nötig ist, sondern das Hauptmotiv die Erreichung von Provisionszielen ist, so ist der Verkauf schlicht und ergreifend unethisch und darf nicht durchgeführt werden.

Schon an diesem simplen Beispiel zeigt sich, dass der einzelne Mitarbeiter ziemlich schnell in eine Dilemmasituation geraten kann. Wenn wir unsere gegenseitigen moralischen Ansprüche als Staats- und Wirtschaftsbürger verwirklichen wollen, ohne den Einzelnen ständig in einen Konflikt zwischen unternehmerischen und persönlichem Zielen auf der einen Seite und dem Gewissen und der Moral auf der anderen Seite zu manövrieren, bedarf es einer neu gedachten Unternehmenskultur. Diese soll und muss das individuelle ethische Verhalten unterstützen und erleichtern.

## 3.4 Schaffung einer ethischen Unternehmenskultur in der Bank

Ein Angestellter eines Unternehmens – egal welcher Position – ist seinem Arbeitgeber gegenüber zu einer gewissen Loyalität verpflichtet. Die Inhalte seines Arbeitsvertrags sollte er achten und seine Aufgaben erfüllen. Die Ausführungen des vorherigen Abschnitts machen gleichzeitig deutlich, dass das Primat der Ethik vor ökonomischen Kalkülen unbedingt zu achten ist. Wenn eine Handlungsanweisung des Vorgesetzten als unethisch zu beurteilen ist, hat der Arbeitnehmer der Weisung zu widersprechen. Wie bereits angedeutet, kann ein Arbeitnehmer schnell in einen (inneren) Konflikt geraten, wo die betriebliche Pflichterfüllung an moralische Grenzen stößt. Um diesen Konflikt zu entschärfen und das Primat der Ethik innerbetrieblich zu stärken, sind institutionelle Stützen im Unternehmen notwendig (vgl. Ulrich 2008, S. 350 ff.).

Die ordnungsethischen Überlegungen des ersten Teils dieses Beitrags sowie die eben dargelegten individualethischen Ansätze treffen an vielen Stellen innerhalb der Unternehmen aufeinander. Dementsprechend müssen auch der Zweck und die Mittel eines Unternehmens unter die moralische Lupe genommen werden. Die ethische Pflicht zur Selbstbegrenzung klammert die Unternehmen nicht aus. Moralisch betrachtet darf die Maximierung des Gewinns oder des Shareholder Values daher kein *alleiniges* Unternehmensziel sein. Genauso wenig wie Individuen und die Gesellschaft als Ganzes sich nur das Ziel der Nutzenmaximierung setzen sollten, sollte ein Unternehmen allein nach Profitmaximierung streben.[6] Die Maximen der Neoliberalen, wie sie beispielhaft in Friedmans berühmter Aussage „The social responsibility of business is to increase its profits" (Friedman

[6] Eine argumentativ starke Ablehnung der reinen Shareholder Value-Orientierung findet sich bei bspw. bei Ulrich, 2008, S. 427 ff., an der sich die folgenden Bemerkungen anlehnen.

1970). Ausdruck finden, setzen als oberste Norm die Maximierung des Profits bzw. des Unternehmenswerts. Die im ersten Teil angesprochenen Sachzwänge werden genau dadurch erst besonders spürbar. Man schafft sie sich größtenteils sogar selbst. Alle Belange, die der Gewinnmaximierung im Weg stehen, werden bewusst ausgeklammert.

Dies bedeutet keineswegs, dass ein Unternehmen nicht nach Gewinn streben darf. Jeder rational denkende Mensch wird einsehen, dass Eigentümer meist nicht bereit sein werden, ihr Geld einzusetzen, wenn keine angemessene Renditeerwartung damit verbunden ist. Das Gewinnstreben eines Unternehmens ist moralisch auch nicht per se verwerflich. Jeder Einzelne hat den evolutionsbedingten Trieb, seinen egoistischen Bedürfnissen zu folgen. Der Einzelne darf und soll in erster Linie seine eigenen Pläne verfolgen und auf seine Weise sein Glück finden.

Jede Ethik, die den menschlichen Egoismus nicht anerkennt, wird auf Dauer scheitern, da sie den durchschnittlichen Menschen schlichtweg überfordert.

Wie oben erläutert, verpflichtet uns unsere Vernunft dennoch zu einer moralischen Selbstreflexion unserer Handlungen und Maximen. Das heißt, natürlich dürfen wir selbst unser Handeln bestimmen, allerdings dürfen wir eine Handlung nur durchführen, wenn sie dem Moralprinzip entspricht. In selbiger Weise wäre es weltfremd, einem Unternehmen das Streben nach Gewinn zu verübeln. Dennoch dürfen wir auch von einem Unternehmen erwarten, dass es für die Erreichung seiner Ziele keine unsittlichen Mittel einsetzt. „The business of business is business“ stimmt dann eben nicht mehr. Wenn das „business“ in Konflikt mit dem Moralprinzip gerät, ist es ethisch nicht zu rechtfertigen. Die Selbstreflexion der Maximen muss auch für Unternehmen gelten. Daher müssen sich sowohl der Zweck eines Unternehmens als auch die für dessen Erreichung verwendeten Mittel der (gedanklichen) moralischen Prüfung durch die kritische Öffentlichkeit unterwerfen.

Wie beim Individuum ist auch für ein Unternehmen die Pflicht zur Selbstbegrenzung an manchen Stellen schmerzhaft, für eine nachhaltig funktionierende und gerechte Gesellschaft ist sie jedoch alternativlos. „Legitimes Gewinnstreben ist stets moralisch begrenztes Gewinnstreben“ (Ulrich 2008, S. 450). Da ein Unternehmen nicht selbst handeln kann, fällt das Gesagte auf die einzelnen Funktionsträger im Unternehmen zurück.

Diese dürfen sich nicht hinter der Unternehmensfassade verstecken, sondern müssen selbst Verantwortung für ihr Handeln übernehmen. Gleichzeitig dürfen die Funktionsträger, wie erwähnt, nicht moralisch überfordert werden. Die meisten Handlungen werden nun einmal getätigt, um die eigenen (Karriere-/Vergütungs-)Ziele und/oder die Ziele des Unternehmens zu erreichen. Individuelle Freiheit und das egoistische Streben sind auch *innerhalb* eines Unternehmens legitim. Allerdings muss auch innerbetrieblich die vernunftethische Reflexion des Handelns von den einzelnen Funktionsträgern erwartet werden. Dies heißt, um es noch einmal deutlich zu machen, manche beabsichtigten Handlungen nicht durchzuführen, wenn sie mit dem Moralprinzip in Konflikt geraten.

**An dieser Stelle zeigt sich erneut, dass die alleinige Fokussierung des Shareholder Values nicht legitim ist.**

Denn die kritische Reflexion vor dem aufgeklärten Publikum schließt ja immer alle Stakeholder mit ein und muss somit vor allen ethisch zu rechtfertigen sein.

Unternehmensethik bedeutet somit nicht nur, hier und da ein kulturelles Projekt zu unterstützen oder großzügig an Wohltätigkeitsorganisationen zu spenden. Derartige karitative Maßnahmen ersetzen keine Ethik (vgl. Ulrich 2008, S. 456 ff.). In diesen Bereich fällt auch die Formulierung eines nach außen wirksam vermarkteten Ethikkodex, der aber im täglichen Betriebsalltag nicht gelebt wird. Viel wichtiger ist die Schaffung einer Unternehmenskultur, die die einzelnen Funktionsträger dabei unterstützt, sich in ihrem Berufsalltag ethisch zu verhalten, ohne fortlaufend in schwerwiegende Dilemmasituationen zu geraten.

Wenn derjenige, der sich ethisch verhält, am Ende weniger verdient und schlechtere Karrierechancen hat, wird die tatsächlich gelebte Moral weit hinter dem gesellschaftlichen Anspruch zurückbleiben. „Die Frage nach der Durchsetzung des unstrittigen Primats der Ethik ist daher unmittelbar mit der Integration der ethischen Dimension in die Anreiz- und Steuerungssysteme der Unternehmen und Individuen, entsprechender ordnungspolitischer Rahmenbedingungen sowie der öffentlichen Kommunikation verbunden" (Leusmann 2013, S. 12). Die letzten Aspekte wurden bereits ausführlich diskutiert.

Es bleibt die dringend nötige Überarbeitung der Anreiz- und Steuerungssysteme der Unternehmen. Diese dürfen moralischem Verhalten nicht entgegenstehen. Ganz im Gegenteil, um das Primat der Ethik zu gewährleisten, müssen faire Verhaltensweisen aktiv unterstützt werden. Freiheit und Verantwortung müssen auch innerhalb des Unternehmens wieder aneinander geknüpft werden. Die Chance auf einen hohen Verdienst und eine steile Karriere muss an einen verantwortungsvollen Umgang mit Mitarbeitern, Kunden und allen anderen Stakeholdern bis hin zur Gesellschaft als Ganzem gebunden sein.

Einer der bedeutendsten Anreize im Unternehmen ist nun einmal die Vergütung. Wenn die Beurteilung eines Mitarbeiters und in deren Folge seine Vergütung zu großen Teilen an kurzfristige ökonomische Ziele geknüpft ist, steigt die Wahrscheinlichkeit für ethisches Fehlverhalten. Die Gefahr einer Zielunterschreitung kann den Mitarbeiter dazu verleiten, moralisch fragwürdige Mittel einzusetzen. Dieses Verhalten ist im Bankvertrieb durchaus bekannt. So wird der Berater bspw. anhand der Anzahl der Beratungsgespräche, der erzielten Provisionserlöse oder anderer Ergebnisziele gemessen. Eine drohende Planverfehlung kann einen immensen (psychologischen) Druck aufbauen, so dass das „Wie" und das „Was" bei Kundenabschlüssen in den Hintergrund zu rücken drohen. Das „Umschichten" von Depots, das übermäßige Anbieten von Konsumkrediten oder der Verkauf von Produkten mit hohen Provisionen sind diesbezüglich ausgewählte Beispiele. Anderweitige Ziele haben in der Regel nur eine untergeordnete Bedeutung für die Mitarbeiterbeurteilung und –vergütung. Kriterien wie Teamfähigkeit, Kundenorientierung u. ä. werden zwar häufig genannt, haben letztlich in der Praxis aber kaum Auswirkungen. Zudem erfolgt die Beurteilung meist hierarchisch, so dass die Führungsebene meist nicht beurteilt wird (vgl. Leusmann 2013, S. 40 ff.).

Ziel muss es sein, die Anreiz- und Steuerungssysteme vom Unternehmenszweck her neu zu denken. Wenn das oberste und wahre Ziel einer Bank nicht mehr die Maximierung der kurzfristigen Rendite, sondern die Erbringung von Finanzdienstleistungen für die Gesellschaft als Ganzes sein soll, muss der Kulturwandel schon hier ansetzen. Das Renditeziel muss wieder zur Nebenbedingung werden. Dies soll durch die im ersten Teil geforderten fairen Rahmenbedingungen erleichtert werden, da diese die Sachzwänge mildern können. Hier offenbart sich, dass die Banken im Eigentlichen selbst ein sehr großes Interesse an einem gerechten Ordnungsrahmen haben sollten.

Um den Kulturwandel umfassend zu vollziehen, müssen alle drei wesentlichen Ebenen in den Banken erfasst werden: Unternehmensphilosophie, Strategie und operative Ziele. In die Unternehmensphilosophie und die Strategie sind nicht nur wohl klingende Worthülsen aufzunehmen, sondern die ernsthafte Etablierung der volkswirtschaftlichen Kernaufgaben einer Bank als Unternehmenszweck. Als Beurteilungskriterium wäre hier ergänzend zu ökonomischen Zielen ein „Ethikrating" denkbar. Dieses ergibt sich unter anderem aus dem Vertrauen der Kunden, dem Vertrauen der Gesellschaft und weiteren (durchaus messbaren) nicht-ökonomischen Kriterien (vgl. Leusmann 2013, S. 65 ff.).

Zünd regt bspw. ergänzend an, auch vom Wirtschaftsprüfer ethische Kriterien prüfen zu lassen, da unethisches Verhalten nicht zuletzt auch massive ökonomische Schäden für das Unternehmen selbst verursachen kann (vgl. Zünd 2001). Die „Selbstbegrenzung" muss bereits auf der Vorstandsebene beginnen. Ein Bankvorstand, dessen Gehalt zu einem gewissen Grade sowohl in seiner absoluten Höhe begrenzt als auch in seinen variablen Bestandteilen an ein derartiges Ethikrating geknüpft ist, würde mit gutem Beispiel vorangehen.

Auf der Ebene der operativen Ziele muss ebenso der neue Unternehmenszweck als Leitmotiv dienen. Den Menschen als Zweck an sich anzuerkennen, ist hier erneut von hoher Relevanz. Dieser Vorsatz muss sich durch die gesamte Unternehmenshierarchie ziehen. Das bedeutet, dass alle Mitarbeiter niemals nur als Mittel zu sehen sind. Dies kann beispielsweise durch faire Arbeitsbedingungen, die Einhaltung des Datenschutzes, die Gewährleistung der Chancengleichheit, Informations- und Partizipationsrechte der Mitarbeiter, (sanktionsfreie) Meinungsäußerung, eine Ombudsstelle, eine Ethikkommission u. ä. faktisch gefördert und gelebt werden.

Das Unternehmen muss intern den kritischen Diskurs zulassen, was sich in den Beförderungs- und Vergütungssystemen niederschlagen muss. So sind auch Verhaltenskodizes (Code of Ethics, Code of Conduct, Compliance-Richtlinien etc.) durchaus wünschenswert. Allerdings müssen sie auch mit konkreten Auswirkungen in Form von drohenden Sanktionen und damit schlechteren Beurteilungen und Vergütungen verknüpft werden (vgl. Ulrich 2008, S. 491 ff.).

Die Verknüpfung von Chance und Risiko, von Freiheit und Verantwortung, bedeutet, dass jeder Mitarbeiter – bis hin zum Vorstand – für ethisches und gesetzliches Fehlverhalten sanktioniert werden sollte. Die notwendigen Voraussetzungen sind unternehmensintern zu schaffen.

Damit geht notwendigerweise auch ein Überdenken des Führungsstils einher. Für jeden Funktionsträger, der Mitarbeiterverantwortung hat, muss das Moralprinzip in der Beurteilung berücksichtigt werden. Führung ist somit ein „dialogischer Prozess", der „zwischen zwei Personen immer den gerechten Ausgleich oder den „Fair Share" zwischen Mitarbeiterinteressen und ökonomischer Mitarbeiterleistung für das Unternehmen" (Leusmann 2013, S. 84) sucht. Beispiele für konkrete Kriterien wären hier die Transparenz der Kommunikation über Unternehmenszweck, -strategie und –ziele, Kommunikation und

Umgang im Berufsalltag, Ausstattung mit Ressourcen, Entscheidungs- und Gestaltungsspielräume für die Mitarbeiter, Vertrauen der Mitarbeiter, Konfliktfähigkeit, Rückendeckung und vieles mehr (vgl. Leusmann 2013, S. 87 ff.), die im Zuge eines 360°-Feedbacks (eventuell auch teilweise anonymisiert) spürbare Effekte auf die Beurteilung und die Vergütung haben müssen. Darüber hinaus sind Freiräume für einen unternehmensinternen kritischen Diskurs unter den Angestellten aller Ebenen zu schaffen, um ethisch fragwürdige Produkte, Dienstleistungen, Vorgehensweisen u. ä. offen ansprechen und verändern zu können.

Aber nicht nur die Mitarbeiter müssen stets auch als Zweck betrachtet werden, sondern auch die Kunden. Die ökonomischen Ziele für den Vertriebsmitarbeiter müssen angepasst werden. In ihnen muss sich der überarbeitete Unternehmenszweck widerspiegeln.

Es darf und soll selbstverständlich erwartet werden, dass ein Berater Erlöse erwirtschaftet. Aber Erlöse sind nur Mittel zum Zweck und nicht Selbstzweck.

Daher dürfen diese nicht das dominierende Kriterium für die Beurteilung sein. Ökonomisch ist das wichtigste Ziel somit, dem Kunden entsprechend seiner Bedürfnisse zu betreuen. Dies darf keine leere Werbeformel sein, sondern muss sich in den Mitarbeiterzielen wiederfinden. Die langfristige, risikoadjustierte Rendite des Kunden wäre bspw. eine interessante Ergänzung. Des Weiteren ist von großer Dringlichkeit, dass nicht nur ökonomische, sondern auch ethische Kriterien herangezogen werden.

Bei Vertriebsmitarbeitern sollten die Kundenzufriedenheit, die Kundenbindung und das Kundenvertrauen einen bedeutenden Anteil an Beurteilung und Vergütung haben.

Damit sollte auch der Entscheidungsspielraum des Beraters größer werden und nicht durch Vertriebsvorgaben übermäßig eingeengt werden. Überhaupt ist die Auswahl der Produkte ebenfalls noch zu sehr an das Ziel der Profitmaximierung geklammert. Viele Produkte sind sowohl aus Kundensicht als auch volkswirtschaftlich von äußerst geringer Notwendigkeit, sondern sind allein für die Bank aufgrund hoher (Provisions-)Erlöse attraktiv. Um hier den Druck von den einzelnen Banken und auch vom Berater zu nehmen, muss noch einmal die Notwendigkeit fairer Rahmenbedingungen betont werden.

Der Kostendruck in der Finanzindustrie ist teils hausgemacht. Gerechte und strengere Rahmenbedingungen würden auch den Kunden wieder zu einer Einsicht bringen, dass faire und gute Finanzdienstleistungen auch ihren (direkt sichtbaren!) Preis haben. Nichts desto trotz hat ein einzelnes Institut, unabhängig von den vorherrschenden Rahmenbedingungen, immer die Pflicht, den angesprochenen notwendigen Kulturwandel innerhalb der Bank zu vollziehen.

Ethisches Verhalten im Bankvertrieb heißt damit nicht, dass ausschließlich „soziale" oder „ökologische" Bankprodukte angeboten werden. Wenn kein Ölunternehmen mehr eine Anleihe platzieren könnte, wäre dies auch gesellschaftspolitisch betrachtet kein wünschenswerter Zustand. Außerdem würde sich die Finanzbranche damit zum moralischen Richter über Geschäftsmodelle, Investitionsprojekte und ähnliches erheben. Andererseits darf dies auch nicht bedeuten, dass Produkte gar nicht ethisch geprüft werden.[7] Ziel einer

[7] De Weck fordert zum Beispiel, dass Pensionskassen nur noch in Unternehmen investieren sollten, die den „Global Compact" erfüllen. Dieser Pakt zwischen UN und multinationalen Konzernen

Bank muss es vielmehr sein, das „Wie" und das „Was" im Bankvertrieb anhand des dargelegten Moralprinzips kritisch zu hinterfragen. Sowohl die Art und Weise des Vertriebs als auch das verkaufte Produkt müssen durch einen (gedachten) öffentlichen Diskurs vernünftiger, mündiger und aufgeklärter Bürger ethisch legitimiert werden. Eine Bank steht in der Pflicht, einerseits seine Mitarbeiter ethisch zu schulen, um die notwendige Denkhaltung auf allen hierarchischen Ebenen zu schaffen, und andererseits eine entsprechende Unternehmenskultur zu gestalten, die den freien Diskurs innerhalb der Bank stärkt und damit ethisches Verhalten unterstützt. Auch wenn viele Schritte kurzfristig betrachtet schmerzhaft sein können, ist eine Neugestaltung langfristig unausweichlich. Der gesellschaftliche und politische Druck wird eher größer werden, so dass ein „Early Mover" in Richtung eines ethisch geprägten Bankgeschäfts langfristig sogar Wettbewerbsvorteile genießen dürfte.

## 4 Fazit

Im ersten Teil des Beitrags wurde verdeutlicht, dass eine nachhaltig funktionierende und gerechte Marktwirtschaft auf die Existenz fairer Rahmenbedingungen angewiesen ist. Es ist Aufgabe der Gesellschaft, der Ökonomie ihren Platz zuzuweisen und sie als Mittel zur Erreichung individueller und gemeinschaftlicher Ziele einzusetzen. Die Ökonomie hat sich dabei an den obersten Werten und Normen der Gesellschaft zu orientieren. Insbesondere die Globalisierung des Finanzmarktes führte in vielen Bereichen zur Erhöhung des Effizienzprinzips zur obersten gesellschaftlichen Norm. Um die Marktwirtschaft und damit auch die Finanzwirtschaft wieder in den Schoß der Gesellschaft zurückzuholen, ist ein neuer globaler Ordnungsrahmen notwendig. Dieser soll die ökonomischen Sachzwänge mildern und ethischeres Verhalten der Marktakteure unterstützen.

Mangelhafte Rahmenbedingungen entlasten die einzelnen Wirtschaftssubjekte jedoch nicht von ihrer moralischen Pflicht. Der zweite Teil des Beitrags fokussierte daher das Individuum. Individuelle Freiheit und Verantwortung müssen insbesondere in der Finanzwirtschaft auf allen Ebenen wieder enger aneinander geknüpft werden. Hierfür wurde die vernunftbasierte Selbstreflexion der eigenen Handlung als Grundlage für ethisches Verhalten dargestellt. Das daraus entwickelte Moralprinzip gibt jedem Einzelnen die Möglichkeit, sein Handeln kritisch zu prüfen. Um den einzelnen Bankmitarbeiter innerhalb des Unternehmens nicht regelmäßig moralisch zu überfordern, ist als Ergänzung ein Kulturwandel innerhalb der Banken unbedingt notwendig. Das geforderte neue Selbstverständnis der Finanzindustrie und die individualethischen Ansprüche müssen in der Bank aktiv gelebt werden und erfordern dementsprechende Anpassungen in den Anreiz- und Steuerungssystemen der Banken.

---

verpflichtet zum Schutz der Menschenrechte, zum Schutz der Arbeitnehmer, zum Umweltschutz und zum Kampf gegen Korruption (vgl. de Weck 2009, S. 85). Für Anlageprodukte könnten zum Beispiel ähnliche Überlegungen herangezogen werden.

Die Finanzbranche selbst hat dabei die Pflicht, auf allen Ebenen dieses vollumfänglichen wirtschaftsethischen Ansatzes mitzuwirken. Kurzfristig mag dies an vielen Stellen geringere Renditen bedeuten, langfristig dürfte allerdings nicht nur die Gesellschaft an sich, sondern auch die Banken selbst von einem fairen Ordnungsrahmen, einem ethischen Verhalten der Funktionsträger sowie einer offenen und kritischen Unternehmenskultur profitieren.

## Literatur


Abele, J. (2012): Geld und Gold – Eine ordnungspolitische Analyse. Shaker Verlag, Aachen.

Apel, K.-O. (1972): Das Apriori der Kommunikationsgemeinschaft und die Grundlagen der Ethik: Zum Problem einer rationalen Begründung der Ethik im Zeitalter der Wissenschaft. In: Ders.: Transformation der Philosophie. 1973, Bd. 2, S. 358–435. Frankfurt am Main.

Apel, K.-O. (1988): Diskurs und Verantwortung. Das Problem des Übergangs zur postkonventionellen Moral. Suhrkamp, Frankfurt am Main.

Aristoteles (2006): Nikomachische Ethik. Reclam, Stuttgart.

Bentham, J. (1780, publiziert 1789): Introduction to the Principles of Morals and Legislation. Hrsg. von J. H. Burns/H.L.A. Hart (The Collected Works of Jeremy Bentham), 2. Aufl., 1996, Oxford.

Böhm, F. (1937): Die Ordnung der Wirtschaft als geschichtliche Aufgabe und rechtsschöpferische Leistung. Ordnung der Wirtschaft, Band 1, Kohlhammer, Stuttgart.

De Weck, R. (2009): Nach der Krise – Gibt es einen anderen Kapitalismus?. Nagel & Kimche, München.

Eucken, W. (1952): Grundsätze der Wirtschaftspolitik. Zitiert nach der 6. Aufl., 1990, Mohr Siebeck, Tübingen.

Friedman, M. (1962): Capitalism and Freedom. Zitiert nach der deutschen Ausgabe: Kapitalismus und Freiheit. 5. Aufl., 2008, Piper Verlag, München.

Friedman, M. (1970): The social responsibility of business is to increase its profits. Erschienen im New York Times Magazine vom 13. September 1970, S. 32–33.

Hayek, F. A. von (1959): Verantwortlichkeit und Freiheit. In: Hayek, Friedrich August von (2002): Gesammelte Schriften in deutscher Sprache, Band 5: Grundsätze einer liberalen Gesellschaftsordnung – Aufsätze zur Politischen Philosophie und Theorie. Vanberg, Viktor J. (Hrsg.), Mohr Siebeck, Tübingen, S. 277–293.

Hayek, F. A. von (1960): The Constitution of Liberty. Zitiert nach der deutschen Ausgabe: Die Verfassung der Freiheit. 2. Aufl., 1983, Mohr, Tübingen.

Habermas, J. (1983): Moralbewußtsein und kommunikatives Handeln. Suhrkamp, Frankfurt am Main.

Habermas, J. (1991): Erläuterungen zur Diskursethik. Suhrkamp, Frankfurt am Main.

Höffe, O. (1996): Immanuel Kant, 4. Aufl., Verlag C.H. Beck, München.

Höffe, O. (2008): Einführung in die utilitaristische Ethik, 4. Auflage, UTB, Stuttgart.

Kant, I. (1785): Grundlegung zur Metaphysik der Sitten. Zitiert nach der Ausgabe von 2008, Reclam, Stuttgart.

Küng, H. (2012): Anständig wirtschaften. Piper Verlag, München.

Leusmann, K. (2013): Kulturwandel bei den Banken – Wege zu Ethik und Verantwortung im Kreditgewerbe, Springer Gabler, Wiesbaden.

Luttwak, E. (1999): Turbo-Kapitalismus: Gewinner und Verlierer der Globalisierung. Europa Verlag, Hamburg.

Maier-Rigaud, F. P. und Maier-Rigaud, G. (2001): Das neoliberale Projekt. Metropolis-Verlag, Marburg.

Miksch, L. (1949): Versuch eines liberalen Programms. In: Goldschmidt, Nils und Wohlgemuth, Michael (Hrsg.): Grundtexte zur Freiburger Tradition der Ordnungsökonomik. Walter Eucken Institut, Untersuchungen zur Ordnungstheorie und Ordnungspolitik 50, Mohr Siebeck, Tübingen 2008, S. 163–170.

Mill, J. S. (1871): Utilitarianism/Der Utilitarismus. Nach der Ausgabe von Reclam, 2006, Stuttgart.

Müller-Armack, A. (1946): Wirtschaftslenkung und Marktwirtschaft. In: Müller-Armack, A. (1976): Wirtschaftsordnung und Wirtschaftspolitik. Haupt Verlag, Bern, S. 19–170.

Müller-Armack, A. (1956): Soziale Marktwirtschaft. Handwörterbuch der Sozialwissenschaften (HdSW), Band 6, Stuttgart, S. 390–392.

Müller-Armack, A. (1962): Das gesellschaftspolitische Leitbild der Sozialen Marktwirtschaft. In: Müller-Armack, A. (1976): Wirtschaftsordnung und Wirtschaftspolitik. Haupt Verlag, Bern, S. 293–315.

Ötsch, W. O. und Thomasberger, C. (2009): Neoliberale Denkformen, neoliberale Diskurse, neoliberale Hegemonie. In: Ötsch, W. O. und Thomasberger, C. (Hrsg.): Der neoliberale Markt-Diskurs. Ursprünge, Geschichte, Wirkung. Metropolis-Verlag, Marburg, S. 7–18.

Röpke, W. (1950): Maß und Mitte. Zitiert nach der 2. Aufl., 1979, Haupt Verlag, Bern.

Röpke, W. (1958): Jenseits von Angebot und Nachfrage. Zitiert nach der 5. Aufl., 1979, Haupt Verlag, Bern.

Rüstow, A. (2001): Das Versagen des Wirtschaftsliberalismus. Metropolis-Verlag, Marburg.

Schumann, H. und Grefe, C. (2008): Der globale Countdown: Gerechtigkeit oder Selbstzerstörung – die Zukunft der Globalisierung. Kiepenheuer & Witsch, Köln.

Soros, G. (1998): Die Krise des globalen Kapitalismus – Offene Gesellschaft in Gefahr. Alexander Fest Verlag, Berlin.

Ulrich, P. (2008): Integrative Wirtschaftsethik. 4. Auflage, Haupt Verlag, Bern.

Wade, R. (2008): The ever-growing structural power of finance. Financial Times, 05.01.2008.

Weizsäcker, E. U. von (1997): Vorwort und Einführung. In: Weizsäcker, E. U. von (Hrsg.): Grenzenlos? Jedes System braucht Grenzen – aber wie durchlässig müssen diese sein? Birkhäuser Verlag, Berlin, S. 9–13.

Zünd, A. (2001): Wirtschaftskriminalität und Wirtschaftsethik, Revisionsethik als Herausforderung für die Wirtschaftsprüfung. In: Der Schweizer Treuhänder, Nr. 5/2001, S. 399–402.

**Dr. Jürgen Abele** ist Geschäftsführer der ABELE Depotverwaltung GmbH und ist dort hauptsächlich für das Portfoliomanagement eines Aktienfonds sowie für vermögende Privatkunden verantwortlich.

Nach seinem Studium der Diplom-Wirtschaftswissenschaften an der Universität Ulm war er zunächst in München bei einem der weltweit größten Vermögensverwalter tätig. Während seiner daran anschließenden Promotion zum Dr. rer. pol. am Institut für Wirtschaftswissenschaften der Universität Ulm absolvierte er parallel dazu die Prüfungen zum Chartered Financial Analyst (CFA) sowie ein Studium der Philosophie.

Des Weiteren ist er nebenberuflich Dozent an den Dualen Hochschulen in Stuttgart und Heidenheim und ist zudem beratend für Unternehmen und Banken tätig.